KB015030

국가가 해야 할 일,
하지 말아야 할 일

국가가 해야 할 일, 하지 말아야 할 일

저자_ 강경식

1판 1쇄 발행_ 2010. 12. 15.
1판 2쇄 발행_ 2011. 1. 27.

발행처_ 김영사
발행인_ 박은주

등록번호_ 제406-2003-036호
등록일자_ 1979. 5. 17.

경기도 파주시 교하읍 문발리 출판단지 515-1 우편번호 413-756
마케팅부 031)955-3100, 편집부 031)955-3250, 팩시밀리 031)955-3111

저작권자 ⓒ 2010 강경식
이 책의 저작권은 저자에게 있습니다.
저자와 출판사의 허락 없이 내용의 일부를 인용하거나 발췌하는 것을 금합니다.

값은 뒤표지에 있습니다.
ISBN 978-89-349-4460-7 03320

독자의견 전화_ 031)955-3200
홈페이지_ http://www.gimmyoung.com
이메일_ bestbook@gimmyoung.com

좋은 독자가 좋은 책을 만듭니다.
김영사는 독자 여러분의 의견에 항상 귀 기울이고 있습니다.

국가가 해야 할 일, 하지 말아야 할 일

강경식 지음

김영사

머리말

공직을 떠난 지 10년을 훨씬 넘는 세월이 지났다. 외환위기를 막지 못한 경제 총수로서 근신하며 지냈다. 그러면서도 해야 할 숙제를 하지 않고 미루고 있는 것 같은 꺼림칙함을 떨치지 못했다. 경제 분야의 일을 하면서 겪은 일과 이들 일을 할 때 어떤 생각을 했는 가에 대한 기록을 남겨야 한다는 생각 때문이었다. 그동안 《가난 구제는 나라가 한다》, 《강경식의 환란일기》 등 책으로 펴내기도 했 지만 잘못된 내용도 일부 있는 등 마음에 들지 않아 이들을 한 권 의 책으로 모아 새롭게 정리해야겠다는 계획을 가지고 있었다. 생 각만 하고 차일피일 지내던 중 김영사 박은주 사장과 얘기를 나누 다가 그동안 미루어 온 책을 펴내기로 결심했다.

책은 정부에서 일할 때 '나는 이런 생각으로 일했다'를 내용으 로 하기로 했다. 경제기획원 예산국 사무관과 과장을 거쳐 물가정 책국장, 경제기획국장, 예산국장, 기획차관보 때 한 일과 재무장관 과 경제기획원 장관 겸 경제부총리로 일하는 동안에 한 일을 쓰는 것으로 했다. 일을 할 때 가졌던 생각을 기록하는 것이어서 글쓰기가 크게 어렵지 않았다. 그러나 외환위기 부분에 이르러서는 만감이 교차해서 글이 잘 쓰이지 않았다. 평상심을 유지하면서 객관적 사실을 중심으로 기술하려고 노력했다.

정책 선택은 최종 결정권자가 하는 것이지만 그렇다고 한두 사람의 생각만으로 정책이 결정되는 경우는 거의 없다. 정책을 마련하는 과정에는 여러 사람들이 참여해서 연구, 토론 과정을 거치고 여러 측면에서 검증한다. 그러는 과정에서 처음 생각과는 완전히 다른 결과에 이를 수도 있다. 이런 복잡한 과정에 대해 일일이 다 밝힌다는 것은 불가능한 일이다. 그렇기 때문에 나 개인보다는 함께 일한 사람들, 즉 '내가 아닌 우리'의 생각을 기록해야 마땅하지 않은가 하는 생각도 했다.

그러나 설사 나를 너무 내세우는 것같이 보일지라도 나의 생각을 기록하는 것이 온당하다고 방침을 정했다. 함께 일을 했지만 실제로 나와 같은 생각을 했는지 여부를 혼자 생각으로 단정할 수는 없다는 생각이 들어서였다. 나의 생각이 최선이거나 옳았다고 주장할 생각은 전혀 없다. 그저 일할 당시의 생각, 정책을 수립할 때 가졌던 생각을 그대로 밝히기로 했다. 또 내가 그렇게 생각했다고 해서 그것이 나의 아이디어라는 것도 물론 아니다. 상사나 동료, 또 전문가나 학자, 기업인으로부터 들은 것, 또는 책이나 보고서, 언론 매체로부터 들은 것이나 본 것 등 그 원천이 어디에 있는지 가릴 수 없다. 책 내용 중 공감하는 것이나 잘한 것이 있다면 우리가 한 것으로, 잘못된 것은 내가 한 것으로 치부

해주기 바란다.

기록의 범위를 어디까지로 할 것인가를 두고 생각을 한 결과 다양한 공인 생활 중 경제 분야에서 직업 관료로서 일하는 동안의 이야기를 기록하기로 했다. 장·차관도 나와 같은 직업 관료 출신들은 그 연장선상에 있다고 보았다. 대통령 비서실장으로 일했지만 경제 분야는 일체 관여하지 않았고 국회의원 생활도 같은 맥락에서 이 책의 대상에서는 제외했다.

이렇게 경제 부처에서 일할 때의 이야기로 국한한 것은 나름대로 다른 이유가 있어서다. 개발연대의 우리 국민들도 포항제철, 현대조선소와 같은 큰 공장이 건설되거나 포니 자동차를 세계에 수출할 때 마치 내 일처럼 기뻐하고 흥분했다. 경제 건설에 기업 따로 정부 따로가 아니었다. 모두가 자신의 일이었다. 공직자들은 더 말할 것 없이 그랬다. 개인 기업의 사업이지만 자기 일처럼, 아니 그 이상 잘될 수 있도록 챙겼다. 이렇게 이룬 결과에 대해 지금은 그 사업주만 크게 부각되고 뒤에서 밤잠 자지 않고 함께 노력한 수많은 사람들은 뒷전으로 밀려난 것 같다.

언제부터인가 우리 경제가 오늘에 이르기까지 발전 과정에서 우리 관료들이 기여한 것에 대해 언급하는 것을 보기 힘들게 되었다. 경제 발전에 몇몇 재계 지도자들의 기여에 대한 평가에 비할 때 공직자들이 한 일에 대해서는 너무 인색한 것 같다. 지금도 그러하지만 특히 개발연대에 일한 공직자들은 박봉 속에서도 나라 경제 발전을 위해 혼신의 노력을 다했다. 정부를 떠난 뒤에도 오늘의 우리 경제 발전에 제 나름대로는 크게 기여했다는 자긍심과 보람을 자랑스럽게 가슴에 품고 있다.

　이들 공직자들이 어떻게 일했는지를 내가 나서서 밝히는 일은 나의 역량을 넘어서는 일이다. 그러나 우리 경제 발전과 함께 하면서 한 나의 노력의 기록이 나와 동시대에 같은 고민을 한 동료 공직자들이 고심한 일을 촌탁할 수 있는 길도 될 수 있으면 하는 바람을 가진 것도 사실이다. 이 책이 그동안 증발해 버린 공직자들의 역할이 조금이라도 제자리를 찾는 것에 기여할 수 있다면 더 이상 바랄 것이 없다.

　내가 정부에서 일하는 동안 다른 부처 공직자들은 말할 것도 없고 경제기획원에서 함께 일하는 동료들과도 다툰 일은 헤아릴 수 없이 많다. 어떻게 하는 것이 나라 경제 발전에 더 나은 길인가에 대해 제각기 올바르다는 생각을 두고 다툰 것이다. 나는 내 생각이 더 나은 방법이라고 생각했지만 나와 다른 주장을 펴는 경우에도 그 나름대로 주장의 타당성은 충분히 있기 마련이다. 이러한 의견 대립은 어느 한 쪽이 옳고 다른 한 쪽은 틀렸다는 차원의 문제라기보다는 선택의 문제일 뿐이다. 선택은 늘 상대적인 것이지 옳고 그른 문제나 맞고 틀린 차원의 문제가 아님을 먼저 분명히 하고 싶다.

　정책 결정은 선택의 문제다. 어떤 일이든지 빛과 그림자가 있다. 어떤 명약도 부작용은 다 있다. 부작용에도 불구하고 더 큰 병을 치료하기 위해 부작용을 감수하면서 약을 쓴다. 수술에는 고통이 따른다. 정책, 특히 개혁의 경우에도 다를 바 없다. 수술 과정의 고통을 감내할 것인가, 이를 미루어 불치의 병으로 키울 것인가의 문제인 경우도 있지만 대부분의 의견 대립은 환자의 상태가 수술을 감당할 수 있는가의 판단 차이에서 비롯되는 경우가 대부분이다. 내가 일하는 동안 나와 다른 의견을 가진 사람들이 잘못이라고 오해하는 일이 없기를 바라는 뜻에서 부연 설명을 미리 해둔다.

또 일할 때의 이런 저런 이야기를 하는 과정에서 여러 사람을 거명하지 않을 수 없었다. 그렇게 하면서까지 글을 써야 하는가에 대한 생각이 들어 그만둘까 망설여질 때가 몇 번이나 있었다. 그럴 때마다 그래도 기록을 남겨야 한다는 생각에서 당사자에게 누가 되는 기술 또한 피할 길이 없었다. 너그러운 양해를 바란다.

정부에서 일하는 동안에도 훌륭한 선배, 상사 밑에서, 좋은 동료들과, 그리고 명민한 후배들의 도움을 받는 행운을 가졌다. 함께 일하면서 많은 가르침을 준 선배, 동료, 후배들에게 이 기회에 감사의 말을 전한다.

또 책을 내면서도 많은 사람들의 도움을 받았다. 초고를 읽고 오탈자를 바로잡아주는 일에서부터 내용에 대해 많은 도움을 받았다. 강경훈 교수, 김강정 전 목포 MBC 사장, 김기환 박사, 김문희 변호사, 김인순 동문, 김인호 시장경제연구원 이사장, 김종화 변호사, 김준기 동부그룹 회장, 김채겸 전 의원, 김태준 JA Korea 회장, 목요상 변호사, 박상은 교수, 박종철 변호사, 손삼수 사장, 송형목 전 조선스포츠 사장, 양수길 원장, 엄영석 SDU 이사장, 오종남 교수, 우재구 교수, 이석채 KT 회장, 이승웅 회장, 이영기 교수, 이형구

전 장관, 전용배 회장, 정동수 교수, 진념 전 부총리, 최우석 전 삼성경제연구소 소장, 최종찬 전 장관, 하대돈 선배, 그 밖에 원고를 읽고 친절한 코멘트를 해주신 여러분께 감사의 말씀을 드린다. 몇 차례나 꼼꼼하게 오탈자까지 챙겨준 법대 동기인 장준봉 전 경향신문사 사장에게 마음 깊이 감사한다. 또 책 제목을 당초 '여시아시(如是我視), 나는 이렇게 생각한다'로 하는 의견을 제시하고 중국 도자예술대사 포지강(鮑志强) 선생의 글씨까지 받아오는 수고를 한 박현 지유차회 회장에게 감사한다. 포진강 선생에게도 감사의 뜻을 표한다. 그밖에 김영사 박은주 사장을 비롯해 책을 쓰고 만드는 일에 정성을 다해준 김영사 직원 여러분과 김호경 작가의 노고에 대해 심심한 감사를 드린다.

경제발전을 위해 평생 살아오는 동안 내게 도움을 베푼 여러분들께 이 책을 바친다.

집안살림과 3남 1녀의 자녀 교육을 책임져 집안일에 일체 신경 쓰는 일 없이 나랏일에만 전념할 수 있게 내조하면서 희생으로 평생을 보낸 집사람 조삼진에게 이 책을 바치고 싶다. 집사람은 피아니스트다. 건국대학교 교수로 정년퇴직했다. 한국 피아노학회 회장, 한국 피아노 두오 협회 회장을 역임했고 건국대학교 사범대학장으로도 봉직했다. 박봉의 공직자 아내가 되어 연주자로 대성할 수 있는 조건을 다 갖추고 있었음에도 불구하고 그 길을 접고, 후진 양성에 전념했다.

늘 검소하고 올곧게 살면서 아이들을 뒷바라지했다. 그렇지만 과외 금지 이후 한 번도 과외를 시킨 일은 없다. 자녀교육은 하겠다는 공부는 최대한 뒷바라지했고 결혼은 자기들이 좋아하면 하도록 했다. 젊을 때 이사를 몇 차례 다녔지만 나는 한 번도 이사를 도운 일이 없다. 늘 이사하기 전 집에서 출근한 뒤 퇴근 후 새로 이사 간 집을 찾아갔다. 1984년 대통령 비서실장 때 강남 대치동 선경아파트로 이사했다. 양재천은 냄새가 심해 가까이 갈 수도 없을 때였다. 어쩌자고 이렇게 먼 곳으로 이사를 했느냐고 퇴근 후에 불평을 했다. 그 아파트에서 지금껏 살고 있다. 왜 이 책을 집사람에게 바치는지 조금은 이해가 되기를 바라는 마음에서 몇 자 적어 보았다.

2010년 겨울
강경식

5장 장래 계획 세우기

1장

경제부총리가
되다

응급 대책, 급한 불길을 잡다

1997년 3월 5일 경제부총리 임명장을 받았다. 한보 부도에 따른 검찰 수사로 온 나라가 어수선할 때였다. 금융 대란설은 끊이지 않고 있었다. 개각 발표로 몰려든 기자들과의 이야기 중에 금융실명제 보완 필요성에 대해 간단히 언급한 것을 언론은 대서특필했다. 엉뚱한 문제로 잠시 시달렸지만 '단 한 자도 못 고친다'는 긴급명령을 법률 형태로 바꾸기로 하자 실명제 소동은 곧 잠잠해졌다.

1983년 10월에 재무장관을 그만둔 지 14년 가까운 세월이 지나 돌아와보니 경제는 물론 행정부의 조직과 운영 방식도 많은 변화가 있었다. 공백기 동안의 변화와 업무 현황을 파악한 뒤 정책 방향을 정리하는 것이 당연한 순서다. 간단한 현황 보고로도 경제 문제는 밖에서 생각했던 것보다 훨씬 더 심각했다. 자세한 업무 파악을 할 사이도 없었다. 폭넓고 깊은 검토와 토의를 할 시간 여유조차 물론 없었다. 당장 금융시장 안정이 시급한 과제였다. 금방 효과를 낼 수 있는 특단의 대책을 서둘러 마련해야 했다. 그러나 금융실명제처럼 국면을 전환시킬 수 있는 획기적인 수습 방안은 없었다.

당장 문제인 한보에 대해서는 선 파산, 후 대책의 원칙으로 처리하기로 했다. 금융시장은 국내 문제이기 때문에 급할 경우 한은 자금을 푼다든지 적절한 대책을 마련하면 안정을 되찾을 길이 있어 크게 걱정은 되지 않았다. 문제는 해외 쪽이었다.

환율 유동화

가장 시급한 일은 외환을 확보하는 일이었다. 당시 보유고는 280억 달러를 조금 넘는 수준이었다. 게다가 계속 줄어들고만 있었다. 300억 달러에도 못 미치는 보유고에서 오는 불안의 중압감을 감내하기 어려웠다. 그렇다고 금방 보유고를 늘릴 길은 없었다. 어쨌든 당장 외환시장의 불길부터 서둘러 잡아야 했다.

보유 외환을 아끼기 위해서는 환율 방어를 위해 외환을 쓰는 것부터 자제해야 했다. 먼저 그동안 안정적으로 운용해온 환율정책을 바꾸기로 했다. 당시 환율은 달러 당 860원을 힘겹게 유지하고 있었다. 전임 경제팀에서는 환율을 안정적으로 운용했다. 그 대신 경쟁력 10% 제고 운동을 대대적으로 벌여왔다. 올바른 정책 방향이지만 경쟁력 제고는 하루아침에 그 성과를 기대할 수 없는 게 문제였다. 게다가 환율이 실세를 반영하지 않게 되자 외환시장에서는 환투기의 조짐마저 나타나고 있었다. 따라서 환율은 시장 동향에 따라 시장 실세에 따라 유동화하기로 했다. 890원 수준까지 현실화된 3월 말을 고비로, 4월에 접어들면서 크게 안정을 되찾아가고 있었다. 급한 고비는 넘긴 셈이었다. 그 후 환율은 10월 하순까지는 큰 문제가 없었다.

홍콩증시 폭락 이후에는 증시안정에 관심이 온통 집중되었지만 곧 외환시장 안정 문제가 초미의 과제가 되었다. 홍콩사태 이후 920원 수준이던 환율이 불과 며칠 사이에 960원까지 절하되었다. 하루 변동폭 2.25%에 이르면 외환거래가 중단되는 관계로 10월 하순에는 사흘 연속 외환시장이 열리지 못하자 재경원 실무진에서는 시장에서 환율 안정 의지가 없는 것으로 읽힐까 염려해 외환시장 관리에 나섰고, 며칠 동안 시장은 소강 상태를 유지했다. 하지만 이런 대응으로는 역부족이었다. 1997년 11월 10일에는 달러당 1,000원 선까지 절하되었다.

환율에 대한 시각

재경원과 한국은행 담당자들 사이에는 환율에 대한 견해가 근본적으로 달랐다. 한국은행이 시장에 맡겨두자는 쪽이라면, 우리나라에는 환율 변동으로 외환 수급의 균형을 이룰 수 있는 외환시장이 아직 없다는 것이 재경원 실무자들의 주장이었다. 나는 시장의 상승 압력을 수용하지 않으면 폭등으로 나타날 수밖에 없어, 무리한 단기안정은 오히려 불안 요인을 만든다고 생각했다.

당시 상황에서는 상승 압력을 흡수해 환율을 올리면서도 정부의 환율안정에 대한 정책 의지에 의구심을 갖지 않도록 해야 했다. 동시에 달성하기 매우 어려운 목표여서 세심하게 운용하는 수밖에 없었다. 환율이 시장의 기대 수준과 괴리가 커지지 않도록 상승 압력을 흡수해야 할 때에는 한국은행이, 안정 의지를 보여야 할 때에는 재경원이 시장관리를 주도하도록 했다.

당시의 외환시장 상황에서 볼 때 2.25%의 환율등락 제한폭은 넓히거나 없애는 것이 온당했다. 문제는 환율등락 제한폭을 없앨 경우 만일 환율이 걷잡을 수 없이 폭등할 때 대처할 수 있는 외환을 충분히 보유하고 있는가에 있다. 당시의 외환보유고 수준으로서는 제한폭을 확대하거나 폐지하기에는 불안했다. 결국 1997년 11월 19일, 300억 달러의 IMF 지원을 추진 협의 중임을 밝히면서 환율변동폭을 15% 상하로 확대하는 방침을 발표하기로 했다.

일본도 환율을 일시에 80엔에서 120엔 수준으로 평가 절하했고, 중국도 1994년 초에 대폭 절하했는데, 우리라고 못할 것 없다는 쪽으로 생각을 정리했다. 정권교체 등 정치적 불확실성이 큰 시기에 경제를 지탱할 수 있는 것은 환율 등 가격기능을 활용하는 길뿐이었다. 정책적으로 절하정책을 펴야 할 시점에 시장 사정이 요청하는 것을 무리하게 저항할 이유는 전혀 없다고 생각했다.

차입 확대

세계적 불경기로 수출이 잘 되지 않았다. 필요한 외환 확보를 위해서는 해외로부터 차입하는 길밖에 당장 쓸 수 있는 다른 대책은 없었다. 단기 차입을 장기로 바꿀 수만 있다면 좋겠지만 그렇게 하기에는 해외 금융시장 분위기가 이전과는 완전히 바뀌고 말았다. 이미 1996년 후반부터는 탈 아시아 시장으로 바뀌어 불과 몇 달 전까지의 아시아 러시(Rush)는 옛날 일처럼 되었다. 그렇더라도 외화 유입의 길을 최대한 넓혀가기로 했다. 빌릴 수 있는 한 많이 빌릴 수 있도록 차입 기회를 개방했다. 단기 차입만 허용하던 것을 중·장기 차입까지 가능하도록 했다. 취임 후 첫 간부회의에서 은행 등 금융기관은 말할 것도 없고 대기업들도 해외차입에 적극 나서도록 했다. 은행은 해외로부터 자유롭게 차입할 수 있도록 하고, 한전, 포철은 물론 재벌기업들도 외화차입을 늘릴 수 있도록 관련 규제를 없애도록 했다.

은행들의 1997년 외화차입 실적을 보면 산업은행이 28.1억 달러, 수출입은행이 25억 달러, 그리고 한일, 국민, 신한, 조흥, 주택, 외환 등 일반 시중은행의 합계가 14억 달러였다. 민간 기업으로는 동아건설, 삼성전자, 현대건설, 아남산업, 대우중공업 및 (주)대우 등이 전환사채 및 주식예탁증서 발행으로 1997년에 총 10.3억 달러를 조달했다.

1996년에는 반도체 가격 하락 등 교역조건의 악화로 1년 동안 당시의 외환보유고 수준에 거의 육박하는 237억 달러의 경상적자를 기록했다. 1997년의 적자 규모가 얼마가 될지 짐작하기조차 어려웠다. 만일 1996년처럼 200억 달러 수준의 적자가 난다면 그만큼 해외로부터 새로 빌려와야 한다. 이에 더해 단기차입금 상환을 위해 필요한 자금을 추가로 더 빌려야 했다. 이렇게 해외로부터 빌려야 할 금액의 규모는 그 전 해보다 줄어들기보다는 훨씬 더 늘어날 수밖에 없었다.

외환보유고 확충

이렇게 쓸 곳은 많은데 외환보유고는 갈수록 줄기만 하니 어떻게 하든 보유고를 늘려야 했다. 1997년 당시만 해도 IMF는 3개월 수입대전(輸入代錢)에 해당하는 수준의 외환보유고를 유지하도록 권고하고 있었다. 300억 달러 수준만 되면 IMF 권고 수준은 된다. 하지만 수입대전 충당 외에 종합금융회사 등이 빌린 단기자금을 고려할 때 보유고 수준이 500억 달러 정도는 되어야 일단 안도할 수 있을 것 같았다. 500억 달러가 될 때까지 보유고를 늘려가기로 이경식 한국은행 총재와 김인호 경제수석비서관과 의견을 모았다.

그렇게 방향을 정했기 때문에 1997년 내내 환율은 지속적으로 올라가는 추세로 운용했다. 1997년 10월 말에는 무역협회에서 시장 환율이 물가를 감안한 실질실효 환율보다 너무 높으므로 보다 안정적으로 운용해주기를 바란다는 의견서를 정부에 제출하기에 이르렀다. 그러나 외환보유고가 305억 달러밖에 되지 않아 무역협회 건의는 묵살할 수밖에 없었다.

AMF 설립 추진

그 당시만 해도 외환보유고가 500억 달러 정도가 되면 안심할 수 있다고 생각했다. 세계 외환거래 금액 중 무역 결제를 위한 외환거래는 3%에도 못 미치는 수준이고 나머지는 실물거래와는 무관한 금융거래 자체의 필요에 의해 이루어지고 있는 현실이어서 이에 따른 해외 금융시장이 얼마나 급변할 수 있는가에 대해서는 그리 심각하게 생각하지는 않았다.

1997년 당시 일본의 외환보유고는 2,200억 달러 수준이었고 중국의 보유고는 1,400억 달러 수준이었다. 충분한 보유고 덕분에 외환위기를 겪지 않고 갈 수 있었다. 그러나 브라질은 700억 달러의 외환보유고를 가지고도 외환위기를 겪었다. 2008년 미국발 금융위기가 세계를 강타할 때 우리나라는 2,000억 달러가 훨씬 넘는 보유고를 가지고 있었음에도 국내 금융시장은 걷잡을 수 없는 불안 상태로 내몰린 일이 있다. 미국, 일본, 중국 등 주요 국가와 SWAP협정 체결 후에야 겨우 안정을 되찾을 수 있었다.

한 나라의 외환보유고로 금융위기에 대응하는 것은 불가능한 세상이 된 사실과 이런 변화에 따라 발상을 바꾸어 새로운 제도적 장치를 마련해야 마땅했다. 그러나 1997년만 해도 미국을 비롯한 선진국들의 정책 담당자들이나 IMF 당국자들도 이런 변화가 얼마나 세계 금융 시장을 불안정하게 할 수 있는가에 대해 충분히 실감하지 못하고 있었다. 만일 1997년에 이런 변화에 대한 이해가 지금처럼 누구나 알 수 있을 정도가 되었더라면 외환위기를 겪지 않을 수도 있었다.

1997년 10월, 아시아통화기금(Asia Monetary Fund: AMF) 설립을 추진한 일이 있다. 일본은 1997년 7월 태국이 위기에 몰렸을 때 태국 지원에 나섰다. 그때 인근 국가도 동참하자고 해서 한국도 큰 금액은 아니지만 동참했다. IMF 등 기존의 제도적 장치와는 달리 신속한 지원이 이루어졌다. 이런 성공에 고무된 일본이 AMF 구상으로 제도화에 나선 것이다. 일본의 미쓰츠카 장관은 먼저 나의 의견을 물어 왔다. 나는 이 구상에 적극적으로 지지했다. AMF가 만들어지면 우리의 외환 불안 해소에 큰 도움이 될 것이 분명하기 때문이었다.

1997년 10월 홍콩에서 열린 세계은행·IMF 연차 총회 때 본격적으로 관련국의 의사를 타진하고 나섰다. 동남아 각국은 물론 찬성이었다. 중국은 일본이 앞장서서인지 반대하는 입장이었다. AMF 구상은 미국이 반대에 앞장서자 IMF도 이에 동조했다. 일본도 AMF 구상을 더 이상 추진하지 않았다.

1997년 위기는 일시적인 유동성 위기였기 때문에 보유외환만 어느 정도 확보되어 있었다면 넘어갈 수 있었다. 그러나 미국은 IMF로 충분히 감당할 수 있다고 생각했다. IMF와 같은 협정 조건(Conditionality) 없이 자금을 지원하게 되면 도덕적 해이(Moral Hazard)가 야기된다는 것이 당시의 AMF 구상에 대한 반대 이유였다. 1997년 11월 미국은 일본과 한국 중앙은행 사이에 이미 체결되어 있는 10억 달러의 통화 SWAP도 하지 못하도록 막았다. IMF 이외의 장치를 통한 구제금융은 일체 허용해서는 안 된다는 정책의 일환이었다.

만일 당시에 AMF 구상에 제동이 걸리지 않았더라면, 1997년 11월 우리가 겪게 된 유동성 위기는 다른 양상으로 전개되었을 것이다. 설사 AMF가 설립되기 이전이라도 일본 정부가 적극 나설 수 있었을 것이기 때문이다. 그로부터 10년 뒤 미국발 금융위기를 당하자 사정은 완전히 달라졌다. 이 문제는 몇몇 개도국 문제가 아니라 금융 선후진국을 막론하고 어떤 나라도 당할 수 있는 문제임이 분명해진 것이다. 그러자 미국은 종래의 입장을 완전히 버리고 AMF는 말할 것도 없고 통화 SWAP 등 쓸 수 있는 장치들을 총동원해서 금융시장 안정을 위해 진력하게 되었다.

긴축 정책으로 수입 억제

1997년 3월 20일 새 경제팀의 경제정책 운용방향에 대한 첫 합동 기자회견을 했다. 외환위기를 막기 위해서는 국제수지 적자를 줄여야 하고 국제수지 적자를 줄이기 위해서는 수입을 줄여야 한다. 수입을 줄이기 위해서는 재정긴축밖에 길이 없다는 사실을 분명히 했다. 내가 읽은 발표문은 "경제 불황으로 겪는 어려움이 크지만 현시점에서 단기적인 경기부양 조치를 취할 여유도 없습니다. 성장률이 5%대로 낮아지더라도 이를 감내하고 물가안정과 국제수지 개선에 중점을 두면서 우리 경제의 체질을 근본적으로 고쳐나가는 노력을 해나가야 합니다"로 시작해 국제수지 방어와 구조조정에 최대 역점을 둔다는 정책 방향을 분명히 했다.

첫째, 경제성장률이 5%를 밑돌게 되더라도 경기부양 정책은 하지 않는다. 둘째, 세수결함에 대해서는 재정지출을 줄여 대처하고 국채 발행은 하지 않는다, 재정지출 중 효율이 떨어지는 부문은 과감히 삭감하는 등 1998년 예산은 초긴축 기조로 편성한다. 셋째, 물가안정에 역점을 두어 과소비를 없애고 소비합리화가 이루어지게 한다. 넷째, 임금인상을 자제하도록 하고, 실업대책에 역점을 둔다는 것이었다.

경상적자 줄이기

기자회견장은 뜻밖의 긴축운영 발표로 술렁거렸다. 정권 말기여서 장기적으로 중요한 개혁은 뒤로 미루고 코앞에 다가온 대통령 선거를 의식해서 부양책을 펼 것이라 예견하고 있었기 때문이었다. 나는 절대 경기부양책은 쓰지 않는다고 못을 박았다. 오히려 정부 세출을 1조 원 더 삭감해 총 2조 원을 절감 집행하고, 내년 예산도 초긴축으로 편성하는 등 경제정책의 제일 우선순위는 국제수지 개선에 두겠다는 점을 재삼 강조했다.

한 해에 200억 달러가 넘는 경상수지 적자를 줄여가는 것이 무엇보다 시급했다. 이를 위해서는 수출을 늘려가는 것이 바람직하지만 해외경기가 침체 국면이어서 어렵다고 보았다. 수입을 줄이는 길밖에는 없다. 수입을 줄이는 긴축 정책을 강력하게 펼 수밖에 없다. 불경기여서 경기 대책을 펴야 한다는 재계의 소리가 높았다. 불경기로 기업들이 어려움을 겪고 있지만 나라살림 전체의 적자를 줄이는 일이 그보다 훨씬 더 급했다. 1980년에도 불경기로 아우성이었지만 경기부양 정책을 쓰지 않고 불경기를 감수하는 정책을 고수했다. 1997년 상황은 1980년보다 더 심각하다고 생각했다. 환율을 통해 수출을 늘리거나 수입을 줄이는 정책은 물론 수입 관세를 엄청나게 높인다든가 수입을 직접 규제하는 수입억제 대책은 OECD 회원국으로서는 고려조차 할 수 없는 정책들이다.

3월 20일에 발표한 종합 대책에 대해 국내에서는 이렇다 할 평가를 받지 못했지만 해외 금융시장에서의 평가는 좋았다. 정책 발표를 준비하면서 해외에서 '제대로 된 정책 방향'이라는 평가를 받을 수 있도록 많은 신경을 썼다. 필리핀에서 열린 아태경제협력체(APEC) 재무장관회의(4.4~4.7) 때 만난 캉드쉬 IMF 총재는 듣기 거북할 정도로 찬사를 표하면서 "그렇게 심한 긴축을 할 필요가

1장 | 경제부총리가 되다

29

있는가"라고 말했다(그랬던 IMF가 외환위기를 당한 뒤에 재정긴축을 강력히 요구하고 그 뒤 잘못 요구한 것으로 밝혀져 철회했다. 왜 그런 일이 벌어지게 되었는지는 알 수 없지만).

긴축 재정으로 전환

내가 긴축정책을 정하기 전까지 재경원에서는 국채를 발행해서 그 자금으로 추경예산을 편성하는 작업을 추진하고 있었다. 이를 백지화하고 2조 원의 세출예산 절감계획을 추진하자 각 부처의 반발이 극심했다. 이와 함께 1998년 예산편성지침에서 초긴축 예산 방침이 구체화되자 각 부처 장관들의 불만은 대단했다. 특히 농업, 교육, SOC(사회간접자본) 등은 그때까지 성역이었던 부문까지 특별 배려 없이 편성한다고 하자 관계 부처는 크게 반발했다. 여당인 신한국당에서는 "대통령 선거를 앞둔 해에 이렇게 초긴축 예산을 편성하면 어떻게 선거를 치르라는 것이냐"고 노골적으로 반발했다.

나는 이런 불만을 누그러뜨리기 위해 기대 수준을 낮추고 체념하게 하는 방법을 썼다. 기회가 되는 대로 예산의 긴축운영을 되풀이해서 강조했다. 예산증가율을 한 자리 숫자 이내에서 억제하겠다는 말로 시작해서 5% 증가라는 수치를 제시해 기대 수준을 낮추도록 했다. 온갖 비난이 쏟아졌지만 아랑곳하지 않았다. 어차피 욕먹을 것을 각오한 바였다. 그대로 밀고 나갔다. 당시의 경제 사정에서는 다른 대안이 없다고 생각했다.

물론 긴축정책에 대한 김영삼 대통령의 사전 양해를 받으면서 시끄러울 것이지만 할 수 없다는 사실에 대해서도 설명을 해두었다. 긴축정책과 같은 독한 정책을 추진하면 으레 시끄러울 수밖에 없기 때문이다. 독한 정책이란 비록 인기는 없지만 나라경제를 위해서는 꼭 해야 하는 정책이란 뜻이다. "시끄러운 소리가 있더라도 못 들은 척 밀고 가겠으니 흔들리지 말아주십시오"라는 뜻이었다. 1998년 예산은 6% 증가한 규모로 편성하는 데에 성공했다. 1997년 예산이 그 전 해보다 13% 증가한 규모인 점을 감안하면 여당 쪽에서 강력하게 반발한 이유를 알 만하다.

과소비와 소비 합리화

정부부터 이렇게 씀씀이를 줄이는 일에 나서면서 민간 소비절약 운동도 대대적으로 전개했다. 소비절약운동을 전개하면서 내걸고 싶었던 표어는 '꿈 깨자'였다. 우리가 마치 세계 제일이나 되는 것 같은 착각에서 깨어나야 한다고 생각했다. 정부, 기업, 근로자, 가계 할 것 없이 모두가 제각기 자기 혁신을 서둘러야 할 때였다. 이런 자기혁신이 바로 구조조정이고 구조개혁이었다. 고통을 겪지 않고 우리 경제문제를 해결할 수 있는 손쉬운 묘방은 없다.

소비절약운동이 당시 사회적 이슈였던 과소비 추방운동과 혼동되어 해외로부터 많은 오해가 있었다. 당시 과소비 문제는 큰 사회적 이슈였다. 일부 시민단체는 사치성 소비에 대한 비판과 함께 고가 수입품 추방 운동을 활발하게 전개했다. 이는 자칫하면 무역마찰을 초래할 수 있다. 외국에서는, 정부가 소비절약운동을 제창하자 시민단체의 과소비 추방운동을 정부가 뒤에서 부추기는 것으로 생각했다. 공공연하게 수입품을 배격하는 운동을 정부에서 부추기는 일은 WTO 협정에 위반된다고 미국과 유럽의 상공인단체는 물론 이들 정부까지 나서 우리 정부에 이를 시정해주도록 강력하게 요구했다.

당시 나는 소비 합리화, 소비 과학화를 강조하면서 낭비를 없애자고 했다. 이를테면 우리가 남기는 음식만 가지고도 굶주림에 허덕이는 북한 주민을 다 배불리 먹게 할 수 있다는 것, 에너지 소비를 한다고 한 등 끄기 운동을 해서 어둡게 지낼 것이 아니라 밝게 지내면서도 전력은 훨씬 적게 소비하는 전구로 바꾸는 것 등 소비를 합리적이고 과학적으로 하는 것이 바로 올바른 소비절약운동이라고 했다.

과소비 문제는 외국 제품 배격운동 차원의 문제는 아니라고 생각했다. 과소비냐 아니냐의 여부는 각자의 소득에 비교해서 판가름해야지, 특정 품목을 쓰면 과소비라고 몰아갈 수 없다. 즉 각자의 소득 수준에 걸맞지 않는 씀씀이가 바로 과소비다. 당시 우리 사회에서 문제가 되었던 과소비 문제는 소비의 문제라기보다는 거품경제에서 오는 과소득, 즉 투기소득과 우리 경제 수준 이상의 소득 쪽에 문제가 있다고 생각했다. 당시 경쟁국에 비해 월등히 높은 임금 수준은 그런 예에 속한다.

어쨌든 그동안의 노력에 힘입어 3월 이후 국제수지 적자는 크게 줄어들기 시작했다. 6월 무역수지가 2년 반 만에 처음으로 흑자를 시현했고, 7월 말 외환보유고는 337억 달러 수준으로 늘어났다. 610선까지 갔던 주식시장도 800선을 내다보게 되었다. 취임 석 달 남짓, 급한 불길은 잡혀가고 있었다. 물가안정 속에 경기는 회복

기미를 보이는 등 경제 상황은 취임 당시와는 완전히 다른 모습으로 탈바꿈하고 있었다. 구조개선 노력을 한참 더해야 하는데 지표가 너무 빨리 개선되는 것이 오히려 마음에 걸리는 상황이었다. 그 때에는 아직 기아(起亞) 문제는 불거지지 않았고 태국의 금융위기 역시 먼 나라의 일이었다.

📢 홍보 강화와 공조 체제 구축

외자 유입이나 외환보유고의 확충 못지않게 시급한 것이 대외신인도의 제고이다. 따지고 보면 외환보유고라는 것도 한 나라의 대외신뢰도를 유지하는 방법 중의 하나일 따름이다. 해외 금융기관도 돈놀이를 업으로 하는 이상 돈 떼일 염려만 없으면 굳이 빌려준 돈을 회수할 이유는 없었다. 그러나 신뢰가 무너지면 얘기는 달라진다. 한국경제가 계속 발전할 것이라는 믿음, 이를 뒷받침하는 한국정부의 문제해결 능력에 대한 신뢰를 어떻게 확보하느냐가 관건이었다. 10.26 후 정권 공백기에 닥친 제2의 석유파동에 내몰렸던 1980년의 경제 상황은 1997년보다 훨씬 더 어려웠지만 기름값 60% 인상, 18%에서 24%로의 금리 조정, 환율유동화 등 과감한 정책을 행동으로 실천함으로써 신뢰를 잃지 않고 갈 수 있었다.

이러한 적절하고 과감한 행동을 취하면서 해외에 대해서는 한국 경제의 신뢰성 확보를 위한 홍보 활동을 적극 벌였다. 10.26 후 첫 회견 때 가장 역점을 둔 것이 해외 투자자들을 안심시키는 일이었다. 그 후 해외 투자자들을 대상으로 하는 설명회, IECOK 회의 등 기회 있을 때마다 적극적인 홍보를 전개했다.

해외 홍보 대책

1997년 3월 한보사태 등으로 추락한 대외신인도 회복을 위한 외국 정부와 언론, 국제 금융계 등에 우리 경제정책에 대해 정확히 설명할 기회를 갖는 것이 필요했다. 우선 나의 전임 부총리로 주미 대사를 역임한 한승수 의원이 미국과 유럽 순방에 나섰다. 한국경제설명회를 주관하고 금융계, 언론계와 정부의 주요 인사를 만나도록 했다. 이들에게 한국 경제 상황에 대한 설명과 함께 협조 요청도 하고 또 우리 정부에 대한 요망 사항을 듣도록 했다. 그의 해외 순방은 4월 7일부터 약 2주에 걸쳐 이루어졌다. 하지만 참고할 만한 이렇다 할 귀국 보고는 없었다. 그러나 일회성 순방으로 뚜렷한 성과를 기대하는 것은 무리였다.

복잡하고 긴밀하게 얽혀 돌아가는 오늘의 국제경제 현실에서 이와 같은 일회성 해외홍보 방식으로는 대처할 수 없다. 개방화, 정보화 시대에는 사전 약속 등의 의전 절차에 구애되는 번거로움 없이 준비가 없더라도 금방 만날 수 있거나, 필요한 때에는 언제든지 전화를 걸어 알아보고 부탁도 할 수 있는 그런 긴밀하고 즉시적(卽時的)인 관계가 일상적으로 이루어져야 한다. 정부뿐 아니라 중앙은행은 중앙은행끼리, 민간은행 등 금융기관은 그들대로, 또 민간기업은 기업 간의 비즈니스를 통해 상호 이익과 연결된 관계를 맺어야 한다.

1997년 3월 24일 청와대 오찬을 겸한 업무보고를 하면서 김기환 박사를 해외 홍보를 전담하는 순회대사나 대통령 경제특보로 활용할 수 있도록 대통령에게 건의했다. 대통령은 순회대사 쪽이 좋겠다고 말했다. 1997년 3월 26일 경제 담당 순회대사를 두는 것에 대해 대통령의 정식 결재가 났다. 순회대사를 두기로 한 것은 기존의 해외 관련 시스템을 정상 작동한다는 전제에서, 경제 운용을 담당하는 경제 총수의 정책과 문제 해결 구상을 바로 인용(quote)할 수 있는 정보 소스가 필요하기 때문에 취한 조치였다.

　김기환 박사는 이용태 박사로부터 인천의 미디어밸리(Media Valley)를 맡아달라는 부탁을 받고 반승낙을 한 상태라고 주저했지만 이 일이 나라를 위해 더 중요하고 값진 일이라 설득해 승낙을 받았다. 먼저 순회대사로서 해야 할 일을 상의했다. 대외신인도 제고를 위한 설명과 협력관계의 증진 이외에 경제 외적인 상황과 예상치 못한 돌발 상황 등이 발생할 경우를 대비한 미국과 일본 등과의 협력체제 구축이 과제였다. 그러나 외무부의 실무 절차를 밟는 데 한 달 이상 걸려 1997년 5월 6일에야 김기환 박사는 순회대사 임명장을 받았다. 임명장 수여 후 차를 나누는 자리에서 김영삼 대통령은 우리 경제에 대한 홍보, 신용한도액(Credit Line)의 확보, 당시 문제가 된 과소비 추방운동(Frugality Movement)에 대한 해명과 북한 붕괴 등 돌발 사태에 대비한 준비 등의 임무를 수행하도록 지시했다.

　김기환 박사에게 세계 각국의 국제금융 중심지와 수도를 계속 순회하면서 한국 경제 현황을 설명하도록 함으로써 한국 경제에 대한 이해도를 높여 우리나라 금융기관들이 이들 시장에서 원활하게 차입할 수 있는 여건을 조성하도록 당부했다. 아울러 주요국의 재무성, 외무성 고위 관리들과도 수시로 접촉해 우리나라의 금융개혁 구상을 설명함으로써 정부의 의도와 능력에 대한 신뢰감을 쌓도록 당부했다.

김 대사의 홍보 요점을 요약하면

1) 문제를 정확하게 잘 알고 있다. 문제를 제대로 알아야 해결책이 나올 수 있기 때문에 이 점이 매우 중요하다.
2) 해결책을 알고 있다.
3) 방안을 마련하고 있다. 금융개혁 법안이 그중의 대표적인 것이다. 국회에서 법안이 통과되면 즉시 구조개혁에 착수한다. 곧 행동을 취할 것이기 때문에 기다려봐라.
4) 금융부실이 문제지만 이에 대처하기 위한 금융개혁을 추진 중이다.
5) 한국 금융시장은 불안정하지만 거시경제 기초경제력(Macro Fundamentals)은 좋다는 다섯 가지로 요약할 수 있다.

홍보는 실상을 있는 그대로 알리는 것이다. 실상과 다르게, 또는 더 좋게 알리려는 노력은 서양 사람들의 말처럼 '죽은 사람 얼굴에 화장하기'와 같아 그 끝이 허망하기 마련이다. 백 번의 정책 홍보보다 한 번의 실천이 더 설득력 있다. "우리는 문제가 무엇인지를 잘 알고 있다. 이를 어떻게 해결할 것인지에 대한 계획도 가지고 있다. 이를 실천할 정책, 실천 의지와 능력도 갖추고 있다"라는 것을 알리는 것이 신인도 제고를 위한 홍보의 핵심이었다.

내가 재임한 기간 중 김 박사는 6회에 걸쳐 연 60~70일을 아무런 보수도 없이 해외를 전전하는 수고를 아끼지 않았다. 매월 열흘이상을 해외에서 산 셈이었다. 김기환 박사는 우리가 퇴임하고 대통령 당선자가 선출된 후에도 금융·외환위기 해결을 위해 큰 역할을 했다.

나는 시간이 허용하는 대로 외신 기자, 서울 주재 미국상공회의소(AmCham), 서울 주재 유럽상공회의소(EuroCham), 일본의 한국 주재원 등도 수시로 만나 경제 현황과 정책 방향에 대해 설명하고 토론하는 기회를 가졌다. 한국을 방문한 외국 정부 관계자는 물론, 기업인 중에서 면담 요청이 있을 경우에는 바쁜 일정 중에라도 만나 의견을 교환하고자 노력했다.

이때만 해도 대비책을 마련하기는 했지만 실제로 외환위기를 당하리라고는 생각하지 않았다. 하지만 언제라도 국제사회로부터 대규모 금융지원을 받지 않으면 안 되는 사태가 발생할 수 있다고 생각했기 때문에 여러 채널을 확보해두는 것이 바람직하다고 생각했다. 그러나 해외 금융시장은 이미 악화일로에 있었다. 김기환 해외 순회대사가 부지런히 해외 금융계 인사들을 찾아다니면서 정부가 문제를 제대로 알고 올바른 대책을 추진하고 있다는 사실을 금융개혁 법안을 예로 들어 설명했다. 해외 금융시장에서는 법안 제정 여부가 금융문제 해결을 위한 한국 정부의 실천 의지를 판가름하는 잣대로 삼게 되었다. 사실 그때까지만 해도 법안의 국회 통과는 큰 어려움이 없을 것으로 생각했다. 왜냐면 법안 입안 및 수정 과정에서 여당은 물론 야당과도 긴밀하게 협의를 했기 때문이었다. 그러나 국회는 끝내 법안 통과를 외면했다. 환란을 당하고 IMF가 요구한 후에야 서둘러 만장일치로 통과시켰다.

해외에서의 당국자의 말 한마디가 얼마나 큰 영향을 미치는가를 말해주는 예가 있다. 재경원 기획실장이 해외 출장 중 런던에서 스위스은행(SBC)에서 한국에 대해 10억 달러 규모의 신용한도를 늘리기로 했다는 보고를 해왔다. 그런데 이 사실을 너무 서둘러 발표하는 바람에 SBC 내부에서 문제가 생겼고 결국 한도를 늘리는 것은 없었던 일로 되고 말았다. 그만큼 우리 경제에 대해 확고한 신뢰가 없었다는 반증이기도 하지만 말 한마디가 얼마나 민감한 영향을 미칠 수 있는가를 잘 알 수 있다.

해외 공조체제 구축

정부 홍보도 단발성 홍보로는 안 되고 낯익은 얼굴이 늘 연락하는 전담 홍보가 되어야 한다. 정부 차원에서는 홍보보다는 공조체제 구축이 긴요했다. 특히 미국과 일본 그리고 국제기구 중에는 IMF와의 공조체제 구축이 핵심이었다. 당시만 해도 외환위기 같은 상황을 당할 것이라고는 생각하지 못했다. 그럼에도 이들 나라들과 공조체제 구축에 신경을 쓴 것은 북한 붕괴와 같은 긴급 사태가 발생할 경우에 대비하기 위해서였다. 북한 붕괴를 직접적으로 언급하는 것은 적절하지 않았기 때문에 금융개혁 등 구조개혁 노력을 추진하는 과정에서 자칫하면 금융시장이 불안할 수 있어 금융시장 안정을 위해 필요할 경우 지원을 해주도록 요청했다. 우리의 구조개혁 노력과 거시경제 운용에 대한 이해를 높이는 뜻도 함께 가진 것은 물론이다.

부총리가 된 8개월 남짓한 기간 중에 6차례 해외출장을 다녀왔다. 그중 4번은 5개의 공식 국제회의 참석차 나간 것이었다. 즉 아태경제협력체(APEC) 재무장관회의(4.4~4.7), 아시아개발은행(ADB) 총회(5.10~5.12)와 경제협력개발기구(OECD) 각료이사회(5.24~5.28), 아시아유럽 정상회의(ASEM) 재무장관회의(9.18~9.22)에 이은 국제통화기금(IMF) 및 세계은행(IBRD) 연차총회에 참석했다. 그밖에 8월에는 수교 5주년 기념 사절로 중국을 방문(8.20~8.24)했다. 과거(1970~80년대)만 해도 부총리가 해외 출장, 특히 유럽 나들이를 할 경우 2주 정도의 일정이 보통이었다. 그러나 이제는 회의 참석만 하고 곧장 돌아오는 바쁜 일정에다가, 회의 자료 등도 대부분 비행기 안에서 파악해야 했다. 해외에 나가면 일상 업무로부터 떠나 생각을 정리하게 되지만 일부 사람들이 막연히 생각하는 것처럼 놀러가는 것과는 거리가 멀다.

국제회의는 회의 자체보다 그것을 계기로 사람들을 만날 수 있기 때문에 더 중요하다. 회의에서 결정하는 주요 안건은 실무진들의 협의로 글자 한 자까지 세밀하게 따진 것이기 때문에 그 내용을 가지고 시비할 일은 거의 없다. 굳이 말한다면 우리의 입장 표명을 위한 연설을 해서 기록에 남기는 정도다.

해외 공조 네트워크 구성에 대해 많은 고심을 했다. 하지만 사실 모든 것은 인간관계에서 비롯되는 점은 개인사나 국가 간이나 크게 다를 바 없다. 그런 점에서 우리나라는 늘 매우 불리한 입장에 놓이곤 한다. 왜냐하면 우리나라 장관들은 하도 자주 바뀌어 회의 때마다 새 얼굴이 대표로 나타나기 때문이다. 그러니 인간관계가 형성될 수 없기에 국가적으로도 엄청난 손실이다. 선진국들은 퇴임 후에도 계속 정보를 제공하는 등의 관계를 유지하면서 적절한 대외활동을 뒷받침해 국가 이익에 보탬이 되도록 인재를 잘 활용한다. 이는 우리가 반드시 배워서 실천해야 할 일이다.

국제회의에 참석하면 회의보다 사람들을 만나는 일에 더 많은 시간을 할애한다. 우리 경제 상황, 정책 방향을 설명하고 상대방이 알고 싶은 것에 대해 설명도 하면서 아울러 협조 요청 사항에 대해 의견 교환을 한다. 이렇게 함으로써 우리 경제의 신인도가 흔들리지 않도록 하는 것이다.

시장에서는 실제(Fact)보다 어떻게 생각하는가의 인식(Perception)이 더 중요하다. 이를테면 북한이 실제로 붕괴하는가는 문제가 아니다. 북한이 붕괴할 것이라고 생각하면 그에 따라 시장은 움직이기 때문이다. 홍보는 바로 현실과 인식의 괴리를 최소화하기 위한 노력일 따름이다.

나는 1983년 재무장관을 그만둔 뒤, 경제를 직접 책임지는 자리에 다시 들어오기까지 14년 가까운 공백이 있었다. 이처럼 오랫동안 정부를 떠나 있었기 때문에 개인적으로 협조를 요청할 만한 마땅한 사람이 없어 부총리를 맡고 나서 늘 마음이 편하지 않았다. 취임 후 인사 편지는 보냈지만 미국이나 일본 등의 재무장관과는 일면식도 없었다. 그런데 언제 무슨 일이 터질지 모르는 국내외 상황은, 언제 긴밀한 협조 요청을 하게 될지 알 수 없는 상태였다. 선진 각국과 주변 국가의 협력을 확보하기 위해서는 각국의 재무장관들과는 물론 국제경제계와 금융계 인사들과 언제라도 전화로 협조를 요청할 수 있는 친분이 있어야 하는데 나의 경우에는 그렇지 못했다.

1997년 4월 5일 필리핀에서 열린 APEC 재무장관회의는 그런 면에서 내게 매우 중요한 의미를 지닌 기회였다. 먼저 만난 사람은 일본의 미쓰츠카 대장대신(재무장관)이었다. 일반적인 일본 사람의 인상과는 달리 한국 사람과 같은 인상이었다. 미쓰츠카 대신이 먼저 일본 경제 상황과 한국에 대한 협조 사항에 대해 설명했고, 곧이어 내가 우리 쪽 사정을 설명했다. 나는 최근의 경제 상황과 대책 방향을 설명했다. 앞으로 금융시장 사정이 어려워지면 도와주도록 요청했고 그는 흔쾌히 약속했다. 그는 특히 6월 이후에는 그럴 여력이 있을 것이라고 부연하면서 IMF 쿼터(출자할당액) 내에서 증액 문제에 대해서도 적극적으로 협조하겠다고 했다. 앞으로 자주 만나 여러 가지 문제를 상의하기로 했다.

미쓰츠카 대신과는 그 후 만나는 횟수를 거듭함에 따라 더욱 친밀해졌다. 그래서 AMF 구상이라든가, 한·중·일 3국 재무장관의 비공식 모임을 추진하는 문제 등을 격의 없이 논의하게 되었다. 퇴임 후 환란으로 어려움을 겪는 동안에도 위로와 격려를 받았고, 서울에 들르면 잠시 자리를 함께 하기도 했다.

이어 캉드쉬 IMF 총재를 만났다. 물론 첫 대면이었다. 그는 취임 후 내가 펴왔던 정책과 일에 대해 자세히 알고 있었다. 특히 3월 20일 첫 합동 기자회견을 통해 발표한 경제정책에 매우 만족스러워하며 격려를 아끼지 않았다. 그는 어려운 일이 있으면 언제든 나서겠다고 말하며, 긴급사태 시의 계획(Contingency Plan) 얘기를 꺼냈다. 멕시코 사태 때는 몇 시간 안에 160억 달러를 동원했다는 말을 하면서, 긴급사태가 발생해도 자금 동원에는 자신 있다고 말했다. 나는 금융개혁 등을 추진하는 과정에 따르게 마련인 금융시장의 불안정 이외에도 북한 붕괴 가능성 등 우발 상황이 발생할 경우에 긴급 대책이 필요함을 설명했다. 그러자 어떤 일이든지 상의하면, IMF에서 할 수 있는 일은 다하겠다고 약속했다. 덧붙여 한국 경제에 대해 의구심을 가진 사람이 있다면 자기가 나서 해명하겠다고 큰소리하기도 했다. IMF 쿼터 증액 문제도 적극적인 지원을 약속했다.

그 다음 로버트 루빈 미 재무장관과 만났다. 재무장관이라기보다는 비즈니스맨 같은 인상으로, 매우 부드럽고 조용한 분위기를 풍겼다. 모든 일에 미국의 지원이 절대적임은 부인할 수 없는 현실이다. 루빈 장관에게도 금융개혁, 특히 북한 붕괴와 같은 돌발 사태로 우리가 감당할 수 없는 외환 수요가 발생할 경우, 미국 정부가 적극 앞장서서 지원해줄 것을 요청했다. 그러나 그의 반응은 매우 실무적이었다. 어떤 경우에도 미국 정부의 재정지원은 어렵다는 대답이었다. 그러나 IMF나 금융계가 적극적으로 나서도록 도와줄 수는 있다고 말했다. 그는 우리나라 금융개혁에 더 많은 관심을 보였다. 그러면서 UR협상에서 뒤로 미루었던 금융 분야 협상을 재개하고 있는데, 한국 정부가 그 일이 잘 성사되도록 협조해달라는 부탁을 해왔다.

우리나라는 이미 OECD 가입 때 개방을 상당 부문 약속한 것이 있고 그 정도의 양보만으로도 충분하기 때문에 흔쾌히 협조하겠다고 약속했다. 물론 IMF 쿼터 증액에 대한 협조 요청도 했다. 미국이 쿼터 증액에 가장 소극적인 입장이지만 쿼터를 증액하는 것이 금융개혁을 추진하는 과정에서 발생할 수 있는 금융시장의 불안을 줄이는 데 큰 도움이 된다는 점을 지적하면서 특별히 관심을 가져주도록 부탁했다. 루빈 장관은 공감을 표시하면서 최대한 협조하겠다고 말했다.

1시간 30분 남짓한 시간에 연속적으로 만난 이 세 사람은 우리에게 가장 중요한 위치에 있는 사람들이었다. 그들과의 만남이야말로 APEC 출장의 가장 중요한 목적이었다. 해외 공조체제 구축은 이 세 사람을 빼놓고는 생각할 수도 없는 일이었다. 비록 짧은 만남이었지만 밑그림은 그려진 셈이었다. 이제 금융시장 동향이 불안할 때, 직접 전화를 걸어 도움을 요청할 수 있게 된 것이었다.

1997년 9월 24일 캉드쉬 IMF 총재와 만난 자리에서 그는 한국 경제 운영에 대해서는 매우 만족스럽다고 말했다. 그는 다음 정권에서도 내가 재무장관을 맡아 일을 했으면 좋겠다는 말과, IMF가 할 수 있는 일이 있으면 다하겠다고 했다. 나는 그냥 웃으며 한국의 젊은 직원들을 IMF에서 많이 채용하도록 당부했고, 한국에 와본 일이 없다고 해서 방한 초청을 했다. 그로부터 두 달도 가기 전에 IMF 지원을 위해 캉드쉬 총재가 급히 방한하도록 요청하는 상황에 몰렸다. 게다가 다음 정권에서 환란 주범으로 몰려 형사재판을 받는 처지로 전락하리라는 것은 그때는 상상도 못했다.

1997년 8월 28일 일본 대장상 미쓰츠카 일행이 과천 사무실을 방문했다. 당시 일본에서는 금융기관을 정리하고 있었다. 재일동포들이 경영하는 신용금고 등에 특별한 관심과 배려를 해주도록 부탁했다. 당시 시중에는 9월 금융대란설이 나돌고 있어 일본 금융기관에서 우리나라 종합금융회사와 은행에 대한 자금 회수를 자제하도록 행정지도도 부탁했다. 그래서인지 9월 대란설은 '설'에 그쳤다.

실업 대책

국제수지 방어를 위해서는 경기부양을 위한 정책은 펼 수가 없었다. 가장 큰 문제는 실업대책이었다. 기업 구조조정 과정에서 정리해고는 불가피해질 것이어서 실업 증가는 어쩔 수 없었다. 1998년 김대중 정부에서 한 것과 같은 취로사업은 애당초 염두에 없었다. 1980년의 어려울 때에도 취로사업을 벌일 생각은 하지 않았다. 영세민 구호사업 차원이라면 몰라도 실업대책 차원에서 취로사업을 할 단계는 지난 지가 오래라고 생각했기 때문이다.

취업 기회를 넓힐 수 있는 길은 두 가지뿐이라고 생각했다. 그 하나는 벤처기업 등 중소기업을 육성하는 것이고, 다른 하나는 외국인 직접 투자를 대대적으로 유치해오는 것이었다. 이에 따라 '벤처기업 육성정책'과 '지방중심 경제 활성화 대책'을 마련했다.

벤처기업 육성

벤처기업 육성을 역점 과제로 선택한 것은, 실업대책이라는 측면도 있지만 그보다는 대기업 중심의 소품종 대량생산 방식의 양적 성장으로는 고용을 크게 늘리거나 고부가가치를 실현하기가 점점 어려워진다고 생각했기 때문이었다. 정보화시대에는 지식과 기술을 바탕으로 하는 모험 기업들이 성장과 고용을 뒷받침할 수 있는 돌파구가 된다. 이는 미국 경제의 부흥에서 잘 입증되고 있었다. 1988~92년까지 미국의 500대 기업의 고용증가율은 -0.8%였는데 반해, 벤처기업의 고용은 19%씩이나 증가하고 있었다.

1985년, 12대 국회의원으로 처음 국회에 진출했을 때, 고도의 기술과 창의력으로 무장한 중소기업을 우후죽순처럼 솟아나게 하는 것만이 우리 경제를 선진화시킬 수 있는 길이라고 생각해서 의원입법으로 '중소기업 창업지원법'을 만들었다. 그런데 이 창업촉진 시책은 기대했던 만큼의 성과가 없었다. 여전히 재벌기업들이 우리 경제를 이끄는 기관차 역할을 하고 있었기 때문이었다.

그러나 이번에는 제대로 일이 되도록 하겠다고 생각했다. 벤처기업 창업을 촉진하기 위해서는 먼저 정책이나 제도를 마련하는 등 기업환경을 조성해야 했다. 그에 못지않게 창업을 위해 뛰는 사회적 분위기를 만드는 것이 필요했다. 주무부처인 통산부 직원들이 앞장서서 뛸 수 있도록 적극 뒷받침했다. 벤처기업 육성에 관한 아이디어를 그들이 제안한 것으로 했고 필요 예산을 책정하는 등 필요한 뒷받침도 했다.

1997년 3월 31일, 과천 재경원 회의실에서 경제장관 회의가 있었다. 경제장관회의를 대통령이 직접 주재하기는 처음이다. 통산부에서 벤처기업에 관한 특별보고를 했다. 보고가 끝난 다음에는 성공한 12개 벤처기업의 전시 부스를 김영삼 대통령이 직접 둘러보면서 설명을 듣고 애로사항에 대한 건의를 들었다. 소프트웨어 불법복제 사용규제, 코스닥 개설, 병역문제 등이 그때 건의한 사항들이다. 이런 행사를 통해 통산부가 이 일에 전력투구하게 만들고, 벤처기업에 대한 국민의 관심을 불러일으켜 벤처 붐이 일어나기를 기대했다. 벤처기업 육성책은 기대 이상으로 반응이 좋았다. 때마침 젊은층에서부터 일기 시작한 모험과 개척의 창업정신을 그대로 수용해 발전시킬 수 있는 계기를 만든 셈이다. 그 이후로도 기회 있을 때마다 새싹론을 역설하고 다녔다. 경쟁력이 없는 부실기업을 지원하는 일에 귀한 재원을 낭비하기보다는 무한한 성장 가능성을 지닌 젊은 세대들에게 가치 있는 투자를 할 수 있는 계기를 만들어주고 싶었다.

외국인 투자 유치

벤처는 고도의 기술과 지식을 가진 고급 인력 중심으로 단독 1위를 추구하는 기업이기 때문에 벤처기업 지원책은 서울이나 대덕연구단지 정도에서나 그 효과를 기대할 수 있다. 따라서 지방에서는 벤처기업 육성정책의 효과를 크게 기대할 수 없다. 고급 인력이나 자본이 부족한 지방경제를 활성화하기 위해서는 다른 정책이 있어야 한다. 이를 위한 정책이 바로 '지방중심 발전전략'이다. 각 지방에서 선진 기술과 자본을 가진 기업을 서울이나 해외로부터 유치하는 일에 경쟁적으로 나서도록 만들자는 것이었다.

오늘날 전 세계가 외국인 투자유치에 노력을 경주하는 이유는 바로 이것이 고용을 유지하고 창출하는 가장 손쉬운 방법이기 때문이다. 영국, 미국, 독일까지도 우리나라 기업의 공장을 유치하기 위해 노력하고 있다. 값싼 공장부지의 제공, 조세 감면, 진입 도로 등 사회간접자본 시설 지원, 종업원 교육·훈련비 부담 등 우리로서는 상상하기도 어려운 좋은 조건을 내걸며 해외자본 유치 경쟁을 하고 있다.

우리나라도 해외 공장 유치정책을 추진하고 있었지만 기대만큼의 성과는 없었다. 외국인 투자를 유치할 때 일본 기업 유치가 가장 손쉬운데, 국가 단위의 교섭은 과거사의 앙금 때문에 쉽게 이루어지기 어려웠다. 지방이 주체가 되면 그런 장애를 피해갈 수 있다. 예를 들어 큐슈 북안에 위치한 일본 자동차공장과 우리나라 남동 해안에 위치한 자동차공장에 부품을 동시에 공급할 수 있는 공장을 우리 남동 해안에 끌어들일 수 있다면, 이 지역 경제의 모습을 일신할 수 있는 계기가 된다. 이렇게 되려면 지방이 적극적으로 외자유치에 경쟁적으로 나서야 한다.

지방 특성에 맞는 방식을 택해야 하고 이를 가능하게 하는 수단이 있어야 한다. 그러나 새로운 발전을 촉진시키는 원동력으로 삼기에는 지방자치단체에게 권한이 거의 주어져 있지 않다. 지방자치단체의 장이 싼값에 공장 부지를 제공할 방법도 없고, 좋은 인력을 양성하기 위해 교육투자를 할 방법도 없다. 또 경제의식으로 무장된 국제화된 참모도 없다. 돈, 땅, 사람 등 모든 면에서 수단이 없는 것이다.

사실 우리나라에는 '지방이 없다'고 할 수 있다. 지방자치제가 시행이 되고는 있지만 선거만 했다고 지방자치가 되는 것은 아니다. 지방자치가 제대로 되려면 권한의 지방분산, 즉 분권화가 이루어져야 한다. 지방이 스스로 다스리는 자치를 하려면, 적어도 세 가지 권한은 제대로 주어져야 한다. 즉 재정권과 인사권 그리고 행정권이다. 경제 발전을 위해서는 최소한 토지 이용에 대한 권한을 지방이 가져야 한다. 이런 권한의 대부분이 중앙정부에 집중되어 있는 상황에서는 지방이 나서서 지역경제 발전계획을 마련하거나 추진하는 일은 거의 불가능하다.

또 외국 기업의 입장에서 볼 때 기업하기 쉬운 환경이 마련되어야 한다. 외국 기업이 우리나라에 들어오기까지는 장애가 너무 많다. 공장을 하나 짓기 위한 서류를 제대로 다 갖추려면 1년 이상 각 관공서로 뛰어다녀야 한다. 그동안 이런 규제를 줄인다고 열심히 노력했다. 문제는 규제 철폐를 규제를 하는 쪽에서 주도한 점이다. 그 결과 규제 철폐 건수는 많았어도 실질적인 규제는 거의 줄어들지 않았다. 규제 철폐를 위해 지방자치단체가 앞장서도록 만들어야 한다.

지방중심 발전 전력

1997년 5월 20일, 충북 청주에서 김영삼 대통령이 주재한 지방경제 활성화 보고회의가 열렸다. 청주가 생긴 이래 처음 열린 큰 행사이고 경제 관련 장관과 지방자치단체장들이 모두 참석한 것도 문민정부 들어 처음이었다. 그날 회의에서 지방중심 경제 활성화 대책을 확정했다. 조금 거창하게 말하면 우리 역사상 처음으로 본격적인 지방시대를 열어가는 정책들이 이날 마련되었다.

먼저 전문인력 지원이다. 시·도에서 요청하면 중앙정부 부담으로 경제부처 중견 공무원을 지방에 파견한다. 또 산업은행도 지방자치단체가 요청할 경우 지자체의 주요 사업에 대해 타당성 분석과 재원조달 방안 등에 대한 자문을 해준다. 이날 회의 후 처음에는 몇 군데에서만 신청했으나 얼마 안 가 모든 시·도에서 중견 공무원의 파견을 요청해왔다. 지방경제 활성화뿐 아니라 중앙부처와 지방자치단체 간의 정보 교환이 원활해졌고, 업무 협조에도 큰 변화를 가져왔다.

다음은 세제 유인책이었다. 지방자치단체의 재정력을 강화하기 위해 그 지역 내에 새로 창업되는 법인의 법인세는 10년간 50%를, 기존 법인의 새로운 사업장을 유치한 경우에는 5년간 지방 사업장분 법인세의 50%를 지방자치단체의 일반재원으로 사용할 수 있도록 했다. 기업을 유치하면 지방 세입이 증가하는 유인책을 마련했다. 그리고 산업금융채권, 외화차입 등의 방법으로 지역개발 사업의 자금을 융자 지원하도록 했다.

토지 이용과 관련해서는 중앙정부의 승인 없이 개발할 수 있는 지방공단의 범위를 30만 평 미만이던 것을 100만 평 미만으로 확대했다. 또 조성하고자 하는 산업단지 면적의 5/10 범위 내에서는 농업진흥지역 밖의 농지를 전용할 수 있는 권한을 시·도지사에게 위임함으로써 농지전용 규제도 크게 완화했다.

진입 도로, 용수 등과 같은 기반시설에 대해서는 국가공단과 같은 수준으로 국고에서 지원한다. 이로써 공장 유치를 위한 공단이 필요할 경우 국가공단 조성을 요청하고 처분만 기다리는 일 없이 지방 스스로 바로 할 수 있게 된다. 또 임대를 위한 공장 부지를 조성할 경우 지방자치단체가 부담하는 금액과 똑같은 금액을 국고에서 부담해주기로 했다. 나아가 지방자치단체 부담분에 대해서도 융자 지원함으로써 싼값으로 공장용지를 임대해줄 수 있는 길을 열어놓았다.

준농림 지역에서 건축허가만으로 공장이나 물류시설을 지을 수 있는 지역을 시장·군수가 사전에 지정하도록 하는 산업촉진지구 제도를 도입한다. 이때 시·도지사에게 위임되어 있던 농지전용 협의권은 3만 평에서 30만 평으로 확대한다.

이렇게 각 지방 특성에 맞는 해외 투자를 유인할 수 있는 공단 조성 등 재정지원을 제도화했다. 무엇보다 지방의 노력 결과와 중앙정부 지원을 연계하는 유인 방식을 제도화함으로써 지방이 주도적으로, 또 지방자치단체들끼리 경쟁적으로 기업 유치를 위해 뛰게 하는 바탕을 마련했다. 지방경제 활성화 대책 이후 광역단체장들이 다투어 해외 기업 유치에 적극 나서게 된 것은 우연히 이루어진 것이 결코 아니었다.

국회에 진출한 이후 일본 엔화가 강세를 보여 일본 기업의 해외 이전이 예상되던 때에 호남 지역 전체를 투자자유지역으로 정해 해외투자를 유치하자는 제안을 한 일이 있다. 그런 노력의 일환으로 14대 국회 때 규제로부터 자유로운 경제특구를 지방자치단체가 지정할 수 있도록 하는 의원입법을 호남 출신 야당의원(유인학)과 함께 추진했다. 하지만 행정부 실무자들과 신한국당 정책위의 소리 나지 않는 반대로 입법화에 실패했다. 또 지역균형발전기획단을 맡아 부산 지역과 전라북도의 발전 문제를 두고 몇 년 동안 동분서주한 일이 있다. 이런 과정에서 얻은 아이디어를 모아 지방중심 발전전략을 추진했다. 사실 이날 보고된 내용은 종래의 발상에서는 실현되기 어려운 것이 많이 포함되어 있었다. 관련되는 부처의 동의를 얻어내는 데에 어려움이 많았다.

벤처기업을 위한 행사를 마친 1997년 4월 초, 김영삼 대통령에게 '경제 살리기 3개년계획'(훗날의 '열린 시장경제를 위한 국가과제 21')과 '지방중심 발전전략' 기본 구상에 대해 보고했다. 이어 곧장 관련 부처 장관과의 협의에 들어갔다. 가장 큰 어려움은 토지이용에 대한 권한의 일부를 지방으로 넘기는 것이었다. 국토이용에 대한 주무부서인 건설교통부 이환균 장관과 가장 먼저 협의를 시작했다. 지방이 수도권에 비해 유리한 점이 한 가지 있다면, 상대적으로 값싼 용지를 공급할 수 있다는 점이다. 하지만 그때까지는 30만 평이 넘는 공단을 지방이 마음대로 개발할 수 없었기 때문에 국가공단으로 개발되었다. 지역 주민들은 공단이 분양이 되건 말건 오불관언이었다. 비싼 값에 땅을 팔 수 있는 기회로만 생각했다. 땅값을 싸게 해서 공장을 유치할 생각은 애초에 없었다. 권한이 없으니 책임감도 없었던 것이다. 따라서 지방 낙후는 중앙정부 탓만 하고 있었다. 건교부를 방문해 간부들과 토지이용 관련 권한을 지방자치단체에 넘기는 문제에 대해 토론을 가졌다. 지방경제 활성화를 위해 필요한 만큼만 양보를 얻어낼 수 있었다.

공업단지 조성을 위해서는 농지의 일부가 들어가지 않을 수 없기 때문에 토지문제는 건교부보다는 농지를 관장하는 농림부가 더 문제였다. 정시채 농림장관과 농업진흥 지역의 농지 전용 허용 문제를 협의했다. 정 장관의 반대가 워낙 완강해 더 이상 말을 하기가 거북할 정도였다. 그러나 농지 전용 문제를 해결하지 못하면 지방중심 발전전략은 무산될 수밖에 없다. 국무회의나 경제장관 간담회 등에서 정시채 장관과 만날 때마다 '잘 부탁합니다'라고 깍듯이 경의를 표시했지만 별 효과가 없었다. 지방중심 발전전략에·관한 최종 보고회의를 일주일 앞둔 아침, 경제장관협의회에서 다시 문제를 제기했지만 정 장관은 여전히 요지부동이었다.

이제는 대통령께 도움을 요청하는 길밖에 없었다. 이미 1997년 4월 28일, 청와대 보고 때 농지 전용에 대한 협의가 잘 되지 않는다는 보고를 했었다. "농림장관에게 내가 한마디 하지"라는 대통령의 지원을 기대했었는데, 그런 기대는 무산되었다. 보고를 하루 앞둔 1997년 5월 19일 정 장관과 다시 협의했으나 실무선에서 합의한 수준 이상의 양보는 얻을 수 없었다.

 도약의 기반, 열린 시장경제를 위한 국가과제 21

변화와 적응 그리고 비전

재경원은 1995년 후반 이후부터 KDI와 함께 국가경제의 비전과

이의 달성을 위한 중장기 방안에 관한 연구를 '21세기 경제 장기 구상'이라는 이름으로 수행해왔다. 이 연구는 우리 경제의 미래에 대한 청사진과 나아가야 할 방향은 제시하지만 구체적인 실행방안(Action Program)과 지침이 없다는 비판을 받았다. 그때부터 제대로 실천되었다면 1997년과 같은 외환위기는 없었을 것이다.

1995년에서 1996년에 걸쳐 내가 이사장으로 있는 국가경영전략연구원(NSI)에서 MBC TV, 중앙일보와 함께 '대전환 21' 사업을 연중 기획으로 추진한 적이 있었다. 냉전체제 붕괴 이후 급속도로 새로 짜여지는 경제 중심의 새로운 세계질서에 대한 문제의식이 너무나 부족하고 이에 대한 노력은 시작조차 제대로 되지 않는 상황을 더 이상 보고만 있을 수 없어 시작한 사업이다. 당시 새로운 세계질서는 세 축, 즉 국경 없는 경제로 가는 세계화(Globalization), 정보화(Digitalization) 그리고 환경 중심이었다.

경제뿐 아니라 노사, 교육, 정치, 문화 등 각 부문별로 해외 동향, 우리의 현실과 앞으로의 변화 방향과 대응 방향에 관한 전문가 토론 내용을 MBC TV 김강정 국장(후에 목포MBC 사장)과 함께 정리해서 1996년 1년 동안 매주 한 과제씩 대전환 21 시리즈로 방영했다. 연구원에서는 이를 과제별로 21권의 소책자로 출판했다. 이를 한 권으로 집약한 《대전환 21세기, 미래와의 대화》를 1997년에 발간했다. 안정화시책 이후 정책 유지 발전을 위한 노력의 일환이었으나 이 사업은 기대한 만큼의 관심을 크게 불러일으키지는 못했다.

재경원에서는 내가 입각하기 전에 매일경제신문에서 추진하는 한국경제에 대한 종합 진단을 하기 위한 비전코리아(Vision Korea)

연구 사업에 참여하고 있었다. 이 사업은 외국 컨설팅회사 부즈알렌(Booze Allen)에 의뢰해서 하는 사업이었다. 1997년 3월 하순, KDI에서 시장경제를 위한 '구조조정 3개년계획 추진방안'을 가져왔다. 그러나 내용이 너무 평면적이었다. 3년의 시간축, 시장별, 정부와 기업 등 행동 주체별의 3차원 실천위주 계획(Action Oriented Plan)을 만들도록 요청했다. 하지만 경제기획원이 없어진 때여서 제대로 만들어질 것이라는 기대를 가질 수 없었다. 1997년 4월 15일의 경제장관협의회에서 국정과제에 대한 연구의 필요성과 구상에 대해 자유토론 기회를 가졌다. 여러 의견들이 나왔으나 이견은 없었다. 정보화, 개방화를 축으로 과제를 정리하기로 의견을 모았다.

주말에 '제2의 도약을 위한 새로운 틀 만들기'에 대한 나 혼자의 생각을 정리했다. 2년 반 앞으로 다가온 2000년의 새 아침을 우리는 어떤 모습으로 맞을 것인가? 희망과 긍지를 가지고 새아침을 맞기 위해 우리는 오늘 무엇을 어떻게 해야 하는가? 이 물음에 대한 뚜렷한 답을 우리는 가지고 있는가? 없다. 이를 위한 구체적인 행동계획이 정리되지 않고 있는 것이 문제였다. 이러한 비전의 부재와 방향 감각의 상실은 지금 당장 겪는 경제적 어려움보다 더 큰 문제다. 당장 해야 할 과제를 간추려 정리하고 공감대를 형성하는 일은 더 이상 늦출 수 없었다. 대통령 선거를 앞두고 있어 더욱 그러했다. 가뜩이나 어려운 경제가 선심공약으로 다시 뒤틀리는 일은 없도록 해야 한다.

제2의 도약을 위한 국정과제 21

개방화, 정보화 시대에 기업 활동이 왕성하게 이루어질 수 있는 새로운 틀을 만듦으로써 기업 의욕을 살리고 제2의 도약이 이루어질 수 있도록 하는 것이 우리의 당면 과제다. 이를 위해서는 경제뿐 아니라 경제 이외의 분야도 함께 달라져야 한다. 특히 교육 부문이 그러하다. 획일, 양산, 주입 방식에 의한 규격화된 교육에서 탈피해야 한다. 다양, 개성, 자기개발에 의한 창의를 계발하는 학습 위주의 교육으로 전환해야 한다.

무엇보다 가장 크게 달라져야 하는 것은 정부의 역할과 기능이다. 경제 부처의 경우 종래의 생산자 중심의 명령과 규제를 축으로 하는 역할에서 소비자 중심의 서비스로 개편되어야 한다. 개방체제에서 기업의 사활은 정책 당국자의 책상 위에서 결정되는 것이 아니라 시장에서 소비자의 선택에 의해 결판이 나기 때문이다.

정부의 역할과 함께 일하는 방식도 달라져야 한다. 정부업무에도 경쟁이 도입되어야 한다. 공기업 민영화는 물론 정부 고유의 업무에도 민간과의 경쟁을 도입하는 방안이 여러 가지로 강구되어야 한다. 조직은 문제를 가장 효율적으로 해결하기 위한 수단으로 만들어지는 것이다. 요즈음처럼 급변하는 상황에서는, 또 새로운 문제가 계속 등장하는 현실에서는 종래의 피라미드식의 수직적 층층구조로는 기민하게 문제에 대응할 수 없다. 따라서 계선조직(Line Organization)을 단축한 팀제가 민간기업에서는 보편화되고 있다. 공공부문이라고 예외가 될 수 없다.

연구원에서 추진한 대전환 21사업과 동일한 문제의식이었다.

이런 생각을 바탕으로 21개 과제를 선정해 'Agenda 21: 제2의 도약을 위한 새로운 틀 만들기'라는 제목을 붙여 다음 날 출근해서 경제정책국에 넘겨주었다.

국정과제 21 작업은 이후 여러 차례의 실무 작업과 경제장관간담회 등을 거치면서 수정과 보완을 거쳤다. 그 후 국정과제 21은 경제장관간담회의 단골 토론 과제가 되었다. 5월 6일, 15일, 22일에 이어 30일의 경제장관간담회에서의 연이은 토론 결과 과제 선정에 대한 의견은 대체로 수렴되었다. 6월 3일 회의에서 다시 여러 좋은 의견이 나와 일부를 손질했다. 이만하면 충분한 토론이 이루어진 것 같고 이제는 대외적으로 내놓아도 괜찮을 정도가 되었다고 생각했다. 6월 11일에는 KDI 연구원들과의 간담회 자리에서 국가과제 21에 대해 설명하고 OECD에서 발간하는 각종 자료를 검토해 정책에 참고할 내용을 간추려 보내주도록 요청했다.

1997년 6월 14일, 대통령에게 국정과제 21사업 작업에 대한 사전 보고를 한 뒤 6월 20일 대통령 주재 경제장관회의에서 확정했다. 지난 두 달을 넘게 다듬은 국정과제 21은 일단 마무리되었다. 선정된 과제는 선진국과 동일 수준의 시장경제의 틀을 구축하기 위해 서둘러야 할 핵심 구조개혁 과제들이다. 그동안 누적·고착화된 시장 기능의 제약요소를 없애고 국내제도와 정책·행동 양식을 국제규범에 맞추기 위한 과제로서 당장 실행에 옮겨야 하거나 늦어도 2~3년 내에 반드시 새롭게 틀을 마련해야 할 과제들이다.

공급자 중심에서 수요자 중심으로 달라져야 할 공공부문의 6개 과제, 투명하고 공정한 경쟁 촉진을 위한 3개 과제, 유연한 경제·

사회구조로의 전환을 위한 6개 과제, 인프라의 정비와 효율 향상을 위한 4개 과제, 미래지향의 기초인 정보화와 기술혁신을 위한 2개 과제 등이다. 이날 회의 후 각 과제별로 주관 연구기관을 선정해 의견 수렴과 공론화를 위한 공청회 준비 작업에 들어갔다.

1997년 7월 4일 국정과제 21의 첫 과제로 물가구조 개편에 대한 토론 모임이 충남 유성에서 있었다. 출입기자단이 토론자로 참석해 총 40명이 참가했다. 8월 26일까지 17개 과제에 대해 각 과제별 토론회가 열렸다. 이미 정부의 방침이 확정되어 추진 중에 있는 '지방중심의 경제발전 전략', '중앙은행 및 금융감독 제도의 개선과 기능의 정비', '금융산업의 자율적 경쟁체제 구축' 그리고 '벤처·중소기업 중심의 발전 여건 조성' 등 4개 과제는 과제별 토론회를 하지 않았다. 토론 모임에 앞서 각 과제별로 주관 연구기관이 토론자료 초안을 작성한 뒤 관련 연구기관, 관련 부처 및 민간 전문가 등으로 구성된 과제별 작업팀에서 과제별 논점을 분명히 하기 위한 자료를 만들었다. 토론회는 학계, 언론계, 경제단체, 관련 업체 등의 전문가가 참여해 열띤 토론을 벌였다.

토론회와는 별도로 '정보인프라 구축 및 소프트웨어산업 육성', '환경친화적 발전전략의 추진', '산업수요에 부응하는 인력개발체계 확립', '사회복지체제의 효율화와 고령화시대 대비' 등 4개 과제에 대해서는 KBS TV가 7월 18일부터 8월 8일까지 매주 금요일에 4회에 걸쳐 '생존의 필수조건: 열린 시장에 대비한다'라는 제목으로 특집으로 제작·방영했다.

1997년 9월 4일, 영종도 인천국제공항 건설 현장에서 대통령이 참석한 가운데 토론 결과를 종합한 국정과제 21 보고회의를 가졌다. 국정과제 21에 대한 보고에 이어 20분 간 영상물에 의한 보고와 각부 장관의 집행계획 보고도 함께 했다. 대통령은 매우 만족해했다. 보고를 마친 후 김용태 비서실장은 보고의 내용이 소수의 각료들만 듣기에는 너무 아깝다고 극찬하면서 전 국민이 그 내용을 알 수 있도록 홍보하는 것이 어떠냐고 제안했다. 본격적으로 국정과제 홍보에 나서기로 했다.

토론회 자료는 각 과제별로 30~40쪽 분량으로 주안점, 해외사례의 동향과 시사점, 우리의 상황과 문제 인식, 주요 검토 과제 등 매우 깊이 있는 분석 자료 정리, 대안 제시로 되어 있다. 과제별 요약정리 작업은 토론회 자료 및 결과보고서를 기초로 작성되어 《열린 시장경제로 가기 위한 국가 과제》라는 제목의 본 책자와 자료집으로 각각 발간되었다. 이와 함께 교육 홍보용 시청각자료도 만들었다. 이렇게 만든 정책 자료는 시중에 판매도 하고 작업 관련 자료는 모두 공개했다.

이회창 후보 선거캠프의 실무자가 재경원 실무자에게 국정과제 작업 결과를 자기들에게만 줄 수 없느냐고 타진해왔다. 나는 정부에서 마련한 자료를 특정 후보에게만 활용하도록 할 수는 없다고 생각했다. 대통령 선거 과정에서 여야 구분 없이 자유롭게 활용 가능하게 했다. 선거 과정에 발표된 정책 공약 등을 살펴볼 때 신한국당보다는 야당인 국민회의가 국정과제 21 자료를 더 많이 활용했다. 대선 후 김대중정부 정책에도 국정과제 21이 많이 채택되거나 활용되었다. 과정이야 어떻든 결과를 두고 볼 때 이 작업을 추진한 소기의 성과는 거둔 셈이다.

1997년 10월 6일, 국정과제 21의 홍보를 위한 지방 순회강연에 앞서, 혹시 정치적으로 오해를 사지 않을까 염려되어 청와대의 의견을 알아보도록 김인호 경제수석에게 요청했다. 김인호 수석은 비서실장이 주재한 수석비서관회의에서 이 문제를 제기했다. 참석자 대부분이 적극적으로 홍보하는 것이 좋겠다는 의견이어서 비서실장은 그렇게 하도록 결론을 내렸다. 김 수석은 이에 대해 대통령에게도 보고했다. 지방 순회강연은 매일경제신문사가 주관하고 나는 연사로 참여했다.

10월 9일 전남 순천 문화예술회관에서 첫 강연을 시작으로 하루 동안 광주, 목포 모임에 참석해 강연을 했다. 다음 날은 전북 정읍 상공인들과 조찬간담회를 가진 뒤 전주, 군산 모임을 마친 후 귀경했다. 호남지역 강연 결과를 볼 때 강연 한두 번으로 생각을 바꿀 수는 없다는 당연한 사실을 새삼 절감했다.

10월 12일 조간신문에 경제 난제를 제쳐두고 한가하게 강연이나 하러 다닌다는 비난성 글이 실렸다. 업무 지장 유무는 내가 판단할 문제라고 생각해 예정된 경북 지역 강연에 나섰다. 10월 14일 대구 강연에 이어 경주와 포항의 예정 일정을 마무리했다. 강연을 거듭할수록 아무리 개혁의 필요성을 역설해도 달라지기 어렵다는 느낌만 더해질 뿐이었다. 강연은 역시 TV의 영향력을 당할 수 없었다. 노력에 비해 얻는 것은 보잘것없다는 생각이 들었다. 경제난을 타개할 수 있는 실마리가 될 기아 처리나 금융개혁법안 처리에 대한 여론의 수용도를 높여야 한다는 생각에서 고육책으로 시작한 강연이지만 맥이 빠지는 상황이었다.

마침 지방 순회강연은 그만두는 것이 좋겠다는 김인호 수석이 청와대 분위기를 말해와 나머지 강연은 차관을 대신 보내는 것으로 처리했다. 1980년대에 대국민 경제홍보를 대대적으로 펼친 것에 비하면 국정과제 21에 대한 홍보 노력은 없다시피 했다. 1997년 10월 중순의 우리나라 경제 상황에서는 대국민 홍보 활동은 결코 한가한 일이 아니었다.

해외의 초점, 부실채권 대책

부실채권 상시 정리 체제 도입

1960년대 초 경제개발을 시작한 후 우리나라는 10년에 한번꼴로 대대적인 부실기업 정리를 해왔다. 1996년은 부실기업 정리 '10년 주기'에 해당하는 해였다. 하반기에 접어들면서 내로라하는 기업들이 줄줄이 도산에 내몰리기 시작했다. 금융기관에는 회수가 어려운 부실채권이 걷잡을 수 없이 쌓여만 갔다. 1997년에는 한보, 기아 등 대표적인 대기업들이 연쇄도산에 몰린 해였다. 연초에 한보 부도로 또 한 차례 온 나라가 큰 홍역을 치렀다. 금융시장은 걷잡을 수 없이 흔들렸다. 이러한 와중에 경제부총리로 행정부에 들어가 제일 먼저 한 일은 금융시장의 안정 대책이었다.

부총리를 맡으면서 인사차 방문했을 때 남덕우 전 총리는 우리 경제의 가장 큰 문제는 부실채권 문제라고 하면서 이 문제를 해결할 대책을 서둘러야 한다고 강조했다. 자금을 빌려준 쪽에서 볼 때 가장 눈여겨보는 것이 무엇이겠는가. 한보, 기아 등 대기업들이 연쇄적으로 부도 상황에 내몰리면 이들 기업들이 빌려간 돈을 제대로 갚지 못할 것이고 그러면 결국 은행이 부실해진다. 따라서 신뢰 유지를 위해 가장 긴요한 대책이 부실채권 대책이다. 은행이 안고 있는 부실채권을 정리하는 일이 가장 시급한 현안이었다.

과거에 한 것처럼 정부가 나서 부실기업을 정리하는 방식으로는 문제를 해결할 수 없었다. 시장 안정 대책과 함께 더 이상 기업 부도로 금융시장이 요동치고 온 나라가 홍역을 치르는 일이 없도록 해야 했다. 당시 성업공사가 금융기관의 자산 정리업무를 맡고 있어 성업공사에서 부실채권 정리업무를 할 수 있는 제도를 마련하도록 윤증현 금융정책실장에게 지시했다. 미국 월가에서는 부실채권이 쓰레기 채권(Junk Bond)으로 시장에서 거래되고 있어 그렇게 정리하는 길을 열면 될 것이었다. 그렇게 수시로 시장에서 시가로 정리할 수 있도록 제도적 장치를 마련하면 부실채권이 쌓여 경제·사회 문제로 번지는 일은 없을 것으로 생각했다.

부실채권 정리 기금 신설

실무진의 검토 결과는 성업공사에 부실채권 정리기금을 만드는 것이었다. 이를 위해 성업공사법을 개정하기로 했다. 부실채권 전담기구를 성업공사(후에 '자산관리공사'로 개명: KAMCO)에 설치한다는 방침을 1997년 4월 하순에 발표했다. 곧 입법 절차에 들어가 1997년 7월 임시국회를 통과했고 11월 20일부터 시행하기로 하고 준비에 들어갔다. 이렇게 새로운 제도적 장치를 마련함으로써 과거와는 달리 더 이상 정부가 직접 관여하지 않고 부실채권을 정리할 수 있는 길이 마련되었다. 금융기관이 보유한 부실채권을 시가로 매입해 시중에 되팔아 정리할 수 있는 길이 열린 것이다.

무엇보다 부실채권 처리가 일상적인 업무가 되었고 처리를 미루었다가 한꺼번에 처리하는 일은 더 이상 없게 되었다. 부실채권이 쌓인 후 정리하기 때문에 부실기업 문제가 될 수밖에 없었는데 부실채권을 수시로 정리함으로써 부실기업 정리가 아닌 부실채권 정리로 바뀌었다. 이렇게 부실채권에 대한 상시 정리체제를 구축함으로써 10년 주기 부실기업 정리도 완전히 사라졌다.

문제는 기금 규모를 얼마로 할 것인가, 또 이를 어떻게 조성하느냐에 있었다. 실무진들은 5,000억 원으로 하고 금융기관 출연으로 조성하자고 했다. 나는 기금 규모는 최소 1조 원은 넘어야 하고 금융기관 출연이 아닌 정부재정에서 마련해야 한다고 했다. 실무진은 정부재정에서 출연할 수 있겠느냐며 실현 가능성에 매우 회의적인 반응을 보였다. 하지만 금융기관들은 엄청난 규모의 부실채권을 안고 있기에 출연할 자금 여력이 없었다. 정부재정 외에는 길이 없었다. 그렇다고 추경예산편성은 할 수 없었다. 결국 기금 규모는 1조 5,000억 원으로 정하고 정부가 보유한 주식을 기금에 출연해 조성하기로 결말을 냈다. 기금 규모는 시간이 가면서 점점 늘어나 1997년 8월에는 2조 원이 되었고, 시장 상황이 급속도로 악화됨에 따라 기금이 실제로 운용에 들어간 1997년 11월 20일에는 10조 원 규모로 커졌다.

외환위기를 겪는 동안 KAMCO는 부실채권 정리에 큰 몫을 담당했다. 설립 10년 동안 39조 4,000억 원을 투입해 41조 5,000억 원을 회수했다. 10년 동안 수익이 2조 원을 넘는 대박(?)이었다. 어쨌든 이 제도가 미리 만들어져 있었기에 외환위기 때 부실채권 정리를 그나마 체계적으로 할 수 있었다. 또 이제는 10년 주기설이라는 말 자체가 사라졌다.

이러한 사실이 약간의 위안이 되기도 하지만 지금까지 아쉬움으로 남는 것은 왜 법 집행 시기를 앞당기도록 실무자들을 채근하지 못했는가 하는 점이다. 3개월 정도만 앞당겨 시행해 8월 중순부터 부실채권 정리에 들어갔더라면 어떻게 되었을까? 분명히 대외신인도 유지에 기여했을 것이고, 어쩌면 그렇게 갑작스레 위기에 몰리지도 않았을 것이다. 나의 부질없는 생각이지만 말이다. "마귀는 사소한 곳에 숨어 있다"는 말을 곱씹게 하는 대목이다.

금융 감독 기능 강화

이미 발생한 부실채권을 정리하는 방안과 함께 앞으로 부실채권이 많이 생기지 않도록 대책을 강구해야 했다. 부실 발생을 줄이려면 감독기능을 획기적으로 강화할 필요가 절실했다. 은행들이 그렇게 많은 부실채권을 안게 된 원인의 일단은 그동안 한국은행 소속으로 있는 은행감독원이 은행 업무 감독을 제대로 하지 못한 것도 중요한 원인임은 긴 말이 필요 없다. 은행감독이 제대로 이루어져 왔다면 굳이 감독체제 개편을 할 필요는 없었다. 그동안 은행감독원은 있었지만 은행감독은 없는 것과 같았다. 감독기능 강화 법안을 두고 언론에서는 '밥그릇 싸움'이라고 했다. 한국은행은 밥그릇을 뺏기지 않으려고 발버둥을 쳤다. 그러나 재경원은 한국은행이 즐기는 밥그릇을 빼앗아오기 위해 감독체제 개편을 추진한 것은 전혀 아니다. 감독기능을 강화하기 위해서였음은 그 후 오늘에 이르는 과정을 되짚어보면 그대로 드러난다.

감독업무는 고도의 전문성이 요청된다. 은행감독원이 한국은행 소속으로 있는 한 은행감독 전문가 양성은 어렵다. 이는 1983년 감독체제 개편 문제를 한국은행 총재와 처음 논의한 후 15년 가까운 시간이 지난 1997년에도 조금도 달라지지 않았다는 사실이 웅변으로 말해준다. 감독업무는 감독만을 전담하는 기구에서 맡아 하도록 시스템을 바꾸어야 한다. 금융부실 발생을 억제하기 위해서는 은행을 비롯한 금융기관에 대한 감독을 획기적으로 강화하는 길밖에 없다. 감독 관련 조직개혁 없이는 감독기능 강화가 실제로 이루어지기를 기대하는 것은 연목구어 격이다. 감독전문 인력 확보가 안 되기 때문이다.

미 콜롬비아대학 금융전문가인 패트릭 교수는 금융감독의 중요성은 아무리 강조해도 부족하다고 말했다. 감독의 성패는 바로 우수한 자질의 요원을 얼마나 확보하느냐에 달려 있다고 강조했다. 보수 수준이 파격적으로 높아야 우수한 인재를 모을 수 있고 또 부패를 방지할 수 있다고 했다. 일본에서는 300~400명의 감독요원을 생각하고 있어서 그보다는 최소 10배 이상의 인원이어야 한다고 조언했다고 했다. 한국에서 금융감독원으로 새로 발족할 때 우수한 인재를 많이 유치하라고 몇 번이나 되풀이 강조했다.

한보 부도가 형사사건으로까지 비화되었지만 적당히 사후 수습만 하는 '땜질 처방'으로 그냥저냥 넘어갈 수도 있었다. 그럴 경우 대형 금융부실 사고가 되풀이될 것은 불을 보듯 분명했다. 한보의 경우 은행, 단자, 증권, 보험 등 70여 개, 기아는 150여 기관으로부터 돈을 융통해 썼다. 그런데 은행, 증권, 보험업에 대한 감독업무는 제각기 다른 기관에서 담당하고 있었기에 차입 상황에 대한 전모를 파악할 길이 없었다. 뿔뿔이 흩어진 감독체제는 없느니만 못했다.

은행, 보험, 증권 가릴 것 없이 이를 한 지붕 밑에서 감독하도록 바꾸기로 했다. 그동안 몇 차례 시도가 되었지만 번번이 반대 로비로 뜻을 이루지 못한 채였다. 특히 1997년은 대기업 부도로 은행의 부실채권이 해외 금융기관의 주목 대상이 되었다. 부실채권정리기금 운용과 함께 향후 부실채권 발생 억제 대책을 마련하는 것이 신뢰 확보를 위해 무엇보다 시급한 과제였다. 감독기능을 강화하는 개혁안에 대해 한국은행은 물론 증권, 보험 등의 감독기관 모두 맹렬히 반대했지만 이경식 한국은행 총재, 박성용 금융개혁위원회 위원장, 김인호 경제수석과 두 차례 머리를 맞댄 마라톤회의를 하며 개혁안을 다듬었다.

부실은행 대책

한보, 기아 등 대기업의 연쇄부도로 금융기관의 부실채권이 크게 늘어나면서 부실기업 문제가 부실 금융기관의 문제로 옮겨가게 되었다. 기아가 부도에 몰리면서 제일은행이 당장 문제였다. 한국은행은 제일은행에 대한 특별융자(특융) 지원이 필요하다고 했다. 나는 특융에는 반대였다. 만일 특융을 할 경우에는 제일은행의 구조조정 노력이 기업과 똑같은 강도여야 하고 정부와 금융산업 간의 관계를 새롭게 정립하는 방향과도 맞아야 한다는 것이 나의 생각이었다.

특융 금리는 한국은행과 재경원 금정실은 3% 내지 5%의 특혜 금리를 주장했다. 하지만 나는 특융은 은행의 일시적인 자금 부족에 대한 대책이지 손실보전, 즉 특융을 통해 제일은행의 수지를 개선하는 데 도움을 주는 것은 있을 수 없다고 생각했다. 즉 저금리를 통해 부실경영을 보전해서는 안 된다는 입장이었다. 따라서 특융 금리는 시중은행의 평균 조달 금리인 8.5%를 적용하기로 결말을 냈다.

국제결재은행(BIS) 문제는 자구 노력을 전제로, 제일은행에 대해 정부 보유 주식이나 국채를 현물로 출자하되 주주권은 행사하지 않는 것으로 결정했다. 특융 규모는 한국은행에서는 2조 원 내지 3조 원 규모, 나는 그 3조 원 가운데 제일은행에 대한 특융은 1조 원 규모로 줄이고, 2조 원은 부실채권 정리기금으로 배분하자고 했다. 이 기금으로 제일은행의 부실채권을 우선적으로 매입하자는 것이었다.

제일은행 특융에 대해 이처럼 복잡하게 생각한 것은, 이 문제가 제일은행만의 문제가 아니기 때문이었다. 다른 은행이나 금융기관이 어려워졌을 때도 제일은행과 똑같은 조건으로 특융을 할 것인지에 대해 분명히 할 필요가 있었다. 금융기관의 도덕적 해이 문제와 직결되는 사안이었다.

이해하기 어려웠던 것은 한국은행의 태도였다. 금융기관의 기강을 바로잡고 통화를 관리할 일차적인 책임을 지고 있는 한국은행은 특융에 반대하는 것이 마땅하다. 또 부총리로서는 정치적인 문제 때문에 은행의 파산을 감내할 수 없으니 특융을 할 수밖에 없지 않느냐고 종용하는 것이 상식이다. 그런데 한국은행과 나의 입장이 완전히 뒤바뀌었던 것이다. 또 나는 금융기관 부실에 대해서는, 다른 나라의 선례를 보더라도 어떤 행태로든 재정에서 지원하지 않을 수 없다고 생각했고, 한국은행에서는 재정 지원은 불가능하다는 전제에서 대책을 마련했다.

이렇게 해서 결정한 제일은행 특융계획은 1997년 8월 25일에 발표했다. 이에 대해 국내에서는 비판적인 반응이 대세였다. 특융이라고 하면 당연히 3%의 저리라고 생각했는데 8.5%라고 하자, 금융권에서는 "이게 무슨 특융이냐? 강도 높은 자구 노력을 강요당하느니 차라리 특융을 받지 않겠다"라는 불평이 나왔다. "경영에 실패한 금융기관을 한국은행 특융으로 구제하는 것은 결국 경영 실패를 국민의 부담으로 돌리는 것인데, 언제까지 이런 일을 되풀이할 것이냐?"라는 비판은 일체 없었다.

해외 반응은 국내와는 다른 시각에서 긍정적인 평가를 받지 못했다. 종래와는 달리 특혜적 요소를 제거하고 도덕적 해이를 초래할 소지를 없앴기 때문에 그 정도면 국제사회가 납득할 거라고 생각했지만 해외 기대에 비춰볼 때 함량미달이었다. 외환위기 이후 IMF는 회생 불가능한 종금사의 문을 닫고, 제일은행 등 부실은행에 대해서는 주식 소각 및 감자 조치를 취하는 등 주주들에게 응분의 책임을 물었다. 왜 특융에 대한 해외 반응이 미지근했는지 알 수 있는 대목이다.

금융기관 대외 채무에 대한 정부 보증

1997년 8월 25일에 발표한 대책 중에는 제일은행에 대한 특융과 함께 외자 조달에 어려움을 겪고 있는 일부 금융기관의 외화자산 처분 등 자구노력을 유도하고 시중은행과 종금사에 각각 1조 원과 5,000억 원의 국고 여유자금을 지원하기로 했다. 이와 함께 산업은행 등의 해외 차입을 확대하고, 무역 관련 자본자유화를 확대하고, 외국인 주식투자 한도를 늘리고(23%→26%), 채권시장 개방을 조기에 추진하겠다는 내용 등이 들어 있었다.

그러나 가장 핵심적인 사항은 금융기관의 대외 채무에 대해 정부 신용으로 보장하고, 특정 금융기관의 대외 지급불능 사태가 발생할 경우 필요시 정부가 지급을 보증하는 조치를 취할 의사가 있다는 파격적인 내용이다.

정부의 지급 보증 방침을 발표하는 문제에 대해서는 논란이 많았다. 재경원 실무진들은 대외신인도 제고를 위해 필요하다고 했지만 나는 이를 공식적으로 발표하는 것에 대해서는 반대였다. 즉 우리나라가 한 번도 대외원리금을 제대로 갚지 않은 적이 없고, 앞으로도 없을 것이지만, 이렇게 '공식 발표'에 넣는 것은 완전히 별개의 문제라고 생각했다. 그러나 당시 상황이 매우 어려워 특단의 조치가 절실히 필요하고 정부 보증 정도의 강력한 의지 표명이 있어야 금융시장의 안정 효과를 기대할 수 있다는 주장을 수용하지 않을 수 없었다.

정부의 지급 보증 발표에 대한 해외의 반응은 엇갈렸다. '그런 보증이 과연 지켜질 것인가'라는 회의에서부터, 그렇다면 한국 금융기관은 신용 등급을 매길 필요가 없는 것인가, 하는 다분히 비꼬는 비판도 있었다. 발표의 법률적 효력을 따지는 의문과 함께 한국의 외환 사정이 그 정도로 어려운가 하고 우리 경제를 다시 들여다보는 계기를 제공하기도 했다. 결국 특단의 조치로 기대한 만큼의 특단의 효과는 거두지 못했다. 그렇지만 무언가 확고한 조치를 강구할 의지가 있음을 알리는 효과는 있었다. 1997년 9월 중 산업은행이 10억 달러를 차입할 계획이었는데, 15억 달러 차입에 성공했다.

금융개혁 추진

1997년 연초에 이미 청와대에 금융개혁위원회(금개위)가 만들어져 있었다. 금융개혁안을 준비 중이었던 금개위는 새로운 경제팀이 들어오자 불안해하면서도 한편으로는 반기는 반응이었다. 불안해하는 측면은 이제껏 추진해왔던 작업이 새 경제팀에 의해 어떤 영향을 받지나 않을까 하는 우려 때문이고, 반기는 반응은 새 부총리나 경제수석이 시장경제주의자들이며 개혁 의지가 강하고 특히 평소 금융개혁에 의지가 굳은 사람들이란 이유에서였다. 물론 금개위는 대통령이 직접 챙기고 있으므로 부총리가 바뀐다고 해서 영향을 받을 리는 없다. 그러나 재경원에서 협조를 하지 않으면 어려움이 많은 것 또한 사실이다.

금개위의 작업은 1, 2, 3차 개혁과제로 나누어 진행되고 있었다. 1차 과제는 법령을 개정하지 않고도 개선이 가능한 단기 과제, 2차 과제는 중앙은행 독립이나 금융감독 기능 및 은행의 소유지배 등 법령 개정이 필요한 중기 과제, 3차 과제는 금융시스템과 산업을 보다 장기적인 관점에서 발전시킬 수 있는 장기 과제였다.

금개위의 작업과 관련해 나와 김인호 경제수석은 금개위의 구체적인 토론에는 개입하지 않고 자율성을 최대한 존중한다는 것이 일관된 입장이다. 또 금개위에서 논의되는 구체적인 내용에 대해서는 김인호 경제수석이 챙기기로 했다. 나는 구체적인 내용을 꼼꼼히 들여다볼 시간적 여유가 없고 또 금개위가 대통령의 자문기구여서 당연히 경제수석의 업무이기 때문이다.

1차 작업 결과, 90% 수용

금개위의 단기 과제인 1차 과제는 비교적 일찍 정리가 되어 1997년 4월 제출되었다. 재경원 실무자의 반응은 내용의 약 60% 정도가 수용 가능하다는 입장이었다. 하지만 김 수석이 재경원 실무자들과 진지한 토론을 한 결과 90% 정도 수용하는 것으로 결말이 났다. 이로써 금개위의 당초 활동 목표는 거의 이룬 셈이다.

1997년 4월 14일 대통령이 주재하는 보고회의에서 박성용 위원장은 중장기 과제를 5월 20일까지 마무리하겠다고 보고해 금개위 활동을 사실상 마무리할 계획이었다. 그러나 취임 후 박성용 위원장과 김병주 부위원장, 이덕훈 간사를 만나 금개위 작업 계획에도 불구하고 한국은행 독립과 금융감독을 강화하는 제도개혁 작업을 올해 안에 서둘러 해주도록 요청한 바 있어 금개위 활동 계획은 바뀔 가능성이 있었다.

한국은행 독립과 감독원 설립

장기신용은행 창립 30주년 리셉션이 1997년 4월 25일에 있었다. 이 자리에서 만난 이경식 한국은행 총재와 한국은행 독립의 원칙에 대해 의견을 교환했다. 이 총재는 통화신용정책을 위한 감독기능만 남기고는 금융 감독기능을 통합금융감독기구에 모두 넘길 수 있다고 말했다. 한국은행에서 계속 통화량을 직접 통제하고 관리할 경우에는 한국은행에 감독권이 필요할 수 있지만 금리 및 공개시장 조작 등 간접적인 수단에 의해 통화량을 관리할 경우에는 그럴 필요가 없다고 생각했으나 그 자리에서는 아무 말도 하지 않았다. 6월 2일, 이 총재와 만나 금융개혁에 대한 의견을 교환하면서 감독기능에 대한 나의 생각을 밝혔다. 통화가치 안정을 위해 한국은행에 왜 감독권이 있어야 하는지에 대해 나를 설득시킨다면 흔쾌히 따르겠다, 중앙은행이 최종 대부자로서 대부를 할 경우 이외에는 직접 나서지 않고 감독원에 은행감독을 요청하는 체제가 되어야 한다고 설득했다. 이 총재는 묵묵부답이었다.

재경원 금융정책실(금정실) 간부들과 토론 모임을 가졌다. 이 자리에서 한국은행 독립을 금융산업 자율화의 개념으로 이해할 것, 재경원과 한국은행의 관계가 수직에서 수평관계로 전환되는 것이 핵심임을 말하고 금융감독 체계를 둘러싸고 한국은행과 대립하지 말도록 당부했다.

정부와 중앙은행장과는 뉴질랜드처럼 물가상승률 등을 두고 계약을 체결하는 방식으로 중앙은행의 권한과 책임 한계를 분명히 하는 것이 바람직하다는 것, 재경원 차관이 금융통화위원회의 당연직 위원이 되는 것은 반드시 그렇게 되지 않아도 무방하다는 것으로 입장을 정리했다. 그동안 한국은행 스스로 알아서 책정하고 외부로부터는 아무런 승인이나 관여가 없었던 기관 운영예산에 대해서는 재경원 예산실에서 심의, 승인하는 것으로 했다.

통합감독기구는 어떤 형태로 가야 하는가에 대해서는 '금융감독청'을 신설하는 것이 가장 바람직하다고 생각했다. 구 재무부 세제국과 국세청, 관세국과 관세청과의 관계처럼 되는 것이었다. 아니면 금융정책실을 재경원에서 몽땅 들어내 감독기구와 합쳐 금융부를 만드는 것도 하나의 방안이라고 생각했다. 금정실 간부들과 토론 끝에 금융정책실의 법령 및 규칙 제정, 신규 설립 인허가 등 금융정책실의 모든 업무는 금융감독위원회의 사무국으로 이관하고, 감독원은 정부기관으로 만들도록 의견을 모았다. 감독기관은 왜 재경부의 외청이 되어야 하는가? 감독기능은 공권력에 속하는 것이다. 특히 금융업의 인허가권자는 정부이기 때문에 인허가권자로서 정부의 임무는 공무원이 담당하는 것은 지극히 당연한 논리다.

1997년 5월 하순 OECD 이사회 참석 중 독일의 렉스로트 경제부 장관과 만난 자리에서 중앙은행의 독립성 확보와 은행감독기능을 중앙은행으로부터 분리하는 문제에 대해 의견을 물었다. 그는 단호하게 통화신용정책을 수립하는 기능과 은행을 감독하는 기능은 완전히 분리해야 한다고 말했다. 이는 유럽에서는 일반적이다, 중앙은행은 통화가치의 안정에 주력해야 하는데 감독기능을 가지면 소홀히 할 가능성이 크다고 덧붙였다. OECD 금융재정국의 경제전문가들도 같은 의견이었다.

　　일반적으로 금융개혁에 대해 재경원은 추진하는 입장이고, 한국은행은 반대하는 입장으로 알려져 있었다. 그러나 속내를 들여다보면 그렇게 간단하지 않다. 재경원의 금융정책실 실무자들은 금융개혁에 대해 탐탁해하지 않았다. 1997년 5월 19일 금정실 과장 이상 간부들과 토론 자리를 가졌다. 이들은 금융정책실을 버리는 것이 아닌가 하는 강한 의구심을 제기했다. 우리 경제를 위해 금융의 새로운 틀을 짜는 것이 시급하다는 점을 강조했다.

　　재경원과 한국은행이 달랐던 점은, 재경원 금융정책실 간부들은 공인의식이 보다 강하다는 점과 공무원들은 장관의 지시에 불만이 있어도 따르는 속성이 있는 반면 한국은행은 그렇지 않다는 점뿐이었다. 그 결과 이경식 한국은행 총재와 나는 금융개혁에 대해 생각이 다르지 않았는데도, 한국은행과 재경원은 극한 대립을 하는 모양이 되고 말았다.

어렵사리 금융개혁안 합의

1997년 6월 4일 저녁에 박성용 금개위 위원장, 이경식 한국은행 총재, 김인호 경제수석과 나, 이렇게 넷이 청와대 서별관에서 모임을 가졌다. 나는 위스키 한 병을 들고 갔다. 실무자는 전혀 배석시키지 않았으며 다만 논의 내용의 기록을 위해 경제수석실의 최경환 보좌관(2010년 현재 지식경제부 장관)만을 배석시켰다. 우리 네 사람은 금융개혁을 추진하는 데 있어 사심 없이 일할 사람이란 것을 서로 잘 알고 있었다. 하지만 다시 한 번 소속기관의 이해관계를 떠나 우리나라 금융을 생각해서 바람직한 안을 마련한다, 참석자 모두 뜻을 같이 할 때까지 토의한다는 두 가지 점을 먼저 분명히 한 다음 논의에 들어갔다. 실제 금융개혁을 할 경우 가장 아픈 조직은 한국은행보다는 막강한 권한을 내놓아야 하는 재경원이었다. 그러나 나는 이러한 재경원의 입장을 떠나, 그리고 이 총재의 경우는 한국은행의 입장을 떠나 논의하기로 했다.

이날 회의는 김 수석이 주재했다. 주제를 제기하고 논의를 이끌어가는 의장 겸 간사의 역할을 담당했다. 금융개혁이 김 대통령의 관심 사업이라는 점도 고려되었다. 하지만 그보다는 박 회장은 금개위 위원장으로 원안의 제안자인 셈이었고, 이 총재와 나는 이해당사자인 셈이어서, 기관 이익에 초연한 사람은 김 수석이었기 때문이다. 반주가 한몫을 한 덕분인지 모임의 분위기는 화기애애했다. 우리는 11시까지 그야말로 좋은 분위기에서 중요한 사항에 대해 대체로 합의를 보았다.

문제는 합의된 내용을 재경원과 한국은행에 어떻게 설득시키는

가, 하는 것이었다. 금융개혁안에 대해 재경원 내부를 설득시키는 일은 내가, 한국은행 내부를 설득시키는 일은 이 총재가 맡기로 했다. 이날 논의된 내용은 배석했던 최경환 보좌관이 다음날 문서로 정리해 참석자 네 사람의 확인 서명을 일일이 받았다. 최종 합의 때까지는 실무진에 대해서도 보안을 지키기로 했지만 나는 다음날 회동 내용을 정리한 것을 윤증현 실장에게만 보여주고 문제점은 없는지 의견을 들었다.

1997년 6월 12일 저녁 청와대 서별관에서 이 총재, 박 회장, 김 수석과 금개위 안에 대한 최종 의견을 조율하는 모임을 가졌다. 이번에는 이 총재가 위스키 한 병을 들고 와 반주로 비웠다. 이날 모임에서는 지난 모임에서 미처 논의하지 못한 사항들을 토의했다. 지난 회의와 마찬가지로 의견 조율에 큰 어려움은 없었다.

재경원 금정실에는 2차 모임이 끝난 뒤 합의 내용을 알려줬다. 반응은 한마디로 경악 그 자체였다. 합의된 내용에 대한 놀라움보다도 합의가 됐다는 사실 자체에 더 놀랐다. 한국은행 사람들이 어떤 사람들인데 합의를 해주었냐고 의아해했다. 금융개혁을 통해 기득권을 가장 많이 잃는 곳이 바로 재경원 금정실이다. 그러나 비록 마음에서 우러나는 승복을 했는지는 알 수 없지만 합의된 내용에 대해 두드러진 반발은 없었다. 오히려 한국은행에서 합의를 해준 것을 대견하게 생각하고, 그 사람들이 합의를 해줄 정도인데 우리가 어떻게 우리 입장을 내세우겠느냐, 하는 분위기였다.

그러나 한국은행의 사정은 달랐던 것 같다. 이 총재가 한국은행 간부들에게 어떤 설득 노력을 했는지는 알 수 없었다. 설득 노력을 했다는 흔적을 발견하기 어려웠다. 발표 전부터 한국은행 간부들 사이에는 이미 극심한 반발이 일어나고 있었기 때문에, 설득한다고 해서 될 일이 아니라고 이 총재는 생각했던 것 아닌가 짐작만 했다.

금융 발전사에 획을 긋는 회견

1997년 6월 14일, 김영삼 대통령에게 행한 업무보고 자리에서 예산 관계와 '국정과제 21'에 관한 보고에 앞서 금융개혁안에 대해 먼저 보고했다. 그동안 여러 차례 보고를 했지만 보고서에 직접 결재를 받은 일은 한 번도 없었다. 처음으로 보고한 문서에 대통령의 서명을 받았다. 우리나라 금융사에 하나의 획을 긋는 문건이기 때문에 결재를 받자는 김 수석의 제안을 따른 것이었다. 일단 여기까지 온 것만으로도 만감이 교차했다.

나도 금융개혁에 관한 기자회견을 앞두고 발표 문안을 직접 작성했다. 언론에서 보도하는 밥그릇 싸움 등 왜곡된 시각을 바로잡을 수 있는 자료도 몇 가지 함께 정리했다.

1997년 6월 16일, 참석할 수 없다던 박성용 회장이 먼저 사무실에 도착하고 뒤이어 노조와 간부들로부터 격렬한 비난을 받고 있는 이경식 총재가 사무실에 들어섰다. 10시 30분에 과천청사 스튜디오에서 기자회견을 시작했다.

먼저 내가 발표문을 읽었다. 박 회장은 금개위 입장을 밝히는 글을 준비해 와서 낭독했다. 질문은 한국은행 총재와 내게 반반 정도였다. 이 총재의 답변이 결연하고 논리가 정연해 감명을 받았다. 우리나라 금융사에 커다란 획을 긋는 회견이었다. 이제 우리 경제의 병폐를 근본적으로 치유할 수 있는 틀을 마련한 것이다.

발표 내용 못지않게 함께 논의하고 완전히 합의해서 사인한 것과, 합동 기자회견을 하는 모양새가 지난날과는 완전히 다른 모습이라는 평이었다. 실로 많은 우여곡절이 있었지만 한국은행 이경식 총재, 금개위의 박성용 위원장, 김인호 수석이 이틀 동안 밤늦게까지 함께 머리를 맞대고, 쟁점이 있을 경우 끝까지 인내하면서 토론을 통해 설득하는 노력을 한 보람이 있었다. 세간에서는 도저히 불가능하다고 생각한 재경원과 한국은행의 합의를 도출한 것이다. 더욱이 합의 내용을 발표하는 모양이 합동 기자회견인 것도 과거와는 완전히 다른 모습으로, 금융개혁 과정과 함께 오래 기억될 것이다. 이렇게 합의에서 발표에 이르기까지의 모습은, 그만큼 국회의 입법과정이나 한국은행 노조 등의 반대를 약화시키는 데에도 상당히 기여할 것이기에 더욱 그러했다.

회견 직후 나는 은행클럽으로 직행했다. 논설위원들에게 금융개혁 내용을 설명하기 위해서였다. 활발한 토론이 이루어졌고 여러 가지 우려와 오해에 대해 성의를 다해 설명했다. 차관은 경제부장, 윤증현 실장은 재경원 출입 기자를 대상으로 각각 금융개혁 내용을 설명했다. 최선을 다해 금융개혁의 필요성을 설명하고 홍보하되, 한국은행 노조 등에 대해서는 직접 대응은 하지 않기로 방침을 정했다.

그러나 오후에 곧바로 한국은행 노조가 반발해 파업도 불사한다고 발표했다. 과문한 탓인지는 몰라도 선진국 중앙은행에 노동조합이 있다는 얘기를 들어본 적이 없다. 중앙은행에 노조가 있다는 것도 이상한 일인데, 금융개혁에 반대해 파업까지 하겠다면 해외에서는 우리를 어떻게 볼 것인가. 한국은행과 같은 지식인들의 집단에서 어떻게 그런 발상을 할 수 있는지. 노조는 그렇다 치고, 간부들까지 이에 동조하고 있다니, 정말 이해할 수 없는 일이었다. 그들은 내용의 문제를 지적하기보다는 공론화 과정을 거치지 않고 밀실에서 너무 성급하게 결말을 내렸다는 점을 집중 공격했다. 그들은 금융산업이나 나라경제는 안중에 없고, 기관 이익을 지키는 데에만 열심이다. 그럼에도 언론에서는 금융개혁의 내용보다는 한국은행 간부와 노조의 반발에 더 많은 관심을 보였다.

언론인들에 대한 설명과 함께 정치권 설득에도 나섰다. 정덕구 기획관리실장과 함께 국민회의 정책위의장인 김원길 의원을 만나 금융개혁 등 현안을 설명하고 협조를 당부했다. 김 의원은 전적인 지원을 약속했고, 국회 재경위에서 처리하는 문제에 대해서도 합의했다. 김 의원은 경제정책을 남달리 깊이 이해하고 있었기에 서로의 생각이 너무 같아 얘기하기가 싱거울 정도였다. 나는 금융개혁법안은 당에서 교차투표(Cross Voting) 방식으로 하면 될 것이라고 했다. 여야관계도 사사건건 대립과 반목에서 떠나 서로 협력할 것은 하고 따질 것은 따지는 관계로 전환해야 한다는 뜻에서였다.

6월 19일에는 국회 재경위 소속 여당 위원들과 만났다. 한국은행 총재의 물가책임제에 대한 비판이 가장 많았다. 국회 재경위 법안 심의과정에서 총재의 물가책임제에 대한 보완과 재경원 장관의 금통위에 대한 제안권의 삭제 등 몇 가지 양보를 해야겠다고 생각했다. 6월 23일에는 김범명 국회 재경위 자민련 간사와 만나 금융개혁법안 등 법안 심의에 대한 협조를 당부했다. 이렇게 국회의 협조를 당부하면서 윤증현 금융정책실장에게 최연종 한국은행 부총재와 은밀히 만나 실무 차원에서 타협안을 모색하도록 했다. 총재만 믿고 있을 수는 없기 때문이었다.

한국은행이라는 암초

그러나 어렵사리 만든 금융개혁법안은 6월 말까지도 여전히 한국은행이라는 암초에 걸려 있었다. 불안한 것은 이경식 총재였다. 워낙 한국은행 내부의 압박이 강해 과연 얼마나 버틸 수 있을까, 하는 의구심이 들었다. 금융개혁 합의안을 만들어낼 당시의 확고한 결의가 이즈음엔 흔들리는 것 같은 느낌이었다. 이경식 총재, 금개위 김병주 부위원장, 김인호 경제수석과 함께 만나 한국은행 직원들이 만든 요구사항을 검토한 후 들어줄 수 있는 것은 수용하기로 했다. 좋은 게 좋다는 우리 문화와 사회 정서를 전적으로 무시할 수는 없지만, 막상 이렇게 데모를 한다고 해서 집단이기주의적 요구를 수용해야 하는 처지가 되고 보니 허탈감을 떨칠 수 없었다. 자기 밥그릇밖에 챙길 줄 모르는 사람들에게 중앙은행의 기능을 강화시키고 물가안정이라는 막중한 책임을 맡기는 것이 과연 잘하는 것인지, 자신이 없어지고 회의만 커졌다.

1997년 6월 30일 금융 관계 원로들의 오찬 모임이 있었다. 회의는 남덕우 전 총리가 주재했다. 의견은 예상한 대로 분명하게 갈렸다. 한국은행 총재 출신은 완전히 한국은행 편이고 한국은행 노조의 입장만을 그대로 되풀이했다. 재무장관 출신은 또 당연히 정부안을 지지했다. 학자들은 대부분 정부안에 대해 보완의 필요성은 지적하면서도 큰 줄기에 대해서는 지지하는 분위기였다.

원로회의를 통해 제기된 한국은행 실무진의 의견 반영 여부에 대한 조정은 7월 7일에 가진 이경식 한국은행 총재, 김병주 금개위 부위원장, 김인호 경제수석과 만난 자리에서 결말을 냈다. 중앙은행 관련 부분은 정부안에 바로 반영하고 감독과 관련되는 것은 국회 입법 과정에서 반영하기로 했다. 이 총재에게는 이번 조정 결과에 대해 한국은행 내부 불만을 책임지고 수습해 달라고 했지만 확답을 하지 않는 신중한 자세를 보였다.

1997년 7월 10일, 기자회견을 통해 금융개혁 내용 중 중앙은행과 관련된 부분을 조정한 수정안을 발표했다. 재경원 출입기자들은 당초 안보다 개악이라는 반응을 보였다. 조정안에 대한 언론의 반응은 '미봉책'(서울경제, 7월 12일 사설), '평가할 만하다'(한국일보, 7월 12일 사설) 등 다양했으나 '중앙은행의 독립성을 한층 강화했으므로 이제는 넘어온 공을 한국은행이 받을 차례'(한겨레, 7일 12일 사설), '금융개혁 늦출 수 없다'(매일경제, 7월 12일 사설), '국회로 넘어간 한국은행 개편의 공'(한겨레, 7월 12일 사설) 등의 논조가 많았다. 물론 그동안 말해오던 것을 바꾼 것이 아니냐는 비판적인 글을 쓴 신문도 몇 군데 있었다. 당초 안에는 금통위가 중앙은행의 역할을 하고, 한국은행은 금통위가 결정한 것을 집행하는 집행기관으로 되어 있었다. 조정안에서는 이런 명확한 역할 분담을 없애고 금통위 위에 한국은행 총재가 있는 것처럼 되었기 때문에 대부분의 재경원 출입기자들은 보완 내용에 대해 고개를 갸우뚱했다.

한국은행 직원들은 예상한 대로 감독원 쪽을 제외하고는 대체로 수용하는 분위기였다. 또 국민회의의 김원길 정책위의장도 "총재에게 이 정도면 받아야 되지 않겠냐고 보고해야겠다"라고 하면서 "총재께서도 수용할 것"이라고 했다. 언론도 야당도 모두 수용하는 분위기여서 나는 졸이고 있던 마음을 모처럼 활짝 펼 수 있었다. 한국은행은 아직도 감독원 분리에는 반대하고 있지만 명분이 크게 약화되었기 때문에 극심한 반대 투쟁은 어려울 것으로 생각했다. 그러나 이는 나의 착각이었다. 7월 24일, 한국은행은 부장급 간부 12명으로 구성된 비상대책회의를 열어 정부의 입법을 저지하기로 결의했다. 한편 한국은행·증권감독원·보험감독원 노조는 서명운동과 총파업 불사 의사를 표명했다. 한국은행은 전 직원 비상총회를 개최해 한국은행법 개정안을 독자적으로 만들어 국회에 제출하기로 결의했다.

게다가 기아라는 큰 소용돌이 때문에 금융개혁에 대한 관심은 희석되고 있었다. 일부 언론에서는 "금융개혁, 그중에서도 중앙은행제도 및 감독체계 개편 문제는 조금도 급할 것이 없다고 본다"는 논조를 펴기도 했다.

금융개혁법안 국회 제출

금융개혁 관련 법안이 입법 예고되고 나서 신한국당 이회창 대표를 방문해 경제 현안과 함께 금융개혁 관련법의 내용과 시급성에 관해 열심히 설명했다. 1997년 8월 8일 경제장관회의에서 13개 금융개혁 관련 법안이 통과되었다. 1997년 8월 19일 을지훈련 중 지하벙커에서 열린 국무회의에서 한국은행법 등 금융개혁 13개 법안을 상정했다. 고건 총리와 홍사덕 정무장관이 문제를 제기하는 등 생각하지 않은 논란이 약간 있었지만 경제 장관들이 일제히 방어에 나서 그대로 통과되었다. 드디어 금융개혁법안을 국회에 제출했다.

기아 문제에 밀려 금융개혁은 정치권과 언론, 여론으로부터 거의 주목을 받지 못하고 있었다. 1997년 10월 22일 기아 문제가 해결되고 난 다음의 문제는 금융개혁법이었다. 이미 대통령 선거 기간에 돌입했다. 여당이건 야당이건 후보들은 일체 인기가 떨어질 만한 일은 하지 않는 상황이었다. 더욱이 당정협의를 할 수도 없는 형편인지라 대신 언론의 협조, 즉 언정협의(言政協議)를 통해 추진할 수밖에 없는 실정이었다. 무엇보다 금융개혁이 이뤄지지 않으면 경제가 정말 절단날 수 있다는 사실을 언론에 누이 강조했다. 언론이 나섰다. 동아일보는 '금융개혁, 대선에 밀려서야'라는 제목의 사설을 실었다. 각계 의견을 모아 국회에 제출한 (금융개혁)법안을 무작정 방치하는 것은 말이 안 된다, 표를 잃을까봐 대선 후로 심의를 미루는 것은 옳지 않다, 이견을 조정해 법을 통과시켜야 한다는 요지였다.

경제 문제에 대해 대증요법적인 처방보다 기본을 점검하고 구조조정 과제에 관심을 가질 것을 촉구하는 분위기로 뒤늦게 전환되기 시작했다. 특히 금융개혁에 대해서는 그동안 선거 분위기에 묻혀 답보 상태에 있음을 비판하고 정기국회에서 처리할 것을 주문했다. 이러한 언론의 지원으로 국회에서의 금융개혁법안 심의가 촉진되기 시작했다.

국회 통과를 위한 전열을 가다듬었다. 다행히 국민회의가 '정책 대결'을 내걸고 있어 도움이 될 수 있을 것이라는 생각이 들었다. 고건 총리가 김영삼 대통령의 지시로 정기국회에서 정부제안 법안의 통과에 협조를 얻기 위해 국민회의, 자민련 정책팀 등과 만나고 있었다. 나도 동참해 금융개혁법 통과를 촉구했다. 1997년 11월 3일에는 국회 재경위 소위원회와 자리를 함께 했다. 나는 김대중 국민회의 총재의 최수병 특보에게 금융개혁법안에 대한 측면지원을 요청했다. 최수병 특보는 경제기획원에서 오랫동안 근무했으며 공정거래위원장과 서울시 정무부시장을 지낸 경제관료 출신이다. 업무처리에 있어 논리정연한 이론전개는 아무도 따를 수 없는 수재형 일꾼이었다.

언론의 영향력은 과연 대단했다. 그동안 차기 정권에서 처리하자며 소극적인 태도를 보였던 국민회의와 자민련이 11월 4일부터 7일까지 열리는 국회 재경위 금융개혁법안 심사 소위원회에 참석함에 따라 금융개혁에 대한 논의가 본격화되기 시작했다. 당시 재경위 신한국당 간사인 나오연 의원은 "금융산업의 발전을 위해 감독기구를 통합하고, 한국은행의 통화운영정책 권한을 강화하는 정부안이 연내에 통과되어야 한다는 것이 당의 입장"이라고 하면서 "일단 정부안대로 추진하고 야당과 협상이 이뤄지지 않으면 표대결로 나갈 것"이라고 밝혔다.

국민회의의 정세균 간사는 "장기적으로는 금융 감독기관을 통합해가야겠지만 지금은 통합 시기가 아니라고 본다"며 통합 시기에 이의를 제기했다. 1997년 11월 5일부터 재경위 소위에서 금융개혁법안 심의를 시작했지만 감독기구 통합에 대한 여·야 의견 차이가 커 사흘째 회의에서도 합의점을 찾지 못했다.

　신한국당과 자민련은 감독기구의 통합을 전제로 정부안을 다소 완화하고 정치적 중립을 위해 당초 총리실 산하에 두기로 한 금융감독위원회를 재경원 산하에 설치할 것을 주장한 반면, 국민회의는 금융 감독기관의 통합은 당장 시급한 문제가 아니며 그보다는 금융기관의 자율성을 보장하는 것이 우선되어야 한다고 했다. 따라서 감독기관 통합 문제는 차기 정권에 넘기고 재경원 산하에 감독기관 사이의 정보 교류와 업무 협조를 긴밀히 하는 이른바 '금융감독협의체'를 구성하자고 했다. 11월 10일의 4차 소위에서 최종 결론을 내리기로 했지만 합의 도출에는 실패했다.

　신한국당은 통폐합하는 감독기구 직원을 공무원으로 하는 것과 금감위를 총리실 소속으로 하는 부분만 수정해 상임위에 올리자는 의견이었다. 국민회의는 감독기구 통폐합을 제외한 나머지 법안만 상정하자고 했다. 금융개혁법 처리에 반대하는 한국은행 및 3개 감독기구 직원들을 염두에 둔 주장이다. 정부로서는 감독기구 통합을 통한 감독 강화가 금융개혁의 핵심이어서 야당 의견은 수용할 수 없었다.

　김원길 국민회의 정책위의장을 만나 법 시행을 1998년 3월 15일로 하여 한국은행 총재와 금융통화위원 인사는 새 정권에서 하도록 한다, 감독요원을 공무원 신분으로 바꾸는 문제는 대통령령에서 정하도록 위임한다, 감독위원회는 재경원 외청으로 한다, 위원회 아래 감독원을 두는 것을 감독원 내부에 위원회를 두는 것으로 한다, 현재의 은행·보험·증권의 세 감독원은 일단 감독청 산하로 옮기되 종래처럼 세 감독원이 그대로 존속한다는 내용으로 바꾸어도 무방하다는 최종 양보안을 제시했다.

이와 함께 더 이상 종금사 등의 정리를 미룰 수 없고, 부실채권도 서둘러 정리할 수밖에 없는 막다른 골목에 몰리고 있다는 것, 금융시장 안정을 위해 무언가 할 수 있는 시간이 촉박하다는 것, 신인도 확보를 위해 할 수 있는 유일한 조치가 금융개혁 입법이라는 것, 향후 6개월 동안은 이런 개혁을 하기 어렵다는 사실 등 개혁 법안 통과가 절실함을 다시 한 번 강조하고 협조를 요청했다. 김원길 의장은 서둘러 결론을 내주기로 선선히 약속했다. 김원길 의원에게 제시한 타협안 내용을 차관과 재경원 간부들에게 알려주고 결과를 기다려보기로 했다.

🪙 부도 내지 말라

대통령의 부도 공포증

한보 부도를 겪으면서 김영삼 대통령은 부도공포증에 시달리게 되었다. 대통령은 업무 보고 때마다 부도를 내지 말라고 당부했다. 1997년 경제부총리 취임 후 일주일도 안 되어 삼미특수강이 부도에 몰렸다. 부도처리 이외에 다른 방법이 없어 서둘러 법정관리 신청을 해서 넘어갔다. 그로부터 한 달도 안 되어 진로가 부도 상황에 내몰렸다. 대통령은 한보 부도를 낸 것을 후회하면서 어떻게든 부도만은 내지 말라고 지시했다. 대통령의 지시가 아니더라도 부도내기를 좋아할 사람이 어디 있겠는가. 하지만 안타깝게도 막을 방법이 없었다. 부도를 내지 말라는 당부는 재경원이나 금융기관에게 할 것이 아니라 기업 경영자에게 해야 하는 말이다. '부도는 내는 것'이 아니라 '나는 것'이기 때문이다.

기업경영의 잘잘못은 정부 관리들이 아니라 시장에서 고객들에 의해 결판난다. 부도를 낼 것인가의 여부 또한 기업에 돈을 빌려준 채권자들이 결정할 일이었다. 손익이 엇갈린 문제에 대해 제3자인 정부가 '감 놔라, 대추 놔라' 할 수 없고 또 그래서도 안 된다. 정부가 해야 할 일은 부도를 막는 것이 아니라 퇴출이 잘 될 수 있도록 하는 것이다. 신진대사가 잘 되어야 건강을 유지할 수 있듯이 경제도 기업의 진입과 퇴출이 원활하게 이루어져야 건강하게 발전할 수 있다. 대통령의 지시는 경제에 대한 이해 부족이라기보다는 오랫동안의 관치금융으로 정부, 금융기관, 기업의 상호관계가 왜곡되어온 결과라고 할 수 있다. 언론조차 '우리와 고락을 함께 해온 두꺼비' 진로를 살리라고 촉구했다. 지금 생각하면 웃기는 얘기지만 당시의 분위기는 그러했다. 무너질 수밖에 없는 기업들이 줄을 서 있는 상황이어서 부도를 내지 않고 갈 길은 없었다. 사리는 이러하지만 현직 대통령의 당부를 그냥 무시하고 갈 수는 없는 일이었다.

부도유예협약

부도내지 말라는 대통령의 거듭된 지시를 어기지 않으면서 실제로는 부도처리해 가는 길을 찾아야 했다. 김영삼 대통령의 부도공포증은 '부도가 사건화' 되는 데에 있었다. 부도가 신문에서 큰 사건으로 보도되지 않는다면 두려워할 이유가 없었다. 그러려면 부도가 형사사건화 되지 않아야 한다. 이런 고민을 해결하는 묘안으로 등장한 것이 바로 부도유예협약이다.

실무진에서 '기업 정상화를 위한 금융기관 간 협정'이라는 금융단협약을 찾아냈다. 1987년에 만들어진 것이었다. 영국에도 이와 유사한 제도가 있다는 사실도 알게 되었다. 이를 손질한 것이 바로 부도유예협약이었다. 이름이 부도유예니 부도를 내는 것은 아니다. 하지만 실제로는 부도가 났을 때 밟는 처리 절차를 진행하게 된다. 부도를 내고 진행하던 절차를 부도 처리 이전에 먼저 진행하는 차이가 있을 따름이다.

부도유예협약은 말 그대로 부도를 잠시 유예하는 것이 핵심이었다. 채권자인 금융기관들이 부도에 앞서 —이를테면 3개월 동안— 땅을 팔든, 계열사를 처분하든, 임직원을 줄이든 여하한 방법으로 기업 스스로 살길을 찾도록 하고 그것이 불가능할 때 부도 처리하자는 것이었다. 부도처리한 뒤 처리할 일들을 부도 내기 앞서 먼저 처리하는 것이다. 그러면 부도 문제가 먼저 형사사건화 되기 어려워 사건화 되는 것도 막을 수 있게 된다.

그 첫 적용 대상은 진로가 되었다. 진로는 구조조정계획을 제출했다. 제대로 안 될 경우 책임을 진다는 대주주의 각서도 함께였다. 채권단과의 긴밀한 협조 아래 사후 대책이 순조롭게 진행되었다. 진로에 이어 대농그룹도 부도에 몰렸지만 협약에 따라 별 문제 없이 일이 진전되었다.

그러나 기아가 부도에 몰리면서 사정은 달라졌다. 기아는 채권단의 사전이행 조건을 그대로 응하겠다고 약속했지만 이행하지 않았다. '면종복배'였다. 기아는 부도가 유예되는 장치를 악용해 자금 압박을 겪지 않으면서 시간끌기로 나갔다. 이렇게 기아에 부도유예협약을 적용하면서 이 제도는 제 기능을 하지 못하게 되었다.

대마불사(too big to fail)

기아는 재계 8위의 대기업이었다. 그런 기아가 부도 위기에 몰린 것이다. 기아의 이미지는 좋았고 국민들의 애정은 각별했다. 기아는 전문경영인이 경영하는 가장 모범적인 기업으로 알려졌었다. 소유와 경영의 분리, 전문경영인 체제, 종업원 지주제도와 주식 소유 분산 등 모든 면에서 다른 대기업과는 달랐다. 오너가 없는 모범기업으로 두 발 자전거에서 출발해 세 발 오토바이를 거쳐 네 바퀴 자동차를 생산하는 대기업으로 성장했다. 특히 봉고를 만들어 서민들의 폭넓은 사랑을 받고 있었다. 기아는 국민기업으로 불릴 정도였다. 그러기에 정부가 적극 나서 기아를 살려야 한다는 것이 당시의 압도적 분위기였다. 그러나 이는 기아의 허상이었다. 기아의 실상은 눈에 보이는 것과는 완전히 다른 모습이었다. 불행히도 부도에 몰린 기아의 실상은 허상에 가려져 있었다.

기아에는 대주주가 없다고 알려졌지만 우리사주조합과 경영발전위원회가 지배주주로서 다른 기업의 대주주 격이었다. 사실상 종업원 대표가 대주주 행세를 하다 보니 김선홍 회장은 근로자에 대해 온정주의로 일관할 수밖에 없었다. 자연히 노조의 요구를 쉽게 들어주었고 노조는 그런 김 회장을 보호하기 위해 파업도 불사하는 기묘한 노사 유착관계가 만들어졌다. 소유와 경영이 분리되고, 전문경영인이 경영하는 가장 모범적인 기업이라는 이미지를 갖고 있었지만 실상은 김 회장이 회장과 노조위원장을 겸하고 있는 셈이었다. 경영과 노사의 견제장치가 없어졌고 경영 본래의 경영 자체가 없는 회사였다. 3년 연속 적자를 기록했지만 경영실패에 대해 책임을 묻는 일은 없었다.

전문경영인이 경영하는 가장 모범적인 곳으로 알려졌던 기아도 계열기업을 28개까지 거느리는 등 재벌놀음에 빠져 있었다. 자동차와는 아무 관련이 없는 건설 5개사, 금융 3개사, 정보통신 3개사를 거느리는 등 문어발의 전형이었다. 덩치만 키우면 망하지 않는다는 대마불사의 미신에 사로잡혀 있는 것도 다른 재벌과 조금도 다를 바 없었다. 이러한 무모한 사업 확장을 위해 닥치는 대로 차입을 했다. 부도에 몰릴 때까지 은행들은 기아와 거래를 하기 위해 앞 다투는 형국이었다. 자금을 조달하는 일에 한 번도 애로가 없었고 그렇기 때문에 부도가 난 뒤에도 채권단에 고자세였다. 그런 기아도 한 번 부도에 몰리자 걷잡을 수 없이 무너져갔다. 채권자회의에 무려 150개 기관이 참석했다. 만일 기아가 이러한 재벌놀음을 하지 않고 자동차에만 전념했더라면 부도에 몰리는 어려움은 없었을 것이었다. 기산, 기아특수강, 아시아자동차 등 계열기업에 3조 7,000억 원에 이르는 빚보증을 선 것이 자금난에 몰리는 결정적 원인이 되었기 때문이다.

외환위기 후 조사 결과에 따르면 기아와 아시아자동차가 7년간

4조 5,000억 원에 이르는 적자를 숨기고 이익이 난 것처럼 회계처리를 조작한 사실이 드러났다. 1997년의 당기순손실도 3,829억 원에서 3조 3,977억 원으로 무려 3조 이상 늘어났다. 기아자동차는 말하자면 분식회계의 결정판이었다. 전사적 차원에서 조직적이고 치밀하게 분식회계에 나선 사실이 밝혀지면서 기아는 국민기업에서 경영진과 노조가 짜고 사리추구를 해온 범죄 집단으로 추락했다.

기아는 구조조정을 하는 등 경제원칙에 따라 문제를 해결할 생각은 처음부터 없었다. 정치적인 영향력을 이용해 어려운 상황을 모면하려고 온갖 수단을 동원했다. 기아는 기업이라기보다는 정치집단이었다. 기아 살리기는 기업을 살리라는 것이 아니었다. 김선홍 회장과 노조의 요구를 옳고 그름을 가리지 말고 그대로 다 들어주라는 것이었다.

기아가 정부 방침에 순응해 구조조정 노력을 보였다면 해외에서의 기아에 대한 평가는 물론 우리 경제에 대한 평가도 긍정적으로 바뀔 수 있었다. 그러나 이는 처음부터 기대할 수 없는 일이었다. 기아의 실상을 파악한 뒤 대책을 마련하지 못하고 원론에 입각한 대책으로 문제를 해결하고자 한 것은 나의 실책이었다. 기아문제와 관련해 외국인들이 '정말 이상하다'라고 생각한 것은 한둘이 아니었다. 그중 첫째는 돈을 빌려간 사람이 오히려 더 큰소리를 치는 것이었다. 자본주의 사회에서는 돈이 말하는 법이다. 돈을 빌려준 채권자가 빌려 쓴 채무자에게 질질 끌려 다니는 것, 그것도 150개가 넘는 채권단이 기업 하나에 꼼짝 못했으니 이 얼마나 이상하고 딱한 모습인가. 채권단과 정부가 함께 나섰음에도 경영을 엉망으로 한 김선홍 회장의 사표를 받아내지 못하는 나라와 은행을 어떻게 믿고 돈을 선뜻 빌려주겠는가.

기아에 대해 부도유예협약을 적용하겠다고 방침을 정한 것이 7월 15일이었다. 그 후 법정관리 방침을 밝힌 10월 27일까지의 석 달여 동안 기아의 버티기 작전으로 곤욕을 치렀다. 9월 말이면 부도유예협약 기간이 끝나기 때문에 추석 연휴 동안 기아와 마지막 협의를 했다. 기아와 채권단 양쪽에서 생각할 수 있는 모든 방안을 놓고 협의했다. 그러나 기아는 9월 22일 전격적으로 기아자동차 등 4개 사에 대해 법원에 화의를 신청했다. 그때 나는 IMF총회에 참석 중이었다. 기아 같은 대규모 기업이 화의에 필요한 재산목록이나 채무목록 등의 서류를 준비하려면 그 자체만으로도 상당한 기간이 걸린다. 변호사 비용으로만 29억 원이 소요되었다.

화의를 위해서는 채권, 채무자 상호간의 신뢰가 필요했지만 그런 신뢰가 존재하는지 의문이었다. 시간이 많이 걸리는 법원 절차를 이용해 대통령 선거 때까지 시간을 벌어보자는 속셈이 분명했다. 대선 주자들은 물론 신한국당과 국민회의를 비롯한 정치권이 화의를 지지했다. 언론도 이에 가세했다. 일부 은행도 처음에는 화의에 긍정적이었다. 화의로 가면 기아 채권이 부실채권으로 분류되지 않아 결산 때 당장 도움이 되기 때문이다.

법원에서 화의 불가 결정을 서둘러 내리도록 대책을 강구했다. 채권자 1/3 이상이 반대 의사를 표명하면 화의 결정을 할 수 없기 때문에 은행감독원장이 은행을 맡고, 금융정책실에서 종금사들을 만나 반대하도록 설득했다. 그렇게 되어 기아는 법정관리를 하는 것으로 결말이 났다. 1997년 10월 22일 이를 발표했다. 기자회견 후 증시는 폭등세를 나타냈고, 환율도 안정적이었다. 금융시장의 큰 불안정 요인이 제거된 것이 호재로 작용한 것이다.

기아 처리는 이렇게 결말이 났다. 하지만 승자는 없고 정부와 기아 모두 상처뿐인 패자가 되었다. 기아의 김선홍 회장이 버틴 것은 대마불사에 대한 자신감이었다. "설마 전 세계 160여 나라에 자동차를 수출하는 재계 8위의 기아를 부도 낼 수 있겠는가" 하는 배짱과 "정권이 바뀌면 달라지겠지" 하는 기대가 바탕에 있었던 것 같다. 마침 부도유예협약이 적용되고 있어 어음을 결재하기 위한 당장의 자금 부담마저 없었기에 기아는 구조조정 등 채권단의 방침에 따르겠다는 말은 하면서 실제로는 딴 짓을 벌이는 면종복배로 나왔다.

사실 기아에겐 그렇게 버틸 수 있는 든든한 우군들이 있었다. 우선 강성노조로 악명이 높은 기아노조와 민주노총이 전면에 나섰다. 이들은 신문에 광고를 내는 한편 나의 비리를 캐고자 뒷조사까지 했다. 언론도 광고주 기아에 대해 약할 수밖에 없었고, 일부 언론은 노골적으로 기아 편을 들었다. 지식인들과 시민단체들도 기아 편이었다. 김모 목사를 대표로 60여 시민사회단체가 참여하는 기아 살리기 범국민운동연합이 발족했고 유명 탤런트와 운동선수들이 기아자동차 사주기 운동의 무료 광고에 출연하기도 했다. 정부를 압박하는 집회와 대규모 시위가 이어졌다. 기아는 물론 기아 협력업체의 임직원과 그 가족까지 조직적으로 동원되었다.

대통령은 '부도 내지 말라' 했고, 국무총리는 기아 지원을 무언중에 종용했다. 정치인들은 기아 눈치 보기에 바빴다. 은행 등 채권단도 채권자로서의 권리행사는 고사하고 기아 앞에서는 작아지기만 했다. 무엇보다 부도 내지 말라는 대통령의 말은, 적 앞에서 무장해제를 당한 것과 같아 기아에 대한 정책을 밀고 갈 힘을 결정적으로 약화시켰다. "부총리가 알아서 하라"는 말은 9월 26일에야 처음으로 들었다.

　기아와 김선홍은 동의어와 같았다. 김 회장이 그 자리에 있는 한은 자구 노력이나 구조개혁은 시작도 할 수 없었다. 기아는 김선홍 회장의 온정적 노사관으로, 노사 구분이 없는 경영체제였다. 제3자 인수, 즉 기아의 새 주인 없이는 기아문제를 풀어갈 길이 없었다. 이러한 사실은 누구보다 기아 경영진이 더 잘 알고 있었다. 그렇기 때문에 삼성 음모설을 퍼뜨리면서 제3자 인수를 막고자 했다. 기아가 어려움을 겪게 된 원인은 삼성이 기아를 인수하려는 데에 있고, 삼성자동차 부산 유치위원장을 맡았던 내가 이를 돕고자 하는 음모 때문이라는 얘기였다. 국회 청문회에서도 이런 질문이 있었다. 하지만 이는 전혀 사실이 아니다. 내가 유치위원장을 맡은 일은 없었다.

　기아의 버티기는 정부와 기아, 우리 경제 모두에게 얻은 것 없이 상처와 부담만을 남겼다. 무엇보다 한국은 안심하고 돈을 빌려주어도 괜찮은 나라라는 해외 금융인들의 신뢰에 결정타를 가했고 외환위기의 단초 중 하나를 만들었다. 국회 환란청문회 때 "재임기간 중 가장 후회스러웠던 일은 무엇이었는가?"라는 질문에

"기아를 곧바로 부도 내고 법정관리로 가지 않은 것"이라고 답변했다. 원칙대로 부도 내고 싶은 마음이 간절했던 것은 사실이었다. 그러나 솔직히 그 후에 몰아닥칠 부도 후폭풍을 감당할 자신이 없었다. 기아 처리에 관해서는 강경식(強硬式)이 아닌 강연식(姜軟式)이었다. 대마불사라는 재벌 신화를 깨고 강성노조를 무력화하는 길을 찾는다는 당초의 뜻은 일찌감치 흐지부지되었고, 기아 처리가 너무 늦어 외환위기의 원인을 만들었다는 비난만 듣게 되었다.

김선홍 회장의 영향력과 정치력은 내가 상상했던 것보다 훨씬 막강했다. 정부를 굴복시키고도 남을 만큼 여론과 정치권의 지지를 동원해냈던 것이다. 대통령, 총리, 주무 장관이 모두 나서지 않는 일이어서 혼자 감당할 자신이 없었다. 그러나 경제부총리로서 곧장 기아를 부도 처리하는 과감한 결단을 내리지 못한 것은 부끄러운 일이다. 그 결과 대외적으로 정부의 추진력에 대한 신뢰를 손상시켰다. 법정관리 외에는 다른 길이 없다는 결론은 부도유예협약을 적용시키기로 한 7월 중순에 이미 내려졌다. 그로부터 100일의 기아 장정(長征)은 기아의 경영진과 노조는 물론 기업 자체로서도 아무것도 얻은 것 없이 성가(聲價)만 추락시킨 만신창이로 끝을 맺게 되었다.

우리는 서로 상대를 너무 몰랐다. 기아의 영향력과 정치력이 그렇게 가공할 정도로 엄청날 줄은 상상도 못했다. 그러나 기아도 경제부총리와 김인호 경제수석을 과소평가했다. "국민경제를 담보로 정부와 금융기관에 추가 지원을 강요하는 버릇만큼은 반드시 뿌리 뽑아야 하고, 부실기업 정리는 시장원칙에 따라 이루어져야 한다"는 확고한 신념을 가진 우리 두 사람을 굴복시키려고 한 것은 김선홍 회장의 잘못된 생각이었다. 기아만의 문제가 아닌 대기업, 나아가 경제 전체의 기강이 무너지는 일에 우리는 굴복할 수 없었다. 양자가 모두 승자가 될 수 있는 해법이 되지 못하고 결과적으로 양쪽 모두가 상처뿐인 패자가 되고 말았다. 이러한 와중에 나라경제만 멍들게 된 것이다.

김선홍 회장은 사법처리설이 언론에 보도된 직후인 10월 29일에 자진 사퇴했다. 전문경영인이라는 탈을 쓰고 실제로는 재벌 오너 행세를 한 18년을 그렇게 마감했다. 기아문제로 한참 골머리를 앓고 있을 때, 검찰이나 국세청이 나서도록 하자는 제안을 거부했다. 평소 경제문제를 경제외적인 방법으로 '조자룡이 헌 칼 쓰듯' 손쉽게 푸는 것에 대해 못마땅하게 생각해온 터였다. 당장은 편리하지만 장기적으로는 반드시 그 대가를 치르게 된다고 생각했다. 뿐만 아니라 한보에 이어 기아마저 사법처리로 가면 해외에서 우리를 어떻게 볼 것인가? 김선홍 리스트라도 불거져 나와 시끄러워지면 국가신인도에 얼마나 타격을 줄 것인가?

물론 비리가 포착되어 검찰에서 수사에 착수하는 것이나 탈세 혐의가 있어 세무조사를 하는 것은 관여할 바 아니었다. 다만 기아문제를 풀기 위해 사법처리나 세무조사라는 수단을 쓸 수는 없다고 생각했다. 그러나 사법처리설로 마무리된 결과가 되고 말았다. 바둑에는 대마불사라는 말이 있지만 아무리 대마(大馬)라도 두 집을 내지 못하면 살 수 없다. 외환위기를 겪고 난 이후에는 부도에 몰린 어떤 대기업도 기아가 한 것처럼 정치적 영향력을 동원해 채권단에 맞서는 일은 상상도 할 수 없게 되었다. 이러한 당연한 일을 당연한 일로 받아들이기 위해 우리 국민 모두가 치른 대가가 얼마나 컸던가, 가슴 답답하고 안타까운 일이다.

기아처리에 대한 해외 반응

1997년 10월 22일 기아에 대한 법정관리 방침을 발표했다. 그러자 주가지수는 34.5포인트, 6.08%나 폭등했고 일거에 지수 600선을 회복했다. 국내 경제는 이제 기아의 굴레에서 벗어나게 되었다. 금융개혁법안 통과가 남은 과제라고 생각했다.

그러나 기아문제를 처리한 날이 공교롭게도 홍콩증시가 요동치기 시작한 바로 그날이었다. 연속 폭락 장세에서 헤어나지 못하던 증시가 모처럼 상승세로 돌아 한시름 놓는가 했는데, 그 기대는 간단히 무너지고 말았다. 바로 다음날인 23일에는 33.2포인트나 빠지는 폭락장세로 반전했다. 좀더 빨랐거나 며칠 더 늦었더라면 어떻게 되었을까? 어쨌든 홍콩증시가 폭락하는 날과 겹친 것은 최악의 택일이었다.

게다가 기아 처리에 대한 해외 논평은 매우 냉담했고 비판적이었다. 가장 유력한 경제지라 할 수 있는 영국의 〈파이낸셜타임스〉는 23일자 신문에서 "변화와 개혁은 선택의 문제가 아니라 생존을 위해 필수적인 것이라고 강조하던 강경식은 기아 처리에 있어 전혀 다른 태도를 보여주었다. 기아를 국유화한 것은 한국이 미래의 번영을 위해 필요한 개혁과정에 있어 엄청난 후퇴이다"로 시작하는 글에서 신랄한 비판을 퍼부었다.

이러한 비판 중에는 사실도 있었지만 내용을 오해한 부분도 상당히 있었다. 그 하나는 산업은행 융자의 출자전환은 Debt Equity Swap으로 번역해야 마땅한데, 일부 외신에서는 이를 Nationalization(국유화)으로 보도한 것이다.

취임 초부터 중요한 발표문은 항상 영문과 함께 작성하도록 했다. 해외에 대한 서비스 차원뿐 아니라 이번처럼 발표 내용이 잘못 전달되는 불상사에 대비하려는 뜻도 있었다. 그러나 서둘러 발표하는 과정에서 시간이 너무 촉박하다보니 그런 데까지 신경을 쓰지 못하고 만 것이다. 산업은행 융자의 출자전환은 대주주가 없는 상황에서 기아문제를 처리해갈 주체가 있어야 하기 때문에 부득이한 조치였다. 그러나 기아의 부담을 국가가 떠맡는 것으로 해외에 잘못 알려지는 바람에 낭패를 보고 말았다.

이렇게 된 데에는 기아를 공기업 형태로 운영한다는 발표문에도 문제가 있었다. 협력업체에 대한 원활한 자금 공급과, 불필요하게 제3자 인수설에 휘말리는 빌미를 주지 않기 위한 국내용이었는데, 해외에서는 기아를 '공기업화해서 살린다'라는 뜻, 즉 국유화의 뜻으로 받아들였다. 제3자 인수 방침은 추후에 밝혀도 된다고 생각하고, 발표 당시에 이를 분명히 하지 않은 것은 나의 실책이었다.

발표 며칠 뒤의 일이지만, 진념 전 장관(후에 경제부총리 역임)을 기아의 법정관리인으로 결정한 것조차도 바라보는 시각이 서로 달랐다. 국내에서는 사려 깊은 조치로 인식되었지만 해외에서는 전직 관료 출신이란 점에서 국유화의 확실한 증거로 해석했던 것이다. 일견 사소해 보이는 이런 일들이 겹쳐 엄청난 결과를 초래했다. 들쥐 구멍 때문에 거대한 제방이 무너질 수도 있는 것이다. 이런 일들은 시간이 지나면 해명 가능한 일이었지만 홍콩증시 폭락으로 관심이 모두 그쪽으로 쏠려 결과적으로 해명할 기회가 없어지고 말았다.

영국의 〈이코노미스트〉는 "한국의 재경원은 '세 살 버릇 여든까지 간다'라는 한국 속담이 그대로 들어맞는 조치를 하고 있다." 이렇게 시작하는 기사에서 뉴코아 부도 대책을 상의하기 위한 1997년 10월 21일 은행장 회의까지 언급하면서, 한국 정부가 부실기업 지원을 은행들에게 종용하면서 금융기관들까지 부실화하고 통화증발로 인플레이션을 자극할 위험까지 감수하고 있다고 지적했다. 부도 유예협약도 정부가 개입해 부실기업을 구제해주는 조치라고 간주하며, 8월 25일의 제일은행 및 종금사에 대한 한국은행의 구제금융과 10월 22일의 기아 처리는 이러한 일련의 복고적 개입주의의 극치이며, 그 결과 "허약한 은행들이 무분별하게 기업들에게 돈을 빌려주는 악순환이 계속될 것"이라고 했다.

8월의 제일은행에 대한 정부출자에 대해서도 마찬가지로 비판적이었다. 이는 부실기업을 정부가 구제해주던 잘못된 과거로의 회귀이며, 도덕적 해이를 심화시킬 것이라는 비판이었다. 한국은 노동시장을 개혁하지 못하는 한 외국기업의 관심을 끌기도 어렵고 한국기업의 합리화도 이루기 어려울 것이라는 말도 있었다. 그리고 "강 부총리도 알고 있는 바이겠지만 한국 정부는 그 고삐를 느슨하게 하고 시장이 그 기능을 대신하도록 해야 한다. 이 과정에서 외부의 도움을 받는 것을 두려워하지 말아야 한다"라는 말로 끝을 맺었다.

IMF, '한국경제 건실하다'고 평가

1997년 10월 15일, IMF 평가단은 한국 경제에 대한 2주의 조사를 마치고 기자회견을 했다. 이는 지극히 이례적인 일이었다. 구조조정에 따른 다소의 어려움에도 불구하고 한국 경제는 대내외적으로 매우 건실하다고 평가했다. 경상수지 적자 축소 등 거시경제 운용은 성공적이고 재정수지는 매우 훌륭하게 관리되고 있다고 했다. 다만 금융부문 효율성 및 건전성 제고, 특히 은행 부실문제 처리가 제대로 이루어지지 않을 경우 어려워질 것이기 때문에 금융개혁의 지속적 추진이 구조조정에 필수적이라고 했다. 최근의 금융개혁 노력에 적극적 지지를 보내며 기타 규제 완화, 산업 구조조정, 기업 지배구조 개혁 등 시장원리에 바탕을 둔 구조조정 노력을 적극 지지한다고 말했다.

금융기관 상태가 현재보다 악화되지 않아야 하며, 금융개혁법안, 대선 기간의 정치적 불안 등 불확실 요인은 문제라고 덧붙였다. 환율정책에 대해서는 연초 이래 16%의 절하로 실질실효환율(REER)은 지난 5년 동안 평균 수준을 유지했으나 환율의 신축성은 지속적으로 확대할 필요가 있다고 말했다. 한국 정부의 대외 지급 보증 약속은 차입 여건의 악화에 대응한 것으로 이해하나, 도덕적 해이 등을 감안해 보증을 끝내는 기준을 빠른 시일 안에 공표할 필요가 있다고 지적했다.

한국이 위기 상황이라고는 생각되지 않으며, 불황기의 자연스러운 구조조정이라고 보기 때문에 한국 경제는 이번 구조조정을 거치면 보다 성숙한 단계로 진입할 것이라고 말했다. 자본시장 개방이 착실히 추진되고 있고, 경제의 기초 여건이 건실함을 감안할 때, 앞으로 한국으로의 해외자본 유입은 큰 문제가 없을 것으로 본다는 말도 덧붙였다. 대선 등 정치적으로 매우 어려운 시기임에도 한국 정부의 경제정책이 올바른 방향으로 진행되고 있는 것에 깊은 감명을 받았고, 정치 일정에도 불구하고 금융개혁 등 구조조정 노력은 지속되어야 한다고 말했다. 기자 질문에 대한 답변에서 "한국 경제는 동남아와 다르며 금융 분야의 어려움도 즉시 대처할 경우 관리가 가능한 수준"이라고 평가했다.

북상하는 태풍에 속수무책으로 휘말린 한국

7월 초 태국에서 시작해 인도네시아, 말레이시아, 싱가포르 등 동남아에 머물던 태풍이 10월 중순 이후 대만, 홍콩을 거쳐 한국까지 북상했다. 10월 22일에는 홍콩증시가 요동을 쳤고 그 여파로 아시아 각국은 물론 미국, 유럽 등 선진국 금융시장을 비롯해 중남미 등 전 세계 금융시장이 엄청난 혼란 상태에 빠졌다. 기아 처리에 대한 냉담한 반응에 더해 홍콩증시 폭락의 태풍이 거세게 몰아친 것은 불운이었다. 홍콩증시 폭락 사태로 아시아 시장에 대한 경각심이 고조되었고, 아시아 시장 전체에 대한 관심이 일거에 얼어붙었다.

투자자들은 '무언가 이상하다, 당분간 관망하자'는 태도였다.

홍콩증시의 대폭락 사태는 그렇지 않아도 인화물질이 즐비하게 깔려 있는 상황에서 성냥을 그어 던진 격이었다. 현실은 냉혹했다. 외국인 투자자의 무차별 탈출이 시작된 것이다. 외인들의 주식 매도와 국외 탈출은 외환수요를 크게 늘어나게 했고 환율도 다시 불안해지기 시작했다. 급기야 우리나라는 외환위기에 몰리게 되었고, 그 파장은 러시아를 거쳐 중남미 국가로 순식간에 옮겨갔다.

처음에는 전 세계 증시가 모두 출렁이는 것이어서 우리도 그런 충격파 속에 함께 놓인 것으로 생각했지, 태국 발 태풍이 한국에 결정타를 가할 것이라는 생각은 전혀 하지 못했다. 그러나 홍콩 쇼크로 인한 세계적 불안 상태는 11월에 접어들어서야 점차 진정 국면에 접어들었다. 그럼에도 우리나라 금융시장은 평상시와는 완전히 다른 조짐을 보이기 시작했다.

외환시장 불안정이 심화되었다. 서둘러 환율 상승 압력을 흡수하고 채권시장을 개방한다는 방침을 발표했다. 하루 2.25%의 환율 변동폭으로는 상승 압력을 수용하기 어려웠다. 그렇다고 시장 거래를 빈번하게 중단할 수도 없었다. 외환시장 안정에 귀중한 외화를 쓰지 않을 수 없었다. 또한 환율 변동폭을 크게 확대하거나 폐지할 수도 없었다. 당시의 가용 외환보유고 수준으로는 자칫하면 파국으로 내달릴 수 있어 위기를 촉발할 수도 있었다. 쓸 수 있는 대책은 다 소진된 상태에 이르렀다.

외국인 주식투자 한도를 23%에서 26%로 늘린 첫날인 11월 3일의 동향을 주의 깊게 주시했다. 외자가 유입되는 것 같더니 곧바로 다시 유출로 반전했다. 그동안 외국인에 대한 주식투자 한도를 늘리는 것은 외화 유입을 늘리는 단골 처방이었다. 그 처방이 듣지 않게 된 것이었다. 이미 주가는 홍콩사태 이전인 10월 중순부터 힘없이 계속 추락하는 추세였다. 외국인 투자는 10월에는 1조 원 규모의 대량 순매도로 급반전하고 있었다. 결국 그동안의 여러 대책들이 이런 추세를 반전시키기에는 역부족이라는 사실이 드러난 것이었다.

이날을 기점으로 우리를 둘러싼 상황은 급변했다. 먼저 일본 쪽의 만기 연장률이 급속하게 떨어졌다. 한국 신용도가 급락한 때문이 아니라 일본 본국 사정이 급속도로 악화되었기 때문이었다. 원인이 어디에 있든 단기채 상환을 위한 자금 마련에 비상이 걸렸다. 만기 연장이 되지 않아 전 세계 금융기관을 밤새 쑤시고 다녀도 자금을 구하지 못하는 것은 종금사뿐만이 아니었다. 더군다나 9, 10월에는 그런 대로 가능했던 중장기 차입이 11월에 접어들면서 사실상 불가능해졌다. 기아에 대한 출자 전환의 여파로 산업은행마저 차입을 못하는 상황이 되었다.

무언가 경제가 제대로 가고 있지 않다는 불안감이 엄습해왔다. 몸은 예결위 회의장에 앉아 있었지만 신경은 외환 및 증권시장에 가 있어 거의 한 시간 단위로 금융시장 동향을 점검했다. 온몸을 죄어오는 압박감, 그런데도 이를 헤치고 나갈 수 있는 길을 어디에서도 찾을 수 없는 답답함이 몰려왔다. 평생을 살아오면서 이때만큼 속수무책을 절실하게 느껴본 일은 처음이었다.

블룸버그통신은 11월 5일자로 한국의 외환보유고가 최저 150억 달러까지 떨어졌고 외채 1,100억 달러 중 800억 달러가 연내에

만기가 도래하는 만큼, 한국의 금융위기는 태국보다 심각하다고 보도했다. 〈아시아월스트리트저널〉은 한국의 10월 말 외환보유고 중 20억 달러 내지 200억 달러가 선물환 개입에 사용되어 사실상 가용재원이 아니라고 보도했다. 선물환 계약금액은 60억 달러 정도지만 1년에 걸쳐 분산 지급되기 때문에 거의 무시해도 좋을 정도였다. 하지만 이 보도는 우리의 외채상환 능력의 불안감을 결정적으로 증폭시켰다. 〈인터내셔널 헤럴드트리뷴〉이 한국이 IMF의 도움을 받아야 할지도 모른다고 보도한 후부터는 거의 매일 한국의 외환위기가 외신에서 다루어졌다. 여기에 미국의 국제경제연구원(IIE)의 버그스텐 박사가 의회 청문회에서 한국 사정에 대해 실상보다 훨씬 더 나쁘게 증언한 내용도 가세했다.

금융시장이 매우 불안정한 상황에서 이런 보도는 엄청난 자기실현력을 발휘하기 마련이다. 영향력 있는 언론이 부도설을 보도해 금융기관들이 채권을 회수하기 시작하면 그 어떤 기업도 견디기 어렵게 된다. 외국 어느 도시에서 갑자기 내린 비를 피하려고 은행 앞에 사람들이 늘어선 것을 보고 그 은행에 문제가 있다고 지레짐작해 예금 인출에 나서기 시작해서 결국 은행이 도산에 이르렀다는 보도가 있었다. 멀쩡한 은행도 이러한 예금 인출사태(뇌취, 雷取)에는 견디기 어렵다. 블룸버그의 보도는 사실과 달랐고 〈월스트리트저널〉의 기사는 지극히 무책임한 내용이었으므로, 이들 외신에게 항의를 하고 실상을 밝히는 해명 서한을 띄웠다. 언론보도 내용이 사실과 다를 경우 이렇게 대응하는 것은 지극히 당연한 일이었다. 그럼에도 국내 언론에서는 이런 항의서한을 보낸 것에 대해 정부 당국을 비난했다.

이런 와중에 〈뉴욕타임스〉 도쿄 지국장이 찾아와 인터뷰를 했다. 그는 먼저 외환시장 안정을 위해 한국 정부는 왜 홍콩처럼 금리를 대폭 올리는 정책을 취하지 않느냐고 물었다. 한국은 홍콩과 달리 채권시장이 개방되어 있지 않아 금리를 올리더라도 외화가 유입될 길이 없다. 반면 증권시장은 해외에 개방되어 있다. 그런데 금리를 대폭 올리면 증시가 큰 폭으로 하락하는 것은 상식이다. 그렇게 되면 외화 유출이 크게 늘어날 가능성만 커진다. 그렇기 때문에 홍콩처럼 고금리 정책은 쓸 수 없다고 설명했다. 그러자 그는 금방 납득하고 금리정책에 대한 질문은 더 이상 하지 않았다. 이어 나는 한국은 태국과 다른 점을 간략하게 설명했다. 그는 나의 설명을 듣고 또 하나 다른 점이 있다고 하면서 "재무장관이 다르다"라고 말해 함께 웃었다. 〈뉴욕타임스〉는 한국 상황에 대해 〈월스트리트저널〉과는 달리 우리 시각에 입각한 기사를 보도했다.

어쨌든 이런 상황에서 월가의 흐름을 좌우하는 언론과 투자전문가들이 '한국을 떠나라'라고 부추겼다. 이는 치명적인 악영향을 미쳤다. 상환 능력에 대한 불안감이 확산되면서 평소에 90% 이상이던 단기외채의 만기갱신비율(Roll Over Rate)이 60% 이하로 떨어지기 시작했다. 외환보유고가 급격히 감소하기 시작했고 더이상 견딜 수 없었다. 엄낙용 차관보(후에 한국산업은행 총재 역임)가 외환시장 동향이 심상치 않다고 하면서 긴급자금지원 요청을 위해 일본에 다녀오겠다고 했다.

일본에 자금 지원을 요청하는 것과 관련해 예상되는 문제를 제기했다. 우선 미국과 IMF가, 일본과 직접 해결하는 쌍방방식을 별로 환영할 것 같지 않다는 것(AMF 구상의 좌절이 떠올랐기 때문이다), 또 성사될 가능성도 의문시된다는 것(11월 초의 외신에 클린턴 대통령이 하시모토 류타로 일본 총리에게 앞으로 금융위기로 어려움을 겪는 나라가 생기더라도 양국 간 해결 방식을 취하지 말아달라는 공한을 보냈다는 보도가 있었다) 등의 우려를 말했다. 또 우리 국민들이 일본의 도움을 받을 경우 자존심 손상도 있을 수 있었다. 이렇게 볼 때 일본 정부에 지원 요청을 하기보다는 오히려 IMF에 지원 요청을 하는 것이 정도라는 나의 생각을 말했다.

따라서 일본에 갈 경우 정부 대 정부의 지원이 아닌, 일본 금융기관들이 만기연장 등에 특별 배려를 해주도록 '행정 지도'를 당부하는 쪽으로 교섭하도록 지시했다. 만기연장만 순조롭게 이루어지면 큰 어려움이 없을 것이라 생각했고, 또 비공식적 영향력 행사는 8월 말 미쓰츠카 대장상이 방한했을 때의 예를 보더라도 기꺼이 협조해 줄 것으로 생각했기 때문이다.

엄 차관보는 1997년 11월 10일 방일해서 미스터 엔(Mr. Yen)으로 널리 알려진 일본 대장성 사카키바라 차관보를 만난 후 11일 귀국했다. 방일 성과는 아무것도 없었다. 양국간 협력은 처음부터 기대하지 않았던 일이었지만 일본은행이 한국은행에 대한 SWAP 등 지원은 가능하지 않겠는가, 하고 협력 가능성을 타진했으나 그것도 마찬가지로 안 된다고 했다는 보고였다. 즉 자금난 해소를 위한 지원은 IMF를 통해서만 하도록 이미 미국과 일본이 합의했기 때문에 아무것도 할 수 없는 입장이라고 했다.

일본 정부가 일본 시중은행에 대해 만기연장 영향력을 행사하는 등의 협조 요청에 대해서는, 당시 일본의 경제 사정이 어려울 뿐 아니라 일본 검찰이 금융기관과 대장성의 유착관계를 수사 중이어서 대장성의 위상이 약화된 터라 실현되기 어렵다는 대답이었다고 했다. 그러나 설사 당시 일본 정부가 나서서 만기연장 협조를 요청했더라도 일본 금융업계는 별로 기대할 수 없는 사정에 있었다. 1997년 11월에는 일본도 금융위기에 몰려 엄청난 홍역을 치르고 있었기 때문이다. 일본의 은행들이 BIS 기준을 맞추기 위해 무자비한 자금회수에 나섰고 그 결과 수많은 일본의 중소기업들이 흑자도산에 몰리고 있었다. 한국에 대한 배려를 할 여유가 없었다. 다만 일본은 외환 사정이 좋았기 때문에 금융위기가 우리나라와 같은 외환위기로 발전하지 않았을 따름이다.

🔔 유동성 함정에 빠진 한국

1997년 정기국회는 12월의 대통령 선거 관계로 회기를 앞당겨 11월 18일에 마치게 되어 있었다. 따라서 11월 초에는 국회의 예산 심의가 막바지 단계에 있었다. 예산 주무장관으로 나는 회의장을 늘 지키고 있어야 했다.

1997년 11월 7일 청와대에서 김인호 수석 주재로 재경원 윤증현 실장, 한국은행의 최연종 부총재를 비롯한 고위 실무자들의 대책회의가 있었다. 이날 논의한 대책에 대해 11월 8일 아침 김인호 수석과 함께 검토했다. Back Up Facility, ABS, SWAP, 일본의 협조 지원 등의 대책을 우선 추진하고 이들 방안이 어려울 때에는 IMF와 협의하는 수밖에 없다는 전날 회의 결론과 다른 묘책은 없었다. 통상 생각할 수 있는 대책은 이미 다 소진된 상태였고 상황은 다급했다. 이들 방안의 실현 가능성을 서둘러 점검할 필요는 있지만 성사 가능할 것으로 기대되는 것은 없었다. 김인호 수석이 IMF 지원 요청 문제를 거론해서 IMF로 갈 수밖에 없지 않느냐고 바로 대답했다. 예결위 회의장 답변석에 앉아 혼자 여러 가지 방안을 생각해 보았지만 IMF 이외에 다른 대안은 없었다.

그날 해외 근무 중 일시 귀국 중인 재경원 간부들과 만난 자리에서 의견을 들었다. OECD에 파견근무 중인 김창록 국장은 산업은행의 경우 만기가 도래한 1억 5,000만 달러 중 2,000만 달러만 만기연장(Roll Over)이 되었다고 하면서, 한국이 유동성 함정(Liquidity Trap)에 빠진 것 같다고 말했다. 유럽 나라들은 이런 경우 안전장치로 IMF를 이용하는 등 과감하게 대처하지만 동양 나라들은 체면을 중시하기 때문에 자칫하면 실기할 가능성이 크다고 말했다. 영국도 과거에 IMF와 일반차입협정(GAB)을 활용해 위기를 넘긴 예가 있다고 말했다. 자존심이 허락하지 않겠지만 지금은 과단성 있는 결정이 필요한 때라고 하면서 IMF의 지원을 받을 것을 강력히 촉구했다.

일본에 가 있던 오종남 과장은 경제의 기초여건과 시장동향을 혼동하지 말아야 한다는 일본의 한국 경제 전문가의 말을 빌려, 경제 전체는 경제학자들의 관심 대상일 따름이고, 투자자에게는 단기적 수익성이 일차적 관심 대상이라고 말했다. 즉 투자자는 배당보다는 양도차익에 더 큰 관심이 있다고 했다. 자금융통(Cash Flow), 특히 연말까지의 만기연장이 당면 과제라고 했다.

11월 9일은 일요일이어서 모처럼 예결위 회의가 없었다. 오후에 재경원 간부들과 경제 상황을 점검하고 가능한 대응 방안에 대해 난상토론(Brain Storming Session)을 했다. 이제까지 해온 정책에 구애되지 말고 백지 상태에서 무엇을 어떻게 해야 하는가에 대해 생각할 수 있는 것은 다 말하고 검토하는 자리였다. 이날 나온 대책을 다듬어 정리한 것이 11월 19일 발표한 금융시장 안정대책이다. 그것을 대구상(Grand Design)이라고 이름 붙였다. 과거의 대책에 얽매이지 않고 모든 대책을 망라하는 정책발상을 전환한다는 뜻에서였다. 훨씬 위급한 상황이지만 안정화시책을 처음 시작할 때와 비슷한 발상이었다. 이날 저녁에는 김인호 수석과 IMF로 가는 문제를 구체적으로 협의한 뒤 밤 9시 반부터 재경원, 청와대, 국무총리실, 한국은행 간부들이 참석한 가운데 재경원 간부들과 논의한 Grand Design 내용, 특히 환율 변동폭을 없애는 문제를 집중 토론했다. 다음 날, 즉 11월 10일 월요일 아침에 김영삼 대통령에게 보고가 예정되어 있었다. 이날 논의한 내용을 중심으로 보고하고 대통령의 지침을 받을 계획이었다.

11월 9일 밤늦게 회의를 마치고 집에 가니 IMF의 피셔 부총재로부터 전화가 왔다고 해서 곧장 전화를 걸었다. 캉드쉬 총재를 만나는 것이 어떻겠느냐는 것이었다. 캉드쉬 총재가 다음 주에 동남아 순방을 할 것이기 때문에 주말(11월 16일)경 만나 금융시장 대책을 논의해 보라는 것이었다. IMF로 가는 문제는 아직 대통령과 상의하지 않았기 때문에 나는 다시 연락하겠다고 말하고 즉답을 하지 않았다. 그러자 피셔 부총재는 뜬금없이, 며칠 전에 만난 박영철 박사가 환율 변동폭을 없애는 데 대한 의견을 물어 자기는 그 의견에 반대했다고 말했다. 나는 환율안정을 위해 IMF가 지원할 용의가 있다는 의사를 간접적으로 표시한 것으로 이해했다. 이렇게 IMF 지원 요청은 현실 문제가 되어가고 있었다.

2장

환란주범
만들기

추락하는 한국경제, IMF지원 요청에서 합의까지

IMF지원 요청 결정

1997년 11월 14일은 IMF 지원을 요청하기로 최종 결정한 날이다. 대통령의 일정상 달리 시간을 마련하기 어려워 오전 8시 15분, 비서실장의 보고시간을 이용했다. 김용태 비서실장, 이경식 한국은행 총재와 김인호 수석이 함께 참여했다. 11월 10일에 보고한 방향에 따라 마련한 금융시장 안정을 위한 종합대책을 이번에는 정식 보고문서를 만들어 보고를 했다.

대책의 기본 방향은 다음과 같다.

- 재정자금을 투입해서 금융시장의 안정 기조를 회복한다.
- 이를 바탕으로 금융산업의 구조조정을 추진한다.
- 환율의 시장기능 제고와 자본시장의 확대 및 개방으로 외화자금 유입을 촉진한다.
- 추진 과정의 투명성을 높여 신뢰도를 제고한다.
- 금융기관의 부실채권을 정리하기 위해 정리기금 규모를 6조 원으로 늘린다.
- 예금보험기금에 5조 원을 출연한다.

- 모든 예금의 원리금에 대해 3년 간 한시적으로 지급을 보장한다.
- 이러한 바탕 위에서 부실 금융기관의 과감한 구조조정을 추진한다.

이밖에 외화 조달에 어려움을 겪고 있는 종금사에 대해서도 특별대책을 마련하겠다는 내용과 함께, 외환보유고, 금융기관의 부실채권 규모 등 금융 관련 정보를 철저히 공개함으로써 투명성을 높이겠다고 보고했다.

금융시장 안정에 대한 정부의 확고한 의지, 금융정보의 투명한 공개, 부실채권의 신속한 정리 등을 통해 우리 금융에 대한 대외신인도가 회복될 것으로 기대했다. 금융개혁법안의 국회 심의 상황을 보고한 다음 "이러한 대책과 함께 외환시장의 안정을 위해 IMF와 협의를 추진하겠다"고 보고했다.

IMF 지원이 몰고 올 정치·경제적 파장이 엄청나게 거셀 텐데도 IMF와의 협의를 시작하겠다는 보고를 받고도 김영삼 대통령은 이렇다 할 반응이 없었다. 너무나 담담하게 승낙을 하는 것이 어리둥절할 정도였다. 하긴 그동안 IMF에 관해 이미 여러 채널을 통해 듣고 있었기 때문이라고도 볼 수 있으나 IMF의 진정한 의미를 제대로 알고 있다면 이렇게 담담할 수는 없다고 생각했다. 때문에 정치적 부담을 몇 번이나 강조했다. 언론에서 문민정부의 경제는 '구제금융으로 마감'이라고 대서특필하는, 자존심 상하는 평가를 받게 될 것이라고 말했다. 그런데도 대통령은 그런 일에 전혀 개의치 않은 것처럼 걱정하는 기색이 전혀 없었다.

뜻밖에도 전경련에서 '금융실명제를 없애야 한다'고 발표한 것을 매우 못마땅해 했다. 불쾌감을 감추지 않으면서 강력한 반박성명을 재경원에서 발표하라고 지시했다. 사실 재벌들이 구조조정 노력은 소홀히 하면서 걸핏하면 정부에 요구만 하는 자세에 대해서는 나도 불만을 가지고 있었다.

어쨌든 IMF 지원을 위한 정부 결정이 내려진 것이었다. 협정에 따르는 여러 조건은 IMF와의 협상이 진행되는 과정에서 다시 보고할 기회가 있을 것이었다. 경제정책 방향에 대해서는 당시 보고한 내용이 IMF나 해외에서 기대하는 것이기 때문에 IMF와의 협상에서도 크게 달라질 것이 없을 거라고 생각했다.

캉드쉬 극비 방한 초청

청와대 보고를 마치고는 곧장 국회로 갔다. 10시부터 금융개혁법안 심의를 위한 재경위가 열리게 되어 있었다. 국회로 가는 차 안에서 엄낙용 차관보에게 전화를 걸어 IMF의 피셔 부총재에게 연락해 방콕에 가 있는 김기환 대사가 캉드쉬 총재를 만날 수 있도록 지원하라고 지시했다. 그러나 국회에 도착한 후에도 피셔와는 아직 연락이 안 되었다고 해서, 재경위 전문위원실에서 내가 직접 전화를 걸어 통화했다. 그는 워싱턴 사무실에서 퇴근하려는 참이었다. 금융개혁법안 통과 전망과 19일에 발표할 종합대책 내용을 간단히 설명하고, 구조개혁 과정의 금융시장 불안정에 대한 대책으로 IMF의 지원이 필요하게 되었다고 설명했다. 이와 관련해 우선 김기환 대사가 캉드쉬 총재를 만나 설명할 수 있도록 주선해줄 것과, 캉드쉬 총재가 동남아 순방 중에 한국에 잠시 들를 수 있는지도 확인해줄 것을 요청했다. 그는 곧 알아보겠다고 말하고는 30분 후에 자기 집으로 전화해달라면서 전화번호를 알려주었다. 국회에 나와 있었기 때문에 내가 전화를 다시 걸기로 했다.

30분 후 전화를 하니 캉드쉬 총재는 그 시각에 말레이시아 방문을 마치고 방콕으로 가는 비행기 안에 있어서 통화는 못했다고 하면서, 캉드쉬 총재가 유숙할 호텔과 도착 예정 시간 등을 알려주면서 캉드쉬 총재와는 자기가 다시 연락을 취할 터이니 김기환 대사가 직접 캉드쉬 총재와 접촉하라고 했다. 나는 곧 김기환 대사에게 전화를 걸어 저간의 진행 상황을 설명해주고 직접 캉드쉬 총재를 만나 귀국길에 비밀리에 서울에 들를 수 있는지 알아보도록 했다.

밤늦게 국회가 끝나고 귀가하는 차에서 김기환 박사의 전화를 받았다. 캉드쉬 총재가 일요일 아침 한국에 도착한다고 했다. 그리고 당일 저녁 워싱턴으로 떠나는 비행기 예약을 부탁했다. 이로써 IMF로 가는 길로 완전히 들어서게 되었다. 경제에 실패한 나라로 불리는 IMF 지원 대상국인 멕시코, 태국, 인도네시아…… 이제 그 대열에 한국의 이름도 올라가 착잡하기 그지없었다.

윤증현 금융정책실장에게 캉드쉬 총재의 방한 사실을 알리고 필요한 준비를 하도록 지시했다. 1997년 11월 15일은 토요일이었지만 종일 예결위가 열렸다. 또 신한국당에서 금융개혁법안에 대한 입장을 최종 정리하는 회의가 있어 종일 국회에 매여 있었다. 예결위 소위가 열리고 있었지만 적당히 양해를 구하고 캉드쉬 총재 방한 준비모임에 참석했다. 밤 9시, 김인호 경제수석, 이경식 한국은행 총재와 김기환 대사, 윤증현 금정실장, 엄낙용 차관보, 김우석 국제금융증권 심의관이 참석한 가운데 캉드쉬 총재 방한 대책회의를 가졌다.

먼저 공항에서의 영접 계획, 수송 관계, 투숙 호텔, 회의 장소, 참석 대상 등 준비 상황을 점검했다. 보안관계상 귀빈실을 이용하지 않고, 자동차도 렌터카를 이용하도록 했다. 투숙 호텔도 인터콘티넨탈로 정해 가급적 노출이 되지 않도록 배려했고, 회의 장소도 호텔방에서 하기로 하는 등 준비에는 아무런 문제가 없었다. 다음 날 회의 참석자의 수는 IMF 측에서 캉드쉬 총재와 나이스 아시아 태평양 국장, 보좌관 세 명이라고 해서, 우리도 너무 많은 인원이 참석할 것은 없다고 생각했다. 그래서 나와 이경식 한국은행 총재, 엄낙용 차관보와 김우석 국장 네 명만 회의장에 나가기로 했다.

지원 규모를 얼마로 할 것인가에 대해 이 총재가 300억 달러로 하자고 제안했다. 생각보다 많다는 느낌이 들었지만 그만큼 자금을 인출해서 쓰자는 것이 아니라 한도를 확보하자는 뜻이고, 시장의 불안감을 완전히 불식하기 위해서는 그 정도 규모가 되어야 한다고 해서 300억 달러로 하기로 했다.

지원 요청을 하게 된 논거로는 홍콩사태 이후 국제 금융시장 경색의 여파로 만기 연장이 어려운 실정인데다 이번 금융개혁법안의 통과와 함께 부실채권 및 부실 금융기관 정리 등의 대책을 과감하게 추진할 수 있도록 IMF의 뒷받침이 필요하다는 요지의 영문 브리핑 자료를 가지고 설명하기로 했다. 그저 다급해서 IMF의 지원을 받는 것이 아니라는 논리는 내가 해온 일에 대한 자기합리화

이기도 했지만 우리나라가 IMF 지원을 받으면서도 해외에 대해서는 국민들의 체면을 최대한 살려갈 수 있는 길이기도 했다.

1997년 11월 16일 아침 일찍 IMF, IBRD에서 10년 이상 근무한 경험이 있는 서강대의 조윤제 교수가 금정실 실무자와 함께 찾아왔다. 그는 IMF로 가는 것에 반대 입장이었다. IMF의 협정조건(Conditionality)이 자존심이 상할 정도로 가혹할 것이 분명하기 때문에 최악의 경우가 아니면 IMF 구제금융이 아닌 다른 대안으로 가는 것이 바람직하다고 말했다.

금정실 간부들이 그렇게 집착했던 국제금융기관의 지원금융(Backup Facility)은 바로 조윤제 교수가 IMF로 가지 않고 자금을 확보할 수 있는 대안으로 제안한 것이었다. 하지만 우리 금융기관의 채무 상태 등 실상에 대한 모든 정보를 외국의 민간은행에 직접 제공할 수는 없다고 생각했다. 정부가 직접 나서지 않을 수 없는 이상, 정부가 민간은행과 협의하기보다는 IMF와 협의하는 것이 올바른 길이라고 생각한다고 말했다.

캉드쉬와의 IMF지원 합의

저녁 6시 30분, 약속 시간에 맞추어 인터콘티넨탈호텔에 도착했다. 회의장으로 준비된 호텔방은 너무 초라했다. 작은 방에 회의용 탁자 하나와 사무용 의자가 놓여 있을 뿐이었다. 꽃 장식 하나 없었다. 예정 시간보다 조금 늦게 캉드쉬 총재 일행이 들어섰다. 반갑게 수인사를 나눈 후 위스키를 한 잔씩 하면서, 식사는 룸서비스로 간단한 메뉴로 했다. 내가 보기에도 식사 대접이 너무 부실했다. 보안 때문에 공항 영접부터 격식을 갖추지 못했고 큰 식당에 갈 수 없어 초라한 식탁이 되었다고 양해를 구했다. 그리고 다음 기회에는 제대로 대접하겠노라고 말했다.

내가 보안 얘기를 꺼내자 자기가 보안 때문에 겪은 에피소드를 들려주어 함께 웃었다. 아르헨티나에서는 보안 유지를 위해 입국할 때 캉드쉬 부부가 관광객 차림으로 위장을 했다고 한다. 그렇게 차려입고 입국 수속을 마친 다음 택시를 타고 시내로 들어가는데 웬 차가 옆에 붙더니 계속 카메라 셔터를 눌러댔다는 것이었다. 깜짝 놀라 왜 그러느냐고 물었더니, 기자라고 자기소개를 하면서 달리는 차창 너머로 질문 공세를 퍼부어 매우 당황했다고 말하면서 보안을 지키기가 얼마나 어려운 일인가를 얘기했다. 또 알제리를 방문했을 때는 알제리 정부가 특별기를 내주는 것까지는 좋았는데, 착륙하는 곳이 공항이 아닌 사막 한복판이어서 깜짝 놀랐다고 들려주었다.

IMF와의 협의를 시작할 때 왜 그렇게 보안을 유지해야 하는가에 대해 의아해하는 사람들이 많다. 우리 검찰도 그랬다. 그러나 IMF로 가는 것은 화폐개혁처럼 보안이 안 지켜지면 엄청난 혼란이 초래될 위험이 있다. 그래서 IMF 당국과 양해가 있기 전에 그 사실이 먼저 알려지지 않도록 극도의 보안을 지키는 것은 관계자들에겐 당연한 상식이다.

식사를 하는 동안 동남아 국가들의 최근 경제 동향에 대해 환담을 나누면서 자연스럽게 우리나라 얘기로 접어들어 대체적인 상황 설명은 식사 중에 대충 끝냈다. 식사를 끝낸 다음 곧장 본론으로 들어갔다. 먼저 우리나라가 왜 IMF의 지원을 필요로 하는지에 대해서는 간략하게 몇 마디 하는 것으로 충분했다. 김기환 박사가 방콕에서 캉드쉬 총재를 만난 자리에서, 우리의 일반적인 금융시장 상황과 11월 19일에 발표할 내용의 큰 줄거리에 대해 이미 설명을 해놓았기 때문이었다.

캉드쉬의 첫 질문은 "오늘 현재 가용 외환보유고는 얼마인가?"였다. 이경식 한국은행 총재는 170억 달러 정도 된다고 답했다. 그러자 선물(先物, Forward)로 판매한 금액이 얼마나 되느냐고 물었다. 이 총재는 약 60억 달러 정도 되지만 연내에 기한이 도래하는 것은 9억 달러라고 말했다. 그러자 캉드쉬 총재는 현재의 가용 보유고로 얼마나 버틸 수 있는가를 물었다. 연말까지는 꾸려갈 수 있지만 그 이후는 문제라고 이 총재가 답변했다.

이런 질문이 오고간 뒤, 캉드쉬 총재의 표정이 밝아지면서 한국의 사정은 걱정했던 것보다 훨씬 좋다고 했다. 태국의 경우 IMF에 지원 요청을 했을 때에는 이미 외환보유고가 사실상 완전히 바닥나 있었다고 했다. 보유고는 있었지만 당장 기일이 도래하는 선물로 판매한 것을 빼면 보유고가 전혀 없는 상태였는데, 태국에 비하면 상당한 여유가 있다고 말했다. 외환 사정이 생각보다는 덜 심각하지만, 그래도 그냥 갈 수는 없는 상황임에는 틀림없다고 결론을 내렸다.

캉드쉬 총재는 "그러면 어느 정도 규모를 생각하고 있는가?" 질문을 했다. 이 총재가 300억 달러라고 말하면서, 물론 이를 다 인출해서 쓸 생각은 아니라고 부연했다. 캉드쉬 총재는 그 취지에 동의하면서 금액은 시장의 신뢰를 확보하기에 충분한 규모가 되어야 한다고 했다. 구체적으로 금액을 제시하지는 않았지만 신뢰 확보를 위해서는 300억 달러 정도는 필요할 것이라고 수긍하는 반응이었다.

캉드쉬 총재는 한국 정부가 준비 중에 있는 종합 대책은 예정대로 추진하는 것이 좋겠다는 의견과 함께 한국이 주도해서 개혁정책을 펴나가는 것이 되어 모양새가 좋다고 말했다. 앞으로도 한국이 앞장서서 개혁을 추진하면 IMF는 뒷받침하는 형태로 가면 좋겠다고 말했다.

IMF와의 협의 사실 등의 발표를 포함하는 협상 추진 일정은, 한국 정부가 편한 대로 날짜를 정하면 IMF에서는 그대로 따르겠다고 말했다. 대외적으로 발표가 있어야 전문가로 구성된 본격적인 협상단이 방한할 수 있지만 대외 발표가 있기 전에라도 IMF에서 3명의 금융전문가를 먼저 파견해 준비작업인 실사(Fact Finding)에 들어가는 것이 시간 절약에 도움이 될 것이라고 캉드쉬 총재가 말해 그렇게 하기로 합의했다.

IMF가 앞장서지만, 자금 확보를 위해서는 미국과 일본의 협조를 얻는 것이 매우 중요하기 때문에 이들 두 나라 재무장관에게 협조 요청 전화를 할 필요가 있다고 했다. 나는 그렇게 하겠다고 약속했다. 캉드쉬 총재는 사우디의 지원도 필요할 것이라고 덧붙였다.

마지막으로 IMF와의 협정조건을 포함한 협정서를 결말짓는 시기를 당시 진행 중인 대통령 선거 기간 중에 할 것인지 아니면 대통령 선거 이후로 할 것인지에 대해 물었다. 당시로서는 어떻게 될

지 확신할 수 없다고 하자, 만일 대통령 선거일 이전에 협정을 체결할 경우에는 대통령 후보들의 '당선되면 협정을 지키겠다'는 동의 서명이 필요하다고 했다. 당선자가 확정된 다음에 협정을 체결할 경우에는 현직 대통령뿐 아니라 당선자의 서명이 있어야만 IMF 이사회에 부의할 수 있다고 말했다. 대통령 선거 기간 중에 IMF로 가게 된 경우가 여러 나라에서 있었는데, 그럴 경우 캉드쉬 총재가 대선 후보들을 모아놓고 협정조건에 대해 설명을 한 일이 몇 번 있었다고 했다. 한국도 대통령 후보들을 한 자리에 초청하면 자기가 와서 협정에서 요구하는 정책 내용을 설명하겠다고 말했다. 그러나 우리나라 상황으로는 캉드쉬 총재가 직접 설명하는 방법은 문제가 많을 것 같아 다른 방법을 강구해야겠다고 생각했다. 그래서 어떤 방법으로 동의서를 받을 것인지는 우리에게 맡겨달라고 요청했고 그는 그렇게 하라고 했다.

이렇게 해서 IMF와의 기본 사항 합의가 모두 이루어졌다. 다만 IMF에 지원 요청했다는 것을 언제 발표할 것인가, 협정서 체결 전에 대통령 후보들의 서명을 어떤 방식으로 받을 것인가의 두 가지 사항에 대해서만 최종 결정을 하지 않았다. 하지만 그 두 가지는 한국 정부가 정하는 대로 IMF는 받아들이겠다고 했기 때문에 완전히 합의된 것과 마찬가지였다. 그동안 IMF로 가는 것을 두고 그렇게 고심했었는데, 두 시간 남짓 걸려 결말이 나고 말았다. 그리고 기정사실로 기록에 남게 되었다.

일요일이었지만 1998년 예산에 대한 예산결산위원회의 소위원회가 열리고 있었다. 캉드쉬와의 회의를 마치면 국회로 가서 마지막 예산 절충을 마무리해야 했다. 저녁 9시 전이었지만 캉드쉬 총재 일행에게는 국회 사정을 설명하고 양해를 구했다. 캉드쉬 총재가 12월 초에 열리는 말레이시아 회의에 꼭 참석해달라고 해서 그렇게 하겠다고 약속하고 작별인사를 했다.

캉드쉬 일행이 방에서 나간 다음 이경식 총재에게 "그동안 고생 많았습니다"라고 인사를 했다. IMF로 가는 엄청난 협의가 너무 순탄하게 마무리되어 허전한 느낌마저 들어 "그동안 고생 많았습니다. 이렇게 하면 IMF로 간 것이지요?"라고 이 총재에게 물었다. 무슨 요식절차가 따로 있는가에 대한 우문이었다. 이 총재는 "예, IMF로 간 것입니다. 따로 요식절차는 없습니다"라고 대답했다.

국회로 가는 차 안에서 김인호 수석에게 캉드쉬와의 회담 결과를 알려주고 자세한 내용은 엄낙용 차관보로부터 듣도록 했다. 국회 관계로 김영삼 대통령에게 캉드쉬와의 회담 결과를 내가 직접 보고할 수 없기 때문에 김 수석이 대신 보고하도록 했다. 김인호 수석은 11월 17일 아침 일찍 재경원의 진영욱 과장이 정리한 회담기록을 가지고 김영삼 대통령에게 보고했다. 이 자리에는 비서실장도 배석했다. 캉드쉬와 합의 내용 보고를 받은 김영삼 대통령으로부터 어떤 코멘트가 있었다는 전언은 없었다. 합의 내용을 그대로 승인한 것으로 생각했다. 금융개혁법안만 국회를 통과하면 금융시장 안정대책을 마무리하고 IMF와 협정내용(Conditionality)에 대한 협의를 챙기는 일을 하면 된다고 생각했다.

캉드쉬와 합의한 대로 18일 저녁 예결위가 끝난 후 의원회관 사무실에서 일본의 미쓰츠카 대장상에게 전화를 걸었다. 일본 국회도 그 시간에 열려 있어 미쓰츠카도 국회 사무실에서 전화를 받았다. 캉드쉬 총재와의 접촉 내용을 말하고 일본의 협조를 부탁했다. 자세한 내용은 실무자 선에서 협의하기로 했다. 12월 초 말레이시아에서 열리는 아시아 재무장관 모임에서 만나 다시 협의하기로 하고 전화를 끊었다. 미국의 루빈 재무장관과는 11월 19일 오전 9시 30분에 통화하기로 약속이 잡혀 있었다.

금융개혁법안 통과를 위한 마지막 시도

공전한 재경위 심의의결

금융개혁법안의 국회 제출과 국회 통과와는 완전히 별개의 일이다. 임박한 대통령 선거와 한국은행 임직원들의 조직적이고 집요한 로비로 금융개혁법안의 국회 통과는 산 넘어 산이었다. 홍콩사태 후 우리를 둘러싼 현실이 급박하게 돌아가는데도 해외 신뢰 확보를 위해 가장 시급한 금융개혁법안 처리에 대해 국회는 관심조차 없었다. 국회 폐회를 1주일 앞둔 시점임에도 재경위 통과를 전망할 수 없었다. 민주당 제정구 의원은 국민회의는 한국은행 편이라고 했다. 이상득 재경위원장과 만나 대책을 협의했다. 이제 남은 길은 표결로 갈 수밖에 없는 것 같은데, 위원장은 표결에서 이길 자신이 없다고 했다.

이런 판에 국민회의 김원길 정책위의장과 자민련 이태섭 정책위의장은 두 당이 연대해서 한국은행법과 감독원법을 제외한 다른 법안의 통과에 대해서는 찬성하기로 했다고 발표했다. 즉 13개 금융개혁법안 중 11개 법안은 이번 국회에서 처리하되 논란의 대상인 한국은행법 개정안과 금융감독기구 설치에 관한 법안은 보류하겠다는 것이었다. 13개 법안 중 2개 법안만 반대한다고 하면 내용을 잘 모르는 사람들은 크게 협조하는 것으로 여길 것이다. 그러나 두 법이 빠지면 금융개혁이라는 이름을 붙일 이유가 없을 정도로 그 의미는 퇴색되고 만다. 법안의 수가 13개가 된 것도 두 법을 개정함에 따라 관련 규정을 개정하지 않을 수 없기 때문에 법안의 수가 그렇게 많이 늘어난 것이다.

두 야당의 성명에 재경원 실무자들은 허탈하다는 반응을 보인 반면 한국은행은 "당연하고 마땅한 결정"이라고 환영했다. 재경원은 우리 경제의 근본 문제는 금융기관의 부실채권이고 이를 바로 잡기 위한 감독체제 개편은 더 이상 늦출 수 없는 시급하고 중요한 당면 과제라고 입장을 밝혔다.

1997년 11월 12일 신문들은 '금융개혁 관계법안 무산 위기', '10개월 작업 원점 회귀 직면', '대선에 발 묶인 금융개혁' 등의 제목으로 대서특필했다. 이제 남은 길은 김대중 총재, 김종필 총재를 직접 만나 설득하는 길밖에 없었다. 두 야당 총재와의 면담을 요청했지만 성사되지 않았다. 자민련 당사를 방문했으나 김종필 총재는 자리에 없었다. 김복동 부총재와 이태섭 정책위의장, 이인구, 어준선, 김범명 의원 등에게 금융개혁법안의 중요성을 설명하고 함께 토론을 했다. 하지만 법안 통과에 협조한다는 말은 끝내 듣지 못했다.

　재경위 심의에 전력투구하는 길밖에 달리 할 수 있는 일이 없었다. 재경위 소위 모임에서 왜 금융개혁이 필요한가, 왜 감독체제가 개편되어야 하는가를 다시 한 번 설명했다. 그러나 법안 내용 설명으로 될 일이 아니었다. 여야 의견 차이를 절충할 길이 없어 결국 표결로 처리하기로 합의했다. 사실 재경위 통과가 관건이었다. 재경위만 통과하면 국회 본회의 통과는 특별한 경우가 아니면 그대로 이루어진다. 재경위원은 모두 30명인데 반대 입장인 국민회의 위원이 8명, 자민련 위원이 5명이었다. 민주당의 이중재, 제정구 위원과 국민신당의 한이헌 위원은 정부안을 지지하는 입장이어서 재경위 표결에는 승산이 있었다. 문제는 신한국당에 있었다. 이상득 위원장은 감독원 체제와 한국은행법에 적극 지지하는 입장이 아니었다. 김용태 대통령 비서실장이 이상득 위원장 설득에 나서도록 했다. 하지만 크게 달라진 것은 없었다. 결국 표결로 처리하기로 방침을 정했다.

　표결처리 방침이 알려지면서 한국은행 노조원들은 밤부터 여의도 신한국당 당사에 몰려와 농성을 벌였고 이와 별도로 한국은행 내에서는 무기한 집단 단식투쟁과 철야근무에 들어갔다는 소식이 들려왔다. 한두 번 있었던 일이 아니기는 했지만 중앙은행 직원들이 붉은 머리띠를 두르고 거리로 몰려나와 데모를 하고 단식농성을 하는 나라가 지구상에서 우리나라 이외에 또 있는지 궁금했다. 외국 투자자나 금융기관에서 이를 어떻게 볼 것인가 염려되었다.

　1997년 11월 13일 오전, 재경위 소위에서 금융개혁법안에 대한 표결이 있었다. 표결 결과는 5대 3으로 가결되었다. 그러나 문제는 재경위 본회의에서 발생했다. 세법 등 다른 안건은 처리하면서 금융개혁법안의 처리를 다음날로 미루고 만 것이었다. 국민회의와 자민련은 재경위 표결에는 참가하기로 방침을 정했다. 즉 금융개혁법안 표결을 물리적으로 저지하지는 않기로 한 것이다. 돌발변수만 없다면 금융개혁법안은 재경위를 통과할 수 있었다. 하지만 또 무슨 변고가 생길지 알 수 없어 불안하기 그지없었다.

드디어 11월 14일 오전 10시로 예정된 회의가 의결 정족수 문제로 예정보다 늦게 개회되었다. 가까스로 열린 회의는 그러나 15분만에 정회되고 말았다. 자민련의 의원총회가 있었기 때문이었다. 오후에는 신한국당 서정화 의원이 개인 사정으로, 손학규, 김인영 의원은 경기도 도지부 위원장 선출 모임이 있어 재경위 회의에 불참했다. 이런 과정에서 문제가 생기고 말았다. 원래 재경위는 신한국당 14명, 국민회의 8명, 자민련 5명, 민주당 2명, 국민신당 1명으로 구성되었다. 대선을 앞둔 시기여서 신한국당 의원의 전원 표결 참가는 기대하기 어려웠기 때문이었다. 민주당 의원, 국민신당 의원이 찬성표를 던지더라도 가결되기 어려운 상황이었다.

결정적인 문제는 사소한 일에서 생겼다. 재경위 이상득 위원장이 금융개혁법안을 의안으로 상정하지 않은 채 정회를 선포했다. 그러나 오후에 야당의 퇴장으로 회의가 공전되면서 안건 상정을 해놓지 않은 것이 심각한 문제가 되고 말았다. 야당도 참석한 오전에 안건을 상정해 두었더라면 국민회의가 불참한 상태에서 표결 처리해도 별 문제가 없었다. 그러나 안건을 상정하지 않았기 때문에 오후 회의에서 상정 처리를 하면 야당이 불참한 가운데 일방 처리를 하게 되는 것이 문제였다.

오후 회의는 4시 조금 지나 의결 정족수를 겨우 확보하고 속개할 수 있었다. 하지만 이번에는 야당의 퇴장 전술에 말려 회의가 또다시 공전되고 말았다. 야당의 참여를 종용하기 위해 저녁 8시 속개를 결의하고 다시 정회에 들어갔다. 이날 밤 회의에 앞서 이상득 위원장은 국민회의 정세균 간사와 자민련 김범명 간사에게 협조를 요청했으나 정 의원은 "오늘 표결에는 응할 수 없고 17일(월요일)에는 표결에 응하겠다"고 했다. 신한국당과 민주당 의원들은 자체 회의를 열어 독자 처리 여부를 숙의했다. 나는 국민회의가 불참하더라도 다른 당에서는 참여하기 때문에 단독 처리가 아니어서 정치적 부담이 별로 없다고 말하면서 표결 처리하자고 이상득 위원장에게 여러 차례 건의했다. 언성을 높이기까지 했다.

그러나 그의 고집을 꺾을 수는 없었다. 이상득 위원장은 월요일 (11월 17일) 오전에 재경위를 속개해 법안을 반드시 처리하고 같은 날 국회 본회의에서 처리하겠다고 말했다. 결국 국민회의 안을 받을 수밖에 없는 상황이 되고 말았다.

이날도 한국은행과 3개 감독원의 노조원 300여 명은 아침 일찍부터 국회의사당 앞에서 금융개혁법안 통과 반대를 외치며 기습 시위를 했고, 의사당 진입을 기도하다가 한국은행 노조위원장 등 170여 명이 경찰에 연행되었다. 훗날 외환위기로 형사재판을 받을 때 증인으로 출석한 최연종 전 한국은행 부총재 증인에 대한 문답 기록을 보면 저간의 사정을 짐작할 수 있다.

문 증인은 11월 10일(일) 아침 10시경 이강남 이사 등 3인의 이사를 이상득 한나라당 정책위의장에게 보내 외환위기를 설명하였다고 진술하였지요?

답 예.

문 이때도 11월 6일자 보고서를 가지고 설명했다고 하였지요?

답 예.

문 그러면 당연히 IMF행의 건의가 보고되었지요?

답 예.

문 11월 7일 회의에서 IMF 문제는 보안을 유지하기로 해놓고 이렇게 마음대로 보고해도 되나요?

답 다른 방법이 없기 때문에 그랬습니다.

문 보안유지는 생각 안 했습니까?

답 그 사람들이 다 보안 유지 대상이고, 보안 유지할 것으로 생각했고, 또 사전에 보고하기 전에 그런 것은 다 이야기를 하는 것이 통례 아닙니까?

문 당시 이상득 의원은 정책위의장이 아니라 금융개혁관련법이 계류되어 있던 국회 재경위원장이었는데, 증인은 무슨 근거로 정책위의장에게 보고했다고 진술하나요?

답 그것은 제가 잘못 안 것 같습니다.

문 이상득 의원한테 보고했나요, 정책위의장한테 보고했나요?

답 정책위의장이라고 저는 알고 있었습니다.

문 비밀에 속하는 외환위기 실상을 보고하는데 3인씩이나 이사들이 몰려갈 필요도 없고, 재경위의장에게 이를 특별히 보고

할 필요가 없다는 점을 생각할 때 실제로는 외환위기를 보고하러 간 것이 아니라 금융개혁법 반대 교섭을 하러 간 것이 아닌가요?

답 그것은 아닙니다. 왜냐하면 이상득 위원장이 저에게 이것을 보고해 달라고 해서 제가…….

문 이상득 위원장이 보고해 달라고 했는가요, 정책위의장이 보고해 달라고 했는가요?

답 이상득 위원장이 한나라당(신한국당) 정책위의장실로 오면 된다고 이야기를 했습니다.

문 그러니까 증인 기억에 이상득 위원장에게 보고했다고 생각하는가요, 정책위의장한테 보고했다고 기억하는가요?

답 그것은 솔직히 말씀드려 이상득씨가 위원장이었는지 의장이었는지 거기에 대해서는 별 생각이 없었습니다. 이상득 의원에게 어디로 가면 되느냐고 했더니 저는 그 양반이 정책위의장이라고 생각을 했고 정책위의장실로 오면 된다고 해서 그렇게 얘기를 했습니다.

문 제가 얘기하는 것은, 정책위의장이면 외환위기가 어떻게 되는지 알아보겠다고 오라고 할 수가 있습니다. 그런데 재경위원장실에 이사 3인이 우르르 간 것은 그것을 보고한 것이 아니라 은행감독법 반대 교섭을 하러 간 것 아니냐를 묻습니다.

답 다른 사람이 거기에 갔다면 제 지시하고는 다를 겁니다.

당시 신한국당 정책위의장은 이해구 의원이었다.

신한국당의 외면

1997년 11월 15일은 토요일이었다. 예결위 소위에 참여하는 한편 캉드쉬 총재 방한 준비를 하면서도 금융개혁법안을 통과시키기 위한 마지막 노력을 했다. 오후 5시에 신한국당 부설 여의도연구소에서 금융개혁법안에 대한 신한국당의 입장 정리를 위한 모임이 있었다. 윤증현 실장에게 참석해 달라는 요청이 왔다. 하지만 나에게는 참석 요청이 없었다. 언제부턴가 신한국당의 기피 대상이 되어 있었던 셈이다. 그냥 참석할까 하다가 우선 윤 실장 혼자 참석하기로 했다.

나는 회의에 앞서 신한국당 당직자들에게 설득과 부탁에 나섰다. 당직자들과는 모두 오랫동안 가까이 지낸 사이였다. 김태호 사무총장에게 금융개혁법안 통과에 따른 정치적 이해득실을 설명하고 이한동 대표를 설득해주도록 요청했고, 이해구 정책위의장에게도 이번 일을 둘러싼 정치적 이해득실을 자세히 설명했다. 목요상 총무로부터는 법안 처리에 대해 다시 한 번 다짐을 받았다. 고건 총리에게도 각 당 총무 등에게 설득을 해주도록 부탁했다.

오후 5시부터 당 대책 모임이 열렸다. 회의를 주재하는 최병렬 의원이 가장 강경파라는 윤증현 실장의 전화 보고를 받고 최병렬 의원과 통화했다. 그는 나라경제에 대한 책임은 현직 대통령의 몫이 아닌가, 경제가 어려운 것을 왜 신한국당에서 걱정해야 하는가, 집권여당도 아닌 신한국당에서 왜 덤터기를 써야 하는가, 그것이 그렇게 중요하다면 왜 김영삼 대통령이 직접 나서 국민회의에 협조 요청을 하지 않는가, 대통령이 당연히 각 당에 협조 요청 전화라도 해야 할 것 아닌가, 하는 자기 생각을 솔직하게 내게 말했다. 대선을 앞둔 시점에서 선거를 지휘해야 하는 최병렬 의원의 입장은 충분히 이해할 수 있었다. 하지만 나라경제보다 득표를 앞세우는 것으로 들려 입맛이 썼다.

당시 신한국당은 자기들은 여당이 아니라 제1 다수당일 따름이라고 하면서 "경제가 망하면 김영삼 대통령 경제가 망하지 우리와는 관계없다"라는 말까지 서슴없이 했다. 그럴 수 있느냐고 언성을 높여가면서 법안의 중요성을 설명했지만 설득이 되지 않았다. 선거 승리를 먼저 생각하는 것이 현실 정치임을 절감했다.

다행히 신한국당 회의는 우여곡절 끝에 잘 매듭지어졌다는 윤증현 실장의 보고가 들어왔다. 이상득 위원장은 적극적으로 나서기로 했고 이해구 의장으로부터는 두 가지 협조요청을 받았다. 하나는 금융개혁법안이 통과된 다음 한국은행에서 파업을 하는 등의 사태가 없도록 수습하는 문제를 정부에서 책임져야 한다는 것과, 다른 하나는 신한국당이 앞장서고 야당에서 반대하기 어렵도록 청와대 등에서 명분을 만들어 달라고 했다. 최선을 다할 것을 약속했다. 최병렬 의원이 한 말 중에서 대통령이 직접 나서야 한다는 주장에는 일리가 있다는 생각이 들었다.

김인호 수석에게 김영삼 대통령이 법안 통과에 대한 협조를 요청하는 전화를 김대중 총재와 김종필 총재에게 해주도록 건의했다. 나도 김용태 비서실장에게 부탁했지만 김영삼 대통령은 전화한 번 건 적이 없었다. 미국 대통령들은 법안 통과를 위해 국회의원에게 전화를 걸어 부탁하는 것은 말할 것도 없고 백악관에 초대하는 등 설득 노력을 다한다. 클린턴 대통령만 해도 신속통상법안 통과를 위해 새벽 2시까지 잠자지 않고 전화통에 매달려 의원들을 설득했다.

딴전 피는 국민회의

국민회의를 설득해주리라 믿었던 최수병 총재 특보의 영향력에는 한계가 있었다. 최수병 특보는 결과가 여의치 않아 미안해했다. 김대중 총재를 직접 만나 호소하는 길밖에 없었다. 그러나 나의 면담 요청에 대해 조세형 총재권한대행을 대신 만나달라는 회답이 왔다. 11월 17일 아침 일찍 국민회의 당사를 방문했다. 현관과 4층 복도에서는 한국은행 노조원들이 구호를 외치면서 집결해 있었다. 경찰서장이 신변 안전을 걱정했으나 곧장 조세형 총재대행 사무실로 올라갔다. 이미 전날 캉드쉬 총재에게 금융구조 개혁 추진을 명분으로 IMF자금 지원을 요청한 마당에 금융개혁법안 통과가 좌절되면 큰일이라는 압박감을 가지고 마지막으로 금융개혁법 통과를 호소했다. 그러나 김원길 정책위의장은 "회의 참석만 하지 않겠다는 것일 뿐 물리적 저지는 하지 않는다. 여당이 과반수 의석을 가지고 있으니 의결하면 될 것 아니냐"는 말만 되풀이했다.

당시는 대통령 선거 때문에 많은 의원들이 본회의에 참석하기 어려운 상황이어서 여당이 과반수 의석을 가지고 있었지만 야당이 회의에 불참하면 의결에 필요한 정족수 확보가 불가능한 실정이었다. 내가 국민회의에 협조를 요청하는 것은 법안에 대한 찬성이 아니었다. 반대하더라도 회의에 참석해서 반대해 달라는 것이었다. 대통령 선거의 득표 전략상 찬성은 하지 못하더라도 회의 참석은 가능하지 않느냐는 것이었다.

이 법안의 통과가 해외 신인도 측면에서 어떤 의미가 있는지, 또 얼마나 절실한 상황에 있는지에 대해서는 더 설명할 필요가 없을 정도로 김원길 정책위의장은 이미 잘 알고 있었다. 그런데 아무리 간청을 해도 똑같은 말만 되풀이했다. 그런 과정에서 나도 모르게 언성을 높이면서 책상을 치는 일까지 벌어졌다. 국민회의로서는 금융개혁법의 중요성은 이미 문제가 아니었다. 대통령 선거에서 유·불리 이외의 문제는 이미 관심 대상 밖에 팽개쳐져 있었다. '야당은 어디까지나 야당이다'라는 생각과 함께 '준비된 후보'라는 구호가 무엇을 준비하고 있다는 것인지, 화가 치미는 것을 가누기 힘들었다.

이날 한국은행과 3개 감독기관 노조는 국회 재경위에서 금융개혁법안이 통과되는 즉시 총파업에 돌입하겠다고 선언했다. 또 한국은행과 감독기관 직원 2,000여 명은 종묘공원에서 '금융 감독기구 강제 통합 저지를 위한 금융인 총궐기대회'를 개최했다. 한편 외국 언론들도 일제히 금융개혁법안을 둘러싼 논란을 자세히 보도했다. 1997년 11월 15일, 영국 〈이코노미스트〉는 "한국이 1994년 금융위기 이후의 남미 국가들처럼 은행 감독기능을 강화하고 관치금융을 시급히 청산하지 않으면 금융위기와 환율 불안에서 벗어날 수 없다"고 경고했다.

재경위 통과 무산

국민회의 당사를 나와 국회로 돌아오니 9시 30분에 예정되었던 재경위 회의는 종일 공전하고 있었다. 마지막으로 목요상 신한국당 총무 방에서 3당 총무들을 만나 금융개혁법안 처리의 협조를 호소했다. 그러나 이들 또한 법안의 필요성이나 시급성에 대해 관심이 없었다. 소속 정당 방침에서 한 발짝도 움직일 수 없다는 입장이었다. 한국은행 노조에서 극렬하게 반대하는 상황에서 표를 의식하지 않을 수 없다는 것이었다. "대선 때문에 어쩔 수 없는 것은 알겠는데 이건 나라의 사활이 걸린 문제다. 표를 의식해서 그런 거라면 내가 사표를 낸 뒤 그간 정치권이 얼마나 정략적으로 이 경제위기 극복의 대책 마련을 지연시키고 있는지 다 말해버리겠다"고 말했다. 표를 몰아주지는 못해도 깰 수는 있다는 내 깐으로는 일종의 협박성 발언이었다. 법안 통과는 물 건너간 지 오래였지만 그런 푸념이라도 하지 않을 수 없었다.

1997년 11월 18일, 금융개혁안의 재경위 통과는 완전히 무산되었다. 재경위에서는 감독기능 강화를 위한 금융개혁법안은 계류시키고, 예금보험기금에 현물 출자를 가능하게 하는 4개 법안만을 따로 뽑아 통과시켰다. 11월 19일 발표할 종합대책의 부실금융기관 정리를 위해 당장 필요한 법이었기 때문이었다.

한국은행 편들기에 바빴던 정치권

한국은행 간부들과 노조의 반대로 감독기능 강화를 위한 금융개혁법안의 국회 통과가 또 한 번 무산되었다. IMF 구제금융이 진행되는 상황에서 한국은행 간부들은 금융개혁법안의 국회통과 저지 성공을 자축했다. 그러나 한국은행 직원의 성공은 한국 경제의 실패를 볼모로 한 것이었다. 이렇게 되기까지 한국은행 노조는 말할 것 없고 부총재 이하 간부들까지 금융개혁법 통과 저지를 위한 로비에 나섰다. 중앙은행에 노조가 있는 것부터가 이상한 일인데 재경위 복도를 점거하고 있다가 "일은 하지 않고 무슨 짓들인가" 하는 야단을 맞고도 꿈쩍 않은 노조와 한국은행 간부들이다. 평상시도 아닌 외환위기가 코앞에 와 있던 시점이었다. 자정이 다되어 귀가하는데 한국은행 간부가 기다리고 있어 "이 무슨 짓들인가" 호통을 쳐 보냈다고 제정구 의원이 이들의 한심한 행태를 통탄하며 내게 말했다.

투쟁을 벌이는 것만큼 은행 감독 업무를 열심히 했더라면 외환위기에 내몰리는 상황은 없었을 것이다. 금융기관, 특히 제일은행 등 금융기관에 쌓인 부실채권을 감당할 수 없게 된 것이 외환위기를 불러온 문제의 핵심이다. 이는 바로 은행의 건전성 감독이 제대로 이루어지지 않아 빚어진 것이다. 이런 원인을 만든 장본인들이 이를 부끄럽게 여기기는커녕 계속 그 일을 놓지 않겠다고 데모를 하고, 한국은행 마당에 천막을 치고, 현수막을 몇 달씩 내걸고 나를 매도했다. 정치권은, 이런 일들이 벌어진 까닭은 시급하지 않은 금융감독 강화를 위한 법 제정 때문에 빚어진 것이라고 하면서 그들을 옹호했다. 반면 감독 강화를 위해 노력한 나를 비방하고 환란주범으로 매도했다.

금융시장 안정 종합대책 최종 조절

1997년 11월 18일 밤 9시 국회 본회의가 끝나고 정기국회는 폐회했다. 1998년 예산안은 여야 만장일치로 통과했지만 금융개혁 관련법안의 통과는 무산되었다. 금융개혁법 제정 실패에 따른 허탈감에 빠질 사이도 없이 여의도 기술신용보증기금 사무실로 갔다. 금융개혁법안이 국회를 통과하면 감독 강화까지 포함하는 보다 완벽한 내용의 대책으로 정리해서 발표할 생각이었다. 법안 통과가 무산되어 아쉽고 안타깝지만 더 이상 금융시장 안정대책 발표를 미룰 수는 없었다.

IMF 지원과 함께 안정대책을 서둘러 발표해 금융시장을 안정시키는 일이 시급했다. 그동안 준비해온 금융시장 안정 종합대책안의 내용을 수정 보완하는 일을 서둘러 마무리해야 했다. 금융정책실 간부를 비롯해 이윤재 경제정책국장 등 재경원 간부들과 윤진식 청와대 비서관과 함께 다음날 발표할 금융안정대책 내용 손질에 들어갔다. 김인호 경제수석은 김용태 비서실장과 회식이 있어 10시 반에야 회의에 동참했다.

먼저 성업공사의 부실채권 정리기금은 11월 14일 보고 당시 3조 5,000억 원인 기금 규모를 6조 원으로 늘리겠다고 보고했지만 이를 다시 10조 원으로 대폭 늘리기로 했다. 1997년 9월 말 현재 은행 28조 원, 종금사는 3조 8,000억 원에 달하는 부실채권을 안고 있었다. 이 중에서 50%를 2개월 내에 매입해 조속히 정리를 끝낼 계획이었다. 계획은 대략 다음과 같다.

－ 금융기관의 합병을 적극 유도하는 등 금융산업 구조조정을 본

격적으로 추진한다.

- 구조조정 과정에서 예금에 대한 불안이 없도록 3년간 예금 전액에 대해 지급을 보장한다. 이를 위해 금융개혁법안에서는 예금, 증권, 보험 등 관련 기금을 통합해 예금보호기금을 설립하기로 했다. 예금보험기금 등 기존 기금에 정부 보유 주식 7조 1,000억 원을 출연한다.

- 그밖에 채권시장 추가 개방, 대외신인도 제고를 위한 금융 관련 정보의 투명한 공개 등이었다. 이러한 내용은 손쉽게 결말이 났다.

그러나 환율 변동폭을 어떻게 할 것인가에 대해서는 의견이 분분했다. 금융정책실은 변동폭을 풀더라도 10%를 넘지 않아야 한다는 입장인 반면, 청와대 윤진식 비서관과 경제정책국은 제한폭을 없애자고 주장했다. 장시간 토론 끝에 제한폭은 두되 15%로 하기로 했다. 사실상 없애는 것과 같지만 앞으로 또 상황 변화에 따라 제한폭을 둘 필요가 있을 경우, 완전히 없애는 경우보다 대응하기가 훨씬 수월하다는 장점이 있어서였다.

결론을 내기 가장 어려운 문제는 종금사 대책이었다. 이 문제는 대책을 마련하는 동안 수없이 토론을 했지만 결론을 내지 못했다. 그날 오후에도 의원회관에서 토론을 하다가 저녁 7시 예결위 회의에 참석하느라 결론을 내지 못했다. 새벽 1시 30분에야 대체적인 결론에 도달할 수 있었다.

금융시장 안정대책 발표문에는 그동안 하고 싶었으나 상황이 여의치 못해 못한 것들을 망라했다. 이 대책과 함께 IMF와 300억 달러 지원을 위한 협의가 진행 중이라는 발표를 하면 금융시장의 신뢰를 획득하는 데 결정적으로 기여할 것이어서 이제부터는 외환시장 동향에 큰 신경 쓸 필요 없이 구조개혁 노력에 집중할 수 있을 것이었다. 아침 7시 30분까지 보고안을 만들어 종합청사 사무실로 가져오도록 하고, 대외 발표를 위한 기자회견은 증권시장 폐장 직후인 오후 5시로 잡았다. IMF에는 11월 19일 발표하는 것으로 연락을 해놓은 상태였다. 새벽 2시가 넘어서야 집에 도착했다.

불 끄는 도중에 소방수를 바꾸다

국회 폐회 후 새벽까지 다듬은 금융시장 안정을 위한 종합대책을 가지고 청와대로 갔다. 이번에도 대통령 보고 시간을 따로 잡지 못해 비서실장의 보고 시간에 함께 보고를 했다. 자연히 김용태 비서실장도 김인호 수석과 함께 배석했다. 먼저 전날 폐회된 국회의 금융개혁법안 처리 결과와 1998년 예산안 심의 결과를 보고했다. 이어 그날 오후 5시에 발표할 종합대책에 대해 보고했다.

이날 보고하는 내용은 이미 몇 차례 보고한 바 있었다. 10일에 기본 방향에 대해, 또 14일에는 상세한 내용을 보고했기 때문에 이날의 보고는 금융개혁법안이 국회를 통과하지 못함에 따라 달라진 부분과 환율 변동폭을 15%로 확대하기로 한 것, 부실채권 정리기금 규모를 10조 원으로 다시 늘리는 것 등 14일 보고 내용과 달라진 것 위주로 보고했다.

IMF 캉드쉬 총재와의 합의 내용에 대해서는 김인호 수석이 이미 보고를 했기 때문에 자세한 내용을 보고하지 않고, 전날 저녁에 일본 미쓰츠카 대장상과 통화해서 IMF 관계 협조를 부탁한 사실과 오전 9시 30분에 미국 루빈 재무장관과의 통화가 예정되어 있다고 보고했다. 더 이상 IMF와의 합의 사실 발표를 미룰 이유가 없다는 점과, 종합대책에서 환율 변동폭을 15%로 확대하는 발표에 따른 외환시장과 환율안정을 위해서도 이를 발표하는 것이 바람직하다고 보고했다. 다만 발표 방법은 종합대책 발표 때 기자들의 질문에 답하는 형식으로 발표하겠다고 보고했고, 대통령은 그렇게 하라고 했다(기자회견을 할 경우 발표문을 인쇄해서 사전에 배포하는 것이 관례로 되어 있었다. 오후 5시에 하는 발표의 경우에는, 조간신문 제작 여건상 통상 오후 3시까지는 회견자료를 배포해왔다. IMF와의 합의 내용 발표를 종합대책 발표문에 넣지 않고 질문에 대답하는 형식을 택한 이유는 종합대책에 넣을 경우, 그 사실이 증권시장 폐장 전에 알려질 수 있기 때문이었다).

대통령에게 보고를 다 마치면 보통 몇 말씀하는 것이 통례였다. 하다못해 '수고했다'라는 인사 정도라도 있게 마련이다. 그러나 이날은 달랐다. 보고를 다 마쳤는데도 아무 말 없이 1분 가까이 침묵이 흐른 후 대통령은 "분위기 쇄신이 필요한데……"라고 혼잣말을 하면서 가만히 앉아 있었다. 무언가 기미가 이상하다고 느꼈지만 경질하더라도 지금은 때가 아니라는 생각에서, 모른 척하고 그냥 일어섰다. 김 수석과 내가 자리에서 일어나 인사를 하는데도 대통령은 자리에 그대로 앉아 있었다. 이런 일은 처음이었다.

대통령 집무실 건너편에는 대기실이 있다. 대통령에게 보고를 마친 다음에는 늘 이 방에서 김인호 수석과 잠시 차를 마시면서 보고한 정책의 추진에 관해 의견을 교환하고 현안 문제를 협의하곤 했다. 이날도 대기실에 들러 차를 마시면서 대통령의 태도가 보통 때와 다른 것에 대해 얘기를 나누었다.

그때 김용태 비서실장이 들어왔다. 김 비서실장에게 무언가 이상하다고 말하자 그 말에 동감을 표시했다. 그래서 더 이상 우물쭈물할 일이 아니라고 생각해 곧 김 실장에게 사표를 건네주었다. 김 실장은 대통령의 의중을 알아보고 올 테니 잠시 기다리라 하고, 대통령 집무실로 갔다. 잠시 후에 돌아온 김 실장은 "각하께서는 개각을 할 생각이다"라고 말했다. 나는 '이래서는 안 되는데'라는 생각이 들었지만 임명권자가 결정한 일을 무어라 할 수는 없었다. 나 자신에 관한 일이라 더욱 그랬다.

나는 "후임자가 누구냐?"고 물었다. 김 실장 대답은 자기도 모른다는 것이었다. 문제는 당장 5시에 하기로 예정된 기자회견이었다. 이미 언론사에는 오후 5시에 기자회견을 하기로 통보되어 있었다. 그만둘 사람이 정책 발표를 하는 것은 온당하지 않다고 생각했다. 앞으로 책임지고 집행할 사람이 정책을 발표하는 것이 당연한 순리라고 생각했다. 그래서 김 실장에게 누가 부총리가 되든 취임 당일에 종합대책을 발표하기란 어렵기 때문에 오후에 예정된 기자회견은 취소하겠다고 말했다. 김 실장도 그렇게 하는 것이 좋겠다고 했다. 이로써 사후 처리는 일단 마무리가 된 셈이었다. 그때 김 수석이, 청와대는 공직에서 물러나면 다시 오기 어려운 곳이니 대통령께 인사를 하고 가자고 말해서, 다시 집무실에 들러 인사를 하고 청와대를 나왔다.

과천 청사로 가는 길에 먼저 종합청사에 들렀다. 미국 루빈 재무장관과 통화하기 위해서였다. 당초 9시 30분으로 예정된 통화는 루빈 장관이 갑자기 백악관에 가는 바람에 10시에 하자는 연락이 왔다고 해서 과천 사무실로 떠났다. 집에 경질 사실을 알리고 이어 과천 사무실에 전화를 걸어, 책상을 정리하고 5시로 예정된 기자회견을 취소하도록 했다. 총리실에도 들러 이임인사를 했다. 과천 사무실에는 1급 간부들이 모여 있었다. 간부들은 개각 소식에 아연할 따름이었다. 10시 조금 지나 루빈 재무장관과 통화했다. 먼저 시표 제출 사실부터 말했다. 후임자가 누구인지 아직 발표가 없지만 누가 오든 잘 협조해줄 것을 당부했다. 또 IMF행에 대한 정부 방침이 변동되는 경우는 결코 없을 것이라고 말했다.

이제 내가 할 일은 없었다. 취임 후 늘 한번 둘러보아야겠다고 마음먹고도 한 번도 둘러보지 못한 재경원 직원 사무실을 둘러보면서 직원들과 이임 악수를 나누었다. 기자실에 들러 간단한 이임 인사에 이어 지하 강당에서 이임식을 가졌다. 이임사에서는 여러 가지 하고 싶은 말이 많았지만, 참았다. 경제정책을 잘못했다는 사과의 말은 일체 하지 않았다. 1급 간부들과 청사 현관 앞에서 기념촬영을 한 다음 관용차가 아닌 집의 차로 과천청사를 떠났다. 점심을 하기에는 좀 이른 시간이었지만 1급 간부들과 송별오찬을 했다. 조금 과한 소주와 그동안 쌓인 피로로 귀가 후 곧 깊은 낮잠에 빠졌다.

🪙 내가 부총리를 그만둔 뒤 벌어진 이상한 일들

금융전문가는 다르다?

새로 취임한 임창열 부총리의 기자회견은 저녁 뉴스를 통해 알게 되었다. 전날 밤에 시작해 새벽까지 최종 손질한 뒤 아침에 김영삼 대통령에게 보고한 정책 내용을 그대로 발표했다. 새로 취임한 장관은 자기 정책을 펴는 것이지 전임자가 마련한 정책을 그대로 발표하는 일은 없다. 내가 준비했던 것과 달라진 것은 두 가지였다. 그 하나는 환율 변동폭이다. 장시간 토론 끝에 15%로 정했는데 이를 10%로 줄여서 발표했다. 이에 대해서는 김우석 국장과 김석동 과장이 그날 낮에 상공부 장관실로 회견자료를 가져오라고 해서 가져갔을 때 김석동 과장이 10%로 낮추어야 한다고 말했더니 그 자리에서 그렇게 바꾸었다고 법정에서 증언했다.

기자회견을 보도한 기자는 임창열 부총리가 금융전문가여서 취임하자마자 금방 금융안정대책을 발표할 수 있었다고 코멘트했다. 황당한 코멘트였지만 그렇게 생각하는 사람은 비단 그 기자뿐만이 아니었다. 나는 그런 대책 하나 준비하지 않고 "경제가 건실하다"는 말만 하면서 무사태평하게 지낸 것으로 생각하는 사람들이 대부분이었다. 검찰에서 환란주범으로 몰아붙이는 과정에서 이런 이미지는 그대로 고착되었다. 고심하면서 내용 하나하나를 정성을 다해 내가 다듬은 것으로 생각하는 사람은 극소수였다. 그런 사실을 아는 사람들은 침묵했다.

연기했던 회견을 왜 그날 했는가?

장관 취임 첫날 복잡한 내용의 정책을 발표하는 것은 내 후임이 누구든지 어려울 것으로 생각했다. 정책을 새로 만들지는 않더라도 내용을 파악하고 검토할 최소한의 시간이 필요하기 때문이다. 그래서 취소한 것으로 알았는데 신임 임창열 부총리 기자회견이 당초 예정한 오후 5시에 그대로 진행되었다.

뒤에 알게 된 사실이지만 일단 취소한 회견을 서둘러 다시 하게 된 것은 권영해 안기부장의 요청 때문이었다. 그 다음날 안기부에서 고영복 간첩사건을 발표할 예정인데 재경원에서 회견을 하면 안기부에서 발표하는 간첩사건이 언론에서 크게 취급하지 않을 가능성이 있어 중복을 피해 달라는 안기부의 요청이 있었다 한다. 이 요청을 받은 김용태 비서실장이 임 부총리에게 회견을 하도록 해서 부랴부랴 기자회견을 하게 된 것이다.

발표 시기를 조정한다면 당연히 간첩사건 발표 날짜를 바꾸는 것이 상식이다. 간첩사건 발표와 IMF 지원을 받기 위한 발표와의 경중은 말할 필요조차 없다. 더욱이 간첩사건 발표는 시간을 다투는 일도 아니다. 이렇게 국정의 경중과 시급성에 대한 판단조차 제대로 하지 못한다면 이는 보통 문제가 아니다. 하긴 이와 비슷한 일이 내 재임 중에도 있었다. 금융개혁법안 회견을 앞두고 김영삼 대통령의 순방계획 발표와 겹친다고 하면서 금융개혁에 관한 합동회견을 다른 날로 바꾸라는 연락이 왔다. 국정의 중요성을 구분하지 못해도 유분수지 그럴 수는 없다고 생각했다. 힘들게 합의한 금융개혁을 발표하는 합동회견을 바꾸면 어떤 잡음이 생길지 알 수 없는 일이었다. 당초 계획한 대로 회견을 해야 한다고 말하고 금융개혁에 관해 한국은행과 재경원이 합의한 내용을 예정대로 발표했다. 대통령 순방계획 발표는 다른 날로 바꾸었다.

IMF 지원은 안 받겠다?

문제는 기자가 IMF에 대한 질문을 했을 때 임창열 부총리가 IMF로 가기에 앞서 한국은행에서 100억 달러 차입에 나서겠다고 답변한 데에 있었다. 그는 마치 며칠 전인 11월 16일에 방한한 캉드쉬 총재와 합의한 사실 자체가 없었던 것처럼 말했다. 기자회견의 주요 문답 내용은 다음과 같다.

문 이번 금융시장 안정대책에서 하루하루가 절박한 외환시장을 위한 초단기 대책은 부족한 것 아닌가?

답 현재 정부가 국채를 발행해 해외시장에 내다팔거나 중앙은행 간 협조융자를 검토 중이다. 그러나 이번에 발표한 금융시장 안정대책을 시행함으로써 국제금융시장에서 신뢰를 회복할 수 있을 것으로 본다.

문 IMF 구제금융 요청에 대한 입장은?

답 필요하다면 IMF에 지원을 요청하는 방안도 검토할 수 있다. 그러나 현재 한국 경제는 IMF의 도움 없이도 국제 금융계가 협력만 해준다면 위기를 해결해나갈 수 있다. IMF 구제금융을 받고 있는 태국과 인도네시아의 경우에서도 볼 수 있듯이 뼈를 깎는 구조조정과 내핍이 요구된다. 현재로서는 IMF 금융지원이 꼭 필요한 것은 아니다.

문 일부 외국 전문가들은 IMF 금융지원이 필요하다는 견해를 보이고 있다.

답 잘못된 시각이다. 얼마 전만 해도 외국인들은 투자한도를 확대해 달라고 요구했다. 국내의 일부 부실화된 기업에 문제의식을 갖고 있는 것이지, 지금도 국내 우량기업에는 꾸준히 투자하고 있다.

문 이번 금융시장 안정대책에 대해 주요 국가들이 어떻게 평가할 것으로 보나.

답 한국은 세계 11대 교역국이다. 우리가 잘못되면 미국이나 일본도 당장 문제에 부딪친다. 선진국들도 보유 중인 유동성을 다른 곳에 투자해야 한다. 이런 점에서 볼 때 한국에 적극 협조할 것이다.

임 부총리는 취임 첫날 가진 회견에서 이렇게 11월 16일의 IMF 지원협의를 백지화했다. 캉드쉬 총재와는, 한국 정부에서 금융시장 안정대책과 함께 IMF와의 지원협의가 진행 중이라는 사실을 밝히면, IMF는 한국 정부가 추진하는 정책을 적극 지지하는 성명을 발표하기로 약속이 되어 있었다. 하지만 이날 금융시장 안정대책을 발표했지만 IMF는 침묵했다.

기대한 안정 효과는 없어지고 환란만 심화

금융시장 안정대책은 국내용이 아닌 해외용으로 정책 방향을 구상하고 다듬었었다. 해외 금융시장에서 관심을 가지고 지켜보는 문제에 초점을 맞춘 것이다. 그 문제들에 대한 정부정책을 분명하게 밝히는 내용이었다. 부실채권 정리, 부실 종금사 정리 등 부실 금융기관 대책을 포함해 강도 높은 금융산업 구조조정 계획을 밝히고 행동으로 옮기는 것을 확실히 하기 위해 예금보험공사에 대한 재정 지원 등을 포함했다. IMF의 자금 지원과 함께 이런 정책을 발표하면 본격적인 구조조정에 들어가 우리 금융기관이 안고 있는 부실문제를 근원적으로 해결한다는 정책 의지를 분명히 하는 것이다. 우리 정부의 구조개혁 의지와 실천력에 대한 해외의 의구심을 완전히 불식시키는 데 역점을 두었다. "한국 정부는 말만 하고 행동은 없다"는 비아냥은 없어지게 된다고 생각했다.

당장 필요로 하는 단기외화 확보 방안으로는 IMF 지원을, 중·장기적으로는 부실정리와 구조개혁을 추진하는 정책을, 이렇게 장단기 대책을 함께 발표하면 11월 들어 어려움을 겪고 있는 우리나라 유동성 불안을 일거에 잠재우는 공표 효과(Announcement Effect)를 거둘 수 있다고 생각했다. 그렇게 되면 우리 경제를 짓눌러온 유동성 위기 가능성을 완전히 잠재울 수 있게 된다. 그러나 이날 IMF 지원 없이 다른 해결 방도를 강구하겠다는 신임 부총리의 기자회견으로 당장 문제가 되고 있는 단기자금 대책이 빠져 당초 기대했던 시장안정 효과는 흔적도 없이 사라지고 말았다.

금융시장은 안정을 회복하기는커녕 걷잡을 수 없는 혼란 상태에 빠졌다. 주가와 원화가치가 폭락했다. 발표 다음날 외환시장에서는 환율이 개장 35분 만에 하루 변동폭 10%인 1,139원까지 폭락한 뒤 거래가 중단되었다. 종합주가지수는 전일보다 14.18포인트가 하락했다. 해외시장에서도 한국계 채권과 주식상품 가격이 계속 떨어졌다.

해외 반응은 냉담했다. 단기외화 확보대책이 빠져 실망하면서 국채 발행은 현실성이 없다고 보고, IMF 지원을 받아야 한다는 냉담한 반응이 대세였다. IMF 지원을 강조하는 배경에는 "한국 정부가 레임덕 상황이기 때문에 소신과 책임 있는 정책 수행에 한계가 있다"고 보고, IMF 지원을 받으면 IMF가 정책이 제대로 이행되도록 챙길 것이라고 믿게 하는 효과도 있다. 임 부총리의 IMF 관련 발언으로 혼란에 빠진 것은 금융시장뿐만이 아니었다.

IMF 지원에 대한 입장 급선회, 그 진의는 어디에?

루빈 미 재무장관과 통화 때 IMF행은 어떻게 할 것이냐고 물어 나는 누가 후임 부총리가 되든 IMF 지원은 변함이 없을 것이라고 답했다. 그러면서 '별 것을 다 묻네'라고 생각했었다. 그때만 해도 IMF 지원에 관한 정부 방침이 달라질 수 있다고는 상상도 하지 못했다. 미국 정부는 로버트 루빈 재무장관 명의로 예고 없이 성명을 발표했다. "한국의 새 경제팀이 특히 금융시스템을 강화하는 강력하고 효과적인 조치를 포함해 현안에 대한 대책들을 조속히 실행에 옮길 것을 촉구한다"는 내용이었다. 미국 정부는 무엇보다 먼저 IMF의 구제금융이 선행되어야 한다는 점을 분명히 하고 있으며 미국과 일본의 지원으로 위기를 벗어나려는 한국 정부의 구상에 반대하고 있다고 〈뉴욕타임스〉는 보도했다. 방한 중인 티모시

가이트너 미 재무부 국제금융담당 차관보가 11월 20일에 임 부총리를 면담했다.

임 부총리는 격이 맞지 않는다고 면담을 거절했지만 주한 미국 대사의 강력한 요구로 면담했다고 한다. 또 IMF도 마닐라로 출장 가던 스탠리 피셔 부총재를 서울에 먼저 들리도록 했다. 한국 정부의 진의 파악을 위해 동분서주했다. 당연히 IMF 협의 사실을 밝힐 것으로 알고 있던 이경식 한국은행 총재도 바쁘게 뛰었다. 정부가 왜 갑자기 IMF 지원협의를 하지 않기로 했는지 배경 파악보다 IMF 지원을 받지 않고 어떻게 할 것인가에 대한 걱정 때문이었다. IMF 이외에 다른 대안은 없다는 결론은 11월 14일 IMF와의 협의를 결정할 때 김영삼 대통령도 이미 알고 있었다.

그러나 임 부총리는 11월 20일 외신 기자회견에서도 "일본이 우리 국채를 매입하면 투자 효과가 있다"고 밝히고 "양국 간에 협상을 하고 있는지에 대해서는 실무적인 일이기 때문에 밝힐 수 없다"고 말했다. 임 부총리의 구상은 우리 정부가 국채를 발행해 일본에 보유중인 미 재무부 증권과 맞교환하는 방식으로 외화를 조달하는 방안이었다.

경제 난국 수습 전면에 나선 김영삼 대통령

11월 19일, 청와대는 경제난국 극복을 위해 당면 경제운영 전반을 자문할 11명의 '비상 경제대책자문위원회'를 구성했다. 위원에는 김만제 포철 회장, 박성용 금호회장 등 재계 3명, 윤병철 하나은행 회장 등 금융계 2명, 장대환 매경 사장 등 언론계 3명, 차동세 KDI

원장, 박영철 금융연구원장 등 3명으로 모두 11명이다. 경제부총리를 경질한 첫날 비상 경제대책자문위원회를 새로 만든 것은 이례적인 일이다.

11월 21일 아침, 김 대통령은 자문회의를 열어 IMF 지원에 대한 위원들의 의견을 들었다. 위원들은 IMF 지원을 받아야 한다고 했다. 11월 21일 저녁에는 각 정당 지도자 6명을 청와대로 초청해 만찬회담을 했다. 임 경제부총리와 김영섭 경제수석이 배석했으며 경제난 극복 방안을 협의했다. 이 자리에서 김 대통령은 IMF 지원을 요청해야겠다는 뜻을 밝히고 대통령 후보들도 불가피하다고 동의했다. 또 금융개혁 법안이 처리되지 않은 것에 대한 안타까움을 표하고 정기국회 회기 안에 처리하기로 원칙적으로 합의했다. 김대중 국민회의 총재는 한국은행법과 금융감독원법 등 2개 법안은 따로 처리하자고 단서를 달았다.

다시 IMF에 지원을 요청하다

IMF지원, 다시 요청

1997년 11월 21일 밤 10시 넘은 시간에 정부는 기자회견을 열고 IMF에 200억 달러의 지원을 요청하기로 했다고 발표했다. 마치 IMF 지원을 처음으로 요청하는 것처럼 발표했다. 심야 발표는 대통령 후보들의 동의를 받기 위해서라고 했다. 그러나 IMF 지원요청을 위해서 대통령 후보 등의 동의를 받을 필요는 없었다.

IMF와 협상을 끝내고 협정 내용이 정해진 다음에 IMF 이사회에 상정하기 위한 요건이었다. 즉 협상이 마무리되고 협정에 정식 서명을 한 1997년 12월 3일 전에 협정문 조건에 합의한다는 서명을 받게 되어 있다. 그럼에도 임 부총리는 21일 저녁에 IMF가 요구하는 후보의 동의를 받는 것으로 생각했다.

11월 16일 캉드쉬는 협정이 IMF 이사회에 상정되려면 동의가 필요하다고 했다. 그래서 시간을 두고 받기로 하고 이 일은 우리에게 일임해달라고 했다. 후보 동의는 대통령 선거 중 협정을 체결할 때 반드시 지켜야 하는 IMF 규칙에 따른 것이다. 이를 두고 자존심 상할 것도 없고 또 영향력 행사 운운은 말도 안 된다. 당선된 뒤에 딴소리 하지 않고 협정 내용을 준수하겠다는 의사 표시일 따름이다. IMF 협정 체결 경험에서 비롯된 규칙이라고 캉드쉬는 설명했다.

IMF지원 신청의 효과

IMF 구제금융 방침을 세우자 환율 상승이 진정되었다. 11월 21일 한때 1,200원까지 올랐으나 IMF 요청설이 전해지자 6일 만에 하락세로 반전해 1,056원으로 마감했다. 24일 매매기준율은 이날보다 62.60원이 낮은 1,076.40원으로 고시되었다.

정부가 IMF 신청을 공식 발표하자 런던과 뉴욕에서 한국 채권 가격이 오르고 석 달 가까이 막혀 있던 자금 파이프라인이 조금씩 열리기 시작했다. 이런 상황을 미루어볼 때, 11월 19일 정책 발표 때 IMF 지원을 함께 발표했더라면 내가 기대한 대로 시장안정 효과가 나타났을 것은 분명했다. 그러나 IMF 구제 신청은 너무 늦었다는 평가가 지배적이었다. 11월 16일에 한 것이나 21일에 한 것이나 거기서 거기일 것 같지만 당시의 다급했던 사정에서는 6일이나 늦어진 것은 경제에 엄청나게 큰 타격을 주었다. 가뜩이나 불안했던 금융시장은 걷잡을 수 없이 요동쳤다. 빨리 발표했더라면 외환보유고라도 제대로 간수할 수 있었을 것이다.

11월 18일 158억 달러였던 가용 외환보유고는 11월 말에는 그 절반을 밑도는 72억 달러로 급감했다. IMF 지원 요청이 늦어짐으로써 돈은 돈대로 쓰고 망신은 망신대로 당했다고 언론에서는 비꼬았다. 그러면서 엉뚱하게 경제 체력이 좋으니 걱정하지 말라고 했다고 나를 탓했다. 탓한다면 11월 16일에 합의한 내용을 없던 일로 바꾼 사람들(김영삼 대통령과 임창열 부총리)을 나무라야 마땅했다. 하지만 그 당시만 해도 국민들은 11월 16일에 이미 IMF와 대체적인 합의가 이루어졌다는 사실을 모르고 있었다.

IMF와 미국 정부의 신뢰 상실

두 번째는 그보다 더 큰 일로 IMF의 신뢰, 그리고 미국의 신뢰가 무너진 것이다. 그동안 심혈을 기울여 쌓아온 IMF의 신뢰는 물론 미국 정부의 신뢰를 하루아침에 잃고 말았다. 11월 16일에 캉드쉬와 만나 협의를 할 때는 한국 정부가 구조개혁을 제대로 할 것이라는 사실에 대해 확고한 신뢰가 있었다. 이는 미국 루빈 재무장관도 다를 바 없었다. 그러나 11월 21일의 지원 요청을 할 시점에는 한국 정부에 대한 신뢰는 거의 바닥까지 떨어진 상태가 되었다.

그 결과 한국이 앞장서서 구조개혁을 추진하고 IMF는 뒤에서 한국의 정책을 뒷받침하는 방식을 캉드쉬가 스스로 제안했었는데 11월 21일 다시 신청하면서는 그런 구도는 언급도 없었다. 신뢰가 무너진 상황에서는 그럴 가능성마저 완전히 사라져 버렸다. 이것이 세 번째 대가다. 한국이 앞장서서 구조개혁을 하고 IMF는 뒷받침(Back Up)하는 방식은 IMF 지원에 반드시 뒤따르는 협상조건(Conditionality)의 새로운 모델이다. 당초 캉드쉬 총재는 '한국은 다르다'라는 사실을 부각하려고 생각했다. 그런 생각이 '한국도 똑같다'로 되고 만 셈이다. 한국 지원에 대한 미국과 IMF 관계에서 IMF 주도로 갈 수 있었던 것이 미국 주도로 완전히 바뀐 것만은 확실해졌다.

일본 지원에 미련을 떨치지 못한 행보

임창열 부총리는 IMF 지원을 공식 요청한 뒤에도 11월 19일 회견 때 밝힌 대로 IMF 지원이 아닌, 국채를 발행하고 이를 일본이 보유하고 있는 미국 재정증권과 교환하는 구상에 대한 미련을 버리지 않았다. 한국 경제가 잘못되면 일본 경제도 타격을 받고 세계적으로 큰 파급을 일으킬 것이기 때문에 일본이 한국을 지원하는 것이 당연하다고 생각한 것 같다. 이런 구상에 따라 일본의 협조를 받기 위해 11월 19일 이승윤 전 부총리를 특사로 일본에 파견했다. 이 부총리는 미쓰츠카 대장상과 일본은행 총재 등을 만나 지원을 요청했지만 이렇다 할 성과를 얻지 못하고 21일 귀국했다.

고건 총리가 11월 22일 저녁을 하자는 전화를 했다. 나를 위로

하는 자리로 생각했는데 신현확 전 총리와 임창열 부총리도 함께 하는 자리였다. 고건 총리는 신현확 총리에게 일본 대장성의 지원을 위한 특사로 일본에 다녀와 달라고 부탁했다. 신현확 총리는 미쓰츠카와는 자기보다 내가 훨씬 더 친밀하다고 말했다. 완곡한 거절이었다.

일본의 지원 가능성은 전혀 없는 것으로 일찍이 밝혀진 일이었다. 이는 친소와는 관계가 없는 일이다. IMF를 통하지 않고서는 한국을 지원하지 말라고 미국 정부가 공식적으로 요청했다는 보도는 11월 초에 이미 있었다. 이런 사실은 11월 10일 엄낙용 차관보의 방일을 통해 확인한 바 있다. 한국은행과 일본은행이 오래 전에 체결한 10억 달러 SWAP도 일본은 거부했다. 미국의 요청 때문이었다. 11월 20일 미국은 다시 IMF를 통하지 않는 지원은 용인하지 않는다는 것을 거듭 밝혔다. IMF 지원을 받더라도 IMF 자금으로 지원할 수 있는 것은 60억 달러에 불과하다. 그렇기 때문에 일본과 미국, 사우디 등의 자금 지원을 받지 않을 수 없다. 일본의 미쓰츠카 대신과 미국의 루빈 장관에게 IMF 지원 요청에 관한 발표에 앞서 전화를 미리 한 것도 그 때문이었다.

IMF 대리 이사로 근무한 경력을 가진 임창열 부총리가 이런 사정을 모를 리 없다. 그런데도 이미 돌이키기 어렵게 손상된 IMF와 미국의 신뢰를 회복하기 위해 진지한 노력을 하기보다는 이를 더 크게 손상하는 행보를 계속했다. 임 부총리는 11월 28일, IMF와의 협의는 뒷전으로 하고 도쿄까지 날아가 일본 정부의 지원을 요청했다. 200억 달러 지원을 요청했다고 한다. 미쓰츠카 장관은 "IMF

와 한국의 협의가 끝나면 IMF를 중심으로 한 국제적인 지원 틀 안에서 지원 규모를 관계국과 협의하겠다. 한국이 IMF와 지원 틀과 원칙에 조기 합의하기를 바란다"고 말했다고 일본 대장성 대변인이 밝혔다. IMF와 미국 정부가 몇 차례 되풀이한 말과 똑같은 말이다.

11월 28일 김영삼 대통령은 클린턴 대통령으로부터 전화를 받는다. IMF가 자금 지원과 함께 제시할 각종 구조조정 요구를 받아들여야 한다는 점을 강조했다고 한다. 핵심은, 협의를 서둘지 않으면 한국은 곧 부도 날 상황인데 IMF와의 협의는 뒷전으로 하고 임 부총리가 일본에 간 것에 대한 미국의 불만을 토로한 것으로 알려졌다. 클린턴 대통령의 전화를 받고 난 다음부터 김영삼 대통령은 IMF 협상을 직접 챙기고 나섰다. IMF와의 협의도 서둘러 진행되었다. 임 부총리는 11월 29일에는 심야회의, 철야협상을 했다. 또 부총리가 직접 협상 테이블에 마주 앉기도 하고, 타결이 되지 않았는데도 타결되었다고 발표부터 서두는 등 엄벙덤벙 덤볐다는 일부 언론의 비아냥거림을 샀다.

IMF 협상 기간 동안 내내 가이트너 미 재무 차관보는 서울에 머물면서 IMF와 우리 정부 간의 협상 내용을 일일이 챙기는 등 협상을 실질적으로 지휘했다. 11월 30일에는 미 재무부의 데이비드 립튼 차관이 방한해 한국은행과 재경원을 방문했다. 미국이 협상 상대였다.

1997년 12월 초 IMF와의 협상조건(Conditionality)에 대한 협상이 마무리된 뒤 일본경제신문은 '미국의 압력이 한국을 굴복시켰다'는 제목의 기사에서 김영삼 대통령이 지난달 말 하시모토 총리에게 전화를 걸어 일본의 개별적인 지원을 요청했지만 거부당했다는 뒷얘기도 전했다. APEC 정상회담 때 하시모토 총리는 "한국 경제의 기초는 튼튼하며, 한국 정부의 금융시장 안정대책은 긍정적"이라고 평가하고 "IMF가 결정할 시행 방침 안에서 가능한 협력을 하겠다"고 밝혀 IMF 틀 바깥에서의 협력은 할 수 없음을 이미 밝힌 바 있다. 그런데 왜 또 전화를 했는지는 알 수 없다. 어쨌든 이런 일로 미국의 불신은 일층 깊어졌다. 이렇게 불신 속에서 서둘러 한 협의가 우리가 바라는 대로 잘 추진되기는 어렵다. 가장 잘못된 것이 고금리정책이다. 이로써 수많은 중소기업들이 흑자도산에 내몰리게 되었다.

구제금융으로 성격이 바뀌다

1997년 11월 16일 캉드쉬와 만나 IMF의 300억 달러 지원을 협의할 때까지만 해도 실제로 IMF로부터 자금을 인출해 쓰기보다는 그런 지원 약속으로 신인도 회복에 도움을 받기 위한 시장 안정용의 성격이 강했다. IMF의 300억 달러 지원 약속으로 금융시장이 안정되는 연착륙(Soft Landing)이 대책의 목표였다. 일시적인 외환 부족이라는 유동성 위기(Liquidity Crisis)이기 때문에 금융시장만 안정되면 위기 상황은 넘어간다고 생각했다. 우리의 거시경제 기초여건이 건실했기 때문에 더욱 그러했다. 그러나 11월 22일 IMF 지원은 그 성격이 완전히 달라져버렸다.

1997년 12월 3일, IMF와 협정을 체결했을 때에는 이미 IMF의 자금 없이는 부도를 막을 수 없는 '구제금융'이 되고 말았다. 580억 달러라는 대규모의 자금 지원을 약속했음에도 금융시장은 안정을 되찾지 못했다. 단기외채 만기 연장률의 변동 추이를 보면 1997년 11월 21일에만 해도 82.9%이던 연장률이 11월 24일에는 46.2%, IMF 협상이 타결된 12월 3일에는 13.5%, 12월 18일에는 5.1%까지 떨어졌다. 그날 외환보유고는 39억 4,000만 달러로 부도 문턱까지 갔다. 그 후 점차 회복되어 뉴욕 주요 은행들이 만기 연장을 한 12월 23일에는 53.7%, 1998년 1월 6일에는 71.2%로 70% 대까지 회복되었고 1월 15일에는 77.4%가 되었다. 유동성 위기가 IMF 지원 결정 이후에 오히려 심각한 경제 위기 상황으로 급진전하는 경착륙(Crash)이 되었다. 호미로 막을 일이 가래로도 못 막는다는 속담처럼 되고 말았다.

혼란의 시작은 개각

이런 혼란은 11월 19일의 개각에서 비롯된다. 퇴임 3개월 남짓 남겨두고 IMF와 지원 문제를 협의하는 중요한 시점에서, 더욱이 IMF 지원과 함께 금융시장 안정을 위해 가장 주요한 정책 발표를 앞두고 이런 일을 추진해온 경제 총수를 왜 바꾸어야 했는가? 그렇게 할 절실한 이유나 필요는 무엇일까? 그때까지 진행된 IMF와의 협의 내용에 대한 불만 때문인가? 김영삼 대통령으로부터 그런 말을 들은 적도 없고 그런 기미조차 없었다. IMF 지원 문제를 추진할 때 가장 중요한 협의 대상인 IMF와 미국, 일본과의 관계에 문제가 있었는가? 그럴 가능성이 예상되어서인가? 11월 19일 아침까지 IMF는 말할 것도 없고 일본과의 협조, 미국과의 협조는 상호 신뢰의 바탕과 우호적 분위기에서 아무런 문제없이 순조롭게 진행되고 있었다.

내가 펴는 정책이 마음에 들지 않아서인가? 당시로선 가장 중요한 금융시장 안정정책 구상을 처음 보고한 11월 10일 보고, 정책 내용을 정리해서 보고한 11월 14일에도 정책에 대해 불만을 말하거나 다른 의견을 제시한 것은 일체 없었다. 최종적으로 확정해서 11월 19일에 발표한 정책은 임창열 부총리가 환율 변동폭 15%를 10%로 고친 것 이외에는 한 자도 고치지 않고 그대로 발표하게 했다. 이렇게 짚어볼 때 부총리를 경질해야 하는 합리적인 이유나 수긍할 만한 필요성은 발견할 수 없다.

김 대통령은 검찰 질문에 대한 답변서에서 "경제 책임자를 바꿀까 생각한 이유는 IMF 협상을 하는 데 누가 더 적격자인가 하는 생각 때문이었다"고 답변했다. 임창열 부총리에게는 11월 12일에 부총리 임명 사실을 알려주었고 11월 17일에는 청와대에서 따로 만나기까지 했다. 12일과 17일 사이에도 여러 번 전화를 했다고 검찰 답변서에서 밝혔다.

11월 14일에는 IMF로 가는 결정을 하고 곧바로 캉드쉬가 방한토록 초청해 11월 16일에는 300억 달러 규모의 지원을 요청하는 등 아무런 문제없이 진행되던 것이 11월 19일의 개각과 새로 임명된 임 부총리가 IMF 지원을 받지 않겠다는 발표를 함으로써 결정적으로 꼬이기 시작했다. 설사 IMF 지원을 받지 않겠다고 말했더라도 김 대통령이 곧바로 임 부총리에게 IMF와의 합의 내용을 발표하도록 지시했더라면 모든 것을 바로잡을 수 있었다. 개각 첫날 이어서 업무 파악에 문제가 있었다고 해명하면 충분히 납득할 수 있는 일이었다. 그런 후 11월 16일 합의한 대로 IMF와의 협의를 진행했더라면 아무런 문제없이 갈 수 있었다. 김영삼 대통령은 마치 11월 16일 캉드쉬와 IMF로 가는 것에 대해 협의한 사실조차 전혀 없었던 것처럼 아무런 조치도 취하지 않았다.

11월 19일, 김용태 비서실장은 청와대에 비상경제대책회의를 만들도록 했다. 21일에는 첫 번째 회의를 열었다. IMF로 가야 하는가에 대해 김 대통령은 새삼스럽게 참석자 한 사람, 한 사람 모두의 의견을 들었다. 그리고 11월 21일, 처음으로 IMF에 구제금융 요청을 하는 것처럼 밤늦게 부랴부랴 발표했다. 그렇게 사정이 다급해질 때까지 나와 김인호 수석 두 사람은 "경제의 기초가 튼튼해서 문제없다"는 말만 하면서 마치 아무 대비도 하지 않은 것처럼 되고 말았고 임창열은 위급한 상황을 구한 영웅처럼 되었다.

IMF의 지원 요청을 발표한 뒤에도 임 부총리는 IMF보다는 일본의 지원을 얻어 문제를 해결한다는 11월 19일 발표한 구상에 더 집착했다. 일본 정부가 거듭 지원할 수 없다고 분명히 밝혔음에도 불구하고 일본까지 갔다. 일본행은 대통령이 승인했을 것이다. 왜냐면 대통령의 사전 양해 없는 부총리의 해외출장은 있을 수 없기 때문이다. 그전에 김영삼 대통령은 우리가 일본의 지원 가능성을 타진하기 위해 IMF 지원 결정을 2~3일 지체하는 것을 못마땅해

한 적이 있다. 홍재형 부총리, 이경식 한은 총재, 윤진식 비서관으로부터 IMF 지원 없이는 국가부도가 날 수도 있다는 얘기를 들은 11월 11, 12일 무렵이다. 일본 지원은 불가능하고 IMF 이외에 다른 대안이 없다는 결론에 이른 것이 11월 13일이고, IMF 지원에 대해 대통령의 최종 결재를 받은 것이 11월 14일이다.

임 부총리는 11월 28일 일본에 다녀온 뒤에야 비로소 일본의 지원은 가능성이 전혀 없다는 사실을 알게 된 셈이다. 김 대통령은 11월 14일에 이미 일본 지원은 불가능하다는 보고를 받아 알고 있었다. 뿐만 아니라 김 대통령이 하시모토 총리와 만난 자리에서, 또 전화로 부탁을 했을 때에도 하시모토 총리는 IMF 테두리 밖에서는 한국을 지원할 수 없다는 일본의 입장을 거듭 밝혔다. 그럼에도 11월 28일, 임 부총리가 일본에 가게 두었다. 김 대통령은 클린턴 대통령의 IMF와의 협의 독촉 전화를 받은 뒤에야 IMF 협상을 독려하기 시작했고 직접 챙겼다. 이때부터 임 부총리도 IMF와의 협의를 서둘러 진행했다.

이해하기 어려운 신임 부총리

김영삼 대통령은 임창열 부총리를 발탁한 이유에 대해 IMF 전문가여서 IMF와의 협상을 잘 진행할 것이라 생각했기 때문이었다고 밝혔다. 그는 IMF 대리 이사, 세계은행 이사로 근무한 경력이 있다. 그러나 그는 캉드쉬와의 면담 기록을 보고서도 그것이 한국 정부를 대표하는 Governor와 IMF를 대표하는 Managing Director라는 지위에서 협의를 시작한 사실, 또 IMF와의 협의는 대외 발표

없이 비밀로 얼마든지 진행될 수 있다는 사실, 11월 19일 기자회
견에서 IMF 지원을 받지 않겠다는 자신의 발언이 11월 16일 캉드
쉬와의 합의를 한국 정부가 파기한 것이 된다는 사실을 모르는 사
람처럼 일을 처리했다.

그는 서울대 상대를 졸업했다. 행정고시를 거쳐 관계에 진출해
재무부에서 근무한 전통 관료 출신 엘리트다. 관료들은 상급자와
사전에 상의하지 않고 독단적으로 기존 정책을 바꾸거나 새로운
일을 벌이지 않는다. 중요한 일은 반드시 상급자의 사전 양해를 얻
고서야 추진한다. 이것은 직업관료들의 공통적인 제2의 천성처럼
되어 있다. 그는 11월 19일 IMF 지원을 받지 않고 다른 방법으로
해결할 길을 찾아보겠다고 발표했다. 그렇게 큰 문제에 대해 대통
령에게 사전에 보고하지 않은 것은 이해하기 어렵다.

처음에 그는 IMF와의 협의에 대해 알지 못했다고 말했다. 그러
나 IMF와의 협의 진행 상황에 대해 개각 발표 이전인 11월 17일에
김인호 수석이 임 장관에게 말해주었다. 알고 있었다는 사실이 밝
혀지자 그날 발표하는 것을 몰랐다고 했다. 이렇게 이해하기 어려
운 처신을 한 것은 아마 밝히기 어려운 사정이 있었을 것으로 생각
되지만 제삼자로서는 짐작할 수 없는 일이다.

11월 19일 상공부 장관실에서 김우석 국장이 건넨 캉드쉬 면담
보고서를 받고 내용을 제대로 확인도 하지 않고 잠시 훑어보고는
그대로 옆에 두고 별다른 관심을 보이지 않았다. 김우석 국장은 주
무국장으로 11월 16일 저녁 캉드쉬와의 회의에 배석했다. 11월 16
일 밤 캉드쉬와 협의할 때 한국 정부에서 IMF 협의를 발표하기에

앞서 신속한 협의를 위해 필요한 여러 자료(Fact Finding)를 먼저 챙기기 위해 실무진 2, 3명을 먼저 보내겠다고 캉드쉬가 제의해 나는 선선히 동의했다.

그런데 그 다음 국회 복도에서 김우석 국장이 "IMF에서 실무진을 보내겠다고 했지만 오지 말라고 했다"고 내게 보고했다. 왜 그렇게 했는지에 대한 설명은 없었다. 나는 김우석 국장 얼굴을 흘긋 쳐다만 보고 아무런 말도 하지 않았다. 합의한 것을 왜 내게 한 마디 상의나 보고도 하지 않고 국장이 오지 말라고 했는지 이상했지만 며칠 뒤에 와도 무방할 것 같아 그대로 두었다.

그때 김우석 국장은 IMF 지원을 받을 수 있다는 것, 그렇기 때문에 IMF 실무진이 오지 않도록 한 것이 아닌가 짐작한 것은 한참 뒤의 일이다.

11월 19일 IMF와 협의 중이라고 발표한다는 사실은 재경원 몇몇 고위 간부들은 알고 있었다(검찰에서 수사하는 과정에서 이들이 알고 있었다는 사실을 기록으로 남기지는 않았다. 진술서를 작성하면서 윤증현 실장이 발표 사실을 알고 있는 것처럼 표현했다. 그렇게 되면 윤증현 실장이 문제가 된다고 검사가 지적해서 진술서를 처음부터 다시 고쳐 쓴 일이 있다. 정치적 희생양을 만드는 일에 앞길이 창창한 관료들이 말려드는 일을 막기 위해서였다).

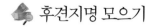

후견지명 모으기

선견지명, 후견지명

외환위기를 당했을 때 국내에서는 '올 것이 왔다', 해외에서는 '숨겨진 축복(Blessing in Disguise)'이라고 말하는 사람들이 많았다. 올 것이 왔다는 것은 해야 할 일을 게을리 한 결과 외환위기를 겪게 되었다는 뜻이고 숨겨진 축복이라는 말은 평상시라면 하기 어려운 고통이 따르는 구조조정을 할 수 있게 되었다는 의미였다. 사실 외환위기는 우리 경제가 새로운 모습으로 탈바꿈할 수 있는 더할 수 없이 좋은 기회였다. 정부에서 하고자 하면 어떤 정책도 그대로 실천에 옮길 수 있었다. 이런 정책 환경은 1997년에는 꿈도 꿀 수 없는 일이었다.

외환위기가 발생했을 때 뜬금없는 소리를 하는 사람들이 속출했다. "그럴 줄 알았다"고 말하는 사람들로, 일찍이 외환위기를 경고했다는 선견지명을 지닌 사람들이다. 이들은 외환위기를 몇몇 사람의 탓이라고 손가락질한다. 한국은행 간부 중에 특히 그런 사람들이 많았다.

그러나 이들의 주장을 주의 깊게 들어보면 선견지명이 아닌 '후견지명(後見之明)'을 말하는 경우가 대부분이다. 사후에 내 그럴 줄 알았다는 것과 사전에 예견하는 것과는 하늘과 땅 차이다. 후견지명은 장삼이사(張三李四)도 할 수 있다.

그렇다 해서 후견지명이 가치 없다는 뜻은 아니다. 탓하는 후견지명은 아무짝에도 쓸모가 없다. 그러나 제대로 깨우친 후견지명은 재발 방지를 위해 꼭 필요하다. 소를 잃고도 외양간을 고치지 않아 또 다시 소를 잃는 바보가 되지 않기 위해 소를 잃으면 외양간을 고쳐야 한다. 고치기에 앞서 왜 소를 잃게 되었는지를 철저히 조사해 어디를 어떻게 고쳐야 하는지에 대해 연구 검토를 한 다음에 고치기에 들어간다. 외양간을 고치기 위해서는 후견지명을 모으는 일부터 해야 한다.

2003년 발간된 〈IMF 평가보고서〉에서도 그 첫 머리에 "어떤 평가도 후견지명의 도움을 얻는 것은 불가피하다. 장래를 위한 교훈을 얻는 데에는 도움이 되지만 실제로 결정을 할 당시에는 알 수 없는 것들이다.

특히 엄청난 압력을 받으면서 결정할 때는 더욱 그렇다. 책임 문제를 따질 때는 이 점을 특히 유의해야 한다"고 밝히고 있다. 그러면서 한국이 외환위기를 당하기 직전까지도 한국 경제에 대해 낙관적인 평가를 한 것은 종래의 잣대에 의한 것이고 1998년 IMF의 긴축 정책은 불필요했던 것이라고 평가했다.

외환위기를 당하자 온 국민들 사이에서 금모으기 운동이 활발하게 전개되었다. 2008년 미국발 금융위기 때 1998년 외환위기 때의 우리 금모으기 운동이 해외에서 다시 화제가 되었다. 그렇지만 금모으기가 외환위기를 제대로 극복하고 또 재발을 방지하는 대책이 될 수는 없는 일이었다. 20억 달러가 넘는 엄청난 금을 모았지만 그 금으로 위기 극복은 할 수 없다. 또 금모으기를 통해 외환위기가 재발되지 않게 만들 수 없음은 자명한 일이다.

외환위기의 원인을 제대로 밝혀 그 원인을 없애는 개혁을 하는 것이 급선무다.

외환위기 당시 금모으기 운동은 위기 극복을 위해 필요하다면 어떤 어려움이라도 감내한다는 국민들의 다짐, 위기 재발을 방지하는 일이라면 아무리 큰 고통이 따르는 구조개혁이라도 기꺼이 한다는 국민들의 일치된 결의의 표출이라고 생각했다.

이러한 국민들의 뜨거운 결의와 절실한 소망을 생산적으로 살리는 방안을 제시해야 할 책무는 정부의 몫이다. 그렇게 하기 위해서는 외환위기를 당한 우리의 무엇이 문제이고 무엇을 고쳐야 하는가에 대한 관계 전문가들의 '후견지명 모으기'에 나서는 것이 일의 순서다.

IMF가 진정한 숨겨진 축복이 되려면 왜 우리가 외환위기를 당하게 되었는지에 대한 후견지명을 모아야 한다. 다시는 그런 일을 당하지 않으려면 무엇을 어떻게 해야 하는지에 대한 지혜를 모아 이를 분명히 하고 실천에 옮겨가야 한다.

누가 진정한 환란주범인가

이를테면 외환위기를 당한 직접 원인은 종금사들이 해외에서 단기로 빌려 장기로 빌려주는 위험한 영업을 무분별하게 한 것임은 다 아는 사실이다. 단기자금 만기가 도래했지만 자금을 구하지 못해 한국은행의 보유 외환을 쓸 수밖에 없었던 상황은 다 아는 일이다. 투자금융회사들을 무더기로 종금사로 전환해주고 해외영업을 할 수 있게 한 것은 1996년 7월 내가 부총리로 취임하기 8개월 전의 일이다. 그러나 투자금융회사를 종금사로 전환한다는 정책을 결정, 발표한 것은 그보다 1년 전인 1995년 7월의 일이다. 이들은 왜 그런 결정을 했는가? 그렇게 허가했으면 감독이라도 철저히 했어야 했는데 왜 이를 소홀히 했는가를 밝히는 것은 나름대로 의미가 있는 일이다. 왜 그렇게 했는지는 나도 궁금한 대목이다. OECD 가입 교섭을 하면서 장기자금은 막고 단기자금 시장을 먼저 개방한 결과 외채구조가 단기 위주로 되어 1997년에 어려움을 겪게 됐는데, 왜 그런 정책을 채택하게 되었는가?

또 한보나 기아가 어떻게 그렇게 부채가 늘어나게 되었는가? 그럴 동안 은행을 감독하는 기관들은 무엇을 감독했는가? 은행감독이 부실하게 된 원인은 어디에 있는가? 이렇게 하나하나 원인을 짚어가면 한이 없다. 그러나 외환위기에 내몰리게 만든 원인을 밝혀 재발 방지 대책을 마련해 그대로 실천에 옮기는 일에 집중하는 일이 당시로선 가장 시급하고 또 중요한 일이었다.

그런데 김대중 당선자는 '무엇'이 잘못되었는가가 아닌 '누구' 잘못으로 외환위기를 당하게 되었는가를 가리는 방향으로 일을 몰고 갔다. 잘잘못을 제대로 가려 다시는 그런 일이 없도록 하겠다는 뜻이라면 그럴 수 있다. 그러나 한두 사람에게 모든 책임을 덮어씌우는 것은 아무것도 배울 게 없는 백해무익한 일이다. 그렇게 지목받은 한두 사람을 희생양 삼게 되면 다른 사람들은 죄책감에서 해방되고 마음 편하게 지낼 수 있을 것이다. 그러나 그렇게 하면 잘못된 원인을 '바로잡을 귀중한 기회'를 없애버리고 만다. 이는 가장 바보 같은 짓이다.

기회비용이라는 것이 있다. 할 수 있는 것을 못함으로써 치르게 되는 비용을 의미한다. 당시 시급하고 중요한 일은 후견지명을 모아 외환위기를 가져온 우리 경제의 고질적인 구조를 서둘러 개혁하면서 그에 따르는 고통을 감내하도록 체질을 바꿔가는 것이었다. 그렇게 볼 때 우리나라 장래를 위해 가장 큰 해독을 끼친 것은 그런 기회를 없애 버린 '환란주범 만들기'였다.

환란주범 만들기는 1998년 1월 중순 대통령직 인수위에서 감사원에 감사를 하도록 요청한 데서 시작되었다. 그때는 외환위기로 온 나라가 정신이 없었던 때였다. 환율이 춤추는 등 금융시장이 정신없이 요동치던 때여서 수습 대책을 마련하기에도 정신이 없어 다른 것에는 신경을 쓸 겨를이 없을 때였다.

1월 23일 김영삼 대통령은 외환위기 발생 경위에 대한 감사원 감사가 필요하다는 당선자 측의 의견을 수용해 감사원에 특별감사를 지시했다. 김 대통령도 외환위기가 초래된 원인과 경위에 대한 진상 규명이 필요하다는 생각을 갖고 있다고 말했다. 감사 착수 이전인 1998년 1월 25일 자민련의 박태준 총재는 청문회와 검찰조사까지 반드시 한다고 말해 사법처리를 시사했다. 이에 대해 청와대는 담담한 반응을 보였다.

인수위는 책임 소재 규명에 관심을 가졌다. 은폐나 축소 지연 보고 여부, 청와대 등 관계기관 인지 시점과 과정, 조치 그리고 한국개발연구원과 금융연구원의 경고와 건의 활용 여부 등을 철저히 조사하라고 요청했다. 정치적 의도를 가지고 처벌에 초점을 맞춘 감사 요구로 외환위기의 원인을 밝히고 재발 방지대책을 마련하는 후견지명 모으기는 애당초 염두에도 없었다.

당초 김대중 대통령 취임 후에 실시할 예정이던 감사원은 1998년 1월 30일부터 2월 7일까지 자료를 수집했고 2월 12일부터 3월 7일까지 본 감사를 실시했다. 감사 결과에 대해서는 김대중 대통령이 보고를 받았다. 감사원은 "최근 발생한 외환·금융위기 등 경제난의 원인과 정부의 대응 실태를 종합적으로 점검·분석해 구 재정경제원, 한국은행 등 관계기관의 책임 소재를 규명하고 재발방지를 위한 관련 제도의 개선 방안 마련"이 감사의 목적이라고 밝혔다. 그러나 감사 결과를 보면 왜 감사를 하게 됐는지 그대로 드러난다.

9개 관련기관에 대한 감사 결과, 총 적출 건수는 65건이지만 징계·문책 이상의 처분을 받은 기관은 두 곳이고 적출 건수는 9건이다. 처분 요구 대상 인원은 모두 21명 중 13명이 징계·문책 대상이다. 두 기관은 청와대가 1건 1명이고 나머지는 모두 재정경제원이다. 고발 수사 의뢰가 2건에 5명이고 징계 문책은 6건에 7명이다. 이렇게 보면 여러 기관을 대상으로 광범위한 조사를 한 것처럼 보이지만 나와 김인호 수석을 제외하면 외환위기와 관련된 사안이 아닌 것들이다. 결국 나를 겨냥한 감사였고 한 사람을 표적으로 하기가 무엇해서 김인호 경제수석을 끼워 넣었다고 볼 수밖에 없다. 법원의 영장실질심사 때도 나는 김인호 수석 구속의 부당성을 강력하게 항의했다.

검찰 수사 과정에서도 나만 표적으로 삼기 무엇해서 한 사람을 더 끼울 필요가 있다면 이경식 한국은행 총재가 되어야 한다고 따진 일이 있다. 다른 것은 다 제쳐놓더라도 한국은행이 보유외환을 금융기관에 예탁 운용해 리스크가 큰 해외투자를 하게 했고, 종금사들이 단기차입 자금으로 장기대출을 해서 외환위기를 초래하는 직접 원인을 만들었기 때문에 더욱 그러했다(1997년 9월 말 현재 1,192억 달러이고 이 중에서 1년 미만 단기 외채는 656억 달러에 이르러 54.8%에 달한다. 여기에 포함되지 않은 '현지금융'이 512억 달러고 이는 대부분이 단기외채다).

이러한 정치적 감사를 해서 얻은 것이 무엇인지 알 수 없다. 그렇지만 그런 감사를 하는 이상은 1997년 11월 16일 캉드쉬와의 IMF 지원에 대한 협의를 무효화시키고 금융시장의 혼란을 초래했을 뿐 아니라 가뜩이나 부족한 외환을 소진하게 만든 과정에 대한 조사도 당연히 포함되어야 했다. 그런데 처음부터 임창열 부총리가 한 일은 감사 대상이 아니었다. 영장실질심사 때 검찰은 그에 대해 조사하겠다고 공언했지만 끝내 하지 않았다.

감사원이 나와 김인호 수석을 고소했고 검찰은 이를 형사사건화 했다. 불 끄러 들어간 소방수를 방화범으로 만들었다. 1998년 5월 19일 구속되어 기소될 때까지는 대서특필한 언론들은 2004년 5월 27일 대법원에서 무죄로 확정되었지만 이에 대해 보도조차 변변히 하지 않았다. 6년이 넘는 재판 과정에서 개인이 당한 고초는 개인 차원이라고 제쳐두더라도 우리나라가 외환위기를 치르면서 당연히 배워야 할 값진 교훈을 놓치게 된 것은 안타깝고 아쉽기 그지없다.

부총리가 가진 '막강한 힘'

김대중 대통령은 1998년 2월 25일의 취임사에서 외환위기와 관련해 "도대체 우리가 어찌하여 이렇게 되었는지 냉정하게 돌이켜봐야 합니다. 정치, 경제, 금융을 이끌어온 지도자들이 정경유착과 관치금융에 물들지 않았던들 그리고 대기업들이 경쟁력 없는 기업들을 문어발처럼 거느리지 않았던들 이러한 불행한 일은 일어나지 않았을 것입니다. 잘못은 지도층이 저질러놓고 고통은 죄 없는 국민이 당하는 것을 생각할 때 한없는 아픔과 울분을 금할 수 없습니다. 이러한 파탄의 책임은 국민 앞에 마땅히 밝혀져야 할 것입니다"라고 밝혔다. 취임사를 들으면서 외환위기의 원인을 제대로 밝히는 노력을 할 것이라 생각했다.

더욱이 인권운동가로 존경을 받아온 한승헌 변호사가 감사원장으로 취임해 올곧은 감사까지는 아니더라도 최소한의 합리적인 결말을 기대하는 마음도 조금은 있었다. 그러나 이런 기대가 무너지는 데는 그리 오랜 시간이 걸리지 않았다. 감사원법에 의하면 감사 결과에 대한 처분결정권은 감사위원회에 있다. 그럼에도 감사위원회에서 논의도 하기 전에 한승헌 감사원장은 외환위기와 관련된 감사 결과와 처리 방침을 김대중 대통령에게 먼저 보고했다. 명백한 감사원법 위반행위다. 뿐만 아니라 감사위원회에서 논의도 하기 전에 처분 방침을 먼저 밝히는 위법행위를 했다. 감사원은 감사원법에도 규정되어 있지 않은 수사 의뢰 결정을 내리고, 이를 1998년 4월 10일 검찰에 정식 통보했다. 이에 앞서 감사원 처분의 부당성을 밝히기 위해 한승헌 감사원장에게 면담 요청을 했지만 그는 서면으로 제출하라고 하면서 거절했다. 문서는 제출했지만 제출하나마나였다. 검찰은 곧 수사에 착수했다.

김대중 대통령은 경제에 매우 밝은 사람으로 정평이 나 있다. 외환위기가 한두 사람의 잘잘못으로 발생하는 사안이 아님은 누구보다 잘 아는 사람이다. 취임사에서도 그렇게 지적했다. 그런 그가 1998년 5월 초 외신기자와의 회견에서 나와 김인호를 거명하면서 "그들이 온 나라를 잘못 이끌었다(They misled the entire nation)"라고 말했다. 검찰에서 수사 중이고 기소도 하기 전인 사건에 대해 국가원수가 언급하는 것 자체가 있을 수 없는 일인데 두 사람에게 죄가 있다고 단정적으로 말했다. 수사 중인 사건에 대해 판결까지 내린 셈이다. 외신기자와의 회견을 하는 자리에서였다. 그 기사를 보고 나는 아연했다. 실망과 분노에 앞서 대통령의 이러한 발언이 보도되면 해외에서 우리나라 대통령을 어떻게 볼 것인가 하는 걱정부터 앞섰다.

그와 동시에 경제부총리에게 한 나라를 잘못 이끌 정도의 막강한 힘이 있다는 사실을 나는 그때 처음 알게 되었다. 기아 처리로 골머리를 썩힐 때 김선홍 회장의 사표를 받아내지 못하고 끌려갈 때 왜 그걸 몰랐을까. 금융개혁법안 통과를 위해 부총리의 막강한 힘을 왜 쓸 생각을 못하고 동분서주했는지, 재경위에 금융개혁법안을 상정도 시키지 못해 속을 왜 태웠는지, 김대중 대통령의 발언은 도저히 이해할 수 없는 내용이다. 1997년 3월부터 11월까지 8개월 반 동안 두 사람만 정부에서 일하지 않았더라면 우리 경제는 구조조정을 할 필요도 없었다는 말인가? 앞으로 그런 잘못을 근원적으로 없애기 위해 김대중 정부는 경제부총리 제도 자체를 아예 없애버렸는가? 두 사람이 면직되었기 때문에 앞으로는 더 이상 위기는 있을 수 없다는 말인가? 정말 터무니없는 마녀사냥이었다.

외환위기는 이러한 '단발성 사건'이나 '독립된 사고'가 아니다. 경제는 물고 물려 돌아가는 연속적인 흐름이다. 경제에는 기적도 없지만 공짜도 없다. 콩 심은데 콩 나는 인과법칙이 그대로 적용된다. 경제를 잘못 운영한 결과는 시간을 두고라도 반드시 나타나고 응분의 대가를 치르게 되어 있다.

무엇보다 분명한 것은 정책 결정의 잘잘못이 형사재판으로 가려질 수 없고 또 그래서는 안 된다는 것이다. 자유민주주의 국가 중에서 정책 문제를 형사사건화 한 경우는 없다. 그린스펀의 잘못된 정책 결과로 2008년 금융위기를 겪은 것이 분명하지만 그린스펀의 정책에 대해 형사문제로 다루어야 한다는 움직임은 물론 그런 주장조차 찾을 수 없다. 왜냐면 정책의 잘잘못은 선거를 통해 국민의 심판을 받아 정권의 향방을 결정하기 때문이다. 당시의 경제 실정에 대해서는 야당 후보인 김대중 후보의 당선으로 국민의 심판은 끝난 것이다.

외국의 통례와 한국에서 한 일

다른 나라에서는 외환위기처럼 생각지도 못한 일을 당하면 으레 정부 차원의 조사위원회를 만든다. 미국은 9.11 무역센터 테러 사건을 몇 년에 걸쳐 조사한 뒤 〈9.11 보고서〉를 만들었다. 2008년의 금융위기에 대해서도 같은 방식으로 원인과 대책에 대한 전문가들의 의견을 취합해 대책을 펴가고 있다.

외환위기를 겪은 아시아의 나라 중에서 태국도 전문가들로 구성된 조사위원회를 만들어 위기의 원인, 무엇을 잘못했는가, 누가 잘못했는가, 어떻게 해야 하는가 등에 대해 보고서를 만들어 발표했다. 중앙은행 총재를 역임한 경제원로 누쿨을 위원장으로 위촉해 6명의 경제 전문가에게 이 일을 맡겼다. 그들은 몇 달 동안 관련자를 면담한 뒤 보고서를 발표했다. 경제위기에 이른 과정의 잘잘못을 가렸다. 〈누쿨 보고서〉가 그것이다.

외환위기를 겪으면서 한국은 정부 차원의 조사위원회를 구성한 일이 없다. 물론 〈IMF 백서〉도 없다. 한때 한국전쟁 이후의 최대 국난이라고 하면서도 왜 그렇게 엄청난 위기를 겪게 되었는지, 앞으로 이런 일을 되풀이하지 않으려면 무엇을 어떻게 해야 하는지 등에 대해 경제 전문가들로 구성된 위원회를 만든 일이 없다. 물론 학자들이나 개인연구소 차원의 보고서는 있다. 하지만 국가 차원에서 외환위기의 원인을 밝히고 수습대책과 재발 방지를 위해 해야 할 일을 정리한 보고서는 없다. 한심한 일이다.

1999년 2월에 야당 불참 속에 국회 청문회가 열렸다. 경제청문회라고 하기보다는 '정치 질문회'라는 별칭을 얻을 정도로 부실한 청문회였다. 또 정책 청문회라기보다는 '인적' 청문회, 조사 청문회가 아닌 질의 청문회 등으로 비하될 정도였다. 논의한 내용도 검찰이 소추한 차원에서 벗어나지 못했다. 청문회를 했다는 정치적 부담에서 벗어난 것만이 유일한 소득인 정치인들의 구색 맞추기 청문회였다.

엉뚱하게도 사법부의 공판 기록은 있다(법원의 1심 공판은 27차례 열렸고 증인의 수는 50명이다). 나라의 수준이 이렇게밖에 되지 않는지, 정말 부끄러워해야 할 일이다. 한국에 〈누쿨 보고서〉와 같은 것이 있었다면 그 내용은 어떻게 되어 있을까? 단지 두 사람의 잘못으로 겪지 않아도 될 외환위기를 당했다는 내용이었을까?

IMF 조기 졸업에 기여한 것들

김대중 정부는 한국이 외환위기를 조기에 졸업한 것을 두고 큰 치적으로 자랑했다. 처음 위기를 당했을 때를 생각하면 그렇게 자랑할 만한 일이다. 〈외환위기 백서〉가 없는 것처럼 〈외환위기 조기 졸업 백서〉 또한 없다. 국내에선 IMF 자금의 조기 상환을 두고 졸업했다고 기뻐했지만 해외에서는 위기의 원인이었던 구조적 취약점을 개혁해 보완한 점을 평가했다. 이렇게 외환위기 졸업의 의미부터가 완전히 다르다. 외환위기를 가져온 원인을 제거하고 다시 그런 위기를 겪지 않도록 제도를 정비했는가를 기준으로 보는 것이 온당하다. 졸업 기준에 대한 혼선은 외환위기의 원인이 무엇이었는지에 대한 백서가 없었기 때문에 빚어진 일이다.

　김대중 대통령의 말이나 감사원, 검찰, 국회 청문회에서 논의된 것처럼 "강경식, 김인호 두 사람 잘못으로 외환위기가 왔다"면 두 사람이 다시는 경제 분야에서 일하지 못하게 된 것으로 외환위기는 졸업한 것이다. 그렇게 보면 김대중 정부에서 외환위기 졸업이라 하지 않고 IMF 지원자금 상환을 두고 IMF를 졸업했다고 한 것은 일맥상통한다고 볼 수 있겠다.

외환위기 원인과 대책에 대한 연구 없이 구조개혁을 할 수 있었던 것은 IMF와의 협약으로 강요된 결과라고 생각한다. 그러나 IMF가 추진한 구조개혁은 바로 내가 1997년 경제부총리로 재임하면서 추진하고자 한 것과 대동소이하다. 당장 해결해야 했던 부실채권 정리를 위해 정리기금 제도를 만들고 기금으로 재정에서 10조 원을 조성했다. 부실 방지를 위해 가장 필요한 철저한 감독을 위해 감독기능을 통합해 독립하는 개혁법안을 마련해 국회에 제출했고 1997년 말 국회에서 통과되어 1998년 4월 1일 시행에 들어갔다. 부실 금융기관의 원활한 퇴출을 위해 가장 기본이 되는 예금자보호 장치인 예금보호기금을 만들어 8조 원 이상의 기금을 조성하기로 했고 이 또한 법을 새로 정비했다. 기업 재무구조 개선을 위한 연결재무제표 작성과 지급보증 제한 등의 정책, 투명성 제고를 위한 제도 정비 등 기업 재무구조 개선, 금융자율화, 금융감독 강화, 투명성 제고 등 국제적 기준의 채택 과제에 대해서는 무엇이 문제이며 어떻게 정비해가야 하는가에 대해 관계 전문가들과의 토론을 거쳐 곧바로 시행에 들어갈 수 있게 정리했다. 〈21세기 과제〉가 바로 그것이다.

1998년 위기 상황에서 당장 요긴하게 쓰인 일을 했지만 검찰은 한가하게 쓸데없는 일을 했다고 비난했다. 이러한 구조개혁을 위해 해야 할 일을 국회 폐회 후 새벽까지 정리한 것이 금융시장 안정대책이다. 1997년 11월 19일 개각으로 이 대책은 임창열 부총리가 발표했다. 금융시장 안정대책은 IMF 체제에서 취할 정책들을 사전에 우리 입장에서 정리한 것이다. 이 작업의 준비에 들어간 것은 IMF 지원이 불가피하다고 판단했던 11월 10일이고 김영삼 대통령에게 IMF 지원 요청 재가를 받은 11월 14일에 금융시장 안정대책 내용도 함께 보고했다.

이들 정책은 재임하는 동안 반드시 해야 한다고 생각했던 정책을 망라한 것이다. 캉드쉬와 만나기 전에 김기환 대사가 정책 내용을 미리 설명했기 때문에 11월 16일 캉드쉬는 한국이 구조개혁 정책을 앞장서 펴나가면 IMF는 뒤에서 지원하는 역할을 하겠다고 한 것이다. 이렇게 외환위기 이후에 추진해야 할 일을 미리 준비해 두었기 때문에 구조개혁 작업을 곧바로 할 수 있었다.

그런데 김대중 정부와 검찰은 내가 해야 할 일을 하지 않고 딴전을 부렸다고 직무유기죄로 처벌하겠다고 나섰다. 김대중 총재가 한 일은 무엇인가? 금융개혁법안 국회 통과 반대, 기아 처리 반대, IMF와 협상이 타결되자 재협상론 제기로 혼선을 초래한 것 이외에 건설적인 일을 한 것이 과연 무엇이 있는가?

1997년에 가장 역점을 둔 정책은 초긴축 재정운용이다. 수입 억제를 통한 국제수지 방어를 위한 정책이었다. 당초 국채를 발행해 적자추경을 편성할 계획을 바꾼 것이다. 외환위기 후 부실채권과 부실 금융기관은 재정자금의 투입으로 신속하고 과감하게 정리할 수 있었다. 이는 오랜 동안 지켜온 건실한 재정을 바탕으로 가능했다. 금융부문 부실정리에 재정자금 투입은 1997년 부실채권 정리기금을 만들면서 처음 이루어진 것이다. 이뿐만 아니라 1996년 237억 달러에 이르던 경상수지 적자가 1997년에는 100억 달러 이상 줄어든 것은 1997년의 초긴축 재정운영과 소비절약운동에 힘입은 바 큰 것은 긴 말이 필요 없다.

무엇보다 조기 졸업에 가장 결정적으로 기여한 것은 건실한 기초경제력(Fundamentals)이었다. 외환위기는 일시적 외환 부족에서 비롯된 단순한 유동성 위기였다. 이것이 경제 위기로 가게 된 것은 혼란스런 대선 정국과 위기 이후의 IMF의 고금리와 초긴축 재정 운영이라는 잘못된 정책 처방에서 빚어진 결과였다. 잘못된 처방을 그만두자 경제 위기는 곧바로 유동성 위기 상황으로 복원되었다. 그런 복원은 건실한 기초경제력으로 가능했다.

2003년에 IMF에서 발간한 평가보고서의 제목은 〈IMF와 최근 자본계정 위기〉였다. 즉 실물 경제위기가 아님을 분명히 하고 있다. 그럼에도 기초경제력이 건실하기 때문에 우리나라는 태국처럼 되지 않는다고 국민을 기만했다는 터무니없는 비난을 많이 받았다. 그렇게 말한 적은 없다. "한국과 태국은 기초경제력이 다르다. 그러나 기초경제력은 튼튼하지만 부실채권이 문제. 부실채권 정리와 금융개혁 등 구조개혁을 서둘러야 하고 이를 게을리 할 경우 어려움을 겪게 된다"는 것을 늘 함께 말했다(국회 본회의 속기록에는 나의 답변이 그대로 기록되어 있다).

기초경제력이 튼튼하다는 말은 국내용이 아닌 해외용 발언이었다. 해외 금융시장을 염두에 둔 말이었다. 한국말로 해도 금방 영어 등 외국어로 번역되어 전 세계로 전달되는 세상이기에 국내용, 해외용 따로 말할 수는 없다. 한국은 말만 하고 행동은 없다면서 해외에서의 신뢰 하락이 심각해지고 있을 때여서 한국 경제의 기초경제력이 튼튼하기 때문에 돈을 빌려줘도 떼일 염려는 없다는 의미로 한 말이었다. 금융개혁법안은 국회에서 낮잠을 자고 있는 상황에서 실제로 내세울 것이라고는 그것밖에 없었다.

길게 말할 것 없이 1997년에 내가 편 정책이나 하고자 한 정책, 구조개혁 노력 중에 잘못되었다고 해서 김대중 정부가 들어선 다음 그만둔 것이 무엇이 있는가? 딱 하나가 있다. 부도유예협약을 없앴다. 기아가 악용했기 때문에 어쨌건 보완이 필요했다. 김대중 정부에선 대신 워크아웃제도를 도입했다. 또 하나가 있다. 기아가 화의신청을 했을 때 정치권을 비롯해 일부 언론 등 많은 사람들이 기아의 화의를 받아들이라고 내게 압력을 가했다. 그렇게 화의를 받아들이라고 앞장섰던 야당이 대선에서 승리하자 기아와 같은 대기업은 원천적으로 화의신청도 할 수 없게 만들었다.

1997년 한 해 동안 고심해서 마련한 여러 정책과 개혁법안들은 외환위기를 맞았을 경우에 곧바로 유용하게 쓰일 수 있도록 미리 알고 준비한 것처럼 요긴하게 쓰였다. 외환위기를 당한 후에 "어떻게 했더라면 외환위기를 겪지 않을 수 있었는가?" 묻는 사람들이 많았다. 그 답은 간단하다. 외환위기 이후에 한 구조개혁을 1997년 이전에 미리 했더라면 외환위기는 없었다. 당초 내가 하려고 한 정책과 구조개혁을 그대로 실현했더라면 당시 금융시장 안정과 외환시장 안정에 가장 핵심 관건인 신뢰 확보에 크게 기여할 수 있었다.

이렇게 볼 때 환란 주범을 지목해야 한다면 누가 책임을 져야 하는지는 금방 가려진다. 1997년에 추진하고자 한 구조개혁을 하지 못하게 한 사람들이야말로 환란에 대한 응분의 책임을 져야 마땅하다. 종금사에 대해 무차별적으로 해외영업을 하도록 하고 이들 종금사가 단기로 빌린 돈을 장기로 대출하는 위험한 영업을 무분별하게 하도록 방치한 사람들도 책임을 면할 수 없다. 한보, 기아 등 대기업 경영인들도 해외 금융시장의 신뢰를 떨어뜨린 데에 대해 응분의 책임을 져야 마땅하다. IMF 지원을 받는 과정에서 안정시켜야 할 금융시장을 오히려 요동치게 만든 사람, 대통령 선거 득표전략을 위해 IMF 재협상론을 들고 나온 김대중 후보, 창고가 비었다는 발언으로 금융시장을 혼란으로 빠뜨린 김대중 대통령 당선자 등도 책임이 없다고 하기 어렵다. 이렇게 짚어 가다보면 책임이 없는 사람이 누구인가 짚어가는 쪽이 더 빠르다.

몇 사람을 단죄하면 다른 사람들은 죄책감에서 벗어날 수 있어 마음 편히 홀가분하게 지낼 수 있다. 그러나 이는 앞날을 위해서는 도움보다는 해독을 끼치는 일이 된다. 일이 있을 때마다 마녀사냥에만 몰두하면 무엇을 이룰 수 있을 것인가? 외환위기의 원인을 밝히는 것은 '누구'가 아니라 '무엇'을 찾아 밝히는 것이어야 한다. '왜'를 찾고 '어떻게'에 지혜를 모으는 일이 되어야 한다.

나의 후견지명: 착각 속의 입각

외환위기를 초래한 장본인이 되어 구속되기도 하고 몇 년 동안 재판정에 섰던 사람으로서 나름대로의 후회나 아쉬움이 없을 수 없다. 국회청문회에서 "재임기간 한 일 중에서 가장 후회되는 일은 무엇인가?"라는 질문을 받았을 때, 기아를 곧장 부도처리하고 법정관리로 넘기지 못한 것이라는 답변을 했다. 이는 기아처리 과정이 해외 금융시장에서 우리 경제운영 능력에 대해 의구심을 키워 신뢰를 크게 손상시키고 외환위기에 이르는 단초의 하나가 되었다는 측면에서 뿐만은 아니었다. 개인 입장에서도 정부에서 일하는 동안 내 소신에 따라 행동하지 못한 가장 대표적인 사례가 바로 기아 처리였기 때문이다. 가장 강경식답지 않은 처리를 하지 않을 수 없었다. 그런 나 자신에 대해 누구보다 내 스스로가 가장 불만이었다.

그러면서 왜 내가 이런 처지에 놓여야만 했는가? 특히 퇴임 후 환란주범으로 몰려 구치소에서 '왜 내가 여기에 와 있어야 하는가?'라는 생각을 수없이 되풀이했다. 그러면서 내가 재임 동안 한 일을 수없이 복기하면서 나 개인의 처신에 대해서도 함께 생각하곤 했다. 1심재판을 결심할 때 최후진술 기회가 있었다. 그때 진술 말미에 "작년 이맘 때, 구치소의 한 평짜리 독방에서 수없이 스스로에게 던진 화두가 있었습니다. '다시 또 그런 상황에서 경제 총수를 맡으라고 한다면 어떻게 할 것인가'가 그것이었습니다. 그때 얻은 결론은 또다시 구치소에 가는 일이 있더라도 그 일을 다시 맡는 바보짓을 할 수밖에 없다는 것이었습니다. 모든 결과를 알고 난 지금, 다시 1997년으로 돌아가 그 당시와 똑같은 상황에서 일을 하게 되더라도, 그 당시 하던 정책, 그 당시 업무를 처리하던 방법을 그대로 할 수밖에 없을 것이라는 게 저의 솔직한 심경입니다"라는 말로 끝을 맺었다.

경제가 위기에 처해 있는데, 이를 바로잡는 일을 해달라는 요청을 거절하는 것은 있을 수 없는 일이라고 생각했다. 아웅산사건 직후 부총리 제안을 받았을 때에는 거절하는 것이 나라를 위해 올바른 길이라고 생각했지만 이번은 수락하는 것이 도리라고 생각했다. 여건이 좋을 때만 일하고 여건이 나쁠 때 피하는 행위는 공직자의 자세가 아니다. 공직자는 선공후사(先公後私)여야 한다. 무너져가는 정권, 그것도 임기가 1년밖에 남지 않은 내각에 들어가 운명을 함께하는 것은 개인적으로는 이득이 될 것이 없지만 나라경제가 워낙 어려운 상황이기 때문에 정부에 들어가 일을 해야 마땅하다. 더욱이 '경제를 위해 평생을 보낸 내가, 경제가 어려운 상황에서 일신의 안전을 위해 일을 피한다면 병사들에게 어떻게 전장에 나가 목숨을 버리기를 기대할 수 있을 것인가. 기적으로 불리던 우리 경제가 위기에 놓여 있기 때문에 이를 우선 살려놓고 보아야 한다. 이는 전쟁에 나가는 것에 비하면 아무것도 아니다'라고 생각했다. 1997년 3월은 이미 IMF 지원을 받아야 할 정도로 위급한 상황이었다. 그렇기 때문에 더욱 이를 외면할 수 없었다.

이런 소명의식과 함께 '나는 할 수 있다'라는 자신감도 있었기에 입각을 결심했다. 그런 자신감을 어떻게 가지게 되었는가? 1차 석유파동 등 위기 극복 경험, 특히 박 대통령 유고와 2차 석유파동이라는 국내외 위기가 겹친 최악의 내우외환 상황이었던 1980년에 기획차관보로 일하면서 위기를 극복하는 일에 참여해 성공한 경험이 있기 때문이었다. 그러나 입각 후 실제 일한 결과 1997년은 1980년과는 판이했다. 이를 제대로 알았더라면 입각을 달리 생각했을 것이다. 이에 대한 판단 잘못으로 내가 한 일의 결과 또한 성공과 실패로 갈렸다. 1980년에는 위기 극복에 성공했지만 1997년에는 실패하고 말았다. 막을 자신이 있다고 생각한 외환위기를 막지 못했고 한국이 IMF 지원을 받는 수모를 받게 되었다. 나의 후견지명(後見之明)의 첫 번째는 "왜 1980년에는 성공할 수 있었는데 1997년에는 왜 실패했는가?"이다. 이는 내가 무엇을 잘못 생각했는가에 관한 것이다.

1980년과 1997년의 같은 점, 다른 점

1997년은 1980년에 비할 때 훨씬 더 좋은 상태라고 생각했다. 1979년 후반부터 세계경제를 강타한 2차 석유파동과 같은 어려움이 1997년에는 없었다. 10월 26일 박정희 대통령 시해 사건으로 18년 동안 나라를 이끌어온 대통령 부재라는, 국가경영의 중심축이 갑자기 없어진 상태에 비할 때 비록 임기가 1년밖에 남지 않아 레임덕에 접어들긴 했지만 엄연히 김영삼 대통령이 건재했다. 이렇게 1997년은 1980년과는 비교할 수조차 없이 좋은 상황이었다. 1997년 국내외 상황이 1980년에 비해 훨씬 더 낫기 때문에 경제가 위기였지만 충분히 극복할 수 있다고 생각했다.

(1) 해외 신뢰는 떨어지고 불확실성은 커지기만

1980년에 들어서면서 3김의 정치투쟁이 벌어지는 한편에서는 12.12 이후 신군부가 등장하는 등 정치정세가 매우 혼란했다. 연일 대규모 학생데모가 있었고 사북사태 등 사회불안도 심화되고 있었다. 그렇지만 1980년 경제운용은 안정화시책을 기본으로 하고 있어 정책 방향이 뚜렷했다. 예측도 가능했다. 또 필요한 조치들은 과감하게 적시에 실행했다. 이에 따라 한국 정부는 문제가 무엇인지 잘 알고 있고 또 그 문제를 해결할 수 있는 방법과 실천할 능력을 보유하고 있다는 해외 평가를 받았다. 그런 가운데 1980년 5월에 국보위가 발족하면서 안개정국에서 벗어나 정치에 대한 시야를 확보하기 시작했다.

1997년에는 연초부터 노동법 파동 여파로 대통령의 리더십이 크게 손상되어 레임덕 현상이 현저해지고 있었다. 3월에는 한보 부도와 관련된 형사처리 등 경제와 사회가 위기로 치닫고 있었다. 1997년의 경제운용은 정부에서 발표하는 정책을 보면 문제를 제대로 아는 것처럼 보이는데 실제로 실행되는 것은 이렇다 할 것이 없었다. 한국 정부의 문제 해결 능력에 대한 해외의 평가는 날이 갈수록 떨어지는 상황이 되었다. 해외 금융시장의 관심사인 부실 채권과 부실 금융기관 문제 해결을 위한 금융개혁법안이 국회에서 처리되지 않자 한국의 문제 해결 능력에 대한 의구심은 점점 더 커졌다. 게다가 연말에는 대통령 선거를 앞두고 있어 시간이 갈수록 정치정세는 불안정과 불확실성이 더 커지기만 했다.

문제를 더욱 어렵게 한 것은 연말 대통령 선거에서 당선 가능성이 상당한 김대중 후보의 정책에 대한 의구심이었다. 이 의구심은 날이 가면서 해소되기보다는 커지기만 했다. 통상 개발도상국에서 대통령 선거가 있을 경우 당선 가능성이 큰 후보의 정책 성향이 불분명할 경우에는 모든 것이 분명해질 때까지 우선 자금을 회수하고 보는 것이 국제 금융시장의 생리이다.

(2) 사전 준비의 유무

1979년 4월에 발표한 안정화시책은 그 정책 방향이 마치 1980년 위기 대응 때 쓰기 위해 만든 것처럼 그대로 활용되었다. 마치 1980년의 위기에 대비해 미리 준비한 것처럼 보였다. 1997년에는 당장 그렇게 쓸 수 있게 미리 마련해 두거나 시행 중인 것은 아무 것도 없었다. 반면에 풀기 어려운 문제들만 쌓여 있어 경제를 어렵게 만든 원인들만 산적해 있었다. 1996년 한 해에만 외환보유고 수준에 육박하는 237억 달러의 막대한 경상수지 적자를 냈음에도 이에 대한 대책조차 제대로 마련한 것이 없었다.

한보, 기아 등 재벌기업의 부실경영은 말할 것도 없고 종금사들의 운영 난맥상을 방치한 결과 단기부채의 상환을 위한 차입이 가장 시급한 문제였다. 금융기관의 부실채권은 날이 갈수록 쌓여만 갔다. 그럼에도 이를 위한 대책으로는 부실은행에 대한 한국은행 특융과 같은 늘 써온 고식적인 것 말고는 달리 준비한 것은 아무것도 없었다. 어떻게 이렇게 문제가 산적하도록 아무 대책도 마련하지 않고 있었는지 알 수 없었다.

안정화시책은 1980년 위기를 예상하고 만든 것은 아니었다. 우리 경제 발전을 위해 반드시 해결해야 할 문제들의 대책이 안정화시책이다. 그렇게 만든 정책이 위기 상황을 맞아 마치 미리 알고 준비한 것처럼 쓰여진 것이다. 이는 해야만 되는 일은 어떤 상황에서도 해야만 한다는 평범한 사실을 말해준다. 즉 외환위기를 막기 위해 무슨 기상천외한 대책이 따로 있는 것은 결코 아니다. 반드시 해야 하는 일을 하면 그것이 바로 위기방지 대책이 된다. 꼭 해야만 되는 숙제를 미루고 하지 않으면 위기를 겪는다. 1997년 외환위기의 경우도 이와 다를 바가 하나도 없다. 1997년에 추진한 금융개혁 등 구조개혁 노력은 오래 전에 해야만 했던 일들이었다. 이들 해야 할 일을 미루어온 결과 외환위기를 겪은 것이다.

1997년에 오랫동안 미루어온 숙제인 금융개혁법안을 준비해 국회에 제출했다. 부실채권 정리를 위한 기금, 부실 금융기관 정리를 위한 제도 정비, 금융 감독제도의 정비 강화와 기업 구조개혁 등을 축으로 구조개혁을 추진하기로 한 금융시장 안정대책 등은 외환위기를 당한 이후에 그대로 쓰였다. 그 결과 외환위기를 조기 졸업한 바탕이 되었다. 이는 안정화시책이 1980년에 요긴하게 쓰인 것과 똑같다. 그렇게 보면 1997년에 외환위기를 막기 위해 마련한 여러 정책들은 결과적으로는 외환위기를 당했을 때 요긴하게 쓰이기 위한 준비를 한 셈이 되었다.

(3) 부실한 공감대 형성 노력

1980년에는 정책 홍보에 엄청난 노력을 투입했다. 왜 고통을 감내할 수밖에 없는가, 왜 경기부양 정책을 펼 수 없는가, 왜 정책을 전환해야만 하는가, 경제 난국은 어떻게 타개해 가야 하는가 등에 대한 국민교육 차원의 홍보에 전력투구했다. 이에 비해 1997년에는 대국민 홍보를 할 겨를이 없었다. 기껏해야 TV에 나가 정부 정책에 대해 단편적으로 설명하는 정도였다. 1997년에는 TV의 관심사가 온통 대선으로 쏠렸다. 이런 경향은 대통령 선거일이 가까워질수록 더 심해졌다. TV를 통한 정책 홍보는 할 길이 없어졌다. 궁여

지책으로 전국 순회홍보를 생각했지만 금융개혁법안 등 구조개혁에 대한 국민 공감대 형성에는 완전히 실패했다.

외환위기를 당한 뒤에도 어떻게 위기를 극복해갈 것인가에 대한 체계적인 대국민교육 노력은 1980년과는 비할 수 없을 정도로 미약했다. 그런 와중에 환란 수사 등 희생양 만들기가 마치 외환위기 극복 대책처럼 되었다.

(4) 냉전체제 붕괴

우리를 둘러싼 세계구도가 1980년은 냉전체제였고 1997년은 냉전체제 붕괴 후 경제전 체제로 완전히 달라졌다. 1980년과 같은 냉전체제가 1997년까지 그대로 유지되었더라면 외환위기에 내몰리지 않을 수 있었다. 분단 상태로 남북한이 첨예하게 대립하는 상황에서 한국이 경제적 혼란을 겪는 것을 미국이 그대로 내팽개치고 그냥 지켜보지는 않았을 것이기 때문이다. 그러나 냉전체제가 붕괴된 이후에는 미국이 그렇게 나설 이유가 없어졌다. 냉전 상황이었다면 일본이 한국을 도와주도록 미국 정부가 앞장섰을 것이다. 그런데 1997년 말에는 한국이 부도에 몰리는 데도 일본이 나서서 도와주지 못하게 했다. 미국 정부 안에서도 재무성이 하는 일에 국무성이나 국방성에서 참견하지 않게 된 것이다.

그러나 외국 언론에선 북한보다 남한이 먼저 붕괴할지도 모른다는 보도가 나오기에 이르렀다. 드디어 미국 백악관 회의에서 남북 대치 상황에 있는 한국의 금융 불안을 언제까지 방치할 것인가 하고 국무부와 국방부에서 문제를 제기하고 나섰다. 백악관 회의 결정에 따라 루빈 재무장관이 수습에 나서게 되었다. 1998년 1월 하순의 단기자금을 장기자금으로 대환하는 금융기관과의 교섭이 성사되고 위기는 큰 고비를 넘기게 된다.

(5) 날벼락 이론

외환위기를 왜 겪게 되었는가에 대한 견해 중에 '날벼락 이론'이 있다. 이 이론의 핵심은 외환위기는 국내 요인보다는 해외 금융시장의 변동에서 비롯되었다는 것이다. 1980년 위기 때만 해도 국제 금융은 무역금융을 뒷받침하는 것이어서 금융은 말하자면 실물경제의 종속변수였다. 그러던 것이 1997년 위기를 겪을 때는 세계 금융거래 중 무역거래 결제를 위한 외환거래는 하루 거래금액의 3%에도 미치지 못하는 미미한 규모에 그치게 되었다. 그럼에도 1997년까지도 IMF가 권장하는 외환보유고는 3개월분 수입대전 해당액이었다. 1997년 3월 보유고는 이에도 미치지 못하는 수준이었다. 이런 보유고로서는 투기 목적의 국제 금융거래에 대응한다는 것은 애초부터 불가능한 일이다.

게다가 아시아 금융위기에서 드러나듯 한번 문제가 생기면 순식간에 국경을 넘어 다른 나라로 전염된다. 일본 금융기관의 인도네시아 투자 실패로 자금운용에 차질을 빚게 되자 곧바로 한국에서 자금을 회수하고 나선 때가 1997년 11월 초였다. 일본 금융기관의 자금회수로 단기외채의 대환(Roll Over)이 어려워지면서 곧바로 외환위기로 내몰리게 되었다. 그렇게 상황이 급박하게 진전된 이유는 일본 금융기관이 자금회수에 나서자 구미의 금융기관들도 뒤따랐기 때문이다. 야생동물들이 한 마리가 뛰면 무조건 뒤따라 함께 뛰는 무리 심리(Herd Instinct)처럼, 우선 무조건 다른 금융기관이 움직이는 대로 따라서 하고 본다. 그런 뒤에 정확한 정보에 바탕을 두고 합리적으로 분석하고 신중한 판단을 통해 행동을 조정한다. 왜냐하면 국제간의 금융거래는 광속으로 이루어지기 때문이다. 국제금융이 이렇게 움직이면 마른하늘에서 벼락 치듯 당할 수 있다는 것이 날벼락 이론이다.

날벼락은 없다는 쪽에서는, 문제는 우리의 대비가 부실해서 비롯된 것이지 해외금융 탓을 할 것은 못된다고 한다. 차관을 선호한 한국과는 달리 해외 직접투자 위주로 간 결과 태국 발 금융위기의 영향을 거의 받지 않았던 말레이시아가 그 예가 된다. 벼락을 맞지 않으려면 피뢰침을 설치하면 된다. 날벼락을 피할 수 있는 피뢰침은 구조개혁이다. 구조개혁은 뒷전으로 하고 벼락이 치는데 몸에 쇠붙이를 지니고 나선 것과 같은 상황이 1997년이다. 1980년에도 외채는 큰 문제였다. 하지만 당시에는 종금사들의 무분별한 돈장사는 없었다. 1995년 이후 종금사들이 몽땅 해외에서 이자차액 장사에 나선 결과 국제금융이 탈아시아 분위기로 바뀌자 단기자금 융통에 어려움을 겪어 끝내 외환보유고로 메우게 되면서 외환위기에 내몰리게 되었다.

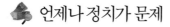# 언제나 정치가 문제

민주화 시대의 국회 책임

1980년과 1997년의 상황은 이렇게 달랐다. 그렇지만 해외시장에서 바라는 적절한 대책을 때맞추어 했더라면 사정은 크게 달라질 수 있었다. 김영삼 대통령이 엄연히 건재하고 있었음에도 박정희 대통령 유고로 정치가 불확실할 때보다도 훨씬 못한 시장신뢰밖에 얻지 못한 이유는 단 하나였다. 문제 해결을 위해 내건 정책 중 실제로 실천에 옮겨진 정책이 없었다. 실천력의 결여는 임기 말, 대통령 선거를 앞둔 시점 등 여러 원인에서 비롯된다. 하지만 가장 큰 원인은 국회의 태업에 있었다. 1980년대는 이른바 권위주의 정부 때여서 행정부에서 결정을 하면 대부분 그대로 시행에 들어갈 수 있었다. 그런데 민주화 이후에는 행정부가 결정을 해도 국회의 협력이 없으면 시행에 옮길 수 없는 경우가 비일비재해졌다.

민주화에 따라 국정운영에 대한 국회의 권한은 커졌음에도 책임감은 희박한 것이 문제의 핵심이다. 국회 스스로 국정운영에 직접 책임이 있다는 자각이 희박하다. 행정부 견제 역할이 전부인 것처럼 생각하고 국회의 비협조로 국정수행에 차질이 생겼을 경우에도 전적으로 행정부 책임이고 국회는 아무런 책임도 없는 것처럼 행동한다. 예를 들어 금융개혁법안을 통과시키지 않아 국정수행 능력의 신뢰가 크게 손상되어도 이는 행정부 책임이지 법안 심의를 하지 않은 국회에는 아무런 책임도 없다고 생각한다. 이렇게 권한과 책임이 함께 가지 않으면 일이 제대로 풀려갈 수 없다. 민주화로 국회의 역할이 달라졌음에도 권위주의 시절의 국회인 것처럼 생각하고 행동한다. 이러한 근원적인 문제를 제대로 바로잡지 않으면 국정이 제대로 운용되기 어렵다. 1997년 외환위기는 국회의 태업에도 상당한 원인이 있다.

경제엔 임기 없다

1997년 행정부에 들어가 일하기로 결심을 굳히면서도 경제정책에 대해 정치권의 협력을 얻을 수 있을까가 가장 걱정이었다. 특히 대통령 선거를 앞두고 있어 더욱 그러했다. 하지만 대통령 후보로 나서는 사람이면 선거보다 경제를 더 우선해서 염려할 것이라고 생각했다. 비록 대통령 선거를 앞두고 있지만 나라를 이끄는 자리를 두고 다투는 것이기에 나라경제가 어려운 상황을 외면할리는 없다. 누구든지 대통령이 되면 다 애국자가 된다고 한다. 정부에서 일을 하면서 내가 겪은 대통령들은 나라 일에 관한 한 모두 공인의식이 분명했다. 즉 선공후사 정신, 국가 우선 정신만은 투철했다. 대통령 임무를 맡으면 공인의식은 당연히 투철해질 수밖에 없다고 생각했다.

그렇기에 '경제에는 임기가 없다', '경제에는 여야가 없다'라는 말을 강조하면 정치권의 협조는 받을 수 있을 것이라고 순진하게 생각했다. 안보에도 여야가 있는 것이 한국 정치인데 그것도 헤아리지 못했다. 대부분의 정치인들은 '경제에는 관심 없다'였다. 정치인, 특히 한국에서 정치를 오래한 사람일수록 자기중심이어서 그런 자세가 경제를 살리는 노력에 얼마나 큰 걸림돌이 되는가를 제대로 파악하지 못한 것은 나의 가장 큰 불찰이었다. 정치인의 선사후공 형태는 기아 처리부터 금융개혁법 추진 등 나의 위기 극복 노력을 좌절시키는 가장 큰 어려움이었다.

의원내각제가 대안

정치개혁과 관련되지만 "만일 의원내각제였더라면 어떻게 되었을까"하는 가상을 해보게 되었다. 그랬더라면 1997년 초, 한보 부도로 정부에 대한 국민의 지지가 급락했을 때, 총선거를 치렀을 것이다. 그리고 1997년 4월이나 5월에는 새 정권이 들어서 집권 초기의 열정을 가지고 한보사태 수습과 부실채권, 부실 금융기관 정리 등 구조개혁을 본격적으로 추진했을 것이다. 기아부도에 대해서도 대선을 앞둔 시점과는 달리 선거 직후이기 때문에 표를 의식하지 않고 과감하게 원칙대로 처리하기가 수월했을 것이다. 해외 신뢰 하락 없이 갈 수 있었고 외환위기를 겪지 않을 수도 있었을 것이라는 생각을 했다.

나는 내각제보다는 대통령제가 되어야 임기 동안 안정적으로 국정을 충실하게 수행할 수 있다고 생각했다. 그러나 대통령제가 지닌 가장 큰 문제는, 헌법에서 아무리 임기를 보장해도 국민의 신임을 잃으면 국정을 제대로 수행할 수 없게 된다는 데에 있다. 국민의 신임을 잃은 정권은 국민의 뜻에 따라 서둘러 바꾸는 것은 정치 불안정이 아니라 정치 안정을 가져오고 국정 수행도 제대로 할 수 있게 된다. 나는 이 평범한 사실을 외환위기를 겪으면서 겨우 깨우쳤다.

개헌을 하게 되면 대통령 중임제를 채택할 것인가를 두고 고심할 것이 아니라 레임덕 없는 정치 만들기를 위해 어떻게 해야 하는가를 고심해야 한다. 일하는 정치, 문제를 해결하는 정치, 즉 국회가 제 역할을 할 수 있게 하려면 무엇을 어떻게 해야 하는가가 나라 발전을 위한 정치개혁의 핵심 과제다. 1997년과 같은 상황을 되풀이하지 않기 위한 개헌이고 정치개혁이어야 한다.

금융개혁은 욕심

1997년 3월 경제부총리로 일하게 되자 "선발투수로 일해야 할 것을 9회말 구원투수로 기용했다"는 언론 평가가 있었다. 사실 임기 말이지만 일하기로 결심한 것은 안정화시책 이후 뜻을 이루지 못한 금융개혁을 추진할 수 있다는 욕심도 한몫을 했다. 재무장관 때 추진하려다 대통령 비서실장으로 자리를 옮겼기에 못한 것이다. 오랫동안 기다려온 금융개혁을 할 수 있는 기회였다. 훈수꾼이 아니라 내 신념을 바로 정부 정책으로 만들 수 있다고 생각했다. 그러나 이는 착각이었다.

1997년 여름, 한때 IMF와 대기성차관(Stand-By Credit) 협정을 체결하는 문제를 진지하게 검토한 일이 있다. 당시만 해도 자금지원을 위해서가 아니라 금융개혁을 추진하기 위한 방편으로서였다. 1970년대에는 정책 수행을 위해 IMF를 많이 활용했다. IMF 대기성차관 협정에 의해 매년 평가단이 방한하면 이들에게 우리 경제가 필요로 하는 정책 과제를 IMF 건의에 포함하게 했다. 그렇게 하면 IMF 권고사항이라는 명분으로 추진하기가 훨씬 수월했다.

정치적으로 채택하기 어려운 정책은 그런 방법을 활용하곤 했다. 금융개혁법안의 국회 통과를 위해 IMF의 도움을 받자는 실무진의 건의에 따라 검토했었다. 그러나 IMF를 졸업한 한국경제의 위상에 걸맞지 않는 일이어서 그만두고 말았다. 그러나 금융개혁법안은 IMF 구제금융 이후에도 우리 국회의 자발적인 결정이 아니라 IMF의 강력한 요구로 국회를 통과해 입법화했다. 이러한 결과를 두고 생각할 때 금융개혁을 하려는 욕심이 입각 결정을 하는 데 한몫을 한 것은 얼마나 현실을 몰랐는가, 어처구니가 없다.

금융개혁을 하기 위해서라면 아무것도 안 하고 가만히 있어도 그 뜻을 이룰 수 있었다. 1997년 말, IMF 지원을 받으면 금융개혁은 하지 않을 수 없었기 때문이다. 1997년 말보다 더 앞당겨졌을 수도 있는 일이었다. 1997년 3월 입각한 뒤 열심히 일한 것은 고작 IMF 지원을 받는 시기를 몇 달 늦춘 것에 불과하지 않은가 하는 생각을 하게 한다. 허망할 따름이다.

착각 속 입각은 나의 선택

내가 행정부에 들어가 일하면 당장 IMF 지원을 받아야 할 상황에 몰린 우리 경제지만 IMF 지원을 받는 일 없이 위기를 넘길 수 있다는 자신감에서 경제부총리를 수락했다. 1997년 3월 4일의 이러한 결심은 치졸한 오만의 산물이자 부끄럽기 그지없는 선택이다. 동양 성현들의 가르침에서 가장 강조하는 덕목의 하나는 진퇴 문제이다. 그 가르침에서 벗어난 진퇴 선택으로 평생 정성들여 쌓아온 삶의 탑이 일시에 무너지고 말았다. 그러나 이러한 결과를 알고 난 다음의 생각도 다시 그런 상황에 놓인다면 똑같은 선택을 할 수밖에 없다는 결론은 환란주범으로 몰려 구치소 1평 방 안에서 거듭 거듭 생각을 되풀이한 뒤에도 변함이 없었다. 이는 나의 성격과 삶에 대한 기본 자세의 문제이기에 그럴 수밖에 없다.

입각을 수락하면서 임기 말이기 때문에 김 대통령과 임기를 함께 마친다고 생각했다. 그러나 임기 말까지 석 달 남겨둔 시점에서, 더욱이 IMF로 가는 도중에 경제부총리를 경질하리라고는 상상하지 못했다. 비행기가 난기류에 휩싸여 요동치며 추락하는 상황에서 조종간을 다른 사람에게 넘기는 상상할 수 없는 일이 벌어졌다. "정치 9단들은 정치적으로 어려운 상황을 돌파하기 위해서는 어떤 수단이나 방편도 눈 하나 깜빡하지 않고 쓴다." 부총리 퇴임 후, 평생을 정치인으로 보낸 정계 원로인 이중재 의원으로부터 들은 말이다. 환란 주범으로 몰리기 시작할 즈음이었다. 평생 공직생활로 일관한 숙맥이 어떻게 입신의 경지에 이른 정치 10단의 수를 미리 읽을 수 있었겠는가. 정치적 경륜과 경험이 풍부한 다른 사람의 말을 듣고 겨우 알게 된 후견지명의 전형이라 하겠다. 나는 이미 깊이를 알 수 없는 수렁에 빠져버린 후였다.

1997년 3월 5일 임명장을 받고 재경원 대회의실에서 취임식을 가졌다. 의례적인 취임인사 대신 세계적인 변화의 성격, 새로운 세계질서에 대한 나의 생각을 정리해서 말했다. 그 요지는 우리 경제의 문제는 세계적인 변화에 제대로 적응하지 못한 데에 있다는 것, 새로운 질서는 종래와는 완전히 다른 차원의 새로운 것이기 때문에 발상을 근본부터 바꾸어야 하고, 이러한 새로운 패러다임에 의한 구조개혁이 당면 과제라고 말했다. 한보 등 당면한 금융불안도 새로운 질서에 적응하지 못한 실패에서 비롯된 것이라는 점도 지적했다.

취임식 때 변화의 내용을 나는 B로 시작하는 5개의 영어 단어를 들어 설명했다. Borderless, Bit, Bio, Brain Power. Businesslike 가 그것이다. 먼저 세계질서는 3가지 변화가 동시에 일어나고 있다고 설명했다. 즉 세계화, 정보화, 환경우선이 그것이다. 세계화 는 Borderless(무국경), 정보화는 Bit(정보 전달의 최소 단위인 0과 1. 물질을 뜻하는 Atom에 대칭해서), 환경, 즉 생명 중심은 Bio라는 단어로 요약했다. 이러한 변화에 따라 경제정책을 운용함에 있어 지식, 즉 뇌력(Brain Power)을 가장 중시해야 한다는 점과, 일하는 방식은 기업방식(Businesslike)이 보편화될 것이고, 정부조직과 운영방식도 예외가 아니라는 점을 강조했다.

나는 이러한 변화는 읽었지만 한국 사회의 변하지 않는 점은 읽지 못했다. '무변(無變)'의 대표격은 한국 정치였다. 변하지 않는 한국 정치를 읽지 못한 것은 3선의 현역 국회의원으로 정치에 몸담고 있던 사람으로서 변명의 여지가 없다.

다음은 재계 지도자들의 자세이다. 이들의 자세는 1970년 초의 8.3조치 때와 하나도 달라지지 않았다. 1997년 11월 27일, 외환위기로 가는 와중임에도 30대 기업을 대표한 기획조정실장들은 기업 자금난 해소를 위해 차입금 상환 연장을 대통령 긴급명령으로 보장해 달라고 정부에 촉구했다. 금융개혁법안의 협의를 위해 자주 만난 박성용 회장이 긴급조치 얘기를 한 적이 있었다. 그때 나는 농담을 하는 것으로 생각했는데 표정이 진지해서 매우 놀랐다. 기아의 김선홍 회장이 "재계 8위인 기아, 160여 나라에 자동차를 수출하는 기아를 누가 감히 부도 낼 수 있는가"라고 버틸 때 나는 김선홍 회장이 이상하다고 생각했다. 그런데 재계 지도자들의 생각이 김선홍 회장과 하나도 다르지 않다는 것은 충격이었다. 그것도 외환위기로 내몰리고 있는 시점이어서 더욱 그러했다. 어찌 외환위기를 당하지 않을 수 있겠는가, 절망감에 빠지지 않을 수 없었다.

부화뇌동은 우리를 곤경에 빠뜨린 해외금융계 종사자들만의 행태인 줄 알았는데 '사려 깊지 못함'과 '부화뇌동'은 우리 언론을 비롯한 지식인 사회에 깊이 숨겨진 DNA라는 사실을 뒤늦게 깨달았다. 이는 기아사태 때는 물론 환란주범으로 몰렸을 때도 그랬지만 가장 실망한 때는 1심 재판에서 무죄선고를 받았을 때였다. 일부 언론은 마치 무죄선고가 잘못된 판결인 양 흥분했다. 기자들과 얘기하면서 내가 잠시 웃는 얼굴을 한 것을 두고 웃었다고 매도했다. 무죄선고를 받은 후 판결이 잘못되었다고 통곡하기를 기대했는지 알 수 없는 일이지만.

큰 변화를 읽으면서 변하지 않고 있다는 것을 읽지 못한 점은 나의 결정적 불찰이었다. 한국 사회의 변하지 않음 때문에 내가 정부에 들어가 일하고자 한 것 모두 좌초되고 말았고, 한동안 감당하기 힘든 모멸감 속에서 나날을 보내야 했다.

3장

국가 예산을
편성하는 일

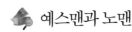 **예스맨과 노맨**

지금도 누가 말을 하면 나는 "아니야" 하는 말부터 한다고 핀잔을 자주 듣는다. 이런 말버릇이 제2의 천성처럼 된 것은 예산국에서 오랫동안 일하면서 생겼다. 재무부 국고국 사무관으로 일할 때만 해도 그런 입버릇은 없었다. 경제기획원 예산국 사무관으로 옮겨 일하면서부터 그렇게 되지 않았나 생각한다. 예산 요구를 하면 그 내용에 대해 검토도 하기 전에 "안 됩니다"라는 말부터 하고 시작했다. 그만큼 나라 살림을 꾸려가기 어려웠다.

　정치인은 표가 중요하다. 표를 얻으려면 인기가 있어야 한다. 선거 구민이 부탁을 하면 거절하기 어렵다. 그래서 정치인은 예스맨이 된다. 인기에 영합하는 정책을 펴는 포퓰리스트가 되는 것이다. 일본의 어느 국회의원이 한 말이 있다. "원숭이는 나무에서 떨어져도 원숭이지만 정치인은 선거에서 떨어지면 아무것도 아니다." 또 "정치인은 강도 없는데 다리를 놓아준다고 공약을 한다." 이 말은 구소련의 흐루쇼프 수상의 말이다. 공산국가의 정치인도 인기를 의식하기는 다를 바가 없는가 보다.

　예산업무를 담당하는 예산맨(Budget Man)은 노맨(No Man)이다. 이는 세계 공통이다. 살림살이를 맡은 사람은 없는 돈을 쓰려고 하지 않는다. 예산 요구에 대해 "안 된다"라는 말부터 던진다. 특히 내가 예산국에서 일하던 때는 그랬다. 공직 생활 중 가장 오랫동안 예산국에서 일했다. 사무관, 과장, 국장으로 일했지만 나의 개인 소신에 따라 화끈하게 지원한 사업은 무엇인가 생각해보면 생각나는 것이 없다. '노'라는 답밖에 한 말이 없다.

해마다 각 부처에서 요구하는 액수는 쓸 수 있는 재원의 몇 배에 달하곤 했다. 담당 사무관이 심사를 마친 단계에서도 재원에 비해 보통 2~3배가 넘는 것이 보통이다. 어떻게 해서라도 재원 규모에 맞도록 줄여야 한다. 내용이 좋은 사업을 찾아 예산을 지원하는 일은 생각조차 할 수 없고 무슨 구실이든 찾아내 예산을 삭감하지 않을 수 없다. 사정이 이러하기 때문에 사업 내용이 아무리 좋아도 새로이 예산을 요구하면 '안 된다'로 시작할 수밖에 없다. 예산 담당자는 예산편성을 앞두고는 사업 현장에는 가지 않는 것을 불문율로 삼았다. 현장을 보면 사업비 지원의 불가피성을 인정하지 않을 수 없기 때문이었다. "야전사령관은 야전병원에 가지 않는다. 부상으로 누워 있는 병사들을 보면 진격 명령을 내리기 어렵기 때문"이라고 하면서 현장 시찰 기피를 이러한 말로 합리화했다. 구차한 변명이다.

예산 요구를 심사하고 삭감 조정하는 작업은 예산국의 부처 담당관이 한다. 담당관이 조정한 예산 요구를 심사해서 예산에 반영하는가의 여부를 결정하는 작업은 예산 국장이 주재하는 회의에서 진행되었다. 예산총괄 과장과 총괄 사무관은 고정 멤버다. 특별한 일이 없는 한 다른 과장들도 참여한다. 이들에게 부처 담당 사무관은 검토한 예산 내용을 설명한다. 자기가 사정한 예산을 그대로 인정받기 위해 최선을 다해 설명한다. 담당 부처 예산에 대한 변호인 역할을 하지만 실제로는 마치 피고가 되어 심문 받는 것처럼 쏟아지는 질문에 대해 열심히 설명한다. 그런 과정을 통과해야 예산안에 반영된다.

예산국장실에서 예산을 심사할 때는 적당히 조정하는 일은 결코 없다. 대패질이 아닌 뼈도 안 남을 정도로 도끼로 쳐내듯 무자비하게 삭감 조정하는 것을 원칙으로 한다. 해당 부처 예산 담당관은 사색이 되어 예산 부활을 위해 탄원을 한다. 이러한 과정을 거치면서 예산에 대한 각 부처 요구 강도를 파악한다. 다시 어느 선으로 재조정할 것인가를 놓고 예산 국장과 각 담당관들이 협의해 삭감된 예산 중 일부를 부활시켜 부처의 반발을 무마해간다. 개개 사업 설명을 들으면 다 필요한 사업이다. 그러나 가용재원 규모와 아귀를 맞추려면 삭감 조정을 하지 않을 수 없다. 전체를 보면서 취사선택을 하지 않을 수 없는 것이다. 늦출 수 있는 것은 모두 뒤로 미룬다.

눈을 딱 감고 무자비하게 삭감하는 냉혈한들이 모인 곳이 예산국이다. 그런 연유로 예산 담당자는 인심을 잃기 일쑤였다. 예산을 나누어주는 역할을 맡고 있으므로 얼핏 산타클로스처럼 생각하기 쉽지만 실제는 그 반대였다. 턱없이 모자라는 재원 때문이었다. 인심 얻기가 최우선인 정치인들의 행태와는 정반대가 될 수밖에 없다.

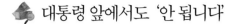
대통령 앞에서도 '안 됩니다'

예산을 짤 때 가장 신경을 쓰는 것은 균형을 맞추는 일이다. 예산의 부처별 배분, 또 전년 예산 대비 증감 등의 변화에 늘 신경을 쓰면서 편성 작업을 진행한다.

균형을 맞추는 일은 이밖에도 특수직 공무원이 받는 수당의 균형이라든지 업무 수행할 때의 여비 산정, 시설물 건축비 책정 등수없이 많다. 이러한 각 부처 공통 지출 항목 등에 대해서는 '예산편성기준'을 미리 정한다. 당시에는 편성기준과에서 이 일을 전담해 연중 끊임없이 자료를 모으고 실태를 파악하는 일을 했다. 이세상에 공평한 것이 어디 있겠는가 말하지만 예산편성 과정만큼 공평한 기준을 만들고 적용하려고 노력하는 곳도 별로 없으리라.

1978년 예산안의 국회 제출을 앞두고 박정희 대통령을 비롯해모든 장관과 공화당 간부들 전원이 참석한 연석회의가 청와대 대회의실에서 열렸다. 예산 국장으로서 예산 내용에 관한 브리핑을마치고 회의를 마무리할 즈음이었다. 법무장관이 자리에서 일어나 "각하! 교도관들이 고생을 많이 하고 있습니다. 이 사람들에 대한 수당을 좀 인상해주십시오" 하고 건의했다. 마지막 보고회의에서는 보고를 듣고 그대로 승인하는 것이 관례였다. 그런 요구를 할것으로는 예상하지 못했다. 부총리가 답변을 해야 하기 때문에 나는 어떻게 답변해야 하는지 도움을 주기 위해 부총리 자리로 급히걸어가는 데 "강 국장, 가지 말고 거기서 바로 얘기해" 하고 대통령이 말했다. 예산 국장 의견을 곧이곧대로 말하라는 것이었다. 그 자리에 서서 "안 됩니다"라고 대답했다. 노맨의 본성을 그대로 드러낸 것이다. 그러자 회의 참석자들에게서 폭소가 터져나왔다. 회의실은 일시에 웃음바다가 되었다.

나는 개의치 않고 그 이유를 설명했다. "교도관 수당을 인상하면 다른 수당들도 함께 인상해주어야 합니다." 파출소 순경, 등대수 수당 등 교도관과 똑같은 금액의 수당을 받는 각종 수당들을 차례대로 말했다. 그러자 회의실은 조용해졌다. 인상에 반대한 것은 교도관 수당만 인상해서 될 일이 아니고 다른 직종 수당도 함께 인상해야 하는데 그럴 경우 많은 예산이 필요하기 때문이었다.

예산편성은 하나를 건드리면 그것만으로 끝나는 일이 아닌 경우가 허다하다. 공평성을 유지해야 하고 균형을 맞추어야 한다. 박 대통령이 내게 직접 답변하라고 했을 때에는 아마 "예, 그렇게 하겠습니다"라는 답을 기대했을 것이다. 최소한 "검토해보겠습니다" 정도의 대답은 당연히 기대했을 것이다. 회의가 끝난 뒤 '용감한 사나이'라는 말을 많이 들었다. 그들로서는 거두절미하고 "안 됩니다"라는 답변을 대통령에게 즉석에서 한다는 것은 상상도 하지 못하는 일이었다.

공평하게 예산을 편성하는 일은 매우 어렵다. 실제로는 있을 수 없다고 할 수 있다. 예산편성을 두고 '불만의 공평 분배'라는 말을 즐겨 썼다. 편성된 예산에 대해 만족해하는 경우는 없다. 따라서 골고루 만족시킨다는 것은 처음부터 기대할 수 없다. 예산 책정에 대한 불만은 다 가지기 마련이다. 예산에 대한 불만에 큰 차이가 없도록 예산을 편성한다면 그것이 최선의 길이라는 뜻이다. 예산을 편성하는 과정도 이러한 사실을 염두에 두고 진행된다.

예산안을 확정해가는 방법에는 두 가지가 있다. 타당한 예산 사업을 인정한 뒤 이를 집계한다. 그 결과 재원보다 세출 총액이 클 경우에는 인정한 예산이지만 다시 삭감 조정하는 방법이다. 그러나 일단 인정한 예산을 다시 깎는 것은 반발이 커 실제로는 거의 불가능하다. 그렇기 때문에 처음에는 무자비할 정도로 삭감한 뒤 부처의 반발 정도를 보면서 조금씩 늘려주는 방법으로 조정한다. 그러면서도 일부 사업예산은 여전히 미결로 남겨둔다. 장·차관 선에서 각 부처 장·차관과 협의할 여지를 남겨두어 최종 담판에서 결정하기 위해서다.

이렇게 밀고 당기는 과정을 거치면서 각 부처 예산 담당관들은 "할 수 없지. 이 정도만 해도 다행이다" 하며 체념한다. 예산편성 과정은 예산에 대해 체념시키는 과정이라고 할 수 있다. 예산편성 과정은 재원의 공평 분배가 아니라 '불만의 공평 분배 과정'이라 할 수 있다. 무리한 삭감 조정은 재원이 없기 때문에 어쩔 수 없다.

유럽의 여러 나라들이 방만한 재정 운용으로 곤욕을 치르고 있다. 재정 건전화 문제는 비단 유럽 몇 나라뿐 아니라 이웃 일본을 비롯해 미국 등 여러 나라들도 이 문제로 골머리를 앓고 있다. 우리나라는 아직 재정이 건전한 상태에 있다고 하지만 이대로 가면 어려움에 직면한다는 경고도 심심치 않게 나오고 있다.

1997년 외환위기 수습 과정에서 빚 없이 꾸려온 나라살림 덕분에 재정자금을 투입해 빠른 시일에 외환위기를 벗어날 수 있었다. 잘 알려져 있지는 않았지만 재정을 건전하게 운영해온 때문이라는 사실은 분명했다.

내가 예산국 투자예산과 사무관으로 일했던 1964년부터 1978년 예산을 편성한 때까지는 예산 국장이 사실상 예산편성 업무를 맡았다. 사무관, 예산총괄 과장, 예산 국장으로 일하면서 나라 살림살이를 직접 맡아 건전한 나라살림의 전통을 이어오고 지켜가는 일에 한몫을 했다고 자부한다. 정부예산은 자칫하면 임자 없는 돈처럼 여겨지기 쉽고 또 예산 요구를 들어주지 않고 거절하기란 생각보다 어려운 것은 예나 지금이나 변함이 없다. 특히 가난한 살림을 꾸려가기 어렵기는 나라살림이나 가정살림이나 다를 바 없다. 빚지지 않고 꾸려가는 것은 더욱 그렇다.

예산은 어떻게 편성하는가

예산요구서가 제출되면 먼저 사무관이 요구 내용에 대한 설명을 듣고 예산 요구에 대한 실무적인 판단을 한다. 예산 사정 내용에 대해 과장에게 보고, 협의한다. 예산안에 포함되는가 여부의 최종 결정이 이루어지는 예산국장실에서 예산총괄 과장은 예산 국장 입장에서 악역을 맡아 예산 삭감 작업에 앞장선다. 농수산 예산 담당을 제외하고는 예산총괄 사무관, 예산총괄 과장으로 일을 했기 때문에 나는 예산국 안에서도 인심을 가장 많이 잃는 악역을 주로 했다. 그래서 노맨 중의 노맨이 되었다. 지금도 무슨 얘기를 들으면 무의식적으로 "아니야"라는 말부터 한다. 습관은 이렇게 무섭다.

모든 예산 심사가 이러한 과정을 거치지는 않는다. 인건비와 사무비 등 경상경비를 비롯한 필수경비는 미리 만들어 놓은 예산편성기준에 맞추어 실무적으로 책정한다. 편성기준과에서 봉급은 어떤 기준으로 정하고, 차량운영비는 얼마로 한다는 식으로 각 부처에 공통되는 경비의 기준을 정한다. 각종 경비의 단가 및 운영비의 한도액 등이 결정되면 이것을 모든 예산 담당관에게 배부한다. 기본적인 행정 소요는 이 기준에 의해 정해진다.

계속사업비는 연차별 소요에 대한 검토를 한다. 새로 시작하는 사업에 대해서는 엄격한 심사를 한다. 담당 사무관은 왜 사업을 해야 하는가, 사업 내용이 사업 목적 달성에 최선인가, 예산 소요 산출은 타당한가, 더 적게 들이는 방법은 없는가? 등 생각할 수 있는 모든 측면에서 따진다. 각 부처 예산에 대한 심사를 마치려면 밤낮없이 또 주말 휴무 없이 일해도 8월 말까지 마무리하려면 무척 어려움이 많다.

대통령이 지시한 사업에 대해 당연히 예산이 책정될 것이라고 주무 부처 실무자들은 생각한다. 그러나 대통령 지시사업이라고 해서 특별 취급을 하지는 않는다. 이유는 간단하다. 대통령 지시사업이 너무 많아 이를 다 예산에 반영할 길이 없기 때문이다. 그렇기 때문에 행정부 예산안이 마무리된 뒤 대통령에게 예산 내용을 보고할 때 예산 규모와 주요 내용 보고 이외에 대통령 지시사업의 예산 반영 여부를 요약해 보고한다. 보고를 받고 박 대통령이 다른 지시를 한 적은 한 번도 없었다.

예산편성 작업이 마무리되면 그 내용을 종합 정리한 다음 일괄

해서 장·차관에게 보고한다. 꼬박 일주일 정도가 필요한 일이며 시간을 확보하는 것부터 문제였다. 설령 용케 시간을 확보해도 예산 설명에 집중하기 어려웠다. 예산 보고 도중에 다른 일로 여러 차례 중단되기 일쑤였다. 내용을 잘 알지 못한 채 그냥 넘어가기 십상이다. 예산 내용에 대한 설명을 며칠 동안 계속 들어야 하는 장·차관 쪽이 예산국 간부들보다 더 힘들어 했다. 형편이 이렇다 보니 장·차관은 결과에 대한 보고를 건성으로 들어 예산편성에서 소외된 느낌을 갖기 쉽고 예산국으로서는 예산편성에 대한 보고가 부실해지고 장·차관의 생각을 제대로 반영할 수 없었다. 이를 개선하기 위해 나는 예산 국장이 된 후 장·차관에게 보고하는 방식을 바꿨다. 한꺼번에 보고하던 것을 일주일에 1회씩 정기적으로 주요 사업 조정 내용을 보고했다. 그 결과 예산편성 작업에서 장·차관의 소외감이 해소되었을 뿐 아니라 8월 하순의 보고 또한 매우 간편해졌다. 대통령 보고에도 이 방식을 도입했다.

장관에게 보고를 마치면 곧이어 각 부처 장관들과의 최종 의견 청취 자리를 마련한다. 이 자리에서 예산 심의 내용에 대한 최종 요망 사항에 대한 조정이 이루어진다. 부처 장관이 제기하는 요구 내용에 대해서는 사전에 실무자 사이에 조정이 이루어지는 경우가 대부분임은 물론이다. 예산편성 작업은 합리성을 바탕으로 하지만 '밀고 당기는 흥정(Muddling Through)' 측면도 함께 하지 않을 수 없다. 실무 작업은 합리성을 바탕으로 진행되지만 그 이후는 흥정 과정의 연속이라 할 수 있다. 특히 당정 협의, 국회 심의 과정이 그렇다.

나는 사무관 때부터 정부예산 내용을 모두 파악할 기회가 주어졌다. 예산총괄과 예산총괄 사무관을 맡은 때문이다. 총괄사무관은 예산편성 내용을 종합하고 계수 정리를 위해 예산 심의회의에 반드시 참석한다. 자연스레 각 부처 주요 사업 내용을 공부하게 된다. 세출뿐 아니라 세입까지 예산 전반을 총괄하는 예산총괄 과장으로 일했기 때문에 예산 국장이 되기 전에 이미 예산 전반 업무는 소상하게 파악할 수 있었다. 집권당과의 협의, 국회에서의 예산 심의 과정에도 예산총괄 사무관과 과장은 늘 참여한다. 이렇게 '예산맨'이 되었다.

🍃 나랏돈은 '주인 없는 돈'이 아니다

나라 살림살이나 가정살림이나 기본에서는 다를 바 없다. 살림살이를 맡은 사람은 손이 커서는 결코 안 된다. 통 큰 씀씀이나 헤픈 씀씀이를 감당하기 어려운 것은 가정이나 나라살림이나 똑같다. 자린고비 정신 없이 큰돈을 모은 사람은 없다. 로또 당첨과 같은 일확천금은 오래 가지 않는다. 다시 빈털터리가 되는 경우가 허다하다. 가정이나 기업이나 나라나 씀씀이에는 냉혹해야 한다. 허비나 낭비가 없어야 한다. 무엇보다 돈 쓰는 일에는 간이 작아야 한다.

'나랏돈인데' 하면서 예산 삭감 조정에 불만을 토로하는 경우를 종종 겪는다. "너 개인 돈도 아닌데 왜 그리 인색하게 구는가?" 하는 생각이다. "내 돈 같으면 얼마든지 주겠지만 나랏돈이기 때문에 그럴 수 없다"가 한결같은 대답이다. 나랏돈은 마치 주인 없는 돈처럼 생각하는 사람이 많은데 공금이야말로 제대로 써야 함은 지극히 당연한 일이다.

내가 예산국 사무관으로 처음 맡은 부처가 농림부, 농촌진흥청과 수산청 예산이었다. 당시 우리나라 투융자 예산은 3,400억 원 규모에 불과했다. 그때 3대 예산사업은 남강댐 공사, 동진강 간척사업과 광양만 간척사업이었다. 이들 사업을 제외하면 내세울 일도 별로 없었다. 예산편성도 며칠 작업으로 큰 줄기를 마무리할 수 있었다. 그렇지만 담당 사무관들은 담당 부처의 예산 내용을 하나하나 따지고 열심히 검토했다. 비록 직위는 사무관이지만 마치 담당 부처의 장관처럼 생각하면서 일했다. 어떤 정책도 예산의 뒷받침 없이는 집행될 수 없었기 때문이다.

농수산 예산을 3년 동안 담당했다. 예산국 직원은 보직을 자주 바꾸지 않는다. 한 부처 예산을 담당하면 최소 3년을 기본으로 했다. 첫 해는 업무 내용을 충분히 파악하지 못해 담당 부처에 이끌려 편성되고, 2년 차에는 첫 해에 당한(?) 것에 보복해 무자비하게 삭감 조정하고, 3년 차부터는 균형 잡힌 예산편성을 하게 된다는 뜻이다. 예산국장실에서의 예산 심의회의 때는 담당 부처 예산을 지키려고 전력을 다한다. 3년 동안 농수산 부문에 대해 많은 공부를 하게 되었다. 기술적인 문제는 농촌진흥청에서 관계 기술연구 보고서를 구해 읽으며 나름대로 연구 분석도 하고 관계자와 토론을 벌였다. 농수산부 공무원들과 다투기도 했지만 친숙한 관계를 맺게 되었다. 모두 나라 발전을 위해 예산을 줄이거나 보태려 하는 것이기 때문이다.

사실 정부에서 벌이는 사업 치고 필요하지 않은 사업이나 중요하지 않은 사업은 없다. 모두 다 제 나름대로 타당성은 있기 마련이다. 그렇지만 요구하는 대로 전부 해줄 수는 없다. 삭감 조정할 수밖에 없다. 이유는 지극히 간단하다. 쓸 수 있는 돈이 한정되어 있기 때문이다. 쓸 곳은 많지만 돈이 모자라면 한 푼이라도 아껴 쓸 수밖에 없다. 자연히 예산을 깎는 일이 몸에 배일 수밖에 없다.

1977년 예산 국장 때 추경을 편성한 일이 있다. 월간경제동향에 대한 보고가 끝난 뒤 대통령이 잠시 휴식을 취하는 별실에서 추경 내용에 대해 보고를 했다. 보고 내용 중 두 가지는 지금까지 기억에 남아 있다. 하나는 부산 지하철 예산이었다. 부산시를 순시할 때 시장이 대통령께 지하철 건설 예산을 중앙정부에서 지원해주도록 강력히 건의했다. 대통령은 중앙 재정 사정이 어려우니 부산시 예산으로 건설하고 중앙에서 500억 원을 지원하겠다고 약속했다. 이렇게 500억 원만 중앙에서 지원하고 건설비 부담을 지방에 넘긴 것에 대해 무척 잘한 일로 만족해하면서 추경예산에 반영하도록 지시했다. 자금 소요를 따져본 결과 추경이 아닌 다음 해 예산에 책정해도 지장이 없어 추경예산에 반영하지 않았다. 박 대통령은 두세 번 "그래도 되는가?"라고 되풀이 질문을 했다. 추경에 반영하라는 뜻이었다. 그럼에도 "사업 추진에 지장이 없습니다"라고 말하고 그대로 밀고 갔다.

다른 하나는 대통령이 지시한 경호원 숙소 건설 예산 요구를 삭감한 것이었다. 이 또한 다음 해 예산에 책정하겠다고 보고했다. 배석한 차지철 경호실장은 무표정한 얼굴로 듣기만 했다. 그러나 경호실 예산 담당 간부가 경호실장에게 호되게 당했다는 후문이 들려왔다. 부산 지하철 지원을 하지 않은 예산 500억 원은 정부의 한국은행 차입금을 상환하는 데에 사용했다. 재원이 그 전해 예산 집행 결과 생긴 세계잉여금이었고 세계잉여금은 차입금 상환에 우선해서 쓰도록 법에 규정되어 있었다. 그렇지만 차입금 상환에 대해 신경을 쓰는 사람은 아무도 없었다. 지금 생각하면 최고 권력자의 뜻에 반하면서 차입금 상환을 한 일은 결코 현명한 일이 아니었다는 생각이 든다. 하지만 그때는 나라살림을 하는 자리에 있는 공인으로서 당연한 일이라고 생각했다.

추가경정예산은 예산편성 때 예상 못한 일이 생겼을 때 편성한다. 추가경정예산을 편성하는 일은 매우 번거롭기 때문에 예비비를 책정해 사소한 추가 예산 소요에 대비한다. 예산 국장 때의 일이다. 유혁인 청와대 정무수석으로부터 전화가 걸려왔다. 시국 대책 예비비 요구를 일부 삭감 조정한 것에 대한 불만의 전화였다. 국무총리, 중앙정보부장, 부총리가 만나 결정한 시국 대책 예비비를 삭감한 것을 두고 "그 예산, 내 개인이 쓰는 것인가?"라며 불쾌해했다. 이에 나는 "예비비를 삭감해도 내 주머니에 한 푼도 들어오지 않습니다"라고 반박하는 한편, 써보고 예산이 부족하면 그때 다시 지원하겠다고 말했다. 전화를 끊은 후 곧바로 유 수석이 다시 전화를 걸어 사과를 했고 시국대책비 요구는 더 이상 없었다. 물론 이러한 일로 아무런 불이익을 당하지 않았다.

한국 재정은 전통적으로 적자 없이 건실하게 운영해왔다. 나라 살림을 알뜰하게 운영한 덕분에 재정은 건실했고 금융 부실채권을 재정에서 감당할 수 있었다. 공적자금 투입이 외환위기 때 부실채권 처리에 얼마나 큰 기여를 했는지에 대해서는 긴 말이 필요 없다. 안타까운 것은 그 후의 재정 운용이 '빚지는 것을 겁내지 않고' 생색내는 데 열을 올린 것에 있다. 빚지는 것에 대해 자기 일처럼 걱정하는 살림꾼들이 열쇠 꾸러미를 꽉 틀어쥐고 살림살이를 챙기게 하려면 무엇을 어떻게 해야 할까? 우리 모두가 힘과 지혜를 모아야 할 때다.

🍀 없는 살림 꾸려가기

지금은 한 해 예산이 200조 원이 넘지만 정부예산 규모가 첫 '조원' 단위에 이른 것은 1976년 예산편성 때였다. 1조 원이라는 돈이 얼마나 큰돈인지 실감이 가지 않지만 예산이 1조 원 규모가 되자 예산 요구를 조정하기가 훨씬 수월했던 기억이 생생하다.

내가 1961년 재무부 국고국 국고과 사무관이 되어 처음 맡은 보직이 대충자금 계장이었다. 지금은 대충자금(對充資金, Counterpart Fund)이 무슨 말인지 이해하는 사람이 거의 없지만 그때만 해도 대충자금 없이는 예산편성도 하기 어려웠다. 대충자금은 미국이 원조해준 물자와 달러를 판매해서 생긴 원화이다. 경제 건설 예산은 거의가 대충자금이었다.

1967년 총괄 사무관으로 자리로 옮겼다. 세출 예산을 총괄하는 실무 담당이었다. 국장실에서 각 부처 예산을 사정할 때 항상 옆에 앉아 예산 심의 내용을 파악해 예산편성의 계수 작업과 자료 정리 사무를 총괄했다. 총괄 사무관은 모든 정부예산 내용을 머릿속에 다 그리고 있어야 한다. 예산편성은 예산을 필요한 곳에 알맞게 배정해 국가와 국민을 위해 효율적으로 사용하는 데 있다. 그런 만큼 예산국 직원들은 늘 자부심과 긍지를 가지고 일했다.

그러나 경제기획원 안에서 경제협력국이 각광을 받고 있었다. 당시 나라의 예산 규모가 작았고 경제 건설을 위해서는 외자 도입이 더 중요했기 때문이었다. 경제협력국은 하룻밤만 새워 일해도 당시 장기영(張基榮) 부총리가 '수고한다'고 위로금을 주었지만 예산국은 거의 석 달을 밤을 새워가며 일해도 위로금은커녕 관심조차 없었다.

재정 상황도 보잘것없었다. 1967년에 이낙선 국세청장이 취임하면서 승용차 번호를 700으로 바꿨다. 세금 징수 목표를 700억 원으로 정하고 이를 기필코 달성하겠다는 각오로 관용차 번호를 700으로 바꾼 것이다. 당시 국민들이 내는 세금은 이렇게 형편없이 적었다.

수입과 지출 맞추기

예산은 일반재정, 특별회계, 기금 등으로 구분한다. 독자적인 수입을 창출하는 사업은 특별회계를 만들어 일반 예산과는 구분해 독립채산제로 운영한다. 기금 운용도 일반회계와는 구분해서 수입, 지출 예산을 따로 편성해 운용한다. 사업이지만 독자적 수입 원천이 없는 경제 관련 사업 예산은 관청의 일반경상비 예산과 구분해 경제개발특별회계 예산으로 운영한다. 일반회계와 경제개발특별회계를 합쳐 일반재정이라고 불렀다. 균형예산, 적자예산이라는 말은 일반재정의 수입과 지출이 균형을 이루는가, 적자인가를 두고 일컫는다.

재정학 교과서는 "나라살림은 양출제입(量出制入)을 원칙으로 한다"고 말한다. 이에 반해 가계는 양입제출(量入制出)을 기본으로 한다. 양입제출은 수입 범위 안에서 지출하는 것을 원칙으로 한다는 뜻이고 양출제입은 지출을 먼저 정하고 수입액은 그에 맞추어 정한다는 얘기다. 나라살림은 세출 소요를 정하면 그에 맞춰 세금을 걷거나 빌려서 쓴다. 그러나 국가라 할지라도 세금을 함부로 늘려 거둘 수 없고, 국채를 발행하는 등 빌린 돈으로 재정 수요를 메워가는 것도 결코 간단한 문제가 아니다.

우리나라는 6.25 전쟁 이후 만성적인 인플레이션과 1960년대 초 5.16 군사혁명 이후 몇 년 동안 무모한 개발정책 추진으로 극심한 재정 인플레이션에 시달려왔다. 금리 수준 또한 높아 높은 금리로 국채를 발행한다는 발상 자체가 비현실적이고 낮은 금리로 발행해서는 강제로 떠맡기는 길밖에 없었다. 국채를 발행하면 한국은행에서 인수할 수밖에 없다. 그럴 경우 통화량이 늘어나 인플레이션으로 직결된다. 세금 늘리는 일은 국세청을 만들고 청장 차량

번호를 700으로 바꾼 것에서 미루어 짐작할 수 있듯이 이 또한 매우 어려운 실정이었다. 결국 '없는 돈은 못 쓴다'는 양입제출의 원칙이 한국 재정 운용의 전통으로 굳어졌다. 학설에 앞서 현실적인 제약에서 자연스럽게 전통으로 굳어진 셈이다.

예산 국장으로 재직하면서 가장 고통스러웠던 기억은 예산편성이 막바지에 이르러 세출 예산이 확정되어 가고, 세입 추계를 두고 재무부 세정 당국자와의 절충도 마무리되어 가지만 세출과 세입 규모의 아귀가 맞지 않는 현실에 어떻게 해야 할지 그 방도가 찾아지지 않는 경우였다. 세입, 세출 균형을 맞추는 일을 두고 고심하는 사람은 아무도 없다는 현실을 절감한다.

이 일은 예산 국장 소관으로 장·차관은 관심 밖이다. 예산국 안에도 예산총괄 과장이나 총괄 사무관 이외에는 이 문제를 두고 고심하는 사람은 없다. 예산 국장의 고유 업무(?)라고나 할까. 세입과 세출의 아귀가 맞지 않을 경우 어떻게 할 것인가를 두고 고심하는 동안 온갖 숫자가 왔다갔다하는 꿈을 며칠 동안 연거푸 꾸기도 했다.

적자예산은 한번 발을 들여 놓으면 다시 균형예산으로 되돌아가기가 매우 어렵다. 예산 요구에 대한 가장 강력한 조정 이유인 '돈 없다'라는 이유를 더 이상 쓸 수 없을 뿐더러 차입하면 된다는 손쉬운 해결 방법이 있기 때문이다. 건전 재정을 고수하는 것을 원칙으로 해야 균형예산은 지켜진다. 한 번 적자재정의 길로 들어서면 영원한 적자재정이 되기 십상이다.

균형예산에 대한 집착은 일반재정 수지 균형뿐 아니라 총재정

수지의 균형 여부를 판별할 수 있는 통계를 만들도록 했다. 일반재정, 특별회계뿐 아니라 기금 수지까지 포함하는 전체 적자 여부를 분명히 하기 위해서였다.

예산 제도를 개선하기 위한 노력

예산회계법 틀 바꾸기

예산회계법은 경제 규모가 커지고 재정 규모가 커진 현실을 감안할 때 시대에 뒤진 구조로 되어 있다. 가장 비근한 예를 든다면 예산을 1년 기본으로 하는 회계연도 독립원칙을 들 수 있다. 한 해 예산은 그해 12월 31일까지 모두 다 써버리고, 그 다음 해 1월 1일부터는 새로운 예산으로 운영하게 되어 있다. 그 결과 12월 31일만 되면 마치 나라의 문을 닫고 다시는 살림을 하지 않을 것처럼 남은 예산을 몽땅 다 지출하려 기를 쓴다. 나라의 경제 규모는 자꾸만 커지는 마당에 이러한 예산 운영은 분명 문제가 있다.

회계연도 독립을 원칙으로 하지만 예산의 이월, 국고채무 부담행위, 계속비 등 제도가 있음에도 이들은 예외적인 것이어서 엄격하게 제한하는 발상이 기본을 이룬다. 이제는 어떤 사업도 그해에 계획해서 완공되거나 마무리되는 경우가 오히려 예외가 된다.

예산업무에 종사하면서 이러한 문제들을 놓고 고심도 많이 했고 끊임없이 토론도 했다. 그러나 예산업무가 워낙 바쁘고 또 늘 일에 쫓기다보니 제도 개혁을 한다는 것은 생각보다 쉽지 않다. 당장 처리해야 할 일이 많다보니 뒤로 밀려나곤 했다. 그 덕분에(?) 최근까지 어떤 개혁이 이루어졌는지 파악조차 못하고 있다!

사전조사 예비비

그러다보니 법 개정이 필요한 것은 뒤로 미루고 법 개정 없이 개선할 수 있는 것들을 먼저 하게 된다. 또 법 개정 없이 현실적인 문제를 적절히 해결할 수 있는 길을 찾게 된다. 그러한 개혁은 기회 있을 때마다 하려고 노력했다.

어떤 사업을 기획할 때 통상 그 사업에 대한 계획을 세우고 그에 따라 시설투자 등 본사업을 하고 시설이 완공되면 그 시설을 유지보수하면서 운영에 들어간다. 예산을 요구할 때 대부분은 시설비 예산을 확보하는 데에만 관심을 쏟는다. 시설비만이 아니라 총사업비를 고려하면서 사업을 구상하고 추진하는 것은 당연한 일인데 내가 예산 국장을 맡았던 1976년 3월 당시의 상황은 그렇지 못했다. 우선 이러한 작은 일부터 하나하나 바로잡기로 했다.

사업비를 시설 소요만이 아니라 사전조사와 완공 후 운영유지비까지 포함하는 전체 예산 소요를 계상하도록 했다. 사전조사비와 운영유지비를 반드시 함께 사정하도록 한 것이다. 시설투자비 예산만 요구할 경우 사정 대상에서 처음부터 제외했다. 특히 일정 규모 이상의 투자가 필요한 사업에 대해서는 운용 유지를 포함해 사전조사는 반드시 하도록 했다. 운영유지비가 사업 성과보다 더 필요한 사업이 종종 있기 때문이다.

사전조사를 위한 예비비를 따로 책정해 사전조사를 철저히 하도록 했다. 사업 착공에 앞서 시설과 운영 유지 계획을 포함해 전체 계획을 철저히 검토하도록 한 이 제도는 기대 이상의 좋은 성과가 있었다. 이러한 작은 개선들은 바깥으로는 잘 드러나지 않지만 나름대로는 의의가 있는 것들이었다. 이렇게 예산편성을 제대로 하기 위해 온갖 지혜를 다 모아 바로잡을 것은 바로잡는 노력을 게을리하지 않았다.

예산과목의 재분류

예산을 잘 편성하기 위한 제도 개혁 논의가 끊이지 않았다. 당시 예산은 이른바 품목별 예산(Line Item Budget) 방식이었다. 봉급, 물건비, 시설비 등 지출 항목별로 소요 예산을 따져 책정하는 방식을 기본으로 했다. 실적예산제도(Performance Budget System)로 가야 한다는 주장이 대세였지만 구체적으로 무엇을 어떻게 해야 한다는 것은 분명하지 않았다. 예산사업의 성과와 효과에 대한 검토에 역점을 두어야 한다는 뜻으로 나는 이해했다.

예산편성과 집행에 관련한 개선책을 찾는 시도의 일환으로 예산관리관실이 신설되었다. 건설 공정관리 기법의 하나인 PERT를 전반적으로 도입하는 일, 서울대병원 건설 계획에 대한 전문적인 심사 평가를 해서 의견을 제시하는 일 등 몇 가지를 시도했지만 아쉽게도 뚜렷한 성과는 올리지 못했다.

예산편성을 위한 심사가 품목별로 이루어지고 이들을 집계해 나라 예산이 만들어지는 방식은 상향식(Bottom Up) 예산편성이다. 예산이 국가가 추구하는 정책 목표 달성과 어떻게 연관되는지를 보다 뚜렷하게 알 수 있어야 한다는 지적이 끊이지 않았다. 그렇게 가기 위해서는 예산과목 구조를 바꾸어야 한다. 예산은 이를 집행하는 부처별로 장·관·항·세항·목으로 구분되어 있었다. 목은 인건비·물품비 등 품목별 구분이고, 세항은 세부 사업 단위를 원칙으로 했다. 장·관·항은 분명한 원칙 없이 구분했다. 이 구분의 중요성은 예산을 전용하기 위해 예산국의 사전 협의가 필요한가의 여부를 결정하는 기준이 되었다. 즉 예산 전용 재량권 범위를 결정하기 위한 것이었다.

당시 정부예산은 세 가지 분류를 기본으로 했다. 성질별, 기능별, 조직별 분류다. 정부예산이 방대하고 각 부처마다 하는 일이 제각기 다르고 복잡하지만 예산의 용도는 봉급 등 인건비와 물품 구입비, 공공요금, 차량유지비, 시설비 등으로 분류할 수 있다. 이는 지출 경비의 성질별 분류 또는 품목별 분류라 한다. 기능별 분류는 어떤 목적을 위해 예산을 사용하는가에 따른 분류다. 경제개발, 국토개발, 교육, 국방 등으로 분류해서 집계하면 기능별 분류가 된다. 예산의 소관별로 구분한 것은 조직별 분류다. 예산은 사용하는 목적이 있고 집행에 대해 책임이 있는 조직이 있다. 또 예산은 인건비, 물건비 등의 형태로 지출한다. 예산의 아웃풋 측면의 분류는 기능별 분류, 인풋 측면은 성질별 분류, 집행 책임에 따른 분류는 조직별 분류가 된다.

실제로 예산 소요를 산정하고 심사할 때는 예산을 어떤 용도로 쓸 것인가를 하나하나 따져 계산한다. 품목별로 예산 소요를 주축으로 진행한다. 품목별 예산편성은 미시적 접근 방식으로 누구나 쉽게 알 수 있는 장점이 있다. 국가의 기본 목표나 국민생활에 의 기여 등 국가 정책 목표 구현과 관련한 예산 배분을 거시적으로 파악하는 것은 품목별 분류로서는 불가능하다. 예산을 어떻게 분류할 것인가가 예산제도 개선의 중요한 주제의 하나가 되는 이유는 이러한 연유에서 비롯된다. 예산과목 분류는 예산의 전용을 어디까지 허용하는가의 예산 사용의 융통성, 즉 재량권 허용 범위 문제와도 직결되기 때문에 단순히 내용 파악 이상의 의미가 있다.

예산이 국가가 수행하는 정책 목표 달성과 어떤 연관을 갖는가, 가용재원을 배분함에 있어 정부가 중점을 두는 정책을 제대로 감안할 수 있게 하려면 예산편성 과정에서 기능별 예산 배분이 어떻게 이루어지는지를 알 수 있어야 한다. 그러한 정책적 배려에 따라 자원 배분을 하는 하향식(Top Down) 방식이 있어야 한다. 이러한 일이 가능하려면 예산과목부터 국가 정책과 연계해 체계적으로 분류되어야 한다. 이럴 경우 예산제도 개혁 문제는 예산과목의 재분류 문제로 귀착된다. 이를 위해서는 당시 미국 연방정부에서 채택하던 계획예산제도(Planning, Programming, Budgeting System: PPBS)의 도입이 필요하다.

이와 함께 기왕의 예산이 과연 올바른가를 백지 상태에서 재점검하는 제도 개선의 필요성을 강조하는 영점예산제도(Zero Base Budget System)도 관심의 대상이었다. 이는 1980년 초 5공 때 물가안정을 위해 세출예산 동결 등의 과감한 조치를 취할 때 원용한 예산제도 개혁 방식이다.

PPBS 방식으로 한 예산 재분류

예산총괄 과장 때 예산과목 재분류 작업을 했다. 예산 재분류 작업은 내가 주도했다. 예산업무 전산화를 위해서도 예산구조를 합리적으로 재분류할 필요가 있었다. 이때 PPBS 분류방식을 원용했다. Planning은 예산의 국가 목표, 즉 큰 기능별 기준에 따라 분류했다. 예산의 아웃풋 측면에서의 분류다. 가용재원 배분이 국가가 추구하는 목표 달성과 어떻게 연계되는지, 즉 예산의 합목적성을 보다 체계적으로 파악하기 위해서다. Programming은 사업별로 구분했다. 사업 집행 책임을 분명히 하기 위해 집행기관별로 구분했다. 예산의 Management 측면에서의 분류다. 인풋 측면은 종래의 품목별 구분을 사용하되 이름만 비도별 구분으로 바꾸었다. 이렇게 예산의 세 가지 측면, 즉 Output, Input, Management의 입체적 구조로 분류했다.

예산과목의 재분류 작업은 예산과목의 분류 차원이 아닌, 정부조직과 기능 자체에 대해 재검토를 하는 빌미가 되기도 했다. 예를 들면 비슷한 일을 하는 기관이 여럿 있다는 사실을 알게 되었다. 범죄수사 업무는 검찰 수사국에서도 하고, 경찰 수사부서에서도 하고 있었다. 대검 수사업무와 경찰 수사업무는 무엇이 어떻게 다른지 따져보게 되었다. 이처럼 예산과목 재분류 작업은 정부조직을 보다 합리적으로 개편하는 일에 쓰일 수도 있었다. 하지만 그런 일은 예산총괄 과장 선에서 할 수 있는 일은 아니었다. 당시 재분류 작업은 국방부 예산만을 방위비로 하던 것을, 내무부의 해안 경비 예산도 방위비로 분류하는 작업 수준에서 마무리했다.

예산업무의 전산화

지금은 주판을 구경조차 하기 어렵지만 당시에는 주판 없이 일하는 것은 상상할 수 없었다. 주판 대용으로는 기계식 계산기가 쓰였다. 예산편성 작업이 끝나갈 즈음이면 여자행원들이 예산총괄과에 와서 며칠 동안 예산 집계를 위한 주판 작업을 도와주곤 했다. 예산액 전체를 기능별로 집계하는 일은 예산의 구조가 복잡하고 작업량이 방대해 예산편성 작업이 마무리된 다음에 사후적으로 이루어졌다. 이러한 불편보다는 예산편성 최종 단계에 가서야 예산 배분 내용을 알 수 있어 집계 결과를 보면서 '이건 아닌데…' 하는 경우가 있지만 예산편성을 끝낸 뒤여서 어떤 시정 조치도 취하기 어렵다는 것이 문제였다.

예산편성 중에 기능별 배분 상황을 파악해 활용하기 위해서는 예산편성 작업의 전산화는 필수적이었다. 주판 등 수작업으로는 감당할 수 없는 작업량이었다. 전산화를 위한 프로그램 개발은 KIST(한국과학기술연구소) 전산실(실장 성기수 박사)의 안문석(安文錫) 팀장이 맡아서 했다. 성기수 박사는 컴퓨터와 관련해서 유명하지만 미국 하버드대학교로부터 단 2쪽의 논문으로 항공우주학 박사 학위를 받은 것으로도 유명하다. 안문석 팀장은 그후 하와이대학교에서 행정학 박사 학위를 취득하고 고려대학교에서 행정학 교수로 정년을 맞았다. 이들과 한 팀이 되어 1969년 하반기, 1970년 예산안을 국회에 제출한 직후부터 예산업무 전산화 작업에 착수했다. 전산화가 확실히 성공한다는 보장도 없고 가외의 일을 한다는 동료, 직원들의 불만도 컸지만 그대로 밀고 나갔다.

1962년 미국 시라큐스 맥스웰(Syracuse Maxwell) 행정대학원 수학 과정에서 처음으로 전산화를 경험했다. 그 후 EDPS 관련 외국 책들을 구입해서 공부했다. 안문석 팀장과 업무를 함께 추진하는 일에는 아무런 문제도 없었다. 예산총괄과 사무실 한쪽에 컴퓨터 터미널실을 만들었다. 터미널을 개통하는 날 돼지머리를 놓고 고사까지 지냈지만 생각지 못한 문제들이 연이어 불거졌다. 특히 전화선이 문제였다. 컴퓨터 본체는 홍릉 KIST 전산실에 있고 광화문의 경제기획원과는 전화선으로 연결해 터미널을 설치 운영하기로 했다. 당시 전화선은 비가 오면 불통이 되곤 했다. 우회 전화선을 설치했지만 마찬가지였다. 당시는 모든 정보를 키펀치로 입력시켰는데 예산편성 관련 자료들을 화물차로 실어가는 일이 비일비재했다. 전산처리에 자신이 없어 수작업을 병행하게 되어 불평은 더 심해졌다.

컴퓨터 활용 영화 제작

재분류 작업을 하면서 컴퓨터에 대한 이해를 높이기 위해 예산 재분류 작업 내용을 해설하는 영화 '컴퓨터의 활용'을 제작하기로 하고 이를 국립영화제작소에 의뢰했다. 제작 담당 PD는 컴퓨터에 대한 이해가 전혀 없었다. 시나리오를 써주는 등 함께 협력해서 연말에는 15분짜리 영화가 완성되었다. 이렇게 예산 재분류와 전산화 작업이 일단락될 때까지 김학렬 부총리에게 이 일에 대해 한 번도 보고할 기회가 없었다. 섣달 그믐날, 오전 중에 종무식을 마치고 사무실을 순례하는 간단한 회식을 마친 뒤에 겨우 시간을 얻어

장관에게 보고했다. 보고를 받은 김학렬 장관은 큰 관심을 보이면서 "대통령 연초순시 때 컴퓨터의 활용을 보고하라"고 지시했다. 의외였다.

1970년 1월, 연두 업무계획 보고 후 박정희 대통령은 컴퓨터 터미널을 직접 둘러봤다. 박 대통령이 건설현장이 아닌 사무실을 방문한 것은 극히 이례적인 일이었다. 박 대통령은 이후 고등학교에서 컴퓨터 프로그램에 대한 교육을 실시하라는 지시를 했지만 흐지부지되고 말았다. 컴퓨터에 대해 알고 있는 교사가 거의 없는 시절에 COBOL, FORTRAN 같은 교육을 실시하는 것은 사실상 무리였다.

1972년 EDI 연수 관계로 미국 워싱턴에 머물 때 미국 연방예산국의 전산화 상황을 살펴봤다. 전산화는 우리가 조금 앞선 것으로 여겨졌다. 그러나 5년 뒤인 1977년, 예산 국장 때 다시 방문해 사무실을 둘러보고 깜짝 놀랐다. 직원들 책상마다 모니터가 있고 컴퓨터로 예산편성 작업을 하고 있었다. 출발은 약간 늦었지만 그 후의 진전은 훨씬 앞서고 있었다.

왜 우리는 그동안 이렇다 할 진전이 없었는가? 나는 그 원인이 나에게 있다고 결론을 내렸다. 전산화를 서둔 나머지 예산업무 전산화 필요성에 대해 공감하고 전력투구할 응원군을 확보하지 못한 것이 나의 결정적인 실책이었다.

왜 전산화를 해야 하는지, 어떤 방향으로 발전시켜가야 하는지, 전산화를 통해 예산편성 작업은 어떻게 달라질 수 있고 달라져야 하는지 등에 대해 격의 없는 토론 기회를 먼저 가졌어야 했다. 전산화의 필요성에 대한 이해를 가지기는커녕 귀찮게 생각하면서 '하라는 대로 한다'고 마지못해 따라갔으니 당연한 결과였다.

예산업무 전산화 실패에서 얻은 경험은 그 후 기획차관보 시절, 경제 안정화시책을 입안하고 추진하는 과정에서는 실패를 되풀이하지 않도록 노력하게 만들었다. 될 수 있는 한 많은 사람들이 참여하고, 광범위한 토론을 이끌어 모두가 공감할 때까지 문제의식을 공유하도록 노력했다. 안정화시책 입안 이후 여러 번 정권이 바뀌고 이른바 좌파 성향 정권이 들어섰지만 경제운용의 기본 기조는 크게 흔들리지 않았다. 이는 안정화시책 성안 과정에 동참했던 동료와 후배들이 경제 운영의 자리를 지킨 것도 한몫을 했다고 생각한다.

예산업무는 어디에서?

예산과 관련해 논의가 무성했던 문제의 하나는 '예산편성 기능을 어디에서 담당하는 것이 바람직한가'였다. 그러나 이 문제를 논의하기에 앞서 당장 고쳐야 할 일이 있었다. 예산 국장의 직급 문제였다.

예산 국장 때 예산업무의 총책임자를 왜 2급 국장으로 했는지 이해할 수 없었다. 정부 각 부처에서는 1급인 기획관리실장이 예산 문제를 담당하고 있었다. 반면 국가의 예산을 총괄하는 예산 국장은 2급이었기에 1급인 기획관리실장들을 2급의 예산 국장이 상대해야 하는 직제상의 불균형은 문제였다. 그런 만큼 예산 국장을 1급인 예산 실장으로 격상시켜 당당하게 맞설 수 있게 해야 한다고 생각했다. 그러나 당시 이 문제를 제기한다면 내 직급을 올려달라는 꼴이 되고 만다. 제 머리를 깎는 격이어서 그대로 지냈다.

기획차관보로 승진한 뒤 제일 먼저 추진한 일은 예산 국장의 직급 상향 조정이었다. 2급 공무원인 예산 국장이 예산업무의 실무 총책임을 지는 것은 문제였다. 예산 관련 공식회의를 할 경우 1급 공무원들을 대상으로 2급 공무원이 회의를 주재할 수 없어 1급인 기획차관보가 회의를 주재하는 것은 어색했다. 예산 국장으로 있다가 기획차관보로 승진한 뒤 내가 추진한 첫 번째 일이 예산 국장 직급을 1급으로 하는 것이었다. 그 건의에 반대하는 사람은 아무도 없었다. 예산 국장은 1급인 예산 실장으로 이름이 바뀌었다.

2급 예산 국장 직급을 1급으로 올리자 1급 실장을 1급 기획차관보 산하에 둘 수 없어 예산실이 기획차관보와 동렬의 기관으로 떨어져 나갔다. 기획차관보의 지위가 약화되었다는 위로(?)의 말을 듣기도 했다. 그러나 경제운용 관련 일만 해도 제대로 한다면 해야 할 일이 태산처럼 많았다.

예산업무와 관련해서 오랫동안 끊임없이 논의된 것은 예산업무를 어디에서 관장하는 것이 가장 바람직한가 하는 문제였다. 예산국은 군사혁명 이후 재무부에서 경제기획원으로 옮겨졌다. 경제개발을 담당하는 경제기획원에 외자와 예산 등 재원을 총괄하면서 개발을 추진하는 것이 바람직하다는 논리였다. 미국 연방예산국이 백악관 소속으로 있듯이 우리도 청와대로 가야 한다는 의견에서부터 총리실이 적절하다는 견해까지 다양했다. 그런 논의만 무성할 뿐 조직 변화는 없었다. 그렇게 바꾸어야 할 절실한 필요성이 없었다.

예산업무가 청와대로 가야 한다는 의견이 예산국 안에서는 가장 지지자가 많았다. 나도 한때 그렇게 생각했지만 그 후 생각을 바꿨다. 왜냐하면 예산 배정 권한만 해도 막강한 데 청와대 소속이 되면 예산국의 결정권이 너무 강대해져 자칫 독단적인 방향으로 갈 때 어떻게 감당할 수 있을 것인가 하는 생각에서였다. 예산국은 적극적으로 일을 벌이기보다는 그 반대 성향이어서 만일 예산국 의견이 압도했다면 무리한 사업들이 과감하게 추진되지 못했을 것이다. 예산국이 동의하지 않은 수많은 사업이 추진될 수 있는 당시의 조직 방식이 견제와 균형이라는 관점에서 더 바람직했다.

예산과 국민경제와의 관계

경제에서 차지하는 재정의 비중이 차츰 커졌고 역할 또한 마찬가지였다. 재정과 국민경제 운용과의 상관관계를 보다 체계화하기로 했다. 재정적자의 규모가 얼마인가는 물론 국공채를 발행할 것인가, 한국은행 차입으로 충당할 것인가에 따라 경제에 미치는 영향은 완전히 달라진다. 이러한 영향을 분명히 하기 위해 재정에 대한 개념 정립을 시도했다. 국제통화기금(IMF)의 권고안과 그에 앞서 미국 존슨 대통령에게 제안한 예산전문가그룹 권고안을 참고했다. 이들 권고안의 주안점은 재정의 건전도 확보였다. 즉 재정이 흑자인지 적자인지의 여부, 이를 어떻게 조달하는지를 분명히 하는 것이 핵심이었다.

우리나라는 일반회계와 경제개발특별회계 및 재정자금특별회계를 합한 것을 일반재정으로 분류했으며, 일반재정을 정부예산으로 간주했다. 균형예산 여부도 일반재정에 대한 것이었다. 양곡관리특별회계를 비롯한 각종 기금을 재정에 포함하면 적자가 된다. 국민경제와의 상관관계를 분명히 하려면 각종 기금도 당연히 재정에 통합시켜야 나라 살림살이의 전모를 일목요연하게 알 수 있다.

예산집행에 대한 감사

예산은 편성도 잘 되어야 하지만 그에 못지않게, 아니 그보다 올바른 집행이 더 중요하다. 즉 제대로 집행이 되어야 한다. 예산집행은 각 부처에서 책임지고 한다. 집행 결과에 대해서는 재무부 국고국 주계과에서 결산업무를 수행한다. 예산이 제대로 집행되었는가에 대한 회계감사는 감사원의 몫이다. 그러나 우리나라 예산집행을 두고 크게 문제된 일은 별로 없다. 우리나라 행정이 상당한 수준에 이르렀기 때문이다. 우리의 행정 수준을 가늠할 수 있는 일화가 하나 있다.

예산 국장 때의 일이다. 당시 새마을 연료림 사업을 추진하고 있었다. 이 사업은 1차 석유파동 후 에너지 대책의 일환으로 세계은행의 장기, 저리 차관자금으로 추진하는 사업이었다. 농가 호당 0.5헥타르(사방 100m)의 연료림을 조성하고 거기에서 나오는 나무를 땔감으로 사용해 농촌의 연료 문제를 해결한다는 목적으로 추진한 사업이다. 세계은행 전문가들은 "연료림 조성 사업장은 전국에 걸쳐 널려 있는데 이 사업을 어떻게 효율적으로 관리할 것인가?"를 우려했다. "예산국에서 관리하니 걱정하지 말라"고 대답했더니 "그렇다면 예산 국장을 관리책임자로 하겠다"고 제안했다. 그 후 이 사업 집행을 점검하기 위해 일단의 세계은행 실무자들이 방한했고 다시 나를 찾았다.

이들 전문가들은 실제로 연료림 조성사업이 제대로 집행되고 있는지 직접 확인하기 위해 현지 조사에 나섰다. 이들은 점검할 자세한 계획에 대해 사전 통보도 없이 자기들끼리 도별로 분담해 무작위 점검에 나섰다. 시골길을 가다가 연료림 조성 지역이 있으면 차를 세우고는 묘목을 어떻게 심고, 비료를 얼마나 주었는지 등을 직접 점검했다. 산기슭의 조성은 지침대로 묘목도 알맞게 식재되어 있었고 비료도 제대로 주었다. 그러자 이번에는 산꼭대기에 있는 연료림 조성지로 올라가 묘목 심은 자리를 파보고 비료를 제대로 뿌렸는지 일일이 확인했다. 아마 산꼭대기는 소홀할 수 있다는 생각에서 그랬을 것이다. 이렇게 샅샅이 뒤졌지만 그들이 기대한 결과는 하나도 찾지를 못했다. 확인한 곳은 모두 비료를 주었고 지침과 다른 경우는 단 한 건도 없었다. 전국 어디든 똑같았다. 예정을 앞당겨 한국을 떠나면서 그들은 "한국은 정말 일을 잘한다"고 감탄했다. 전국이 한결같이 기준대로 완벽하게 사업을 수행한 경우는 한국이 처음이라고 했다.

이 일이 있은 뒤 세계은행은 우리가 하는 말은 전적으로 신뢰했다. 팥으로 메주를 쑨다고 해도 곧이들을 정도로 태도가 달라졌다.

연료림 사업은 본래의 목적과는 아무런 관계가 없는, 우리나라 행정력 수준에 대한 성가를 크게 높이는 엉뚱한 기여를 한 셈이었다. 내가 연료림 사업 관리자였지만 사업 집행이 제대로 되고 있는지 그때까지 한 번도 점검하지 않았다. 그럴 필요도 없고 설사 내가 나선다고 해서 달라질 것도 없는 일이기 때문이었다.

다만 이때 조성한 연료림은 에너지 대책이라는 당초 목적에는 아무런 기여도 하지 못했다. 하나도 이용하지 못했다. 연료로 쓸 나무들이 자라는 속도보다 우리 경제가 더 빨리 성장한 결과 농촌의 인력 부족 현상이 심화되면서 노임이 크게 올랐기 때문이었다. 또한 땔나무를 장만하는 대신 화력이 더 좋은 연탄을 살 수 있게 되었다. 그러나 당시 조성된 연료림은 산림녹화 효과에 톡톡히 기여했다.

예산집행이 제대로 되고 있는지를 전문적으로 점검하는 기관은 감사원이다. 우리나라 감사원은 회계감사 외에 직무감찰도 한다. 감사원은 감찰의 '감(監)'과 회계검사의 '사(査)'를 따서 작명한 것으로 업무감찰과 회계검사를 함께한다. 다른 나라와는 달리 감사원에서 회계감사 이외에 직무감찰까지 담당하는 것은 여러 이유가 있지만 예산집행 과정에서의 문제가 다른 나라에 비해 크게 문제될 것이 없어서일 수도 있다.

사실 일반 국민들은 회계감사보다는 부정과 비리를 밝히는 직무감찰 쪽에 더 많은 관심을 가진다. 암행어사 이미지와 감사원 역할을 겹쳐 생각하는 뿌리 깊은 전통 때문이리라. 그러나 직무감사는 보다 전문지식을 갖춘 곳에서 하는 것이 바람직하며 정책은 감사 대상이어서는 안 된다. 행위 당시의 상황을 고려함 없이 결과 책임을 묻는 감사는 결코 해서는 안 된다. 감사에 그쳐야지 수사가 되어서는 결코 안 된다.

우리나라도 이제 감사원은 예산집행 감사에 전념할 때가 왔다고 생각한다. 예산집행 관련 감사는 전통적으로 감사원의 전문 영역이다. 국민이 낸 세금이 국회에서 정한 대로 제대로 쓰이고 있는가, 예산을 허비하는 일은 없는가, 정책 목표를 달성하기 위한 더 나은 길은 없는가 등등의 감사에 충실해야 한다. 업무감찰은 예산의 집행과 관련되는 분야로 그 대상을 축소해야 마땅하다.

앞으로 개헌을 할 경우에는 감사원의 기능은 이러한 방향으로 조정해야 한다. 감사원의 소속도 현행 헌법에서는 대통령 소속으로 되어 있지만 국회 소속으로 하거나 국회 소속으로 두기 어렵다면 행정부와는 독립적인 위치에서 제4부로 두어야 한다. 국회에서 정한 예산을 집행하는 행정부가 예산을 제대로 쓰고 있는가를 점검하는 감사원이 대통령 소속으로 된 것은 이치에도 맞지 않기 때문이다.

 예산 순기(循期), 1년 단위 생활

우리나라 살림은 예산회계법에 따라 1년 단위로 편성, 집행한다. 예산은 1년 전에 편성 준비에 착수한다. 예산국은 1년 앞당겨 사는 격이 된다. 3월 말까지 예산편성지침을 각 부처에 시달한다. 편성지침은 〈예산편성지침안〉을 마련한 뒤 국무회의 의결을 거쳐 대통령의 재가를 받아 확정한다. 내용에 대해 각 부처와는 물론 집권당과도 사전 협의를 한다. 정책 사업 등 편성의 큰 방향을 정하는 것 외에 예산 요구액은 전년 예산의 20%를 넘을 수 없다는 등의 요구 상한도 편성지침에서 명시한다. 각 부처는 2달 동안 예산요구서를 작성해 5월 말까지 예산국에 제출하도록 되어 있다. 그러나 1~2주 늦게 제출하는 부처도 있기 마련이다. 예산요구서가 접수되면 이를 집계한 뒤 발표한다. 전년 예산 규모보다 2배가 훨씬 넘는 경우가 대부분이다.

예산요구서 내용을 검토, 조정해서 예산안을 마무리하는 편성 작업은 8월 말까지 대충 끝낸다. 3개월 동안 조정 작업을 마치는 것이다. 예산 편성 작업이 막바지에 이르면 밤샘 작업을 빈번히 하게 된다. 한여름이지만 일과 시간 후에는 냉방을 모두 끄기 때문에 창문을 열어놓고 철야 작업을 한다. 통금 시간이 가까워지면 버스들이 굉음을 내면서 질주한다. 마치 사무실 안으로 버스가 몰려오는 것 같은 느낌이 들 정도다. 그러다가 어느 한순간에 온 천지가 조용해진다. 통금이 된 것이다. 얼마간 일하다보면 다시 버스 달리는 소리가 들리기 시작한다. 새벽 4시, 통금이 해제된 것을 알게 된다. 그리고 얼마 있으면 사무실 주변이 어수선해진다. 출근 시간이 된 것이다. 예산 조정 작업은 밤샘 작업과 함께 마무리된다.

이렇게 해서 확정된 예산안 내용에 대해 집권당과 협의를 한다. 당정 협의를 마친 예산안은 당정 연석회의 보고를 끝으로 행정부안으로 확정한 뒤 대통령 결재를 받아 국회에 제출한다. 예산안을 국회에 제출하고 나면 국회에서 예산 심의에 들어가기 이전까지 예산국은 모처럼 한가한 시간을 갖게 된다. 철 지난 휴가를 다녀오기도 하고 책을 읽거나 바둑을 두는 등 제각기 계획에 따라 시간을 보낸다.

국회 심의는 상임위원회에서 먼저 한 뒤 예산결산위원회에서 본격적으로 심의한다. 상임위원회는 예산 삭감보다는 증액 요구가 대부분이다. 예결위에서는 국민의 부담을 경감한다는 명분을 살린다는 뜻에서 정부 요구 예산의 일부를 삭감한다. 야당의 증액 요구를 받아들이는 것과 삭감 규모를 정하는 것을 둘러싸고 여야 간에 막후 절충이 이루어진다. 예산안은 회계연도 시작 30일 전, 즉 12월 2일까지 국회 본회의에서 확정하도록 법에 정해져 있다. 그러나 이 시한은 잘 지켜지지 않는다. 회계연도 시작 때까지도 예산안이 확정되지 않을 경우에 대비해 정부의 기본 기능은 수행할 수 있도록 대책이 마련되어 있다. 예산이 확정되면 집행 계획을 작성한 뒤 집행에 들어간다.

예산안 집행 계획이 확정되고 나면 다시 한가한 시간을 갖게 된다. 다음해 예산 편성을 위한 준비에 들어가지만 예산요구서가 제출될 때까지는 그렇게 바쁜 일은 없이 지낸다. 예산안을 편성해 국회에 제출한 뒤와 예산안 확정 이후의 시간을 어떻게 보내는가는 각자의 선택에 달려 있다. 나는 이렇게 비교적 한가한 시간을 앞두고 올해는 무엇을 할 것인가에 대해 미리 정하곤 했다. 무협지 읽기에 몰두한 일도 있고 바둑책을 읽으면서 보낸 적도 있다. 7급 정도의 기력이 거의 한 달에 한 급 정도 늘어 3급 정도 실력에 이른 일도 있다. 한 번은 일본에서 출판된 철강산업, 석유화학산업, 우주산업 등에 관한 문고판을 구입해 읽으면서 이들 산업에 대한 상식을 얻기도 했다. 이렇게 공부한 것이 물가정책 국장, 경제기획 국장이 되었을 때 많은 도움이 되었다. 예산총괄과장 때 예산업무 전산화를 위한 예산재분류에 대한 공부도 이런 과정에서 했다. 재분류 작업도 물론 이 기간 동안에 했다. 모처럼 쉴 수 있는 기간에 가외의 일을 시킨다는 불만의 소리를 듣기도 했다.

예산 분야에서 일하게 된 사연

공부 얘기가 나온 김에, 내가 한 일을 이해하는 데 약간의 도움이 될 수 있을 것 같아 나의 학교 공부에 대해 간략히 소개한다. 고향인 경북 풍기에서 초등학교와 풍기중학교를, 부산에서 부산고등학교를 졸업한 뒤 서울대학교 법과대학에 진학했다. 대학 3학년 때인 1957년에 영장이 나와 육군 학보병으로 입대했다. 대학 재학생은 1년 반 최전방 복무 후 귀휴조치를 해주어 일찍 제대를 했으나 동기생보다 대학 졸업이 2년 늦어졌다. 대학 4학년 때 고등고시에 응시했지만 합격에 자신이 없어 한국은행에 취직했다. 취직 결정 후 고시합격자 명단에 내 이름도 들어 있었지만 한국은행에 다니기로 했다.

그러나 5.16 군사정권이 들어서면서 행원들의 봉급이 삭감 조정되어 행정부 사무관 봉급과 같은 수준이 되었다. 그보다 은행에서 내게 주어진 일이 마음에 차지 않았다. 그러던 중 법대 동기이고 고시 동기로 재무부 이재국에서 일하고 있던 하동선 사무관이 재무부에 사무관 자리가 생겼다고 옮기도록 권유해서 그렇게 하기로 했다.

1961년 11월 초 재무부 국고국 김원기 국고과장(뒤에 부총리 역임) 밑에서 대충자금 계장으로 공무원 생활을 시작했다. 공무원 생활 1년도 안 되어 미국 USOM 원조자금에 의한 1년 연수 프로그램에 선발되는 행운이 찾아왔다. 나는 후보 대상에 들 자격도 없었다. 추천한 첫 후보는 영어시험을 통과하지 못했다. 다음 대상자는 공교롭게 시험 시간에 지각했다. 그러자 연수 프로그램 자체가 없어지게 되었다. 기왕 없어질 계획, 나라도 시험을 쳐보겠다고 나섰고 영어시험은 무난히 통과했다. 이렇게 해서 1년간 미국으로 연수를 떠나게 되었다.

미국 뉴욕 시라스큐대학교에서 마련한 '개발행정 연수' 과정에 참여했다. 중남미 등 여러 나라에서 온 연수생 30여명과 함께 참여하는 연수 과정이었다. 시라스큐대학교 맥스웰 행정대학원은 미국에서 알아주는 명문 행정대학원이다. 연수 과정에 참여하면서 대학원에서 공부하기로 했다. 다행히 입학을 허가받아 1년 동안 행정학 석사과정 공부를 했다. 판례 중심의 미국 헌법, 국가 예산 편성과 운용, 조직·관리(Organization & Management), OR(Operations Research), 관리회계(Management Accounting), 통계학, 컴퓨터 등 광범위하고 다양한 과목에 대한 공부를 할 기회를 가질 수 있었다. 석사학위도 취득했다.

1년 공부를 마치고 귀국하자 재무부 국고국 주계과에 배속되었다. 주계과는 예산 집행 결과를 결산하는 작업을 관장하는 곳이다. 중요한 업무이긴 하지만 사후 처리 측면의 일이었다. 예산이 1년 앞서가는 일이라면 결산은 1년 뒤따라가는 일이라고나 할까. 그렇게 지내던 중 최각규 투자예산과장(뒤에 상공부장관, 부총리 역임)이 예산국에서 일할 생각이 없느냐고 권유해서 1964년 4월, 예산국으로 옮기게 되었다. 투자예산과 농림수산 예산 담당 사무관으로 3년 동안 일했다. 그 뒤 예산총괄과 총괄사무관으로 일하다가 과장으로 승진했다. 예산관리관실에서 근무하면서 예산관리 업무 개선 방안에 열중하던 1969년 6월 김학렬 대통령 경제수석이 경제기획원 장관 겸 부총리로 부임했다.

🪨 김학렬 부총리가 마련해 준 해외교육 기회

김학렬 부총리는 부임한 뒤 곧 인사 조치를 취했다. 그것은 단 한 사람의 자리를 옮기는 인사였다. 예산관리관실 과장으로 있던 나를 예산총괄 과장으로 발령냈다. 이미 예산편성 작업에 들어간 시점이어서 예산 관련 인사는 하지 않을 때였기에 의외의 인사발령이었다. 예산국 관련 인사는 예산이 국회를 통과한 다음인 연말에 하는 것이 상례다. 그런데 의외의 인사로 말이 많았다. 김용환 총괄 과장은 큰 충격을 받았다. 당시 경제기획원에 파벌이 만들어져 있어 이를 깨기 위한 인사였다는 말은 그 후에 들었다.

한 번 믿으면 끝까지 믿는다

김학렬 부총리는 성질이 괴팍하기로 소문이 났지만 업무 추진에는 대단한 열성을 가졌다. 하지만 성격이 특이해서 부하 직원들은 물론이고 심지어는 장관들에 대해서까지도 직설적인 말을 거침없이 하는 것으로 유명했다. 모욕으로 받아들일 수 있는 말을 부하 직원들이 있거나 말거나 개의치 않고 했으며 또 공식 회의 여부를 떠나 거침없이 직설적으로 무안을 주는 말을 했다. 당사자는 죽을 지경이지만 구경하는 사람들로서는 웃음을 참기 어려운 경우가 많았다. 무안을 주고 몰아쳐도 그만큼 위트가 있었기 때문이었다. 당연히 수없이 많은 일화를 남겼다. 지금도 그 시절에 함께 일했던 사람들이 모이면 그때 일을 회상하는 얘기를 끝없이 한다.

부총리로서 첫 예산안 제안 설명을 하기 위한 연설문을 다듬을 때였다. 연설문 초안은 강위철 사무관이 작성했다. 그 자리에는 김주남 예산 국장과 예산총괄 과장인 나도 배석했다. 강 사무관이 원고를 읽으면 김 부총리는 내용을 이렇게 저렇게 고치라는 수정 지시를 했다. 그러면 그 내용을 우리는 받아 적었다. 갑자기 김 부총리가 강 사무관에게 수정 내용을 읽어보라고 했다. 워낙 수정 내용이 길고 복잡해서 강 사무관은 받아 적기는 했지만 제대로 못했다. 그러자 내게 읽어보라고 했다. 긴 문장의 앞뒤로 복잡하게 줄을 그어놓은 것을 흘깃 보고 나 역시 제대로 못할 것이라 생각했던 것 같았다. 그러나 줄을 쳐 연결해놓은 덕분에 수정한 내용을 틀린 곳 없이 읽을 수 있었다. 그러자 '됐어'라고 말한 다음 다시는 읽어보라는 말을 하지 않았다. 이렇게 잘못하면 당하지만 제대로만 하면 완전히 신임한다. 일처리에 대해 한번 신임하면 결재를 올리면 내용을 보지도 않고 얼굴만 흘깃 보고는 사인을 했다.

돈 빌리러 간 서글픈 국제회의

"개천에서 용 났다"는 말이 있다. 특출한 사람에게 쓰는 말이다. 당시 해외여행은 특별한 경우 선택된 사람만이 누리는 일이었다. 얼마 전 동구 여행 중 체코의 프라하 중심가가 한국 관광객들로 북적이는 모습을 보면서 이제는 우리나라 사람 모두가 개천에서 난 용이 되었다고 생각했다. 지금은 누구든 해외여행을 쉽게 할 수 있다. 그러나 지난날에는 그렇지 못했다.

예산총괄 과장 때 두 차례나 해외에 다녀왔다. 두 번 모두 김학렬 부총리의 특별한 배려 덕분이었다. 1970년 봄 스위스 제네바에서 열리는 대한국제경제협력회(International Economic Consultative Organization for Korea : IECOK)의 대표단 일원으로 참여했다. 뜻밖의 첫 유럽 여행이었다. 김학렬 부총리는 아무 관련이 없는 나를 대표단에 포함시켰다. 이 회의는 1년에 한 차례 세계은행 주관으로 열렸다. 우리나라에 차관을 제공한 나라들의 대표들이 참석해서 우리나라 경제 동향 전반에 대해 설명을 듣고 질문과 토론을 벌이는 회의였다. 장기영 부총리 때 만든 것으로, 그 목적은 외국으로부터 경제개발에 필요한 자금 조달을 원활히 하기 위한, 말하자면 '한국 채권자 회의'였다. 즉 한국의 경제개발 정책이 제대로 가고 있는지를 점검하고 향후 경제 전망과 추진 계획, 각종 국가적 프로젝트에 대해 한국과 관련이 있는 나라의 대표들이 함께 만나 설명을 듣고 토론하는 모임이었다.

경제협력차관보가 실무 대표로 참석해 경제협력국이 주관하는 회의로 예산국과는 업무상 이렇다 할 관련이 없어 그때까지 예산국에서는 한 번도 참여한 일이 없었다. 그러한 대표단 명단에 김학렬 부총리가 엉뚱하게 나를 포함시켰다. 아무도 예상하지 못한 일이었다. 부총리 지시여서 협력국 쪽에서는 한 마디 반문도 못했다. 대개의 경우 기획국과 협력국 직원들만 수행하게 마련인 IECOK 총회에 나를 특별히 수행하도록 해준 것이었다. 예산국에서 그 총회에 참석한 경우는 이전에도 이후에도 다시 없었다. 아마 예산업무 전산화를 추진한 업적을 높이 평가한 때문이라고 짐작했다.

IECOK 총회는 스위스 제네바에서 열렸다. 당시 우리나라에서는 유럽행 직항은 물론 없었다. 반드시 일본 도쿄를 경유해야 했다. 비행기에서 내려다 본 일본의 산하는 우리와는 너무나 대조적이었다. 황폐하기 짝이 없는 우리와는 달리 일본은 녹음(綠陰)이라는 말 그대로 푸르렀다. 경지 정리, 하천 제방도 잘 되어 있었다. 부럽기 그지없었다. 유럽도 마찬가지였다. 산천이나 도시 할 것 없이 모든 게 잘 정돈되어 있었다. 머릿속에 떠오르는 생각은 단 한 가지였다. 우리도 하루속히 부를 축적해 이들 나라처럼 되어야겠다는 일념이었다. 회의 중에도 그 생각뿐이었다.

제네바는 그럴 수 없이 아름다운 도시였다. 특히 레만호수는 풍치가 빼어났다. 김 부총리는 수행중인 협력국 간부가 한 일이 마음에 들지 않는지 "저 레만호에 빠져 죽어봐라. 얼마나 물이 맑고 깨끗한가? 한국에서 죽어봤자 신문에도 안 날 텐데, 레만호에 빠져

죽었다 하면 신문에도 크게 날 것 아닌가?" 하고 예의 독설을 했다.

회의가 시작되자 우리 일행은 가난한 나라의 서러움을 맛보아야만 했다. IECOK 회의에서 우리나라는 부총리가 단장이었다. 하지만 다른 나라 대표는 대부분 현지 대사관의 실무자들이 참석했다. 참석자의 격을 따질 수 없는 일이었다. 세계은행은 IECOK 회의에 앞서 한국경제에 대한 보고서를 발간한다. 대표단은 경제 전반에 대한 설명에 이어 주요 투자계획에 대해 상세히 설명했다. IECOK 회의는 이름은 그럴듯하지만 일종의 채권자들에게 채무국인 우리나라가 빌려간 돈을 제대로 활용하고 있는지, 또 할 것인지에 대해 설명하는 자리였다. 돈을 빌려 쓰려면 아쉬운 소리를 해야하는 것은 국가도 개인이나 기업과 조금도 다를 바 없다.

세계은행 최고연수 과정 참여

세계은행 산하에 경제개발원(Economic Development Institute : EDI)이라는 연수기관이 있었다. 개발도상국에서 국가의 요직을 맡을 장래성 있는 중견 간부들에 대해 국가경영 전반을 교육하는 곳이다. 종합개발과정(General Development Course) 연수 프로그램은 5개월 동안 경제와 행정부에서 하는 일 전반에 대해 강의와 토론 그리고 현장 시찰을 섞어 강도 높게 진행한다. 내용이 매우 충실한 연수 과정이었다. 1국가 당 1명, 많아야 2명이 참여하게 되어 있었다. 해외연수 프로그램은 몇 가지가 있었지만 특히 이 과정이 인기였다. 부부동반이 허용되는 유일한 연수 과정이기 때문이었다.

예산국에서 함께 일하다가 자리를 옮긴 박희윤 총무 과장이 후보 선발을 위해 예산 국장의 협조 사인을 받으러 왔다. 그에게 부탁해서 내 이름을 후보자 명단 끝에 적어 넣었다. 장관 결재 과정에서 김학렬 부총리는 내 이름에다 동그라미를 그리고 사인을 했다. 1971년 늦가을의 일이었다. 내가 후보로 선정되자 예산편성을 앞두고 예산총괄 과장이 5개월씩이나 자리를 비울 수 없다고 최동규 예산 국장(뒤에 동자부장관 역임)은 반대했다. 나는 꼭 필요하다면 예산총괄 과장직에 다른 사람을 발령해도 좋다고까지 말했다. 얻기 어려운 좋은 기회를 놓치기 싫었다. 워싱턴으로 출발할 때 김 부총리는 췌장암으로 입원 중이었다. 출국 인사를 할 때 "배터리 충전시키듯 사람도 새로운 충전이 필요하다"고 하면서 많이 배워오라고 격려했다(1972년 3월 워싱턴 체재 중 김학렬 부총리의 부음을 들었다).

1972년 1월부터 5월까지의 5개월 연수 코스에 참석했다. 중남미, 중동, 동남아와 아프리카 등지의 개도국에서 모두 30여 명의 중견 공무원이 참여했다. 교육 내용이 국가의 전반적인 행정관리 및 경제개발 등 교육 과목이 매우 광범하고 다양했다. 이론 강의도 했지만 연수생들이 실제로 겪은 사례 중심으로 토론을 많이 했다. 자연스럽게 각국의 성공과 실패 경험을 공유할 수 있었다. 토론에 참여하지 않고 가만히 있기가 매우 힘들게 과정을 운영했다. 그런 경우 우리나라 사람은 대개 말을 많이 하지 않게 마련이다. 그러나 나는 이번 기회에 영어 회화도 익힐 겸 처음부터 적극 참여하기로 작심했다. 예산총괄 과장을 하면서 각 부처 예산 내용을 파악하고 있었기에 어떤 토픽에 대해서도 얼마든지 얘기를 할 수 있었다. 연수과정이 끝날 무렵에는 회화 실력이 상당히 늘었다고 스스로 생각했다. 연수교육 책임자인 유진 슐레진저 교수(제임스 슐레진저 미국방장관의 형)와 친해져 "한국 사람들은 보통 말을 잘 하지 않는데 당신은 왜 그렇게 말을 많이 하느냐?"는 농담까지 들었다.

이 연수 과정에는 현장 시찰이 많았다. 과정의 마무리는 한 나라를 방문해 그 나라 경제 상황을 직접 둘러본 뒤 정책 담당자와 만나 의견교환을 하고 돌아와 보고서를 작성한 후 함께 검토하고 토론을 하는 것이었다. 30명이 국제수지, 농업, 제조업 등 각 산업 분야로 나누어 분담을 했다. 그해는 멕시코가 대상 국가로 선정되었다. 2주에 걸쳐 멕시코 여행을 하면서 농촌, 공업지대, 관광지로 개발 중인 해수욕장 등 여러 곳을 시찰했다. 또 국제수지 관련 정책 담당자들을 사무실로 찾아가 브리핑을 듣고 토론을 하면서 멕시코의 전반적인 상황과 문제들을 정리, 파악할 수 있었다.

4장

물가안정의
길

불가능한 과제, 3% 물가안정

우리나라는 과거 연 10%가 넘는 물가상승은 당연한 것처럼 생각하던 경제에서 3%가 넘는 물가상승은 받아들일 수 없는 경제로 탈바꿈하는 데 성공했다. 지금은 3% 물가안정은 당연한 일로 받아들인다.

나는 3% 물가안정과는 특별한 인연이 있다. 1972년 말 인사이동 때 국장으로 승진했다. 과장으로 승진한 지 4년 만이었다. 승진은 좋은데 보직이 문제였다. 물가정책 국장 발령을 받은 것이다. 당시 물가정책국은 초비상 상태에 있었다. 몇 달 전인 1972년 8월 3일, 지금도 8.3조치로 불리는 대통령 긴급명령이 있었기 때문이었다. 사채 원리금 상환 기한을 연장하고 금리를 낮추는 사채동결 조치였다. 정부는 사채금리를 강제로 낮추면서 물가를 3% 이내로 안정시킨다는 약속을 했다.

물가정책국 절체절명의 임무는 물가를 3% 선으로 안정시키는 것이었다. 3% 물가안정은 거의 불가능하다는 것이 대부분의 생각이었다. 전문가들도 이렇다 할 뾰족한 묘책을 내놓지 못했다. 한국개발연구원(KDI)에서만 3% 안정이 가능하다는 연구보고를 내놓았다. 상승 요인을 없애면 안정된다는 것과 비슷한 논리였다. 경제기획 국장으로 전보되어 이 굴레에서 벗어난 서석준 국장은 홀가분한 기분으로 물가정책국을 떠났지만 나는 식욕마저 잃을 지경이었다.

나는 물가 국장으로 15개월 동안 일했다. 그 15개월의 반에 해당하는 7개월 동안은 3% 목표 달성을 위해 동원할 수 있는 방법은 총동원하면서 지냈다. 그러나 나머지 7개월은 물가를 올리는 일로 정신없이 보내야 했다. 억제와 인상의 양극단의 일을 하면서 행정력으로 물가를 안정시킬 수 있다는 생각이 얼마나 허황된 것인지, 나아가 소비자는 물론 기업을 위해서도 아무런 도움이 되지 않는 얼마나 허망한 일인지를 절감했다. 단지 훗날 기획차관보가 되어 누가 뭐라고 해도 흔들리지 않고 끈질기게 시책을 밀고나가 진정한 3% 수준의 물가안정을 이루는 밑바탕이 되었다.

🏅 3% 목표는 달성했지만

1972년 8월 3일, 정부는 기업 사채에 관한 대통령 긴급명령을 발표했다. 이른바 8.3조치였다. 기업이 안고 있는 사채를 신고하도록 했다. 법정 소액을 제외하고 일괄적으로 3년 거치 5년 균등 분할 상환하고 이자는 월 1.35%로 대폭 하향 조정했다. 이러한 비상조치를 취하지 않으면 안 될 만큼 당시 기업들의 사정은 어려웠다. 특히 과중한 사채 이자 지불을 위해 다시 사채를 얻어 써야 하는 악순환에 내몰리고 있었다. 8.3조치는 이러한 악순환의 고리를 끊어 기업의 연쇄 도산을 막기 위한 비상조치였다. 대통령 긴급명령은 개인의 사채를 조정하는 것으로 아무도 예상하지 못한 충격적인 조치였다.

많은 부채를 안고 세계적 불황으로 도산에 직면하고 있던 대기업들은 크게 환영했다. 그러나 대기업에 돈을 빌려준 사람들은 불만이 컸다. 정부는 사채 이자를 낮게 동결하면서 앞으로 물가를 3%선에서 안정시키겠다고 약속했다. 금리 수준을 낮추어도 물가가 안정되면 실질적으로는 손해가 아니라는 논리다. 물가 3% 안정은 어렵다고 본 태완선(太完善) 부총리는 연두 업무보고를 마친 다음날부터 몸이 아프다며 아예 출근조차 하지 않았다.

3% 안정이 가능한 온갖 방편을 찾아 고심한 끝에 묘안을 발견했다. 8.3조치로 혜택을 본 기업들이 생산하는 공산품 가격을 5% 자진 인하하도록 종용하기로 했다. 물가지수 편제상 가중치가 큰 청자 담뱃값도 공산품과 함께 5%를 인하하면 1년 동안 물가지수를 3% 넘지 않는 수준에서 관리할 수 있다는 계산이 나왔다. 이 방안을 들고 김주남 기획차관보와 함께 태완선 부총리의 수유리 댁을 방문했다. 방안에 들어가도 벽을 보고 돌아누워 인사조차 받지 않았다. 그러던 부총리가 3% 안정이 가능한 방안이 있다고 말하자 벌떡 일어나 앉았다. 다음날 아침에는 정상 출근을 했다.

공산품의 공장도가격 5% 인하는 정부의 종용으로 계획대로 시행되었다. 정부가 8.3조치로 사채금리 부담을 낮춰준 것에 대한 감사의 뜻도 당연히 있지만 평소에도 대기업의 생산시설 자금 등을 낮은 금리로 마련해주고 국내시장 확보를 위해 수입을 제한하는 등 기업 활동을 지원했기 때문에 기업도 물가안정을 위해 적극 협조해 보은해야 마땅했다. 업계 대표들은 대대적인 회견을 통해 5% 가격 인하에 크게 생색을 냈다.

뒤에 가서 드러났지만 5% 인하를 했음에도 기업들의 이익은 오히려 크게 늘어났다. 당시의 정부 고시가격은 불경기 때 결정한 것이었다. 8.3조치가 취해졌을 무렵 세계경제는 회복세에 접어들고 있어 수출이 증가하는 등 경기가 바닥을 벗어나고 있었다. 당시 고시가격은 불경기가 극심하고 가동률이 낮을 때를 기준으로 책정한 것이었다. 경기 회복에 따른 가동률 증가로 제품 원가 중에서 간접비 부담이 줄어 어느 정도 가격을 인하할 여유가 있었다. 시장경쟁이 치열했다면 행정력의 동원 없이도 그 정도의 가격 하락은 실현될 수 있었다. 어쨌든 이러한 공산품 가격 인하는 처음 있는 일이었다. 그러나 도매 물가지수 안정에는 확실히 기여했지만 소비자가 부담하는 장바구니 물가에는 그만한 효과를 나타내지는 못했다.

연두보고 이후 3% 물가안정을 위해 물가 관계기관의 간부들이 참석하는 물가 대책회의가 경제기획원 회의실에서 하루도 거르지 않고 매일 아침 열렸다. 대책회의에서는 물가조사기관에서 오른 것으로 조사된 품목을 보고하면 그 상승 원인에 대해 주무부 관계자가 설명하고 안정 대책에 대해 토론을 했다. 수송에 애로가 있다고 하면 교통부에서 특별 수송대책을 강구하고 매점매석이 있다고 하면 경찰이 나서 단속을 벌이는 등 다양한 대책을 논의하고 시행 상황을 챙겼다. 비슷한 내용을 되풀이할 수밖에 없었지만 그래도 대책회의는 매일 계속했다. 품목별 가격 동향에 일희일비하면서 물가지수 3% 목표 달성을 위해 하루하루를 힘겹게 보냈다. 대책회의는 실질적인 물가안정보다는 3% 목표 달성을 위한 물가지수 관리에 더 매달렸다.

과자 가격을 묶어두자 과자 함량 줄이기, 해당 과자의 생산량을 줄이고 이름을 새로 바꾼 신제품을 출시하면서 값을 올리는 등 편법이 성행했지만 이러한 현상에 대해서는 애써 외면했다. 예상 못한 일이 일어난 경우도 있었다. 주정 원료인 타피오카 수입 가격이 올라 주정 가격을 조정했다. 하지만 소주 가격은 물가지수 가중치가 높아 조정 없이 종전 가격을 그대로 유지했다. 그러자 소주 값은 그대로 유지하면서 소주 도수를 25도에서 20도로 낮춰 생산했다. 업자들은 불만이었지만 곧 사태가 반전했다. 도수가 낮은 소주를 소비자들이 더 선호해 매출이 크게 늘었기 때문이었다. 그 후 소주 도수는 꾸준히 낮아졌다. 물가 규제 덕분(?)에 새로운 트렌드를 만든 경우다.

드디어 1973년 8월, 8.3조치 1주년이 되는 경제동향보고회가 있었다. 경제 동향에 대한 브리핑 도중 박정희 대통령은 "지난 1년간의 물가상승률은 얼마냐?"라고 질문했다. 부총리는 "3%입니다"라고 담담한 어조지만 당당하게 답변했다. 이 한마디 답변을 위해 물가 관계 공무원들은 7개월 동안 노심초사하면서 하루하루를 지낸 것이다. 박 대통령은 회의 참석에 앞서 이미 보고를 받았지만 정부가 3% 물가안정 약속을 지켰다는 사실을 분명히 하기 위한 절차였다.

이날 보고를 마침으로써 물가정책국과 관계 부처 간부들은 한 시도 떨칠 수 없었던 3%라는 무거운 굴레에서 벗어날 수 있었다. 그러나 8.3조치 후 3% 수준으로 우리나라 물가가 안정되었다는 사실을 언급하는 사람은 없었다. 매일 열린 물가 대책회의에서 논의한 안정 대책 중에서 향후 물가안정을 위해 쓸 수 있는 대책 또한 없었다. 국민생활 안정이라는 물가안정의 근본 목적과는 동떨어진 '물가행정'에 쏟아 부은 시간과 노력이 허망했다.

1차 석유파동이 몰고 온 인플레이션 회오리

1973년 9월에 접어들면서 세계 원자재 시장은 심상치 않은 움직임을 보이기 시작했다. 멕시코만의 멸치잡이가 유례없는 흉어를 기록했고 시카고 곡물시장의 대두값이 급등했다. 미국이 농산물 수출을 줄이는 움직임이 나타났다. 세계경기 회복에 따라 그 밖의 다른 자원 가격도 오름세를 보이기 시작했다. 자원파동의 조짐이 점점 뚜렷해졌다. 특히 원유가 심했다. 그 전해까지만 해도 배럴 당 1달러 50센트 수준이던 것이 1972년 들어 조금씩 오르기 시작해 2달러 선을 넘어서고 있었다. 급기야 10월에는 석유생산국기구(OPEC)에서 원유가격을 일시에 4배 인상해 배럴 당 10달러를 넘어섰다. 원유가 폭등으로 비롯된 '1차 석유파동'이 전 세계의 경제를 강타한 것이다.

물가정책국은 비상이 걸렸다. 원래 물가정책국은 야근이 없는 부서라는 전통(?)을 가지고 있었다. 물가를 올리는 일은 될 수 있는 한 뒤로 미루고 서둘러 처리하지 않는 것이 소비자에게 이득이기 때문이었다. "게으름을 피우는 것이 애국하는 길"이 된다고 말하곤 했다. 그러나 석유파동으로 사정이 완전히 달라졌다. 수입 원자재 가격 급등에 따라 관련 제품 가격을 서둘러 조정해야 했다. 물가정책국 직원들은 이번에는 가격 억제가 아닌 올려주기 위한 작업으로 바빠졌다.

비록 당시 생산에 쓰이던 원자재는 자원 파동 이전에 저렴한 가격으로 구입한 것이었지만 그 가격을 기준으로 책정한 고시가격으로는 거래가 이루어지지 않았다. 제품을 생산해서 파는 것보다 그냥 원자재로 판매하는 편이 훨씬 이득이기 때문이었다. 제품 생산과 출하가 급격하게 감소했고 시장에서는 제품 품귀 현상이 심해졌다. 고시가격은 아무런 의미가 없게 되었고 시중 거래가격은 폭등했다. 경제활동은 걷잡을 수 없는 혼란에 빠져들고 있었다.

이 혼란을 수습할 길은 고시가격을 현실에 맞게 서둘러 조정하는 수밖에 없었다. 시각을 다투어 조정 작업을 서둘렀다. 며칠씩 밤샘 작업을 계속해야만 했다. 이러한 와중에 웃지 못할 일들이 벌어졌다. 이 모 사무관은 며칠 밤 철야 작업으로 집에 들어가지 못했다. 밤늦게 일을 마치고 옥인동 아파트 벨을 눌렀으나 집에는 아무도 없었다. 통금 시간이 임박해 하는 수 없이 아파트 근처 여관에 투숙했다. 순찰 임검하는 순경이 여관에 들러 이 사무관의 신분증을 보니 주소가 바로 인근이라 왜 집을 놔두고 여관에서 자느냐고 따지면서 수상한 사람으로 오인을 받았던 일이 있었다. 부인이 며칠 동안 남편이 사무실에서 퇴근을 하지 않아 애들을 데리고 친정에 갔다는 사실은 그 뒤에야 밝혀졌다. 당시에는 휴대폰도 없었고 집전화도 놓기 어려워 전화기를 금고에 보관한다는 우스개 소리가 있을 때였기에 이러한 일이 벌어진 것이었다.

물가 안정을 위해 가격 조정 작업을 느긋하게 하던 물가정책국이었지만 경제 안정을 위해서는 가격현실화 작업을 서둘렀다. 가격 조정 작업은 한없이 이어졌다. 원유가격 급등은 원유를 원료로 하는 석유화학제품 등 관련 제품 가격 조정을, 석유화학제품의 가격 조정은 이를 원료로 쓰는 관련 제품값을 조정해야 하는 등 일파만파로 이어져가기 때문이었다. 해도 해도 끝이 없을 정도로 업무량이 늘어났다. 새로운 물가구조가 정착될 때까지 이 일을 되풀이해야 하는데 며칠 밤을 샌다고 될 일이 아니었다. 시장 거래 혼란과 함께 물가상승에 따른 국민들의 원망과 불만은 물가정책국으로 집중되었다. 불과 두어 달 전까지 3%를 지키기 위해 티격태격하던 일이 딴 세상에서 벌어진 아득한 옛날의 일처럼 여겨지는 나날이었다. 이렇게 양 극단을 달리는 물가 규제 관련 일을 하면서 물가 규제의 폐해와 허구성은 나의 머릿속 깊이 새겨졌다.

가격 통제의 허와 실

국민생활 안정을 위해 정부는 생필품 등 주요 품목의 가격 상승을 억제해야 했다. 기업이 제품 가격이나 요금을 올리고자 할 때에는 왜 올려야 하는지 밝히고 정부의 승인을 받아야 했다. 가격 인상 여부는 원가를 기준으로 판단한다. 원가를 기준으로 가격을 통제하는 것은 정당하다고 생각하는 사람들이 의외로 많다. 그들은 원가를 기준으로 폭리 여부를 판가름한다. 걸핏하면 나오는 아파트 건설 원가 공개 요구도 그런 예의 하나다.

원가를 기준으로 가격을 조정하는 일은 많은 문제를 안고 있다. 정확한 원가계산 자체가 얼핏 생각하는 것 이상으로 까다롭고 어려운 일이다. 재료가 무엇 무엇이 들어갔는데 그중 어떤 것이 얼마나 올랐고 하는 식으로 하나하나 따져 조정해야만 하기 때문이었다. 제출된 서류 내용과 실제 내용이 과연 일치하는지의 여부도 확인하기 쉽지 않다.

면사 가격은 미국에서 들여오는 원면 가격을 기준으로 조정한다. 당시 원면 도입은 대개 1년 소요를 한꺼번에 계약한다. 계약 후 원면 가격이 크게 오르면 원면 시세보다 면사 가격이 밑돌 수도 있게 된다. 이렇게 정부 고시가가 원면의 국제 시세에 비추어 터무니없이 낮으면 공장은 돌리지 않고 원면을 그대로 파는 것이 더 이익이 될 수도 있다. 국제 시세는 원가 기준이 아닌 수요와 공급에 따라 결정되기 때문에 이러한 일은 언제든지 일어날 수 있다. 실제 도입 원가가 아닌 당시의 국제 시세를 기준으로 가격을 조정할 수밖에 없다.

게다가 한 제품을 여러 업체가 생산할 경우에는 생산원가가 모두 같을 수 없다. 실제는 제각각이어서 어느 회사의 원가를 기준으로 잡느냐 하는 문제가 생긴다. 이럴 경우 손쉬운 방법은 여러 원가의 평균치를 기준으로 하는 것이다. 그럴 경우, 생산원가가 평균을 웃도는 기업은 원가에 못 미치고 반면 평균보다 낮은 기업은 초과 이윤이 생긴다. 이보다 더 큰 문제는 이들 기업 모두가 생산해야만 수요를 충족할 수 있는 경우다. 이러한 경우에는 생산원가가 평균치를 웃도는 기업도 생산을 해야 한다. 그렇게 하려면 원가가 가장 높은 한계기업의 원가를 기준으로 규제 가격을 정해야 한다. 그러나 관리들로서는 한계기업 이외의 모든 기업이 정도의 차이는 있겠지만 초과이익이 발생하는 수준의 가격을 인정하기는 매우 어렵다. 기업과의 유착 의혹을 받는 위험부담을 감내해야 하기 때문이다. 그래서 원가 평균을 기준으로 가격 조정을 한다.

생산성 향상을 촉구한다는 취지에서 평균 원가계산이 산출되면 다시 2~5% 무조건 삭감한 수준에서 규제 가격을 책정하도록 했다. 업계의 불만이 컸지만 그대로 밀고 나갔다. 그러나 그 때문에 도산한 기업은 나오지 않았다.

경제는 서로 얽혀 돌아간다. 일일이 챙기고 싶어도 그렇게 하기 어렵다. 미국에서 들여오는 콩 값이 크게 올랐다. 원인은 남미 페루 근해의 멸치 어획량이 크게 감소한 때문이었다. 멸치의 대부분이 사료로 쓰였는데 흉어로 콩을 쓰게 되어 콩 값이 뛴 것이다. 콩 값이 올라가면 콩기름 값과 사료 값도 연쇄적으로 오른다. 아프리카 잠비아의 철도 수송에 문제가 생기자 구리 광석 공급에 차질이 생겼다. 런던 광산물거래소의 동(銅)값이 올라갔고, 바로 우리나라 구리제품 값도 상승하게 된다. 이렇듯 물건 값은 전 세계적으로 연결되어 물려 돌아간다. 변동 원인도 가지가지다. 이를 행정력으로 제대로 통제할 수 없음은 자명하다.

세계 곳곳에서 일어나는 일이 모두 우리나라 물가와 관련이 있다. 물가 국장으로 재직하는 동안에는 먼 나라의 뉴스 하나도 예사로 지나칠 수 없었다. 브라질 커피가 흉작이라고 하면 금방 우리나라의 커피 값이 오르고, 사탕수수가 풍작이다 하면 설탕 값과 과자 값에 영향을 미치기 때문이다. 세계 곳곳에서 일어나는 일에 대해 무심히 넘기지 않게 되었다. 그 하나하나가 바로 우리의 안방살림과 직결되기 때문이다.

이렇게 사방팔방으로 얽혀 돌아가기 때문에 하나를 통제하면 결코 그것으로 그치지 않는다. 또 다른 통제를 연쇄적으로 하지 않을 수 없다. 하나의 상품 가격을 조정하면 앞뒤로 관련된 모든 상품 가격까지 조정하게 된다. 자장면 값을 묶으려면 원료인 밀가루 값, 자장 값, 양파 값 등도 연쇄적으로 통제하지 않을 수 없다. 이렇게 되면 통제 품목 수는 한없이 계속 늘어날 수밖에 없다.

정부가 생산자 가격을 통제해도 시장의 수급 사정에 따라 소비자가 구입할 때에는 훨씬 비싼 값을 지불해야 하는 경우도 생긴다. 이렇게 유통과정에서 프리미엄이 생기면 상품의 출고 지시를 둘러싸고 청탁과 비위가 만연한다. 자연히 유통과정의 가격 통제로 이어지게 된다. 그러나 유통과정을 감시해 가격을 제대로 통제한다는 것은 실제로는 불가능에 가깝다. 정부의 고시가격 자체가 아예 유명무실해진다. 통제경제에도 암시장은 있다.

제품의 원가 요인은 시장 상황에 따라 시시각각 변한다. 원자재 시세가 급등할 때 어느 시점의 가격을 기준으로 할 것인가? 자원 파동 시절 원면의 경우처럼 실제 사용 원자재의 구입 가격이 아닌 규제 당시의 시세를 기준으로 규제 가격을 정할 수밖에 없다. 원자재 시세가 하락할 때에는 실 도입가를 기준으로 한다. 기업은 어느 경우에나 손해를 보지 않는다. 원가가 더 올라갈 경우에는 업자가 가격 조정을 요구하지만 하락할 때에는 기업 스스로 이를 정부에 알려올 턱이 없다.

규제 가격은 상하 모두 경직적으로 운영될 수밖에 없다. 가격 조정 요인이 있더라도 그때그때 조정하기보다는 모았다가 한꺼번에 조정하는 경우가 비일비재다. 시기가 좋지 않아 미룰 수도 있고 물가지수의 조정을 위해 그럴 수도 있다. 가격 조정을 해야 할 품목이 여럿 쌓이게 된다. 이렇게 모았다가 한꺼번에 조정하는 Stop Go 방식은 인플레이션 심리에 나쁜 영향을 미친다. 정책은 사전 예방 대책이 가장 바람직하다. 가격 규제 행정은 사전 대책은 있을 수 없다. 거래 혼란이 먼저 있고 난 다음에야 수습하는 '선 거래혼란, 후 수습'의 과정을 겪지 않을 수 없다.

무릇 정부 대책의 대부분은 사후 대책이 될 수밖에 없다. 경기 진작 대책을 보면 뒷북 대책이 대부분이다. 경기가 회복세에 접어들 때에 이르러서야 경기 대책을 발표한다. 시행에 들어갈 때쯤이면 대책을 할 필요가 없는 경우가 대부분이다. 경제가 어렵다는 소리가 커져야 경기 대책에 착수한다. 그때부터 경기 대책을 준비해서 관계 부처와 협의하고 상부의 결재 과정을 거치는 등의 절차를 밟는 일에 상당한 시간이 소요되기 때문이다. 그러한 전형적인 예가 8.3조치라고 할 수 있다. 8.3조치가 아니더라도 이미 경기가 회복되고 있어 큰 문제없이 갈 수 있었다.

물가국의 가격 조정 과정에서 관련 기업인들과 무수한 충돌이 있었다. 그런 과정에서 아무리 유능한 관리라 해도 기업을 상대로 해서는 당해낼 수 없다는 사실을 확실히 알게 되었다. 공무원들에게 가격 조정은 일상 업무의 일부에 불과하지만 기업에게는 손익 나아가 기업의 사활이 걸린 만큼 어떻게든 자료를 유리하게 만드는 등 온갖 방법을 동원한다. 기업인은 24시간을 고심하지만 공무원에게 그런 기대는 하기 어렵다. 공무원이 해당 기업에서 제출한 자료만을 토대로 적정한 가격을 도출해내기란 애시당초 무리일 수밖에 없다.

가격 규제는 정부와 기업 간의 대결 구도다. 아무리 머리 좋은 행정부 관리라도 평범한 기업인과 맞붙어 이기기 어렵다. 공무원이 백전백패다. 대결 구도를 바꾸어야 한다. 기업끼리 시장에서 경쟁하게 하는 것보다 나은 방법은 없다.

공권력으로 물가를 규제하는 것은 비상시에 일시적으로는 가능하지만 평상시에 그렇게 오래 할 수는 없다. 공권력으로 가격을 효과적으로 규제할 수 있다면 어느 나라가 인플레이션으로 고심할 것인가? 3% 목표 달성을 위한 강력한 행정 규제, 석유파동으로 인한 밤샘 가격 인상 작업, 이러한 상반되는 두 경우는 강력한 행정력도 가격 규제에는 종이호랑이임을 분명히 보여줬다. 옛날부터 이 세상에 세 가지 거짓말이 있다고 전해온다. '손해 보고 판다'는 상인의 말도 그중 하나이다. 상품가격을 정부에서 통제한다는 것은 사실상 불가능한 일이다. 가격 통제는 허구다. 눈 가리고 아웅 하는 격이다.

 ## 행정 규제의 문제점

기업은 독점을 원한다. 경쟁은 싫어한다. 가격 통제는 가격 경쟁을 없앤다. 가격 담합을 할 필요도 없앤다. 관제 카르텔이고 기업에게는 관허 가격이라는 정당성까지 부여한다. 시장점유율(Market Share) 유지를 손쉽게 한다.

초과수요가 있을 때에는 뒷거래를 막기 어렵다. 실상과는 동떨어진 허구의 놀음이다. 실제 거래되는 가격은 원가보다는 수급 사정에 의해 결정되는 것이기 때문이다. 물가안정 효과보다는 파생하는 문세와 부작용 등 해악이 훨씬 크다. 가격 통제는 그 명분이 무엇이든 백해무익이다. 정부에서 가격을 결정할 때는 원가를 기준으로 적절한 이윤을 더해주는 방식으로 한다. 기업으로서는 원가가 낮은 쪽보다는 높은 쪽이 더 유리하다. 가령 정부에서 원가의 10%를 적정 이윤으로 인정해준다면 원가가 낮은 경우보다 높은 경우의 이윤이 더 커지기 때문이다.

게다가 원가 요인은 가격에 반영되어 소비자 부담으로 몽땅 넘어간다. 원가 절감을 위해 애쓸 이유가 없다. 원가를 절감하면 이윤이 늘기는커녕 정부는 낮아진 원가를 기준으로 규제 가격을 낮출 뿐 아니라 원가의 10%로 인정해주는 이윤도 작아진다.

원가 절감 노력을 소홀히 하면 자연히 경쟁력도 약화된다. 장기적으로 경제에 심각한 문제를 가져온다. 가격 통제는 수입이 막히거나 든든한 보호관세의 장벽으로 해외 경쟁이 배제된 경우에만 가능하다. 낮은 관세로 수입을 개방하는 경우 기업들은 하루아침에 도산 위기에 내몰린다. 통독 후의 동독 기업, 소련과 교역하던 핀란드의 기업들은 소련 붕괴 후 일시에 도산에 내몰렸고 핀란드 경제는 위기를 맞았다.

🏷 소비자가 '갑'이어야 한다

소비자를 위한답시고 기업의 가격 결정에 정부가 직접 개입하는 일은 백해무익의 결과만 낳는다. 그렇다면 진정으로 소비자를 위하는 길은 무엇인가? 기업과 소비자의 관계에서 소비자가 항상 '갑'의 위치에 설 수 있게 만들면 된다. 정부가 가격을 규제하지 않더라도 기업이 함부로 가격을 올릴 수 없게 만들면 된다. 소비자의 선택을 받기 위해 기업들이 치열하게 경쟁을 하도록 제도를 만들고 정책을 펴가면 된다.

기업이 '을'의 입장에 놓이게 하는 방법은 무엇인가? 한마디로 말하면, 물건이 잘 팔리지 않도록 해야 한다. 1978년 소련 여행에서 백화점과 상점에 물건이 없는 것을 보고 무척 놀랐다. 파는 물건이 있는 곳에는 반드시 사람들의 긴 줄이 있었다. 통제경제에서는 사람이 물건을 기다리지만 시장경제에서는 물건이 사람을 기다린다. 통제경제에서 상품이 갑의 입장이라면 시장경제에서는 사람이 갑의 입장이다.

그렇게 하려면 적정 통화량 공급 등 총수요를 적정 수준에서 유지해야 한다. 아무리 값진 것도 흔하면 값이 떨어진다. 없으면 생명을 유지할 수 없는 귀한 공기도 흔하기 때문에 거저다. 돈도 흔해지면 값이 떨어진다.

이와 함께 경쟁을 시켜야 한다. 경쟁에서 이기기 위해 신제품 개발, 품질 향상, 원가 절감 노력을 끊임없이 하도록 만들어야 한다. 이러한 바탕을 만드는 것이야말로 소비자를 위하는 길이다. 소비자 이익을 위해 가격을 통제한다는 말은 허구다. 아무리 강력한 행정력을 동원해도 규제를 통한 물가안정은 없다.

가격 규제에 강한 불만을 말하는 기업인이 있었다. 그에게 "가격 규제를 하지 않는 대신 수입을 개방하겠다"고 말했더니 금방 아무 소리도 하지 못했다. 기업끼리 경쟁을 시키는 것이 소비자를 위하는 가장 확실한 길이다. 기업들이 살아남기 위해 노력하면 소비자는 가만히 앉아서 품질 좋고 값싼 제품을 얻는다. 기업들이 밤잠을 설치면서 소비자를 위한 길을 다투어 찾아낸다. 이것이 바로 시장경제다.

더 이상 늦출 수 없는 물가정책의 전환

가격 통제 풀기

1979년은 그때까지의 정부가 통제하는 가격규제 중심의 물가정책에서 기업이 자율적으로 가격을 정할 수 있도록 하는 물가정책의 대전환을 이룬 해이다. 당시 경제는 호황이었지만 물가는 어쩔 수 없는 상황에 놓여 있었다. 정부의 강력한 행정 규제에도 불구하고 정부 발표 통계로도 10%를 웃돌고 있었다. 장바구니 물가는 이보다 훨씬 높았다. 내구재 수요가 급증했다. 초과수요 상황으로 가격 상승 압력은 컸다. 하지만 이들 가격은 정부의 통제 대상이었다. 공급 기피 현상이 심해졌고 그럴수록 정부의 규제는 더 강화되었다. 출하 기피와 규제 강화의 악순환이 계속되었다. 소비자에게 가격 통제는 있으나마나였다.

이러한 물가 불안은 수입 규제, 정책자금의 중화학 부문 집중 배정 등 여러 요인이 복합적으로 작용했다. 하지만 가장 큰 요인은 통화량 증가였다. 총통화는 전년 대비 40% 가까이 증가했다. 정부는 행정력에 의존하는 가격 규제로 대응했다. 임금 인상과 원자재 가격 상승 등 원가 상승 요인도 제때 반영하지 않고 미루기 일쑤였다. 그렇게 되니 출하 기피로 공급 부족 현상은 더 심해졌다. 더 버틸 수 없게 되어서야 정부는 한꺼번에 가격을 조정했다. 가격의 직접 규제로 이루어지는 물가안정은 실제 안정에는 기여하지 못하면서 폐해만 컸다.

1978년 기획차관보가 된 후 경제정책의 전환, 특히 물가정책의 발상과 방향을 종래와 180도 바꿔야 한다는 제안을 계속해왔다. 즉 물가안정을 위해서는 통화량을 적정 수준으로 줄이고 수입자유화를 확대하는 등 순리에 따르는 안정 정책으로 전환해야 한다고 주장한 것이다. 행정적으로 규제하는 품목은 최소화하고 규제 방식도 가격 통제는 지양하고 가격 담합 등 불공정행위를 하지 못하게 하는 방식으로 바꾸어야 한다는 내용이었다.

1978년 12월 개각에서 새로 경제기획원 장관 겸 부총리가 된 신현확 장관은 이 제안을 두말없이 받아들였다. 그리고 1979년 대통령에 대한 연두 업무보고에서 물가정책을 세 방향으로 정리해 보고했다.

첫째, 주요 물품에 대한 가격을 직접 규제하는 행정규제 방식을 지양한다. 둘째, 통화 증가를 억제하는 총수요 관리와 수입자유화, 관세율 인하 등 공급 확대 대책을 추진한다. 셋째, 경쟁을 촉진하는 공정거래 질서 확립 정책으로 전환한다. '가격을 규제하는 방식'에서 '물가상승 원인을 다스리는 정책'으로 전환한다는 발상에 의한 것이었다. 이러한 정책 전환에 대해 경제기획원 안에서조차 찬반 의견이 엇갈렸다. 경제기획원 간부 중에도 가격 규제를 푸는 것에 반대하는 의견이 상당했다. 물가정책국 실무자들이 가장 곤혹스러워했다. 기획차관보는 가격 규제를 과감하게 풀자고 하는데 반해 물가국장을 역임한 서석준 차관은 반대 입장이었다. 신현확 장관은 가격 규제를 푸는 쪽이었음은 물론이다. 물가정책국 실무자들도 의견이 갈렸다.

반대하는 쪽은 그때까지 해온 물가 규제 방식으로도 물가가 10% 수준에서 안정되었다, 그런 가운데 고도성장을 이룩했다, 국민들의 생활수준도 크게 향상되었다, 그런데 왜 굳이 제도를 바꾸어야 하는가, 오랫동안 묶여온 가격 통제를 풀면 일시에 그 물품 가격이 올라갈 것이 불을 보듯 뻔하지 않은가, 일시에 가격이 크게 올라가면 경제가 그만큼 혼란스러울 것 아닌가, 왜 제도를 바꾸어 물가상승 위험을 자초하려는가 등 나름대로 논리를 갖고 있었다.

물가 규제에 대한 찬반은 '무엇을 문제로 보는가'의 시각 차이에서 비롯된다. 당시 시멘트는 정부에서 정한 출고 가격은 1포에 810원이었지만 시중에서는 1,900원으로 거래되었다. 공시가와 실거래가 사이에 두 배가 넘는 격차가 있어 규제를 풀 경우 시멘트 가격은 정부공시가보다 크게 뛰어오를 수밖에 없다. 그러나 그렇게 폭등해도 곧 다시 제자리를 찾아갈 것 또한 분명했다. 810원 공시가보다는 높지만 1,900원보다는 훨씬 낮은 수준에서 안정될 것 또한 틀림없었다. 물가지수는 분명 올라가겠지만 시멘트를 사 쓰는 실수요자에게는 수급도 원활해지고 실제 지불하는 가격도 낮아질 것이기에 푸는 쪽이 더 낫다. 문제는 물가지수의 상승이었다. 결국은 어느 쪽이 더 바람직한가의 선택의 문제였다.

가격 통제를 풀 것인가 여부를 두고 관계 부처 장·차관 회의도 여러 번 열렸다. 공개회의 석상에서 서석준 차관과 나는 찬반을 놓고 격렬한 토론을 여러 차례 벌였다. 나는 상대가 장관이든 차관이든 가리지 않고 맞서서 논쟁을 벌였다. 그런 모습이 얼마나 못마땅했겠는가. 지금 돌이켜보면 내가 너무 심했다는 생각이 들지만 정책 전환 없이는 우리 경제가 살 길이 없다는 확신에서 '살래, 죽을래' 하는 절박한 심정에서 그렇게 행동했다. 모든 일을 그처럼 강력하게 밀어나갔으니 나를 어떻게 생각했을까? 훨씬 부드러운 방식으로 더 나은 성과를 거둘 수 있었을 것이다. 그 대가는 그 후 두고두고 치르게 되었다. 차관 승진이 늦은 것도 그중의 하나였다.

박정희 대통령은 물가와 관련해 가격 통제를 없애고 시장에 맡기자는 주장에 대해 "요즈음 정부 일각에선 물가안정을 포기하자는 소리를 하는 사람이 있다"고 못마땅해 하는 사실을 분명히 했다. 연말 개각 때 서석준 차관이 청와대 경제수석으로 옮겨갔고 당연히 청와대는 가격 규제를 과감하게 푸는 것에 대해 소극적일 수밖에 없었다.

청와대에 결재를 올렸지만 함흥차사였다. 청와대는 가타부타 반응조차 없었다. 가격 규제를 푸는 결재안을 스스로 철회해 가라는 무언의 압력이었다. 물가 행정은 경제기획원 소관이지만 신현확 장관 독단으로 처리할 수 없는 일이었다. 실제로 연두보고에서 1월 말까지 추진하겠다고 보고한 최고가격 규제를 없애는 계획이 당장 벽에 부딪쳤다. 난감했다.

과거 방식을 바꿀 필요가 없으며 그대로 밀고 가야 한다고 굳게 믿는 인사들이 청와대는 물론 경제부처의 장차관 등 요직을 다 차지하고 있고 이들을 설득한다는 것은 불가능에 가까운 일이었다. 이러한 현실에서 새로운 정책을 밀고 갈 수 있는 원군은 정부 바깥에서 구할 수밖에 없었다. 청와대 설득이 아닌 언론 등 외부 설득 작업에 나섰다. 경제기획팀 간부들은 각각 학계와 언론계의 유력 인사들과의 평소 네트워크를 총동원해 작은 규모의 간담회 자리를 만들어 안정화 정책에 대한 설명과 협조를 당부하면서 각각 바쁘게 뛰었다. 특히 언론의 협조를 얻는 일에 총력을 기울였다. "정책 성패의 판가름은 가격 통제를 풀 수 있느냐의 여부에서 결판이 난다"는 사실을 강조하면서 가격 통제를 풀 수 있도록 언론에서 여론 환기에 앞장서 주도록 간청했다. 학계와 언론계는 가격 통제 등 우리 경제운용의 문제에 대해 잘 알고 있고 정책 기조의 대전환이 필요하다는 사실에 공감하고 있었기 때문에 비교적 수월하게 협조를 얻어낼 수 있었다.

"부총리 그만둘까봐"

1월 말이 다 되어가는 데도 청와대가 가격 통제를 푸는 것에 대해 반대 입장이 변할 기미가 없었다. 실제로 가격 규제를 푸는 일이 가능한 것인지조차 가늠할 길이 없는 상황이었다. 상반기 중에는 대부분의 행정 통제를 풀겠다는 경제기획원의 계획은 자칫 물거품이 될 것처럼 보였다. 언론에서도 가격 통제를 푸는 조치가 제대로 추진되지 못하고 있다는 사실을 대서특필하기 시작했다. 당연한 일이었다. 연두순시 자리에서 박 대통령이 한 발언을 종합해보면 경제정책의 기조가 안정화 방향으로 변한 흔적은 전혀 찾을 수 없었다. 새로운 경제정책은 경제기획원 혼자만의 주장으로 보였다. 1월 말까지 최고가격으로 묶인 물품의 가격 통제를 풀 수 있느냐 없느냐가 연두보고에서 추진하겠다고 보고한 안정화시책이 제대로 갈 수 있을 것인가를 가늠하는 잣대가 된 형국이 되었다.

이러한 막다른 상황에 몰렸음에도 가격 통제 문제가 풀릴 기미가 전혀 보이지 않자 신현확 부총리는 부총리 집무실에서 나에게 "나, 부총리 그만두어야 할까봐" 하면서 괴로운 심경의 일단을 털어놓았다. 부총리 취임 한 달 남짓한 때에 사직을 심각하게 고려할 상황이 되었다. 다른 부처의 반대도 아닌 대통령의 반대였기 때문이었다. 물가안정을 위한 정책 전환은 첫걸음부터 이렇게 격심한 저항에 부딪쳤다.

그렇다고 가격 규제를 풀겠다는 정책을 바꿀 생각은 없었다. 신현확 부총리가 자리를 걸 정도로 가격 통제 해제에 대해 흔들리는 기미가 전혀 없자 청와대에서도 취임 한 달밖에 안 된 부총리가 소신을 가지고 추진하는 정책을 끝까지 반대할 수는 없었다. 1월 31일이 되어서야 청와대에서 가격 통제 해제에 대한 OK 사인이 내려왔다. 우여곡절은 있었지만 국민에게 약속한 대로 2월 이전에 최고가격 통제를 푸는 시책을 시행할 수 있게 되었다.

1979년 1월, 독과점품목 148개, 주요 품목 100개 내외에 대해서는 공장도 최고가격을 지정 고시하고 있었다. 이밖에 방·모직물 등 400여 개 품목은 사전 행정지도 품목으로 지정가격 감시를 하는 등 총 800여 개 품목에 대해 가격 규제를 하고 있었다.

1979년 1월 31일, 인쇄용지, TV 수상기 등 21개 품목의 최고가격을 해제했고, 2월 1일에는 규제 대상 기준으로 삼았던 연간 출하액 40억 원 이상을 100억 원 이상으로 올려 대상 품목을 148개에서 74개로 줄였고, 4월 16일에는 다시 출하액 200억 원 이상을 기준으로 대상 품목을 46개만 남겨두었다. 물론 출하액이 이보다 적은 경우에도 고도 독과점품목은 해제하지 않았다. 이렇게 1979년 1월 말부터 시작해 4월 16일, 7월 9일까지의 규제 대상 독과점품목은 148개에서 35개로 줄었고 TV, 쌀 등 41개 주요 품목에 대한 최고가격 지정을 해제했다.

독과점 해제 품목에 대해서는 신규 업체의 참입 보장, 수입자유화 및 관세율 조정 등 경쟁 조건을 확보하고 유통질서 확립과 공급능력 확충 등 보완 대책을 마련했다. 그밖에 110개 문제 품목의 가격을 조정했다. 이들 품목은 정부 방출미 가격, 철도 및 수도요금 등 재정 부담 관련 품목 16개, 세탁비누, 형광등 등 수급불균형 품목 13개, 해외 원자재 가격 상승과 관련한 합판, 철근 등 36개 품목, 석유 및 관련 제품, 전력 등 에너지 관련 품목 32개 등이었다.

이렇게 가격관리 방향을 전환해 규제된 요인은 현실화하고, 해외 요인은 흡수해 물가구조를 개편했다. 또 가격의 직접 규제를 자율화시켜 점진적으로 시장 기능에 위임하는 방향으로 관리체제도 전환했다. 이에 따라 독과점 및 최고가격 지정 품목은 1978년 7월에 148개였으나 1979년 4월 16일에는 46개로 줄었고, 공장도, 도매, 소매 등 유통 단계별로 최고가격을 지정하는 품목도 1977년 6월에 446개였던 것이 1979년 1월 말에는 연탄만 남기고 모두 없앴다.

이들 가격 조정만으로 물가는 5.8% 상승했다. 이에 정부는 1979년 6월, 당면 물가안정 대책을 발표했다. 즉 긴축 기조를 견지하고 농수산식품의 수급 원활을 위해 증산 및 비축 대책과 함께 특히 18개 품목에 대해서는 가격 안정대 제도를 설정해 운용하겠다고 발표했다. 세탁비누, 연탄, 합판 등 생필품 등 43개 생활긴요 물자의 생산자금 지원을 확대하고 수출입의 수시 조정과 관세제도의 탄력적 운용, 비축의 확대 등 다각적 대책을 추진하기로 했다.

나아가 25개 생필품 특별 관리대책의 수립 실시, 유통질서의 정상화와 범국민적 소비절약운동의 전개와 함께 경쟁 풍토 조성 촉진을 하는 등 대책을 효과적으로 추진하기 위해 물가대책회의 운영을 강화하겠다고 했다. 이러한 대책에도 불구하고 소득 증대에 따른 식품 수급구조의 변화와 공급 체제의 불균형, 즉 공급 시설 능력의 부족과 농수산식품 수입의 제약 및 원유 등 해외 원자재 가격의 급격한 상승세가 지속되는 등 물가 불안이 계속되었다.

이렇게 가격 통제를 해제하는 조치에 대해 업계는 물론 반대가 없었다. 당장 문제가 있는 품목의 출고가격을 스스로 인상할 수 있게 되었다. 그러나 그런 업계의 이익에 영합하기 위해 가격 통제를 풀고자 한 것은 물론 아니었다. 가격 통제를 없애는 것에 그렇게 집착한 이유는 경쟁 촉진을 통해서만 가격을 낮추고 품질은 높이는 효과를 거둘 수 있다고 확신했기 때문이었다. 가격 규제 대신 기업 경쟁을 촉진하는 쪽이 소비자 이익 증진에도 훨씬 더 낫다고 생각했다. 기업 경쟁이라는 장치 없이 가격 규제만 없앤다면 이 정책 전환에 반대하는 사람들이 걱정하는 상황으로 가게 된다.

경쟁 촉진을 위한 첫 번째 방안은 바로 수입자유화였다. 수입 개방을 위해 따로 법령을 만드는 절차 없이 기별 공고에 넣기만 하면 된다. 마음만 먹으면 금방 시행할 수 있었다. 수입을 개방하면 세계시장의 똑같은 제품과 경쟁을 하지 않을 수 없게 된다. 그렇기 때문에 수입 개방은 기업들의 횡포(?)를 가장 효과적으로 견제할 수 있는 수단이 된다.

 물가안정을 위한 기본 틀 만들기

1차 석유파동 때와 달라진 2차 석유파동 때의 대응

1973년의 1차 석유파동을 겪은 지 6년이 지난 1979년 하반기에 원유가가 다시 급등해 30달러를 넘나드는 2차 석유파동을 겪었다. 그러나 가격에 대한 행정규제를 크게 줄인 결과 2차 석유파동에 따른 가격 조정을 위해 물가정책국 실무자들이 밤샘을 하는 일은 없었다. 1980년 들어 일시에 휘발유, 경유 등 석유제품 가격을 60% 수준으로 두 차례나 올렸지만 1차 석유파동 때와 같은 시장의 혼란은 없었다.

한국은행법 개정

세상에는 그냥 이루어지는 것은 없다. 뜻을 세워 노력해야 한다. 모든 사람들이 올바른 방향으로 뜻을 세우고 노력하도록 만드는 것은 정부가 해야 할 몫이다. 경제는 보이지 않는 손에 의해 움직인다. 물가도 안정을 위한 보이지 않는 손이 두 개 있다. 그 하나는 통화고 다른 하나는 경쟁이다. 이 보이지 않는 두 손은 정부의 보이는 노력에 의해서만 만들어지고 또 제대로 작동한다. 무엇보다 강력한 의지와 흔들리지 않는 꾸준한 실천이 있어야만 보이지 않는 손이 만들어지고 제대로 작동한다. 즉 통화의 안정적 관리와 경쟁촉진을 위한 제도 마련과 철저한 감시라는 두 개의 보이는 손이 있어야 통화 안정과 경쟁이라는 두 개의 보이지 않는 손이 제대로 작동한다.

안정적 통화관리를 위한 제도적 장치를 확고하게 하는 일은 한국은행의 임무를 물가안정이라는 단일 목적으로 분명히 하는 것이 출발점이 된다. 총수요 관리를 위한 권한과 책임을 분명하게 제도화하기 위한 노력은 1983년 재무장관 때에는 성공하지 못했다.

이를 다시 시도한 것이 1997년의 한국은행법 개정 추진이었다. 오랫동안 한국은행 관계자들이 염원해 온 중앙은행의 독립을 확고히 보장하는 제도적 장치를 함께 마련했다. '재무부 남대문 지점'이라고 비하하는 일은 있을 수 없도록 한 개정안이었다.

그럼에도 이 개정 법안에 대해 당시 한국은행 부총재 이하 간부들과 노조가 함께 치열한 반대에 나섰다. 나에 대한 비방 플래카드와 벽보가 몇 달 동안 한국은행 청사와 마당에 내걸렸다. 외환위기가 목전에 다다른 시점에도 이들은 위기관리는 뒷전이고 법 개정 반대에 더 열성이었다. 개정안 내용이 한국은행의 독립성을 크게 높이는 것임에도 아랑곳하지 않고 은행감독 기능을 통합해 감독원에 넘기는 권한 변동에만 온통 매달린 때문이었다. 한심하기 짝이 없는 행태였다. 이러한 격렬한 반대에도 개의치 않고 한국은행법 개정을 밀어붙인 것은 물가안정을 위해서는 통화관리가 가장 중요하고 이를 위해 통화관리에만 전력투구하는 중앙은행을 만들어야 물가안정 기반이 흔들리지 않는다는 확신에서였다.

석유파동과 같은 원가 요인이 생기면 이른바 비용상승 인플레이션(Cost Push Inflation)은 불가피하다. 이 경우에는 가격을 직접 규제해서 물가상승을 억제해야 한다고 가격의 행정규제를 정당화한다. 그러나 이러한 경우에도 일시적 가격 상승은 불가피하지만 연쇄적 상승으로 이어지는 악순환은 막아야 한다. 이는 행정규제로서는 안 되고 통화를 안정적으로 관리해야 가능하다. 즉 불경기까지는 아니더라도 원가 상승 요인을 소비자에게 전가하기 어려워져야 인플레이션을 막을 수 있다. 안정 기반 구축에는 공급 능력을 넘어서는 최고 수요가 없도록 하는 총수요관리(Demand Pull Inflation) 대책이 핵심이다. 통화량을 늘리면서 행정규제로 물가를 안정시키려는 것은 방구들에 군불을 계속 때면서 부채로 방안 온도를 낮추려는 것과 같다.

1차 석유파동 때는 선·후진국 모두 원가 전가를 허용했다. 그 결과 경기는 호황이었지만 세계적 인플레이션을 겪었다. 하지만 2차 석유파동 때에는 선진국들은 일시적 물가상승은 어쩔 수 없었지만 통화관리 기조를 긴축 기조로 유지했고 그에 따른 극심한 불황을 감내했다. 당시 우리나라도 안정화시책이 경제운용의 기조였다. 한때 높은 물가상승과 극심한 불경기로 고생했으나 석유파동이 진정되면서 높은 성장과 함께 물가가 크게 안정될 수 있었다. 1차 석유파동 때와 같은 정책 기조를 그대로 되풀이한 중남미 여러 나라들의 경제 상황과는 극명한 대조를 보인 것은 이 때문이었다.

경쟁 없이 경쟁력 제고 없다

물가안정을 위한 다른 한 손은 경쟁 촉진이다. 이 또한 원가 상승 요인이 있더라도 소비자에게 그대로 전가하기 어렵게 한다. 뿐만 아니라 원가를 절감하고 품질 개선 노력을 계속하지 않을 수 없게 한다. 이는 경쟁 없이는 결코 기대할 수 없다. 공정거래법 제정을 위해 집념을 가지고 노력한 것은 그 때문이다.

물가국장으로 있으면서 소비자고발센터 설립, 가격표시제 권장 운동을 했다. 유통구조 개선 방안도 집중 검토했다. 경쟁을 촉진시켜 가격 통제 방식에서 탈피하기 위해서였다. 경제단체나 재계는 기회 있을 때마다 가격 통제를 풀어달라고 요청했다. 그럴 때마다 "수입자유화로 경쟁체제를 이루면 가격 통제는 하지 않겠다"고 했다. 경쟁이 촉진되면 시장원리가 작동해 원자재 가격이 내릴 때는 말할 것도 없고 오를 때에도 경쟁에서 이기기 위한 원가 절감, 품질 개선 등에 심혈을 기울이게 된다.

이윤을 줄이면서라도, 소비자가를 낮추면서라도 경쟁에서 이기기 위해 뛰게 된다. 서로 경쟁을 하도록 유도하지 않으면 우리 경제 전체의 효율성은 날이 갈수록 떨어진다. 경쟁이 없으면 기업들이 창의력을 발휘하거나 품질을 높이고 원가를 절감하는 노력에 소홀해진다. 경쟁 없이는 물가안정이나 우리 산업의 경쟁력 강화가 불가능하다. 경쟁 없이는 경쟁력이 생길 수 없다. 그렇기 때문에 본격적인 경쟁체제 구축을 서둘러야 했다.

물가 국장 당시 경쟁제한행위에 대한 유형별 실태조사 결과를 간추리면 다음과 같다.

경쟁제한행위의 유형은 사업자 간의 경쟁제한, 사업자 단체에 의한 경쟁제한, 각종 법규 또는 행정처분에 의한 경쟁제한, 국제계약 및 협정에 의한 경쟁제한, 기업 집중 및 결합, 즉 독과점화에 의한 구조적 경쟁 저해 심화 등으로 다양했다.

사업자 간의 경쟁제한행위는 관습적, 묵시적으로 행해지고 있으나 실태 파악은 매우 어려웠다. 그러나 판매 가격의 공동 유지, 투매 방지를 위한 가격 유지 행위, 납품 시 가격담합, 가격의 동조적 인상 등 가격에 관한 제한 행위나 수량에 관한 제한 등이 있었다. 즉 원료의 공동 구매 또는 공동 배정을 통한 실질적 판매 수량 제한, 발주기관의 응찰 업자 자격 제한 및 구매 물량의 할당, 납품 시의 업자 간 수량 담합 등이 있고 판매 지역 또는 거래 상대방을 제한하는 거래선 유지 협정 등이 있었다.

사업자 단체에 의한 경쟁제한행위는 신·증설을 제한한 단체가 제분공업협회 등 5개, 원자재 구입 제한 단체는 모두 89개에 이르렀다. 수입 추천은 농약공업협회 등 35개 단체, 판매지역 할당은 유가공협회, 판매가격 조정은 제분공업협회 등 4개, 수요 조정은 견방협회 등 5개였다. 생산 활동 제한 단체는 14개였는데 생산물량 또는 비율 조정은 제분공업협회 등 12개, 생산품목 조정은 주류제조협회 등 2개였다. 수입금융 배정 등 정책자금 배정을 통해 자금 획득을 제한한 단체는 방직협회 등 5개였다. 판매활동을 제한한 단체는 88개로 출고 제한을 포함한 판매물량 또는 비율을 조정하는 단체는 합판공업협회 등 7개였다. 판매가격의 유지, 인상 및 재판매가격 등을 조정한 단체는 화장품공업협회 등 22개, 판매지역 할당 단체는 철강협회 등 4개였다. 수출입 추천 단체는 전자공업협회 등 21개, 단체적 수의계약은 기계공업협동조합 등 33개 단체였고 주정협회는 공동 판매장을 경영하고 있었다.

각종 법령 또는 행정 처분에 의해 경쟁제한행위를 하는 경우도 있었다. 먼저, 가격 규제로는 물가안정 및 공정거래에 관한 법률에 의한 독과점 가격규제, 주세법에 의한 주정 및 탁주 가격, 사료관리법에 의한 사료가격 등이 있다.

수량에 관한 제한으로는 섬유공업 시설에 관한 임시조치법에 의한 섬유시설의 신·증설 허가, 약사법에 의한 의약품 제조허가,

전기용품 안전관리법에 의한 전기용품 제조업 허가, 양곡관리법에 의한 양곡가공업 허가 등이 있다.

자금 및 원자재 배정에 의한 판매수량 제한의 예로서는 외자도입법에 의한 외자도입 인가 시의 사전 심사, 외환관리법에 의한 수입금융 배정, 주세법에 의한 주정 배정, 무역거래법, 관세법에 의한 수입 원자재의 판매물량 제한이 그 예가 된다.

판매지역 또는 거래 상대방을 제한하는 예로서는 무역거래법에 의한 수출입 제한, 주세법에 의한 소주의 자도주(自道酒), 즉 자기 도에서 생산하는 소주를 50% 이상 구입해 판매하는 의무와 같은 판매지역 제한, 주류도매상의 판매지역 할당, 국산양주 생산자의 슈퍼마켓에 대한 판매 제한 등 주류의 판매지역 제한이 있다. 외자도입법에 의한 합작투자, 기술도입 계약인가 시의 수출물량 할당, 예산회계법에 의한 관납 시의 응찰자격 제한과 행정 지시에 의한 내수 및 수출물량의 비율조정 등이 있다.

국제계약 및 협정에 의한 경쟁제한행위로는 코카콜라의 원액 공급계약에 의한 4개 생산자의 판매지역 분할, 독점적 수입을 위한 수입 대리점 계약, 합작투자 또는 기술도입 계약상의 원자재 구매 제한 또는 수출제한 등이 있었다.

이렇게 다양한 경쟁제한행위가 있지만 이를 효과적으로 다스릴 길은 없었다. 그 결과 기업의 집중 및 결합(독과점화)에 의한 시장 집중도는 점점 더 심화되고 있었다. 내수 출하 총액 20억 원 이상을 대상으로 조사한 결과 1976년과 1978년을 대비할 때 시장점유율이 1개 사가 100%인 경우가 27개에서 41개로, 2개 사가 100%

인 경우는 13개에서 21개로, 3개 사가 100%인 경우는 7개에서 30개로, 70% 이상인 경우는 42개에서 115개로 각각 증가했다. 20대 재벌기업의 계열기업 수는 269개에서 365개로 40% 증가했다.

공정거래 제도의 탄생

경쟁제한행위를 규제하고 경쟁 촉진을 위해서는 공정거래법 제정은 반드시 필요하다. 1980년 12월 23일, 드디어 독점규제 및 공정거래에 관한 법률이 국보위 입법회의를 통과했다. 시장경제를 위한 헌법에 해당하는 공정거래법 제정은 1960년대 후반부터 시도했지만 번번히 국회 통과에 성공하지 못한 오랜 숙원이었다.

물가 관련 입법 과정을 보면 1961년 11월 9일에 물가조절에 관한 임시조치법이 제정된 후 1966년 7월 14일에 공정거래법(안)을 국회에 제출했지만 1967년 6월 30일, 6대 국회 회기 만료로 폐기되었다. 1967년 8월 2일 같은 내용의 법안을 국회에 다시 제출했다가 1969년 4월 15일, 이 법안을 철회하면서 독점규제법(안)을 국회에 제출했지만 1971년 1월 30일, 7대 국회 회기 만료와 함께 폐기되었다. 1971년 10월 28일 종전의 공정거래법(안) 일부를 수정해 국회에 다시 제출했으나 1972년 10월 17일 8대 국회 해산으로 또 법안이 폐기되었다. 그러다가 1973년 3월 12일 물가안정에 관한 법률이 제정돼 시행되었다.

본격적인 공정거래법 제정에 앞서 물가안정 및 공정거래에 관한 법률이 1975년 말에 국회를 통과해 1976년 3월 15일부터 시행에 들어갔다. 독과점 규제 및 공정거래법은 몇 차례 국회에 제출되었지만 입법화에는 번번히 성공하지 못했기 때문에 엉거주춤한 내용의 법을 만들게 되었다. 이 법률은 물가안정을 위한 가격 규제 제도를 도입해 최고가격 지정을 비롯해 독과점 가격 결정, 공공요금 결정 이외에 긴급 수급 조정명령과 가격 표시명령 등을 할 수 있게 했다.

본격적인 경쟁촉진을 위한 장치는 법에 반영하지 못했다. 다만 공정거래와 관련해서 가격, 수량, 판매조건, 거래 상대방 제한 등 경쟁제한행위를 하지 못하게 했다. 불공정거래 행위로서는 거래 거절, 차별 가격, 집단 배척, 거래 강제, 우월적 지위 남용, 거래처 제한, 매점매석, 재판매 가격 유지, 허위과장 광고, 출고조절 등 10개 유형을 규정했다. 물가안정위원회를 두어 가격 규제 및 경쟁촉진 관련 업무를 담당하게 했다. 그러나 경쟁제한행위 규제는 법 체제 및 기구의 미비로 법에 규정은 처음으로 했지만 사실상 사문화되었다.

당시 시행중인 물가안정 및 공정거래에 관한 법률은 입법 목적이 물가에 관한 규정은 규제 중심, 공정거래에 관한 규정은 경쟁촉진을 목적으로 하고 있어 언뜻 보면 그럴듯하지만 한편으로는 가격과 요금의 직접 규제, 다른 한편으로는 경쟁 촉진이라는 이율배반의 내용을 함께 규정하고 있어 문제였다.

공정거래를 위한 법제 정비는 시급을 요하는 과제였다. 현행법을 개정 보완하는 방법도 있지만 그보다는 공정거래 부분은 공정거래법, 물가는 국민생활안정법으로 구분하는 쪽이 더 바람직하다고 생각했다. 그렇게 하면 입법 체계가 명확해지고 제도 운영의 실효성을 높일 수 있다. 외국의 예를 보면 일본, 미국, 영국, 프랑스, 서독 등이 분리 입법을 하고 있다.

규제 형태에 있어서는 독점이나 카르텔을 원칙적으로 금지하는 원인 규제주의를 채택하는 나라는 미국, 일본, 캐나다, 뉴질랜드, 필리핀 등이며, 독점이나 카르텔의 폐해에 대해 사후적으로 규제하는 폐해 규제주의를 채택한 나라는 영국, 서독, 프랑스, 덴마크, 스웨덴, 노르웨이 등이다. 한국은 국내시장이 협소하고 아직도 국제 경쟁이 불가능한 산업이 일부 있기 때문에 원인 규제보다는 폐해 규제 원칙이 바람직하다는 의견이 지배적이었다.

1979년 물가정책 전환으로 공정거래법 제정은 더 이상 미룰 수 없는 당면 과제가 되었다. 독점규제 및 공정거래에 관한 법률을 새롭게 제정하기로 했다. 공정거래법 제정 준비 작업을 위해 1973년 이미 법제처로부터 전윤철 사무관(후에 경제부총리, 감사원장 역임)을 스카우트해 왔다. 제도 도입을 위한 전담 연구반이 만들어졌으며 반장은 이양순 공정거래 정책관(후에 공정거래위원장 역임)이 맡았다. 우리나라 공정거래 제도 도입과 정착을 위해 노력한 사람들은 수 없이 많지만 이들 두 사람은 그중에서도 대표 격인 사람들이다. 연구반에서는 관계 부처뿐 아니라 청와대와 여당 및 경제단체, 소비자단체 실무자들의 협의를 마친 뒤 공청회를 거쳐 최종안을 확정한다는 추진 계획을 마련했다.

공정거래법 제정 시도가 과거에 몇 차례 실패했기 때문에 추진하면서도 입법화에 성공할 것인지에 대해 솔직히 자신이 없었다. 대기업의 반대는 여전했고 다른 경제 부처는 물론이고 경제기획원 내부에서도 서석준 차관을 비롯해 상당한 반대가 있었다. 그러나 10.26 이후, 1980년에 국보위가 발족되어 국보위의 중요 과제에 공정거래법 제정도 포함되었다. 1980년 말, 드디어 법 제정이 이루어졌다. 재계의 반발은 여전했지만 언론의 적극적인 지원이 입법화 성공에 크게 기여했다.

지방자치와 시장경제

공정거래제도 도입에 관한 논의가 한창일 때 방한한 일본의 공정거래 전문가와 의견을 교환한 일이 있었다. 그는 한국에서 시장경제가 제대로 자리 잡기 어려울 것이라는 견해를 가지고 있었다. 시장경제는 전통적으로 지방자치가 실시되는 미국, 독일, 일본 같은 나라에서만 꽃을 피운다. 한국은 중앙집권 체제의 전통이 뿌리 깊게 자리하고 있어 시장경제 체제와 잘 맞지 않을 것이라고 했다. 일리가 있는 견해였다.

이 말에 대해 나는 "경제는 개개인의 이익과 직결되어 있고 이윤 동기가 경제를 움직이는 원동력이다. 과거의 전통이 이러한 원동력을 막지는 못할 것이다. 정치적 민주주의보다 경제적 시장경제 체제가 앞서서 구축될 것이다"라는 소신을 피력했다. 한국에서 시장경제가 꽃 피우는 모습을 지켜보기 바란다고 큰소리를 했다.

지금까지도 시장경제 체제에서 벗어나고자 하는 움직임이 끊이지 않고 또 아직도 국가가 나서면 어떤 문제든지 다 해결할 수 있는 것처럼 정부를 다그치는 일이 비일비재하다. 이러한 상황을 볼 때면 그때 나눈 대화가 떠오르곤 한다.

🪨 한 자리 물가안정을 이루다

1980년은 석유파동과 냉해로 인한 농작물 흉작으로 인플레이션의 소용돌이에 휘말린 한 해였다. 30%가 넘는 물가상승은 한국전쟁 시기를 제외하고는 그 예를 찾기 어려운 폭등이었다. 그러나 그로부터 2년이 지난 1982년에 우리는 한 자리(Single Digit) 물가를 기록했다. 1982년 초, 경제기획원 업무보고 때 전두환 대통령이 물가를 한 자리로 안정시키라고 지시했을 때 아무도 그것이 가능하다고 생각하지 않았다.

2차 석유파동으로 급등했던 원유가격이 하락하자 물가도 크게 안정세를 찾아갔다. 1981년 물가상승률은 그 전해에 비해 반 이하 수준으로 떨어졌다. 1982년 초 경제기획원 업무보고 자리에서 전두환 대통령은 한 자리 물가안정이라는 목표를 처음으로 지시했다. "1981년의 물가가 그 전해의 반 수준으로 떨어졌으니 82년에도 81년 상승률의 절반 수준으로 안정시키는 것은 가능하지 않은가?" 그렇게 하면 한 자리로 안정시킬 수 있다는 지극히 단순한 논리였다. 당시 한 자리 물가상승이 실제로 가능하다고 믿은 사람은 정부 안팎을 통틀어 아무도 없었다. 정부 목표에 대해 정신없는 헛소리 정도로 여겼다.

그러나 전두환 대통령은 한 자리 물가안정을 위한 강력한 정책을 앞장서서 추진했다. 1982년 물가가 한 자리 상승에 그치고 그것도 5%대의 안정을 이룩하자 분위기는 완전히 달라졌다. 특히 1984년 다음해 총선을 앞두고 전 대통령은 세출예산, 추곡수매가,

노임 등을 동결하는 인기 없고 반대가 심한 정책들을 흔들리지 않고 밀고 나갔다. 이는 물가안정에 대한 확신이 있었기에 가능했다. 이러한 노력의 결과 한 자리 물가안정이 확고하게 자리 잡게 되었다. 물가안정의 중요성에 대한 국민들의 이해를 얻기 위해 대대적인 대국민경제교육을 실시했고 경제교육 전담기구도 만들었다. 이렇게 이룬 물가안정은 행정력을 동원한 안정과는 완전히 다른 차원의 진정한 물가안정으로 확고히 자리를 잡았다.

5장

장래
계획 세우기

초미의 과제는 자립경제

장래 달성하고자 하는 목표를 분명히 세울 경우 그 목표 달성을 위해 보다 더 조직적으로 노력하고 또 모든 힘을 모은다. 이는 개인이나 기업, 국가가 다를 바 없다. 우리나라는 여러 차례의 경제개발계획을 추진한 결과 짧은 기간 안에 국가를 발전시켰다고 흔히 말한다.

사실 1960년대 초만 하더라도 우리나라에는 근대경제라고 말할 수 있는 것이 없었다. 미군에 휘발유 공급을 의존하고 있었기에 미군의 석유공급 중단이 우리 정부에 대한 압력 수단으로 사용되었다. 정유공장을 건설하는 일도 지금은 상상도 할 수 없는 어려운 고비를 넘어야 했다. 비슷한 어려움은 고속도로 건설 과정에서도 겪었고, 포항제철 건설의 경우에도 그러했다. 이러한 어려움을 겪으면서 꾸준히 추구한 경제건설 목표는 나라살림을 스스로의 힘으로 꾸려갈 수 있는 자립경제를 만드는 것이었다. 이를 위해 허리띠를 졸라매면서 우리나라가 가진 모든 것을 쏟아 부었다.

물론 우리가 갖지 못한 기술과 모자라는 자금은 해외의 도움을 받지 않을 수 없었다. 우리의 노력에 대해 선진 국가들이 모두 아낌없는 격려만 하지는 않았다. 알게 모르게 우리를 견제하는 일도 비일비재했다. 시도했지만 끝내 좌절한 경우도 하나둘이 아니었다. 그러나 전진을 가로막는 장애를 극복하면서 앞으로 나아갔다.

이를 위해 경제개발을 추진할 정부 기구부터 정비했다. 1961년 7월 22일, 경제기획원이 발족했다. 5.16 군사혁명 후 제일 먼저 만든 정부 조직이다. 경제를 발전시킬 계획을 세우고 계획을 집행하기 위해 필요한 외자를 원활히 도입할 수 있는 경제 협력업무와 내자 지원을 위한 예산 기능을 한 곳의 정부 부처로 모아 만든 것이 경제기획원이다. 경제기획국, 경제협력국, 예산국이 세 기둥이었다. 이러한 여정을 성공적으로 이끌 길잡이로 마련한 것이 경제개발 5개년계획이다. 어려움 속에서 경제 건설의 의지를 결집한 것이다.

경제기획원의 가장 핵심이 되는 업무는 계획을 수립하는 것이었다. 경제협력국은 수립한 개발 계획에 따라 소요 외자를 마련하고 예산국은 내자 지원을 충실히 하는 것으로 구상했다. 특히 예산 편성을 할 때 투자 예산편성은 5개년계획에 따라 이루어져야만 했다. 그러나 1960년대 초반, 처음 경제개발계획을 수립 발표한 이후 5개년계획의 역할과 위상은 날이 갈수록 점점 위축되어갔다. 경제개발 5개년계획이 경제개발을 이끈 주도적 역할을 했고 또 5개년계획하면 매우 조직적으로 잘 짜여 있고, 일관성 있게 추진된 것으로 흔히 알려져 있다. 하지만 실상은 이와는 거리가 멀었다.

그 이유는 여러 가지가 있었으나 가장 큰 원인은 5개년계획 사업이라고 해서 정부 예산편성 때 특별히 배려하지 않은 것에 있었다. 더구나 그 후의 운영과정을 보면 기획, 예산, 협력 업무가 유기적으로 맞물려 가기보다는 따로따로 돌아갔다. 그렇게 되니 기획국의 경우 밤낮없이 일을 해보았자 이렇다 할 보람을 느낄 수 없었다. 아무리 참신한 아이디어를 내놓아도 실제 정책에 반영이 안 되기 때문이다.

예를 들어 예산을 편성할 때 5개년계획에 포함 여부는 고려 대상이 아니었다. 예산 담당자가 독자적으로 판단해서 예산을 책정했다. 기획국에서 작성한 사업 계획은 대개의 경우 이를 무시했다. 이에 대해 기획국에서 그 부당성을 아무리 지적해도 오불관언이었다. 기획국 담당자보다 예산 담당자가 사업 내용에 대해 더 잘 파악하고 있기 때문이었다. 이러니 기획국 작업 결과는 특별한 경우를 제외하고는 대부분 시안(試案)일 뿐 실제 집행과는 아무런 관련 없이 흐지부지되곤 했다.

게다가 나라가 떠들썩하게 추진한 국가적 역점 사업들은 5개년계획에는 포함되어 있지 않은 비계획 사업인 경우가 많았다. 경부고속도로 사업은 2차 5개년계획에는 들어 있지 않았다. 박정희 대통령이 서독 방문을 마치고 귀국한 다음 특별 지시에 의해 추진하게 되었다. 포항제철, 중화학공업 건설, 1인당 국민소득 1,000달러 달성 또한 마찬가지였다. 당초 5개년계획안에는 언급조차 없던 중화학공업 추진이 중점 사업이 되었고, 국민소득 1,000달러 달성은 아예 우리 경제의 지상 목표가 되었다. 이와 같은 일이 거듭됨에 따라 5개년계획과 경제기획국의 위상은 점점 떨어질 수밖에 없었다.

🦜 주요 국책 사업의 대부분은 비계획 사업

그럼에도 왜 경제개발 5개년계획을 계속 만들었는가? 5개년계획이 중장기 경제개발 계획이라는 측면보다는 낙후된 경제를 개발시키겠다는 정부의 강력한 의지를 가장 효과적으로 표현하는 수단이었기 때문이다. 사실 경제개발 5개년계획은 국정 우선순위를 경제개발에 둔다는 '경제 제일주의'를 국민들에게 가장 잘 알리는 '깃발'로 쓰였다. 그렇다면 5개년계획이 경제개발에 어떤 역할을 했는가?

경제개발 5개년계획은 박정희 대통령 시절 우리나라 경제개발을 이룩한 중요한 도구의 하나로 알려져 있다. 그러나 5개년계획은 경제개발을 위한 사업 집행 계획을 모은 것은 아니었다. 이는 주요 국책 사업들이 5개년계획서에는 포함되지 않은 사실에서도 잘 알 수 있다. 예를 들어 1960년대 후반, 경부고속도로는 세계은행에 차관 요청을 했다가 타당성 조사 결과 시기상조라는 결론으로 거부당했음에도 국가 재정을 거의 다 쏟다시피 하면서 건설을 추진했다. 대일청구권 자금을 다 쓸어 넣은 포항제철 건설 또한 마찬가지였다. 이들은 모두 5개년계획서에는 없었던 사업이다.

5개년계획의 역할을 가장 크게 위축시킨 것은 중화학공업의 추진이다. 중화학 공업화 정책은 청와대 경제 제2수석실이 중심이 되어 추진했다. 사업 추진을 위해 '중화학공업 추진기획단'을 따로 만들었다. 경제기획원과는 무관한 별도 기구였다. 3차 5개년계획의 위상은 떨어질 수밖에 없었다. 이렇게 국력을 총집결했던 주요 국책사업의 대부분은 5개년계획 작성 과정에서는 검토되지 않았던, 말하자면 비계획 사업들이었다. 그러나 달리 보면 5개년계획에 구애됨이 없이 그때그때 필요한 사업을 벌인 신축적인 자세가 우리 경제발전에 더 큰 기여를 했다고 할 수 있다. 만일 사회주의 국가처럼 계획에 얽매였다면 급속한 경제발전은 이룰 수 없었을 것이다.

🪙 경제개발 5개년계획은 진군 깃발

5개년계획이 집행을 위한 계획이 아니었다면 과연 어떤 역할을 했는가? 5개년계획의 주된 역할은 경제개발이라는 국가 목표를 분명히 제시하는 것, 경제개발이 국정 우선순위의 첫 번째라는 것, 이 목표를 위해 온 나라의 가용자원을 총동원해야 한다는 것을 분명히 하는 데 있었다. 5개년계획은 실천을 위한 사업계획이나 행동계획을 담은 문서라기보다는 국정 우선순위가 경제에 있다는 것을 나타내는 상징으로 쓰였다. 경제 제일주의의 대명사가 바로 경제개발 5개년계획이었다. 경제개발에 국력을 총집결해서 국민들을 이끌어가는 진군 깃발이었다. 그리하여 내용보다는 경제개발 5개년계획이라는 이름이 가장 요긴하게 쓰였다.

박정희 대통령은 5개년계획에 대한 보고를 받을 때 오전 시간이면 충분했다. 즉 3~4시간 이상은 할애하지 않았다. 전두환 대통령이 10번에 걸쳐 보고를 받고 토론을 한 것과는 좋은 대조를 이룬다. 한 가지 분명히 할 것은 '5개년계획 작성으로 무엇을 얻게 되는가?'이다. 5개년계획을 발표하면 언론에서는 목표 연도의 경제 규모 등에 관심을 보였다. 그러나 5개년계획을 만드는 의의는 5년 뒤의 모습보다 그런 목표를 달성하기 위해 '오늘, 무엇을 어떻게 바꾸어야 하는가'에 있다. 계획서가 아닌 계획 과정에 의미가 있다. 계획 작성 과정은 바로 각 분야의 문제가 무엇이고 앞으로 5년간 무엇을 어떻게 해야 하는가에 대한 연구·토론을 통해 관계자들 사이에 공감대를 형성하는 것이 중요하다. 그렇기 때문에 계획서가 캐비닛에서 먼지를 뒤집어쓰고 있더라도 이미 목적은 달성한 것이었기 때문에 문제될 것이 없었다.

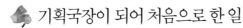 기획국장이 되어 처음으로 한 일

1974년 11월 경제기획 국장으로 전보되었다. 경제기획국에서 일하게 된 것은 평소에 바라던 바였다. 경제기획국 근무는 나라경제 전체에 대한 거시적 흐름을 공부할 수 있는 좋은 기회였다. 그에 더해 마침 제4차 5개년계획 작업을 하게 된 것은 더할 수 없는 기회라고 생각했다. 오랫동안 예산 분야에서 일하다가 물가 국장이 되어 물가에 대한 공부를 하고 기업과 산업에 대해 배울 수 있었는데 기획 국장으로 발령이 난 것은 큰 행운이었다. 나라경제의 거시적 운용에 대해 공부할 기회가 생겼기 때문이었다. 제4차 경제개발 5개년계획의 기간은 1977년부터 1981년까지였다. 계획은

1976년에 확정되지만 계획 시작 2년 전인 1975년 중에 실무 작업은 대부분 마무리하게 되어 있었다.

이렇게 여러 기대를 가졌지만 막상 기획국 직원들의 사기가 말이 아니게 떨어져 있어서 의외였다. 과연 5개년계획이 제대로 만들어질 수 있을까 염려될 지경이었다. 그러나 기획국 사정을 알고 보니 그럴 수밖에 없다고 충분히 이해가 갔다. 중화학 기획단 발족 이후 5개년계획을 포함해 기획국에서 하는 일들이 실제 경제운용과는 큰 관련이 없었다. 게다가 야근을 하면서 근처 중국집에 자장면을 주문해도 외상값이 많이 밀렸다며 배달조차 해주지 않는 한심한 처지였다.

자신의 일에서 보람을 찾기 어렵고 또 대우도 이러하니 직원들은 어떻게 해서든 다른 부서로 옮길 궁리만 하고 있었다. 한결같이 다른 부서에서 일하게 해달라고 부탁했다. 주변에서는 그들을 기획국에 남아 있도록 설득하라고 권고했다. 제4차 5개년계획 편성을 위해서는 경험 있는 그들이 반드시 필요하다는 이유에서였다. 그러나 나는 직원들의 요구를 받아들이기로 했다. 기획국에서 일하기를 원치 않는 사람보다는 새로운 인력을 충원하는 게 더 나을 것이라고 판단했기 때문이었다. 다른 부서로 가기를 원하는 직원은 전원 자리를 옮기도록 했다. 모두 보내고, 남겠다는 사람만 남도록 조치한 것이다. 그렇게 하자 기획국은 텅 비어 버렸다. 사무관 중에서 남아 있는 사람은 강봉균 사무관과 최창림 사무관 단 두 사람뿐이 되었다. 강봉균 사무관은 5개년계획 작업을 총괄했고 최창림 사무관은 투자계획 총괄 담당이어서 두 사람 없이는 실제로

5개년계획 작성은 생각도 할 수 없을 정도의 핵심 요원이었다. 두 사람으로부터 5개년계획에 대한 공부를 했다.

국장 부임 후 최우선적으로 해야 할 일은 인원 충원이었다. 공석이 된 사무관 자리는 행정고시에 갓 합격한 후 경제기획원에 배속된 신참 사무관들로 대부분 충원했다. 이렇게 기획국은 아예 새로운 진용으로 재편성되었다. 처음으로 5개년계획을 수립하는 신참 사무관들이 계획을 제대로 만들 수 있을까, 불안해하는 사람들이 많았다. 그러나 나는 기획국을 떠나기 원하는 사람들과 일하는 것보다 새로운 사람들과 일하는 편이 더 낫다고 생각했다.

🔍 사무관 전원을 해외 시찰 보내다

기획국 충원이 마무리된 뒤 가장 먼저 한 일은 경제기획국과 한국개발연구원(KDI)과의 긴밀한 업무 협력관계 구축이었다. KDI는 좀 더 실효성 있는 경제 정책을 수행할 목적으로 설립된 경제기획원 산하의 연구기관이었다. 그렇지만 실제로 긴밀히 협력하기보다는 제각기 동떨어진 활동을 하고 있었다. 그 결과 경제기획원이 KDI에서 해주기를 바라는 연구와 KDI에서 발표하는 연구는 따로따로인 경우가 태반이었다.

5개년계획 수립 작업을 앞두고 있어 경제기획국과 KDI의 관계를 새로 구축하는 일이 시급했다. 담당 분야별로 경제기획국 사무관과 KDI 박사를 1:1로 지정해서 한 팀이 되도록 했다. 그 분야의 일을 함께 연구하고 토론하는 것은 물론, 주말에 등산이나 테니스 같은 운동도 함께 하도록 했다. 업무뿐 아니라 업무를 떠나서도 보다 밀접한 관계가 조성될 수 있도록 했다.

이렇게 팀으로 일하는 체제를 만든 다음 추진한 일은 해외시찰이었다. 5개년계획 수립을 지원하기 위해 유엔 산하의 국제연합개발계획(UNDP)에서 50만 달러를 지원했다. 그 자금은 5개년계획 수립을 위해 도움을 줄 외국 전문가 초청에 주로 사용했다. 그러나 이번에는 외국 전문가 초청 비용을 줄여 직원들의 해외 시찰 경비를 마련했다.

5개년계획 수립 작업의 본격적인 착수에 앞서 팀별로 해외 시찰 또는 훈련을 위한 계획서를 만들도록 했다. 계획은 각양각색이었다. 전자공업과 같은 특정 분야를 살펴보기 위해 세계 각국을 돌아보는 계획을 세운 팀이 있는가 하면, 어느 한 곳에 가서 철저히 배워오겠다는 계획을 세운 팀도 있었다. 가급적 그들의 계획을 존중해 전 세계로 시찰 여행에 내보냈다. 그들 가운데는 처음으로 외국에 나간 탓에 어이없는 실수를 저지르는 경우도 없지는 않았지만 결과적으로 큰 성과가 있었다. 기획국 사무관과 한 팀으로 맺어진 KDI 또는 한국과학기술연구소(KIST) 박사도 함께 여행을 한 덕분에 시찰과 끊임없는 토론을 통한 가장 효과적인 학습이 이루어질 수 있었기 때문이다.

해외 시찰을 다녀온 직원들은 우선 근무 자세부터 확연히 달라졌다. 당시 기획국의 개편된 인원은 두 사람을 제외하고는 모두 다른 부서에서 온 전입자거나 신참 사무관들이었다. 따라서 기획국의 업무에 생소했다. 하지만 세계 각국을 시찰하고 온 뒤에는 사정이 완연하게 달라졌다. 세계 각국 상황을 두루 둘러보고 왔기 때문에 경제 전반을 보는 안목이 높아졌을 뿐 아니라 제각기 맡은 분야에 대한 계획 설정 목표도 극히 명확하고 구체적으로 세워가게 되었다. 계획 수립에 대한 의욕도 대단했고 계획 작업도 자신만만한 자세로 해나갔다.

🪨 4차 계획의 특징

4차 계획부터 5개년계획의 명칭이 달라졌다. 경제개발 5개년계획에 사회 개발이 포함되었다. 명칭도 경제사회개발 5개년계획으로 바뀌었다. 4차 계획은 성장, 능률, 형평을 이념으로 내걸고 자립경제와 사회 개발, 기술과 능률의 혁신적 향상을 기본 목표로 작성했다. 종래의 계획과 가장 크게 달라진 것은 계획에 교육, 의료 등 사회 개발 부분이 처음으로 포함된 것이다. 성장도 경제 규모의 양적인 성장보다 내용, 즉 질적 성장에 더 역점을 두었다. 특히 고용 증대에 주안을 두었다.

4차 계획 수립 과정에서 관계 전문가의 광범위한 참여도 특별히 배려했다. 1975년 8월 12일, KDI에서 오전 11시부터 오후 5시까지 30명이 참여하는 경제정책 협의회를 시작으로 10개 분야 정책 협의회를 가졌다. 활발한 관민 협의에 더해 5개년계획 작업을 위해 세계적 전문가들을 초청해 이들의 조언을 계획 작업 과정에 충실히 참고했다. 종래의 5개년계획 작업과 가장 두드러진 차이는 가용재원 배분의 합리화 노력이라고 하겠다.

5개년계획과 예산 편성의 같은 점, 다른 점

경제기획 국장으로 부임한 뒤, 강봉균, 최창림 사무관으로부터 5개년계획은 어떻게 만드는가에 대한 설명을 들었다. 듣고 보니 그리 대단하고 어려운 일은 아니었다. 앞으로 5년 동안의 개발 목표를 설정하고 개발 전략을 검토하는 일과 이들을 달성하기 위한 투자계획을 세우는 작업이었다. 5개년계획 작성의 핵심은 5년 동안의 가용 투자재원을 추계하고 그 투자재원을 어떤 부분과 사업에 얼마를 배분하는가를 정하는 것에 있었다. 따라서 5개년계획을 작성하는 일은 가용재원 배분이라는 점에서 예산편성과 다를 바 없었다. 차이가 있다면 그 기간이 1년에서 5년으로 보다 장기라는 점, 배분 재원이 정부 세입이 아닌 관민 총가용재원이라는 점, 계획에 포함하는 사업이 예산은 정부가 주체인 것에 반해 5개년계획에서는 정부, 민간 모두를 망라한다는 점이 다를 뿐이었다.

그동안 5개년계획은 대통령에게 보고한 내용이 인쇄된 후에는 뚜렷한 역할이 없었다. 심하게 말하면 서류 캐비닛에서 먼지를 뒤집어쓰고 있다가 다음 5개년계획 작성 때 참고용으로 꺼내 보는 정도가 고작이었다. 그러나 이러한 사정은 4차 5개년계획부터 달라졌다. 5개년계획서에 포함되어 있지 않으면 예산편성 때 고려의 대상이 되지 못한 것은 4차 계획 이후부터였다. 그때까지는 예산편성 과정에서 5개년계획 사업인가의 여부는 참고조차 하지 않았다.

왜 그렇게 되었을까? 이전의 5개년계획 작업 과정을 검토한 결과 투자 계획 작성 방법이 문제였다. 즉 재원배분 방식에 문제가 있었다. 예산편성을 할 때는 반드시 필요한 인건비, 사무비, 계속 사업비 등의 예산 소요를 먼저 계산한다. 이들 예산을 통칭 '경직성 예산'이라고 불렀다. 이 경직성 예산부터 책정한 다음에 남는 재원을 가지고 신규 사업 예산이나 사업비 증액 요구 등에 배분했다. 이들에 대한 사업 심사가 예산편성 작업의 핵심을 이룬다.

그런데 종래의 5개년계획에서는 주요 정책 사업에 대한 투자는 주무 부처에서 요청하는 것을 거의 그대로 계획에 반영하고 남은 재원을 잡다한 기타 사업 투자 재원으로 처리했다. 마치 사업 예산은 요구한 대로 책정하고 남는 재원을 도저히 삭감할 수 없는 인건비 등 경직성 경비로 배분하는 것처럼 된 것이다. 우선 작업은 손쉽지만 현실성은 크게 떨어지기 마련이다. 그렇게 만들어진 계획이 외면당하는 것은 당연한 귀결이다.

이를 부연 설명하면, 5개년계획의 경우에도 항상 투자소요가 가용자원보다 크기 마련이다. 이를 조정하기 위해 윗선에서 관심을 가진 사업이나 대형 주요 사업에 대해서는 투자 소요를 제대로 다 반영하면서 기타 항목으로 분류되어 있는 사업의 투자액을 삭감해서 전체 균형을 맞추는 편법을 취했다. 그렇게 조정하면 관심을 가진 주요 사업은 투자 소요 전액이 5개년계획에 반영되지만 잘 드러나지 않는 수없이 많은 사업이 포함된 기타 사업의 경우에는 문제가 많았다. 이 기타 사업은 예산편성에서의 경직성 예산과 같아 정부에서 조정할 수 없는 투자 소요에 해당하기 때문이다.

예산편성 때는 세입을 늘리거나 세출을 삭감하는 등 비록 조정 과정이 고통스럽더라도 반드시 수입과 지출의 균형을 맞춘다. 균형을 맞추기 위해 사업 타당성을 검토하는 등 밀고 당기는 과정을 반드시 거친다. 그런데 그때까지의 5개년계획의 투자계획 작성 과정에서는 경직성 예산에 해당하는 기타 항목을 조정하는 편법을 쓰게 되어 5개년계획의 투자사업 조정 과정에는 예산편성과는 달리 고통스런 조정을 할 필요가 전혀 없었다. 이렇게 가용 투자재원을 배분하면 설사 주요 사업에 대한 투자 소요가 5개년계획에 다 반영된다 해도 아무런 의미가 없는 공허한 계획이 되고 만다. 5개년계획에 대한 신뢰성은 근저에서 흔들리게 된다.

🔖 투자 재원 배분 방식을 바꾸다

4차 5개년계획에서는 이러한 투자계획의 재원 배분 관행을 버렸다. 투자계획 작성은 종래와는 완전히 다른 전혀 새로운 방법을 채택했다. 즉 가용재원 총규모를 추계한 다음 이를 각 부문별로 먼저 배정하는 작업부터 했다. 구체적 계획 사업 작업에 앞서 각 부문별로 가용한도를 책정하는 방법을 채택했다. 이를테면 통신 부문은 얼마, 제조업 부문은 얼마, 중소기업 육성에는 얼마, 중화학공업 건설에는 얼마라는 식으로 사용 가능한 재원의 한도를 정해주고 그 범위 안에서 계획을 수립하도록 했다. 부문별 한도는 우선 과거의 투자 실적도 참고해서 추계했다. 그런 다음 투자배분 내용을 부문별로 달리할 때 우리 경제의 모습이 어떻게 달라지느냐를 추정해 보여주는 투자배분 컴퓨터 모델을 KDI에 의뢰해 개발해서 활용했다

가용재원 배분과 성장, 고용과의 관계를 밝혀 고용을 최대한 늘리는 방향으로 투자를 배분했다. 이를 위해 가용재원의 배분을 중화학공업 부문과 경공업 부문 등에 달리 배분할 때 그 결과가 성장, 고용 등에 어떤 차이를 가져오는가를 컴퓨터 모델을 이용해 추정했다. 중화학 부문에 중점 배분할 때와 경공업 부문에 중점을 둘 경우의 성장과 고용 효과의 차이를 보다 분명히 할 수 있었다. 이를 통해 주요 정책 사업에 사용할 수 있는 재원의 규모를 정했다. 중화학 부문은 고용 효과가 큰 것과 그렇지 않은 것으로 다시 구분해서 컴퓨터 시뮬레이션을 했다. 이런 작업 결과로 4차 계획에서는 포항제철의 5차 확장 계획은 뒤로 미루고 고용 효과가 큰 기계, 전자, 조선 부문을 중점 추진하는 것으로 했다.

다른 하나는 주요 정책 사업과 일일이 확인할 수 없는 잡다한 사업에 대한 투자재원 배분 방법이었다. 종래에는 주요 정책 사업에 대한 투자는 주무 부처에서 요청하는 것을 그대로 반영하고, 남은 투자재원을 기타 부문에 배분했지만 4차 계획 작성 과정에서는 이를 반대로 했다. 즉 일일이 확인할 수 없는 기타 부문에 대한 투자를 과거의 추세에 맞추어 먼저 배분하고 남는 재원 범위 안에서 주요 사업별 투자액을 결정하는 방식을 채택했다. 그 결과 주요 사

업에 대한 자금이 요청한 금액 그대로 반영될 수 없었다. 사업의 취사선택을 하지 않을 수 없었다. 이렇게 바뀌자 주요 사업 자체에 대한 검토를 보다 철저히 했다. 마치 예산편성 과정처럼 가용재원 범위에 맞춰 조정하게 되었다. 5개년계획 작성 작업이 마치 5년간의 투자 예산편성처럼 되었다.

이렇게 가용재원의 부문별 투자 배분 방법을 새롭게 바꾸어 5개년계획을 만들자 우선 5개년계획 자체가 현실성 있게 되었다. 무엇보다 5개년계획 편성 작업을 둘러싸고 진지하고 활발한 토론을 벌이게 되었다. 가용자원을 바탕으로 각 부처의 요구와 의견을 참작해 조정하다보니 사업의 선택 문제를 진지하게 검토하지 않을 수 없게 되었다.

그렇게 되자 각 부처에서도 5개년계획에서 주요 사업이 어떻게 되는가에 관심을 가지지 않을 수 없게 되었다. 그때까지는 5개년계획 작성을 위한 자료를 요청해도 각 부처에서는 잘 보내주지 않았다. 꼭 필요한 자료는 예산국 실무자에게 부탁해 제출받을 정도였다. 그러나 4차 계획 작성 과정에서는 그럴 필요가 전혀 없었다. 자료 요청을 하면 즉시 보내왔다. 사업에 대한 설명을 요청하면 즉각 소상히 설명하는 것은 물론 사업계획을 만들기에 앞서 기획국의 사전 검토를 요청하는 일도 비일비재했다. 비로소 기획국과 관계부처, 기획국과 연구기관 사이에 올바른 의사소통이 형성되기 시작했고 업무 협조체제도 제자리를 찾게 된 것이다.

5개년계획 작성 과정이 이렇게 고통과 고민이 수반하는 과정으로 바뀌자 아무도 기대하지 않은 변화가 일어났다. 5개년계획에 대한 인식이 크게 달라진 것이다. 계획 작성 과정이 현실성을 띠자 5개년계획에 반영된 사업인지 아닌지에 대해 예산편성 때 참고하기 시작했다.

그렇게 고통스러운 과정을 겪으면서 반영된 계획 사업이기 때문에 그 후 예산국에서 예산편성을 할 때 5개년계획에 반영되었는지 여부를 챙기게 되었다. 5개년계획에 반영되지 않은 사업은 아예 상대조차 하지 않았다. 5개년계획서는 작성 후에도 캐비닛에서 잠자는 신세에서 벗어나 계속 참고하는 문서가 되었다.

경제기획국의 위상도 크게 높아졌다. 경제기획국 간부들의 일하는 보람과 자부심도 커졌다. 의욕적으로 장기계획 업무와 경제 운용 업무에 임하게 되었다. 경제기획원 안에서 가장 별 볼일 없는 기획국이 가장 일하고 싶은 곳으로 바뀌었다. 특히 기획국에는 젊고 유능한 공무원들이 많이 모였다. 자장면을 주문하면 즉시 배달이 되었음은 물론이다.

갓 임명된 새내기 사무관들이 주축이 되어 만든 4차 5개년계획이었지만 의욕적인 열성에 힘입어 과거 어느 계획보다도 잘 만들어진 훌륭한 계획이라는 평가를 받았다. 4차 5개년계획을 확정 발표한 뒤 〈조선일보〉 사설 첫 머리에서 "총량 계획에서 부문별 세부 내용에 이르기까지의 짜임새가 마치 정교한 예술작품을 대하는 듯한 감흥을 안겨준다. 빈틈이 없다"고 과분한 찬사를 했다. 계획 당국의 '의욕과 계획 작성 능력을 과시'한 것으로 '합리성과 무모 순성을 확보'했다고 부연했다(1976년 6월 19일). 이런 찬사를 받을 정도인지는 자신이 없지만 '현실성 있는, 사람 중심'의 계획이 될 수 있도록 노력한 것은 틀림이 없다. 경제기획국은 유능한 경제 관료의 산실이 되었다. 경제기획국에서 일을 한 공무원들이 훗날 경제부처 장·차관 등 고위직을 줄지어 맡아 우리나라 경제를 이끌어 오늘에 이르고 있다.

🔖 의료보험제도의 도입

제4차 5개년계획이 만들어진 후 5개년계획과 경제기획국에 대한 평가가 달라진 데에는 재원 조달 방법의 개선 이외에 다른 몇 가지도 크게 기여했다. 이제까지 5개년계획은 경제 부문에 대해서만 대상으로 하던 것을 4차 계획에서는 처음으로 경제에 더해 사회 부문을 포함하는 경제사회개발 계획을 만들었다. 이에 따라 보건의료 부문과 교육 부문을 계획에 포함시켰다. 사회개발 부문 투자를 3차 계획 기간 대비 77% 증액 배분했다. 사회개발계획 작성과정에서 의료 보건 부문에 대한 투자는 3차 계획 대비 4.7배를 늘렸다. 이 부문 투자가 워낙 낙후되어 있어서였다. 병상 및 장비에 63배, 보건소에 17.5배를 증액 배정했다.

가장 격렬한 토론을 벌인 문제는 의료보험 도입 여부였다. 주무부인 보건사회부는 아직 의료보험을 실시할 단계가 아니라는 부정적인 입장이었다. 이에 반해 기획국 간부들은 4차 계획 기간 중에는 의료보험을 도입해야 한다는 의견이 지배적이었다. 보사부관계자와 여러 차례에 걸친 회의와 대화, 토론을 하면서 계획 기간 중 시행하는 것으로 합의했다. 어렵게 도입은 합의했지만 단계적 도입이냐 처음부터 개(皆)보험이냐를 둘러싸고 다시 의견이 갈렸다. 김재익 기획관의 의견을 받아들인 남덕우 부총리는 국민 모두가 혜택을 볼 수 있는 개보험제도를 강력히 주장했다. 의료보험을 도입할 경우 그 업무를 직접 책임지고 시행해야 하는 보건사회부는 의료보험을 도입하더라도 단계별로 대상을 확대해나가야 한다는 주장을 굽히지 않았다.

이렇게 두 주장이 팽팽하게 맞서 타협점을 찾기가 쉽지 않았다. 신현확 장관은 미국과 일본 등 선진국의 의료보험 관련 서적은 물론 일본에 실무자들을 보내 관계자들을 만나 직접 의견을 듣도록 했다. 동시에 의료보험 도입 과정과 그 과정에서 겪은 문제를 포함해 의료보험 전반의 실태와 문제, 향후 전망 등에 대한 광범위한 자료를 구해오도록 해서 이들 자료를 직접 검토했다. 국내 전문가들을 광범위하게 만나 의견을 듣고 토론을 하면서 의료보험 도입 구상을 다듬어갔다.

이러한 과정을 거쳐 내린 결론은 단계별 도입이었다. 처음부터 국민 모두를 대상으로 하는 전국민 의료보험을 실시하는 것은 문제가 너무 많아 현실적으로 불가능했다. 그렇기 때문에 처음에는 일부 국민들만을 대상으로 하는 의료보험을 도입해 실시에 따르는 문제점들을 하나씩 해결해 가면서 경험이 축적된 후 단계별로 대상을 확대해야 시행착오를 최소화하면서 제도를 정착시킬 수 있다. 의료보험제도 도입을 위해서는 해결해야 할 문제들이 너무 많기 때문에 성급하게 추진하는 것은 위험천만한 일이다. 이러한 요지의 의견을 구체적인 예를 들어 설명했다. 결국 먼저 일부에 대해 시행하고 첫 단계로는 조합주의 방식의 의료보험제도로 출발하기로 결정했다.

의료보험 도입 여부와 방안과 관련해 외국의 성공과 실패 선례에 대한 철저한 연구와 검토를 했다. 이에 더해 국내의 실태를 파악하고 관계 전문가의 의견을 광범위하게 수렴했다. 이러한 바탕 위에서 중지를 모아 우리 실정에 맞는 계획을 마련했다. 당시의 이러한 노력은 시간을 두고 우리나라 의료보험이 큰 문제와 무리 없이 대상을 확대해가는 근간이 되었다. 직장보험부터 시작해 지역보험으로 확대하고 그 후 직장과 지역보험을 통합해 국민 모두를 대상으로 하는 오늘의 의료보험제도로 확대 발전하는 길을 착실히 걸어왔다. 지금 생각해도 당시 채택한 방법은 가장 현명하고 적절한 것이었다.

 전화 교환 방식을 바꾸다

김재익 경제기획관은 여러 가지 좋은 정책 아이디어를 제시했다. 해박한 지식과 명석한 논리로 계획 과제 정리에도 많은 도움을 주었다. 4차 계획 작성 과정에서 그가 특별히 기여한 것으로는 부가가치세 도입과 전화 교환 방식을 바꾸는 문제다. 부가가치세 도입을 둘러싼 논란은 김재익 기획관에게 일임했다. 전화 교환 방식 전환 문제는 혼자 감당할 문제는 아니었다. 경제기획원 차관 이하 간부들도 이 일을 성사시키기 위해 나름대로 적극 힘을 모았다.

당시의 전화 사정은 말할 수 없이 나빴다. 전화 수요를 따라가지 못해 전화 신청 적체가 백만 대를 넘어서고 있었다. 판매 가능 여부에 따라 백색전화, 청색전화 구분이 있었다. 박 대통령을 면담한 유공자에게 "무얼 해주기를 바라느냐?"고 묻자 "전화를 놓아주십시오"라고 대답할 정도였다. 그 원인은 여러 가지지만 전화 교환 방식이 문제라고 경제기획원에서 공론화를 시작했다. 당시 우리나라는 금성사(오늘날의 LG)가 독일 회사와 기술제휴를 맺어 생산하던 EMD, 즉 기계식 교환기를 사용하고 있었다. 1970년대 초에 크로스바 교환 방식의 도입이 추진되었지만 채택되지 못했다. 크로스바 방식이 이루어졌더라면 전화 적체 현상은 크게 해소될 수 있었다는 전문가의 증언이 있었다. 전화 설치비용도 기계식보다 훨씬 저렴해질 수 있었고 또 전자교환 방식으로 넘어가는 데에도 한결 용이하다고 지적했다.

하지만 이는 업체 간의 이해관계가 복잡하게 얽힌 문제였다. 전화에 대한 박정희 대통령의 부정적 인식도 크게 작용했다. 전화가 경제활동의 필수품이고 업무 효율 제고에 결정적으로 기여한다는 평가보다는 전화를 가지면 쓸데없는 수다로 시간만 낭비하는 것으로 생각한 것 같았다. 예산편성을 할 때, 전화를 신청하면서 미리 내놓은 예치금 중 상당액을 도로나 항만 건설 예산으로 돌려쓰도록 지시하곤 했다.

제4차 5개년계획 작업 과정에서 기계식 교환 방식을 전자식 교환 방식으로 바꾸어야 한다고 문제를 제기하고 나섰다. 전화 적체를 단시일 내에 해소할 수 있을 뿐 아니라 곧 실용화될 전자교환 방식 도입을 위한 준비를 서둘러야 한다는 명분이었다. 전자교환 방식에는 공간분할 방식(Space Division)과 시분할 방식(Time Division)의 두 방식이 있는데 시분할 방식은 본격적인 실용화가 되지 않고 있었다. 하지만 그에 앞서 당시 실용화되고 있는 공간분할 방식을 도입하자는 것이 경제기획원의 주장이었다.

이에 대해 전화 주무부인 체신부는 강력히 반대했다. 공간분할 방식은 아날로그 방식인데 곧 이보다 훨씬 효율적인 시분할, 즉 디지털 교환기가 실용화될 것이기 때문에 그때 디지털로 곧바로 가면 된다는 것이 체신부의 반론이었다. 이에 대해 경제기획원은 디지털 방식이 도입될 경우에도 기계식에서 디지털로 넘어가는 것보다는 공간분할 방식에서 넘어가는 쪽이 훨씬 수월함을 지적했다. 체신부의 반론은 그럴듯하게 들리지만 속내는 기계식 교환 방식을 바꾸지 말고 그대로 가자는 것이었다.

격렬한 논쟁이 거듭되었지만 결론은 나지 않았다. KIST의 경상현 박사를 주축으로 KIST 안에 전자통신연구소를 설립해 이 문제에 대해 본격적으로 연구하도록 했다. 또 KIST 박사와 기획원 실무자 등 관계관으로 팀을 만들어 세계 각국의 전화교환 방식을 돌아보게 했다. 이러한 우여곡절을 겪으면서 기계식 교환 방식 대신 디지털의 전 단계인 공간분할 방식을 본격적으로 도입하게 되었다. 국제경쟁 입찰 결과, 벨기에 BTM 사의 기종이 선정되어 농촌 지역의 전화부터 새 교환기로 교체했다. 실제 도입해서 사용하는 과정에서 이렇다 할 문제는 없었다. 그보다 백만 대 이상 적체되고 있던 전화 설치 요구는 새 교환기 도입 1년 만에 말끔하게 해소되었다. 전화는 신청하면 곧장 설치가 되었다. 그리하여 1987년에는 대망의 1가구 1전화 시대가 열렸다.

훗날을 위해 검토한 과제들

4차 5개년계획 준비 과정에서 검토한 과제 중 계획에 반영된 것도 있지만 시기상조라는 결론으로 다음 기회로 미룬 과제들도 많았다. 뒤로 미룬 이들 과제는 그 후 안정화시책 성안 과정에서 다시 논의되었다. 그리고 5차 5개년계획 준비 과정에서 다시 검토하고 토론했다.

교육 부문에 대한 문제 정리와 토론은 많았지만 뚜렷하게 계획 과제를 추진하지는 못했다. 국보위 때 시행했다가 흐지부지된 졸업정원제도 4차 계획 준비 과정에서 사교육 문제의 해법 중 하나로 검토한 과제였다. 4차 계획에는 들어가지 않았으나 신군부에서 채택했다. 과외 문제 또한 많은 토론을 했던 과제였다. 법으로 과외를 금지시키는 방안은 기획국 실무자들로서는 발상도 안 되는 방법이었다. 과외가 필요 없도록 하는 교육개혁 방안은 무엇인가를 두고 외국의 사례와 전문가들의 지혜를 모으고 토론했다. 4차 5개년계획 기간 중 보건개발연구원과 함께 교육개발연구원이 설립되어 보건과 교육 분야의 장단기 과제에 대한 연구가 체계적으로 이루어지게 되었다.

빈곤의 문제에 대해서는 어떻게 해결해야 하는가? 소득 분배 정책으로 해결할 수 있는가? 빈곤 문제와 관련해 생각할 수 있는 방안을 검토하고 토론했다. 빈곤의 세습 방지가 최선의 대책이 될 수밖에 없다는 결론이었다. 이를 위해 가난한 집 아이들에게 세 가지 대책은 반드시 필요하다. 우선 건강하게 자라야 한다. 건강하게 성장하려면 필수 단백질을 제대로 공급해야 하는데 이를 위해서는 식료품 가격을 싸게 해야 하고 특히 국제적으로 가격이 싼 분유의 가격을 크게 낮추어야 한다. 종합영양제가 될 수 있는 저렴한 바나나 수입을 개방해서 마음대로 사먹을 수 있게 해야 한다. 그 다음은 각자가 지닌 재능을 최대한 살릴 수 있도록 교육 기회를 갖게 하는 것이다. 세 번째는 사회적 신분 상승에 장애가 없도록 개방적인 제도를 구축하는 것이다.

건전한 자본주의 정착을 위해 가장 중요한 것은 부의 정당성을 확보하는 것이다. 이를 위해서는 축적된 부가 정당한 노력의 대가라고 인정하는 사회적 공감대가 있어야 한다. 부의 정당성, 부자에 대한 존중을 훼손하는 가장 큰 요인의 하나는 부의 세습 문제라는 것에 의견을 모았다. 재벌의 상속 문제가 자칫하면 건전한 자본주의 발전에 악영향을 미칠 가능성이 커지고 있어 획기적 대책이 필요하다.

어떻게 해야 하는가? 재벌의 탈법, 갑자기 사망한 경우 이외는 합법적으로 상속세 등 조세 회피를 가능하게 하는 예적금 비밀보장에 관한 법률은 폐지해야 한다는 데 의견이 모아졌다. 무기명, 가명 거래는 없애고 실명제를 도입해야 한다는 금융실명제는 이때 검토한 문제의 하나다. 그밖에 법인세 제도는 이중과세가 아닌가? 조세 부담 공평을 어떻게 이룰 수 있는가? 기업의 퇴직금 제도를 계속 유지할 때 장기적으로 감당할 수 있을 것인가, 이에 대한 개선 대책은 무엇인가 등 당시 검토한 과제를 들자면 수없이 많다.

선진국을 따라잡기 위해 무엇을 해야 하는가, 우리의 문제를 찾아 그 해결 방안을 미리 생각해서 방향을 정리하는 일 등을 늘 생각하고 준비를 게을리 하지 않았다. 준비를 해놓고 시행할 계기가 있거나 기회가 오면 곧바로 실천에 옮기는 노력을 했다. 경제기획원에서는 이렇게 우리나라가 '언젠가는 해야 할 과제'를 늘 생각하고 도론하고 발전시키는 일을 계속했다.

경제기획원과 재무부를 통합해 재정경제원을 만든 김영삼 대통령의 정부조직 개편은 우리 정부 안의 '두뇌 집단'을 해체한 결과가 되었다. 아쉽기 짝이 없는 일이다. 우리나라의 큰 손실이다. 경제기획원을 없앤 것은 지금도 안타깝게 생각한다. 경제기획원을 그냥 두었더라면 경제협력개발기구(OECD) 가입 시에 금융개혁을 강력하게 추진하자는 공론을 일으켰을 것이고 또 1996년의 237억 달러에 달하는 국제수지 적자를 초래한 경제운용을 했을 턱이 없었을 것이다.

새로운 제도를 도입하면 도입 당시에는 전혀 예상하지도 못한 일이 생기기도 한다. 전혀 예측하지 못한 것 중 하나는 지로(GIRO, 계좌이체제도)를 이용해서 봉급을 가정으로 직송하는 제도를 처음으로 도입한 것을 들 수 있다. 당시 우리나라에 갓 도입된 지로를 사회적 생산성 향상에 기여시키기 위해 공무원 봉급을 지급할 때

지로를 활용하도록 건의했다. 그 결과 봉급을 봉투에 넣어주는 오랜 관행이 사라지게 되었다. 효율을 높인다는 측면만 생각한 이 방법이 세월이 지나면서 가장의 위상에 큰 변화를 가져왔다. 남편은 부인으로부터 용돈을 타 써야 하는 처지가 되었다. 가장의 이른바 비자금을 만들 기회는 없어지고 말았다. 집안의 경제권은 주부에게 완전히 넘어가 주부의 영향력이 커진 것은 말할 것도 없다. 모든 남편들에게 크게 사죄(?)해야 할 일이 되고 말았다.

경제현안 과제에 대한 좋은 공부 기회

이렇게 계획 작성 과정에서 토론을 통해 반드시 해결해야 할 과제들에 대한 생각을 정리한 것은 나 개인으로서도 큰 소득이었다. 이와 함께 5개년계획 작업을 통해 개인적으로 가장 큰 혜택을 본 것은 외국 전문가들로부터 가르침을 받을 기회를 가진 것이었다. 이는 5개년계획 작업을 시작할 때만 해도 전혀 기대하지 않았던 일이었다. 세계은행에서 5개년계획 작성에 대해 자문을 할 세계적 전문가를 선정해서 보내주었다. 관련 경비는 국제연합개발계획(UNDP) 자금으로 충당했다. 총량 계획 부문을 자문할 전문가도 있었지만 철강, 석유화학 등 산업 분야를 비롯해 직업훈련, 교육, 의료보험 분야의 전문가 등 다양한 전문가들이 5개년계획을 준비하는 동안 방한했다. 그들은 국내 전문가들과의 면담은 물론 현장을 둘러보는 등 한국 상황을 파악한 뒤 적절한 의견을 제시하고 조언을 아끼지 않았다. 이들은 한꺼번에 오지 않고 적절한 시간차를 두고 방한했다.

이들 전문가가 한국에 오면 가장 먼저 기획국장실에 들려 나와 이야기를 나누었다. 통상 방한 중 활동 계획을 설명하고 코멘트를 요청한다. 그런 다음 나의 관심 사항과 요구 사항에 대해 묻는다. 그러면 평소 궁금한 것을 질문하면 소상하게 설명을 한다. 또 해당 분야나 과제에 대한 나의 평소 생각을 말한 뒤 구상하고 있는 계획이나 정책 방향에 대해 말해준다. 그러면 나의 생각에 대한 솔직한 의견을 제시하면서 간단한 토론을 벌인다.

한국에서 활동을 마치고 돌아갈 때는 귀국하기 전에 반드시 기획국장실을 다시 방문한다. 한국 상황을 감안한 전문가로서의 의견과 문제에 대한 해결방안, 건의 사항 등에 대해 설명한다. 그런 다음 한국 도착 후 처음 가진 만남의 자리에서 내가 제기한 문제나 조사를 요청한 사항 등에 대한 검토 결과를 말해준다. 의견 교환과 토론도 한다. 이들은 공식 경로를 통해 서면 보고서를 추후에 제출한다. 하지만 그에 앞서 자기 생각을 성실히 그리고 소상히 설명해주고 특히 내가 제기한 의문과 나의 생각에 대해서는 솔직하고 자세한 코멘트를 한다.

이러한 만남은 세계 최고 수준의 전문가로부터 개인교습(Tutoring)을 받는 것과 같아 많은 것을 배울 수 있었다. 이러한 과정에서 배우는 지식은 값어치를 가늠할 수 없을 정도였다. 특히 기획 국장이 그 분야에 대한 정책을 말하면 내가 말한 정책에 대해 자신이 생각하는 바를 소상히 얘기해준다. 그런 과정에서 내가 말한 내용 중 사실과 다른 것이 있으면 바로잡아주는 것은 물론 나의 생각에 문제가 있으면 그에 대한 자기의 의견을 솔직히 이야기한다. 왜 그런지에 대한 근거까지 밝히는 것은 물론이다. 이렇게 이야기를 나누는 과정에서 많은 공부를 하게 됨은 물론 5개년계획을 위한 정책 개발에도 커다란 도움이 된다.

이렇게 각 부문의 세계적 전문가로부터 많은 것을 배웠을 뿐 아니라 5개년계획 작업 과정에 국내 전문가, 관련 업계 실무자, 학자와 기획국 담당자 등과도 격의 없는 토론에 참여했다. 이러한 과정을 거쳐 5개년계획 작업을 마무리하자 우리나라 경제는 물론 사회개발 분야에 대해 그 분야의 어느 전문가와도 현안 문제를 놓고 토론할 수 있을 정도가 되었다. 거시경제 정책뿐 아니라 미시정책 과제까지도 상당한 수준까지 파악할 수 있어 훗날 기획차관보로서 안정화시책을 소신을 가지고 입안하고 추진할 수 있었다.

외국 전문가들을 접하면서 감탄한 것은 전문 지식뿐만이 아니었다. 그들의 일하는 자세는 나를 감동시켰다. 철강 관계 전문가가 내한했을 때의 일이다. 매우 연로했지만 세계에서도 알아주는 철강 전문가였다. 5개년계획 자문을 위해 방한한 전문가 중 가장 높은 보수를 지불한 사람이었다. 일주일 동안 머물면서 지방도 다녀왔지만 나는 그가 일주일 동안 무엇을 하면서 어떻게 보냈는지 전혀 간섭하지 않았다. 그는 귀국 전에 내 방에 들려 보고서를 내놓고 설명을 시작했다. 보고를 마친 뒤 "그동안 밤낮없이 일하느라 다른 것은 아무것도 하지 못했다. 한국은 이번이 처음이어서 떠나기 전에 가족을 위해 간단한 쇼핑을 하고 싶은 데 내일 오후에 떠나기에 앞서 오전 중에 쇼핑하는 데 시간을 써도 되겠습니까?" 하면서 나의 양해를 구했다. 그의 말을 듣고 처음에는 조금 당황스러웠다. 그러나 곧 그의 태도를 수긍하게 되었다. 한국 정부가 그를 고용한 것이나 다름없기 때문이다. 쇼핑을 한다고 해서 누가 일언반구의 잔소리도 하지 않을 터인데 미리 양해를 구하는 성실한 태도는 본받을 점이다. 이로 미루어볼 때 그는 밤낮없이 자기가 해야 할 일을 했음이 분명했다.

🎯 5차 5개년계획 만들기

1980년은 1982~86년을 계획 기간으로 하는 5차 5개년계획 작성을 위한 실질적인 준비 작업을 하는 해다. 5개년계획 작업은 계획 시작 2년 전부터 실무적인 작업에 착수한다. 5개년계획은 경제기획국에서 할 일이었지만 5차 계획은 안정화시책을 부문 계획에도 담아 만든다는 면에서 매우 중요한 계획이었다.

안정화시책 발표 이후에 주무부처의 총론 찬성, 각론 반대, 즉 '원칙적으로 동의하지만'이라고 하면서 딴전을 벌이는 일로 정책 시행이 제대로 되지 않았다. 5차 계획에는 안정화시책이 제대로 반영되어야 했다. 이를 위해서는 총론과 각론이 전체적으로 정합되도록 세심한 신경을 써야 했다. 총론 따로, 각론 따로가 아닌 총량 계획과 부문 계획이 같은 원칙에 의해 일관성 있게 작성되어야 했다. 5개년계획은 총량 계획과 부문 계획으로 크게 나누어 만들어진다. 총량 계획 부문을 경제기획원에서 주로 만든다면 부문 계획은 정부

각 부처가 주도적 역할을 한다. 따라서 5차 계획 작성, 특히 각론에 해당되는 부문 계획 작성을 세심하게 챙길 필요가 절실했다.

5차 계획을 준비한 1980년은 10.26 이후 정치·사회가 극도로 불안정했던 한 해였다. 정치권은 물론 대부분의 고위 관료 집단과 재계는 10.26 이후의 정권의 향방에 온통 관심이 쏠려 있었다. 연일 대학생들의 시위가 그치지 않았고 18년에 걸친 박 대통령의 집권 시기에 억눌려왔던 노동계 등의 불만이 걷잡을 수 없이 분출되었다.

이러한 정치·사회 분위기 속에서 경제개발 5개년계획을 준비한다는 것 자체가 생뚱맞았다. 당장 내일이 어떻게 될지 알 수 없는 어지러운 상황에서 앞으로 5년 동안의 문제에 대해 관심을 기울이는 것은 무언가 이상한 일로 취급되기 십상이었다. 5개년계획 작성에 관심을 가진 사람은 몇 안 되었다. 특히 매스컴은 다른 현안들이 너무 많아 5개년계획 준비에는 거의 관심이 없었다. 5개년계획에 매달려 지내는 나를 두고 이상한 눈으로 보는 분위기였다. 심한 경우 몇몇 사람들은 내가 "제5차 계획을 짜고 있는 중"이라고 말하면 정신 나간 사람 보는 듯했다. 관심을 가지거나 말거나 개의치 않고 5개년계획 작업에 몰입했다.

1980년 6월 초, 국보위가 발족하면서 경제기획원은 이렇다 할 역할이 없었다. 국보위가 내놓은 경제 관련 중화학투자 조정, 기업 재무구조 조정 정책 등은 그동안 안정화시책 추진 과정에서 소외되었던 상공부의 차수명 차관보와 전두환 대통령과 동향인 박판제 국장 등이 주도했다. 국보위에서 이들 정책을 입안하는 과정에 경제기획원의 의견은 듣지 않았다. 자연히 경제기획원은 당시 굵

직한 현안 문제에서는 완전히 떨어져나간 열외의 처지였다.

마침 5차 계획 작업을 본격적으로 해야 할 때여서 나로서는 그나마 다행이었다. 모두가 정치의 향방을 놓고 들떠 있더라도 누군가는 흔들리지 않고 장래의 경제운용을 위한 준비 작업을 해야 했다. 자칫하다간 겨우 발동을 걸기 시작한 시장경제로의 전환 노력이 흔적도 없이 사라질 수도 있었다. 안정화시책의 정책 방향이 흐트러지면 우리 경제의 앞날은 없다. 안정화시책을 살려가는 것이 내가 해야 할 가장 중요한 일이었다. 이를 위해 당시에 할 수 있는 일은 5차 5개년계획의 틀 안에 안정화시책 내용이 굳건히 자리 잡도록 하는 것밖에는 없었다. 정치적 상황 전개가 오리무중일수록 5차 계획 준비를 더 잘해서 새 정부가 들어설 때 정부 정책의 근간이 될 수 있도록 해야 한다고 생각했다.

🔍 선진국 시찰

5차 계획 작업에 앞서 유럽의 나라들은 어떻게 계획을 수립하는지 시찰하기 위한 여행을 2주에 걸쳐 했다. 김만제 KDI 원장, 사공일 박사와 함께 갔다. 둘러본 나라는 네덜란드, 프랑스, 스페인이었다. 이들 나라의 경제계획 방법에 대해 알아보기 위해 정부 계획 당국자와 전문가들을 만나 의견을 교환했다. 네덜란드와 프랑스에서는 2차 대전 이후 한때 계획을 작성해 전후 복구와 경제 개발을 추진했다. 1980년 당시에는 따로 계획을 만들고 있지 않았다. 하지만 프랑스의 경우에는 국정 우선과제를 5개 정도 선정해서 이 과제들을 어떻게 해결해 갈 것인가에 대해 전문가와 관리들의 토론을 거쳐 공감대를 만드는 일에 역점을 두고 있었다.

프랑스는 재무부와 경제부가 필요에 따라 두 부처로 운영되기도 하고 한 사람의 장관에 의해 하나의 부처처럼 운용하기도 하는 독특한 방식이 인상적이었다. 금융자율화를 둘러싼 우리나라의 재무부와 경제기획원 사이의 이견을 해결할 길이 없는 현실에서 시도할 가치가 있는 방식이었다. 두 나라 관계자들과의 토론을 통해 우리도 5개년계획의 작성 과정에서 공감대 형성의 중요성에 대해 깨달았다. 특히 국정 운용의 주요 과제에 대해서는 더욱 그럴 필요가 있다고 생각했다.

스페인에서는 중화학투자 사업을 어떻게 처리했는가를 조사했다. 스페인도 중화학투자 사업을 대대적으로 전개했고 그렇게 추진한 사업들이 문제가 많아 정상적인 기업경영이 어려워지자 정부 산하에 ENA라고 하는 거대 공기업을 만들고 그 아래에 이들을 한 곳에 모아 공기업 형태로 운용하고 있었다. 이는 이탈리아의 ENI 공기업을 벤치마킹한 것이었다. 그러나 ENA를 만들어 부실 중화학 관련 기업을 한 곳에 모아둔다고 해서 정상화된 것은 아니었다. 정치적으로는 정부가 무언가 대책을 강구한 것처럼 보이지만 실제로 활로를 찾아가는 경제적 해결 방안은 되지 못했다.

중화학공업의 과잉투자를 해결하는 방안의 하나로 이탈리아와 스페인 방식에 대해 많은 토론을 했다. 부실기업을 산업은행 관리로 하는 것과 비슷한 발상의 해법인데 재정 및 특별 금융지원을 하는 명분을 만드는 데에는 유용했지만 경영 쇄신 효과는 기대하기 어려운 방식이었다. 결국 우리는 그 방식을 검토만 하고 채택하지는 않았다.

시찰 여행으로 분명히 깨달은 것은 계획 작성 과정의 중요성이었다. 즉 5개년계획 작업의 최종 산물은 계획 내용을 담은 문서 형태로 남지만, 그 결과물 자체는 별 의미가 없다는 것, 작업 과정에서 공감대 형성이 핵심이라는 사실이다. 계획서에 명시한다고 해서 꼭 그렇게 이루지지는 않는다. 그 방향으로 힘을 모아 노력해야 하는데 이를 위해서는 관계자들 사이에 문제의식을 공유하는 것이 선결 과제다. 제5차 계획의 목표 연도인 1986년에 우리나라 경제가 어떻게 된다는 것은, 그저 가만히 앉아서 되는 것이 아니다. 지금 해야 할 일을 올바르게 선택해 5년 동안 열심히 노력하지 않으면 실현이 불가능하다. 따라서 5개년계획의 경우 '5개년계획'이라는 이름 아래 우리나라가 발전해가는 방향과 정책을 명시해 국민들이 힘을 합쳐 노력하게끔 하자는 데 의의가 있었다.

🪨 본격적 유도계획기법 도입

5차 계획에서는 유도계획기법(Indicative Planning)을 최대한 활용했다. 계획 작성에 관계 부처와 유관기관에 더해 관계 전문가와 사회 각 부문을 대변하는 대표 등 국민의 폭넓은 참여와 토론 기회를 마련해 이들의 의견을 수렴한 뒤 5개년계획에 반영하도록 했다. 이

에 따라 1982년 4월부터 8월까지 KDI에서 주요 과제에 대한 정책
협의회를 가졌다.

5차 계획 작성 과정에서는 정책 토론에 특히 역점을 두어 작업
을 진행했다. 주요 과제로 10개를 선정했다. 10개 주요 과제는 1)
인플레이션 경제의 탈피, 2)중화학공업의 경쟁력 확보, 3)농업 정
책의 정비, 4)에너지 절약과 극복, 5)금융제도 개선, 6)정책기능의
재정립과 재정운용의 합리화, 7)경쟁체제의 확립과 개방정책의 추
진, 8)교육 및 인력 개발과 과학기술의 진흥, 9)새로운 노사관계의
정립, 10)사회개발의 확충이다.

이들 과제와 관련되는 전문가와 관계 부처 공무원 등 관계자들
이 참여하는 정책협의회를 가져 공감대와 합의를 도출하기 위해
애썼다. 그러나 당시에는 제5차 계획에 대해 사회적 관심은 별로
없었다. 그러나 개의치 않고 꾸준히 정책협의회를 열었다. 토론모
임은 될 수 있으면 TV 매체의 협조를 얻어 특집방송을 하도록 했
다. 이를 계기로 정부 중요 현안 문제에 대해 정부 당국자가 나서
서 TV 토론을 하기도 했다. 그러나 언론, 특히 신문은 정책 토론
에 그리 큰 열의를 보이지 않았다. 정치, 사회, 경제 등 현안 문제
들이 너무나 많이 넘쳐났기 때문이었다.

 5개년계획 작성 체계

1980년 7월 6일, 국무총리를 위원장으로 하는 경제계획심의회와

차관급과 민간전문가 대표로 구성되는 경제계획조정위원회의 설치 방침을 발표했다. 7월 25일 발표한 경제계획심의회는 위원장에 박충훈 국무총리서리, 부위원장은 김원기 부총리, 각 부처 장관 등 당연직 위원 23명과 경제 4단체장, 노총위원장, 금융계, 언론계, 법조계 대표 등 위촉직 위원 19명 등 모두 44명으로 구성했다. 위촉위원은 정소영(국제경제연구원장), 김보현(농촌경제연구원장), 노융희(국토개발연구원장), 천병두(KIST 소장), 정주영(전경련 회장), 김우근(무역협회장), 김영선(상의회장), 김봉재(중소기협 중앙회장), 김용주(경영자협회장), 정한주(노총위원장), 김준성(한은 총재), 최창락(산은 총재), 이득룡(농협회장), 정범석(교련회장), 권이혁(서울대 총장), 이병도(학술원장), 유건호(편협회장), 김태청(변호사), 이호(적십자 총재)였다.

5차 계획은 4차 계획 수립 과정과는 달리 민간 경제계 대표들을 각급 위원회에 대거 참여시킨다는 방침에 따라 학계, 경제계, 금융계, 노동계 대표와 전문가들을 공무원과 거의 같은 수로 구성했다. 종래에도 민간 대표들이 참여했지만 5차 계획부터는 구색 갖추기가 아니라 실질적 입안과정에 참여해 기업, 근로자, 소비자들의 이익과 요구를 최대한 반영하도록 했다.

경제계획조정위원회의 위원장은 서석준 기획원 차관이 맡고 위원은 각 부처 차관 외에 각계 전문가 위촉직 위원 9명을 포함해 38명으로 구성했다.

첫 회의에서 총량 규모를 포함한 5차 계획 작성지침을 심의했다. 5차 계획은 계획의 기본 방향을 국민생활의 안정, 사회 개발 확충, 무리한 목표지향적 확대 성장정책의 지양, 경제구조의 능률화를 통한 생산성 향상 등에 두었다. KDI 정책과제 토론회 등에서 취합한 의견을 토대로 마련한 5개년계획 작성지침을 7월 31일 각 부처에 시달했다.

5개년계획 실무 작업은 26개 실무 계획반에서 분담했다. 종합계획 실무작업반(반장 기획차관보)을 비롯해 각 부처 차관보 급을 반장으로 하는 실무작업반은 8월부터 실무반 회의를 잇달아 열고 작업에 들어갔다. 이들 실무작업반에는 구체적인 작업 기본 방향과 지침들이 주어졌다. 25개 실무작업반은 금융, 재정, 무역, 국제협력, 물가 및 공정거래, 발전행정, 인력운용, 농림수산, 화학 및 경공업, 중공업, 중소기업, 과학기술, 에너지 및 자원, 국토 및 산업입지, 수송, 통신, 환경보전, 인구, 고용 및 인력개발, 노사관계, 교육, 사회개발종합, 소득분배, 주거 및 도시문제, 사회보장, 보건 및 의료 실무작업반이었다.

각계 대표를 다수 참여시킨 KDI 정책협의회 결과는 5차 계획에 최대한 반영했다. 9월에는 부문별 계획을 다시 협의회 토론에 붙이는 한편 UNDP, 세계은행(IBRD)의 협조와 지원을 받았다. 이러한 과정을 거쳐 10월 말까지 총량계획, 발전전략 등을 수립하고 12월 말까지 부문별 세부 계획의 작성을 대체로 마무리했다. 1981년 1월 말까지 시안 작성을, 3월 30일까지 부문별 계획에 대한 수정 작업을 마쳤다.

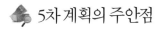 5차 계획의 주안점

5차 계획의 기본 방향으로 ▲국민생활 안정 ▲무리한 목표지향의 확대 성장정책 지양 ▲경제구조 개편 ▲생산성 향상으로 잡고 1986년까지 비약하기 위한 기반을 다지는 데 중점을 두었다.

이 과정에서 과거의 경제개발계획 입안 때와 상당히 달랐던 점은 5차 계획의 경우 중요한 것은 국민총생산(GNP)이 얼마냐 하는 것이 아니라 정책 방향이라는 차원에서 접근해 나갔다는 점이었다.

숫자 위주의 목표 달성에 집착해 초래할 무리를 최소화하고 어디까지나 민간의 창의력과 시장 기능을 최대한 활용하도록 했다. 이는 급변하는 세계경제 상황과 우리 경제 · 사회의 변화 등 국내외 여건에 신축적으로 대응할 수 있도록 하기 위해서였다. 앞으로 경제운용을 잘하기 위해서는 지금 무엇을 어떻게 해야 하느냐가 더 중요하다고 강조한 것도 바로 그런 차원에서의 일이었다.

복지 문제에 대한 방향 설정

5개년계획 작업을 본격적으로 진행할 즈음인 1980년 여름, 국보위를 앞세운 신군부는 복지 문제를 중점으로 제기했다. 이른바 '혁명적인 사고방식을 가진 사람들'이 우리 경제를 잘못된 방향으로 몰고 갈 가능성도 없지 않았다. 복지 문제는 자칫 잘못하면 북유럽의 실패를 되풀이할 가능성이 커 경계하지 않을 수 없었다. 처음에 복지 문제를 들고 나왔을 때는 "부자들이 가진 것을 없는 사람들에게 나누어주자"는 소박한 발상 수준이었다.

이러한 얘기를 전해들은 우리는 문제가 상당히 심각하다고 생각했다. 복지의 개념을 그런 식으로 설정하고, 경제를 운영하면 국가경제 전체의 근간이 무너질 수 있기 때문이었다. 분배 중심의 복지보다는 취업의 확대가 복지를 이루는 가장 확실한 길임을 분명히 정리할 필요가 있었다. 이를 위해 복지 논쟁을 벌이기보다는 장기적인 경제 정책 방향을 정립하고 그에 대한 이해를 얻는 방식이 더 효과적이라고 판단했다. 복지경제라는 것은 순리대로 점진적으로 풀어나가야 소기의 성과를 거둘 수 있는 것이지, 강압적으로 밀어붙인다고 해서 결코 이루어지지 않는다는 사실을 분명히 하기로 했다.

이렇게 해서 수립된 제5차 경제사회발전계획에는 복지적인 측면을 상당히 고려하게 되었다. 하지만 그 뼈대는 이미 안정화시책을 마련하는 과정에서 세워져 있는 상태였다. 소득 재분배적인 측면에서 일자리와 교육 기회를 보다 많이 늘리고 보건 혜택을 강화하며, 경제운용 자체를 완전히 경쟁체제로 전환시켜 시장경제의 활성화를 도모하는 동시에, 그 경쟁에서 탈락하는 사람들에 대해서는 정부 재정에 의한 사회보장 정책의 추진을 통해 뒷받침해준다는 것이 골자였다.

그러한 내용을 토대로 논의를 거듭한 끝에 결국 5차 계획에서는 복지정책의 내용에 있어, 인간에게 가장 중요하면서도 기본적인 수요라 할 수 있는 보건·의료·교육 등에 대해서는 모든 국민에게 혜택이 골고루 돌아갈 수 있도록 했다. 동시에 아주 어려운 영세민들에 대해서는 생활보조를 해주는 것으로 결정지었다. 또 보다 중요한 정책 방향에 관해서도 장기적으로 시장경제의 효율성을 담보할 수 있도록 안정화, 개방화, 자율화를 추구해 나가는 것으로 중의가 모아졌다. 이에 더해 5차계획은 5공화국의 경제정책 방향 정립 과정에서 계획 작업 중에는 생각지도 못한 역할을 하게 된다(이에 대해서는 안정화시책 부분에서 다룬다).

6장

안정화시책
성안 과정

우리 경제에 과연 아무런 문제도 없는가?

기획차관보로 승진

1977년 12월, 남덕우 부총리의 배려로 기획차관보가 되었다. 기획차관보는 경제운용에 관한 실무를 총괄한다. 박 대통령은 매년 연초에는 전 부처를 순회하면서 각 부처의 연간 업무계획에 대해 보고를 받는다. 경제기획원 연두보고는 모든 경제 부처의 내용을 총합하는 것이어서 사전에 각 부처와 협의를 한다. 경제기획원만 연두보고 때 특별보고를 한다. 가히 연두보고의 하이라이트다. 통상 슬라이드로 보고하기 때문에 몇 달 전부터 준비를 한다. 부총리는 특별보고에 큰 관심을 가진다. 경제동향 보고, 연두보고에서 브리핑은 기획차관보가 한다. 자연 대통령에게 인정을 받을 기회가 많아 차관 승진을 위한 0순위 자리로 통했다.

기획차관보 자리는 선망의 대상이었다. 기획차관보의 업무는 과중하지 않았다. 행정부의 실제 업무는 국장 중심 체제여서 차관이나 차관보는 자기 책임으로 결정을 하는 이른바 관청 업무는 별로 없다. 다만 장관이나 대통령이 특명을 내려 특정한 업무를 맡게 되면 별개다. 서석준 기획차관보가 중화학공업 계획의 실무 책임을 맡은 경우가 그 예에 속한다. 어떤 자리도 하기 나름이다. 어떤 자리에 있던 일을 벌이지 않고는 못 배기는 사람이 있다. 아마 성격 때문인지 알 수 없지만 나는 일을 벌이는 쪽이었다. 차관 승진을 위해 머무는 자리로 생각해 적당히 지낸다 해도 비판할 사람은 아무도 없었지만 나는 그렇게 지내지 못했다.

기획차관보 발령을 받았을 때 정재석 차관은 "1년 안에 차관 승진 못하면 스스로 물러나야 한다"고 덕담을 했다. 당연한 일이라고 함께 웃었다. 그러나 만 4년 동안이나 기획차관보 자리에 있으면서 차관 승진을 하지 못했다. 안정화시책 추진 과정에서 빚은 심한 충돌 때문일 것이다. 전혀 예상하지 못한 엄청난 일에 휘말리게 된 사단은 〈1978년 경제운용계획〉에 대한 연두보고를 대통령에게 하기 위해 여러 가지 자료들을 검토하는 과정에서 비롯되었다.

1978년의 경제운용계획

기획차관보로 승진한 것이 12월 하순이어서 1978년 연두보고 준비부터 서둘러야 했다. 다행히 1978년 연두보고에 쓸 〈1978년 경제운용계획〉은 물론 특별보고 준비까지 이미 다 끝나 있었다. 특별보고는 KDI가 마련한 '한국 경제의 15년 장기 전망'이었다. 내용은 전체적으로 밝은 기조 일색이었다. 당시의 경제는 호황이었다. 그런 호조가 계속된다면 15년 뒤의 경제는 특별보고 내용처럼 될 수 있었다. 그러나 이는 당시 언론에서 보도하는 경제 상황과는 동떨어진 내용이었다. 당시 정책 기조를 그대로 유지하면서 15년의 세월만 지나면 장밋빛 목표가 달성된다는 내용이었다. 과연 그렇게 될 수 있는가? 보고 내용을 검토하면서 내가 가진 의문이었다. 다시 점검해보고 싶었지만 그럴 시간이 없어 준비해 놓은 그대로 연두보고를 했다.

경제 동향은 여러 통계자료를 이용해서 판단한다. 문제는 모든 통계가 늘 같은 경제 모습을 나타내지 않는다는 점이다. 서로 헷갈리는 통계 수치는 얼마든지 많다. 같은 통계자료를 가지고도 경제 상황에 대한 판단은 제각기 다를 수 있다. 경제가 잘 돌아간다고 해석할 수도, 그 반대로 볼 수도 있다. 통계를 보는 눈, 즉 어떤 통계자료가 실상을 정확히 볼 수 있도록 해주는지 선별하는 문제의식이 중요하다. 1977년의 각종 경제 통계는 우리 경제를 밝게도 볼 수 있고 어둡게도 해석할 수 있었다.

잘 돌아가는 경제가 안고 있는 문제

당시 경제의 밝은 면을 들자면 아주 많았다.

우선 수출이 호조를 보였다. 1차 석유파동 여파로 1975년에는 60억 달러 목표에 크게 밑도는 50억 달러를 겨우 달성해 월가에서는 한국의 부도 루머가 그치지 않았다. 1976년 들어 세계 경기가 회복되면서 수출이 52%나 증가했다. 77년에는 다시 30%가 증가해 대망의 100억 달러 수출을 기록했다. 중동 건설 수주액도 76년에는 25억 달러, 77년에는 35억 달러에 이르는 등 호조였다.

국내의 투자 활동도 매우 왕성했다. 국내 투자는 76년에는 15%, 77년에는 27% 증가했고 78년에는 41%나 급증했다. 정부가 역점을 두고 추진한 중화학 건설 투자 덕분이었다. 투자 중 83%가 중화학 부문의 투자였다. 수출 호조와 활발한 투자에 힘입어 우리 경제는 76년에는 14%, 77년에는 13%를 기록해 10%가 넘는 성장을 보였다. 이러한 경제 상황에서 장밋빛 미래를 그리는 것은 어쩌면 당연했다. 이러한 경제를 두고 문제가 있다고 말하는 쪽이 오히려 이상하게 보일 수 있었다.

빛이 밝으면 그늘 또한 그만큼 짙게 마련이다. 외견상 활발한 경제의 속내를 뜯어보면 여러 문제를 안고 있었다. 활발한 경제를 침몰시킬 수 있는 폭탄과도 같은 문제였다. 그런 징후는 이미 여러 곳에서 볼 수 있었다. 물가상승이 첫 번째 문제였다. 정부가 발표하는 통계로도 10%를 웃돌고 있었지만 실제 피부로 느끼는 장바구니 물가는 정부 발표 물가보다 훨씬 높았다. 당시 정부가 가격통제를 강화했다. 그럴수록 공급을 기피해 규제가격은 있으나마나 했다. 규제가 강화될수록 그 값으로 물건을 구하기가 더 어려워지는 악순환이 심화되었다. 온갖 부조리가 난무하게 되었다.

예를 들어 1978년 시멘트의 공장도 고시가격은 1포대에 810원, 대리점 고시가격은 900원이었다. 그러나 실제 거래는 1,900원 수준에서 이루어지고 있었다. 정부 고시가격으로 상품을 구하면 그 자리에서 엄청난 프리미엄을 얻을 수 있었다. 그렇기 때문에 상품 구매를 둘러싸고 온갖 청탁과 비리가 만연했다. 소비자는 높은 가격을 지불하지만 생산자보다는 중간 유통상인들이 이득을 본다. 정부 고시가격은 물가통계 작성용일 따름이었다.

두 번째는 사재기와 투기 문제였다. 중동 건설 진출에 따라 해외 근로자 소득이 급격하게 늘고, 고미가 정책에 힘입어 농가 소득 또한 크게 늘어나고 있었다. 국내 노임도 높은 상승세에 있었다. 소득이 늘면서 내구 소비재와 주택에 대한 수요가 폭발적으로 늘어났다. 흑백 TV는 76년, 77년, 78년에 전년 대비 85%, 31%, 46%나 판매량이 증가했다. 냉장고는 각각 120%, 89%, 148%, 승용차 또한 37%, 65%, 111%의 증가율을 보였다. 실제 수요는 이보다 더 많았다. 예를 들어 승용차 한 대를 사려면 선금을 내놓고 몇 달씩 기다려야 했다.

다음은 투자의 중화학 편중이 문제였다. 내구재 수요가 급증하고 있지만 공급은 여의치 않았다. 수입의 길이 막혀 있었기 때문이었다. 또 설비 투자는 중화학 부문에 집중되고 있었다. 이러한 초과수요 상황에서는 가격 상승 압력이 클 수밖에 없었다.

극심한 부동산투기

부동산투기 열풍 또한 거셌다. 중동 건설 진출 이후 불붙기 시작한 아파트를 비롯한 부동산투기 열풍은 이미 걷잡을 수 없는 상태였다. 실수요에 더해 통화량이 크게 늘어나면서 극심한 부동산투기 열풍이 전국을 휩쓸었다. 1976년부터 중동 건설특수로 과잉 유동성은 부동산투기로 이어졌다. 1978년에 들어서면서 투기 열풍은 온 국민이 투기에 나서는 걷잡을 수 없는 상황에 이르렀다.

주택 부문 투기는 더욱 심각했다. 주택 수요는 급증했음에도 대다수 건설업체가 중동에 진출한 관계로 공급 능력은 오히려 줄어들었기 때문이었다. 당시 서울의 주택 부족 비율은 45%에 달했고 아파트 분양가는 1년 사이에 50%나 뛰었다. 1978년 8월 8일 소위

8.8조치에 의해 부동산투기 행위가 된서리를 맞을 때까지 대도시 집값은 2~3배나 뛰어올랐다.

엄청 풀린 통화

당시 예금금리는 물가상승률에도 못 미치는 수준이었다. 1975~79년까지 평균 예금금리가 물가상승률에 비해 3.2%p나 밑도는 수준이었다. 기업들이 할 수만 있다면 금융기관으로부터 융자를 받거나 해외로부터 차관을 도입해 문어발식 기업 확장이나 실물 투기에 앞다투어 나섰다. 기술개발이나 생산성 향상을 위한 노력은 뒷전이었다.

재정 부문에서는 고수매가-저판매가의 이중 곡가제로 양곡특별회계의 적자가 확대되어 통화 증발(增發)의 요인이 되고 있었다. 민간 부문의 여신 또한 크게 팽창했다. 중화학공업 투자를 위한 정책금융이 계속 증대했고, 수출 증대에 따른 수출금융도 급격히 늘어났다. 이에 더해 1975년까지는 국제수지 적자로 통화를 환수하던 해외 부문이 77년에는 국제수지가 거의 균형을 이루어 통화량 흡수 기능을 전혀 못했다. 그 결과 총통화량이 1년에 40%나 급증했다. 이렇게 통화가 늘어나 초과 수요 인플레이션 압력은 이미 행정통제로는 감당하기 어려운 상태였다.

한마디로 말해 중화학 건설 정책이나 고도성장 정책이 우리 경제의 정상적인 능력 범위를 벗어나고 있었다. 무리한 정책을 추진한 결과 여러 문제들이 불거지고 있었다. 당장은 별 문제가 없는 것 같지만 곧 심각한 어려움이 닥칠 것이 분명한 상황이었다. 그대로 갈 수는 없었다. 무언가 획기적인 대책이 시급했다.

상황이 이럴진대 15년 뒤의 장밋빛 미래상이 무슨 의미가 있는가? 더욱이 15년 뒤를 위해 '지금 무엇을 어떻게 해야 하는가'라는 문제 제기가 없는 보고는 보고받는 사람들의 기분을 좋게 하는 것이 목적이라면 적절할 수 있었다. 나는 내용에 대해 불만이었지만 다시 만들 시간이 없었기에 정책 전환이 필요하다는 내용을 추가하는 땜질로 그쳤다. 그렇게 연두보고 행사는 아무런 문제없이 무난하게 마쳤다.

🐘 우리 경제는 전환기에 있다

점검 작업 착수

1978년 대통령에 대한 연두보고를 마치자 곧장 우리 경제의 당면 문제에 대한 점검 작업에 들어갔다. 점검 작업을 위해 경제기획국을 중심으로 KDI 박사, 관련 경제부처 중견 간부들이 참여하는 태스크포스를 구성했다. 작업의 목적은 간단명료했다. 수출, 성장 등 얼핏 보기에는 잘 가는 듯 보이지만 물가상승과 부동산투기 등 심상치 않은 문제가 생기는 근본 원인을 찾아내 이를 바로잡을 올바른 대책을 마련하는 것이었다. 우리 경제의 문제가 무엇인지를 기존의 정책이나 사고의 틀에 구애되지 않고 원점(Zero Base)에서 해결책을 찾기로 했다. 이 작업에만 집중할 수 있도록 아예 한국기술연구소(KIST)의 영빈관을 빌려 썼다. 필요하면 숙식을 함께하면서 난상토론(Brain Storming)을 하도록 했다. 점검 작업은 밀도 있게 또 급속도로 진행되었다.

작업 결과 수출 증대와 고도성장이라는 화려한 외면에 가려진 우리 경제의 문제점들이 확연하게 드러났다. 얻어진 결론은 한마디로 우리 경제를 그때까지 해왔던 방식으로 더 이상 끌고 가서는 안 된다는 것이었다. 유례없는 경제성장으로 경제 규모도 커지고 국내외적인 여건도 달라졌기 때문에 정책의 일대 전환이 필요하다는 결론이었다. 최우선적으로 해결해야 할 시급한 과제가 물가안정으로 결론이 났다. 이 같은 방향은 전반적으로 과거의 성장 제일주의에서의 탈피였다. 사실 우리 경제는 성장보다는 안정, 규제보다는 자율, 보호보다는 개방으로 경제운용의 방향을 바꾸어야 할 시기가 되었던 것이다.

1978년 3월 23일, 대한상공회의소가 주최한 모임에 초청연사로 나갔다. 1978년 경제운용계획에 대한 설명을 하면서 "한국 경제는 전환기에 놓여 있다. 이제까지의 경제운용 방식을 근본부터 바꾸어가야 한다"는 요지의 말과 함께 "금년 물가는 10% 선에서 안정되기 어렵다"고 말했다. 특별팀의 연구 결과를 공식석상에서 처음 밝힌 것이다. 그 다음날 한국일보는 강연 내용을 보도하면서 물가 10% 안정이 어렵다고 말한 것을 머리기사로 보도했다. 연두보고에서 대통령에게 10% 물가안정 목표를 보고한 직후에 목표 달성이 어렵다고 공언한 셈이어서 곤혹스러웠다. 더욱이 태스크포스의 연구결과에 대해 아직 보고조차 하지 못한 상황이어서 남덕우 부총리에게 저간의 사정을 해명하고 양해를 구했다. 이에 대해 남

부총리는 가타부타 아무 말 없이 그냥 미소만 지었다. 10% 물가안정은 어렵다는 생각을 이미 하고 있었다고 짐작했다.

전환기의 과제

작업 결과를 정리해 〈한국 경제의 당면 문제와 대책〉이라는 제목의 보고서를 만들어 남덕우 부총리에게 보고했다. 1978년 3월 말경이었다. 보고서 부제는 '전환기의 과제'로 했다. 우리 경제가 전환기에 놓여 종래의 정책과는 완전히 다른 발상으로 전환해야 한다는 점을 분명히 한 첫 보고였다. 보고서는 문제의 배경, 당면 문제, 대책 방향 순으로 정리했으며 부문별 대책에서는 수입 확대, 인력 공급 확대, 아파트 분양제도 개선, 금융자율화, 양곡관리기금 개선을 소제목으로 담았다.

보고서는 가장 시급한 대책이 물가라고 결론지었다. 물가상승에 따른 생계비 상승은 임금 상승을 불가피하게 만들고 또 투기의 바탕이 된다. 결국 물가를 구조적으로 안정시키지 못하면 국제경쟁력이 약화되어 수출 부진, 저투자 및 낮은 성장으로 갈 수밖에 없다.

물가상승은 농수산물, 주택 및 건축 자재의 공급 부족이 선도하고 있으며, 양곡기금 적자, 해외부문의 통화 증발과 금융저축의 부진에 따른 과잉통화가 초과 수요로 작용해 물가상승 압력을 가중시켰다. 인력부족과 생계비 상승에 따른 임금 상승은 원가 압력 요인이 되어 이 또한 물가상승 압력이 된다. 따라서 이들에 대한 대책이 시급하다. 다행히 우리 경제는 그동안의 발전으로 물가안정을 위한 획기적 정책 전환을 할 수 있는 단계에 이르고 있었다.

첫째는 경상수지가 구조적으로 균형을 이루었다. 이로써 자력으로 수입을 늘릴 수 있는 능력을 확보했다. 즉 성장과 안정을 동시에 이루기 위한 가장 큰 제약 요인이 없어졌다는 것을 의미한다. 둘째로는 주곡인 쌀의 자급이 실현되었다. 쌀 재고증가와 이중 곡가에 따른 양곡기금 적자 누적을 해결할 길이 열렸다. 소득 증가에 따른 주곡 이외의 식료품 수요 증가 대책을 펼 수 있어 식료품 가격 안정이 가능하다. 이로써 임금 인상 요구를 완화할 수 있게 된다.

　경제발전에 따른 실물경제 확대에 대응해 금융이 제구실을 할 수 있도록 금융자율화가 이루어져야 한다. 또 고급인력의 수요가 늘어나고 있으며 이를 위한 교육훈련 체제 또한 서둘러 정비해야 한다. 보고서는 이러한 사실을 뒷받침하는 각종 통계자료를 원용해 정책 전환을 촉구했다. 농산물 가격이 어떻게 되어 있고, 임금은 얼마나 올라가고 있으며, 통화량은 얼마나 늘어나고 있는가를 수치로 하나하나 밝혔다. 그러한 대책 중에 수입자유화는 상공부에서 추진 중이었다. 하지만 국내 산업에 충격이 가지 않도록 점진적으로 추진한다는 원칙을 세우고 1978년 2월에는 수입자유화 대책위원회를 구성해 기본 방향과 추진 계획을 발표했다.

　인력 공급 확대를 위해 다양한 대책을 추진해야 한다. 고급인력 공급 확대를 위해 대학의 입학정원제를 졸업정원제로 대체하고, 한국과학원 확충, 대규모 경영대학원 설립 등 특수대학원을 육성하고 지방에 서울 유명대학 분교를 설치하는 등의 제도를 추진한다. 기능인력 양성을 위해 실업교육 및 기업 내 훈련시설을 위한 차관 도입을 허용하고 공공 직업훈련원을 확충한다. 해외 진출 기업의 송출

인력은 자체 양성을 의무화한다. 직업안정 기능을 강화해 기술자 및 기능공의 구인, 구직 정보체계를 확립한다. 인력개발공단을 설립해 인력 관련 조사, 연구, 정보, 직업훈련 및 직업안정 기능을 담당한다.

금융자율화로 내자 동원 능력을 획기적으로 제고해야 한다. 외자 1,000만 달러 차입은 쉽지만 내자 48억 원 차입은 어려운 실정이다. 중화학 사업은 건설자금뿐 아니라 판매를 뒷받침할 자금 소요 또한 크게 증가하게 되어 있다. 자금공급을 늘리려면 예금 증가가 필수적인데 그러기 위해서는 실세금리를 반영하지 않을 수 없다. 금융기관의 대형화와 금리 현실화는 불가피하다. 금융기관의 수지 개선을 위해 총 대출의 56.7%인 일반 대출은 자율적으로 운영하게 해야 한다. 그렇게 해도 정책금융에 대한 이자차액 보조 소요가 확대되는 것은 여전히 문제였다.

쌀의 수급 상황을 보면 재고가 3년 뒤에는 두 배로 늘어나 양곡기금 차입 규모는 늘어나지 않을 수 없다. 장기 차입의 통화증가량에 대한 비율도 1978년의 36%에서 1980년에는 44%가 된다. 따라서 농업투자 정책은 재검토해야 한다. 우선 미곡 증산 목표를 소비에 맞추어 재고가 늘지 않도록 조정한다. 수매가 인상률도 1978년의 10%에서 1980년에는 5%로 낮추어가야 한다.

식품 수요의 구조 변화에 대응해 농지를 전(밭)으로 전환(轉換)하는 것을 촉진하고, 소채와 과실 등 증산 기반을 확충해야 한다. 아울러 돼지와 닭 등 축산도 국내외 가격 차이가 2배 이상인 품목은 생산을 줄여가야 한다. 옥수수, 보리, 콩은 2배 이상, 쇠고기는 5.5배나 비싸다.

점검 결과 드러난 문제점들

보고 내용의 핵심은 한마디로 "이제까지의 방식을 그대로 가지고 갈 수 없다"였다. 금기인 성역을 깨는 정책을 추진하는 과감한 발상 전환 없이는 해결책을 찾기 어렵다는 주장이었다. '수출은 늘리되 수입은 억제한다'는 정책을 '수입을 자유화해야 수출도 늘어난다'로 바꾸어야 한다고 주장한 것이다. 그래야만 경쟁촉진과 함께 부족 물자 공급 확대와 통화 환수라는 과제를 해결할 수 있기 때문이었다.

내구 소비재를 중심으로 수요가 폭발적으로 증가하고 있음에도 이들 품목에 대한 수입은 엄격하게 규제되고 있었다. 그동안은 국제수지가 만성적인 적자에 있어 수입자유화는 생각하기 어려운 정책이었다. 그러나 1976년 이후 수출이 크게 증가하고 해외 건설 진출도 활발해 국제수지의 경우 경상수지가 거의 균형을 이루는 상태에 근접하고 있었다. 그런 만큼 차제에 수입 개방을 통해 경제 성장 및 안정에 있어서의 제약 요인들을 제거할 단계에 이르렀다고 했다. 수입자유화를 통한 외국 제품과의 경쟁 촉진, 수입자유화를 통한 공급 증대로 이룰 수 있는 물가안정은 임금 상승 압력을 완화시켜 수출경쟁력 제고에 기여한다.

금융자율화는 국내 저축을 증대시킬 뿐 아니라 가용재원 배분의 효율화를 기할 수 있다. 관치 금융에서 하루속히 벗어나야 한다. 가용재원을 정부가 정한 중화학 등 계획 분야에 집중 투자함으로써 폭발적으로 증가하는 내구 소비재 생산을 위한 설비 투자를 적절히 늘릴 수 없었다.

그밖에 인력 공급 확대와 아파트 분양제도 개선 등의 대책도 포함되었지만 핵심은 수입자유화, 농업정책 전환, 금융자율화의 세 가지였다. 이들 세 정책 전환은 논의하는 것조차 금기인 정책이었다. 이러한 문제를 처음으로 제기한 것 자체만으로도 큰 성과였다.

정책 전환이 이루어져도 공급 부족 해결에는 시간이 필요하기 때문에 10% 물가안정은 어려우며 물가안정 없이는 국제 경쟁력 약화로 수출 증대가 어렵고 수출 위주의 우리 경제는 저성장 국면으로 빠진다고 경고했다. 따라서 종래의 성장 우선 정책은 안정 우선으로 가야 한다. 이는 고도성장 정책을 포기하는 것이 아니라 고도성장을 위해서는 공급 중심에서 수요 중심으로, 생산자 중심에서 소비자 중심으로 정책 발상을 전환해야 한다.

경제 정책은 물가안정에 최우선 순위를 두어야 한다. 총수요를 적정 수준으로 관리하지 않은 채 공급 증대만으로 대응해서는 안정을 이룰 수 없다. 물가안정은 더 이상 행정규제로 해서는 안 된다. 이제까지의 정책이 잘못되었다는 뜻이 아니라 우리 경제가 정책 발상 자체를 180도 전환해야만 되는 단계까지 발전했기 때문이다. 정책이 성공했기 때문에 성공을 가져온 정책을 바꾸지 않을 수 없게 된 것이다.

남덕우 부총리는 보고 내용에 대해 "전적으로 공감한다"고 말했다. 그리고 그 결과를 청와대에 보고해 그대로 시행될 수 있도록 하겠다고 약속했다. 이제 곧 청와대에 보고를 하고 정책 또한 시행에 옮겨질 것이라는 기대를 안고 부총리 방을 나왔다. 그러나 부총리실로부터 아무런 소식이 없었다.

기다림

통화 안정을 위한 재정 금융정책 보고

청와대에 보고할 기미는 전혀 없었다. 마냥 기다리고 있을 수만은 없었다. 경제운용 기조의 전환 촉구에 대해 남 부총리는 속으로는 못마땅하게 생각했을 수도 있었다. 보고 내용을 박정희 대통령의 업적에 대한 비판, 남덕우 부총리가 주도하는 경제운용이 잘못되었다는 비판으로 받아들일 수도 있었다. 설사 공감했더라도 그해 12월의 국회의원 총선거를 앞두고 정책 전환을 논의할 시기가 아니라고 판단했을 수도 있었다. 그렇다고 마냥 기다릴 수는 없었다. 채근하는 뜻을 담아 4월에는 '통화안정을 위한 재정금융 성책'을 보고했다. 보고한 내용을 그대로 다시 들고 갈 수는 없어 제목을 바꾸고, 보고 초점을 물가와 통화와의 관계에 맞추었다.

통화가 급증하고 있어 물가안정을 위해 서둘러 긴축을 해야 한다. 4월 중에 금리를 조정하고, 정부 세출의 절감, 각종 기구의 축소, 공공요금의 단계별 조정 등의 정책을 건의했다. 양곡 방출가, 철도요금 및 교통요금은 4월 중에, 전력요금은 7월 중에 조정한다. 또 금융기관의 자율성 제고와 경쟁 촉진, 종합금융회사의 신규 설립 허용도 건의했다. 이러한 대책을 취하면 2분기 이후 통화증가율은 32%에서 24%로 점차 낮아지고 물가도 11.2%에서 10.6%로 낮아질 것이라고 전망했다.

보고 이후의 기다림

이 보고에 대해 남덕우 부총리는 아무런 언급이 없었다. 그렇다고 가만히 있을 수 없어 6월에는 다시 '물가안정 2개년계획'을 보고했다. 물가 관련 경제동향의 특징에 초점을 맞추었다. 소득증대에 따른 소비 구성의 급변, 특히 육류 및 과실류 등 고급 식품의 수요 증가와 가격 급등 상황, 내구 소비재 출하 동향, 통화 증발에 따른 초과수요와 물가 관계 등을 내용으로 했다. 관련 통계를 제시해 당장의 물가안정뿐 아니라 장기적 안정성장의 기반 구축이 시급하다고 강조했다. 2년 안에 물가를 10% 이하로 안정시켜야 하고 이를 위해 정부 정책에 대한 신뢰 확보와 인플레이션 심리 불식이 긴요하다. 구체적인 방법으로 공급 확대, 초과 수요의 조절 대책과 유통구조 개선, 지가(地價) 안정 등을 통해 인플레이션 심리를 완전히 없애는 물가안정계획의 수립 집행이 필요하다.

구체적 목표로 통화량 증가를 1978년에는 30%, 79년에는 20~25%로 줄여나간다. 재정부문은 양곡관리기금을 포함한 총재정수지의 균형을 맞추고 이를 위해 예산 절감, 양곡 수매가와 방출가 조절 등 대책을 제시했다. 해외 부문은 통화가 중립적이 되도록 수입을 확대하고, 물자 공급 대책으로 긴요 물자의 비축 확대 대책을 제시했다. 가격 정책에 대해서는 물가는 시장 기능에 맡기고 독과점 가격은 엄격히 감시한다. 공공요금은 원가를 전액 반영해 이용자 부담을 원칙으로 한다. 가격 규제 대상을 축소하고 가격 규제보다는 원인 규제에 역점을 둔다. 물가안정 및 공정거래에 관한 법률을 개정해 경쟁 조건을 정비한다. 아울러 철도, 전력, 교통요금 등과 주요 공산품 가격 조정안을 구체적으로 제시했다. 이 보고에 대해서도 남 부총리는 아무런 반응이 없었다.

각개격파에 들어가다

남 부총리의 별다른 지시가 없었지만 김용환 재무장관, 최각규 상 공장관 등 관계 장관과 이희일 청와대 경제수석에게 내용을 보고 했다. 이들 장관들은 설사 정책 전환에 공감을 하더라도 남 부총리 가 가만히 있는데 먼저 나설 수는 없는 일이었다. 그렇지만 이들에 게 설명을 해두어 나쁠 것은 없다고 생각했다. 특히 이희일 수석에 게는 보고서를 만들 때마다 보고했다. 그러나 청와대로부터도 아 무런 움직임이 없었다.

8.8 부동산투기 억제 대책

남 부총리는 1978년 8월 8일에 '부동산투기 억제 및 지가 안정을 위한 종합대책'을 발표했다. 걷잡을 수 없던 부동산투기 열풍은 이 발표로 급속도로 냉각, 안정되었다. 종합 대책의 주요 내용은 다음 과 같다.

첫째, 정부가 고시한 투기 지역 내에서의 토지 거래에 대해서는 정부의 허가를 받아야 하는 거래허가제를, 기타 지역에서의 거래 에 대해서는 신고를 하는 거래신고제를 도입한다.

둘째, 부동산 거래질서 확립을 위해 부동산 소개업에 허가제를 도입한다.

셋째, 양도소득세와 공한지세 등 세제를 보완한다.

넷째, 토지개발공사를 신설해 유휴 토지를 적극 개발해 택지 공급을 늘린다가 주요 내용이었다.

8.8 부동산 대책은 일거에 투기문제를 해결했으며 좋은 평판을 얻었다. 8.8 대책 중에서 토지거래허가제가 투기 심리 억제에 가장 큰 영향을 미쳤다. 대책의 핵심이었다. 다만 이는 전가의 보도와 같은 역할을 하는 것이어야 했다. 높이 모셔두고 필요하면 빼서 쓸 수 있는 가능성을 무기로 사람들에게 영향을 미치는 쪽이 바람직했다. 즉 필요하면 허가제를 실시한다는 으름장을 놓는 용도로 쓰는 것이 가장 바람직했다.

토지거래허가제는 비록 대책의 일환으로 제도는 마련했지만 실제로 쓸 생각은 없었고 또 써서는 안 되는 제도였다. 그러나 훗날 부동산투기가 다시 문제가 되었을 때 법에 있는 제도라고 해서 이를 실제로 사용하기 시작했다. 실제로 써 본 결과 불편할 뿐이지 투기 억제 효과는 별 것이 아니었다. 종이호랑이에 불과했다. 거래 허가 지역으로 지정 발표해도 그뿐 투기 억제 효과는 없었다. 토지거래허가제는 결코 칼을 뽑지 않는 전가의 보도처럼 써야 했다. 두고두고 투기 대책의 단골 메뉴로서 투기 억제 효과를 얻을 수 있었을 것이다. 아쉬운 일이다.

작업 결과의 총정리

어쨌든 부동산투기가 진정되자 정책을 전환해야 할 큰 이유가 되었던 문제 중 하나는 일단 해결되었다. 남 부총리가 정책 전환을 위해 적극적으로 나설 가능성은 그만큼 더 줄어들었다. 그렇지만 안타까운 마음과 허탈감 속에서도 정책 과제 정리 작업은 계속했다. 행여나 하는 심정으로 8.8대책 발표 이후 다시 '한국 경제의 당면 과제와 대책'을 만들었다. 3월의 '전환기의 과제', 4월의 '전환기의 금융 재정 정책' 등 그간 작성한 보고내용을 종합 정리한 것이다. 다만 내부 보고용이 아니라 상부 보고용으로 만들었다.

안정화시책을 어떻게 추진해야 하느냐에 초점을 맞추었다. ▲고도성장 과정의 제 양상과 문제점, ▲안정화시책의 기본 방향과 추진 상황, ▲최근의 경제 동향과 연간 전망, ▲앞으로의 정책과제, ▲과제 해결을 위한 경제운용 원칙, ▲요약 및 당면 문제에 대한 건의 순으로 모두 여섯 개 장으로 구분했으며 37쪽에 이르렀다. 그러나 이 보고가 시행될 것이라는 기대는 갖지 않았다. 정책 전환을 촉구하는 보고를 마무리하는 뜻으로 정리했다. 더 이상 보고는 하지 않았다.

연두보고 슬라이드 준비

보고서 작성 과정에서 경제 실상에 대해 점검을 거듭할수록 경제운용 방식을 근본에서부터 바꾸지 않고서는 우리 경제의 밝은 장래는 없다는 신념이 더욱 굳어져 갔다. 그동안 부총리에게 한 보고내용을 대통령 연두순시 때 대통령에게 직접 보고하기로 생각을 바꿨다. 특별보고 기회를 활용하기로 했다. 직접 특별보고용 슬라이드를 만들기 위한 작업에 들어갔다. 이 일은 한이헌 자금계획 과장에게 맡겼다. 실제 작업은 최종찬 사무관이 했다. 슬라이드를 완성할 때까지의 과정에서 내가 24번이나 손질했다고 그는 지금까지 기억하고 있다. 내용을 다듬는 일에 그만치 정성을 쏟아 부었다. 연두순시 특별보고로 쓸 수 있을지는 알 수 없었다. 솔직히 남부총리가 그렇게 하게 할지 자신이 없었다. 설사 보고 때 쓰지 못하더라도 정책 전환의 필요성과 대책 방향에 대해 알기 쉽게 설명하는 슬라이드를 만들면 분명히 여러모로 매우 요긴하게 쓸 수 있을 것이라 생각했다.

슬라이드 제목은 '80년대를 향한 새 전략'으로 했다. 우리 경제가 어느 발전 단계까지 와 있는가, 앞서 우리와 비슷한 전환기를 맞은 나라 중에서 전환에 성공한 나라의 대응과 실패한 나라의 대응은 어떻게 달랐는가, 전환 후 계속 발전하기 위해 우리는 무엇을 어떻게 해야 하는가의 세 가지 내용을 슬라이드에 담았다. 구체적으로 '우리 경제의 구조적 발전과 과제'가 12컷, '선진국의 전환기 대응책 검토'가 8컷, 본론인 '80년대 기본 전략'이 21컷으로 모두 41컷이었다.

소련에서 한국의 앞날을 보다

서비스 부재, 상품 부재

1978년 9월, 소련 알마아타에서 열린 세계보건기구(WHO) 총회에 한국 대표단의 일원으로 참석하게 되었다. 전혀 예상조차 못한 일이었다. 대표단은 신현확 보건사회부 장관을 포함해 모두 6명이었다. 2주 동안 모스크바, 알마아타, 타시켄트를 여행하면서 계획경제의 참담한 실상을 함께 체험했다. 통제경제, 폐쇄사회의 생활상은 한마디로 충격 그 자체였다.

모스크바에서의 첫 밤은 붉은광장 옆의 호텔러시아에서 보냈다. 투숙객은 여권을 맡기고 출입증을 지급받게 되어 있었다. 출입증이 없으면 호텔 출입은 물론 호텔 안의 식당에도 들어갈 수 없었다. 식당에 들어가 자리를 잡고 앉은 뒤 우두커니 서 있는 여종업원이 있어 주문을 위해 불렀으나 "이 테이블은 내 담당이 아니다"라면서 되돌아갔다. 팬티스타킹 하나를 슬쩍 건넸더니 태도가 돌변했다. 주문한 음식을 빨리 가져오려고 주방에 대고 고함을 지르며 닦달했다. 우리 백화점에서 350원짜리 팬티스타킹이 그곳에서는 1만 5,000원이 넘었다.

소련에서는 모든 물자가 귀했다. 긴 줄로 늘어서 기다리는 사람들이 있는 곳은 물건을 파는 곳이 대부분이었다. 알마아타나 모스크바 할 것 없이 백화점에 들러 봐도 진열된 물건이 별로 없었다. 신발을 파는 곳에서는 짝이 맞지 않는 신발과 옆구리가 터진 불량품이 몇 켤레 있을 뿐이었다. 소련 체류 중 가장 많이 들었던 말은 니예트, 즉 '없다'는 말이었다. 백화점에 가서 물건을 찾으면 점원의 한결같은 대답은 니예트였다. 품질이 좋고 나쁘고 가릴 여지는 애당초 없었다. 식당에서도 마찬가지였다. 메뉴에 음식 이름은 있는데 가격이 적혀 있지 않은 것이 많았다. 그 음식은 주문을 해도 없다는 뜻이었다. 또 가격이 표시된 음식도 막상 주문을 하면 니예트라는 대답이 대부분이었다. 2주 동안 가장 많이 먹은 음식은 만띠였다. 껍질이 두껍고 맛은 없었다. 우리 만두와 비슷해서 많이

먹은 것이 아니라 만띠를 주문해서 니예트라는 대답을 들은 적이
한 번도 없었기 때문이었다.

계획경제에서는 물건을 구하기 위해 사람들이 장사진을 이룬
다. 물건이 귀해 사람이 물건을 기다리는 경제가 계획경제라면, 시
장경제는 다양한 상품들을 쌓아 놓고 사람을 기다리는 경제다. 계
획경제와 시장경제의 차이는 물건을 더 중히 여기는가, 사람을 더
소중하게 여기는가로 구분된다. 소련에서는 사람보다 물건이 귀
한 대접을 받고 있었다.

관세음보살 경제

소련을 다녀온 뒤 얼마 안 되어 스님들을 대상으로 경제교육을 한
일이 있다. 시장경제에 대해 잘 이해할 수 있는 방법을 고심하다가
'시장경제는 관세음보살 경제'라고 설명했다. 시장경제는 보이지
않는 손에 의해 돌아간다. 제각기 이익을 얻기 위한 이기심이 결과
적으로는 다른 사람이 바라는 욕구를 충족시켜 경제 전체가 제대
로 돌아가게 하는 보이지 않는 손 구실을 한다는 뜻이다. 스님들에
게는 보이지 않는 손보다는 관세음보살 비유가 더 적절하다고 생
각했다. 관세음보살은 보통 '천수(千手) 천안(千眼) 관세음보살'이
라고 한다. 천 개의 눈으로 중생들이 바라는 바를 살피고 천 개의
손으로 챙겨주는 보살이라는 뜻이다. 모든 사람이 필요로 하는 것
을 꼭 집어서 보살펴준다는 뜻이다.

시장경제는 소비자가 필요로 하는 것을 가장 잘 챙겨주는 경제
다. 시장경제는 마치 관세음보살이 천 개의 눈으로 보살펴 천 개의

손으로 챙겨주듯이 소비자가 필요로 하는 것을 제대로 챙겨주는 경제다. 시장경제의 생산자나 상인들이 바로 관세음보살이다. 그렇지만 이들이 이타행(利他行)을 행하기 위해 그런 것은 물론 아니다. 이윤 추구라는 이기심이 바탕에 있다. 그 이기심 때문에 생산자나 상인들이 관세음보살의 구실을 하는 것이 시장경제다.

안정화로의 의지를 다진 소련 여행

그해 세계보건기구 총회의 주제는 1차 진료(Primary Health Care)였다. 시골의 조산소를 둘러보는 일정이 포함되어 있었다. 소련의 시골 미을은 해방 전후 우리나라 시골과 비슷했다. 마을 사람들 대부분이 부석부석한 얼굴의 남루한 백인들이었다. 해방 후 눈에 익은 백인 이미지와는 판이했다. 백인들은 우리보다 잘산다는 고정관념과는 너무나 동떨어졌다. 게다가 소련은 미국과 대결할 정도의 강대국이 아닌가.

회의 중 우리를 안내한 사람은 알마아타에 거주하는 북한 국적의 교민이었다. 북한과 비교할 때 소련에서의 생활이 월등 낫기 때문에 북한으로 돌아가 살 생각은 없다고 은밀히 말했다. 1960년대만 해도 1인당 소득이 남한보다 두 배였던 북한 경제가 우리보다 왜 크게 뒤지게 되었을까? 소련에 가보니 그 해답은 간단하고 명료했다. 체제 때문이었다. 소련을 다녀온 뒤 대외경제연구원에서 소련 시찰에 대해 강연을 했다. 그때 "남북한 사이의 잘살기 경쟁은 끝났다"는 말로 강연을 마무리했다. 남북한 간의 경제력 경쟁은 체제의 차이에서 이미 승패가 결판났다고 단정했다. 북한의 중앙집중식 폐쇄 통제경제는 무슨 수를 쓰더라도 소련보다 더 나을 수 없기 때문이었다. 시장경제 원리를 제대로 살리고 지켜가는 일이 남북 경쟁에서 가장 확실하게 이기는 길이 된다.

소련 시찰 2주일 동안 공식 일정 이외에는 할 일이 별로 없었다. 소련의 현실과 한국 경제가 처한 상황을 비교하면서 우리나라는 어떻게 가야 하는가에 대해 신현확 장관과 많은 이야기를 나누었다. 그 과정에서 그동안 공을 들여온 안정화시책 내용을 자연스럽게 소개했다. 우리 경제가 전환기에 있다는 것, 정책 발상을 종래와는 180도 바꾸어야 한다는 것과 함께 구체적인 정책 하나하나에 대해서까지 세세히 설명했다.

소련 경제처럼 되지 않기 위해서는 안정화시책이 반드시 채택되어야 한다는 점에 대해서는 새삼스럽게 말할 필요조차 없었다. 소련 시찰에서 실제로 겪고 있었기 때문이었다. 당시에는 연말 개각 때 신현확 장관이 부총리를 맡는 것으로 박 대통령의 언질이 있었다는 사실은 전혀 눈치 채지 못했다. 이렇게 안정화시책 내용에 신현확 장관의 깊은 이해에 힘입어 개각 후 안정화 방향으로의 전환이 급물살을 타게 되었다.

소련 경제 실상을 직접 목격한 결과 경제정책 기조를 근본에서부터 바꾸지 않으면 안 된다는 그동안의 확신이 일종의 신앙으로 굳어졌다. 안정화 작업팀들은 이를테면 안정화라는 신흥종교의 전도사로 자임하게 되었고 나는 공직을 걸고 추진하겠다고 스스로 다짐했다.

귀국 후 우리나라 곳곳에서 소련의 계획경제적 징후들이 보다 뚜렷하게 보였다. 가격통제 대상 상품의 품귀 현상이라든가, 심해진 품질 저하, 가격은 그대로인데 내용물의 양이 줄거나 질이 떨어지고 있는 것, 서비스가 나빠지는 것 등 소련 방문 동안 익숙하게 목격했던 일들이 우리 주변에서도 손쉽게 볼 수 있어 위기의식을 더 갖게 했다.

가격 통제에 따른 물건 사재기 현상, 공장 출하가격의 통제로 실제 시장 거래가격과의 차이가 커지자 특권층이나 특수 관계인이라야 정부 통제가격으로 물건을 공급받을 수 있는 부조리 등이 나타났다. 그 결과 생산회사 사장이 물량 배정업무를 맡은 것 같은 현상이 속출했다. 이처럼 소련 경제적 징후는 여러 곳에서 다양한 모습으로 나타나고 있었다. 무슨 수를 쓰더라도 소련처럼 되는 것은 반드시 막아야 했다. 곳곳에 나타나고 있는 소련 경제적 징후를 없애기 위해서는 어떤 희생도 감수하겠다고 스스로 다짐했다.

드디어 햇빛을 보게 된 안정화시책

시동 걸린 안정화시책 작업

1978년 12월 개각에서 신현확 장관이 부총리로 임명되었다. 부총리가 바뀜으로써 그동안 준비한 안정화시책이 햇빛을 볼 전기를 맞았다. 그동안 캐비닛 속에서 잠자야 했던 내용을 공식적으로 보고하는 자리가 마련되었다. 관계 공무원과 KDI 등 유관 연구기관장도 배석했다. 왜 우리 경제의 운영 방식을 전환해야 하는가, 어떤 방향으로 바뀌어야 하는가를 위에서 알 수 있게 만든 '80년대를 향한 새 전략' 슬라이드도 함께 보고했다. 브리핑을 마치자 신 부총리는 "잘 되었다. 즉시 시행하자"는 요지의 한마디뿐이었다. 의외로 간단히 결론을 내리자 참석자들은 어리둥절한 표정이었다. 보고를 끝내면 참석자들로부터 의견을 듣고 토론을 거쳐 합의점을 찾아내 결론을 내리는 것이 관례였다. 그런데 그러한 과정이 모두 생략된 채 바로 결론이 내려졌으니 놀라는 것도 무리는 아니었다. 신 부총리로서는 새삼 긴 설명이나 토론이 필요 없었다. 그러나 참석자들은 소련 시찰 중 안정화시책에 관한 여러 차례 토론이 있었다는 사실을 알 턱이 없었다.

정재석(丁渽錫) 국제경제연구원장(후에 경제부총리 역임)은 보고 후 회의실을 나서면서 "애덤 스미스가 다시 살아온 것 같구면"이라고 웃으며 코멘트를 했다. 이렇게 정책 전환을 위한 시동은 쉽게 이루어졌다. 하지만 다른 사람들도 안정화시책에 대해 승복한 것은 아니었다. 재계나 다른 경제 부처는 물론 경제기획원 내부에서조차 서석준 차관을 비롯한 몇몇 간부들은 정책 전환에 동의하지 않았다.

어쨌든 부총리의 확고한 추진 결심으로 대통령에 대한 연두보고 내용은 안정화시책으로 결정되었다. 서둘러 최종적으로 다듬는 작업에 들어갔다. 인근 호텔 방을 빌려 철야 작업을 시작했다. 작업은 경제기획원 경제기획국과 KDI 박사들뿐 아니라 관련되는 다른 부처 국·과장과 사무관도 광범위하게 참여했다. 사무관들은 집에도 가지 못하고 호텔에서 숙식과 세탁을 해결할 정도로 일에 몰두했다.

통화 · 환율 · 금리, 세제지원 정책, 수입자유화 · 수출지원책 등 국제수지, 임금 및 인력 관련 대책, 농업정책 등 이때 검토하지 않은 정책 과제가 없을 정도로 철저하게 점검했다. 과제별로 관련 전문가와 기획국 실무자들이 참여해 자유롭게 의견을 제시하고 토론을 벌였다. 환율 정책의 경우에는 며칠 동안 논의를 계속한 적도 있었다. 금융 및 금리에 관한 토론은 재무부는 물론 한국은행과도 심각한 의견 대립을 빚기도 했다. 검토 회의에는 김만제 KDI 원장(후에 재무부 장관, 경제부총리 역임)과 나는 빠지지 않고 참석했다.

업무계획 보고와 80년대 새 전략 슬라이드 내용을 충실히 하기 위해 외국의 사례도 집중적으로 연구했다. 외국 자료를 국제경제연구원 등에 의뢰해서 구했다. 일본, 독일, 대만의 세 나라에서 전환기를 맞아 어떻게 했는지, 또 1차 석유파동 때 어떤 정책을 폈는지, 우리와는 어떻게 달랐고 그에 따라 결과가 어떻게 달랐는지에 대해 자세히 검토했다. 이들로부터 우리가 배울 점이 무엇인지를 확인하기 위해서였다. 그밖에 아르헨티나는 전환에 실패한 반면교사로서 철저히 검토했다.

이렇게 다양한 자료를 구해 연구하고 난상토론을 벌이면서 대책 방향을 다듬어갔다. 관심 있는 사람은 누구든지 토론에 참여할 수 있게 했다. 이러한 과정을 거치면서 참여자들은 자연스럽게 정책 내용을 깊이 이해했다. 정책 내용이나 아이디어에 대해 처음 누가 발상하고 제안을 했는지, 누구 의견에 따라 수정을 했는지, 누가 결정적 역할을 했는지 하는 것들은 그 흔적조차 찾을 길이 없게 되었다. 처음에는 결론과 다른 생각을 가졌던 사람도 결론에 도달할 즈음에는 자기도 처음부터 그렇게 생각하고 있었던 것처럼 여길 정도였다. 문제의식과 정책 방향에 대해 모두 자기 생각처럼 공유를 했다.

　이러한 과정을 거쳤기 때문에 정권이 몇 차례 바뀌었지만 안정화시책의 근간이 크게 훼손되지 않고 이어질 수 있었으며 정책의 일관성을 유지할 수 있었다고 생각한다. 어느 신문에선가 '강경식 스쿨' 운운하는 기사를 본 적이 있다. 이는 아마 안정화시책의 입안 과정을 두고 한 말이 아닐까 짐작했다.

드디어 박 대통령에게 보고

1979년 박 대통령에 대한 연두보고는 1월 11일에 있었다. 보고 내용은 늘 최선을 다해 다듬지만 이번 보고는 특히 정성을 다해 준비했다. 안정화시책 내용을 담아 경제운용 계획을 만들었다. 특별보고는 당연히 '80년대를 향한 새 전략'이었으며 종래의 보고와는 완전히 달랐다. 경제가 잘 되고 있다는 밝은 기조의 내용이 아니었다. 문제를 본격적으로 제기하고 정책 전환이 불가피함을 강조하는 내용으로 일관했다. 그때 보고한 연두보고 내용을 요약하면 다음과 같다.

　연두보고는 먼저 1979년 경제성장 전망에 내포된 문제를 제기했다. 생산계획에 따라 추계하면 성장률은 11.5%가 되지만 수요에 근거한 전망치는 7.8%로 3.7%p나 차이가 난다. 이는 중화학 생산계획에 비해 수요가 그에 못 미치는 데서 비롯된다.

중화학투자 집중 문제도 부각했다. 경공업 부문 생산액은 48.4%인데 비해 경공업 부문 투자는 18.1%밖에 안 된다. 투자 대부분은 중화학으로 81.9%나 된다. 경공업은 소득증대와 수출증대로 수요는 크게 늘고 있으나 투자 배분이 적어 공급 능력이 부족한 것이 문제다. 반면 중화학은 생산 능력은 대폭 확대되지만 수요 부진으로 가동률이 하락하고 있다.

인력 부족 때문에 성장률을 조정해야 한다. 7.8% 성장할 때의 고용은 37만 2,000명 증가하는 것에 비해 11.5% 성장 때는 60만 2,000명에 이른다. 실업률은 4.2%에서 2.6%로 낮아지고 임금의 급격한 상승이 불가피하다. 성장률을 9%로 조정하면 고용은 44만 7,000명이 늘고, 이때 실업률은 3.7%가 된다. 특히 고용 증가 중 해외인력 진출과 신규 기계공장 가동에 따른 기능인력 대책은 서둘러 마련해야 한다.

물가안정에는 문제가 많다. 먼저 양곡관리특별회계 및 해외부문에서 여전히 통화가 크게 증가해 물가상승 압력으로 작용할 것이다. 이에 더해 OPEC은 원유가격을 14.5% 인상 결정했다. 해외 원자재 가격도 1년 동안 고철 45%, 핫코일 38.5%, 원면 29.7%, 원목 47.3%, 우지 31% 등 크게 상승하고 있다.

소득증대에 따른 문제도 심각하다. 식품수요 구조가 변화하고 있지만 민간의 식료품 수입이 불가능하기 때문에 수급의 애로가 심화되고 있다. 내구소비재 부문의 시설투자 부족으로 물가상승 압력이 커지고 있다. 상업용 건물의 공급 부족으로 임대료가 상승하고 있다. 물가상승 억제로 규제 대상 품목의 가격 상승 압력이 누적되고 있다. 이중가격이 형성되고 있고 이에 따른 부작용이 심화되고 있다.

잠재물가상승률은 18.7%에 이르는 것으로 추계된다. 그럼에도 10%로 물가상승을 억제할 경우에는 8.7%의 물가상승 압력이 있어 문제가 크다. 성장률을 낮추면 물가안정에 분명히 도움을 준다. 그러나 양특 적자와 해외부문의 통화 증가 문제는 그대로 남는다. 식료품 문제, 원유 등 해외 원자재 가격 상승에 따른 물가상승 문제는 성장률 하향 조정만으로는 해결될 수 없다.

대책의 기본 방향은 안정 기반 구축과 성장 내용 조정에 두어야 한다. 안정 기반 구축을 위해서는, 먼저 1년의 물가안정 목표에만 집착하지 말고 장기적인 안정 기반을 구축하는 일에 주력해야 한다. 또 결과로 나타난 물가의 상승 억제 방식에서 상승 원인 제거 대책으로 바꾸어야 한다. 물가 억제책에 따른 부작용을 조속히 해결하고 서민생활과 관련된 물가안정에 최우선을 둔다. 공급 애로 해소와 민생안정을 위한 투자를 확대하고, 식료품 공급 확대 대책을 추진한다. 또 주거비 안정과 생활 편익시설 투자를 확대한다.

물가구조의 정상화를 위해 독과점 가격규제 대상 품목을 축소하고, 최고 가격의 해제와 가격표시제를 정상화한다. 원유가 상승에 따른 가격 조정, 공공요금 조정은 미루지 않아야 한다. 가격관리 정상화에 따른 보완 대책도 강구한다. 이와 함께 통화관리의 적정화를 위해 종합재정수지의 균형, 외환 흑자의 적정 수준 유지, 금융제도 개선, 저축생활화 여건 조성에 중점을 두어야 한다.

과제별 대책 방향은 다음과 같다.

식료품가격 안정을 위해 국제경쟁력이 있는 식품은 생산 확대, 경쟁력이 없는 품목은 수입을 늘린다. 국제경쟁력이 있는 채소류, 고추, 마늘, 양파 등 전작물과 닭, 돼지고기 등 축산물의 국내 생산을 확대한다. 이를 위해 계약재배를 위한 주산단지 조성, 도시 근교 논의 채소재배 허용, 수입개방 대상의 사전고시로 작부체계 변경 지원, 사료 수입 개방을 통한 축산물 생산지원 등 필요한 대책을 추진한다. 국내 생산이 불가능한 당밀, 바나나, 양고기 등과 경쟁력이 없는 밀, 옥수수, 콩, 참깨, 보리, 쇠고기, 분유 등의 품목에 대해서는 수입 개방을 원칙으로 한다. 다만 축산물 중 쇠고기와 분유는 국내 생산이 현상 유지되는 범위 안에서 수입을 허용한다.

농가 소득증대를 위해 농외 소득증대를 위한 농촌사회 간접자본 투자를 확대하고, 농업기계화의 적극 추진, 농지상한제의 완화 등 노동생산성 향상을 위한 정책을 추진한다. 유통시설 확충으로 농가 소득증대에도 기여하면서, 유통비용 절감을 통한 가격 안정을 함께 이루어야 한다. 이를 위해 서울에 대단위 농산물유통센터의 건설을 서둘러 추진한다.

서민생활 안정을 위해서는 서민주택 공급 확대로 주거비를 안정시킨다. 특히 주택금융제도를 발전시켜 간다. 도시교통의 원활화, 통신 및 상하수도 보급 확대 및 가정용 연료의 안정적 공급을 위한 대책 추진 등 생활 편익투자를 확대한다.

물가구조의 정상화는 대책의 핵심 과제다. 현 가격관리는 이중가격 형성으로 소비자는 고가 구매, 기업은 재투자재원 부족으로 공급 애로를 심화시키고 있다. 그 과정에서 중간상인의 유통 마진만 커지고 있다. 더욱이 가격을 억제하다가 일시에 큰 폭으로 인상하는 것은 인플레이션 심리를 자극할 뿐 아니라 신제품 개발 등 기업의 창의력을 저하시킨다. 따라서 독과점 규제 대상 품목을 국민생활에 긴요한 품목으로 축소하고, 단계적으로 가격을 현실화하고 최고가격의 해제와 가격표 시제 운용을 정상화해야 한다.

원유가 상승에 따른 유류가격 조정과 정부미 방출가격의 조정, 공공요금의 단계적 현실화가 불가피하다. 이에 따라 독과점 대상 품목을 148개에서 50개로 축소하고 가격 조정도 해야 한다. 가격관리 방식의 개선에 따른 보완 대책으로 독과점품목에 대한 물가감시 행정과 수급점검제를 강화한다. 또 경쟁제한행위 규제와 감시를 강화한다.

기업의 신·증설 등 신규 참입제에 대한 장벽과 관세장벽을 단계적으로 완화하고 동업자 단체의 원료수입 추천, 자금 배정 등 경쟁제한 소지를 없앤다. 수입자유화를 계속 추진하고 특히 원자재와 생필품 수입을 확대하고 수급 안정을 위해 관세제도를 탄력적으로 운용해 전량 수입 원자재, 생필품 및 수급 차질 품목에 대한 관세를 단계적으로 인하한다. 수입자유화 품목의 관세는 인상하지 않으며 물가평형 관세, 할당관세를 통해 해외 가격의 국내 파급을 완화한다.

임금상승률을 보면 일본과 대만은 11% 수준인데 한국은 33%에 이른다. 임금 상승에서 노동생산성 증가를 차감한 단위당 노동비용(Unit Labor Cost) 상승률은 일본은 1.9%, 대만은 0%인데 비해 우리는 23.8%나 된다. 때문에 대기업의 임금인상률은 12% 이내로 자제하도록 지도한다. 다만 일본에 비해 우리나라가 학력 간 임금 격차가 크기 때문에 저임금 부분은 20% 이상 인상하도록 행정지도를 펼쳐간다.

안정 기반 구축을 위해서는 경공업과 중화학 부문 간의 투자 배분을 조정해야 한다. 경공업 부문의 공급 능력 확충을 위해 중소기업에 대한 자금 지원을 확대하고 차관 도입도 1,000만 달러 이상으로 규정한 것을 5,000만 달러 이상으로 하한선을 낮추어 소액차관 도입이 가능하게 한다.

중화학공업은 합리적으로 추진해 정유, 포철 4기 확장 등 공급이 부족한 분야의 신규 투자는 계속하되 공급 능력에 여유가 예상되는 부문의 투자는 조정한다. 대신 완공 부문에 대해서는 자금 공급이 원활히 되도록 소재 공업의 운전자금 지원, 자본재 공업의 판매금융 지원, 기계류 등의 수출 촉진을 위한 연불수출자금 지원을 확대한다.

통화관리를 적정화하기 위해 종합재정수지는 균형을 이루도록 한다. 종합재정수지 균형을 위해서는 무엇보다 양곡기금 적자를 축소해야 한다. 이에 더해 다른 부문에서 양특 적자 이상의 흑자를 내야 한다. 이를 위해 1979년 중에는 추경예산은 편성하지 않고 정부 투자 사업 및 경상사업 중 불급사업의 집행을 유보한다. 재정차관도 선별해서 도입을 줄이도록 힘쓴다. 해외부문에서의 통화증발 억제를 위해 외환 흑자를 적정 수준에서 유지하도록 한다. 또 정책자금의 대출 규모를 조정해 본원통화와 총통화 공급을 적정화해간다.

금융제도와 관련해서는 우선 제2금융권을 통한 자금 공급을 확대할 수 있도록 단자회사의 자본금 증자를 허용하고 대출도 법정한도까지 허용한다. 일반 은행에 대해서는 장, 단기 채권의 발행을 확대함으로써 시장금리에 접근하는 저축 수단의 공급을 확대하고 아울러 대출 재원도 늘리도록 한다. 상업어음 할인 제도를 개선하는 한편 일시적으로 외환 흑자가 급증할 경우에 대처하기 위해서는 안정증권을 시가로 발행해 화폐 발행액의 안정화를 도모한다. 실물경제의 대형화, 국제화에 부응하는 금융제도 개선 방안을 시급하게 발전시켜야 한다. 이와 함께 저축의 생활화 여건 조성을 위해 주택, 토지 등 실물 투기 요인을 제거해 금융저축으로 유도하고 소비생활의 건전화도 유도한다.

연두보고에서 제시하는 대책을 실천하면,

1979년 경제는 9~10%의 성장을 이루고, 45만 명의 신규 고용이 늘어난다. 경공업 부문의 공급 애로가 해소되면서 기계류의 연불 수출이 늘어 가동률이 제고된다. 물가는 10~12% 수준에서 안정되고 특히 곡물을 제외한 식료품 물가는 1978년의 24%에서 8~10% 선으로 안정된다.

끝으로 각 부처가 해야 할 일의 시한을 1월 말까지와 상반기 중으로 구분해 구체적으로 열거했다. 1월 말까지 경제기획원은 최고가격 해제와 재정 집행 계획의 조정을, 재무부는 부가가치세제 개선, 관세율의 인하 조정과 제2금융권 자본금 증자와 운용한도 조정을, 농수산부는 수입 개방 품목 선정 및 기준가격 결정을 마친다. 상반기까지 경제기획원은 가격 규제 대상의 축소, 가격 정상화 작업과 공공요금의 조정, 투자장려법 제정을 검토하고, 재무부는 금융기관 채권 발행 확대와 여신관리 방법 개선 및 금융제도 근대화 방안을 마련하고, 농수산부는 식품 수급계획의 종합적 수립, 전작물 등 증산 계획의 수립과 대단위 유통센터 건설계획을 추진한다. 그밖에 건설부, 교통부, 체신부에서 조치할 계획도 정리 보고했다.

80년대를 향한 새 전략

온갖 정성을 다한 '80년대를 향한 새 전략' 슬라이드는 특별보고 시에 사용되었다. '새 전략'은 네 부분으로 구분되었다. 경제운용 보고 내용과 특별보고 내용은 같은 기조지만 운용보고는 1979년 업무보고 측면에서 다듬은 것이다. 그러나 새 전략은 경제를 중심 으로 우리나라가 나아갈 방향과 과제들을 광범위하고 체계적으로 제시했다. 슬라이드에서는 간략히 한 줄로 표현했으나 정책 하나 하나에 대해서는 따로 책을 낼 수 있을 정도의 깊고 광범위한 토론 과정을 거친 것들이다. 여기에 담긴 정책들은 훗날 제5공화국 정 책의 근간을 이루었다. 정책으로 실천에 옮겨지고 제도화되어 경 제운용의 틀로 자리 잡은 것이다. 이는 당시로서는 알 수 없었던 먼 훗날의 일이다.

'80년대를 향한 새 전략'을 정리하면 다음과 같다.

첫 부분은 '우리 경제의 구조적 발전과 과제'에 대한 것이다.

우리 경제는 농업에서 경공업에 이어 중화학공업 단계를 거쳐 지식산 업으로 발전해 갈 것이다. 경제발전에 따라 민생고 해결에서 의식 충 족, 주택 및 내구 소비재 수요를 거쳐 문화 정서 생활로 모습이 달라져 간다. 대외 거래도 원조 의존에서 차관 도입, 국제수지 균형을 거쳐 자 본 공여 단계로 옮겨간다. 국제수지는 이미 균형기조에 이르고 있다. 이에 따라 경제운용 측면에서 새로운 가능성을 제공해주고 있다. 즉 국제수지의 제약에서 벗어남으로써 수입을 통한 물가안정을 이룰 수 있으며 투자재 수입 확대를 통한 성장 촉진도 가능하다. 80년대에는 안정과 성장, 국제수지 개선을 동시에 이루는 '상승적 공업화 단계'에 진입할 수 있다.

두 번째 부분은 전환기를 맞은 다른 나라의 정책 대응에 관한 것이다. 선진국의 성공 사례와 실패 사례를 비교해서 살펴보았다. 우리가 맞고 있는 전환기는 서독과 아르헨티나는 1950년대 초, 일본은 1960년대 초에 경험했다. 서독과 일본은 전환기에 효과적인 대응책을 추진해 물가안정, 고성장, 국제수지 개선의 상승적 공업화 단계를 거쳐 선진 산업사회에 도달했다. 반면 아르헨티나는 전환에 실패해 물가 불안, 저성장, 국제수지 악화라는 공업화 정체기에 빠졌다. 전환기를 맞아 우리가 어떤 정책을 선택하느냐는 선진사회 진입의 성패를 가르는 관건이 된다. 선진국의 전환기 대응책을 보면 미국이나 소련처럼 인구도 많고 자원이 풍부하고 국내시장이 거대한 국가는 자급자족형 경제를 지향해 전 산업을 육성할 수 있었다.

영국, 프랑스, 일본, 서독 등 인구가 5,000만~1억 명이고, 자원도 부족한 나라들은 교역 증대를 기본 전략으로 삼아 산업을 선택적으로 육성했다. 인구 1천만 이내의 스위스, 네덜란드 같은 소국들은 세계시장을 대상으로 교역을 극대화하고 특정 부문을 전문화하는 전략을 채택하고 있다. 우리의 전략을 위해서는 서독과 일본의 사례를 집중적으로 살펴볼 필요가 있다. 서독과 일본 양국은 모두 2차 대전 이전에 이미 중화학공업 건설, 고도의 기술과 자본축적을 배경으로 세계시장에 진출했다는 점이 우리와는 큰 차이가 있다. 그러나 국민소득이 1,000달러를 상회하고 국제수지 균형 확보를 배경으로 중화학공업을 본격적으로 추진하고 개방화를 촉진한 점은 우리와 유사하다. 두 나라 모두 중화학, 특히 기계공업을 전략산업으로 했지만 일본은 정부가 직접 전략산업으로 지정해 육성하고 수입을 규제하는 직접 지원 방식을 취했다. 이에 반해 서독은 일반적인 조세 감면 등 간접 지원 방식을 채택하고 수입을 자유화한 점에서 두 나라의 추진 방식은 정반대였다.

두 나라 모두 고심한 부문은 농업이었다. 일본은 쌀에 대한 가격 지지정책과 농산물 수입 억제책을 편 것에 반해 서독은 생산성 향상을 위한 기반 조성에 주력하면서 농산물 수입을 완화했다. 그 결과 양국 공히 농업 부문 취업인구의 비중은 급격히 낮아졌지만 소비자 부담 면에서는 완전히 상반된 결과를 가져왔다. 식료품 가격의 소비자물가상승 기여도를 보면 일본이 전환기의 30%에서 45%로 상승했지만 서독은 50%에서 22%로 급격히 낮아졌다.

경제운용 기조에선 양국 모두 재정건전화에 노력했다. 일본은 공채를 활용하고 서독은 중앙은행 차입을 법으로 금지했다. 금융 면에서 일본은 연 20% 수준의 통화를 증가시키고 인위적인 저금리정책을 실시하면서 자금을 대기업에 집중 공급했다. 이에 반해 서독은 통화 증가를 연 10% 수준으로 안정시키고 시장 기능에 의한 저금리를 유지하면서 자금을 대기업과 중소기업에 무차별로 공급했다. 양국 공히 개방화를 추진해 전환기 직후 3~4년 안에 수입자유화율을 92~93%로 높였다.

결론적으로 두 나라에서 배울 점으로는 안정 기반 위의 고도성장, 개방체제에 의한 경쟁 촉진, 시장기능의 확대라는 점이다. 그러나 피해야 할 일본의 전철로는 미곡가격 지지정책의 장기화로 재정 기능을 저해한 점, 농산물의 과도한 수입 억제로 식료품 가격이 상승한 점, 사회

개발 투자 지연으로 생활기반 시설의 취약을 가져온 점 등이다. 또 금리의 인위적 통제 지속으로 제도금융의 능력을 저해시켜 사채시장이 성행한다는 점과 자금의 대기업 중점 공급으로 중소기업이 상대적으로 낙후되어 이중구조와 경쟁력 약화를 초래한 것 등이다.

세 번째 부분이 전략의 핵심이었다. 즉 우리가 무엇을 어떻게 해야 하는가를 중점적으로 제시했다. 먼저 우리 경제가 1991년까지 달성 가능한 모습을 전망했다. 경제규모 면에서는 세계 37위에서 20위권으로, 무역규모 면에서는 10위권으로 진입하고, 이러한 양적 확대와 함께 경제구조가 다양화되며, 정치·경제·문화의 각 부문에서 국제적 참여가 확대되는 가운데 경제활동도 고도로 분업화·전문화될 것이다. 산업화와 도시화의 진전으로 사회적 기본 욕구도 늘어나게 된다. 이를 위한 산업의 선택, 경제운용 개선 그리고 사회개발 면에서의 현명한 선택, 즉 80년대 기본 전략의 현명한 선택이 요망된다.

산업의 선택은 자원 부족과 시장 협소라는 우리의 여건에 비추어 개방체제를 더욱 발전시켜 국제 분업의 이익을 극대화해야 한다. 세계경제의 성장 둔화와 중공(당시에는 중국이라 부르지 않고 중공(中共)이라고 불렀다)을 포함한 개도국들의 진출이 새로운 도전으로 등장할 것이므로 경쟁에서 이길 수 있는 산업을 선택하는 것은 어쩔 수 없다. 따라서 중화학공업은 무리한 국산화와 자급보다는 장기적으로 경쟁력을 제고시키는 방향으로 정책을 전환해야 한다. 중화학공업은 선택적으로 추진함을 기본으로 해야 한다.

특히 무리한 국산화를 지양해야 하고 기계공업이 수출주도 산업의 역할을 해나가야 한다. 중화학공업의 비교우위 확보를 위해 고도의 기술이 필요한 부품 수입을 원활히 하고 규모의 경제를 확보하는 일에 주안을 두어야 한다. 이를 위해 산업을 선택하는 방법도 정부가 계획을 세우고 직접 관여하는 방식에서 탈피해야 한다.

정부는 간접지원을 기본으로 하고 경쟁 촉진을 통해 시장에서 선택이 이루어지도록 전환해야 한다. 간접지원으로는 먼저 기술 축적을 위한 지원을 강화해야 한다. 핵심 기술 도입이 필요하지만 신기술을 수용할 수 있는 능력이 미흡한 실정이어서 연구개발은 국가 차원에서 지원해야 할 필요가 절실하다.

크게 늘어나는 기술 인력, 기능 인력과 과학기술 인력 수요를 충족하기 위해 정부가 재훈련 및 향상 훈련, 고등교육을 강화하고 해외 유학을 확대해야 한다. 10대 기계공장의 수지 균형을 위해 매출이 최소 2조 5,000억 원은 되어야 한다. 그 대부분은 중장기 연불수출과 국내 설비 금융을 필요로 하기 때문에 시장 확보를 위해서는 금융저축 증대와 중소 기계공장을 위한 금융 기회를 균등하게 할 필요가 절실하다.

농업 부문도 무리한 국산화와 자급 정책에서 벗어나야 하고 이를 위한 구조 개선이 필요하다. 식품소비 구조가 곡물에서 과채류와 축산물의 소비가 급속히 늘어나고 있다. 하지만 생산과 수입이 경직적이어서 국제가격에 비해 2~5배를 웃돌고 있어 식료품 가격 상승이 소비자 물가 상승의 절반 이상의 원인이 되었다. 우리의 기후와 경지면적 등의 농업 조건을 감안할 때 전 품목을 자급자족하는 것은 불가능하다. 그렇기 때문에 농업 정책 방향도 종래의 자급 위주에서 경제 안정과 서민 생활 보호를 양립시키는 방향으로 전환해야 한다.

식품의 공급체계도 경쟁력을 감안해 품목별로 특화하는 것이 불가피하다. 쌀은 자급체제를 유지하되, 국제시장에서 대량으로 교역되는 곡물은 수입을 자유화하고, 채소류 등 교역이 어려운 품목은 국내 생산 확대를 위한 지원을 강화한다. 국내 생산으로 특화할 품목은 고추, 양파, 감자, 마늘 등이고, 수입을 개방해야 할 품목은 밀, 보리, 콩, 참깨, 옥수수, 면화 등이다. 축산물로는 돼지고기, 닭고기 등은 국내 생산, 쇠고기와 분유는 수입 개방할 품목이다. 이러한 방향으로 식품 공급체계를 서둘러 전환해야 한다. 이처럼 농업 생산을 구조 조정할 때 그에 상응하는 농가소득 정책의 전환이 필요하다.

종래의 농가소득 정책은 쌀 증산과 고농산물가격 정책에 의존해 왔지만 이러한 정책을 그대로 안고 가는 데에는 한계가 있다. 토지소유 상한제를 완화해야 하고 전문 영농을 적극 육성해야 한다. 이에 더해 소득원을 농업 이외의 소득으로 다양화하도록 농촌의 기반 시설을 확충하고 농공단지 조성 등을 통한 취업 기회 확대 정책이 시급하다.

중소기업과 서비스업 등 저생산성 부문의 구조개선이 필요하다. 특히 서비스업에 대해서는 전산화와 기계화 추진, 증권·보험 등 금융시장의 근대화, 정보산업 확충 등 고도 산업사회 기반 조성이 필요하다.

경제 사회의 균형적인 발전에 관심을 두어야 한다. 이를 위한 사회개발에 특히 역점을 두어야 한다. 산업 간의 생산성 격차, 계층 간의 소득 격차와 사회 기초시설의 미비 등 경제사회의 이중구조는 사회적 비용을 증대시키고 성장 잠재력을 감퇴시키는 요인이 된다. 특히 중산층 육성이 필요하고, 국민의 기본수요 충족을 통한 국가적 귀속감과 사회적 일체감을 갖도록 세심한 배려가 필요하다. 무엇보다 도시근로자의 생계비 안정이 긴요하다. 이를 위해서는 식료품 가격을 국제가격의 1.5배 수준으로 점차 안정시켜야 하고 식품 수입의 원활화를 강력히 추진해야 한다. 주거비 안정을 위해 연평균 50만 호의 건설과 주택금융제도 개선 및 정부 투융자의 획기적인 확대가 필요하다.

교육비 경감을 위해 중학교까지 의무교육을 연장하고 학자금 지원을 확대해야 한다. 생활편익의 증대를 위해 도시 교통난 해소, 상하수도 시설 확충과 전화보급률 향상 등 생활 기초시설 확대와 의료보험의 수혜자를 전 국민으로 확대하고 국민복지연금제도 실시 등 복지제도를 확충해야 한다.

네 번째 부분은 결론에 해당하는 것으로 경제운용의 능률화를 위한 과제를 제시했다. 이에는 '시장기능의 활성화'라는 부제목을 달았다. 우선 재정운용의 개선 과제로는 건전재정 원칙을 확고히 한다. 재정 규모의 적정화와 균형화는 1~2년이 아닌 상당 기간 지속되어야 한다.

조세지원 제도를 합리화한다. 산업 간의 불균형과 중복을 제거하고 소득 분배도 개선되도록 해야 한다. 재정 지출구조도 경제개발에 대한 직접 지원은 축소하고 사회개발 확충과 기술 및 인력 개발에 주력해야 한다. 정부기업의 과감한 민간 이양을 검토 추진한다. 금융기관의 민영화, 정부출자기관의 주식 공개, 정부 기업의 공사화를 추진해 능률을 높이고 재정 부담을 줄여가야 한다.

1980년대에 가장 시급하게 해결해야 할 과제는 실물경제 발전에 부응하는 금융시장의 개선이다. 핵심 과제는 국내 저축의 증대를 통해 중화학공업 등 대형 자금 수요를 충족시키고 중소기업과 서비스산업 등에 대해서도 자금 공급 기회를 균등하게 제공하는 것이다. 이를 위해 금리의 자금조절 기능을 높이고 정부 주도로 경직화되어 있는 금융운용을 자율화하며 금융자산을 다양화하는 동시에 금융기관을 대형화해야 한다.

끝으로 경제운용 방식의 전환에 있어 중요한 것 중의 하나는 물가 통제의 최소화임을 강조했다. 물가안정을 위해 독과점품목을 중심으로 직접 통제해 왔지만 이는 근본적인 해결보다는 물가상승 압력의 이월에 그쳤다. 때로는 시장을 이중구조화하고 기업의 창의성을 저해하는 부작용을 나타낸 것이 사실이다. 앞으로는 수입자유화를 확대하면서 통제 품목은 기본 생필품으로 최소화하고 규제 방식에 있어서도 가격 통제를 지양하고 독과점에 의한 담합 등 불공정행위를 방지하는데 주력해야 한다.

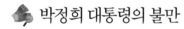 박정희 대통령의 불만

'80년대 새 전략'에 대한 대대적인 홍보 전개

경제운용 계획에 대한 브리핑 보고와 슬라이드 보고는 무사히 마쳤다. 하지만 박 대통령은 보고한 내용에 대해 가타부타 아무런 언급이 없었다. 우리로서는 설명을 충분히 하려고 노력했지만 몇 달 걸려 마련한 방대하고 복잡한 내용을 단 한 번의 보고로 다 이해한다는 것은 무리였다. 나아가 그때까지 해온 정책 방향은 문제가 있기 때문에 이와는 정반대 방향으로 정책을 바꾸어야 한다는 것을 납득하고 공감했다면 오히려 이상한 일일 것이었다.

우리가 보고한 내용에 대해 박 대통령이 제대로 이해하지 못했다는 사실은 보고 후에 있은 대통령의 지시에서 금방 입증되었다. 박 대통령은 낙농가들이 바라는 대로 우유값을 올려주라고 지시했다. 분유가격이 국제가격의 7~8배에 이르기 때문에 분유의 국산화 추진은 지양해야 한다고 업무보고에서도 지적하고 특별보고에서도 또 한 번 강조했다. 박 대통령의 지시는 이를 전혀 감안하지 않은 것이어서 나는 내심 실망이 컸다. 하지만 박 대통령이 보고 내용에 대해 명확한 반대 의사 표시를 하지 않은 것으로 애써 위안을 삼았다. 그러나 그런 위안도 아전인수였음이 분명해지기 시작했다. 다른 부처의 연두보고를 받는 자리에서 경제기획원의 정책 방향에 대해 못마땅하게 생각하고 있다는 논평이 잇따라 나왔기 때문이었다.

대통령의 논평 보도에 개의치 않고 '80년대를 향한 새 전략' 홍보를 대대적으로 펼쳤다. 우선 슬라이드를 대량으로 제작해서 배포 가능한 기관에 뿌리다시피 했다. 전국 시·군에까지 배포했다. 연두보고를 빌미 삼아 대통령에게 보고한 슬라이드라는 명분을 내세웠다. 다행히 이러한 대대적인 홍보 활동에 대해 문제 삼는 사람은 아무도 없었다. 여론 주도층에 대한 홍보는 따로 계획을 세워 집중적으로 했다. 기획원 간부들이 분담해서 제각기 친분이 있는 사람들을 삼삼오오 자리를 만들어 자료를 배포하고 의견을 듣고 토론하는 기회를 만들었다.

연두보고 이후의 이러한 노력으로 안정화시책에 대한 학계와 언론계 등 여론 주도층의 폭넓은 이해와 지지를 확보할 수 있었다. 정부의 경제운용 방식에 대해 비판적으로 문제를 제기하고, 정책 전환의 필요성을 강조하는 논설과 칼럼 등이 신문 지면에 자주 등장했다. 이렇게 안정화시책을 지지하는 소리를 키워갈 수 있었다. 여론 주도층과 국민을 대상으로 직접 홍보 활동을 전개해서 정부 정책에 대한 이해를 높이고 지지층을 넓히는 노력을 끈질기게 계속했다.

'새 전략'에 대한 이와 같은 홍보 방식은 정책 홍보의 모델처럼 되었다. 그 후 5차 5개년계획의 주요 과제에 대한 정책협의회, 5공화국 때의 물가안정을 위한 대국민 경제교육 활동으로 이어졌다. 문제가 있을 때 관계 장관이 TV에 출연해 일반 국민들과 직접 대화를 하고 토론하는 등 정부 정책에 대한 지지를 얻기 위한 공론화 노력은 당연히 해야 할 과정으로 자리를 잡았다.

정부 정책의 성공적인 추진을 위해 최고 결정권자를 설득해 재가를 받아 집행에 들어가는 방법이 아닌 국민의 이해와 지지를 얻어 정책 추진의 힘을 결집하는 방식을 쓴 것은 아마 '80년대를 향한 새 전략'이 효시가 아닌가 생각된다.

박정희 대통령, 불편한 심기 연이어 토로

날이 갈수록 안정화시책에 대해 우호적인 공론이 점점 더 힘을 얻었다. 그럼에도 불구하고 박 대통령은 연두보고를 받을 때마다 안정화시책에 대한 불편한 심기를 토로하는 일이 이어졌다. 단 한 번의 브리핑으로 안정화시책 내용을 이해하고 정책을 전환하기를 기대하는 것은 무리였다. 순진한 생각이고 과욕이다. 정부 정책에 대해 비판 논조의 글들이 빈번해지는 것에 비례해 박 대통령의 불만 소리도 그 강도를 더해갔다. 경제기획원에 대해 대통령이 못마땅해 하는 발언이 이어지자 각 부처에서도 이에 고무된 듯 안정화시책에 반하는 정책을 의도적으로 보고하기까지에 이르렀다.

박 대통령은 가격 통제를 없애고 시장에 맡기자는 경제기획원의 주장에 대해서는 "요즈음 정부 일각에선 물가안정을 포기하자는 소리를 하는 사람이 있다"고 말했다. 외무부 연두보고 자리에서는 "요즈음 공무원 중에는 우리나라 수출을 줄여야 한다고 정신나간 소리를 하는 사람들도 있다"고 비난조의 발언을 한 것으로 보도되었다.

수출 지원을 위한 저리의 수출 지원 금융제도가 수출을 통해 채산을 맞추기보다는 금리 차액이나 자금 유용으로 이윤을 추구하는 일들이 비일비재했다. 심지어는 수출금융이 부동산투기 자금으로 쓰이기도 했기 때문에 수출금융의 특혜 소지를 손질하자는 것이 안정화시책 내용이었다. 이러한 특혜를 없애야 수출 자체의 경쟁력을 높여 장기적으로 수출이 더 잘 된다는 것이 경제기획원의 의도였는데, 이를 "더 이상 수출을 하지 말자"는 것으로 몰아붙였다.

상공부는 연두순시에서 10대 전략산업 육성 계획을 대통령에게 보고했다. 이는 중화학 부문의 과잉 중복 투자가 많고 경제성에도 문제가 커 조정해야 한다는 내용의 안정화시책과는 정면으로 배치되는 방향이었다. 그러나 박 대통령은 중화학투자를 확대해야 한다는 상공부 보고를 들은 뒤 "오늘 처음으로 시원한 보고를 들었다"면서 상공장관을 크게 칭찬했다. 이렇게 다른 부처에서 보고를 받는 자리에서 박 대통령은 안정화시책에 대해 못마땅하게 생각하고 있음을 누구나 알 수 있도록 노골적으로 불편한 심기를 토로했다. 경제기획원에서는 안정화시책에 대해 박 대통령에게 보고를 잘했다고 생각했다. 하지만 대통령의 연이은 발언으로 미루어 볼 때, 박 대통령은 "보고는 받았지만 그 내용에 대해 동의한 것은 아니다"라는 사실을 분명히 밝힌 셈이다.

이렇게 안정화시책은 시작도 하기 전에 심각한 반대에 직면했다. 다른 사람도 아닌 대통령이 불만을 토로하니 이 시책의 앞날은 암담했다. 단순한 불만의 소리라면 한 귀로 흘려듣고 정책을 추진하면 되지만 대통령의 불만으로 실천에 옮길 수 없는 것이 진정한 문제였다.

박 대통령의 통치철학과 신현확의 고집

경제는 잠시도 멈추지 않는다. 시멘트 수급 애로가 당장 해결해야 할 현안문제였다. 수급 문제를 해결하려면 농촌주택 개량사업의 규모를 줄여야 했다. 농촌주택사업은 내무부 소관이지만 박 대통령 최대 관심 사업이어서 장관은 결정권이 없었다. 박 대통령의 승인을 받아야 했다. 당시 농촌주택 개량사업은 가난의 상징인 초가집을 헐고 양옥을 신축해주는 것으로 농가 지붕개량에서 한 단계 더 진전한 사업이었다. 기획원 실무진은 처음부터 이 사업에 반대했다. 시간이 갈수록 농촌 인구의 도시 집중은 더 심화될 것이기에 농촌 인구는 크게 줄어들 것이 틀림없기 때문이었다. 새로 농가를 지어도 집짓기 위해 빌린 돈을 채 갚기도 전에 빈집이 될 것이 불 보듯 뻔해 농민에게 부담만 주는 사업이었다. 하지 말아야 한다고 반대했지만 소용이 없었다.

당장은 시멘트 수급이 더 큰 문제였다. 폭발적으로 증가하는 도시의 주택수요를 위한 주택 건설과 공장, 도로 등 산업시설 건설로 크게 늘어난 시멘트 수요를 감당하기 어려운 상황이었다. 이들 사업은 큰 차질을 빚고 있었다. 시멘트 품귀 현상은 말할 수 없이 심각했다. 그럼에도 농촌주택 건설에 시멘트가 최우선적으로 배분되고 있었다.

농가주택 건설사업을 축소할 필요가 절실했다. 신현확 부총리는 박 대통령에게 1979년 계획 목표인 7만 5,000호의 사업 규모를 3만 호 수준으로 축소할 것을 건의했다. 이에 대해 대통령은 '안 된다'고 한마디로 잘라 말했다. 며칠 뒤 신 부총리는 다시 건의했다. 박 대통령은 "농촌주택 사업은 내 통치철학"이라고 하면서 못마땅한 심기를 그대로 드러냈다. 하지만 마지못해 5만 호로 줄이도록 했다. 신 부총리는 다시 건의해서 결국 3만 5,000호로 사업 규모를 축소하는 것에 대통령의 동의를 얻어냈다. 통치철학과 고집의 대결이라기보다는 모자라는 시멘트를 어디에 쓰는 것이 나라를 위하는 길인가에 대한 선택의 문제라고 생각한다.

자리 걸고 밀어붙인 통제 가격 풀기

앞에서 이미 살펴보았지만 가격 통제를 푸는 문제는 더욱 난감했다. 안정화시책 보고에서 1월 말까지 한다고 장담한 시행 과제 중

경제기획원 소관인 최고가격 해제부터 장벽에 부딪쳤다. 가격 규제를 푸는 일은 농촌주택의 경우보다 더 힘들었다. 우여곡절 끝에 겨우 가격 규제는 풀었지만 장관이 소신을 가지고 추진하려 해도 뜻대로 잘 되지 않는 것이 엄연한 현실이었다. 안정화시책이 얼마나 험난할 것인지 가늠할 수 있는 일들이었다.

새로운 길로 들어선 중화학투자 계획

경제기획원이 스스로 나서 가격 규제를 없애자고 주장했는데도 결실을 맺기 어려웠는데 그런 열의가 없는 다른 부처의 업무가 어떤 상황이었을까는 쉽게 짐작할 수 있었다. 재무부 소관인 금융자율화는 한 발짝도 움직일 기미가 없었다. 시기상조라고 하면서 요지부동이었다. 수출 지원을 위한 저리의 정책금융에 대해 금리를 조정하고 자금 규모를 축소하자는 경제기획원의 제안에 대해서는 상공부와 재무부가 연합해서 반대하는 형국이었다.

이렇게 안정화시책 추진이 어려움을 겪자 우리는 연두보고 내용에 대한 여론 주도층의 지지를 넓히는 일에 힘을 쏟았다. 신문사 편집국 안에서도 기자들이 출입처에서 돌아오면 안정화시책을 둘러싸고 토론이 활발했다고 한다. 제각기 출입하는 부처의 입장이 옳다고 생각해 각 부처의 논리를 바탕으로 토론을 벌인 것이다. 이렇게 안정화시책을 둘러싸고 사회 지도층 사이에서 찬반 토론이 곳곳에서 벌어질 정도로 관심의 대상이 되었다. 자연히 신문 지면에는 학자 등 전문가의 문제 제기가 잇따랐다. 이렇게 되자 더 이상 안정화시책에서 제기한 문제들을 무시할 수 없는 상황에 몰리게 되었다.

그때 박 대통령이 "이제까지 경제에는 자신이 있었는데 지금은 무엇이 무언지 잘 모르겠다"고 토로했다는 얘기가 들려왔다. 문제가 많다는 글을 지상에서 자주 접하자 박 대통령의 확신도 흔들리지 않을 수 없었다. 특히 중화학투자에 대한 끊이지 않는 논란이 혼란스럽게 한 것 같았다. 그러던 중 중화학투자 조정의 실마리는 기대하지 않은 일로 찾아왔다.

박 대통령이 1979년 3월 진해 해군사관학교 졸업식 행사에 참석하고 곧바로 상경하지 않고 예고 없이 창원공단을 방문해 몇 공장을 둘러보았다. 관심을 가지고 살펴본 결과 여러 공장의 설비가 비슷하고 생산품목도 별 차이가 없다는 사실을 알게 되었다. 귀경후 곧장 중화학공업 담당인 오원철 수석비서관에게 "중화학공업의 중복 투자에 대해 검토해서 보고하라"는 지시를 내렸다. 이를 계기로 중화학투자 계획에 대한 재검토 작업이 본격적으로 진행되었다.

안정화시책에 대한 궐석재판

박 대통령은 일부 중화학 사업이 문제가 있다는 사실은 이해하면서도 이제까지 확신을 갖고 추진해온 정책들을 모두 바꾸어야 한다는 경제기획원의 주장을 전적으로 받아들일 수 없었던 것 같다. 1979년 3월 15일, 청와대에서 대통령이 주재하는 회의가 열렸다. 신병현 한국은행 총재(후에 경제부총리 역임), 김만제 KDI 원장, 장덕진 경제과학심의회 상임위원으로부터 한국 경제의 문제점과 대책 방향에 대한 보고를 듣기 위해 은밀히 마련한 자리였다. 대통령의 지시에 의해 안정화시책에 대한 한국은행, KDI, 학계의 의견을 종합해서 듣기 위해 특별히 마련한 자리였다. 그렇기 때문에 보고자들이 경제기획원의 눈치를 보지 않고 소신껏 보고를 할 수 있도록 부총리는 물론 경제기획원 관계자는 한 사람도 참석시키지 않았다. 이날 회의는 말하자면 안정화시책에 대한 궐석재판을 하는 셈이었다. 경제 문제를 논의하는 자리에 이렇게 경제 총수를 참여시키지 않은 것은 강한 불만의 표시이기도 했다. 박 대통령이 안정화시책을 얼마나 내심으로 불편하게 생각했는지 짐작할 수 있는 대목이다.

이날 회의에 앞서 청와대는 신병현 총재에게는 한국은행의 의견을, 김만제 원장에게는 KDI의 의견을, 장덕진 위원에게는 학계의 의견을 종합해서 보고하도록 비밀리에 지시했다.. 이러한 작업은 물론 회의가 있다는 사실 자체에 대해서도 부총리와 경제기획원 간부, 직원들에게 일체 비밀로 하도록 함구령을 내렸다. 세 기관 간에도 서로 연락을 취하지 못하도록 했다. 이러한 조치로 인해 이날 회의가 열릴 때까지도 경제기획원 간부들은 물론 신현확 부총리도 그 사실을 까맣게 몰랐다.

청와대에서 비밀 경제회의가 열리는 동안 나는 신 부총리와 함께 경제기획원 집무실에서 마주 앉아 회의 이후에 어떤 일이 벌어질지 기다리고 있었다. 그때 초조했던 기억은 없다. 오히려 담담한 심경이었고 신 부총리도 별다른 말이 없었다.

회의가 있은 뒤에 전해들은 얘기로는, 궐석재판까지 했지만 별

소득은 없었던 셈이었다. 세 기관이 그 어떠한 의견이나 정보 교환 없이 각각 독자적으로 준비한 보고였지만 내용은 큰 차이가 없었다. 안정화시책 방향이 잘못되었다는 비판은 없었을 뿐 아니라 향후의 대책도 안정화시책과 대동소이했다. 이 시책을 추진한 경제기획원을 포함해 우리나라를 위해서도 천만다행한 일이었다.

안정화시책 드디어 정부 정책으로

안정화시책 추인 회의

2주 뒤인 1979년 3월 31일, 박 대통령이 주재하는 회의가 청와대에서 열렸다. 당면한 과제의 타개를 위한 정책협의회였다. 신현확 경제기획원 장관, 남덕우 대통령 경제담당 특별보좌관, 서석준 경제 제1 수석비서관을 비롯해 경제기획원 간부들이 참석했으며 신병현 한국은행 총재, 김만제 KDI 원장과 장덕진 위원이 보고를 했다. 이들 세 기관 대표들은 마치 3월 15일의 회의가 없었던 것처럼 3월 15일 회의에서 보고한 내용을 대통령에게 그대로 다시 보고했다. 3월 15일 회의가 경제기획원에 대한 궐석재판을 하는 비공식 모임이었다면, 이날 회의는 안정화시책의 방향으로 경제정책을 전환하는 것을 공식화하기 위한 회의였다. 이날 회의에서 한국은행은 물가문제를 주로 보고했다.

물가대책 기본 방향으로,

1)해외 요인과 과거로부터 누적된 상승 압력은 현실화를 통해 받아들

인다. 2)물가안정에 경제정책의 최우선 순위를 둔다. 3)지수상의 물가안정에 구애되지 말고 과감한 현실화와 구조개선 등으로 장기적 관점에서의 물가안정을 위한 정지작업을 추구한다.

구체적 정책 방향으로,

1)물가는 시장기능을 통해 결정되는 것을 원칙으로 한다. 독과점 가격을 규제하는 것은 불가피하지만 그 이외의 통제는 점차 자유화해야 한다. 2)수입 코스트가 높아졌는데 가격인상을 지연시키면 유통질서의 혼란으로 중간상인만 득을 볼 뿐이다. 소비자는 이중가격으로 희생을 치른다. 3)정부는 수입가 상승 압력을 즉각 반영 조정하는 방향으로 현실화 정책을 추진한다. 가격 현실화는 소비를 억제하고 공급을 늘리는 첩경이다. 4)중화학투자 계획을 조정하고 금융긴축정책을 지속해 민간투자 통제 기능을 강화한다. 이를 위해 금리를 조정하는 것이 바람직하다. 특히 정책금리와 일반금리 간의 격차를 축소해야 한다.

경제과학심의회의는 '안정, 성장 노선의 정착화를 위한 학계 의견'을 참작해 보고했다. 1976~78년 물가상승 요인별 기여율은 통화 팽창 56%, 임금 상승 11%, 수입물가 13%, 공공요금 20%이다. 우리나라 물가상승의 주요인은 통화 팽창이고 임금 상승, 공공요금 및 수입원가 상승은 촉진 요인이다. 그리고 공급애로는 과도적 요인이다. 본원적 요인은 산업자금 동원체제의 낙후성에 있다. 한국의 저축률 27%는 세계 3위임에도 자금난이 극심한 이유는 금융저축률이 일본은 GNP의 4.2%인데 반해 한국은 2.4%로 낮기 때문이다.

두 번째 요인으로는 투자 및 자금의 가수요 증가를 들었다. 조세, 금융상의 혜택으로 투자의 가수요와 저금리로 인한 자금 가수요로 산업자금 수요가 격증한다. 세 번째 요인으로는 자금 배분을 중화학공업에 우선함으로써 생산물은 비 소비재인데 생산 과정의 노임 등 소득은 소비재에 대한 구매력이 되고, 더욱이 자본의 회임기간이 장기여서 소비재 수요와 공급의 괴리를 심화시키고 있다. 소비재 부문인 중소기업에 자금 배분이 적어 소비재 공급이 부족하고 중동의 용역으로 인한 외환 소득은 생산물은 현지에 두고 구매력만 유입되어 인플레이션 유발 요인이 되고 있다.

네 번째 요인으로는 수출 지원체제를 들었다. 환율 인상을 하지 않고 금융특혜를 확대함으로써 자금의 가수요가 생겨 인플레이션을 유발한다. 물가안정과 기술 혁신으로 경쟁력을 확보하는 방식으로 가야 한다. 다섯 번째 요인으로는 생산성 증가율을 상회하는 임금 상승이다. 급격한 임금 상승으로 농산물, 서비스 등 노동집약적 산업이 물가상승을 주도하고 있다.

시책의 기본 방향은 물가안정에 최우선을 두면서 국제수지는 당분간 적자 발생을 감수하면서 다음의 시책을 펴가야 한다.

첫째, 자금의 순환구조를 개선해야 한다. 1978년의 실질수익률을 보면 부동산은 70%, 사채는 28%인데 비해 정기예금은 -2%였고 1972~78년의 실질금리는 -3.5%여서 이러한 구조를 개선해야 한다. 금리 조정, 회사채와 단자의 금리는 자율화하고 1년 만기 정기예금 금리는 현 18.6%에서 시장금리 수준인 22%로 인상하고, 각종 정책금리도 인상 조정해야 한다.

둘째, 인플레이션 억제를 위해서는 소비재 산업, 내수 산업을 중점 지원하고 수입을 확대해야 한다. 중화학공업은 완공분의 가동과 기착공분은 완공에 주력하고 신규업의 일부를 이월해야 한다.

셋째, 무리한 수출 드라이브는 지양하고 수출금융의 유용은 엄격히 규제해야 한다. 부족 물자의 수입은 확대하고 독과점품목의 가격이 오르면 수입을 개방해야 한다.

KDI의 보고 내용은 한국경제의 문제점 진단, 물가 대책 및 중화학투자 대책 등 안정화시책과 똑같은 방향이었다. 제시한 금리정책도 마찬가지였다.

금리를 인상해 실세금리와의 차이를 좁혀야 한다. 1년 이상 만기 저축성예금 금리는 연 18.6%에서 24%로, 일반대출 금리는 19%에서 25.5%로 인상하고 단자 등 제2 금융권의 금리는 30% 상한 범위에서 자율적으로 운용하도록 해야 한다고 보고했다.

세 보고자가 공통으로 건의한 내용의 핵심은

1) 행정 규제 위주의 물가 대책은 지양하고 가격현실화를 서두른다.
2) 금융긴축 기조를 견지해 물가안정의 기간이 되는 유동성 공급을 줄인다.
3) 금리현실화를 단행해 투자 억제와 저축을 증대한다.
4) 중화학투자 사업은 과감히 조정한다.
5) 민생 및 내수 부문의 생산을 적극 지원한다.

마지막으로 경제기획원에서도 보고를 했다. 그러나 연초의 보고를 되풀이할 수 없어 과제별 검토 자료를 만들어 기업의 자금 사정, 최근의 수출입 동향과 연간 전망, 1980년 재정운용의 기본 방향 등의 현안 과제에 대해 보고를 했다. 그 외에 금리 조정은 필요한가, 환율 조정의 필요성 여부, 수출지원 정책의 방향 등 안정화시책 과제를 다른 형태로 정리해 보고했다.

안정화시책, 드디어 정부 정책으로

회의를 마무리하면서 박 대통령은 "경제기획원이 세 보고서를 종합해서 발표하라"고 지시했다. 대통령의 지시 내용을 요약하면

1) 물가안정을 위해서는 성장률에 너무 집착하지 말고 당면 문제들을 해결해 민생을 안정시키는 데 최우선할 것
2) 경제 안정 기반을 구축하는 일에 필요하다면 수출 목표의 조정, 중화학공업 투자의 조정, 정부 제2청사, 농촌주택 개량사업 등 정부 사업의 조정도 아울러 검토할 것
3) 부동산투기는 계속 억제하고 소비절약과 저축 증대를 위한 국민운동을 지속적으로 전개할 것
4) 당면한 경제문제에 대해서는 국민 여망에 부응하는 방향으로 최선의 해결책을 수립해 정부와 국민 그리고 언론의 협조를 구해 과감하게 실천해 나갈 것 등이었다.

이와 같은 박 대통령의 지침으로 30년간 지속된 인플레이션을 단절하는 전기가 마련되었다. 이날 회의를 끝으로 연두보고 이후

시끄러웠던 정책 전환에 대한 논란이 일단락되었다. 경제 상황과 대책에 관해 세 기관에 극비리에 지시하고 결과 보고 때 참석조차 못하고 궐석재판을 받는 수모를 겪었지만 안정화시책 추진으로 결말이 났다. 이러한 일련의 과정으로 미루어 안정화시책에 대한 청와대의 불만을 짐작할 수 있다. 비록 우여곡절을 겪기는 했으나 대통령이 안정화시책 추진을 공식 승인한 것은 우리나라 기업과 국민들 모두가 자축할 일이었다. 그러나 경제기획원 간부들은 대통령 승인이 난 것을 자축할 엄두도 내지 못하고 곧바로 발표문안 작성에 들어갔다.

안정화시책 발표 준비

이 날 지시는 연초에 대통령에게 보고한 내용을 대통령이 뒤늦게 승인한 셈이었다. 그렇지만 연초 발표한 내용을 다시 그대로 발표할 수는 없었다. 세 보고서를 종합 정리하는 작업에 들어갔다. 다시 코리아나호텔에서 밤낮 없는 작업을 하기 시작했다. 발표 내용의 정리를 끝내고 4월 13일 금요일에 발표하는 것으로 날짜까지 결정되었다.

그런데 마지막 순간에 문제가 생겼다. 물가 조정이 문제였다. 발표에 앞서 가격 조정 작업을 했지만 아직도 조정할 품목이 상당수 남아 있었다. 안정화시책을 발표하고 곧이어 가격 인상을 하면 안정화시책 자체에 대한 신뢰가 손상될 우려가 크다는 문제가 뒤늦게 제기되었다. 안정화시책 발표 이후에는 당분간 가격 조정이 없도록 하기 위해 그전에 인상을 해야 할 것은 다 털어내기로 했다. 물가 조정을 먼저 하기로 결정한 결과 당초 4월 13일로 예정했던 발표를 4월 17일로 늦추고 4월 16일에 가격현실화 조치를 발표했다. 이로써 정부 관리 대상 품목은 74개 품목에서 46개 품목으로 축소되었다.

발표와 관련된 작업이 모두 끝나자 며칠 고생한 기획국 직원들은 4월 16일 저녁 늦게 진주집에서 곱창을 안주로 소주를 나누면서 그간의 피로를 풀었다. 그러나 회식은 곧 중단되었다. 물가를 잔뜩 올려놓은 직후 발표하는 안정화시책에 물가상승에 따른 서민생활 안정대책이 없다는 문제가 제기되었기 때문이었다. 회식 중인 직원들은 부랴부랴 다시 호텔로 가서 서민생활 안정대책을 급조하게 되었다.

50개 중요 품목별 가격 안정대책을 만드는 작업에 착수했다. 그렇지만 경제기획국 직원들이 물가 관련 업무 내용을 알 수 없었다. 당시만 해도 밤 12시부터 새벽 4시까지가 통금이었기에 물가정책국 직원들을 호텔로 불러낼 길이 없었다. 선정된 품목을 분담해 잠자는 물가정책국 담당자에게 전화로 물어가면서 작업을 할 수밖에 없었다. 이렇게 잠자는 직원을 깨워 질문을 하면서 정리하는 작업이 진행되었다.

작업이 끝나는 대로 공판 인쇄소에 원고를 넘겨야 오전의 부총리 기자회견 시간에 맞춰 인쇄를 할 수 있는데 호텔에서 경제기획원 뒷골목에 있는 인쇄소까지 원고를 전달할 길이 없었다. 통금 때문이었다. 간부 중 야통증(야간통행증명서)을 가진 사람은 예산 실장뿐이었다. 워커힐 아파트에 사는 김용한 실장에게 전화를 걸어 사정을 설명하자 김 실장이 차를 몰고 와 원고 전달부 노릇을 했다. 이러한 일화는 당시 작업에 참여한 최종찬 사무관(후에 건설부 장관 역임)이 회고한 내용이다. 이러한 우여곡절을 겪으면서 〈4.17 안정화시책〉이 탄생되었다.

안정화시책의 발표문 요지

안정화시책은 30년 인플레이션 단절의 대전기를 마련한다고 내걸었다. 이를 위해 개발 속도를 조정해 진정 기간을 설정하고 긴축기조를 견지한다. 목표 집착보다 정책 선택의 폭을 넓히고 수단을 탄력화한다. 시장기능 제고로 자원을 최적으로 배분하고 금융제도 개선 방안을 마련한다. 장기적 안정 기반을 구축해 진정한 번영을 이룩한다. 대형 투자를 조절해 민생 부문을 지원하는 등 민생안정 위주로 전환한다. 부동산투기 억제 등 건전한 생활 풍토를 조성하고 영세민 생계 지원을 위한 특별 대책을 실시한다.

특히 안정 기반을 구축하기 위해 제도 및 경제운용 방식 등에 관한 구조적 개선과 근원적 대책을 수립 추진한다는 점을 분명히 했다. 투자조정은 경제의 장기적 발전 잠재력을 배양하고 산업의 경쟁력을 키우는 방향으로 전개하고 성장, 수출, 투자 등 각종 시책의 중점을 경제 안정에 두고 시책 상호간의 조화를 기한다는 점을 강조했다.

먼저 성장률 등 지표는 연초의 운용계획을 다시 수정할 필요는 없다. 즉 연초 운영계획에서 이미 추세 성장 11%를 9%로 조정을 했고 수출 또한 155억 달러의 목표를 다시 조정할 필요는 없었다.

투자도 연초에 계획한 대로 중화학공업 투자를 조정하고 생필품 투자를 확대한다. 재정 긴축 및 양곡기금 운용 개선, 금리의 탄력적 운용 등도 당초 계획을 그대로 유지하기로 했다.

시책별 추진 계획의 첫 번째는 생필품 수급의 원활화였다. 이를 위해 농수산 식품의 수급 원활화 대책, 생활필수품 및 긴요 물자의 생산자금 지원 확대, 생필품 생산시설 신·증설 원활화, 원재료 수급 원활화, 관세 인하와 세제운용 개선, 유통 정상화와 유통구조 개선 등 세부 대책을 구체적으로 망라했다. 대책의 핵심은 물가행정의 개선에 있었다. 74개에 이르는 독과점 규제 대상을 민생 안정에 긴요한 30개 내외로 축소하고 국내가격이 국제가격보다 높은 전화기, 가공식품 등의 품목에 대해서는 수입을 자유화하되 관세로 보호하기로 했다. 면사와 합판처럼 수출가격보다 현저하게 싼 품목의 가격은 단계적으로 수출가격 수준으로 접근시키기로 했다.

두 번째 시책은 재정 긴축의 견지였다. 당초 절감계획에 더해 추가 집행을 유보한다는 내용을 명시하는 외에 다음 해의 재정 운용도 긴축 기조로 가면서 민생안정에 주력한다. 반면 성장 애로 타개를 위한 지원은 확대한다는 방침을 밝혔다.

세 번째로 중화학투자 조정의 방침을 정리했다. 먼저 중화학 건설의 문제는 속도와 균형에 있다. 설비 증가가 인력 공급 속도를 상회해 기술 흡수 속도를 뛰어넘고, 판매 금융 수요가 국내 저축 증가 속도를 상회하는 것이 문제의 핵심이었다. 아울러 대규모 투자 소요로 경공업 부문을 압박해 심각한 공급 애로가 발생한 반면, 중화학 설비의 증가는 수요를 상회해 가동률이 낮은 것이 문제이다. 이의 대비책으로 투자 비중을 조정해 경공업은 18%를 22%로 높이는 반면 중화학투자의 비중은 82%에서 78%로 낮춘다.

중화학 지원 방향도 중화학공업 발전 요건을 확대하는 것에 두어 인력 개발의 촉진, 기술 도입의 원활화와 지원 금융체제의 확립에 힘을 기울인다. 중화학공업에 대한 집중 지원체제를 구축하기 위해 경험이 축적될 때까지, 즉 수입 대체 단계에서 수출 단계로 갈 때까지의 지원제도를 확립한다. 또한 중화학 이외의 산업에 대한 보호를 완화하고 경쟁을 도입하는 한편 식료품과 생필품 수입을 확대하는 등 회임 기간 중 소비재 공급을 늘린다.

중화학 사업을 선별 추진함으로써 경쟁력을 확보한다. 이를 위한 무리한 투자를 연기하는 등 투자계획을 조정하기로 했다. 연기 등 조정 대상 사업으로는 생산 가격이 수입보다 월등히 높은 사업, 장기적으로 대외경쟁력이 현저하게 떨어지는 사업, 시설 과잉 또는 중복 투자로 부실화 가능성이 큰 사업과 자기자금 투입 비율이 낮은 사업으로 정했다.

500만 달러 이상의 차관 및 외화대출 신규 사업은 철저한 타당성 검토를 한다. 인가 후 미착공 사업은 연기 가능성을 검토하고, 건설 추진 중인 사업도 연기 등 개별 대책을 검토하고 연기에 따른 추가비용 분담 방안을 수립한다. 연기된 사업은 5차계획 기간 중 추진을 검토한다.

중화학투자 조정과 관련된 사항을 심의하기 위해 투자사업조정위원회를 설치해 운용한다. 부총리를 위원장, 재무·상공·동자부 장관과 경제과학심의회의 상임위원, 경제 제1 및 제2 수석비서관과 총리 행정조정실장을 위원으로 하고 위원회의 심의 결과는 대통령에게 보고 후 확정하기로 한다.

네 번째로 금융운용을 개선하기로 했다. 먼저 정책금융 운용 방식을 개선한다. 정책자금은 한은의 재할인에 의해 저리로 자동 공급되는 금융, 국제 금리 수준으로 공급되는 저리 금융, 기타 정부의 지정에 의해 특수 목적에 공급되는 금융으로 정한다.

정책자금은 금융산업의 가장 큰 문제이다. 정책자금은 가용재원에 대한 고려 없이 새로운 자금이 추가되기 일쑤고, 선별 기준이 불분명해 급격히 팽창돼 1976년에 47%였으나 78년에는 74%에 이르렀다. 정책자금이 이렇게 팽창되자 일반자금 규모가 줄어 사실상 배급제가 되고 있다. 정책자금의 금리가 다기화되어 똑같은 용도, 똑같은 자금 사이에도 금리차가 생기고, 특히 신규 자금을 추가할 때마다 명분을 위해 금리차를 허용하게 된다. 이러한 상황이었기에 정책자금의 범위와 규모를 그대로 두면서 중화학공업의 시설 및 운전자금, 국산기계 구입자금의 원활한 공급에는 한계가 있을 수밖에 없다.

우리 경제 여건에 비추어 정책자금 제도를 당장 없앨 수는 없는 일이다. 그렇다고 그대로 갈 수도 없다. 따라서 정책지원 부문은 총지원 규모를 결정하고, 정책지원 사업은 체계적으로 사전 심사하고, 기존 정책자금 중 지원 필요성이 크지 않은 것은 일반자금으로 통합해 자율화하기로 한다. 정책자금의 규모 결정, 개별 사업의 타당성 검토와 자금배정 순위 결정 등 정책자금 운용은 투자사업조정위원회에서 관리하기로 한다.

정책자금 운용 방법의 개선과 금리 기능 합리화 등을 포함한 금융제도 전반에 걸친 개선 작업에 착수해 6월 말까지 최종 방안을 확정한다. 정책자금 개편이 끝날 때까지 저축 증대 및 자금 공급 원활화를 위해 금리 조정 등 잠정 조치를 취한다. 재형저축의 금리를 인상하고 1년제를 신설하며 정기적금 금리도 13.2%에서 16.2%로 인상한다. 단기어음 시장 육성과 회사채 발행을 원활히 하기 위해 회사채 발행 한도를 자본금의 100~200%로 확대하는 특례법을 연내 제정하고, 은행, 신용보증기금, 단자회사가 보증하는 어음과 중개어음에 대해 15%의 분리과세를 한다. 수출금융 운용을 개선해 수출 실적 한도 거래제 대상을 확대하고 원자재 비축 금융제도를 간소화한다. 수출 금융에 대한 사후관리를 강화한다.

시책의 요약과 효과는 플로우차트로 표시했다.

당면 대책의 기조는 통화안정을 위한 긴축정책이었다. 정부 사업을 축소해서 재정은 흑자로 가고 수입 물량 확대로 해외부문의 과도한 통화 증발을 억제하며 금융긴축과 중화학투자 조정을 하는 것을 주 내용으로 삼았다. 그러나 긴축정책의 장기화에는 한계가 있기 때문에 근본 대책이 필요하다. 통화 증발의 근본 원인은 개발 정책의 성공으로 목표를 달성한 부문에 대해서도 지원을 계속하는 것에 있다. 즉 재정부문은 쌀 자급 기반 형성 이후에도 한은 차입에 의한 고미가 정책을 계속하고 있는 것, 해외부문은 경제발전으로 경쟁력을 보유했음에도 소비재 수입을 계속 억제하고 있는 것, 민간 여신의 문제는 다른 부문에 대한 지원을 줄이지 않고 중화학 등 정책 사업을 계획대로 추진하는 것 등 구조적인 요인이 문제였다.

따라서 당면 대책과 함께 성장 잠재력을 배양하면서 안정적인 통화관리가 가능한 구조 대책이 필요하다. 즉 재정부문의 양특 적자를 축소함으로써 재정적자 없이 중화학 및 사회개발 부문 지원재원을 확보해야 한다. 해외부문의 경공업 보호를 축소하고 수입 원활화와 경쟁 촉진으로 가야 한다. 또 민간부문의 금융 운용구조를 개선해 대형 저리 자금의 공급 능력을 확보해야 한다. 이와 같은 안정화시책을 시행하는 과정에서 발생하는 물가 불안 등에 대한 대책으로 생필품 가격안정을 위한 특별 대책과 영세민 생활안정 대책도 아울러 마련한다.

이러한 여러 정책 기조는 그동안 추구해온 수출입국의 이상이나 중화학을 토대로 한 고도 산업국가 건설의 꿈을 중단하거나 포기하려는 뜻이 아니다. 오히려 더 원대하고 힘찬 번영의 길을 달리기 위한 국민 에너지의 축적과 안배를 기하려는 것임을 부총리는 기자회견에서 강조했다.

1979년 4월 17일은 안정화시책 작업에 참여한 사람들에게는 잊을 수 없는 날이었다. 이 날의 부총리 기자회견을 지금도 생생하게 기억하고 있다. 기자회견을 마치자 경제기획원 출입기자들로부터 연두보고 내용과 다른 것이 하나도 없는 똑같은 정책을 왜 다시 재탕해서 발표하느냐는 항의를 받았다. 그렇지만 이 날 발표를 통해 안정화시책이 비로소 경제기획원 정책이 아닌 '대통령의 재가를 받은 정부 정책'으로 확정되었던 것이다. 전환기의 과제 작업을 처음으로 시작한 1978년 초부터는 13개월이 지나서야 겨우 빛을 보게 되었다.

안정화시책은 박정희 대통령이 "강한 집념을 불태워온 중화학공업 건설, 수출 확대 촉진, 농가주택 개량사업 등을 조정해서라도 민생안정을 위한 종합대책을 세우라"고 지시한 것에 큰 뜻이 있다. 나아가 "모든 정책이 국민의 여망에 부응하고 신뢰를 두터이 하는 바탕 위에서 장기적이며 근원적인 안정 성장기반을 굳히도록 당부"하는 쪽으로 정책이 전환된 것에 그 뜻이 있었다. 즉 재정, 금융, 투자 등 핵심적인 시책은 물론 정책의 기조까지도 전반적인 재점검 내지 조정 작업을 함으로써 30년래의 인플레이션을 단절하는 대 전기를 마련하게 되었다는 사실은 몇 달 전만 해도 상상하기 어려운 일대 전환이었다.

"신경제는 무슨 신경제냐?"

새로운 정책에 대해 안정화시책이라는 평범한 이름 대신 보다 색다른 이름을 붙이자는 제안이 있었다. '신경제 정책'으로 명명하자고 엄일영 공보관이 강력히 주장했다. 이때 '신'은 新의 의미와 함께 신현확 부총리의 申의 의미도 있어 그렇게 하는 게 좋겠다는 의견이었다. 경제기획원 안에서는 아무도 그 제안에 반대하거나 이의를 제기하는 사람이 없었다. 그리하여 신경제 정책이라는 제목을 붙였다.

그런데 발표 내용에 대해 관련 기관과의 협의 과정에서 "신경제는 무슨 신경제냐?"고 하면서 제목에 대한 이의 제기가 있었다. 정책 전환의 의미를 생각하면 신경제가 더 바람직하지만 이름을 가지고 티격태격할 이유가 없어 신경제라는 이름은 쓰지 않기로 했다.

그러나 신경제 정책이라는 이름 대신에 안정화시책이라는 특징 없는 평범한 이름을 지님으로써 정책 전환의 의의가 크게 부각되지 못한 것은 지금도 아쉬운 대목이다. 하지만 당시로선 경제기획원에서 고군분투해온 정책에 대해 대통령의 명확한 지시 형태로 확인을 받은 정책으로 발표된다는 사실에 크게 만족했다. 이름을 두고 시비할 일은 결코 아니었다. 이렇게 정부 정책으로 확정됨으로써 이제까지 지지부진했던 중화학투자 조정과 수출지원 금융조정 등 상공부와 재무부 소관 업무를 본격적으로 추진하는 동력을 얻었다. 그렇다고 그 후의 정책 시행이 순조로웠던 것은 아니었다. 진짜 진통은 안정화시책 발표 이후부터 시작되었다.

 ## 안정화시책의 의의

성장우선 정책에서 안정우선 정책으로의 전환

〈비사(秘史) 경제기획원 33년, 영욕의 한국 경제〉에서는 안정화시책을 두고 경제정책의 코페르니쿠스적 대전환이라고 말했다.

"유신 말기에 싹튼 안정화시책은 '경제정책의 코페르니쿠스적 대전환'으로 기록되기에 충분했다. 1979년 4월 17일에 발표된 '경제 안정화 종합 시책'은 성장 우선에서 안정 중심으로의 선회를 분명하게 드러냈다. 그동안 '성역'과 '터부'로 인식되어온 수출 지원 축소, 중화학공업 투자조정, 농촌주택 개량사업의 축소 등이 담겨 있었다. 방법 면에서도 가격 현실화, 가격 규제 품목의 대폭 축소, 금리자율화 등이 제시되었다. 당시로서는 감히 상상할 수 없었던 내용들이다."(김흥기 편 〈영욕의 한국경제〉)

안정화시책과 그때까지의 정책을 비교해보면 '선 성장, 후 안정'에서 '선 안정, 후 성장'으로 성장과 안정의 선후가 바뀐 것뿐이다. 그런데도 이를 두고 코페르니쿠스적 대전환이라고 평가를 받은 것은 왜일까?

문제 해결에 성공한 정책이 새로운 문제의 원천

한때는 문제 해결의 가장 효과적인 방법이었던 정책이 세월이 지나면서 문제를 만드는 근원이 되기도 한다. 1970년대 말 한국 경제의 당면 문제를 점검하는 과정에서 마주친 문제였다. 해결책을 모색하는 과정에서 종래 정책과는 180도 다른 정책으로 바꾸어야 한다는 결론에 이르게 되었다.

왜 그렇게 되었는가? 종래의 성장 위주의 정책이 성공한 결과 우리 경제는 종래와는 완전히 다른 새로운 발전 단계에 진입했다. 그렇기 때문에 발전 초기 단계에 걸맞은 정책이나 방식을 더 이상 쓸 수 없게 된 것이다. 문제 해결의 성공을 가져 온 정책이 새로운 문제를 만들게 되었다. 문제의 원천이 된 성공한 정책과 방식을 과감히 바꾸어야 한다고 촉구한 것이 바로 안정화시책이었다.

1960년대 초 경제개발을 시작할 때 우리 경제는 사실상 아무것도 없었다. 도로, 항만은 물론 산은 벌거숭이였고 수리 시설도 제대로 되어 있지 않았다. 그렇기에 어디에 무엇을 건설해도 다 쓸모가 있었고 물건도 부족했기 때문에 어떤 공장을 세워도 다 필요한 것들이었다. 공급을 늘리는 증산과 건설에 역점을 둘 수밖에 없었다. 그러나 그 후 20년 가까운 노력을 한 결과 1970년대 후반에 이르러 우리 경제는 공급 부족 단계를 벗어나고 있었다.

그럼에도 증산과 건설 정책을 변함없이 밀고 가자 여러 문제가 불거지기 시작했다. 예를 들어 쌀이 모자라 분식을 장려하는 한편 통일벼 같은 다수확 신품종을 보급하면서 고미가 정책을 채택한 결과 생산이 크게 늘어 수요량을 웃돌았다. 그럼에도 고미가 정책 등 쌀 증산 정책은 그대로 유지했다. 반면 수요가 크게 늘어난 채소 등 밭작물과 축산물 공급이 여의치 못해 식료품 가격이 올라 생계비에 큰 부담이 되었다. 이러한 상황은 공산품의 경우에도 다를 바 없었다. 문제는 웬만한 것은 수요만 있으면 공급할 수 있는 발전 단계에 이르렀는데 정부 당국자들은 우리 경제의 이러한 성과를 제대로 평가하지 못하는 데 있었다. 그들은 개발 초기 단계의 발상에서 벗어나지 못하고 있었다. 강을 건널 때 유용하게 쓴 뗏목이라도 강을 건넌 다음에는 버리고 가야 한다. 강을 건넌 뒤에 뗏목을 끌고 가서는 안 된다. 뗏목 대신 수레를 이용해야 한다.

중화학 같은 정책 사업 지원을 위해 통화는 늘릴 수밖에 없었다. 총통화 증가로 총수요는 크게 늘어나는데도 국내 생산만으로 대처하려는 과정에서 걷잡을 수 없는 물가상승 압력이 생겼다. 그러자 물가 상승을 행정력으로 규제하려고 했다. 물가지수는 일시적으로 안정시킬 수 있었지만 실제 물가는 통제할 길이 없었다. 물가안정 없이는 성장 또한 달성하기 어려운 상황에 놓이게 되었다. 아니 물가안정이 이루어져야만 성장이 가능했다. 물가상승에 따른 생계비 상승으로 근로자의 임금 인상이 불가피했다. 생산성 향상을 앞지르는 높은 임금 상승은 수출 공산품의 가격경쟁력을 약화시키는 요인이 되었다. 물가상승 요인을 임금 인상으로 전가하는 방식은 더 이상 감당하기 어렵게 된다.

정책의 중심축이 증산, 건설 등 공급 쪽이 아니라 통화량 등 총수요 관리 쪽으로 옮겨야 마땅했다. 그럼에도 여전히 공급에 초점이 맞추어져 있었기 때문에 통화량이 연 40% 수준으로 늘어나는데도 이에 대한 문제의식 없이 미봉책에 머물러 있었다. 수요구조 변화에 적절한 대응을 하지 못했고 그 결과 식료품 가격 파동과 내구 소비재, 부동산 파동뿐 아니라 인력 공급에도 심각한 문제가 생기는 등 경제 전반에 걷잡을 수 없는 왜곡 현상이 나타났다. 고도 성장을 지속하려면 물가안정 기조를 바탕으로 하지 않으면 안 되고 이를 위해 총통화, 즉 총수요 관리에 역점을 두어야 한다. 이는 지극히 상식적인 내용이다.

그때까지 추진해온 정부의 증산과 건설 정책, 즉 성장 정책을 바꾸지 않고 그대로 유지해서는 난제들을 해결할 길이 없다는 것이 1978년 3월 이후의 작업 결과였다. 지극히 상식적이고 당연한 정책 건의였다. 그러나 그때까지 아무도 이러한 전환의 필요성을 제기하지 않았다. 종래의 정책에서 일대 전환을 해야 한다는 '발상의 전환'을 주장한 것 자체가 당시로서는 획기적인 것이었다. 안정화시책은 총수요 관리를 통해 경제 안정 바탕 위에서 성장을 추구한다는 새로운 정책을 제시함으로써 새로운 차원의 경제발전의 지평을 열었다.

안정화시책은 정부에서 못하게 분명하게 명시한 것 이외에는 무엇이든 자유롭게 할 수 있는 네거티브 시스템적 사고로의 전환이었다. 이렇게 전환하게 되면 국민들이 지닌 잠재력을 최대한 발현할 수 있게 되고 다양성과 창의성을 살려갈 수 있게 된다. 정부가 아니라 민초들이 결정하는 것이 모여 경제가 굴러가는 방식으로 바뀌는 것이다. 정부 주도의 계획경제가 아니라 민간 주도의 시장경제로 바꾸자는 것이다. 정치적으로 말한다면 민주주의로 바꾸는 것이다.

이렇게 안정화시책은 정부와 민간과의 관계에서 주종을 뒤바꾼 것이다. 정부가 주도하던 것에서 완전히 손을 떼는 것이고 민간 기업 경영에 간섭하던 것을 하지 않는 것이다. 정부가 해 오던 일에 대해 '손 놓기'를 하는 것이다. 정부와 기업 간의 관계를 정부는 제3자의 자리로 물러서고 기업끼리 경쟁을 하는 관계로 바뀌는 것이다. 금융 부문도 정부에서 좌지우지하던 것을 하지 않고 금융기관이 스스로 판단해서 금융 자산을 운용하는 것이다. 한국은행은 정부의 관여 없이 물가 안정을 위한 통화관리에만 총력을 기울이는 것이다. 이렇게 정부가 행사해온 결정권을 기업, 은행 등 민간에게 넘기고 관여하지 않는 것이다. 정부의 역할과 기능이 달라지는 것이다. 이렇게 하나하나 짚어가 보면 왜 안정화시책을 두고 코페르니쿠스적 전환이라고 하는가를 알 수 있게 된다.

생산보다 수요가 문제의 핵심

종래의 경제운용이 증산과 건설, 즉 성장과 발전, 공급 증대에만 초점을 맞추었다면 안정화시책은 그때까지의 정책에서 크게 관심을 두지 않은 공급과 수요의 두 측면을 함께 조정하는 것에 초점을 맞추었다. 쌀처럼 국내 생산이 이미 수요를 웃돌게 되었거나 중화학공업처럼 수요를 크게 앞지르고 있음에도 증산 정책과 시설 확충 투자를 계속하는 것과 같은 잘못은 바로잡도록 촉구했다. 수요 변화에 적절히 대응할 수 있도록 투자 배분과 정책은 이를 과감히 바꾸어야 한다. 제조업 부분에서는 중화학에의 과도한 투자를 줄이고 내구소비재 생산 시설을 확충하는 투자를 늘려야 한다. 또 밭작물 생산을 늘릴 수 있도록 미곡 증산 정책은 바꾸어야 한다.

아울러 해외 수입의 길을 열어 공급을 늘릴 수 있도록 수입을 개방하는 자유화 정책을 보다 적극적으로 추진해야 한다. 비교우위가 없는 농산품의 경우 시장에서 선별이 이루어지도록 정책을 펴야 한다. 정부 의지에 의한 생산 정책에서 탈피해 시장 수요에 대응해서 공급이 원활히 이루어질 수 있도록 해야 한다. 수입자유화는 단순히 해외로부터의 부족 물자 공급을 늘리는 측면에 그치지 않고 개방과 경쟁 촉진을 축으로 하는 정책으로의 전환에도 의미가 있었다.

자원 배분의 왜곡 시정에 기여, 자원의 생산적 활용

우리 경제가 공급 부족 경제에서 벗어나고 있음에도 공급 부족을 전제로 한 증산과 건설을 여전히 추진함으로써 무엇보다 귀중한 가용자원이 가장 생산적인 부분에 쓰이지 못하는 것이 문제였다. 자원 배분의 왜곡은 경제의 발전 잠재력을 근본에서부터 훼손시킨다. 또 자원 배분이 정부의 공권력에 의해 이루어지면 정상적인 기업 활동보다는 정부 정책에 의한 특혜적 이익에 더 관심을 가져 기업 활동의 근본을 왜곡시킨다. 이렇게 자원 배분 왜곡과 정상적인 기업 활동보다는 정치권과의 유착을 통한 불로소득을 얻으려는 것이 당시 경제 문제의 핵심이었다. 성장 잠재력을 훼손하고 기업 활력을 약화시켜 경제발전을 저해하는 고질병이 되고 있었다.

가용자원을 생산적이고 발전적인 부분이 아닌 생산 효과가 없는 부분에 자금을 투자하는 것은 피라미드 건설과 진배없어 재생산 효과를 기대할 수 없다. 경제를 운용함에 있어 가장 관심을 기울여야 할 것은 바로 그런 흰 코끼리(White Elephant: 돈만 많이 들고 쓸모는 없는 것) 사업을 없애거나 최소화하는 것이다. 북한이 김일성 궁전 등에 가용자원을 투입해 경제를 피폐하게 한 것이 전형적인 사례이다.

그때까지 추구해온 고도성장 정책이나 수출 주도 개발전략 또는 중화학공업화 추진 등 정부 정책의 방향 설정 자체보다는 이들 목표를 달성하는 방법이 문제였다. 즉 수요를 도외시한 채 시설 투자를 늘리는 데에만 노력을 집중한 것이 문제였다. 그 결과 자원 배분을 크게 왜곡시켰다. 안정화시책에서는 이들 목표를 추진하는 방법이 달라져야 한다는 점을 강조했다. 수요에 대응하는 생산 계획을 추진해야 한다. 이 수요는 국내뿐 아니라 해외 수요도 함께 감안해야 한다. 개방과 경쟁을 전제로 정부 주도 방식이 아닌 민간 주도의 기업 자율 방식으로 가야 한다. 정부의 결정과 지원에 의존하지 않고 경영의 선택권을 기업에 넘기고 기업의 '자기 책임'을 분명히 해야 한다. 이러한 것들은 모두 자원배분의 효율화를 이룩하기 위한 가장 효과적인 장치들이다.

정부 주도에서 민간 주도로의 전환

종래에는 증산 및 건설을 추진하기 위해 정부가 앞장서서 사업을 결정했고 이들 사업을 특정 기업이 추진하도록 정부에서 정해주었다. 특히 중화학공업을 추진하는 과정에서 더욱 두드러졌다. 정부에서 계획한 중화학공업을 제대로 건설하고 육성하기 위해 장기 저리의 정책자금을 지원했다. 또 시설재 도입에 관세 감면 등 세제 혜택을 주었고 제품의 국내시장 확보를 위해 관련 품목의 수입을 규제하기도 했다. 이러한 과정에서 경제성을 도외시한 투자가 이루어졌을 뿐 아니라 재벌 문제가 배태되었고 관치금융과 정경 유착의 폐해가 뿌리 내리게 되었다.

문제는 이에 그치지 않았다. 이러한 정책 추진 과정에서 파생하는 여러 부작용과 문제를 규제와 통제, 개입을 통해 그때그때 해결하고자 했다. 먼저 물가안정을 위해 생필품과 주요 공산품의 가격과 서비스 요금은 정부가 직접 규제했다. 정부의 승인을 받지 않고 기업 스스로 제품가격이나 서비스 요금을 결정할 수 없었다. 도시와 농촌 간의 소득 격차가 커지자 이를 해소하기 위해 고농산물 가격정책, 특히 고미가 정책을 추진했다. 농민으로부터 고가로 수매하면서 소비자 부담을 경감하기 위해 방출 가격은 원가 이하로 유지했으며, 그 차액은 재정에서 부담했다. 이에 충당할 재정자금을 세금이 아닌 한국은행으로부터의 차입, 즉 통화 증발로 충당함으로써 재정적자와 통화 인플레이션의 원인을 만들었다. 노사문제에도 정부가 앞장서서 개입했다. 이렇게 정부가 경제활동 전반에 직·간접으로 깊숙이 관여, 개입, 통제했다. 경제 규모가 작고 단순할 때는 정부 주도로 경제를 운용하는 방식이 효과적일 수 있다. 부족한 투자 자금을 정책 부문을 선택해서 집중적으로 투입하는 선택과 집중이 어느 정도 타당했다. 1960년대와 1970년대를 통해 우리 경제가 고도성장을 한 데에는 정부 주도의 경제운용 방식이 한 몫을 했다.

이러한 정부 주도 방식에서 탈피하자는 것이 안정화시책이다. 중화학 추진도 정부 주도에서 민간 주도로의 전환을 시도했지만 이미 이루어진 투자를 조정하는 문제는 업계의 이해관계가 복잡하게 얽혀 있어 풀어가기가 매우 어려웠다. 이와 함께 가격과 서비스 요금에 대한 광범위한 정부의 직접 규제를 없애는 것에서부터 수입 개방과 경쟁 촉진, 수출 지원과 중화학공업에 대한 정책금융의 조정, 금리자율화 등 관치금융의 개혁, 농산물 증산 및 공급정책의 전환 등에 이르기까지 정부가 직접 개입하고 추진하던 것에서 탈피하려 했다.

요약하면 경제 운영을 정부 주도에서 민간 주도로 전환하고자 했다. 민간 주도 경제로의 전환은 바로 시장경제로의 이행을 의미한다. 기업경영에 관한 정부의 개입을 없애고 기업에 완전히 넘기는 기업 자치를 통한 경제운용의 분권화를 추진하는 것이었다. 이를 '자율'이라고 했다. 기업경영의 자유를 기업에 넘기는 대신 특별 지원을 없앨 뿐 아니라 경영의 결과에 대한 책임 또한 기업이 지도록 하는 것이었다. 행정력에 의존하던 관행을 없애고 시장기능을 활용하는 체제로 전환해 정부 관리의 판단이 아닌 시장에서의 경쟁력 유무에 의해 기업의 성패, 진입과 퇴출이 이루어지는 것이다. 그래야 자기 책임 원칙을 확립할 수 있다.

안정화시책을 추진할 즈음, 세계은행 한국 담당들은 현대에서 승용차 부문, 삼성에서 반도체 부문에 본격적으로 참가하는 것은 문제가 많다는 의견을 제시해 온 일이 있었다. 승산이 없다는 근거에서 이들 사업에 참여하지 못하도록 했으면 하는 뜻이었다(김재익 박사까지도 세계은행의 이런 견해에 동조했다). "정부에서 이들 사업에 대해 세제 지원을 하거나 특별 자금을 지원하는 것이 없다. 민간 기업이 자기 책임으로 벌이는 사업에 대해 정부가 하라, 하지 말라고 할 수 있는 아무 근거가 없다. 즉 이들 사업은 위험을 기업 스스로 부담하면서 벌이는 것이기 때문에 전적으로 기업이 알아서 할 일이다"라고 말했다. 그 후로 다시는 이들 사업 문제에 대해 왈가왈부한 일이 없었다. 1997년에 김영삼 대통령이 삼성에서 승용차 사업을 못하도록 했을 때에도 똑같은 논리로 정부의 불허 방침을 바꾸게 했다.

양수정책과 유수정책

경제운용을 정부 주도로 할 때와 시장 기능을 살려갈 때의 정책 발상은 엄청난 차이가 있다. 비유하자면 정부 주도는 '양수정책' 위주라면 시장경제는 '유수정책'을 근간으로 한다. 안정화시책은 발상 면에서 종래의 정책과 다르다. 물을 퍼올리는 양수(揚水) 정책적 요소는 될 수 있는 한 없애려 한다. 안정화시책은 물이 잘 흐르는 것을 방해하는 걸림돌을 없애는 유수(流水) 정책이다. 경제 정책은 물론 어떤 정책도 물이 높은 곳에서 낮은 곳으로 흐르듯 이끌어가는 것이 가장 바람직하다. 그럼에도 이 정책에 대해 "물이 높은 곳에서 낮은 곳으로 흐르게 하는 것은 아무나 할 수 있는 일이다. 그것이 무슨 정책이란 말인가"라며 정책으로서 취급을 하지 않으려 한다. 이들은 낮은 곳에서 높은 곳으로 물을 퍼올리는 정책, 즉 양수정책이 되어야 정책이라고 생각한다. 이들에겐 유수정책은 정책 축에 끼지도 못한다. 유수정책이 시장친화적이라고 한다면 양수정책은 행정력 중심이다. 비유하자면 양수정책은 채찍(Stick)을 주 수단으로 쓰는 것이라면 유수정책은 당근(Carrot)으로 유인하는 방법을 주로 활용한다.

정책 당국자와 금융기관, 기업인 등 경제 관련자들이 어떤 의식을 공유하고 있는가는 경제정책의 선택과 추진에 있어 결정적인 영향을 미치는 요소의 하나이다. 이들이 양수정책에 더 높은 가치를 부여하면 남이 생각하지 못하는 기발한 착상만을 중요하게 여기고, 그런 정책의 추진을 통해 업적을 남기고자 하는 '한건주의'가 횡행한다. 우리의 개발 초기 단계에는 유수정책으로서는 단시간 안에 경제를 발전시킬 수 없었기 때문에 양수정책과 같은 특이한 발상에 의한 정책을 사용해야만 제대로 된 정책이라는 생각이 은연중에 자리를 잡았다.

1960년대 전반의 정책 기조는 양수정책이 강했다면 1960년대 중반 이후 현실화 정책과 수출주도 개발전략을 채택한 것은 유수정책으로의 전환이었다. 그랬던 것이 1970년대에 접어들면서 다시 양수정책이 주류를 이루었다. 중화학공업화 정책을 무리하게 추진한 경우가 그에 해당된다. 경쟁력보다는 보호 육성을 기조로 한 것이었다. 양수정책의 전형은 1972년의 이른바 8.3 사채동결 대통령 긴급명령이다. 이러한 정책이 아니었다면 개인 간의 채권 채무 관계에 공권력이 개입해서 고리의 사채 이자를 낮추어주고 상환 시일마저 늦추어주는 조치는 탄생하지 못했을 것이다.

그러나 양수정책은 반드시 그 대가를 치르게 되어 있다. 8.3조 치가 당시의 어려운 기업을 회생시키는 데 결정적인 기여를 했다는 평가를 받았지만, 그보다 더 큰 해악을 우리 경제에 두고두고 미쳤다. 가장 큰 문제는 무엇보다 빚에 대한 겁을 없앤 것이었다. 차입해서라도 기업의 덩치만 키우면 기업이 어려워질 경우 정부가 나서서 문제를 해결해 줄 것이라는 대마불사의 믿음을 굳게 심어준 것이다.

안정화시책은 양수정책에서 유수정책으로 발상을 바꾸어가자는 것이었다. 예를 들어 수출의 경우 연말이 가까워지면 그해 수출 목표 달성을 위해 초비상이 걸리곤 했다. 상공부는 상공부대로 수출업체의 독려에 나서고, 수출업체는 업체대로 하나라도 더 실어 내려고 안간힘을 썼다. 우리 경제가 12월 31일까지만 존재하는 것도 아닌데 1월에 수출할 물량은 앞당겨 수출해서 목표를 달성하는 것이 무슨 의미가 있는지…… 의미 없는 노력의 전형이다.

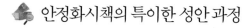

안정화시책의 특이한 성안 과정

안정화시책은 내용적인 측면에서 획기적이었을 뿐만 아니라 정부 정책으로 채택될 때까지의 과정과 정책 전환을 이루어가는 방법 또한 특이하다. 안정화시책을 생각할 때면 '네 시작은 미약하였으나 네 나중은 심히 창대하리라' 라는 구약성서 욥기 8장 7절의 한 구절을 상기하곤 한다. 안정화시책의 시작과 끝을 가장 잘 말하고 있기 때문이다. 처음 단계에서는 생각하지도 못한 결과에 이르렀고 이를 그대로 둘 경우 한국 경제의 앞날이 없다는 소명의식에서 끈질긴 노력 끝에 정책 전환을 이루게 되었다.

실사구시가 만든 산물

1961년 5.16 군사 정권은 학자들의 견해에 따라 수입대체 개발전략을 선택했다. 그러나 학자들이 건의한 정책은 완전한 실패로 끝났다. 당시 풍미하던 이론에 불구하고 수출주도 개발전략을 채택했다. 현실적 필요에 의해 우리나라가 채택한 정책 전환이 바로 수출주도 개발전략이었다. 수출 증대라는 현실적인 필요가 너무나 분명해서 다른 이론을 제기할 여지가 없었다. 정책 전환에 대해 반대하는 소리는 없었다. 이후 경제 정책 선택은 실사구시(實事求是)를 바탕으로 이루어져 왔다. 실사구시에 따른 정책 전환의 효시는 수출주도 개발전략이다.

안정화시책 또한 실사구시로 이룬 정책 전환이다. 현실로 나타난 문제를 어떻게 해결할 것인가, 해법을 찾는 방법 하나하나를 모으면서 만들어진 것이 안정화시책이다. 1978년 초, 우리 경제의 문제가 무엇인지를 밝히는 작업을 시작했을 때만 해도 그것이 우리 경제의 운용방식을 근본에서부터 바꾸는 계기가 된다고는 상상조차 못했다. 그러나 정책 전환에 대한 연구와 토론을 거듭함에 따라 우리 경제의 틀을 근본에서부터 바꾸어야 한다는 것, 즉 시장경제로의 발상과 틀로 바꾸지 않고서는 해결할 길이 없다는 사실이 점점 분명해졌다.

안정화시책은 관계 전문가의 건의에 의해 이룬 정책 전환이 아니다. 안정화시책의 필요성에 대해 경제 전문가나 연구기관에서 경제기획원에 사전에 제시한 것이 없었다. IMF 등 국제기구로부터 정책 전환의 필요성에 대한 권고를 받은 일도 없었다. 해외로부터 정책 권고나 압력 같은 것도 없었다. KDI에서조차 우리 경제운용 방식을 근본적으로 바꾸어야 한다는 문제의식이 없었다. 이는 1978년 연두 특별보고에서 알 수 있다. 하지만 1978년 초, 우리 경제의 문제를 검토하는 과정에는 KDI 연구원들의 적극적인 참여가 있었고 그 후 안정화시책을 마련하는 과정에서 경제기획원과 구분할 수 없을 정도로 함께 일했다. 문제가 무엇인가를 분명히 하는 것이 문제 해결의 출발임을 잘 보여주는 예가 된다.

안정화시책을 마련하는 과정에서 곧바로 참고한 롤모델(Role Model)도 없었다. 물론 우리 경제의 문제를 점검하는 과정에서는 외국의 예를 참고했다. 성공 사례로 일본, 독일, 대만의 경우를 집중적으로 연구 검토했다. 실패한 경우로는 아르헨티나 등 남미의 국가를 반면교사로 삼아 깊은 검토와 많은 토론을 했다. 이들 나라의 정책을 연구 검토한 이유는 이들의 성공과 실패를 통해 우리 경제의 문제 해결의 실마리를 찾거나 우리의 생각이 타당한지 여부를 판별하기 위해서였다. 즉 어떤 한 나라의 선례를 기본으로 삼아 안정화시책을 마련하지 않았다.

가격 통제를 푸는 첫 번째의 어려운 고비를 겨우 넘긴 1979년 2월, 국내 일간지에 영국의 대처 총리가 추진하는 개혁 보도가 있었다. 이 기사를 읽고 신현확 부총리가 "영국에서도 우리와 비슷한 정책을 추진하고 있는가 봐"라고 말했다. 사실 그제야 영국에서도 대처 총리가 우리의 안정화시책과 똑같은 맥락의 개혁을 추진하고 있음을 처음으로 알게 되었다. 얼마 뒤 미국에서는 레이건 대통령이 안정화시책과 동일한 맥락의 개혁을 추진했다. 하지만 안정화시책을 입안할 당시 '공급경제학'이라는 말조차 들은 일이 없었다. 안정화시책을 입안할 때 미국이나 영국의 사례를 연구하고 검토한 일이 없었다.

안정화시책은 우리가 당면하고 있는 문제를 어떻게 하면 해결할 수 있는가에 초점을 맞추어 대책을 발전시킨 정책이었다. 1978년 작업을 할 때 우리 경제 관료들의 염원은 '어떻게 하면 물가안정을 이루면서 국제수지 흑자를 기록하는 경제를 만들 수 있는가'였다. 그런 면에서 성공한 나라로 독일, 일본, 대만의 경우, 특히 1차 석유파동 때의 일본과 대만의 정책 대응이 우리가 취한 정책과 어떻게 달랐는가를 자세히 비교하고 검토했다. 1차 석유파동 때 우리나라는 물가안정보다는 경기를 진작하는 일에 더 역점을 둔 인플레이션 감수 정책을 폈지만 일본과 대만은 물가안정에 최대 역점을 두는 정책을 폈다.

1979년 하반기부터 2차 석유파동에 휩싸였을 때 우리는 안정화
시책을 최대한 고수하려고 노력했다. 즉 2차 파동에 대한 우리의
대응은 1차 파동 때의 인플레이션 방식과는 완전히 달랐다. 1차
파동 때 서구의 여러 나라들은 인플레이션을 감수하면서 경기에
초점을 맞춘 정책을 폈지만 2차 파동 때에는 불황을 감수하면서도
물가안정 위주의 정책을 폈다. 우리 역시 마찬가지였다. 중남미의
여러 나라들은 2차 파동 때에도 1차 파동 때와 똑같은 정책을 폈
고 그 결과는 완전히 다른 모습으로 나타났다. 우리의 대응이 적절
했다. 현안 문제를 해결하기 위한 실사구시의 자세로 해법을 찾아
간 결과 안정화시책은 당면 문제뿐 아니라 우리 경제의 총체적 전
환을 위한 종합 패키지로 발전했고, 2차 석유파동과 같은 예기치
못한 사태에도 적절히 대응할 수 있었다.

관료 집단에 의한 개혁

이렇게 안정화시책은 여러 가지 면에서 다른 개혁과는 구별되는
특징을 지녔다.

안정화시책은 위에서 지시해서 이루어진 것이 아니라 밑에서 전
환 필요성을 제기해서 이루어진 개혁이다. 즉 톱다운(Top Down)이
아닌 보텀업(Bottom Up) 방식으로 진행되었다. 보통 개혁은 위에서
아래로, 즉 톱다운 방식으로 추진된다. 안정화시책은 이와는 달리
아래에서 위로, 즉 보텀업 방식으로 진행되었다. 정치권이나 정당
에서 주장하거나 대통령이나 장관이 지시를 해서 검토 작업이 시

작되지 않았다. 비록 안정화시책이 박정희 대통령의 지시에 따라 정부 정책으로 확정되는 모양새를 갖추었지만 성안 과정은 결코 톱다운이 아니었다. 아무런 지시나 문제 제기가 없는 상황에서 직업관료 집단인 경제기획원 실무진에서 스스로 문제를 제기한 특이한 경우였다.

안정화시책 추진의 핵심이었던 경제기획원은 정부 안에서도 독특한 부처였다. 관료조직이라기보다는 자유분방하고 개방적인 싱크탱크였다. 경제기획원은 '관청'이 아니었다. 그곳에서 일하는 공무원들은 신분은 공무원이지만 관료라는 통념과는 걸맞지 않았다.

그런 경제기획원이었기 때문에 안정화시책이 만들어질 수 있었다. 같은 경제부처였지만 경제기획원과 가장 크게 대조를 이루는 부처는 재무부였다. 금융자율화를 둘러싼 논쟁을 비롯해 경제정책에 대해 생각을 같이하기보다는 다른 의견을 가진 경우가 대부분이었다. 재무부는 경제기획원과는 달리 관료조직의 대표 격이었다. 재무부는 경제기획원의 정책 방향에 대해 경제 현실을 모르는 이론가들의 주장이라고 비판하곤 했다. 그런 차이는 경제기획원은 5개년 계획 작성 등 앞으로 닥칠 문제에 대해 또 장기적으로 발전하기 위해 해야 할 과제에 관심을 가진 반면 재무부는 당장의 문제에 더 얽매일 수밖에 없기 때문이다. 미래의 설계보다는 과거로부터의 운용과정에서 쌓인 문제 해결에 매달릴 수밖에 없었다. 경제기획원이 '미래의 나아갈 방향'이 현실 문제인 것에 비해 재무부는 '과거로부터 집적된 결과'가 현실 문제였다.

금융개혁에 대해 재무부는 늘 먼저 현안문제를 해결한 후에 금융자율화 등 개혁을 추진한다는 입장이었다. 이에 반해 경제기획원은 현안문제 해결을 위해 금융개혁을 해야 한다는 주장을 폈다. 선 문제해결 후 자율화 추진은 현실에서는 실현이 될 수 없는 방안이다. 왜냐하면 운용 방식을 바꾸지 않는 한 똑같은 문제가 계속 쌓여갈 수밖에 없기 때문이다.

수입개방을 둘러싼 논란에서도 비슷한 논쟁이 벌어졌다. 먼저 실력을 배양한 후 개방을 추진해야 한다는 주장은 우루과이라운드(UR) 때부터 많이 들었다. 농촌에 100조 원 넘게 자금을 투입했지만 개방을 감내할 실력이 얼마나 배양되었는가를 살펴보면 어느 주장이 더 현실성 있는 주장인지 자명해진다. 실력 배양은 사활을 건 경쟁을 통해서만 제대로 이루어질 수 있다. 수입개방은 당장은 국제수지를 악화시키는 등 어려움을 가져오지만 경쟁을 촉진시켜 기업은 원가 절감과 품질 개선을 위한 뼈를 깎는 노력을 하지 않을 수 없어 경쟁력을 키워나간다. 이를 바탕으로 수출을 늘리게 된다.

안정화시책에 대한 해외의 관심도 매우 컸다. 세계은행과 IMF는 물론 미국의 하버드대학, 예일대학에서 안정화시책에 큰 관심을 보였다. 안정화시책에 대해 해외에서 가장 큰 관심을 가졌던 것은 개혁에 저항하기 마련인 관료 집단이 개혁에 앞장섰다는 사실이었다. 이들은 안정화시책의 내용보다 '어떻게 관료들이 개혁을 추진한 주동 세력이 되었는가'에 더 큰 관심을 표했다. 이들은 한결같이 개혁에는 앞장서서 반대하기 마련인 직업관료 집단이 어떻게 스스로 개혁을 제안하고 이를 추진하게 되었는가에 대해 의아해하고 신기해했다. 이렇게 안정화시책은 다른 나라에서는 그 예를 찾아보기 어려운 특이한 경우로 알려졌고 해외에서 더 유명해졌다.

그러나 안정화시책이 정부 정책 현안이 될 수 있었던 것은 관료집단의 힘만으로는 불가능했다. 개방적인 발상을 하는 관료 집단의 문제의식에 공감하고 앞장선 신현확 부총리라는 리더를 만남으로써 빛을 볼 수 있게 되었다. 전두환 대통령의 강력한 뒷받침으로 안정화시책이 꽃을 피우고 열매를 맺을 수 있게 된 것도 마찬가지다. 헌신적인 지도자의 중요성은 아무리 강조해도 지나치지 않는다.

최고 권력자가 못마땅해 한 정책 전환

상부의 무관심과 정치권, 재계, 정부 각료, 관계 부처의 반대에도 뜻을 굽히지 않고 끈질기게 작업을 계속했다. 최고 권력자인 대통령이 여러 차례 못마땅하다는 뜻을 명백히 표명했다. 그럼에도 뜻을 굽히지 않고 계속 밀어붙였다. 대통령의 생각을 바꾸기 위해 여론 주도층들이 안정화시책을 지지하는 후원 세력이 될 수 있도록 최선의 노력을 경주했다. 이런 총합적인 노력으로 끝내 안정화시책은 국가 정책으로 햇빛을 보게 되었다. 이런 성공은 희귀한 사례로 기록된다.

그러나 최고 권력자의 뜻을 거스르는 일은 위험하기 그지없는 일이다. 박정희 대통령은 경제발전을 위해 온갖 노력을 경주했고 그런 노력으로 이룬 성과에 무한한 자부심을 가지고 있었다. 경제 발전 성과에 대해 온 세계가 찬탄하고 있었다. 이러한 경제 발전을 이룬 것은 그때까지의 정책이 제대로 잘된 때문이라고 박 대통령이 확신한 것은 당연한 일이었다. 안정화시책은 이런 성공을 가져온 정책에 이의를 제기하는 것이었다. 박 대통령이 확신을 가지고 추진해 온 그동안의 정책 모두에 대해 종래와는 180도 바꾸어야 한다는 내용이었다. 정부가 앞장서서 추진하던 일들을 모두 그만두고 민간에 넘기라는 것이었다. 박 대통령으로서는 선뜻 동의할 수 없었을 것은 쉽게 짐작할 수 있다. 처음부터 실현되기 매우 어려운 정책이었다. 최고 권력자의 역린(逆鱗)을 건드리는 것이기에 상당한 위험이 따르는 일이었다. 비단 대통령만 못마땅해 했던 것이 아니었다. 경제운용을 책임지는 자리에 있는 모든 고위 공직자들도 마찬가지였다. 그때까지의 경제정책이 잘못되었다고 탓하는 것으로 여겼다.

안정화시책이 필요한 이유는 바로 그동안 우리 경제의 발전이 크게 성공한 때문이라고 설명해도 달라지지 않았다. 실제로 그때까지의 정책이 성공했기 때문에 더 이상 그 정책을 계속 쓸 수 없게 된 것이다. 과거의 성공이 전환을 불가피하게 만들었다. 성공을 가져온 정책이기에 버려야 했다. 그러나 이러한 전환은 그 당위성에 대해 이해한다고 해서 해결될 문제가 아니었다.

이해가 직접 관련된 경우에는 더욱 그렇다. 안정화시책은 그동안 정부 주도 정책의 수혜자들에게는 당장 큰 영향을 미친다. 그동안 정부의 특별 지원을 없애는 내용이 대부분이었기 때문이었다. 정부의 지원을 받아오던 수혜 기업이나 계층으로서는 그 이유가 어디에 있든 기득권을 없애는 정책에 찬성할 수 없었을 것이다. 이들은 기존 정책의 성공은 현실로 뚜렷하게 나와 있는데, 이를 바꾸어야 한다는 주장은 현실을 모르는 책상머리 이론가들의 엉뚱한 소리라고 몰아붙였다.

이러한 어려움 속에서 안정화시책이 정부 정책으로 햇빛을 볼 수 있었던 것은 박정희 대통령 설득에 성공한 때문이 아니다. 사람의 생각은 쉽게 바뀌지 않는다. 못마땅해 하면서도 받아들일 수밖에 없었던 것은 여론 때문이었다. 안정화시책에 대한 공감대가 위력을 발휘했다. 박정희 대통령처럼 강력한 지도자가 자기 소신에 반하는 정책을 수용하도록 만든 힘이 공론이라는 사실은 상상하기 힘든 일이었다. 마오쩌둥의 농촌의 도시 포위 전략에 비견할 수 있는 일일까? 아니 이는 민심이 천심이라는 동양 전래 사상의 현대판 재현이라고나 할까?

7장

안정화시책,
5공 정책 기조로

💰 안정을 위해 긴축은 필수적

대통령의 지시에 의해 안정화시책을 1979년 4월 17일에 발표했다. 하지만 시책 내용 중 계획한 그대로 추진되는 것은 이렇다 할 것이 없었다. 식료품 가격 안정을 위한 농산물 수입 개방, 금융개혁, 중화학투자 조정 등 어느 것 하나 안정화시책에서 내건 방향에 따라 제대로 추진되는 것이 없었다.

유일하게 시행된 것은 경제기획원 소관인 가격 규제를 푸는 정도였다. 이는 4.17 안정화시책 발표 이전부터 이미 시행에 옮기고 있었다. 발표한 정책을 시행에 옮기기 위해 각 부처를 독려하는 과정에서 불만의 소리는 높아만 갔다. 실무 협의를 계속하면서 월간 경제동향보고의 특별보고 기회를 활용해 안정화시책을 왜 하는가와 반대에 대한 설득을 계속해야 했다.

무엇보다 강력한 긴축정책에 대한 재계와 주무 부처의 반대가 집요했다. 물가 규제를 풀 때까지는 잠잠하던 재계도 통화관리를 강화하기 시작하면서 불만의 소리를 높이기 시작했다. 긴축정책에 대한 반대에는 재계뿐 아니라 정부 각 부처도 가세했다. 긴축정책은 1979년 초부터 본격적으로 실시했다. 1976~1978년의 과열

경기를 진정시키지 않으면 안 되었기 때문이다. 긴축정책은 본래 인기가 없기 마련이지만 당시에는 더욱 심했다.

긴축정책이 실시되자 업계에서는 죽는다고 아우성이었다. 기업의 적응력을 무시한 급격한 금융긴축으로 특히 단기 운전자금 공급의 경색을 가져와 흑자도산, 임금 체불 등이 연쇄 파급될 가능성이 크다고 불만이었다. 이렇게 자금이 돌아가지 않아서는 우리 경제가 곧 무너지고 말 것이라고 했다. 경제 현실을 모르는 백면서생들이 책상 앞에 앉아 이론에 따라 경제정책을 펴 우리 경제를 다 망쳐놓는다고도 했다.

1979년 1분기의 총통화 증가율은 28%로 전년 동기의 증가율 42%에 비해 크게 줄어든 것은 사실이다. 성장률도 전년의 15.8%에서 12% 내외로, 제조업의 출하도 26%에서 20%로 낮아졌다. 특히 건축허가 면적은 96.4% 증가에서 15.4% 크게 줄어들었다. 서울 접객업소의 폐업도 전 분기는 110개소였는데 1분기에는 238개로 크게 늘어나고 있었다.

통화량을 늘여라

지난 몇 년간 잔뜩 벌려놓은 사업을 위한 자금이 원활하게 돌아가지 않자 정부 정책을 비판하는 소리는 높아만 갔다. 자금이 많이 풀릴 때는 꿀 먹은 벙어리처럼 아무 말이 없던 업계가 일단 자금줄을 조이자 안정화시책 흔들기에 나섰다. 안정화시책을 발표한 다음 달 경제동향보고회 때 '긴축과 안정'에 대한 특별보고를 했다. 긴축의 필요성을 다시 한 번 강조하기 위해서였다.

먼저 재계 지도자들이 기회 있을 때마다 내세우는 "실물 거래 규모에 비해 통화량 공급이 너무 적다"는 주장이 잘못된 것임을 분명히 밝혔다. 재계에서는 통화량을 더 늘여야 하는 근거로 통화량의 GNP 대비 비율, 즉 통화량을 GNP로 나눈 비율이 선진국에 비해 적은 사실을 내세웠다. 정주영 회장을 비롯해 최종현 회장 등 재계 지도자들은 이 비율이 선진국 수준은 될 수 있게 통화량을 늘려야 한다는 주장을 펴고 다녔다. 언뜻 듣기엔 그럴듯한 주장이었다. 그러나 분자에 해당하는 통화량을 아무리 많이 늘리더라도 분모에 해당하는 경상 GNP 규모가 통화량의 4배 정도 컸기 때문에 통화량을 늘리더라도 그 결과 물가가 더 올라가면 분모인 경상 GNP가 훨씬 더 커지기 때문에 그 비율이 커질 수 없다는 단순한 셈본의 이치에 맞지 않는 주장이었다.

이러한 사실은 외국의 예와 한국의 경우의 과거의 실적치를 가지고 대비해보면 분명하게 알 수 있다. 1961년부터 1977년까지 우리나라 물가는 연평균 18% 상승했다. 그동안 통화량은 연평균 29%씩이나 증가했지만 통화량의 GNP 대비 비율은 1960년의 12%에서 1977년에는 13%로 큰 차이가 없다. 브라질은 통화증가율이 우리보다 더 높아 44%나 되었지만 물가상승률도 39%가 되어 통화량의 GNP 비율은 26%에서 15%로 크게 하락했다. 그러나 대만은 통화증가율이 우리보다 낮은 20%밖에 안 되었지만 물가가 6.5%로 안정되었기 때문에 13%에서 24%로 통화량의 GNP 비율은 오히려 커졌다.

이러한 나라들의 예에서 볼 수 있듯이, 통화량을 늘리더라도 물가가 올라가면 통화량의 GNP 대비 비율은 결코 커지지 않는다. 통화량의 비율을 높이려면 물가 안정이 필요하고 물가안정을 위해서는 통화량을 크게 늘릴 수 없다. 그렇기 때문에 1979년의 성장률 9%와 14% 내외의 물가상승을 감안할 때 25%가 통화 증가의 상한선이 될 수밖에 없다.

긴축의 고통은 견뎌내야

남미 여러 나라의 경우는 인플레이션 단절 실패로 고물가 속의 저성장이 장기화되었다. 국제수지는 늘 적자고 산업보호 정책은 기업의 경쟁력을 약화시켰다. 소득 격차의 확대로 사회 불안이 커졌다. 또 영국과 이탈리아는 안정화 정책을 시도→후퇴→재시도를 반복해 불황 속의 인플레이션을 자초했다. 일본과 대만은 이들과는 달리 단시일의 금융긴축으로 일시적인 부작용을 극복해 장기적 고도성장과 안정 바탕을 정비했다. 임금과 환율의 안정으로 산업 경쟁력을 유지하고 국내 저축 조달로 산업 및 사회개발 투자를 확대하고 물가안정으로 사회적 안정을 달성했다.

이들 세 유형을 비교하면 전환기를 맞은 우리의 정책적 선택은 자명하다. 과거엔 물가상승 속에 환율 조정과 조세 및 금융지원, 특히 저리 금융지원을 통해 경쟁력을 유지해 수출 신장과 기간산업을 육성했다. 국내 저축 부족을 외자도입과 조세에 의한 정부 저축, 통화 증발로 투자재원을 마련했다. 이제는 우리도 인플레이션 없이 지속적으로 고도성장을 할 수 있도록 그동안 해온 정책을 바꾸어야 한다. 물가안정을 통해 고도성장을 추구해가는 새로운 틀을 만들어야 한다. 이를 위해서는 무엇보다 금융긴축이 필요하다. 물가가 안정되면 환율도 안정된다. 명목금리를 인하해도 실질금리가 보장된다. 임금도 안정되어 대외 경쟁력이 강화된다.

이렇게 이치가 분명한 이상 그 길로 확고하게 밀고 가야 한다. 금융긴축은 단기간에 강력하게 추진해 각종 부작용의 기간을 단축하고 물가안정을 조기에 정착해야 한다. 자칫하면 시도→후퇴→재시도를 되풀이하게 되고 그럴 경우 국민의 불신 조장으로 인플레이션의 고질화와 함께 기업 체질이 약화되고 경제가 침체된다. 가격 현실화가 어느 정도 이루어졌고, 지난 6개월 간의 안정적 통화 증가 추세에 더해 식료품 수급 사정이 호전되고 지난 3년 간의 호황으로 기업이 긴축을 극복할 수 있는 여력을 보유하고 있는 지금이야말로 모든 저항에도 불구하고 단기간 내에 긴축을 강력히 추진해야 할 때이다. 안정화시책의 성공을 위해서는 긴축의 고통을 감내해야 한다.

특히 물가 현실화→각종 인플레이션 보상→물가상승의 악순환을 단절해야 한다. 이를 위해서는 임금 인상을 자제해야 하고, 양곡가도 적정 수준에서 조정해야 한다. 긴축에 따르는 고통의 최고 보상은 물가안정이다. 이렇게 긴축정책의 당위성을 설명했다.

긴축 성공을 위해 해야 할 일

긴축의 효과는 시차를 두고 나타난다. 3~6개월이면 소비와 투자 수요가 진정되고 6~9개월이면 물가가 안정된다. 12개월이 지나면 저축성예금 등 금융저축이 크게 신장된다. 인플레이션을 유발하지 않는 투자로 고도성장이 가능하게 된다. 이러한 효과는 강력한 긴축을 단시간에 해야 거둘 수 있다. 또 금융구조 개편이 서둘러 이루어져야 한다. 배급제처럼 운용하고 있는 정책금융 비중을 크게 줄이고 금리를 자율화해야 한다. 은행의 책임경영 체제를 구축해야 한다. 이러한 제도 개선 없이 금융긴축을 하게 되면 경쟁력 있는 기업 지원보다는 부도방지 등 부실기업 구제에서 헤어나지 못하고, 경기 침체가 장기화 될 수 있다. 금융개혁은 긴축 성공과 장기적인 성장, 안정을 위해 시급하게 해결해야 할 가장 중요한 과제라고 강조했다.

아무리 재계의 불만이 커도 1976년 이래 통화가 너무 많이 풀렸으므로 종래의 방만한 통화정책을 지속하면 오히려 우리 경제가 결딴날 것이 불을 보듯 분명했다. 안정화시책을 입안하지 않을 수 없게 된 현실을 외면하면서 당장의 어려움만을 회피하기 위한 재계의 반발은 무시하고 가는 수밖에 없었다. 게다가 안정화시책의 가장 중요한 기조는 다름 아닌 안정에 있었기 때문에 긴축정책은 계속 밀고 나가는 외에는 다른 정책 대안이 없다. 안정화시책이 제대로 궤도에 오르는 데는 최소 3년은 걸린다고 생각했다. 그러기에 빗발치는 반대론의 십자포화 속에서 진격을 계속할 수밖에 없었다. 업계의 아우성과 안정화시책 반대론에 대해서는 "아픈 이를 뽑는데 환자가 아프다고 해서 이를 뽑다가 도중에 그만둘 수는 없지 않은가?" 또 자금을 계속 풀면서 물가를 안정시키겠다는 것은 "아궁이에 군불은 계속 때면서 뜨거워진 방을 식히겠다는 것과 무엇이 다른가?" 라는 말로 대응하면서 긴축정책을 밀고 나갔다.

 ## 식료품 가격 안정

농산물 수입 개방 논란

식료품 가격 안정은 물가안정뿐 아니라 임금 상승 압력을 완화하는 중요한 요인의 하나였다. 핵심 쟁점은 농산물 수입 개방이었다. 수입개방이라고 하면 공산품을 먼저 생각하지만 당시 경제기획원의 주 관심 대상은 공산품보다는 농산품 쪽이었다. 국제가격에 비해 엄청나게 비싼 우리나라의 식료품 가격 구조는 가계지출 부담 증가의 주요인이 되고 임금 인상 압력의 큰 원인이 되고 있기 때문이었다. 1978년 소비자물가는 14.4% 상승했다. 수입이 허용되고 있는 밀 등 일부 곡물을 제외한 식품류는 무려 24.1%나 상승해 서민 가계를 크게 압박했다. 이는 국내 생산비 또는 국내가격이 국제가격보다 6배까지 높아 빚어진 현상이었다.

이에 경제기획원에서는 농산물 수입 여부를 결정하는 기준을 설치하는 방안을 추진했다. 국제가격보다 3배 이상인 농산물에 대해서는 수입 개방 대상 품목으로 분류했다. 국제경쟁력이 없어 결국 국내 생산을 포기할 수밖에 없다는 이유에서였다. 밀, 옥수수, 콩, 참깨, 땅콩, 쇠고기, 분유, 치즈, 바나나, 당밀, 카피오카(소주 주정의 원료), 오렌지 농축 원액 등이 이에 해당되었다.

국내 생산비가 국제가격의 1.5배를 넘지 않는 품목은 국내 생산을 확대해 자급자족 기반을 구축하기로 했다. 마늘, 양파, 고추, 감자, 돼지고기, 닭고기 등의 품목이 해당된다. 이들 품목에 대해서는 '가격 안정대'의 개념을 적용해 국내가격이 국제가격의 1.5배를 넘으면 자동적으로 수입을 추진하고 국내가격이 국제가격을 밑돌면 정부에서 자동 수매하기로 농수산부와 합의했다. 그러나 합의는 했지만 실제 운영에 들어가려고 하면 다른 소리를 해서 한 번도 제대로 시행하지 못했다.

이렇게 농산물 구조조정안에 대해 찬반 논란이 격심했다. 경제 기획원 내부에서조차 격론이 일 정도였다. 내가 '구제할 길이 없는 비교우위론자'라는 낙인이 찍힌 것도 농산물 수입개방 논란 과정에서의 일이었다. 이러한 논란에 대해 농촌과 농민 문제에 깊은 관심과 남다른 애정을 가지고 있던 박정희 대통령도 언짢아했음은 물론이었다. 1979년 연두보고 회의석상에서 '우윳값을 올려 달라'는 건의가 들어왔을 때의 일이었다. 나는 분유는 국내가격이 국제가격의 6.5배나 되어 더 올릴 수 없다는 요지의 답변을 했다. 그러나 박 대통령은 그런 논란에 가타부타 아무런 말없이 "우윳값을 올려주라"는 지시만 하고 회의를 끝내버렸다.

고농산물 가격 정책의 허상과 실상

지금도 그렇지만 1979년 당시에도 무조건 곡가만 높여주면 농민의 이익이 되고 농민을 위한 길이라는 것이 통념이었다. 정부는 고미가 정책이 농가소득을 높인다는 것을 정책의 명분으로 내세웠다. 그러나 고미가 정책으로 소득 증대 혜택을 보는 것은 농토를 많이 가진 농민들만 해당된다. 농토를 많이 가지고 있는 농민만이 정부 수매에 응할 여분의 쌀을 생산할 수 있기 때문이다. 0.3ha 미만의 농지밖에 소유하지 못한 영세 농가는 자가 소비를 위한 쌀도 생산할 수 없어 쌀의 생산자이기보다는 소비자였다.

이들 영세농의 경우 농업소득으로 생계를 지탱하기 어려워 품팔이에 나설 수밖에 없다. 농사만 지어서 농민들이 모두 다 잘살게 할 수는 없다. 고미가 정책은 부농과 빈농 사이의 빈부격차를 더 심화시키는 결과를 초래했다. 이러한 소득 불균형 심화는 통계 조사에서도 그대로 나타났지만 이를 두고 고미가 정책을 재검토해야 된다는 주장은 들을 수 없었다.

국제가격보다 몇 배 높은 농산물은 허다했다. 1979년 당시 우리나라 농산품 중에 국제가격보다 두 배가 넘지 않는 것은 돼지고기, 닭고기 등 소수에 불과하다. 쌀은 6배, 콩과 고추는 5배, 쇠고기는 2.5배였다. 선원들이 가장 즐겨 사오는 것은 참깨였다. 심지어 밀수의 대상이 되고 있었다. 국내 참깨값이 13배나 비싸니 그럴 수밖에 없다. 참깨가 그렇게 비싸지만 참깨 농사로 돈 벌었다는 농민 얘기는 듣지 못했다.

이렇게 국제가격보다 높은 가격을 유지한다고 해서 농민의 소득이 그만치 늘어나지는 않는다. 차액의 대부분이 생산비로 지출되기 때문이다. 그렇기 때문에 소비자가 비싼 값을 지불하는데도 우리 농민들은 그에 대한 고마움을 전혀 느끼지 못한다. 농민 소득에는 그만한 영향이 없기 때문이다. 국제가격보다 국내 농산물 가격이 비싼 경우 생산비가 국제가격을 웃돌더라도 생산할 수 있게 된다. 즉 국내 농산물 가격이 국제가격 수준이면 생산할 엄두도 낼 수 없는 경우에도 생산을 계속할 수 있다. 증산 효과는 분명하지만 농민 소득이 그만치 늘지는 않는다. 생산비로 더 많이 나가기 때문이다.

1995년 UR 협상이 막바지일 때 24개 주요 농축산물(채소 제외)을 대상으로 농민의 소득 증대 효과에 대해 시산해 본 것이 있다. 국제가격과의 차액 중 약 3/4은 생산비에 충당되고, 농민 소득은 1/4 정도만 늘어난다는 결과가 나왔다. 즉 24개 품목의 1년간 총매출액은 12조 원이다. 이들 품목 전량을 수입한다고 가정하면 가격이 1/3이어서 소비자는 4조 원만 지출하면 된다. 국내 생산으로 8조 원을 더 많이 부담한다. 하지만 농가소득은 2조 원만 늘어나고 6조 원은 생산비로 쓰인다.

농민 소득보다 증산을 중시

개발 시대의 농정은 주곡의 자급에 최우선 목표를 두었다. 미곡 증산을 위해 절대농지, 상대농지로 지정해 농업 이외 용도로 전용을 규제했다. 이는 농민의 이익보다는 주곡 자급이라는 국가 목표를 위해서였다. 고미가 정책도 소득 증대보다는 증산 유인책의 일환이었다. 높은 가격은 생산자의 소득을 늘리는 효과와 함께 생산량의 증산 효과가 있다.

문제는 주곡 자급 목표가 달성되어 식량 증산을 위한 농지 이용 규제나 고미가 정책을 더 이상 지속할 필요가 없어졌음에도 그대로 가는 데에 있다. 해결할 길이 없는 과잉재고가 쌓이고 이를 위한 재정 부담이 누증한다. 고미, 고고미의 재고 과다로 어려움을 겪고 있다. 그러나 재고를 처분할 묘책은 없다.

농지제도도 마찬가지다. 논을 절대농지로 묶어 쌀농사 이외의 다른 용도에는 쓸 수 없도록 한 것은 쌀 증산을 위해서다. 주곡 생산 목표를 위해 농민의 토지이용권을 제한한 것이다. 이는 공원용지 확보를 위해 토지 이용을 제한하는 것과 달리 순전히 쌀 생산이라는 경제적 목적을 위한 것일 뿐이다. 농산물에 대한 수요가 채소 등 밭작물 중심으로 바뀌어가는데도 절대농지, 상대농지로 묶어 놓은 농지제도를 바꿀 기미도 없었다. 농촌 지역의 땅 값이 예전에는 논이 제일 비싸고, 다음은 밭, 그리고 산지 가격이 가장 저렴했다. 이렇게 농지에 대한 용도를 엄격히 제한한 결과 땅 값이 완전히 역전되었다. 문전옥답 가격이 가장 저렴하게 되었다.

경자유전(耕者有田) 제도도 마찬가지다. 이는 농민의 이익을 위한 제도로 알고 있다. 농사는 농민만이 짓게 하고, 농토는 농민만이 소유하도록 하는 것은 농민의 이익을 보장하기 위한 것이다. 경자유전의 원칙은 소작 콤플렉스에 그 뿌리가 있다. 1979년 당시만 해도 이미 일손이 모자라 땅이 있어도 농사를 짓기 어려운 실정이어서 지주가 농민을 착취하는 것은 상상할 수도 없다. 시대착오적인 고정관념이다. 경자유전의 원칙이나 농지에 대한 규제는 농민의 이익에 반한다. 농토를 농업 이외 용도로 사용할 수 없게 한 것, 농민만이 농지를 구입하게 한 결과 다른 물가는 크게 올라가도 농지 가격은 오히려 하락하고 있다. 경자유전은 농민 보호가 아닌 농업 기반을 유지하는 수단으로 변질되었다.

주곡 자급이란 목표도 국가적 정책 목표일 뿐 농민 이익만을 염두에 둔 목표는 아니었다. 농민들은 생업으로 농사를 지을 따름이다. 주곡 생산 기반을 지켜야 한다는 주장도 국가적 정책 차원에서 온 것이지 농민의 이익을 위한 것은 아니다. 농민을 앞세우지만 실제는 국가적 차원의 정책 목표를 위한 것일 따름이다.

우리나라 농정은 농민의 이익을 명분으로 하지만 실제로는 농업을 지키는 데 더 중점을 두고 있다. 식량안보론도 같은 맥락의 주장이다. 농업은 경제적 관점에서만 보아서는 안 된다고 한다. 농업 기반은 한번 무너지면 다시는 복원할 수 없다고 한다. 그러나 이러한 주장은 실상과는 다른 허구다. 돈벌이만 되면 한 번도 재배해보지 않은 농산품도 생산한다. 문제는 수익성이 있는가의 여부에 달려 있다. 식량안보 운운하는 사람은 기름 한 방울 나지 않는 것이 더 문제가 아니냐고 하면, 기름보다 먹을거리인 식량이 더 중요하다고 하지만 기름 없이는 경운기 등 농기구를 사용할 수 없을 뿐 아니라 농약과 비료 생산도 안 된다. 농업 생산 자체가 어려워지는 것이다.

유류 파동 때에도 기름이 없는 것이 아니라 값이 비싸졌을 따름이다. 수입할 식량이 없어 북한 주민이 기아에 내몰린 것은 아니다. 수입할 돈이 없을 따름이다. 돈만 있으면 필요한 식량은 구할 수 있다. 농산물의 완전 자급자족은 불가능하다. 농산물 중에서 무엇을 국내에서 생산할 것인가를 선택할 수밖에 없다. 경제성을 문제 삼는 이유는 여기에 있다.

우리나라 농정은 농업을 생업의 기반으로 하는 사람들이 주도하고 있다. 농업을 생업으로 하는 사람이라고 하면 농민을 떠올리기 마련이다. 그러나 실제는 직접 농사를 짓는 농민이 아닌 농업이라는 산업이 존재해야만 생업을 유지할 수 있는 사람들은 따로 있다. 농업 단체 종사자를 시작으로 농업 관련 전문가, 학자 등이 그들이다. 농업이 존립해야 생계를 유지하는 농업 관련 종사자들로, 농촌과 농업 관련 정책에 큰 영향을 미치는 것도 이들이다. 농업을 지키려는 사람들은 농민보다는 이들 넥타이를 맨 사람들이다. 이들은 농민을 위한다는 명분으로 실제는 농민 이익보다는 농업 지키기에 더 관심을 기울여왔다.

정부의 기구 또한 산업 중심으로 되어 있어 농민 중심의 정책을 펴기 어려운 데 있다. 1982년에 농외소득 개발기획단을 농수산부가 아닌 경제기획원에 설치한 것이나 1983년에 제정된 농어촌소득원개발촉진법이 경제기획원에 의해 제안되고 1990년 말까지 농공단지 업무를 경제기획원에서 담당한 것은 이 때문이었다. 농공단지 업무는 농업이 아니어서 농수산부 소관이 아니라고 했다. 1991년 농어촌발전특별조치법에서 농외소득에 관심을 가지게 된 것은 그나마 진일보한 것이다.

진정 농민을 위한 농정을 펴야

농업문제는 동서를 막론하고 또 선진국일수록 대부분의 나라에서 경제논리보다는 정치논리가 압도한다. 그러나 개방화가 진전되면서 정치적 배려는 점점 줄어들 수밖에 없다. 개방화로 농업도 경제의 틀 안에서, 경제논리에 따라 살길을 찾아야 하기 때문이다. 농민문제는 정치논리에 따르더라도 농업문제는 경제논리로 대응해야 한다. 즉 농민문제는 따뜻한 가슴으로 풀어가도 농업문제는 냉철한 머리로 풀어가야 한다.

문제의 접근 방법을 근본에서 다시 다듬어야 한다. 농민, 농업, 농촌 문제를 같은 문제로 생각하기 쉽다. 그러나 농민문제와 농업문제, 농촌문제는 농민을 중심에 두고 생각하는가, 농업을 중심에 두고 생각하는가에 따라 완전히 달라진다. 개발연대의 농정은 농업을 중심에 두어 왔다. 그러나 이제는 농민을 중심에 둔 농정, 소비자 이익을 중심에 둔 먹을거리 정책으로 전환해야 한다는 것이 안정화시책의 문제의식이었다. 농정의 대본은 농민이어야 한다. '농자는 천하지대본(天下之大本)'의 농자는 농업이 아닌 농민이어야 마땅하다.

농민은 소득을 더 중시한다. 농업이 농민의 주된 소득원이지만 농업소득만 고집하고 집착할 이유가 없다. 농외소득이라고 외면할 이유가 없는 것이다. 농민의 입장에서는 농업소득이든 농외소득이든 소득만 올릴 수 있으면 된다. 일본의 경우를 보더라도 농외소득이 차지하는 비중이 85%를 넘고 있는 것에 비해 당시 우리 농민의 경우에는 그에 훨씬 못 미쳤다. 농민을 '농업을 업으로 하는' 의미보다는 '농촌에 삶의 터전을 가진 국민'의 뜻으로 보아야 한다는 것이 안정화시책의 주장이다. 농촌의 교통, 통신, 교육, 보건 등 생활환경을 개선하는 동시에 농촌 자녀가 도시로 나가지 않고서도 일자리를 얻을 수 있도록 지방에 산업을 유치하는 방향으로 정책을 추진해야 한다.

그 출발은 경자유전과의 결별에서 시작해야 한다. 경자유전의 정신이 "땅을 이용하는 사람이 땅을 가져야 한다"는 데에 있다면 현대에선 용자유토(用者有土)가 되어야 한다. 농사로 쓸 것인가, 다른 용도로 쓸 것인가의 선택의 기회를 농촌 주민이 행사할 수 있어야 한다. 경자유전이 농업유토(農業有土)가 되어서는 안 된다.

농촌의 땅을 모두 잡종지로 지정하면 토지와 관련된 규제 문제는 일거에 해결할 수 있다. 어떤 산업을 입지할 것인가의 선택은 농민과 기업가들이 하도록 맡겨두면 된다. 정부는 공해의 배출 등 환경문제에 신경을 쓰면 된다. 이러한 변화를 능동적으로 수용할 수 있도록 농업 관련 기관들의 임무를 다시 정립해야 한다. 그래야 소비자와 농민이라는 사람을 중심에 두고 생각하는 정책이 마련될 수 있다. 농촌정책 전환을 외면한 결과는 오늘의 농촌에서 그대로 나타나고 있다. 젊은이는 찾아보기 어렵고 농사는 노인들에 의해 지어지고 있는 오늘의 농촌 사정은 정책 실패가 큰 몫을 했다. 1960년대 초 60%가 넘던 농업생활자가 20%를 밑돌게 되었다(지금은 5% 수준). 미국도 20세기 초 50%가 넘던 것이 3% 미만으로 줄어들었다. 이러한 메가트렌드(Mega Trend)에서 우리만 벗어날 수는 없다. 안정화시책에서 농업문제와 농산물 수입 개방문제를 전환기의 과제로 제기한 배경은 이와 같은 문제의식에서 비롯된 것이었다.

가난의 대물림은 막아야

안정화시책에서 식료품 가격 안정, 농산물 가격의 급상승에 제동을 걸기 위해 애쓴 이유는 생계비의 안정, 임금 안정, 가격경쟁력 약화 방지라는 당면 목표 때문이기도 했지만, 가난 문제 해결의 선결 조건이 된다는 믿음도 한몫을 했다. 어떻게 하면 가난을 하루라도 빨리 극복하느냐는 경제개발을 시작한 이래 변함없는 과제였다.

경제성장이 일자리를 만들어내고 물자를 풍부하게 하는 등 가난문제 해결의 첩경임은 긴 말이 필요 없다. 고도성장은 취업 기회를 늘려 가난문제 해결을 보다 쉽게 한다. 그러나 취업 기회에 걸맞는 능력을 갖추지 못한 사람들이나 경쟁에서 탈락하는 사람들은 늘 있게 마련이다. 그렇기 때문에 성장으로 가난문제를 다 해결할 수 없어 최소한의 삶(Social Minimum)을 유지할 수 있도록 보살피는 사회부조시스템을 갖추게 된다. 이는 재정의 몫이다. 이는 경제가 성장해 선진 경제로 나아가면서 점차 충실한 대책이 마련되는 것이 선진국들이 밟아간 길이었다. 이렇게 혜택을 베푸는 일은 정치인들이 어차피 챙기게 되어 있어 우리가 걱정하지 않아도 된다고 생각했다.

우리의 관심은 가난한 집 아이들을 가난의 굴레에서 벗어날 수 있도록 해야 한다는 데 있었다. 이른바 가난의 세습을 막는 일이었다. 가난의 대물림을 막기 위해서는 세 가지 조건을 갖추어야 한다. 건강한 신체, 충실한 교육, 사회적 신분 상승 기회의 개방이다. 이 세 가지는 가난의 대물림을 없애는 충분조건은 아니지만 필요조건임에는 틀림이 없다.

이들 세 가지 중에서 교육은 1979년 당시 이래 초등교육이 의무교육으로 실시되고 있었고 중등교육 의무화도 단계별로 실시할 계획이었다. 게다가 웬만한 기업에선 종업원을 위한 야간고등학교를 운영하고 있었다. 이렇게 볼 때 본인의 의욕과 소질에 따라

교육 기회는 개방되어 있다.

우리나라는 사회적 유동성에 큰 장애는 없다. 신분이나 계층에 따른 사회적 활동에 어떤 제약이 있거나 장애 요인이 되는 일은 거의 없다. 1948년의 농지개혁과 한국전쟁을 겪으면서 사실상 온 국민이 모두 비슷하게 가난해졌다. 한국전쟁의 피난 과정을 겪으면서 일부 남아 있던 봉건적 잔재 또한 완전히 궤멸되었다. 누구든지 능력에 따라 사회적 신분 상승을 할 수 있는 길이 활짝 열린 사회로 변모했다.

문제는 건강한 신체다. 제4차 경제사회개발 5개년계획에서부터 의료보험이 도입되기 시작했다. 병이 날 경우의 대책은 마련되고 있었다. 문제는 병에 이르지 않는 반(半)건강 상태인 미병(未病)에 있다. 건강을 위해서는 무엇보다 어릴 때 충분한 영양섭취가 관건이다. 이를 위해서는 단백질과 각종 영양소가 풍부한 식품 값이 저렴해야 한다. 가장 값싸고 좋은 단백질 공급원의 하나가 바로 분유다. 우유는 많이 생산되고 있었지만 값이 너무 비쌌다. 당시에는 5.16 동지 등 영향력이 있는 사람들이 낙농업에 종사하는 경우가 많았다. 그들에 대한 배려 때문인지 분유 수입은 제한되어 있었다. 그 결과 국내 분윳값은 국제가격보다 8배 이상이나 비쌌다. 분유 수입을 개방할 경우 생유보다는 못하지만 영양이 풍부한 분유제품을 청소년들에게 싼값에 공급할 수 있다.

이는 쇠고기의 경우에도 마찬가지였다. 당시만 해도 쇠고기는 부자들만 먹는 것으로 여겨졌다. 값이 그만큼 비쌌기 때문이다. 이 문제 역시 수입자유화를 하면 해결될 문제였다. 바나나의 경우는 해외에서 도저히 이해할 수 없는 이상한 상황에 놓여 있었다. 값이 싸 흔히 먹을 수 있으면서도 영영가가 높은 바나나가 우리나라에 서는 값비싸고 구하기 힘든 귀한 과일로 통했다. 외화 절약을 명분으로 내걸고 수입을 막았기 때문이었다. 그러자 바나나를 국내에 서 재배했다. 열대식물인 바나나 재배를 위해 비닐하우스를 지어 난방을 했다. 그 난방용 기름을 수입하는데 들어가는 달러면 바나나를 바로 수입할 수 있을 것이었다. 그럼에도 바나나 수입 허용까지는 험난한 여정을 겪어야 했다. 바나나 수입 문제로 경제계 지도자들과 가벼운 논쟁을 벌인 일도 있다. 회식 자리에서였다. 정주영 회장은 바나나 수입에 귀중한 외화를 사용하는 것을 반대했다. 어른들이 건강에 해로운 담배를 피우기 위해 쓰는 외화의 일부만 가지고도 아이들이 좋아하고 몸에도 좋은 바나나를 수입할 수 있는데 왜 반대를 하느냐는 나의 반론에는 침묵했다.

고미가 정책에 의한 쌀값의 경우도 바나나의 경우와 크게 다를 바 없다. 자가 식량도 생산하지 못하는 영세농들은 쌀의 생산자라기보다는 수요자다. 비싼 쌀을 사먹어야 하기 때문에 고미가 정책으로 살림이 더 어려워질 수밖에 없다. 지금은 다 아는 얘기지만 안정화시책을 마련할 당시만 해도 이에 대한 이해는 거의 없었다. 가난의 대물림을 막아야 한다는 문제의식에서 온갖 비난의 소리를 들으면서도 농산물 가격 문제, 농산물 수입 문제에 집착했다. 그러나 식료품 가격 안정을 위한 농업정책의 전환 노력으로 실제로 이루어진 것은 이렇다 할 것이 없었다.

한 발짝도 못 나간 금융개혁

금융제도에 대해서는 1978년 3월의 첫 보고에서부터 1979년 연두 보고 때도 가장 시급한 현안 문제로 제기했다. 4.17 안정화시책에 서는 정책자금 운용방법의 개선과 금리 기능 합리화 등을 포함한 금융제도 전반에 걸친 개선 작업을 6월 말까지 최종 방안을 확정 하겠다고 발표했다.

금융제도의 개편 필요성은 한국은행도 기회 있을 때마다 제기 했다. 1979년 2월에도 〈금융산업의 낙후상과 개선 방안〉에 대한 보고서를 내놓았지만 재무부는 아무런 반응을 보이지 않았다. KDI도 '금융제도 개편 방안'을 정부에 건의했다. 경제기획원은 한 국은행, KDI, 경제과학심의회의 건의안을 종합해 금융제도 개편 방안을 마련한 뒤 금융개혁을 촉구했다. 늦어도 5차 계획 착수 이 전까지는 제도 개선을 마무리해야 한다고 주장했다.

이렇게 끈질기게 문제를 제기했지만 금융개혁은 소리만 요란했 지 진전은 전혀 없었다. 재무부는 요지부동이었다. '경제과학심의 회의의 금융제도 개편 방안에 대한 의견 및 대책'(1979년 9월)에서 금리정책에 대해 "금리 수준은 당분간 현 수준 유지, 경제 여건에 따라 탄력적으로 운영하되 금리의 신축성 제고, 금리 체계의 개선 을 점진적으로 추진한다"고 했다. 언뜻 보기엔 개선을 할 것처럼 보이지만 실제는 하지 않겠다는 것이었다. 어음거래소 신설, 화폐 시장의 종합 개발, 시중은행의 대형화는 그렇다 치고, 민간 상업은 행의 설립에 대해서도 실제로는 하지 않겠다는 것이었다.

금융개혁에 관한 재무부와의 협의는 평행선만 그을 뿐이었다. 개혁조치를 취했을 때 야기될 수 있는 현실적 문제를 어떻게 감당할 수 있는가, 또 정치적으로 정책금융 등의 필요가 있고 이를 수용하지 않고 갈 길이 없는데 어떻게 그런 개혁을 추진할 수 있는가? 이렇게 현실적 여건이 수용하기 어렵다고 발뺌을 하다가 어쩔 수 없는 상황에 몰리면 단계별로, 점진적으로 추진한다는 말로 피해 가기 일쑤였다.

🦗 연불 수출지원금융의 조정과 경제 쿠데타

금융개혁에 대해 재무부는 소극적인 자세로 일관했다. 재무부와의 이견은 쉽사리 해결할 길이 없어 논란만 거듭됐다. 당시의 예금 금리는 물론 대출 금리도 물가상승률을 밑돌고 있었다. 특히 정책금융의 금리 수준은 더 낮았다. 주부들도 부동산투기에 나섰다. 복부인들은 여유 자금은 말할 것도 없고 은행 대출을 받아 부동산 등 실물 투기에 열을 올렸다. 투기에 열을 올리기는 기업들도 마찬가지였다. 기술개발이나 생산성 향상을 위한 노력은 뒷전이었다. 이러한 현상에 제동을 걸려면 금리를 최소한 물가상승률보다는 더 높여야 했다. 금리정책을 근본에서부터 바꾸어야 했다.

당장 손을 보아야 할 시급한 과제는 정책자금 중에서 수출지원금융이었다. 우리나라 수출이 급신장할 수 있었던 것은 수출 지원을 위한 금융이 큰 몫을 한 것은 사실이다. 누구든지 수출신용장만 있으면 곧장 대출을 받을 수 있는 이 제도는 수출 벤처기업을 지원하는 가장 효과적인 제도였다. 특히 기업경영에 있어 자금문제가 가장 큰 애로였던 당시로선 수출금융 같은 개방형 지원제도는 수출을 통한 경제발전을 이룩해가는 추진력의 원천이었다.

문제의 발단은 종합상사의 DA 수출에 있었다. 즉 수출신용장 없이 밀어내기식 수출이 문제였다. 이를테면 미국에 수출할 물품을 창고에 넣어둔 채 이를 담보로 현지의 금융기관으로부터 자금을 빌려 이를 본국에 송금하면 국내의 시장 금리와의 차이만큼 돈벌이가 되었다. 심지어는 부동산투기를 위한 자금으로 사용하는 사례까지 빈번히 생겨났다. 통계상으로는 수출이 늘어나는 것처럼 보이지만 실제 현지에서는 팔리지 않아 창고에 쌓여 있는 일도 비일비재했다. 기업도 수출로 돈을 벌기보다는 이렇게 금리 차액으로 수지를 맞추는 일에 더 열심인 경우까지 생겼다.

이러한 제도를 더 이상 그대로 가지고 갈 수는 없었다. 이러한 실상은 업계는 물론 정책 관련자들 사이에서도 잘 알려진 공공연한 비밀이었다. 당시 주무국인 재무부 이재국장은 하동선 국장이었다. 나와 서울 법대 동기동창이고 고시도 동기로 똑같은 문제의식을 가지고 있었다. 업계의 반대가 워낙 심해 문제를 다 바로잡을 수는 없었지만 종합상사들이 연불수출금융을 악용하지 못하도록 지원액을 점차 줄여나가는 등 그런대로 손질은 할 수 있었다(1979년 5월). 하지만 사단은 정작 엉뚱한 곳에서 벌어졌다.

예년처럼 1979년 6월에 프랑스 파리에서 한국 국제경제협력회의(IECOK)가 있었다. 이 회의에는 부총리가 수석대표로 참석했다.

경제협력차관보 담당이었지만 경제 전반에 대한 설명을 위해 기획차관보도 함께 참석하는 것이 관례였다. 회의에 앞서 신현확 부총리는 핀란드를 1주일 동안 공식 방문했다. 두 주일 동안이나 부총리와 기획차관보 두 사람 모두 자리를 비우는 것이 무언가 마음에 걸렸다. 안정화시책에 대해 불만을 가진 사람들이 워낙 많았기 때문이었다. 나는 부총리의 핀란드 방문 때는 수행하지 않고 파리의 IECOK 회의만 참석하는 것으로 했다.

파리에 도착해 회의를 시작한 지 사흘되던 날 서울에서 전화가 왔다. 당시만 해도 웬만한 일이 아니고서는 국제전화는 하지 못하던 때였다. 불과 한 달여 전에 개선해 시행에 들어갔던 연불수출금융제도를 원래대로 환원시켰다는 한이헌 과장의 보고였다. 한이헌 과장은 안정화시책 작업에 전력투구하는 핵심 중의 핵심 과장으로 '80년대를 향한 새 전략'은 한이헌 과장이 책임지고 만든 작품이었다. 그런 그였기에 비분함을 담아서 전화를 했다. 정말 뜻밖의 소식이었다. 정재석 차관은 처음부터 안정화시책에 그리 적극적이지 않았다. 따라서 수출금융의 원상회복 조치에 대해 회의 자리에서 강력하게 반대하지 않을 수 있었다. 또 상공부 장관은 수출업계의 의견을 대변해야 하는 처지였기 때문에 수출금융 원상회복 조치에 적극적으로 나선 것은 이해할 수 있었다.

그러나 신현확 부총리가 해외출장으로 자리를 비운 사이에, 그것도 며칠만 기다리면 귀국하게 되어 있는데 서둘러 정책을 뒤집는 회의를 남덕우 특보가 주재한 것은 잘 납득이 가지 않았다. 당혹스러웠다. 공직자는 맡고 있던 자리를 떠나면 후임자가 펼치는 정책에 관여해서는 안 된다는 것이 공직사회의 불문율처럼 되어 있다. 정책에 대한 책임관계가 불분명해질 뿐 아니라 경질 인사를 한 의미가 흐려지기 때문이다.

국내에서 이러한 일이 벌어지고 있음에도 멀리 파리에서 회의에 참석하고 있어 속으로만 끙끙 앓을 뿐 할 수 있는 것은 아무것도 없었다. 신 부총리는 본국으로부터의 전화 내용을 보고 받고서도 아무런 언급이 없었다. 평소 안정화시책을 지지해온 언론은 이일에 대해 비판적이었다. "부총리가 해외출장 중인 상황에서 어떻게 이러한 결정을 내릴 수 있느냐?"는 논조를 펴며 수출금융 환원조치를 비판했다. 중앙일보는 1면 머리기사로 '경제 쿠데타'라는 제목으로 실었다.

회의를 마치고 귀국해 김포공항에 내리자마자 운집해 있던 일단의 기자들이 질문 공세를 퍼부었다. 부총리의 답변은 간단했다. "다시 바꾼 정책을 그대로 수용하겠다." 한바탕 소란스러운 대결 양상이 전개될 것으로 기대했던 기자들로서는 싱겁기 그지없는 결말이었다. 그러나 간단한 답변은 여러 가능성을 두고 고심한 결과임은 곁에서 지켜본 나는 잘 알고 있었다. 귀국길에 올라 서울에 도착할 때까지의 긴 시간 동안 신 부총리는 잠시도 눈을 붙이지 않은 채 골똘하게 생각에 잠겼다. 당시만 해도 유럽으로의 항공로는 앵커리지를 거치는 총 20시간 넘게 걸리는 여로였다. 신 부총리는 이번 일이, 비록 남 특보가 앞장섰지만 안정화시책에 대해 깊은 신뢰를 갖지 못한 박 대통령의 뜻에 부합하는 것으로 가닥을 정리한 것 같았다. 두 사람이 대결 양상을 보이는 것은 언론에서는 흥미로운 일이겠지만 정부로서는 그 결과가 어떻게 되든 바람직하지 않았다. 어쨌든 이렇게 수출금융 금리의 조정정책을 둘러싼 공방은 결말이 났다.

박정희 대통령이 남덕우 특보와 최각규 상공장관, 정재석 차관을 청와대로 불러 이 문제에 대해 직접 지시를 해서 이루어진 일이라는 사실을 알게 된 것은 훨씬 뒤의 일이다.

중화학공업 투자, 무엇이 문제인가?

안정화시책에서 문제를 제기할 때까지 중화학투사는 성역에 속했다. 박 대통령이 집념을 가지고 추진 중인 국가 최우선 사업이기 때문이었다. 중화학투자를 조정해야 한다는 문제 제기 자체가 금기사항이었다. 경제기획원에서 중화학투자 조정 문제를 제기하자 주무부인 상공부에서는 마치 정신 나간 짓으로 보고 토론에 참여하는 것조차 꺼리는 형국이었다. 그러나 추진 중인 중화학사업 중에서 투자를 일부 조정하지 않을 수 없다는 사실은 공공연한 비밀에 속했다.

정책 추진의 과속이 문제
경쟁적으로 추진해온 중화학공업 분야의 투자는 회임 기간이 길고 건설자금뿐 아니라 판매자금 수요가 방대해서 이를 조정하지 않고는 더 이상 자금지원을 계속하기 어려운 상황에 몰리고 있었다. 뿐만 아니라 공장 준공 이후에도 시장 확보가 어려워 상당 기간 동안 가동률이 극히 저조한 상태에 머물 수밖에 없어 문제는 더욱 심각했다.

중화학 부문에 정책금융의 80%가 배분되는 등 자원 배분의 쏠림 현상이 심화되고 있었다. 이렇게 중화학 부문에 투자가 집중 배분됨에 따라 경공업 투자는 위축되었다. 수요가 폭발적으로 증가하는 전자제품 등 경공업 부문의 생산이 크게 모자랐다. 생필품 등의 공급 애로를 가중시켜 물가 불안을 심화시키고 있었다. 이러한 상황을 그대로 끌고 갈 수는 없었다. 정책금융의 재정비는 당장 해결해야 하는 시급한 과제였다. 이를 위해서도 중화학투자를 대폭 조정하지 않을 수 없는 상황이었다.

물론 중화학공업화는 우리 경제가 나아갈 방향임에는 틀림이 없다. 그러나 투자의 회임 기간이 길고 수요가 적어 가동률이 낮은 것이 문제였다. 세계 각국의 중화학공업 추진 과정을 보면, 영국은 18세기 후반 산업혁명이 있었다. 19세기 후반에는 미국, 독일, 러시아, 네덜란드 등이 영국의 기술을 도입해 토착화시켰다. 1930년대에는 일본이 유럽의 중화학공업 기술을 도입해 중화학공업화에 성공했다. 1950년대에 아르헨티나, 칠레, 페루, 콜롬비아 등이 중공업기술 토착화에 착수했다. 하지만 1970년대에 이르러 이들의 토착화 노력은 실패로 끝났다.

이들 나라들의 사례에 비추어 볼 때 한국의 중화학공업화 정책 추진은 동시에 너무 많은 사업을 추진하고 있었다. 그러나 월남 패망과 미군 철수 등 경제외적인 상황을 고려할 때 중화학공업화 정책 추진을 서둘러야 할 필요가 절실했다. 하지만 의욕만으로 할 수 없는 일이었다.

특히 경공업과 중화학의 차이에 대한 고려가 충분하지 않았다. 경공업은 저급 기능 인력이면 되고 경쟁상대는 후진국인데 중공업은 고급 인력이어야 하고 선진국과 경쟁을 해야 한다, 자본 측면에서 경공업은 사업단위당 소규모인데 비해 중화학공업은 대규모 자금이 소요된다, 경공업은 관련 기술이 저급 기술인데 비해 중화학공업은 고도 기술이 요구된다, 경공업은 가격경쟁력이 중요하지만 중화학공업은 가격, 품질, 자금, 경험 등의 총합 경쟁력을 갖추어야 한다.

이런 차이를 고려할 때 우리의 중화학공업화는 추진 속도가 과속인 것이 문제였다. 즉 설비의 증가가 고급 기능기술을 지닌 인력 공급 속도보다 너무 빨리 이루어지고 있는 것, 설비증가 속도가 기술 진보 속도를 앞질러 진행되고 있는 것, 더욱이 기계 설비는 장기에 걸쳐 외상으로 판매해야 한다. 이를 위해 판매금융이 필요한데 그 규모가 국내 저축 증가보다 훨씬 크다는 것이 문제였다.

정부 주도가 문제의 핵심

중화학공업을 정부 주도로 추진하는 것이 문제였다. 사업 결정은 물론 추진 업체도 정부가 선정했다. 시설자금은 장기 저리의 정책금융으로 우선 지원했다. 시설재도입에 대한 관세 등 조세 감면 지원은 당연시했다. 생산 제품에 대해서는 수입을 억제해 국내시장을 확보해주었다.

그러나 경쟁력 없는 사업에 대한 무리한 국산화는 자본재와 원료 가격을 높여 다른 산업의 채산성을 악화시켜 다시 지원을 확대해야 하는 악순환에 빠지고 곧바로 수출 둔화로 이어지는 문제가 생긴다. 따라서 정부 지원정책의 방향을 재정비해서 사업의 성패는 정부 지원 여부가 아닌 시장에서 결판이 나도록 대원칙으로 정해야 한다. 정부 지원은 금융, 세제 등의 직접 지원에서 인력 개발, 연구 개발 등 경쟁력을 확보하도록 간접 지원하는 방식으로 바꾸어야 한다.

이러한 원칙하에 정부는 자본 확보를 위해 내자동원을 극대화할 수 있도록 금리체계를 개선하고, 재정 기능도 양곡관리특별회계 적자를 축소해서 이를 기계 등의 연불수출지원자금으로 전환해야 한다. 인력 대책으로는 농업 인력의 이동을 촉진하는 외에 직업훈련 능력을 제고해야 하고, 인력 재배치를 통해 인력 활용도를 높이고, 해외유학과 해외 두뇌 유치 등 인력의 국제화를 추진해야 한다. 기술 대책으로는 기술 도입의 자유화를 통한 국제화, 기술개발 지원 강화가 필요하다. 또한 방위산업 기술의 민간 부문 파급을 촉진해야 하며, 시장 개척을 위해서는 국내 플랜트 시공에 의한 기술 축적 방식을 지양하고 선진기업과 기술 제휴를 맺거나 하청을 통해 선진기술을 소화한 후 수평 분업으로 가야 한다. 이렇게 안정화시책에서 주장했지만 정책 전환은 손쉽게 이루어지지 않았다.

고집을 부리다가 도산

추진 방식의 전환에 앞서 당장 추진 중인 중화학사업 중 일부 투자를 조정해야 했다. 사실 안정화시책 발표 이전에도 경제기획원 주도로 당시 현안이었던 비료공장의 과잉 시설 문제를 검토한 일이었다. 충주비료공장을 폐쇄하는 결정에 대해 관계기관들이 합의한 뒤 조용한 가운데 문제를 해결했다.

안정화시책 발표 이후, 경제기획원에 중화학투자조정위원회를 만들었다. 이 위원회에서 심의하기 위해 착공이 되지 않은 사업은 착공을 취소하거나 연기 조치하고 진행 중인 사업은 사업 규모를 축소 조정하는 등 중화학사업 전반에 걸쳐 검토 작업이 본격화되었다. 경제기획원의 중화학투자 조정을 위한 검토 실무 작업은 사업계획에 대한 검토 경험이 축적된 한국산업은행 실무진 등 전문가들이 참여했다. 이 일은 권문용 과장이 팀장을 맡았다. 권 과장은 투자사업 검토에 대한 교육을 받은 후 ADL(Arthur D. Little : 1886년 MIT교수 아서 리틀[Arthur Dehon Little]에 의해 설립된 컨설팅회사)에서 실무 경험을 쌓은 경력 보유자로 총리실에서 근무하고 있는 것을 경제기획원으로 스카우트해 왔다. 그는 남다른 창의적 발상력을 지니고 있고 업무에 대한 열성 또한 대단했다.

그러나 투자조정에 대한 검토가 본격화되면서 대기업들의 거의 완공 단계에 들어선 사업의 조정은 기업의 사활과 직결되는 중대한 일이기에 반발이 상상 이상으로 거셌다. 대기업은 말할 것도 없고 중견기업도 대기업과 크게 다를 바 없었다. 그 예의 하나가 대한중기다. 대한중기는 특수강 공장 건설을 추진하고 있었다. 그러나 그 사업은 경제성이 없어 사업을 중단해야 한다는 것이 경제기획원 중화학 검토팀의 결론이었다.

일본 출장 중에 이러한 검토 결과를 전해 들은 대한중기의 김연

준 회장은 "설비 발주를 다 끝냈는데 지금 중단하면 어떻게 하느냐"며 그대로 추진하게 해달라고 전화를 했다. "경제성이 없어 사업을 강행하면 회사 전체가 어려운 지경에 내몰리게 된다"고 설명했지만 사업 성패는 기업의 일이라고 하면서 그대로 추진하겠다고 했다. 그러나 이 사업으로 대한중기는 도산의 길로 내몰렸다. 검토 작업을 했던 실무진에서는 더 강력하게 설득하지 못한 것을 아쉬워했다.

제자리걸음만 되풀이한 투자조정

경제기획원은 '현대양행 창원공장 및 조선소에 관한 대책'을 1979년 5월 25일에 발표했다. 안정화시책 발표 이후 중화학공업 투자조정을 본격적으로 추진하기 위해 마련한 실무 작업의 첫 결과였다.

주요 내용은 첫째, 발전설비 분야에 대한 교통정리였다. 발전설비는 기계공업의 꽃으로 여겨져 많은 기계공업 기업들이 참여를 원하고 있었다. 발전설비 공장의 규모는 500MW 기준 연 2기인데 반해, 건설 중 또는 계획 중인 설비 능력은 연 2,000MW 내외로 한전의 전원개발계획의 4~5배에 달했다. 세계적으로도 발전설비는 공급 과잉 상태였고 학습기간(Learning Period)이 길어 수출로 과잉 설비문제를 해결하기도 어려웠다. 상당 기간 동안 참여 기업 수를 줄여 내수를 발판으로 성장 기반을 구축할 수밖에 없었다.

이러한 이유로 현대그룹이 현대양행에 증자해서 통합시켜 하나의 그룹을 만들고 대우와 삼성이 상호 합자 또는 통합해서 다른 하나의 그룹을 만듦으로써 2개 그룹이 한전의 발전소 건설 사업에 참여토록 했다. 1980년 6월까지 현대양행은 재무구조 내실화를 위해 방계 회사를 처분하고 현대그룹은 증자에 참여하되 필요하면 산업은행도 증자에 참여하도록 했다.

둘째, 건설 중장비 부문에 대한 것이었다. 불도저와 로더의 국내 수요가 극히 적은데 비해 현대양행의 과잉 시설이 문제였다. 불도저의 경우 설비 능력은 내수의 2배 수준이어서 새로운 기업이 참여할 경우 기투자분의 부실화는 피할 수 없는 반면 독점체제를 유지할 경우의 폐해도 문제가 되기 때문에 발전설비 조정을 확정한 후 따로 논의하기로 했다.

셋째, 옥포조선소 건설은 1978년 8월, 사업 주체를 조선공사에서 대우가 인수하기로 결정한 바에 따라 대우가 계속 추진하기로 했다.

넷째, 석유화학은 그 원료의 일부를 제외하고는 구조적으로 경쟁조건이 불리하지만 자급체제를 구축하지 않고 수입에만 의존할 경우 원료의 안정적 확보에 문제가 있을 수 있다. 따라서 석유화학단지 건설은 정유시설 확장계획을 결정할 때 다시 논의하기로 했다.

발전설비를 중심으로 한 5.25 투자조정 방침은 발표한 계획대로 추진되지 않았다. 그러나 경제기획원은 중화학공업에 대한 본격적인 검토를 계속했다. 1979년 8월 '중화학공업 추진의 당면 과제와 대책'을 마련해 중화학 투자조정 대상을 선정 발표했다.

대상 사업으로는·첫째, 건설 중인 대규모 업체로서 1979~81년의 시설자금 내자 차입 소요가 100억 원 이상인 포철, 현대양행 등

24개 기업, 둘째, 이미 완공되었으나 자금 수지가 악화되어 1979년~81년의 내자 차입 소요가 100억 원 이상인 종합특수강, 삼성조선, 현대엔진 등 4개 기업, 셋째, 내자 차입 소요가 100억 원 미만이나 자금수지가 악화될 것으로 예상되는 쌍용양회, 삼성석유화학 등 11개 기업과, 중화학 사업은 아니나 중화학공업과 관련이 밀접하고 자금 소요가 큰 한전과 수급상 투자가 불가피한 정유공장 등을 대상으로 선정했다.

이를 업종별로 구분하면 금속 부문에는 포항제철·종합특수강·대한중기·고려아연·온산동제련, 기계 부문에는 현대양행·삼성중공업·현대엔진·쌍용중기·강원산업, 자동차 부문에는 현대·기아·새한, 조선 부문에는 옥포·삼성, 전자 부문에는 금성사·삼성전자·삼성전관·삼성코닝·오리온전기, 화학 부문에는 호남에틸렌·호남석유·삼성석유·전해공장·동해펄프·남해화학·고려합섬·옥타놀·현대카르로락탐, 시멘트 부문엔 쌍용·성신·한라·현대, 정유 부문에는 유공·호유·한이·경인, 기타 한전 등이다.

이들 40여 개 기업의 총사업비는 7조 3,300억 원으로 1978년 말 실적은 1조 5,700억 원, 1979년 계획이 2조 1,500억 원, 1980년 이후 소요가 4조 100억 원이었다. 이들 기업 하나하나에 대한 분석 결과 얻어진 문제점을 요약 정리하면, 가용재원 조달 범위를 벗어나는 자금 소요, 과도한 차입 의존으로 재무구조 약화, 이에 따른 원가 상승이었다. 이는 대상 기업들의 공통 문제였다.

이에 더해 수요 부족 및 경쟁력 취약 문제가 심각했다. 경쟁력과 수요에 별 문제가 없는 업종은 철강과 시멘트 정도였고 자동차와 석유화학은 수요는 있으나 경쟁력이 낮은 게 문제였다. 조선과 컬러TV는 경쟁력은 있으나 수요 부족이 문제였고, 일반기계, 디젤엔진, 발전설비, 건설 중장비, 중전기 등은 수요도 부족하고 경쟁력도 낮은 것으로 분석되었다.

이렇게 대부분 중공업의 내수시장 규모는 시설 능력에 크게 미달했다. 기업들의 경쟁적 참여로 과잉공급 상태가 빚어진 것이다. 가격 및 품질 등 경쟁력이 취약해서 세계시장 개척에는 장기간이 소요되며 조선과 컬러TV 등 경쟁력이 있는 경우에도 불황에 따른 수입 규제 등으로 가동률이 낮았다.

대책 방향은 분명했다. 투자 연기, 공기 연장, 규모 축소, 중단, 합병 등의 투자계획 조정은 더 이상 늦출 수 없는 상황이었다. 투자계획 조정과 함께 자금 부담 경감을 위한 근원적 대책을 마련해야 했다. 가능한 여러 방안을 두고 검토를 거듭했다. 이에는 장기 저리 융자나 출자 전환 방안, 이탈리아의 IRI나 스페인의 ENI와 같은 지주회사를 설립 운용하는 방안 등을 검토했다. 그밖에 기계 판매금융의 제도화, 기계 부품 및 공구 공급의 원활화, 연구개발 및 현장기술 향상 지원 대책도 검토했다.

무엇보다 총 가용재원을 최대한 동원하고 그 범위 안에서 우선순위에 따라 투자 결정이 되도록 운용체제를 개선해 합리화하는 것이 시급했다. 중화학을 핵심 수출산업이 되도록 지원체제와 방식을 정비해야 했다. 기업들도 자구 노력을 강화하도록 했다. 정부 지원 요청에 앞서 증자, 방계 회사 정리, 비업무용 부동산 처분 등 건설자금의 자체 조달 계획을 수립 추진하고, 판로 개척과 경쟁력 제고에 대한 연차별 실시 계획을 마련하도록 했다.

실무 검토 결과, 합병유도 사업으로는 중전기 부문에선 효성, 쌍용, 이천, 코오롱, 현대, 신한, 대명 등이 있고 선박용 디젤엔진 부문에선 현대, 쌍용, 대우중공업이 대상이었다.

일반 산업기계 부문은 전문화 유도 대상으로 현대양행, 현대중공업, 대우중공업, 삼성중공업, 강원산업 등이 해당되었다.

투자 연기 대상 사업으로는 옥포조선과 현대양행 증설 및 대우캐터필러 등 건설용 중장비 등이었다.

가용재원 범위 안에서 조정 추진할 사업으로는 포철 제4기 확장 사업, 현대 및 동양시멘트 증설과 발전소 건설 등이었고 그밖에 신규 사업 추진은 1981년 이후에 고려해야 한다고 했다.

기업별 경영합리화 계획, 중화학투자 계획의 조정, 중화학투자 공사의 설립 문제, 기계 판매금융 제도 마련, 연구개발 및 현장기술 향상 지원 등 여러 사항에 대해 1979년 9월 중에 대부분 준비 작업을 마치고 시행에 들어가기로 계획을 세웠지만 실제 시행은 잘 되지 않았다.

본격적인 중화학투자 조정은 지지부진했지만 착공되지 않은 사업계획은 조정하기가 비교적 수월했다. 제2 석유화학단지 사업이 그 예다. 당시 여천 석유화학단지에 이어 제2의 석유화학단지를 건설하기 위해 부지를 확보해놓고 곧 착공할 단계에 있었다. 그러나 이 사업 또한 경제성에 문제가 있다는 결론이었다. 오원철 수석비서관은 석유화학 분야의 전문가여서 이 사업에 남다른 집념을 가지고 있었다. 물론 석유화학공업에 대해 집념을 가진 바탕에는 산유국이 아닌 일본의 석유화학이 세계시장에서 크게 성공한 전례가 있어 우리라고 안 될 이유가 없다는 생각이 바탕에 있었다.

그러나 우리의 검토 결과는 달랐다. 일본은 1960년대에 석유화학공업을 일으켜 성공했으며 그 성공의 가장 큰 원인은 세계에서 가장 싼 중동산 원유를 원료로 사용한 것에 있었다. 1960년대만 해도 미국의 원유가격은 배럴 당 6달러였고, 독일도 국내 탄광과의 관계 때문에 5~6달러였는데 비해 중동산 원유가격은 1달러 50센트에 불과했다. 이렇게 미국이나 독일의 1/3도 안 되는 가격의 원유를 이용한 것이 성공의 바탕에 있었다. 그러나 1차 석유파동으로 원유가격이 12달러를 웃돌고 있어 이런 사정이 완전히 달라졌다.

사업 취소가 어렵다면 우선 사업 착공이라도 연기해야 한다는 것이 우리의 결론이었다. 오원철 수석에게 중화학투자 검토 결과를 보고하면서 제2 석유화학단지의 착공 연기를 건의했다. 검토 결과 가장 핵심적인 문제는 경쟁력이었다. "10% 관세부과를 조건으로 석유화학제품 수입을 개방하자"고 제안했다. "외제보다 10% 정도만 비싸게 만들 자신이 있으면 제2단지 건설을 추진해도 좋다"라는 얘기였다. 오원철 수석은 그 자리에서는 가타부타 아무 말도 없었다. 그러나 제2단지 사업은 연기하는 것으로 결말이 났다. 이러한 과정을 통해 연초에 상공부에서 대통령에게 보고한 10대 사업 추진 계획은 지상(紙上) 계획으로 돌려놓을 수 있었다.

우리가 이 사업을 검토할 당시에는 원유를 비롯한 국제 원자재

가격 동향이 불안했지만 곧 제2차 석유파동이 밀어닥칠 것이라는 사실은 모르고 있었다. 1979년 후반부터 몰려온 제2차 석유파동을 겪으면서 제2 석유화학단지 사업의 연기 등 중화학투자에 어느 정도 제동을 걸은 것이 우리나라 경제를 위해 얼마나 다행스러운 일이었는지 모른다고 중화학투자 조정에 밤잠을 설치면서 고심했던 우리들은 가슴을 쓸어내렸다. 훗날 삼성경제연구소 최우석 사장이 신문 칼럼에서 이 일을 언급해서 그래도 알아주는 사람이 있다는 사실에 감동을 느낀 일이 있다.

중화학투자 조정 문제는 10.26 이후에도 변함없이 추진했다. 5.25 투자조정으로 현대양행과 현대그룹, 대우와 삼성중공업으로 2원화하기로 한 발전설비의 통합 작업이 지연되자 1979년 11월 28일 경제장관협의회에서는 현대의 건의사항을 검토해 일부 지원할 것은 지원하면서 통합을 촉구하는 등 투자조정 노력을 계속했다. 그러나 정부 방침이 정해진 이후에도 업계의 이해관계가 워낙 첨예하게 얽힌 문제여서 뚜렷한 진척이 없이 시간만 흘러갔다. 하지만 1980년 8월 국보위에서의 결정을 기다려서야 중화학투자 조정은 우리나라 경제사에 큰 획을 긋게 되었다.

국보위의 과감한 구획정리

국보위 발족 후 과감한 조치들이 연이어 발표되었다. 1980년 7월 30일 과외에 대한 대책으로 과외를 금지하는 조치를 발표했다. 과외금지와 졸업정원제를 실시하는 등의 교육개혁을 두고 당시 언론에서는 교육혁명이라고 했다. 이러한 분위기에서 경제 분야에도 혁명적인 조치들이 이어졌다. 재벌 보유 부동산을 강제로 처분하고 계열기업을 조정하는 조치가 발표되었다. 재무부에서 국보위로 파견된 박판제 국장이 이를 주도했다. 상공분과위원회는 중화학투자 조정을 발표하는 등 국보위 각 분과가 경쟁적으로 혁명적인 조치들을 내놓았다. 국보위가 추진한 이러한 경제 조치에 대해 경제기획원은 완전히 소외되었다. 특히 재무부 소관이나 상공부 소관은 참여할 기회조차 주어지지 않았다.

1980년 8월 19일 국보위는 발전설비 및 자동차공업의 투자조정을 단행했다. 발전설비 제작 및 건설 중장비 생산은 대우가 책임 경영하고, 자동차산업에 대해서는 현대가 책임 경영하되 기아산업은 승용차 생산을 중단한다는 내용이었다. 즉 대우는 군포공장을 포함한 현대양행 창원공장과 조선을 포함한 옥포종합기계를, 현대는 새한을 포함해 자동차로 구획정리를 했다.

이러한 국보위의 투자조정은 중화학투자를 조성해야 한다는 문제의식은 똑같았지만 문제 해결을 위한 접근 방법에 있어서는 안정화시책과는 근본적인 차이가 있었다. 즉 정리 방법이 '시장경제원칙에 따라 이루어졌는가'의 여부였다.

안정화시책 방식은 업계의 자율조정과 시장에서 생사의 결판이 나는 방식이었다. 안정화시책에서는 투자가 이루어지지 않은 계획은 취소하거나 연기하고 그렇게 하지 못할 경우에는 축소 조정한다, 투자가 진행 중인 경우에는 축소·연기 가능한 것은 축소하거나 연기하도록 조정한다, 완공된 설비의 경우에는 정상적인 가동을 위한 기업의 자구노력을 촉구하고 정부는 정상화를 위한 자금

지원 제도를 마련한다, 인력개발과 기술개발 지원 대책을 강구한
다는 원칙하에 조정 작업을 추진했다. 어디까지나 기업의 투자합
리화와 자구 노력을 촉구하고 정부 방침에 따를 경우에는 지원하
는 방식을 원칙으로 했다. 즉 업계의 자율적인 합병과 전문화를 유
도했다. 그렇게 하다 보니 정부가 주체가 되어 추진한 사업 이외에
는 투자조정이 지지부진했다. 하지만 정부가 할 일과 기업이 할 일
을 분명히 구분해서 문제를 해결하는 방식을 지키고자 했다.

이에 반해 국보위는 정부가 직접 기업의 생산제품을 조정함으
로써 제품의 시장을 확보해주는 방식을 채택했다. 정부가 직접 시
장을 구획해서 다른 기업의 경쟁을 배제한 것이다. 국보위 방식은
조정 결과가 분명하고 조정에 따른 효과를 거두는 시간을 단축해
문제를 속 시원하게 해결한다. 하지만 이는 기업의 사활은 수요자
의 선택, 즉 시장에서 결판이 나게 하는 시장경제원칙에 반하는 방
식이다. 관리가 기업의 사활을 결정하는 것은 문제였다.

중화학투자 조정 문제는 기업 간의 이해관계가 첨예하게 상충
되는 경우가 대부분이어서 업계의 자율조정은 기대하기 어렵다.
또 시장에서 결판이 나는 데에는 시간이 오래 걸리고 그러는 과
정에서 국민경제 부담도 커질 수 있다. 그렇더라도 시장경제원칙
에 반하는 방식으로 문제를 해결하는 것에는 찬성할 수 없다.

그렇지만 국보위가 하는 일에 참여할 기회도 없었고 국보위에
서 결정 발표한 사안에 대해 사후에 왈가왈부할 상황도 아니었
다. 다만 국보위에서 결정한 것 중에서 의미가 있었던 것은 향후
중화학공업에 대한 추가 투자를 중지한다는 정책이었다. 국보위

의 시장 분할 결정으로 엉뚱하게도 기아자동차의 봉고 신화가 만들어졌다. 다른 자동차 회사에서는 똑같은 차종을 생산할 수 없도록 한 국보위 조치가 없었더라면 아마도 봉고 신화는 있기 어려웠을 것이다.

10.26과 안정화시책

안정화시책은 발표 이후에도 뚜렷한 추진력을 얻지 못하고 있었다. 안정화시책의 앞날은 예측하기 어려운 상황이었다. 왜냐하면 박 대통령은 4.17 안정화시책을 직접 지시는 했으나·이 시책의 필요성에 대해 전적으로 동감한 것이 아니었다. 어렵사리 시행한 연불수출금융 조정을 원상 회복시킨 데서 이러한 사정을 짐작할 수 있다. 이렇게 4.17 안정화시책에서 발표한 내용 중 계획한 대로 뚜렷하게 추진되는 일이라고 내세울 것 없이 시간만 흘러갔다.

그럼에도 안정화시책에 대한 불만의 소리가 높아갔고 앞날에 대한 불안감은 커져만 갔다. 구조조정이 불가피하다고 하지만 앞으로 경기는 얼마나 더 나빠질 것인가, 경기 후퇴는 얼마나 오래 갈 것인가, 취업 기회는 언제쯤 풀릴 것인가, 물가는 얼마나 더 오를 것인가 등 경제 상황에 대한 국민의 불안감이 점점 높아지고 있었다. 이러한 상황에서 안정화시책을 강력히 시행할 것을 다시 한 번 강조하는 뜻에서 1979년 9월 '향후 12개월의 전망과 대책'을 경제동향보고회의에서 특별보고를 했다.

안정화시책을 왜 추진해야 하는가를 다시 정리했다. 과거 2~3년과 같은 고물가 속의 과열경기는 지양해야 한다, 그 이유는 기업의 수익증가율이 연 40%를 상회하고 있고, 농산물 가격이 연 20~30%씩 상승하고 있다. 인력난이 가중되면서 임금이 연 30% 이상 상승하고 있고, 이례적인 부동산투기와 소비증가 현상이 나타나고 있다. 이러한 현실을 그대로 갈 수는 없다. 인플레이션이 저축 여력 축소, 국제경쟁력 약화를 초래해 성장 잠재력을 잠식할 뿐만 아니라 소득분배의 악화 등으로 사회불안을 고조시킨다. 이를 바로잡기 위해서는 일시적 불황은 감수해야 한다.

오늘의 경기 후퇴는 원유 등 해외 원자재가격 급등 등 대외 여건의 악화와 더불어 지난 2~3년의 이례적인 과열경기에서 오는 반작용 현상이다. 따라서 보다 현실적이고 달성 가능한 적정 경제 성장률과 실업률의 상한, 물가안정 수준과 감내할 수 있는 수출 및 국제수지 목표를 책정하고 그 테두리 안에서 모든 정책을 일관성 있고 기동성 있게 운영해 나가야 한다. 원가 상승 압력을 줄이기 위해 농산물가격 안정, 임금의 과다한 인상 억제, 기업의 명목이윤 축소 등 강력한 소득정책을 추진하고 금리자율화를 조속히 추진해야 한다. 이렇게 안정화시책에 대한 대통령의 관심을 환기하기 위해 안간힘을 다했다.

그러나 박정희 대통령은 안정화시책의 강력한 추진에는 이렇다 할 열의를 보이지 않았다. 박 대통령은 남덕우 부총리를 경질했지만 대통령 경제특별보좌관으로 다시 중용했다. "문제는 있으나 단계적으로 서서히 고쳐나가는 게 바람직하다"는 말이 훨씬 더 알아듣기 쉽고 공감이 갔을 것이다. 대통령의 이 같은 어정쩡한 태도로 안정화시책은 제자리걸음을 하는 형국이 될 수밖에 없었다.

1979년 하반기부터 본격화한 2차 석유파동 속에 박 대통령의 갑작스런 서거라는 변고가 일어나 정치권력 공백을 맞았으나 경제정책 면에서 엇갈렸던 여러 갈래의 목소리들이 한 가닥으로 수렴되는 현상을 보였다. 10.26이라는 상상도 못한 사태로 3공 말기에 심한 표류를 거듭했던 안정화시책은 오히려 정치적 격랑 속에서 정착의 계기를 마련했다.

5차 계획과 5공 경제정책 방향

최고 통치자의 역할

안정화시책은 5공 때 제대로 꽃을 피웠다. 전두환 대통령의 전폭적인 지지와 지원으로 시책 내용이 하나하나 실천에 옮겨졌고 제도화되었다. 전 대통령은 안정화시책의 '안정, 자율, 개방' 중에서 물가안정에 국정의 최우선 순위를 두고 전력투구했다. 전 대통령이 안정화시책 방향으로 국정을 앞장서서 펴나가자 그동안 제자리걸음을 하던 정책들이 활발하게 움직이기 시작했다. 우리 경제의 운용 방식과 구조가 하나하나 바뀌기 시작한 것이다.

전 대통령의 결단으로 정부 주도 경제구조가 민간 주도의 시장경제로 획기적으로 전환하는 계기를 맞았다. 이러한 전환은 최고권력자의 확신이 없었다면 있을 수 없었다. 이는 박정희 대통령이 지시했음에도 안정화시책이 제대로 시행되지 못하고 원점에서 맴돈 사실과 비교하면 쉽게 알 수 있다. 최고결정권자가 받아들이지 않으면 어떤 좋은 정책과 아이디어도 현실에서 아무런 결과를 내지 못한다는 사실을 새삼 일깨워주었다.

김재익 박사의 역할

전두환 대통령이 안정화시책에 확신을 가진 데에는 김재익 박사의 역할이 컸다. 그는 전 대통령의 경제 가정교사, 국보위 위원을 거쳐 대통령 경제수석으로 발탁되면서 안정화시책이 5공의 경제정책 기조로 채택되는 길을 열어가는 일에 결정적 역할을 했다. 안정화시책을 처음 논의할 때부터 김재익 국장은 해박한 지식과 명쾌한 논리로 안정화시책을 다듬어가는 과정에 많은 기여를 했다. 우리나라 현실에 적합하지 않는 것도 상당수 있었다. 그러나 그의 정책 제안 중에는 실무 관료생활 중 경험한 것과 부합하는 것이 훨씬 더 많았다. 토론을 통해 함께 아이디어를 다듬고 발전시킨 것은 헤아릴 수 없이 많다. 그는 특히 기획국 직원들의 작업 과정에 참여해 문제를 보는 시각, 사고의 틀과 정책 발상에 관해 많은 도움을 주고 지도를 했다. 김 박사와 나는 안정화시책 발전 과정에서도 한 사람은 이론, 또 한 사람은 경험을 바탕으로 상호 보완하는 이상적인 콤비로 일했다.

김재익 국장과 남덕우 총리와의 관계는 더할 수 없이 친밀했다. 남 부총리의 김 박사에 대한 신뢰는 절대적이었다. 그럼에도 남 부총리는 안정화시책에 대해서만은 적극 지지한 것 같지 않았다. 종래의 성장우선 정책을 고수하는 입장이었다. 신현확 부총리 취임 후 안정화시책을 본격적으로 추진하게 되었다. 그 결과 말하자면 남덕우–김재익 라인이 신현확–강경식 라인으로 바뀐 것이다. 사람이 바뀌면서 정책도 성장론에서 안정론으로 그 컬러가 바뀌었다. 김재익 국장은 미묘한 처지에 놓이게 되었다.

남 특보는 안정화시책 내용과 추진 상황에 대해 상당한 관심을 가지고 파악하는 것 같았다. 물론 대통령 경제특보로서 당연한 업무였다. 김 국장은 남 특보의 요청에 따라 안정화시책의 성안 내용에 대해 보고했다. 김 국장은 남 특보의 견해도 잘 알고 있기 때문에 중간에서 어려운 처지였고 매우 조심스러워했다.

문제는 청와대에서 안정화시책 추진에 제동을 거는 일이 생기곤 하는 데에 있었다. 10.26 이후에는 신 부총리가 사실상 국정 운영의 중심이 되었다. 경제정책은 특히 그랬다. 부총리–기획차관보 라인이 주축이 되어 경제정책이 추진되었다. 김재익 국장의 역할은 제한적이 될 수밖에 없었다.

김재익 국장과 서석준 차관은 대학 동기동창이다. 그러나 정책 성향은 판이했다. 겉으로는 전혀 드러나지 않았지만 그들의 깊은 관계는 원만하지만은 않은 것 같았다. 1980년 초 이러저러한 사정 때문인지 김 국장은 KDI 연구위원으로 가기로 결정하고 사표를 제출했다. 1980년 5월 말로 기획국장을 그만두고 떠날 준비를 하던 차에 국보위 위원으로 차출되었고 얼마 뒤 경제과학분과위원장을 맡게 된다(이장규, 《경제는 당신이 대통령이야》).

안정화시책 반대론자들의 반발

전두환 대통령이 경제공부를 열심히 한 것은 너무나 잘 알려진 사실이다. 김 국장은 전 대통령의 경제 가정교사였다. 국보위가 해체되고 전두환 정부가 발족한 뒤에는 경제수석으로 발탁되었다. 전 대통령의 지근거리에서 경제운용을 실질적으로 주도하게 되었다. 안정화시책을 추진하기 위해서는 더할 수 없이 다행스런 일이었다. 그렇다고 김 수석의 건의가 일사불란하게 받아들여진 것은 아니었다. 우선 경제에 대해 전 대통령의 경제 가정교사는 김 수석 외에도 여럿 있었다. 김 수석에 앞서 박봉환 동자부 장관이 있었고, 그밖에 김기환 KDI 원장, 차수명 상공부 차관보, 유갑수 위원 등도 가정교사였다. 김기환 박사는 안정화시책에 적극 동조했지만 박봉환 장관은 금융개혁에 소극적인 재무부 입장을 적극 지지했다. 차수명 차관보는 정면으로 반대하는 입장이었다. 그러다보니 신군부가 국보위를 발족했을 당시만 해도 안정화시책에 대한 전 대통령의 이해나 신념이 확고했던 것은 아니었다. 중화학투자 조정, 복지정책의 추진, 재벌기업에 대한 사정 방침 등을 볼 때 쉽게 짐작할 수 있다.

전두환 대통령이 경제공부를 열심히 하자 5공 창업에 직접 참여한 허화평, 허삼수 등 이른바 신군부 실세들도 경제에 관심을 가지는 것은 지극히 당연했다. 게다가 상공부 등 실무 부처의 공무원들은 주로 이들 신군부 실세들을 찾아가 경제에 대한 의견을 말했다. 자연 안정화시책의 문제점들을 주로 얘기했다. 한국의 경제 실정을 잘 모르는 미국 유학파들이 미국의 이론을 그대로 한국에 적용하려 한다는 점을 특히 부각시켰다.

신군부 실세들이 주도하는 국보위가 발족하면서 통금해제, 과외금지 등 사회개혁과 불량배 검거, 사회악 사범 검거, 공직사회 비리 척결 등 과감한 조치들을 연이어 발표했다. 1980년 7월 9일에는 고급공무원 232명에 대한 숙정이 이루어졌고, 7월 27일 동명목재 해체, 7월 30일 과외금지 등 교육정상화 방안 발표, 8월 4일 불량배 일제 단속 발표에 이어 8월 6일 1만 6,000여 명 검거, 중간 발표 이후 사회악 사범 3만여 명 검거 등의 조치들이 연이어 신문 지면을 장식했다.

이밖에도 정의사회 구현을 위한 사회 정화가 이어졌다. 국보위는 신군부의 정당성을 확보하는 수단으로도 쓰였기 때문에 신군부 실세들은 포퓰리스트적 성향이 강했다. 이들은 또 "목적이 정당하면 수단과 방법과 같은 것은 어떻게 되어도 상관없다"는 혁명적인 생각을 갖고 있었다. 이에 따라 초법적인 조치들이 취해졌고 여기저기서 사람들이 바뀌거나 쫓겨났다. 비단 공무원뿐만 아니었다. 종교계에까지 여파가 미쳐 불교의 경우에는 1980년 10월 29일 비리 승려 46명을 연행했다. 그 과정에서 대웅전에 군화를 신은 채 들어가는 일까지 벌어졌다. 불교계에서는 이를 법난(法亂)이라고 했다. 사정이 이러하다보니 대기업이라고 해서 예외가 될 수 없었다. "권력형 부정축재자 처리와 마찬가지로 대기업에 대해서도 혼을 내주어야 할 것 아닌가"라는 움직임이 실제로 있었다. 이러한 움직임을 끝까지 막은 사람은 신현확 총리였다. "그렇게 하면 우리나라는 망한다. 경제는 그렇게 우격다짐으로 다루어서는 안 된다"며 극구 만류해 실행에 옮기는 것을 결국 저지했다. 그러나 언론통폐합과 불교 법난, 삼청교육 등은 지울 수 없는 낙인처럼 지금껏 남아 있다.

안정화시책에 반대하는 부처 관계자들과 기업 인사들은 군부 실세들을 설득해 자기들의 주장을 반영하고자 했다. 국보위의 동명목재 해체, 중화학투자 조정 등은 권력이 경제에 직접 관여한 조치들이다. 중화학투자 조정은 민간 주도나 시장이 아닌 정부 주도에 의해 시장을 분배하는 방식이어서 안정화시책 방향과는 상치되는 것이었다.

10.26 이후 경제기획원 중심으로 일사불란하게 가는 듯했던 안정화시책이 국보위 발족을 계기로 이렇게 다시 흔들렸다. 이들은 안정화시책은 "현실 경제를 모르는 백면서생들의 순진한 생각"이라고 말하면서 안정화시책으로 가면 경제가 결딴난다고 매도했다. 그들은 우국지심으로 김재익 수석의 경제 정책을 따르면 문제가 많다고 전두환 대통령에게 따로 보고했을 것은 쉽게 짐작할 수 있다. 이러한 일이 거듭되면서 전 대통령의 안정화시책에 대한 신념이 흔들렸다. 경제에 관한 중요 결정을 내릴 때 김재익 수석의 건의를 그대로 따르지 않게 되었다. 집권 초기의 1년여 동안은 상충되는 지시를 내리기 일쑤였다.

1980년 말, 김재익 수석이 전 대통령을 설득해 실행에 옮기는 최종 결정을 할 단계에서 금융개혁안은 박봉환 장관의 막판 뒤집기로 무산되었다. 여기에는 한국은행 독립을 포함한 금융자율화 계획도 포함되어 있었다. 전 대통령은 회의 도중 박봉환 동자부 장관을 불러 의견을 물었고 그의 반대 의견에 따라 보류되었다. 이처럼 경제정책도 안정화와 그 반대 정책을 오락가락하는 형국이었다. 김 수석은 안정화에 반대하는 세력들의 집중 표적이었고 특히 차수명 국보위 위원과 허화평, 허삼수 두 허씨의 공격은 집요했다 (이장규, 전게서).

5차 계획, 5공 정책 기조를 굳건히 다지다

이렇게 어려움을 겪고 있을 때 마침 5차 5개년계획안의 실무 작업이 마무리 단계에 있었다. 5차 계획은 고립무원 상태에 있던 김재익 수석에게 구원군의 역할을 하게 되었다. 전 대통령에게 5차 계획에 관해 10회에 걸쳐 보고했다. 이는 극히 이례적인 일이었다. 박정희 대통령 때는 단 한 차례 보고로 끝났다. 이렇게 된 데에는 전 대통령의 경제에 대한 열의가 한 몫을 했지만 김 수석이 그렇게 되도록 치밀하게 기획한 결과이기도 했다.

　김 수석은 1981년 4월 말 대통령에 대한 보고에 앞서, 1981년 2월 청와대 비서실장을 포함해 수석비서관들에게 5차 계획을 설명하고 토론하는 기회를 먼저 만들었다. 1981년 2월 10일, 수석비서관 전원이 참석한 회의에서 나를 포함해 경제기획원 기획국 담당자들이 5차 계획의 총량 전망과 정책방향에 대해 보고하고 토론을 했다. 2월 24일에는 취임사 준비 과정에서 5차 계획에 바탕을 두고 7년간 할 일을 정리했다. 1981년 4월 14일에는 사회개발계획, 4월 29일에는 재무부 이규성 차관보와 이수휴 국장으로부터 금융부문 보고가 있었다. 1981년 5월 1일에는 5차 계획 중간보고, 5월 4일에는 노사관계, 사회보장, 의료부문 보고가 있었다. 이들 보고 자리에서는 참석자들의 활발한 의견 개진과 토론이 있었다.

전 대통령에게는 1981년 4월 29일에 5차 계획의 총량계획에 대한 보고를 했다. 오전 시간 전부를 5차 계획 보고에 할애했다. '80년대 제2 도약을 위한 정책 방향'이라는 제목으로 내가 보고를 맡았다. 전 대통령은 부익부빈익빈(富益富貧益貧)이 되지 않도록 해야 한다, 중산층이 많아져 모두가 중산층이라는 긍지를 갖게 해야 한다, 소득분배 개선정책을 잘해야 한다는 등의 코멘트를 했다. 이날 보고에는 부총리와 관계 장관들이 모두 참석했다.

1981년 5월 6일에는 5차 계획 사회개발 부분에 대한 종합 보고를 했다. 보고 후 대통령은 복지사회는 경제성장이 선행되어야 한다, 복지와 민주화는 성장 없이는 불가능하다, 특히 중산층 형성이 중요하다고 강조했다. 복지의 핵심은 주택이고 의료보험, 교육, 고용증대도 중요하지만 상하수도가 가장 중요하다고 했다. 또 노사 자율 해결 전통을 세울 것을 강조하고 노사협력이 안 되면 영국도 3류 국가가 된다고 강조했다. 교육은 시설을 늘리는 쪽보다는 교원의 대우 개선부터 해야 한다는 등 여러 분야에 대해 광범위한 지시와 의견 개진을 했다.

1981년 5월 8일에는 공업부문에 대한 보고가 있었다. 한국중공업은 한전이 2~3년 더 맡도록 하고 제2 제철 착공 시기는 수요 판단을 정확히 한 뒤 실시하고, 유화 · 자동차 · 전자공업 등도 국제 경쟁을 염두에 두고 추진해야 한다고 말했다. 미래산업 선정은 대담하게 투자해야 한다고 강조했다. 1981년 5월 12일에는 인구 및 고용안정에 대한 보고를, 5월 13일에는 국제협력에 대한 보고를, 5월 14일에는 에너지 보고, 5월 21일에는 재정부문에 대한 보고가 있었다.

5차 계획 보고가 끝난 이후에는 안정화시책을 기조로 하는 '안정, 자율, 개방'에 대한 혼선은 완전히 사라졌다. 전 대통령의 신념 또한 그 후에는 한 번도 흔들리는 일 없이 확고했다. 이렇게 5차 계획은 종래의 어느 5개년계획과는 달리 전두환 대통령의 경제에 관한 이해를 돕는 체계적인 교육 수단이 되었다. 이뿐 아니라 시장경제 원칙에 입각한 정책으로 그동안 끊임없이 제기되어온 반론을 완전히 잠재우는 데에도 결정적으로 기여했다. 나아가 5차 계획은 5공화국 경제운용을 시장경제를 바탕으로 물가안정 위에 고도성장과 국제수지를 개선하는 이른바 세 마리 토끼를 한꺼번에 잡을 수 있는 선순환 경제시스템으로 전환하는 데에도 큰 역할을 했다. 5차 경제사회개발 5개년계획은 1981년 8월 22일에 발표되었다. 전 대통령에 대한 5개년계획의 보고는 이후에도 계속되었다.

안정화시책은 어떤 변화를 가져왔나

안정화시책과 2차 석유파동

1980년 2차 석유파동으로 경제가 어려워졌다. 그러자 안정화시책을 탓하는 소리가 끊이지 않았다. 먼저 금융긴축 정책에 대한 것이었다. 우리나라 기업은 재무구조가 취약하며 특히 1979~80년의 긴축은 정도가 너무 심해 대부분의 기업들이 도산할 수밖에 없다, 금리현실화는 금리 부담을 높여 기업의 원가 부담만 높일 뿐 총수요 억제 효과는 없다, 금리가 인상되어도 기업의 자금 수요는 줄지 않으며 저축도 늘지 않는다고 비판했다.

우리나라 기업은 과다한 차입으로 재무구조가 부실한 것은 사실이었다. 기업 재무구조가 나쁜 근본 원인은 물가상승을 밑도는 금리 수준으로 실질금리가 마이너스인 데에 있었다. 차입이 많을수록 더 큰 이득을 보게 된다. 긴축과 금리인상은 비정상적인 상황을 정상으로 바꾸는 것일 뿐이다. 또 금리인상으로 저축이 크게 증가했다. 1980년 1월 12일 금리인상 이후 2월부터 4월 중 저축이 1979년의 같은 기간에 비해 2.8배나 증가했다. 저축이 금리에 매우 민감하다는 사실이 그대로 드러났다.

긴축정책은 물가안정뿐만 아니라 국제수지 방어도 크게 기여했다. 안정화시책 이전에는 경상수지가 악화되면 수입을 직접 행정적으로 규제했다. 행정 규제에 의한 수입 억제는 시장의 가격기능에 의한 경우와 비교할 때 자원배분을 왜곡시키는 폐해가 수입을 억제하는 효과보다 훨씬 크다. 행정 조치로 수입을 직접 규제하기보다는 수입은 개방하면서 긴축을 통한 총수요 억제를 통해 수입수요를 줄여가는 것이 더 바람직하다.

1974년 1차 석유파동 당시 우리나라는 수입품목의 조정과 관세·특별소비세 중과 등 행정적인 조치로 수입을 억제했다. 이에 반해 대만은 수입자유화를 확대하면서도 긴축을 통해 국제수지를 보다 효과적으로 방어하는 데 성공했다. 우리나라도 1980년에는 수입을 직접 규제하지 않았다. 하지만 명목수입은 15% 증가했으나 물량 기준으로는 9.1%나 감소했다. 수입자유화 비율은 1979년의 67.6%에서 1980년에는 68.5%로 약간 높아졌음에도 이러한 결과를 얻었다. 긴축의 효과였다.

수입자유화 정책은 국제수지 악화에 따라 1979년 이후 자유화 폭 확대 면에서는 큰 진전이 없었다. 그러나 많은 품목의 관세율은 인하되었다. 수입자유화에 대해서는 물론 반대가 거셌다. 예를 들어 과자류 수입을 개방하자 불요불급한 제품의 수입에 귀중한 외화를 낭비한다는 비판이 거세게 일었다. 그러나 해외 과자류의 수입은 일시적으로 증가했지만 크게 줄었다. 수입 과자와의 경쟁으로 국내 과자류의 품질이 크게 향상되었기 때문이다. 수입자유화는 경쟁을 촉진시킴으로써 기업과 소비자 모두의 이익이 되었고 우리의 경제 체질을 강화하는 데에도 크게 기여한다는 사실을 깨우치게 한 좋은 예가 되었다.

1979년 초부터 추진한 독과점품목의 축소와 가격현실화 조치도 비슷한 현상을 보였다. 가격에 대한 행정규제를 없애면 관련 제품 가격은 걷잡을 수 없이 폭등할 것이라는 우려가 컸다. 그러나 실제로 나타난 결과는 이러한 우려와는 전혀 달랐다. 물론 가격 규제를 풀자 일시적으로 가격이 상승했다. 그러나 곧 가격 규제 때 성행하던 이중가격이나 품귀 소동이 사라졌다. 게다가 세탁비누, 화장지 등의 일부 생필품은 유통업자들이 매점했던 제품들이 쏟아져나와 가격이 오히려 떨어졌다. 가격 기능이 회복됨에 따라 유통과정에서의 폭리가 사라졌고 제품 수급이 원활해졌다. 가격 규제를 푼 결과 통계상 물가지수는 상승했지만 수요자가 실제로 지불하는 가격은 크게 낮아졌다. 품질도 크게 개선되기 시작했다.

중화학사업은 수요에 비해 턱없이 큰 과잉 설비, 열악한 품질, 기술 인력의 부족 등 단기적으로 해결할 길이 없는 구조적 문제가 겹겹이 쌓여 있었다. 현상 유지를 위해서도 엄청난 자금이 소요되어 정부의 지원 없이는 당장 도산할 처지였다. 정부도 이들 모두를 지원할 길이 없었다. 중화학투자 조정은 불가피한 선택이었다. 민간기업의 사업이지만 정부가 조정하는 일을 맡게 된 이유는 정부 지원으로 건설되었고 정부 지원 없이는 독자적으로 살아남을 수 없기 때문이었다.

중화학공업 과잉 투자는 정부로서는 무리한 계획을 무모하게 추진한 책임을 면할 수 없다. 민간기업들도 스스로의 능력이나 해당 사업의 사업성 평가도 제대로 하지 않은 채 경쟁적으로 마구 뛰어든 데 대한 책임이 있다. 투자조정은 조종하는 정부는 물론 타율적으로 조종당하는 기업들에게도 크나큰 교훈을 준 계기가 되었다. 그나마 중화학투자를 조정한 것은 천만다행한 일이었다. 만일 중화학투자를 조정하지 않은 채 2차 석유파동을 맞았더라면 어떻게 되었을까. 아마 감당하기 어려운 상황에 몰렸을 것이다.

고성장, 저물가, 흑자 경제의 실현

안정화시책의 추진을 통해 안정과 자율, 개방을 위한 시스템을 정비하기 위해 각별히 노력했다. 가장 중요한 금융개혁이 제대로 추진되지 못한 것은 유감이지만 물가안정과 공정거래제, 내국세와 관세 개혁 등 선진 경제로 도약하기 위한 제도적 틀을 정비할 수 있었다. 1980년대 후반, 우리가 그렇게 오랫동안 염원해왔던 10%

이상의 고도성장과 3% 미만의 물가안정, 연 100억 달러를 웃도는 국제수지 흑자를 기록하는 이른바 '세 마리 토끼'를 동시에 잡는 경제가 실현되었다.

(1) 3저 효과론

1985년 미국 뉴욕의 플라자호텔에서 열린 선진국 재무장관 회의에서 일본의 엔화를 1달러 300엔에서 150~160엔 대로 일거에 절상하는 결정을 했다. 일본의 수출이 주춤하는 사이에 우리 수출은 크게 늘어났다. 국제금리는 8% 수준의 안정세를 보였고 원유가격도 배럴당 13~14달러 수준에서 안정되었다.

1986년의 우리나라 국제수지는 크게 개선되었다. 1985년 8억 9,000만 달러 적자에서 1986년에는 46억 5,000만 달러의 흑자를 시현했다. 기름값 안정으로 20억 5,000만 달러, 금리 경감으로 4억 3,000만 달러, 엔화 강세에 따른 수출 증가가 30억 6,000만 달러에 이른다고 한국은행은 분석했다. 외채도 1985년의 468억 달러에서 1986년 연말에는 445억 달러로 23억 달러 감소했고 외환보유고는 79억 달러였다(1965년 900만 달러, 1977년의 1,200만 달러의 흑자 이후 세 번째로 기록한 국제수지 흑자였다).

1986~88년의 3년 동안 10%가 넘는 경제성장, 3% 미만의 물가상승, 100억 달러가 넘는 국제수지 흑자를 연속해서 시현했다. 이러한 경이적인 경제 실적을 두고 플라자합의에 따른 엔화 강세, 원화 약세와 금리 및 원유가 하락이라는 3저 효과에서 온 것이라는 '3저 효과론'은 오늘까지 그대로 쓰이고 있다.

(2) 구조개혁의 성과

물가안정 속에 국제수지 흑자를 시현하고 고도성장을 이룩한 경제실적을 보인 나라는 플라자합의가 있기 이전에도 이미 있었다. 일본, 대만과 서독이 그런 나라였다. 안정화시책을 마련하는 과정에서 이들 세 나라의 예를 집중적으로 조사·연구했다. 우리도 어떻게 하면 이들처럼 세 마리 토끼를 한꺼번에 잡는 경제를 만들수 있는가가 우리의 오랜 염원이었다. 안정화시책 내용은 바로 그런 경제로 가기 위해 무엇을 어떻게 해야 하는가를 정리한 것이다. 1979년부터 시작해 우여곡절이 많았지만 안정, 자율, 개방을 내걸고 집요하게 노력한 결과 1980년대 후반에 그 결실이 나타난 것이다.

물론 3저 효과로 국제수지 흑자폭이 더 커졌다던가, 성장률이 더 높아지는 등 3저 상황이 실적 호조를 더 키우는 일에 상당한 기여를 한 것은 사실이다. 그러나 안정화시책과 안정, 자율, 개방의 경제 정책을 기조로 구조개혁을 추진한 5공 정부의 끈질긴 노력이 없었다면 1980년대 후반의 경제는 실현되기 어려웠다고 생각한다. 왜냐하면 3저라는 경제 환경은 우리나라에만 국한된 것이 아니라 세계 모든 나라가 다 향유한 조건이었음에도 중남미 국가를 비롯해 수많은 나라들은 우리가 이룬 경제 실적을 실현하지 못했기 때문이다. 똑같은 3저 효과 속에서 그들 나라의 경제 실적이 왜 우리와 판이하게 달랐는가를 생각해보면 그런 차이를 가져온 원인이 어디에 있는지를 금방 확인할 수 있다.

(3) 새로운 발전 단계로 진입한 한국 경제

1980년대 후반의 경제 실적을 3저 효과론으로 보는 것이 잘못이라고 지적하는 것은 안정화시책의 공로를 드러내기 위해서가 아니다. 우리 경제 실적을 3저 효과라는 외부 요인이 가져다준 것이라고 보는 것이 우리 경제운용을 얼마나 크게 오도했는가를 분명히 하기 위해서다. 문제가 무엇인가를 제대로 정의하면 그 안에 해결책의 2/3가 있다. 좋은 결과를 얻은 원인이 어디에 있는가에 대한 경우도 마찬가지다.

3저 효과로 좋은 경제성과를 낼 수 있었다는 얘기는 3저 효과만 사라지면 다시 이전의 적자경제로 돌아간다는 말이 된다. 그러나 안정화시책의 결과로 우리 경제의 흑자 기조가 실현되었다고 보면 성장과 물가안정 그리고 국제수지 흑자를 함께 이루는 이른바 세 마리 토끼를 동시에 잡는 경제로 달라진 것이 된다. 과거와는 다른 새로운 발전 단계의 경제로 진입한 것이 된다. 3저 효과가 사라지더라도 흑자 규모는 줄어들겠지만 성장, 물가, 국제수지의 세 목표가 상충하지 않고 갈 수 있는 경제로의 복원력을 갖추게 된다.

새로운 발전 단계라고 할 때 그 이전 단계와 다른 것이 구체적으로 무엇인가? 1960년대와 1970년대의 우리 경제는 모든 것이 부족한 경제였다. 증산과 건설이 지상 과제였다. 그러나 수요를 감당할 수 있는 공급 능력을 갖추면 한 단계 다른 단계의 경제로 변모하게 된다. 우리 경제가 종래와는 다른 새로운 발전 단계에 진입하게 되면 그 발전 단계에 걸맞게 정책 발상도 달라져야 한다. 뿐만 아니라 경제운용의 틀도 발전 단계에 걸맞게 고치는 등 정비를 서둘러야 한다.

1970년대 말 안정화시책을 추진할 당시의 문제는, 우리 경제가 물자의 공급 능력 부족 경제에서 벗어났음에도 불구하고 옛날의 방식을 그대로 답습한 데 있었다. 따라서 당시의 개혁 과제는 증산과 건설 중심의 정책과 제도를 수요관리 중심 정책으로, 생산자 지원 위주 정책을 소비자 이익 중심으로 틀을 바꾸는 것이 핵심 과제였다. 1970년대 말의 어지러웠던 경제의 해결책은 바로 이러한 정책 발상의 전환 없이는 불가능했다. 이를 내걸고 나선 것이 바로 안정화시책이었다. 그러나 1970년대 말의 물자 부족 경제는 벗어나는 단계에 이르렀지만 돈이 부족한 경제에서는 벗어나지 못하고 있었다. 국내 투자에 필요한 자금을 국내 저축으로 충당할 수 없었고(IS Gap: 투자와 저축의 괴리), 수입에 필요한 외화를 벌어들이지 못하는 외환 부족 경제(MX Gap: 수입과 수출의 괴리)였다.

물가안정 기반이 구축되면서 실질금리가 보장되자 금융저축이 늘기 시작했고 개방을 통한 국내외 경쟁이 촉진되면서 상품의 품질이 좋아지고 기업들의 연구개발(R&D) 투자도 늘어 기술도 상당히 축적되기 시작했다. 그 결과 1980년대 중반을 고비로 우리 경제는 또 다른 발전 단계로 접어들게 되었다. 즉 돈이 부족한 경제를 탈피하고 돈이 남아도는 경제가 된 것이다. 투자 소요보다 저축을 더 많이 하는 경제, 외화 지출보다 수출 등을 통한 외화 수입이 더 많은 발전단계에 이른 것이다. 국제수지 흑자가 3년간 지속된 것은 우리 경제의 발전이 흑자경제에 이른 결과였다. 흑자경제 단계에 이른 이후에도 일시적으로 적자를 보일 수 있다. 하지만 곧 흑자 기조로 되돌아오는 '복원력'을 지니는 경제가 된 것이다. 이런 경제의 운영 방식과 정책 발상은 만성적인 적자경제 때와는 근본에서 달라야 마땅하다.

(4) 금융개혁의 호기

1980년대 후반이야말로 돈과 관련된 개혁, 즉 외환과 금융개혁을 본격적으로 추진했어야 마땅한 시기였다. 외환규제를 풀고, 은행 자본금을 크게 늘리고 금융기관 진입 기회를 개방할 적기였다. 금융기관의 자율 경영체제를 확립하는 한편, 건전성 감독을 대폭 강화하는 개혁을 서둘러야 했다. 금융과 외환에 관한 정책 발상과 운용의 틀을 완전히 새롭게 바꾸어야 했다. 그러나 흑자경제를 성취한 것을 즐기면서 다시 적자가 될 날을 위해 외화를 쌓아두기에 바빴다. 3저 효과론으로 흑자경제를 외부 여건의 호전에서 오는 일시적 현상으로 보게 만든 결과 때문이다.

우리 경제의 발전단계에 걸맞게 제도를 마련하지 못하고 자금이 부족한 단계의 제도와 정책에 안주하게 했다. 그 결과 다시 자금 부족 경제로 되돌아갈 수밖에 없도록 했다. 1980년대 후반의 남아도는 돈을 금융 산업에 투자할 수 있도록 기회를 개방하는 정책을 펴고 금융자율화와 건전성 감독을 강화하는 정책을 펴지 못한 결과는 10년 뒤 온 국민이 혹독한 고통 속에 외환위기를 겪게 함으로써 엄청나게 비싼 대가를 치르게 했다.

안정화시책과 정치 민주화

1980년 신군부가 새로운 정치 세력으로 자리를 잡아갈 때였다. 김기환 박사, 김재익 국장과 셋이 만난 자리에서 신군부와의 협력을 어떻게 할 것인가, 어떤 입장을 취할 것인가를 두고 이야기를 나눈 일이 있다. 신군부의 복지 정책 등이 포퓰리스트적 성향을 보이는 등 정책 성향이 걱정스러운 때였다.

신군부도 수출에는 관심을 가지지 않을 수 없을 것이고 수출을 위해서는 안정화시책과 민간 주도 경제운용, 즉 자율이 필수적이라는 사실을 확신시키기로 했다. 신군부도 경제가 잘되게 하는 데에는 반대할 이유가 없을 뿐더러 적극 밀고 갈 것이기 때문에 경제가 잘되려면 자율화가 이루어져야 한다는 사실을 설득하기로 했다. 경제발전을 위해서는 '안정, 자율, 개방'의 정책 방향밖에 다른 길이 없다는 사실을 기회 있을 때마다 설득하기로 했다. 물론 그렇게 밀고 나가면 시장경제로의 전환이 이루어지고 또 바로 정치적 민주화의 가장 확실한 초석이 된다는 사실에 대해 우리는 의견을 같이 했다. 그러나 자율이 정치 민주화로 이르게 된다는 사실은 일체 언급하지 않기로 했다. 안정화시책의 경제적 당위성과 효과만을 강조하고 정치적 측면에 대해서는 일체 언급하지 않기로 했다.

사실 시장경제와 자유민주주의는 수레의 두 바퀴처럼 함께 간다. 시장경제와 자유민주주의는 동전의 양면과 같아 함께 가게 되어 있다. 전후의 시차는 얼마간 있을 수 있지만 결국은 함께 가게 되어 있다. 우리 세 사람은 이에 대해 생각을 같이하고 있었다. 따라서 시장경제가 굳건히 뿌리를 내리면 정치적 자유민주주의도

'되돌리기 어렵게' 그 기반을 굳히게 될 것이라는 신념을 공유했다. 안정화시책의 자율은 기업경영에 대한 정부로부터의 독립, 기업 자치를 의미했다.

군중 시위에 의해 대통령 직접선거를 쟁취하더라도 시장경제의 기반이 없으면 사상누각과 같아 진정한 민주사회로 이행하지 못한다. 반면 사회 각 부문에서 자치가 이뤄지면 정치 민주화의 바탕, 즉 인프라가 굳건히 마련된다. 민주주의적 절차로의 이행은 금방 이루어질 수 있다.

1987년 6월 29일, 노태우 대표는 직선제 개헌안을 발표했다. 6.29 민주화선언은 국민들의 항쟁 끝에 자유민주주의를 쟁취한 획기적인 쾌거로 기록된다. 직선제 발표를 보면서 그동안 자율 경제를 위한 우리의 노력이 드디어 정치 민주화라는 결실로 맺어졌다고 생각했다. 즉 경제 민주화가 정치 민주화를 이끌었다는 자긍심에 흐뭇해했다. 그런데 당시 정치권에서는 "정치 민주화를 이루었으니 이제부터는 경제 민주화다"라는 엉뚱한 말이 빈번히 나왔다. 이들이 말한 경제 민주화는 노동자, 농민 등 그동안 억압받은 계층이 '제몫을 찾아야' 한다는 뜻이었다. 그동안 안정화시책을 통해 줄기차게 추진한 시장경제 개혁 노력이 민주화의 초석이 되었다는 평가를 하는 사람은 없었다.

8장

금융실명제와
세제개혁

짧은 재무차관 재임

직원 교육에 집중 노력

1982년 초 개각에서 재무차관 발령을 받았다. 1978년 말 차관보가 된 후 만 4년만의 차관 승진이었다. 기획차관보 4년은 당시의 기준으로는 매우 긴 기간이었다. 하지만 안정화시책에 몰입을 했기 때문에 긴 기간이라고는 전혀 느끼지 못하고 지냈다. 그러나 만일 10.26이 없었더라면 차관보 재임 기간은 틀림없이 4년보다는 훨씬 짧았을 것이다. 10.26 이후의 격동기를 겪으면서 나보다 직급이 낮았던 김재익 국장이 상위 직급인 청와대 경제수석비서관으로 옮겨 앉는 등 많은 사람들이 나를 추월했다.

안정화시책을 추진하는 과정에서 많은 사람들과 다투지 않을 수 없었기에 주변에서 좋은 평판을 얻을 수는 없었다. 고집이 세고 남의 얘기를 잘 듣지 않는다는 등 좋지 않은 평판이 훨씬 더 많았다. 차관보 4년은 안정화시책 추진에 집착한 대가인 셈이었다. 차관보로서 공직 생활을 마감할 것이라고 생각한 사람들이 많았다. 하지만 나는 그런 소문이나 뒷공론에 개의치 않았다.

공교롭게도 나는 과장으로 4년 근무한 뒤 국장으로 승진했다.

물가정책 국장, 경제기획 국장, 예산 국장을 거치면서 4년 동안 국장으로 일했다. 기획차관보 4년, 이렇게 한 직급에서 4년씩 일했기 때문에 차관급에서도 4년은 지낼 것이라고 생각했다. 더욱이 본격적인 일은 장관과 국장 중심으로 이루어질 것이기 때문에 차관이 굳이 바쁘게 지낼 일은 없었다. 모처럼 직접 일상 업무에 얽매이지 않고 시간 여유도 있어 속이 편했다.

장관을 제외하고 직업공무원으로서 소관 업무를 맡아 소신대로 일할 수 있는 자리는 국장이다. 국장은 자기 소관 사항에 대해서는 누가 뭐라 해도 소신껏 밀고 갈 수 있다. 장관의 지시라도 적절하지 않다고 판단할 경우에는 반대 의견을 개진할 수 있고 최악의 경우에는 '검토하고 있다'는 말로 시간을 벌면서 지시를 번복할 기회를 엿볼 수도, 심지어는 장관이 바뀔 때를 기다릴 수도 있다. 나는 국장 때는 물론이고 기획차관보 때에도 안정화시책을 주도함으로써 정책적 소신을 그대로 밀고갈 수 있었다. 그런 면에서는 행운이었다.

차관은 국장보다 직급은 높지만 자신의 정책적 소신을 펼 수가 없다. 자기 소신을 가장 펴기 어려운 자리가 바로 차관이다. 어떤 면에서는 과장보다도 못하다고 할 수 있다. 장관과 다른 의견이 있을 수 없다는 뜻에서다. 장관에게 한두 번 완곡하게 건의할 수는 있지만 같은 건의를 세 번씩 되풀이하기는 어렵다. 차관이 어떤 자리인가에 대해서는 상공부 차관을 오래 지낸 심의환 장관의 차관론이 유명하다. 부(副)라는 한자어를 보면 입 위에 칼이 있고 그것도 부족해서 입 구자 안에 x를 하고 옆에 또 칼 도(刀)자를 세워두고 있다고 풀이했다. 무릇 부 자리에 있는 사람은 자기주장이란 있을 수 없고 장이 하자는 것을 받드는 것이 기본이라는 뜻이다. 차관은 앞에 나설 기회가 별로 없다. 뒤에서 일하기 때문에 대외적으로 주목을 받기 어렵다. 그렇기 때문에 자칫하면 차관으로서 공직생활을 끝내기 쉽다. 차관이 장관 자리에 오르기란 생각보다 그리 쉽지 않다.

차관으로 일하면서 일상적인 업무 중 직접 챙기거나 깊이 관여할 일은 거의 없다. 차관은 장관이 하기 거북한 일을 대신하면 된다. 예컨대 산하 기관장의 사표를 받아야 할 경우 그런 일은 차관의 몫이다. 이러한 사정을 알고 있었기에 이제까지와는 완전히 다른 마음자세로 일하기로 했다. 서둘 것 없이 느긋하게 마음을 가지기로 했다. 무엇보다 소신과 주장을 내세우지 않기로 마음을 정했다. 그렇게 하고 나니 공직생활 중 가장 가벼운 마음으로 나날을 보낼 수 있었다. 재충전을 위해서는 더할 나위 없이 좋은 기회였다.

의식을 바꾸기 위한 직원교육

재무부 직원들의 재충전을 위해서도 무언가 해야겠다고 생각했다. 가장 먼저 재무부 직원들에 대한 교육을 실시하기로 했다. 재무부 직원들의 사고방식을 바꾸고 경제를 보는 시각을 넓히는 교육 기회를 만들기로 했다.

재무부에 와서 가장 의외로 생각한 것은 직원들이 해외 지향과는 거리가 먼 대내 지향적인 것이었다. 이는 안정화시책 추진 과정에서도 많이 느꼈다. 직접 겪고 보니 평소 생각했던 것보다 더했다. 해외근무 기피 성향도 그랬다. 요직에 근무하는 간부는 해외근무를 하지 않는 것으로 되어 있었다. 왜 그런지 이해가 되지 않았다. 더욱 놀란 것은 해외로 공부하러 가는 일이 거의 없다는 사실이었다. 해외유학에 대해서는 관심이 없었다. 경제기획원에서는 외국에 나갈 기회가 생기면 앞다투어 서로 가려고 하는 것과는 대조적이었다. 해외에 나가는 것은 마치 주류(主流)에서 밀려나는 것으로 여길 정도였다.

맡고 있는 일에 충실한 것은 당연하다. 하지만 변화하는 상황에서 국가 경제발전을 이끌어가기 위해서는 해외에 나가 공부하는 것도 그에 못지않게 절실했다. 해외 근무나 공부할 기회를 외면하는 것은 본인의 장래는 말할 것도 없고 재무부의 앞날이나 국가 장래를 생각할 때 걱정되는 일이었다. 특히 재무부 간부들의 생각이 바뀌지 않고서는 금융개혁을 기대한다는 것은 연목구어였다. 차관으로 있는 동안 재무부 간부들의 마인드를 바꾸는 일부터 해야겠다고 생각했다.

재무부 간부들에 대한 직무교육은 그런 이유로 서둘러 착수했다. 나웅배 장관도 동의했다. 산업은행 연수원을 빌려 1박 2일의 연수 프로그램을 시작했다. 그 프로그램에는 2시간에 걸친 나의 특강을 포함했다. 재무부 관리들은 경제기획원과는 달랐다. 현실문제에 매달려 지내다보니 바깥 세계의 경제 동향, 우리 경제의 변화 방향, 그에 따른 재무부의 과제 등 거시경제 동향에 대한 관심이 적었고 이해가 부족했다. 경제기획원과 재무부가 늘 부딪치는 바탕에는 이러한 차이가 있었다.

그래서 특강에서는 세계가 어떻게 달라지고 있고 우리는 어떻게 대응해야 하는가, 왜 우리의 정책이 안정화시책으로 바뀌어야 하고 금융자율화가 왜 시급한 과제인가 등을 특히 자세히 설명했다. 이에 더해 폭넓은 공부, 특히 해외연수의 필요성을 강조했다. 지금처럼 담당 업무에만 매달려 지내면 다른 일은 어떻게 잘할 수 있는가, 공무원은 인사발령에 따라 언제든지 새로운 일을 맡아 일을 해야 한다, 진급을 하면 더욱 그러하다, 그때를 대비해서라도 평소에 맡은 분야 이외의 분야에 대해서도 폭넓은 공부를 해야 한다, 더 큰 일을 하려면 지금 하는 일을 뛰어넘어야 한다. 이러한 평범한 사실을 재삼 강조했다. 공부하고 새로운 일에 관심을 가져야 자기도 발전하고 조직도 발전한다는 사실을 되풀이 강조했다.

특히 새로운 변화에 대한 공부에 게으르면 나라경제를 이끄는 일을 맡을 수 없지 않은가, 지금처럼 담당 업무에만 매달려 지내면 앞으로는 재무부 출신 장·차관은 나오기 어려울 것이라고 자존심을 건드리는 말까지 서슴지 않았다. 경제기획원에서는 간부를 대상으로 빈번히 연수를 해왔다. 변화를 위해서는 연수가 필수적이다. 연수를 되풀이하면 재무부 관리들의 자세와 사고방식도 바뀔 수 있다고 생각했다. 분임토의는 사고방식의 전환과 업무 분위기를 쇄신하는 데 역점을 두었다. 연수에는 전 직원이 참여하도록 했다. 그러나 막상 연수를 시작하자 교육의 필요성이 가장 절실한 이재국의 간부들은 업무를 빙자해 교육에 거의 참석하지 않았다. 그들이 맡은 분야가 바로 개혁이 절실한 금융업무였는데도 말이다.

재무부 간부들에게 해외연수 기회를 만들려 했으나 그때만 해도 정부예산으로 해외연수를 시키는 제도가 아직 없었다. 해외연수를 위한 예산 확보를 위해 당시 세계은행과 추진 중이었던 은행차관 중 50만 달러를 연수용 자금으로 쓸 수 있도록 했다. 이 자금으로 금융기관 임직원뿐만 아니라 재무부 간부들도 해외연수를 실시했다. 해외연수를 다녀온 재무부 간부들이 많아지면서 해외연수나 해외근무를 기피하는 일은 완전히 없어졌다.

그러나 한가하게 직원교육을 하거나 재충전을 하면서 지내는 사치(?)는 그리 오래가지 못했다. 전혀 예상치 못한 이른바 '장영자 사건'이 터진 것이다. 거액 어음부도 사건이 불거지면서 일파만파로 온 나라가 떠들썩거렸고 재무부는 거센 태풍의 한가운데 놓여 걷잡을 수 없는 파란에 휘말렸다. 이러한 와중에 취임 6개월밖에 안 된 법무장관, 재무장관들이 줄줄이 낙마를 했다. 4년은 아니더라도 상당 기간 동안 느긋하게 지낼 것으로 생각했던 차관 생활은 그렇게 6개월 만에 마감하고, 입각을 하게 되었다.

🪙 일파만파로 커지기만 한 장영자 사건

1982년은 연초부터 대형사고가 이어진 한 해였다. 미 문화원 방화사건에 이어 의령에서 경찰관이 총기를 난사해 주민을 살해하는 끔찍한 사건이 터져 민심이 극도로 뒤숭숭했다. 5월에 접어들면서 그동안 증권가에 나돌던 A건설회사 부도, C은행 40억 원 1차 부도, 큰손 장영자 등 끈질긴 소문의 실상이 드러나기 시작했다.

장영자 사건은 태양금속이 어음 92억 원을 발행해 이를 장영자에게 건네주면서 시작되었다. 그중 50억 원을 공영토건에 넘겼고, 이를 교환에 돌리자 태양금속이 검찰에 어음사취로 고발한 것이 검찰 수사의 계기가 되었다. 4월 25일부터 수사가 시작되었고 4월 28일 이철희, 장영자 부부가 연행되었다. 하지만 그것이 검사 27명과 수사관 100여 명을 투입해 수사를 하게 된, 온 나라를 뒤흔든 장영자 사건의 시작이라고는 생각조차 못했다. 1982년 5월 1일, 나웅배 재무장관은 필리핀 마닐라에서 열린 아시아개발은행(ADB) 총회에 참석한 뒤 귀국했다. 공항에서 장관을 영접하는 자리에서 부재중 주요 업무보고를 하면서 장영자 사건에 대해 "이러한 사건이 하나 터졌다"고 예사롭게 보고했다. 그러나 곧 이 사건의 파장은 걷잡을 수 없이 확대되었다. 언론은 연일 대서특필했고 순식간에 큰 사회문제가 되었다.

나중에 알게 된 일이지만 장영자는 1980년 2월부터 20억 원으로 활동을 시작했고 1981년 2월 중순부터 수백억 원의 자금으로 증시와 사채시장에서 큰손으로 활동했다. 자금 압박을 받고 있는 기업에 접근해 차입한도는 100~200억 원, 금리는 연 20~22%, 상환은 2년 거치 3년 분할이라는 솔깃한 조건으로 자금 공급을 제안했다. 공영토건, 일신제강 등이 장영자와 거래를 했다. 자금 조달 수법은 담보로 차입금의 2배에 해당하는 약속어음 교부를 요청한 뒤 담보용으로 취득한 어음을 직접 사채시장에서 할인하거나 다른 회사 어음과 교환하여 할인하는 수법을 썼다. 은행에 거액을 예금하고 그 예금을 미끼로 은행으로부터 차입하기도 했다. 장영자 부부의 호화판 결혼식장에서 이규광 광업진흥공사 사장(전 대통령 영부인의 삼촌. 장영자는 이규광의 처제)이 인사말을 하는 등 일가친척과 지인의 후원을 과시했다.

나웅배 장관은 귀국 다음날인 5월 2일 김수학 국세청장과 검찰 및 은행 관계자들과 회의를 했고 이재국 직원들은 일요일에도 비상근무를 했다. 증시가 폭락하고 사채시장이 얼어붙기 시작했고 5~6개 상장기업이 사실상 부도에 몰렸다. 5월 7일에는 건전 기업 지원 목적으로 한국은행이 자금 지원에 나서야 했다. 검찰은 5월 8일 장영자 부부 집을 수색해 미화 40만 달러, 엔화 800만 엔을 압수했고 이들 부부는 외환관리법 위반 혐의로 정식으로 구속되었다. 그러자 본격적으로 금융의혹 사건으로 비화되었다.

사건에 관한 루머와 의혹은 커지기만 했다. 더욱이 160억 원 차입에 은행도어음을 1,600억 원이나 담보로 제공(이른바 '견질어음')하는 등 상식과 동떨어진 일들이 밝혀지면서 '어떻게 그런 일이 가능한가' 하는 궁금증이 더 커졌다. 사람들은 1962년 증권 파동에 버금가는 사건이라 했지만 사건 자체보다도 그 배후에 누가 있는가, 자금의 용처는 어디인가에 더 관심이 쏠렸다. 공영토건 사주 등과 권정달 민정당 사무총장이 가까운 사이여서 배후에서 어떤 역할을 한 것이 아닌가 하는 루머도 사건을 키우는 데 한 몫을 했다.

5월 10일에는 유창순 국무총리 주재로 긴급대책회의가 열렸고 5월 11일에는 한국은행이 긴급자금 1,000억 원을 방출했다. 시중의 들끓는 여론을 잠재우기 위해 5월 12일 검찰은 이례적으로 중간수사 결과를 서둘러 발표했다. 그러나 장영자 사건은 진정되기는커녕 점점 더 확대되었다. 단순한 금융사건에서 대통령의 친인척과 청와대로 비화되어 온 나라를 들쑤셔놓게 되었다. 수습을 위한 온갖 노력을 다 했지만 효과가 없었다.

검찰 발표에도 불구하고 이규광의 비호 여부 등 사건의 배후와 정치자금 관련 여부 등 자금의 용처에 대한 의구심은 그대로 남았다. 금융시장의 불안정 또한 심화되었다. 더욱이 검찰에서 이들 부부에게 적용한 외환관리법 위반 죄목은 사건을 축소하려는 의도로 받아들여져 여론은 악화일로를 걸었다.

5월 13일 국회 재무위에서 장영자 사건과 관련된 보고가 예정되었다. 서둘러 보고안을 만들어야 했다. 장영자로부터 자금을 조달한 기업은 모두 6개였고 이들 기업의 어음 총액은 2,624억 원에 달했다. 그러나 담보로 제공한 이른바 견질어음을 제외하고 실제로 빌려 쓴 금액은 576억 원에 불과했다. 기업별로 보면 공영토건 1,468억 원(실 차입 169억 원), 일신제강 509억 원(157억 원), 라이프주택 425억 원(200억 원), 삼익주택 100억 원(50억 원), 태양금속 92억 원, 해태제과 30억 원이었다. 그렇지만 장영자 사건으로 돈의 흐름이 마비되어 경제활동이 크게 위축되고 있었다. 한국은행의 긴급자금 지원도 응급조치에 그쳤다. 언론에서는 '전근대적 작태', '관급성 특혜'를 바탕으로 한 천민자본주의의 실상 표출이라고 개탄했다. 무엇보다 자율, 창의, 경쟁을 내건 민간주도 경제에 대한 의구심이 크게 증대되었다. 재무구조 부실이 금융기관 부실화로 이어질지 모른다는 우려의 목소리도 높았다.

보고의 핵심은 정부 대책 내용이었다. 금융 풍토를 획기적으로 쇄신하는 금융제도 개혁을 추진하고, 은행 안에 주주로 구성된 경영위원회를 설치해 책임 경영체제가 정착되도록 하고 유사 사건의 재발 방지를 위한 제도개혁을 추진하겠다고 보고 내용을 정리했다. 장·단기 대책을 마련하는 과정에서 다시 이러한 일이 되풀이되지 않도록 하기 위한 대책이 문제였다. 재발 방지를 위해서는 무엇보다 '예금·적금 비밀에 관한 법률'을 폐지해야 한다고 경제기획원 출신 간부들이 입을 모아 장관을 설득해 그 내용이 포함되었다. 그러나 이에 대한 반대의 소리가 높고 시끄러워지자 슬그머니 빠지고 말았다.

검찰의 중간수사 발표, 국회 법사위·재무위 등에서 집중적으로 논의를 했음에도 의혹은 걷잡을 수 없이 확대되어 갔다. 정부의 고강도 대책이 이어졌다. 5월 15일에는 장영자와 거래한 조흥은행과 상업은행 등 두 행장이 구속되었고, 5월 20일에는 민정당 당직 개편이 발표되었다. 권정달 사무총장이 물러나고 권익현 사무총장이 취임했다. 또 같은 날 국무총리를 비롯한 국무위원 전원이 일괄해서 사표를 제출했다.

같은 날(5월 20일) 검찰은 사건 전모를 발표했고 사건과 관련해 19명(장영자 부부, 두 행장, 기업인 6명, 사채업자 3명 등)을 구속했다. 일주일 전에 외환관리법 위반으로 발표한 검찰이 건국 이래 최대의 사기사건으로 중죄를 적용했지만 사건의 주역이 장영자가 아닌 이철희라는 사실을 강조한 이른바 주역(主役) 논쟁은 검찰 발표의 신뢰성을 크게 훼손했다. 검찰에서 중간 발표를 한 것이라든가 수사 검사들이 대거 TV에 출연해 수사 내용을 설명한 것은 의구심을 잠재우기보다는 더 키우는 역할을 했다. 어쨌든 1982년 6월 2일에 검찰은 29명을 일괄 기소했다.

이러한 일련의 고강도 조치에도 불구하고 정치권력과의 연계 가능성에 대한 의혹은 여전했고 정부 신뢰는 결정적으로 훼손되었다. 장영자가 영부인 부친 이규동의 동생 이규광의 처제라는 사실, 공영토건의 급성장과 권정달 사무총장의 영향력이 작용한 것 아닌가 하는 의구심, 은행도어음은 가계수표 용지처럼 은행에서 주는 것인데 어떻게 그렇게 대량으로 지급 가능했는가 하는 요인들이 불신의 원천이 되었다. 그런 의혹에 더해 장영자 사건은 서민들에게는 삶의 의미를 박탈해간 사건으로 큰 분노를 샀다. 일한 만큼 대가를 받고 한 푼이라도 아껴야 한다는 마음가짐이 크게 손상되었다. 정부가 추진하는 사회개혁은 냉소의 대상이 되었고 '정의사회 구현' 또한 공허한 메아리가 되고 말았다.

금융실명제 실시를 위한 호기

개각에 이르기까지 신문, 방송은 연일 장영자 사건으로 도배를 했다. 걷잡을 수 없이 확대되어가는 사건을 수습하는 것은 초미의 과제였다. 수사 검사들이 대거 TV에 출연해 사건 내용을 설명하는 등의 노력에도 불구하고 진정될 기미를 보이기 않았다. 급기야 전 대통령까지 사람들의 입에 오르내리기 시작했다.

이렇게 큰 파장을 불러일으킨 바탕에는 장영자가 청와대의 이른바 로열패밀리라는 관계도 한몫을 했다. 중앙정보부 차장을 지낸 이철희와 장영자의 결혼, 장영자와 영부인과의 관계가 사람들의 관심을 끌었고 논쟁의 초점이 되었다. 사건이 진정되기는커녕 날이 갈수록 고조되어 갔다. 강력한 언론통제 시대였던 그때 신문들이 어떻게 이 사건에 대해 거리낌 없이 대서특필할 수 있었는지에 대한 의문은 훗날 풀렸다.

하지만 당시 나는 그런 의문보다는 장영자 사건이 몰고 온 이러한 상황이야말로 금융실명제 실시를 위한 천재일우의 기회라는 생각이 먼저 들었다. 이는 이진설 차관보(후에 건설부 장관, 청와대 경제수석 역임)를 비롯해 경제기획원 출신으로 재무부에 와서 일하는 간부들의 공통된 의견이었다. 경제기획원 출신 간부들이 무기명거래는 없어져야 한다는 대책을 강력히 건의한 데에는 그런 이유가 있었다. 제4차 경제사회개발 5개년계획 작성 과정에서 무기명거래의 장단점에 대해 깊은 검토와 많은 토론을 했고 그 결과 기회가 오면 그때에는 무기명과 가명거래는 반드시 없애야 한다는 공감대가 만들어져 있었다.

경제기획원 출신 간부들은 장영자 사건과 같은 지하경제의 소지를 없애기 위해서는 무기명이나 가명으로 하는 금융거래는 없어져야 한다고 나웅배 장관에게 강력히 건의했다. 나 장관은 이를 받아들였다. 실명예금과 가명예금에 대해 차등과세를 검토한다, 사채조사를 위해 예적금에 관한 비밀보장법을 개정 또는 폐지하는 방안을 검토한다는 내용이 국회 재경위 이·장 사건 보고에 포함되었다. 우리는 쾌재를 불렀다. 그러나 그것도 잠시, 1982년 5월 13일 국회 재경위가 열리자 이 내용이 논란의 중심이 되었고 언론에서 이 문제를 크게 보도했다. 그러자 나웅배 장관은 서둘러 이를 삭제했다. 예적금 비밀보장에 관한 부분은 없었던 일로 되고 말았다.

재무부 장관을 맡게 되다

1982년 6월 24일, 장영자 사건으로 뒤숭숭한 사회 분위기를 쇄신하기 위한 전면 개각이 단행되었다. 김상협 고려대 총장이 국무총리로 발탁되었다. 나웅배 재무장관이 6개월 만에 물러나고 내가 재무장관으로 입각했다. 개각 발표가 있기 며칠 전에 나 재무장관의 후임으로 내정되었다고 김재익 수석이 귀띔을 했다. 그때 김 수석은 경제 활성화를 위한 대책안 구상을 설명했다. 그의 구상에 따라 비밀리에 대책안을 다듬었고 재무장관이 된 뒤 김준성 부총리에게 그 내용을 보고했다. 1982년 6월 28일 김 부총리가 '경제 활성화 대책'이란 이름으로 이를 발표했다. 금리를 4%p 낮추고 법인세도 20%로 단일 세율로 하는 내용이었다. 당시 법인세율은 공개영리 법인의 경우 22~33%, 비공개법인의 경우 22~38%, 비영리법인의 경우 20~27%로 다기화되어 있었다. 기업의 부담을 줄이고 의욕을 고취하는 획기적인 내용이어서 이에 대한 재계의 반응은 대단했다. 이를 통상 '6.28 조치'라고 불렀다.

6.28 조치 구상에는 법인세와 함께 소득세 경감 조치도 들어 있었다. 이 중에서 법인세 인하 방침은 6.28 조치에 포함해 발표하고

소득세 부분은 일주일 뒤에 따로 발표하자고 제안을 해 그렇게 하기로 했다. 금융실명제 구상을 1주일 동안 다듬어 소득세 부분을 발표할 때 함께 하기로 한 것이다. 나는 장영자 사건이 금융실명제를 위해서는 더할 수 없이 좋은 천재일우의 기회이고 이를 놓치는 것은 우리나라를 위해 큰 손실이라고 생각하던 터였다.

장관이 되면 내 소신대로 밀고 갈 수 있다고 생각했다. 실명제에 대한 전 대통령의 결재를 받기에 앞서 금융실명제의 내용과 필요성에 대해서는 김재익 수석이 전 대통령에게 미리 자세히 설명을 해두었다. 금융실명제에 대한 대통령의 결재는 아무런 문제없이 이루어졌다.

💰 금융실명제 구상이 7.3조치로

예정대로 1주일 뒤인 1982년 7월 3일에 금융실명제 구상을 발표했다. 1983년 1월 1일부터 모든 금융거래는 실명으로 한다, 1983년 6월 말까지 기존의 무기명과 차명예금은 실명으로 전환한다는 내용이었다. 발표 내용은 금융실명제 실시를 위한 구상이었다. 이를 근간으로 여론을 수렴해 입법안을 만들어 국회의 심의를 거쳐 시행에 들어가겠다고 분명히 발표했다. 그럼에도 불구하고 언론에서는 7.3조치라고 표현했고 그것이 통칭이 되었다. 그 결과 마치 1972년 8월 3일에 있은 사채 조정에 관한 대통령 긴급명령과 같은 느낌을 갖게 되었다. 그만큼 금융실명제 구상 발표는 충격으로 받아들여졌다. 당시 정부의 막강한 힘(?)으로 미루어볼 때 발표 내용 그대로 실시되는 것으로 받아들였던 것 같다.

실명제 구상이 발표되자 그때까지 장영자 사건을 대서특필하던 신문들은 온통 실명제로 뒤덮였다. 가장 두드러지게 달라진 것은 장영자 사건은 완전히 관심의 뒷전으로 밀리고 금융실명제가 공론의 중심 자리를 차지한 것이었다. 비생산적인 관련설 등 가십이 난무하는 것보다는 금융실명제가 무엇인지, 왜 시행해야 하는지, 실시할 경우 무엇이 어떻게 달라지는지, 각자의 이해관계는 어떻게 되는지 등을 두고 논의를 벌이는 것이 우리 모두를 위해 훨씬 더 생산적이었다.

냉소적이던 사회 분위기가 하루아침에 바뀐 것도 금융실명제 발표로 얻은 효과였다. 국민의 관심이 실명제로 모아지면서 정부가 무언가 올바른 일을 한다는 인식을 깊이 심어주었다. 정의사회 구현을 내걸고 출범한 5공화국 정부의 정체성과 정당성이 뿌리채 흔들리던 상황에서 금융실명제로 다시 정의사회 구현을 말할 수 있게 되었다.

그 정도로 실명제에 대해서는 이렇다 할 이견이 없었다. 장영자 사건으로 위기 국면에 몰렸던 여당에서도 금융실명제 구상에 대해 반론을 제기하는 소리는 일체 없었다. 금융실명제는 자금의 흐름, 금융관행의 변화 등 금융질서를 근본에서부터 바꾸는 제도라는 평가를 받았다. 언론에서 조사한 바에 의하면 실명화와 사채양성화에 대해서는 대부분의 국민들이 공감하고 있다는 보도였다 (〈조선일보〉 1982년 7월 15일).

정상적인 입법 절차를 밟아 금융실명제를 실시할 수 있다는 자신감이 들었다. 정도를 밟아 입법화하기로 한 나의 계획이 올바른 결정이라고 생각했다. 그러나 언론의 논조는 당위성에 대해서는 대체로 공감을 나타냈지만 과연 정부 발표 내용대로 시행될 것인가에 대해서는 회의적이었다. '도중 포기가 없어야'한다, 힘 센 큰 손을 제대로 막아낼 수 있을까 하는 의문을 제기했다. 왜 갑자기 금융실명제인가? 금융실명제는 무엇을 얻고 무엇을 이루기 위해 하는 것인가? 대부분의 국민들이 가졌던 의문이었다.

금융실명제, 왜 해야 하는가?

4차 계획 당시의 문제의식

4차 계획 작성 당시 우리 경제의 장기적 발전과 사회 안정을 위해 가장 고심한 과제는 부의 정당성 확보 문제였다. 부의 정당성과 관련해 가장 심각한 예는 재벌그룹의 경영권 세습이었다. 2세, 3세로 경영권이 넘어가는 과정에서 증여세와 상속세를 둘러싸고 말이 많았다. 세상에 잘 알려진 재벌그룹의 상속세 납부액이 일반의 예상과 너무나 동떨어진 적은 금액이었다. 그런 연유로 인구에 회자되는 경우가 비일비재했으며 상속 과정에 대한 의혹이 끊이지 않았다.

상속세 제도를 어떻게 개혁해야 하느냐에 대한 논의가 끊이지 않았지만 그것보다 우선한 것이 금융실명제였다. 금융실명제가 실시되지 않고, 무기명과 차명이 합법화되어 있는 상태에서는 상속세를 어떻게 손질해도 제구실을 할 수 없다. 갑자기 사고라도 당해 상속하는 경우가 아닌 한 상속세는 사실상 유명무실했다. 금융실명제를 실시하면 변칙 상속은 그만큼 어려워진다. 그런 연유로 실명제 실시는 자연히 부에 대한 정당성을 인정하는 사회분위기를 조성한다. 부에 대한 존경심도 더 커지게 된다.

한마디로 예적금 비밀 보장에 관한 법은 금융저축 증대라는 명분을 내걸었지만 결과적으로는 은행 창구가 탈세를 눈감아주는 성역화 역할을 하고 있었다. 이렇게 사회 부조리의 원인이 됨으로써 금융저축 증대로 얻는 국민경제적 이익보다 훨씬 더 큰 문제를 만들고 있었다.

그렇기 때문에 금융실명제는 자본주의의 건전한 발전을 위해 하루속히 시행되어야 한다고 생각했다. 자본주의는 부의 정당성에 대한 사회적 평가와 함께 기업경영의 투명성이 확보되는 바탕 위에서만 제대로 꽃을 피울 수 있다. 부의 정당성과 기업경영의 투명성 확보는 실명제 실시 없이는 기대할 수 없다. 실명제는 건강한 자본주의 체제의 유지와 발전을 위해 더 이상 미룰 수 없는 시급한 과제였다. 서구의 몇 나라와 일본에는 실명제가 없다고 하지만 그 나라들은 다른 장치로 부의 정당성과 경영의 투명성을 뒷받침한다. 일본은 정직성이 바탕이 된 사회이며 미국은 1만 달러 이상의 거래는 반드시 국세청에 보고를 한다. 1만 달러 이상의 현금거래는 FBI 등 수사당국에도 통보하게 되어 있는 등 감시체제가 잘 정비되어 있다.

지하경제를 없애려면

장영자 사건으로 지하경제가 큰 이슈로 등장했다. 우리는 지하경제란 용어를 많이 쓰지만 어떤 경제를 의미하는 것인지에 대한 정의는 분명치가 않다. 1982년 10월 국회 재경위 보고과정에서 '떳떳하지 못한 자금'이란 용어를 사용했다. 이에 대해 "떳떳하지 못한 자금은 구체적으로 무엇을 뜻하는 것인가?" 하고 고재청 의원이 기세등등하게 돌발질문을 했다. 범죄와 관련된 자금, 특히 '공직자의 뇌물을 의미하는 것이냐'는 취지의 질문이었다. 이에 대해 '세금을 제대로 내지 않는 자금'이라는 간단한 답변으로 싱겁게 넘어갔다.

사채거래와 관련해서는 그 누구도 제대로 세금을 내지 않는다. 무기명, 차명으로 금융거래가 합법화되어 있어 탈세를 하기가 그만치 손쉬운 것은 긴 말이 필요 없다. 지하경제가 번창할 수밖에 없다. 금융거래가 실명거래로 의무화되면 탈세는 어려워질 수밖에 없다. 실명제는 지하경제, 즉 탈세의 소지를 제거하기 위한 가장 강력하고 효과적인 장치다. 실명제를 실시하면 자연히 경제활동 전반이 투명해진다.

지하경제에는 마약 등 범죄와 관련된 경우도 포함된다. 하지만 당시 나의 관심은 범죄 관련 여부와는 별개로 제대로 세금을 내고 있는가 하는 탈세 쪽이었다. 미국에서는 절도범의 집에 국세청(IRS) 직원이 먼저 찾아온다는 말이 있다. 절도행위가 범죄가 되는가의 여부와는 별개로 절도로 생긴 소득에 대해 세금을 징수하기 위해서이다. 범죄행위에 대한 형사 책임을 묻기 위한 FBI 등의 수사 활동과 세금과는 완전히 별개다. 소득의 원천이 어디에 있든 소득이 생기면 법에 정한 세금을 내야 한다는 얘기다(이를 뒤집어보면 세무 당국은 세금만 거두면 되지 부동산투기 억제를 위해 세무조사를 한다거나 물가안정을 위한 매점매석 단속에 세무공무원을 동원하거나 국세청을 이용해서는 안 된다는 뜻이기도 하다. 김영삼 대통령 때 시행한 금융실명제는 사회적 비리 척결에 초점이 맞추어져 있다. 같은 이름의 금융실명제지만 입법 취지는 다르다).

실명제는 지하경제의 대표격인 사채거래가 제도권의 정상적인 거래가 되도록 하는 제도적 장치다. 금융실명제는 금융거래를 할 때 가명이나 무기명이 아닌 실제 거래하는 사람의 이름으로 하는 제도다. 따라서 예금주가 누구인지 전부 드러난다. 탈세하기가 어려워질 것은 당연하다. 장영자 사건과 같은 지하경제로 온 나라가 홍역을 치르는 일도 사라지고 그에 따른 불합리한 경제적·사회적 비용도 사라진다.

사채의 규모가 얼마나 되는지에 대해서는 정설이 없다. 1972년 8.3조치 때 신고한 사채 규모가 3,000억 원 정도였다. 한국경제연구원의 〈한국 사채금융시장에 관한 연구〉에 의하면 1981년 말 현재 사채의 규모는 1조 1,000억 원으로 추정되었다. 이는 은행대출의 7%, 통화량의 27%에 해당하는 규모로 10년 동안 크게 늘어난 셈이었다. 이러한 지하경제가 경제뿐만 아니라 나라 전체를 크게 교란시킨 것이 바로 장영자 사건이었다.

실명제 실시와 함께 사채자금이 기업의 투자 등 생산적인 경제활동에 합법적으로 기여할 수 있게 했다. 즉 자기 기업에 출자하는 자금, 은행, 단자, 상호신용금고에 출자하는 자금에 대해서는 자금 출처 조사를 하지 않는다. 또 단자회사나 상호신용금고를 신규로 설립할 수 있도록 기회를 개방해서 사채자금이 제도권으로 진입할 수 있는 길을 열기로 했다.

공평 과세를 할 수 있게 된다

금융실명제는 세금 부담의 불공평을 없앨 수 있게 한다. 일정 금액 이상의 소득에 대해서는 소득세를 부담한다. 소득이 많으면 더 많은 세금을 부담한다. 종합소득세는 물론 근로소득도 일정액 이상이 되면 누진세율을 적용한다. 이에 반해 금융자산 소득은 그 소득 금액이 아무리 커도 금액에 관계없이 15%의 단일 세율을 적용해 소득세를 부담하면 그만이었다. 금융저축을 늘린다는 명분이다. 자연히 똑같은 소득이라도 이자소득인가, 근로소득인가에 따라 세금 액수가 달랐다. 특히 봉급생활자의 소득은 유리알처럼 다 드러나고 원천징수까지 당하는 처지다. 이는 조세 정의에 반하고 소득분배 차원에서도 문제다. 이러한 불공평한 세금 부담은 바로잡아야 마땅하다. 근로소득이냐, 이자소득이냐 등 소득 원천에 따라 다른 세율을 적용할 것이 아니라 소득 원천이 무엇이든 똑같은 소득에는 똑같은 세율의 세금을 부담하는 것이 당연하다.

세 부담은 공평해야 한다. 금융실명제를 실시해야만 납세자별로 모든 소득을 합산할 수 있다. 그렇게 되어야 '같은 소득에는 같은 세금을 부담'하는 공평 과세가 된다(금융자산 소득에는 15%의 세금만 따로 내던 사람들에게는 세 부담이 커지겠지만 이를 두고 불평할 것이 아니다. 이제까지 더 많이 부담했어야 하는데 적게 냈다는 사실에 감사하는 마음을 가지는 것이 도리이다). 분리과세가 없어지고 종합소득세제로 합산되면 당연히 전체 세수도 늘어난다. 세수를 늘리기 위해 금융실명제를 실시하는 것이 아니기 때문에 전체 세수는 금융실명제 실시 이전 수준을 유지하면 된다. 따라서 금융실명제를 실시하면 세율을 전반적으로 낮출 수 있다. 실명제 실시를 계기로 소득세율을 크게 낮추는 세제개혁을 추진할 수 있었던 것은 이 때문이다.

기업의 재무구조 개선에 도움

우리 기업들이 과다한 차입으로 재무구조가 좋지 않은 것은 고질적인 문제가 된 지 오래다. 그럼에도 차입 위주의 재무구조가 개선되지 않는 것은 차입을 하는 쪽이 세 부담 면에서 더 유리하게 되어 있는 것에도 그 원인이 있다. 어떻게 보면 세제가 취약한 재무구조로 가도록 유도하고 있다. 돈을 빌려 사업을 하는 것이 세 부담 면에서 훨씬 유리하게 되어 있다. 기업이 돈을 빌릴 경우 이자는 전부 손비로 처리할 수 있는 반면 자기 돈으로 출자를 하면 이자지출 해당액만큼 영업이익이 늘어난다. 그렇게 되면 법인세를 더 많이 부담하게 된다. 게다가 배당소득은 종합소득에 합산되어 누진세율을 적용받는다. 만일 중소기업을 경영하는 기업주가 여유자금이 있어, 이 돈을 기업에 출자하면 법인세, 배당소득에 대한 종합소득세 등의 문제가 생긴다.

대신 여유자금을 은행에 예금하고, 이 예금을 담보로 은행에서 차입한 자금으로 기업을 경영하면 예금 이자소득에 대해서는 15%

의 세금만 부담하면 되고, 차입금 이자는 회사경비가 되어 손비로 처리된다. 즉 이익금이 줄어드는 만큼 법인세 부담이 줄어들어 기업주와 회사 모두 세 부담이 가벼워진다. 사정이 이러하니 설사 여유자금이 있어도 자기 회사에 증자(增資)를 할 필요가 없다. 예적금 비밀보장에 관한 법률에 의해 가명계좌가 가능했기 때문에 회사돈인지 여부를 가리기란 매우 어려워 회사자금도 이러한 편법으로 얼마든지 운용할 수 있다. 금리 수준이 높으면 그만큼 유혹은 더 커진다. 기업 재무구조를 좋게 하는 것보다는 그 반대 유인이 더 크다.

실명제가 실시되면 이자소득이 종합소득으로 합산되고 또 자금유용이 어려워져 편법 사용이 어려워진다. 물론 기업들이 차입을 겁내지 않게 된 것은 대마불사의 믿음도 한 몫을 했다. 빚을 많이 져 기업이 어려움을 겪더라도 정부가 나서서 무언가 대책을 강구해 줄 것이라는 기대는 1972년의 이른바 8.3조치로 더 깊게 뿌리를 내렸다. 이러한 도덕적 해이는 급기야 1997년에 외환위기를 겪는 큰 원인을 만들었다.

 집요한 금융실명제 반대

다양한 반대 이유

금융실명제의 당위성은 이렇게 분명했다. 그럼에도 불구하고 시간이 지나면서 부작용을 이유로 반대의 목소리가 커지기 시작했다. 제기한 문제는 다양했다.

첫째, 왜 그렇게 성급하게 추진하느냐는 것이었다. 실명제 구상 발표 후 KBS에서 금융실명제에 관한 토론 자리를 서둘러 마련했다. 토론에 참여한 주부가 "장관 취임한 지 며칠이나 되었다고 그런 엄청난 조치를 취하는가?"라는 당돌한(?) 질문을 했다. 이 질문에 사회자가 당황해 질문을 제지하려 했지만 나는 그대로 질문하도록 사회자를 만류해 그대로 진행되었다. 비록 장관으로 취임한 지는 며칠 되지 않았지만 금융실명제에 대한 검토는 1975년, 기획국장 때 4차 5개년계획을 작성하는 과정에서 이미 충분히 검토했다. 당시 예적금 비밀보장에 관한 법률은 저축 증대에 어느 정도 기여하지만 그보다는 폐해가 훨씬 더 커 폐지해야 하고 금융실명제는 반드시 실시해야 할 과제라는 결론을 낸 사안이다. 자본주의의 건전한 발전을 위해서는 이 법을 폐지해야 한다는 확신을 가졌지만 이를 실시할 때 일어날 엄청난 반대를 감당할 자신이 없어 엄두를 내지 못하고 지내왔다. 하지만 장영자 사건과 같은 불합리한 일이 다시는 벌어지지 않도록 하기 위해 더 이상 늦출 수 없어 시행하지 않을 수 없다고 그간의 경위를 설명했다(녹화가 끝난 뒤 KBS에서 이 부분을 삭제하겠다고 연락을 했지만 그대로 방영하게 했다. 이 녹화 토론 프로는 1982년 7월 7일 밤에 방영되었다. 그 주부의 질문이 방영된 이후 갑자기 KBS로 많은 시청자들의 전화 질문이 폭주했다고 한다. 생방송으로 알았기 때문이었다). 그런 의문을 가진 것은 비단 그 주부뿐만이 아니었다. 신문 대담이나 토론 자리에서도 금융실명제 구상을 두고 즉흥적인 제안이 아니냐는 비난성 질문을 많이 받았다.

실명제는 시행 시기가 적절한가의 여부만 판단하면 되는 '준비된 개혁'이었다. 다만 너무 성급하게 서둔 것 또한 사실이었다. 서둔 이유는 둘이었다. 그 하나는 나라가 벌집을 쑤신 듯 시끄러울 때 그 대책으로 시행하는 것은 더할 수 없이 좋은 기회라고 생각했다. 다른 하나는 취임 3개월도 안 된 법무장관과 6개월도 안 된 재무장관이 바뀌는 등 예사로 장관이 경질되는 상황이어서 느긋하게 일을 처리할 시간 여유가 없다고 생각했다.

둘째, 금융실명제 도입에 따른 부작용 문제를 들었다. 부작용이 없다면 왜 금융실명제 실시가 안 되었겠는가. 정책 결정은 그것이 무엇이든 그 정책으로 얻는 이익과 그에 수반하는 부작용을 두고 어느 쪽을 선택할 것인가 하는 취사선택의 문제다. 어떤 양약도 부작용은 있기 마련이다. 다만 병을 치유하기 위해 부작용을 감수할 따름이다. 치료과정에는 고통이 따르지만 그 고통은 감내한다. 나는 장영자 사건과 같은 사고를 되풀이하는 일은 다시는 없어야 한다. 만해 한용운은 "소 잃고 외양간 고치는 사람을 바보라고 한다. 그러나 소를 잃고도 외양간을 고치지 않아 다시 소를 잃은 사람이야말로 진짜 바보다"라고 말했다. 진짜 바보가 되지 않기 위해서는 외양간을 고쳐야 하고 그것이 바로 금융실명제다라고 말했다.

개혁과정에 고통이 따른다고 해서 이를 외면하면 같은 잘못이 되풀이된다. 제도 개혁은 이제까지 익숙한 방식을 바꾸는 것이다. 익숙한 것을 바꾸는 일은 비록 그 결과가 더 좋아지는 경우에도 대부분의 사람들은 바꾸는 것 자체를 싫어한다. 설사 고통이 따르지 않더라도 새로 바꾸는 것은 불안하기 때문이다. 부작용이 없고 고통이 따르지 않는 개혁은 없다. 물론 고통이 따른다고 해서 모두가 바람직한 개혁이 아닌 것도 사실이다(외환위기 후 필요 이상의 고통을 개혁이라는 이름으로 강요당한 경우가 있다. 1998년 초의 초고금리정책과 초긴축정책이 그 예다. 잘못된 정책 처방으로 치르지 않아도 될 엄청난 고통을 겪었다. 몇 달 후 이를 바로잡았지만 이미 흑자도산 등 돌이킬 수 없는 고통을 겪고 난 뒤여서 사후약방문 격이 되었다. 가슴 아픈 일이다). 어쨌든 실명제 반대론자들은 부작용을 과대 포장했다.

세 번째 문제는 가명과 무기명 예금을 실명으로 전환할 경우 기득권을 인정할 것인가의 여부였다. 실명화 과정에서 일정액(1,000만 원, 미성년자는 700만 원)을 초과하는 경우에는 자금 출처를 소명하고, 소명할 수 없는 경우에는 10%를 국가에 납부하도록 했다. 발표 당시에는 10%만 내면 자금 출처 조사를 면제해주는 것은 지나친 특혜라는 비판이 있었다. 또 다른 한편에서는 예적금 비밀보장에 관한 법률에 의해 합법적으로 인정되어온 무기명과 차명예금을 실명으로 전환한다고 해서 10%의 과징금을 징수하는 것은 기득권을 침해하는 것이 아니냐는 주장도 나왔다. "자금 출처를 조사하지 않겠다는 것만 해도 큰 혜택이고, 그 과정에서 축적 과정을 당당하게 밝힐 수 없는 자금의 10%를 국가에 낸다는 것은 국민으로서 당연한 도리가 아니냐?"는 것이 과징금(경향신문의 손광식 경제부장은 이를 도강세(渡江稅)라고 명명해 그렇게 통용되었다)의 논거였다. 이 문제에 대해서는 과거를 밝히는 것보다는 앞으로 잘해가자는 것이 실명제 도입의 목적이기 때문에 과거 문제에 연연할 것이 없다고 생각해 1,000만 원의 과징금 징수 하한을 3,000만 원으로 조정했다. 이로써 가명 및 무기명 예금주의 95%가 자금 출처 조사를 면제받을 것으로 추정했다. 이에 더해 실명으로 전환하지 않고 가명 및 무기명 상태 그대로 남을 수 있게 허용하되 다만 이자소득세율은 차등화해 세금을 더 내도록 조정했다.

넷째는, 돈은 햇볕을 싫어한다는 이해하기 어려운 논리였다. 조석래 효성그룹 회장과 일부 정치인들이 실명제 반대 이유로 제기했다. 햇볕을 싫어하는 것이 자본 고유의 생리인데 실명제는 이를 햇볕에 드러내는 것이어서 자본의 생리에 반한다는 주장이었다. 실명제를 실시하면 경제에 엄청난 문제가 생긴다는 협박성 발언이었다. 투명성 확보가 기업경영의 핵심 과제 중 하나인 현시점에서는 이상한 논리지만 당시에는 실명제 반대를 위한 그럴듯한 이유로 쓰였다. 재무제표의 신뢰성, 기업경영의 투명성과 투명한 기업의 지배구조가 자본주의의 기본임은 상식인데도 불구하고 재계 지도자와 정계 지도자들이 공공연히 그런 말을 하면서 실명제를 반대했다.

다섯째는 전산 처리 능력에 관한 것이었다. 방대한 자료를 제대로 집계해서 종합소득세를 부과, 징수하는 일이 불가능하다는 주장이었다. 평소 컴퓨터에 대해 별로 관심이 없던 인사들이 이 문제를 제기해서 당혹스러웠다. 컴퓨터에 문외한이 분명한 인사들일수록 전산 문제를 더 큰소리로 떠들었다. 그러나 전산 문제는 일찌감치 KIST 전산실의 성기수 박사와 상의를 마쳤다. 문제가 있다면 실시 시기를 그에 맞추어 조정할 생각이었다. 이렇게 문제없다는 사실을 이미 자신하고 있었다.

성기수 박사와는 1970년에 예산총괄 과장 시절 예산업무 전산화 작업을 함께 한 이후 1979년 기획차관보 때는 충청북도의 민원 행정업무 전산화 사업을 함께 했다(당시 내무부가 컴퓨터에서 출력한 서류를 법적 서류로 인정할 수 없다는 이유로 완벽하게 개발한 시스템을 실제로는 활용하지 못했다).

성 박사가 기자회견(1982년 7월 17일)까지 했지만 실명제에 반대하는 사람들은 입만 열면 전산처리 문제를 제기했다. 민정당에서는 김종인 의원이 앞장을 섰고 각료 중에서는 노태우 내무장관이 열을 올렸다. 1982년 8월 20일 국회 재무위에서 안무혁 국세청장은 전산 능력에 대해 다음과 같이 증언했다. 종합소득세(이하 '종소'라고 함) 대상은 총 900만 명이지만 이 중에서 1/2은 비과세여서 450만 명이다. 이는 당시 종소 대상인 55만 명의 8배에 달하는 방대한 숫자다. 그러나 1차 종소 대상은 150만 명으로 국세청 컴퓨터 용량으로 처리가 가능하다(금융기관의 처리 능력은 별개). 종소 관련 국세청 직원은 2,200명인데 2,100명의 증원이 필요하다. 국세청 전산요원은 590명인데 130명의 증원이 필요하다.

전산처리 논란은 그 뒤에도 이어졌다. 그런 논란 끝에 국회 경과위에서는 국내 컴퓨터 관계 최고 권위자인 성 박사를 증인으로 채택했다. 국회 경과위에 증인으로 불려나온 성 박사에게 전산화 가능 여부에 관한 의원들의 질문이 쏟아졌다. 긴장된 순간이었다. 그러나 이러한 긴장은 성 박사의 간단한 답변 한마디로 끝났다. "가능합니다." 이 한마디 증언에 어떤 의원도 반대 질문을 하지 못했다. 전산화에 관한 논란은 이렇게 싱겁게(?) 결말이 났다. 그러나 이종찬 원내총무(민정당)는 실명제 실시를 보류한 이유의 하나로 이 문제를 다시 거론했다.

일곱째는 부동산투기, 자금의 퇴장 가능성, 해외 도피 가능성 등의 문제였다. 그러나 부동산은 실명거래이고 세무당국에서 자금출처 조사를 철저히 하는데 어떻게 부동산으로 자금이 몰린다는 것인지, 또 자금은 왜 퇴장하는지? 해외 도피는 그 방법이 더 유리해야 하는 것인데 과연 그러한지 등 이해하기 어려운 주장들이었다. 이 주장들은 최대한의 이익 추구를 위해 물불을 가리지 않는 돈의 성질을 제대로 파악하지 않은 비현실적인 문제들이었다.

이러저러한 문제 제기가 설득력이 없자 실명제는 실시하되 단계별, 점진적으로 실시하자는 주장이 대세가 되었다. 1982년 7월 13일에 있은 민정당 정책위 재무분과위의 실명제 토론회는 단계별 실시가 바람직하다는 쪽으로 의견을 모았다. 언뜻 보기에는 지극히 합리적인 방안처럼 보였다. 그러나 이는 포장은 실명제에 찬성하는 것처럼 하면서 실제는 하지 않겠다는 속내였다. 반대할 명분이 없을 경우 찬성하는 것처럼 보이면서 실제로는 반대할 때 항용 쓰는 방법이 바로 단계별, 점진적 실시안이다.

청와대 실세 수석이 반대에 앞장서다

이처럼 실명제 논란은 끝이 없었다. 그러는 가운데 실명제를 둘러싸고 서서히 찬반 두 갈래의 흐름이 보다 뚜렷이 나타났다. 실명제의 취지와 의의를 이해하고 찬성하는 사람도 늘어난 반면 자신의 이해득실과 관련해 맹렬한 반박을 퍼붓는 측도 점점 불어나기 시작했다.

실명제를 지지하는 사람들은 대체로 지식층, 언론인 그리고 은행 예금이 많지 않은 서민들이었고, 반대론자들은 실명제 시행으로 피해를 입게 될 것이 확실한 계층의 사람들이었다. 다만 실명제 도입을 반대하는 측에서는 뚜렷이 내세울 반대 명분을 찾기 어려워 정면으로 반대하지는 못했다. 기껏해야 경제질서가 어렵게 되지 않겠느냐, 과연 전산화가 가능하겠느냐 등으로 시행 가능성에 관련된 문제를 제기했다.

문제는 재계나 국민들보다는 민정당과 정부였다. 민정당 당직자들은 실명제에 노골적으로 반대하는 소리를 내기 시작했다. 심지어 재무부 간부들조차 사석에서 반대론을 편다는 소리가 심심치 않게 들려왔다. 전 대통령이 "어떻게 된 게 실명제는 집안에서까지 반대하는 소리가 나오느냐?"고 집안단속부터 잘하라고 말할 정도였다. 시간이 지날수록 실명제 반대 세력은 점점 커지는 것에 반해 추진 세력은 사면초가의 처지에 내몰리고 있었다.

청와대 일부 수석비서관들도 반대에 적극 나섰다. 이들은 김재익 수석을 압박했지만 소기의 성과를 거두지 못하자 직접 설득에 나서기로 했다. 7월 중순이 지난 어느 날, 청와대 수석비서관 회의에 참석해 달라는 연락이 왔다. 그 자리에는 김준성 부총리도 함께 참석했다. 수석비서관 회의가 아닌 비공식 모임이었다. 실명제 추진을 그만두도록 설득하기 위한 자리였다.

허삼수 사정수석이 실명제의 문제점을 제기하고 포기할 것을 강력하게 촉구했다. "경제를 망치려고 하느냐, 어떻게 이렇게 말썽이 많은 법안을 그냥 추진하려고 하느냐?", "법안 자체를 철회하는 것이 어떻겠느냐"고 강력하게 반대 의견을 주도했다. 김태호 행정수석이 허삼수 수석의 의견에 동조했다. 허화평 보좌관은 반대의 중심인 것으로 알고 있었는데, 그날은 일체 발언을 하지 않고 지켜만 보았다. 김재익 수석과 이학봉 민정수석은 찬성 쪽이었지만 이들도 일체 발언을 하지 않았다. 공방은 허삼수와 나 두 사람 사이에서 주로 전개되었다. 논쟁은 평행선을 그을 수밖에 없었다. 그렇게 논쟁을 벌이는 가운데 그때까지 실명제를 지지해왔던 김준성 부총리가 문제가 있다는 견해를 표명했다. 경제팀장의 입장 변화는 충격이었다. 그러나 나는 그대로 버텼다.

토론의 공방은 그동안 수없이 논의된 쟁점들을 되풀이하는 모양이 되었다. 끝내는 "장차 정치적으로 큰 문제가 생기면 당신이 책임을 지겠느냐"고 윽박질렀다. "정치적 문제는 생기지도 않을 뿐 아니라 이것은 사회정의를 위해서도 반드시 시행해야만 한다"고 대응했다. 분위기가 고조되면서 반대파는 우격다짐으로 밀어붙였다. 참다못한 나도 막말로 맞대응했다. "실명제가 그렇게 걱정되면 방법이 있지 않느냐? 재무부 장관을 바꾸어라. 당신들 말을 잘 듣는 사람을 장관시키면 될 것 아니냐. 내가 장관으로 있는 한 나는 실명제를 철회할 수 없다"는 요지를 격한 어조로 말했다. "당신들이 마치 주인이고 나는 고용인처럼 생각하는 것 같은데 그렇다면 재무장관을 바꾸어라. 그러면 문제가 해결될 것 아닌가" 하는 뜻의 말을 노골적으로 했다. 그러자 더 이상 나를 설득할 수 없다고 생각했는지 회의는 그렇게 끝나고 말았다.

이러한 일들이 벌어지자 당초 발표한 구상을 그대로 밀고 나가기 어려운 상황이 되어갔다. "빵 하나가 안 되면 반쪽, 반쪽이 안

되면 1/4쪽이라도 없는 것보다는 낫다"고 말한 존슨 미국 대통령의 말이 생각났다. 오랜 의회 생활에서 얻은 현실적 타협론이었다. 나는 실명제를 실시할 수만 있다면 웬만한 수정 요구는 받아들이기로 마음을 고쳐먹었다.

금융실명제 보완

민정당에서는 엉뚱하게도 실명제 구상 발표를 하면서 당과 사전 협의를 하지 않았다고 생트집을 잡았다. 실명제와 같은 중대 사안에 대해 장관이 여당과 사전에 협의하지 않고 행정부 단독으로 추진한다는 것은 상상할 수도 없는 일이다. 당과의 협의는 예산편성과 관련해 사무관, 과장, 국장을 거치면서 몸에 배일대로 밴 일이다. 정책 관련 협의 창구는 정책위 의장이다. 발표 이전에 민정당 당사를 방문해 진의종 정책위 의장에게 설명을 했음은 물론이다. 정책위 의장은 특별한 이견이 없었다. 정부 방침대로 추진해도 좋다고 지지 의사까지 말했었다. 그것으로 당과의 사전협의는 마친 것으로 생각했다. 정책위 의장이 실명제 추진에 관해 당 중진들에게 보고를 했는지는 알 수 없지만, 보고를 하지 않는다는 것은 있을 수 없는 일이었다.

나의 실책이라면 당 중진들에게 일일이 찾아다니며 설명을 하지 않은 것이었다. 그러나 그렇게 한 전례가 없었다. 그 후 당에서 사전협의가 없었다고 몽니를 부릴 때 진의종 정책위 의장이 나서서 사전협의가 있었다고 말을 해 줄 것으로 기대했다. 하지만 그는 끝내 침묵으로 일관했다. 당과의 협의 문제에 대해 고스란히 내가 덮어썼다. 정책위 의장과 사전에 협의를 했다는 해명은 끝내 한 번도 하지 않았다. 실명제 추진이 보류된 후 이종찬 총무는 기자들에게, 실명제는 발표 이틀 전에야 당에 알려왔다고 말했다. 그것은 사실이었다. 이로 미루어 볼 때 사전협의 사실을 알면서도 그렇게 비난한 것이다.

1982년 8월 10일 민정당 중앙당사에서 6.28, 7.3조치에 관한 공청회를 개최했다. 실명제 보완책 마련을 위한 준비작업의 일환이었다. 공청회에서는 실명제의 당위성에 대해서는 모두 공감을 표시했다. 그러나 김기환 KDI 원장을 제외하고 대부분의 참석자들은 단계별 추진을 대안으로 제시했다. 공청회 후 국회에 제출할 법안 마련을 위한 당정 간의 최종 협의가 있었다. 협의과정에서 당이 주장하는 내용은 웬만한 것은 다 양보했다. 합의 내용은 1982년 8월 17일에 발표되었다. 그 결과를 두고 언론에서는 보완이 아니라 환골탈태라고 비판했다. 정의사회 구현을 내건 민정당이 실명제를 매장하고 박제법(剝製法)을 만들었다고 비난했다. 그것도 그럴 것이 실명화를 위한 도강세를 아예 없애버렸고 더욱이 종합소득세 합산은 하지 않는 것으로 만들었기 때문이었다. 금융실명제의 핵심이 훼손되어 있으나마나한 실명제가 되었다.

그러나 나는 금융실명제 법안이 국회에 제출되는 것만으로도 큰 성공이라고 스스로 흡족해 했다. 실명제를 실시하면 종소합산은 시간문제라고 보았다. 비실명 이자소득에 대해 1983년 7월 1일 ~86년 6월 30일까지는 30%, 86년 7월 1일~89년 6월 30일까지는 50%, 89년 7월 1일 이후에는 100% 과세하기로 되어 있기 때문

이다. 종소합산은 당장은 아니지만 몇 년 늦는 것은 그리 큰 문제
는 아니라고 생각했다.

실명화 과정의 과징금, 이른바 도강세를 아예 없애는 것은 내키
지 않았지만 받아들였다. 새로운 제도로 전환하는 마당에 과거의
일까지 바로잡으려고 집착해 일을 그르치기보다는 올바른 제도를
만드는 것만으로도 충분한 의미가 있었다. 기왕에 새로운 제도로
이행하는 마당에 '과거를 묻지 마세요'라는 대중가요 제목처럼 과
거는 불문에 붙일 수도 있다고 생각했다. 이렇게 당초 원안을 대폭
수정한 끝에 실명제에 관한 법안, 즉 '금융실명 거래에 관한 법률
안'은 당정협의를 거쳐 국회에 제출되었다.

실명제 법안이 당정협의회에서 통과된 후 인사차 민정당 당사
에 들렀을 때의 모습을 언론에서는 "강 재무장관이 완전히 백기를
들고 갔다"고 가십난에서 평했다. 아마 당직자 중 누군가가 기자
들에게 그렇게 논평했기 때문인 것 같았다. 정부와 여당의 협의를
전쟁에 비유한 것은 적절하지 않았지만 일체 반응하지 않았다. 그
럴 필요를 느끼지도 않았다. 언론에서는 백기 운운했지만 나는 실
명제 법안이 국회에 제출하게 된 것 자체가 대견했다.

장영자 사건 대책의 일환으로 예적금 비밀보장에 관한 법률의
폐지 검토를 넣었다가 금방 뺀 것이 불과 두 달여 전인 6월 하순의
일이었다. 먼 옛날처럼 여겨졌다. 하지만 그때를 생각하면 법안 제
출까지 한 것은 정말 자축할 일이었다. 하지만 그런 내색은 일체
내비치지 않았다.

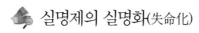 실명제의 실명화(失命化)

마지막 담판

금융실명 거래에 관한 법률안의 국회 제출로 한시름 놓았다고 생각한 것은 나의 큰 착오였다. 금융실명제의 수난은 법안 제출 후부터 본격화되었다. 민정당은 자기들의 의견을 거의 다 받아들여 수정한 법안임에도 다시 반대하는 움직임을 노골화했다. 청와대 일부 수석비서관까지 합세했다.

민정당에서는 내놓고 말은 하지 않았지만 문제의 핵심은 정치자금이었다. 실명제가 되면 정치자금 조달이 어려워질 것을 염려했다. 현금으로 정치자금을 수수할 수밖에 없는 상황은 막아야 한다는 것이 문제의 핵심이었다. 이에 대해 나는 실명제가 이자소득의 종소합산을 위한 것이기 때문에 이자가 발생하지 않는 요구불 예금의 경우에는 실명화가 필요하지 않다는 것, 따라서 정치자금을 반드시 현금으로 수수해야 할 필요는 없다는 사실을 설명했다. 하지만 이는 정치자금 수수과정의 문제에 대한 해결책이 될 따름이다. 실명제가 되면 기업 등에서 정치자금 등 비자금을 마련하기가 어려워진다는 문제는 해결할 길이 없었다. 당장 총선을 앞둔 민정당으로서는 실명제에 대한 반대가 집요할 수밖에 없었다. 시간이 갈수록 반대 세력이 더 크게 결집해갔다. 언론 매체도 실명제를 꼬집고 탓하는 논조가 점차 늘어났다. 저명한 논설위원, 미국에서 박사학위를 받고 돌아온 학자 등이 '실명제가 우리나라를 망친다'는 내용의 글을 쓰기도 했다.

실명제 실시에 대해 적극 찬성 입장을 취하던 언론이 어느 날 갑자기 논조를 바꾸기 시작했다. 얼마 뒤에 안 사실이지만 청와대의 고위층(실세 수석)으로부터 언론기관에 실명제를 반대하는 논조를 게재하도록 압력이 내려왔다는 것이다. 물론 이런 압력을 받아들여 논조를 바꾼 언론기관은 정부 입김을 받지 않을 수 없는 여당 성향의 몇 곳이었다.

당정협의 과정을 비롯해 국회에서의 실명제를 둘러싼 논란으로 실명제 파동이라는 신조어가 생겨났다. 정치권 특히 야당의원들은 실명제를 정부와 여당 공격의 호재로 삼았다. 기회 있을 때마다 "도대체 실명제는 하는 거요, 안하는 거요?" 하면서 물고 늘어졌다. "실명제는 반드시 시행합니다"라는 한결같은 대답을 되풀이했다. 여당조차 흔들리고 있는 고립무원 상태임에도 뜻을 굽히지 않고 밀고 나가는 모습이 안타까웠던지 동아일보에서 '강경식(強硬式)' 시사만평을 실었다. 그 후 강경 스타일이라는 강경식이 나의 이미지처럼 되었다. 그러나 실명제 추진을 흔들리지 않고 주장한 것은 일관성의 문제였지 결코 강경(強硬) 여부의 문제는 아니었다. 정치권은 여야를 불문하고 일관성이 없었다. 야당은 실명제 법안에 대해 단순히 '정부와 여당이 합의해 제출했다'는 사실을 이유로 반대하는 입장을 보였다. 그 후 여당에서 반대를 하자 '실명제는 반드시 시행해야만 한다'는 주장으로 논지가 돌변했다.

1982년 10월 중순경이었다. 출근하자마자 청와대로부터 급한 호출을 받았다. 집무실에 들어서니 전 대통령, 권익현 사무총장, 이종찬 원내총무, 허화평 정무수석, 김재익 경제수석이 앉아 있었다. 민정당에서 전 대통령으로부터 실명제 철회 결심을 얻기 위해 면담을 하는 자리였다. 실명제를 둘러싼 논의도 상당히 진행된 것으로 보였다. 당에서는 실명제 철회를 강력하게 건의한 것 같았고 대통령은 그에 동의하지 않는 것 같았다. 전 대통령이 당의 요구에 대한 나의 의견을 물었다. 그동안 수없이 되풀이한 '실명제를 왜 실시해야 하는가'를 다시 한 번 간략히 설명했다. 그러자 권익현 사무총장이 나를 직접 설득하려 했지만 나는 흔들림 없이 버텼다. 토론을 통한 결론이 날 수 없는 그런 성격의 회의였다.

그날 전 대통령은 지방 행사에 참석하는 일정이 잡혀 있었다. 청와대 헬기장에는 행사장으로 갈 헬기가 대기하고 있었다. 비서가 몇 번 출발 시간이 되었다는 것을 알려왔지만 대통령은 출발 시간을 30분 이상 늦추어가며 논의를 계속했다. 하지만 논의는 완전히 평행선을 그을 따름이었다. 더 이상 지체할 수 없어 행사장으로 출발하기 위해 자리에서 일어서면서 전 대통령은 "금융실명제는 정치생명을 걸고서라도 추진하겠다"라고 결심을 밝혔다. 어떻게 생각하면 너무나 당연한 결과였다. 사실 전 대통령은 여러 차례 보고를 통해 실명제에 대해서는 어느 누구보다 그 의미를 잘 알고 있었다.

대통령이 떠난 뒤에도 권익현 사무총장과 이종찬 총무, 허화평 보좌관은 그대로 자리를 지키면서 나를 계속 설득했다. "지금 각하께서 결론을 내리고 가셨는데 무슨 재론이 필요합니까?"라는 나의 대답에 그날 회의는 거기서 끝났다. 나는 어색하게 말없이 한참 앉아 있다가 그대로 일어섰다. 한시름 놓았다는 느낌이었다. 대통령이 "정치생명을 걸겠다"고 결심을 한 만큼 이후 약간의 잡음은 있을지 모르지만 실명제를 시행하는 것은 확실하리라고 확신했다. 그러나 이 또한 큰 오산이었다.

박제법(剝製法)이 된 실명제법

1982년 10월 29일 아침, 실명제는 실시를 연기하는 것으로 결정이 났다. 10월 28일 저녁 회식 후 밤늦게 집에 도착하니 '내일 중앙청 회의실에서 당정회의가 있다'는 연락이 와 있었다. 김재익 수석이 전화를 해서 "국회에 제출한 금융실명에 관한 법률안을 철회하는 결정을 하는 회의"라고 귀띔해주었다. 법안을 철회하는 방향으로 전 대통령이 최종 결심을 했다는 얘기였다.

이틀 전인 10월 26일 국회 재무위에서 최명헌 의원 등 몇몇 민정당 재무위원들이 실명제의 문제를 제기했지만 그것이 금융실명거래에 관한 법률안의 철회를 위한 작업의 일환이라고는 짐작도 하지 못했다. 대통령의 결심이 흔들리지 않을 것으로 믿고 안심한 것은 나의 큰 실책이었다.

법안을 철회하면 실명제를 입안·추진한 주무 장관으로서 더 이상 자리에 있을 수는 없었다. 사표를 제출해야겠다고 결심을 했다. 예산 국장으로 모셨고 평소에 형처럼 크고 작은 일을 상의해온 김주남(金周南) 전 건설부 장관에게 전말을 말하고 "내일 사표를 낼 생각이다"고 덧붙였다. 그는 사표 제출이 능사가 아니라고 하면서 법안을 철회하는 대신 국회 의결로 시행을 연기하는 방법을 권고했다. 어떻게 하든지 사표 제출에 앞서 대통령을 직접 만나 대통령의 결심을 확인하는 것이 도리라고 생각했다. 청와대 부속실로 전화를 걸어 "내일 아침 일찍 각하를 면담했으면 한다"는 뜻을 전했다. 곧 아침 7시까지 청와대로 들어오라는 전갈이 왔다. 7시 면담을 요청한 것은 중앙청 후생관의 당정회의에 앞서 대통령에게 실명제 처리 방향에 대한 보고와 건의를 하기 위해서였다.

"아침 일찍 웬 일인가" 하며 맞는 대통령에게 단도직입적으로 금융실명에 관한 법안을 철회하기로 결심했는지 여부부터 확인했다. 더 이상 결정을 번복하는 것이 불가능하다는 사실이 분명해졌다. "각하께서 금융실명제 추진을 하지 않기로 결심했다면 그렇게 해도 좋습니다. 그러나 정부가 제출한 법안을 스스로 철회해서는 안 됩니다"라고 말하고 "그럴 경우 임기 동안 통치를 하기가 어려울 것입니다. 당정협의를 거쳐 국무회의에서 의결하고 국회에 제출한 법안을 행정부 스스로 철회한다면 앞으로는 정부가 결정한 어떤 일도 정부가 결정한 그대로 끝까지 시행될 것인지에 대해 국민들은 믿을 수 없습니다. 정부 결정을 국민들이 불신하면 국정을 이끌어가기가 매우 어려워집니다"라고 그 이유를 설명했다. 전 대통령은 심각하게 받아들였다. 그런 각도에서는 생각해보지 않은 것 같았다. "국회에 제출된 법안을 정부 스스로 철회하는 방법이 아니라 국회에서 법안을 심의 의결하되 부칙으로 법의 시행을 5년 이후로 한다는 규정을 하면 된다"고 건의했다. 전 대통령은 그렇게 하는 것이 좋겠다고 동의했다.

또한 나는 그동안 실명제에 반대했던 사람들의 주장을 받아들여 가명에 대해서는 이자소득에 대해 차등 세율을 적용하는 것으로 법안을 통과시켜야 한다고 부연 설명했다. 기왕 결심을 한 이상 결말을 빨리 내는 것이 바람직하기 때문에 "오늘 중에 당정협의회를 직접 주재하셔서 그 자리에서 결말을 내주십시오"라고 건의했다. 그러나 대통령은 국회를 통과시킬 수 있을지에 대해 확신을 가지지 못하는 듯했다.

"과연 국회에서 그렇게 법안 처리를 해낼 수 있을까?"

"그 문제는 제가 이종찬 총무와 협의해 추진하겠습니다."

"이 총무의 힘으로 과연 그렇게 할 수 있을까?"

대통령은 고개를 갸우뚱했지만 나는 '제게 맡겨주십시오'라고 결말을 지었다. 그날 9시부터 대통령은 벨기에 경제성 장관 마이크 에이컨스와의 면담이 예정되어 있고 10시부터 경제기획원에서 열리는 경제동향보고 회의에 참석할 예정이었다. 대통령은 즉시 이 회의를 취소하도록 부속실에 지시했다. 아울러 벨기에 경제성 장관 면담 이후 청와대에서 당정협의회를 열겠으니 중앙청에서 열리고 있는 당정협의회 참석자 전원을 청와대 회의에 참석하도록 조치하라고 지시했다.

나는 그 길로 중앙청 후생관의 당정협의회에 서둘러 참석했다. 당정협의회는 실명제를 성토하는 분위기 일색이었다. 민정당 참석자들은 돌아가면서 실명제 문제를 거론하면서 비판했다. 심지어 노태우 내무장관은 전산화 문제 등을 제기하면서 "실명제를 추진하는 자들은 역적"이라는 표현까지 썼다. 김재익 수석과 나는 묵묵히 듣기만 했다. 회의 도중 벨기에 경제상의 대통령 면담에 배석해야 한다고 양해를 구한 뒤 먼저 회의장을 나왔다. 회의장 바깥에는 취재기자들이 대기하고 있었다. 이날 금융실명제의 운명을 판가름할 회의가 열린다는 사실을 알고 있었기 때문이었다. 그 날짜 신문에는 '회의장을 허겁지겁 떠나는 강 재무의 얼굴이 노랗게 변해 있었다'는 가십이 실렸다.

벨기에 경제상 면담을 마치자 대통령은 곧장 청와대 회의실로 향했고 나 역시 회의에 참석했다. 중앙청 조찬모임에 이재형 민정당 대표, 김상협 국무총리 등 당정의 대표들이 모두 참석해 대기하고 있었다. 전 대통령은 이재형 당의장을 비롯해 권익현 사무총장, 이종찬 원내총무, 진의종 정책위 의장 등 한 사람 한 사람에게 차례로 실명제에 대한 의견을 물었다. 이어 김준성 부총리에게도 의견을 물었다. 그러자 모두가 한결같이 실명제는 철회하고 시행하지 않는 편이 낫다는 의견을 개진했다. 내게는 의견을 묻지 않았다. 새삼스럽게 물어볼 필요도 없기 때문이었다. 그렇게 일일이 참석자들의 의견을 확인한 뒤 대통령은 실명제 처리에 관한 결론을 내렸다. "여러분의 의견을 잘 들었습니다. 모두가 시행하지 않는 것이 좋겠다 하니 그렇게 하도록 합시다. 그렇지만 정부가 일단 제의했던 법안을 철회할 수는 없는 일입니다. 국회에서 법안은 통과시키되 그 시행은 5년간 연기하는 것으로 합시다."

대통령이 제시한 처리 방안에 대해 무어라고 대꾸하는 사람은 아무도 없었다. 침묵으로 대통령의 결정을 받아들였다. 이렇게 '실명제는 도입하되 그 시행은 연기한다'라고 했지만 실제로는 추진하지 않는 것으로 결말이 났다. 전 대통령은 내심으로는 추진을 바랐지만 대통령일지라도 대세에 따르지 않을 수 없었다. 그날 회의에 참석한 사람들 중에 실명제에 끝까지 찬성하는 사람은 김재익 수석과 나 두 사람뿐이었다. 어쨌든 1982년 10월 28일 오전은 매우 긴 한나절이었다.

상처뿐인 영광

그러나 숨 가쁜 고비는 아직도 남아 있었다. 그날 오후의 국회 재무위에서는 실명제 연기 소식을 전해들은 야당 의원들이 잔뜩 벼르고 있었다. 재무위가 개회되자 야당 의원들이 일제히 공격에 나섰다. 먼저 "실명제에 대한 소신에 변함이 없느냐"는 질문부터 나왔다. "실명제 추진에 대한 소신에는 변함이 없다"고 답했다. 이어 "정부로서는 정당한 절차에 의해 금융실명거래에 관한 법률안을 국회에 제출했으므로 국회에서 이를 심의해 의결해주기를 바란다"고 답변했다. "여당의 지지도 못 받는 법안이 통과될 수 있다고 보는가?"라는 질문이 이어졌다. "법안에 대해 어떻게 심의를 하느냐는 것은 국회에서 처리할 문제 아닙니까? 국회에서 어떻게 처리할 것인가에 대해서는 제가 결정할 일이 아닙니다. 행정부로서는 정부가 제출한 법안이 원안대로 의결되기를 바랍니다"라고 말했다. 더 이상 당정협의 결과를 가지고 내게 따질 일이 없게 되었다. 그렇게라도 실명제 추진에 대한 소신을 바꾸지 않은 것은 다행이라고나 할까.

갖가지 우여곡절을 겪은 끝에 금융실명 거래에 관한 법률은 1982년 정기국회를 통과했다. 법은 만들어졌지만 '1986년 1월 1일 이후 대통령이 정하는 시기에 시행한다'는 단서 조항으로 실명거래에 관한 법률은 생명이 없는 박제법이 되었다. 법전 안에서만 존재하는 이상한 법이 되고 말았다. 그나마 다행이었던 것은 최종 법안 조정과정에서 이종찬 총무와의 협의가 전 대통령의 염려와는 달리 순조롭게 진행된 것이었다. 실명제 시행은 연기되었지만 실명예금과 가명 및 무기명 예금의 이자소득에 대한 차등 과세를 반영할 수 있었고 또 예적금 비밀보장에 관한 법률은 폐지할 수 있었다. 이 법안이 통과되자 야당은 부총리 겸 경제기획원 장관과 재무부 장관에 대한 불신임 결의안을 제출했다. 비록 그 통과만큼은 투표를 통해 여당에서 부결시켰으나 나는 국회 주변에서 흔히 말하는 대로 '별 하나'를 달게 되었다.

실명제 파동은 이렇게 막을 내렸다. 이 결과에 대해 많은 사람들은 아무 소득도 없었지 않느냐고 생각하는 듯했다. 그러나 실명제 파동의 결과 우리 경제가 얻은 것은 적지 않았다. 예적금 비밀보장에 관한 법률이 폐지되었다. 또 가명예금에 대해서는 이자소득 세율이 실명의 경우보다 단계적으로 높아졌다. 비록 전면적인 시행은 이루어지지 않았지만 실명제 파동이 없었더라면 기대할 수 없는 일이었다. 그동안 받은 상처가 매우 컸으나 이나마 건진 것은 다행이라고 자위할 수밖에 없었다. 상처뿐인 성과였다.

이자율 차등 적용은 실제로 각종 예금에 있어 가명 사용이 억제되는 효과가 있다는 사실은 엉뚱한 사건으로 드러났다. 1983년 8월 명성사건이 터졌다. 명성그룹이 상업은행 혜화동 지점의 김동겸 대리를 통해 은행 창구에서 예금을 받아 은행에 입금시키지 않고 명성그룹의 기업자금으로 융통한 사건이었다. 당시 예금을 한 사람들은 은행이자보다 높은 이자를 받았다. 정상적인 예금거래가 아님을 충분히 짐작할 수 있었음에도 대부분의 예금주들은 실명을 사용했다. 법률은 시행되지 않았지만 실명제는 이렇게 자리를 잡아가게 되었다. 예적금 비밀보장을 없앤 것과 무기명예금 이자에 대한 차등 과세에 새로운 논란을 불러올 빌미를 주지 않도록 재무부 세제국 간부들과 국세청 간부들에게 이러한 변화에 대해 큰소리 내지 말고 "조용히 적용해 가도록 하라"고 당부했다. 실명제 논란은 그렇게 조용히 끝났다.

역사에는 '만일'이 없다지만

공직생활을 하면서 정책 수행과 관련해 절실한 아쉬움을 갖는 경우가 있기 마련이다. 그중 가장 큰 아쉬움으로 남은 것이 금융실명제다. 역사에는 만일이 없지만 금융실명제가 당초 구상대로 1983년부터 시행에 들어갔더라면 그 후의 우리나라가 얼마나 다른 길을 걷게 되었을까. 전직 대통령에 대한 사법처리를 지켜보면서 또 외환위기를 겪으면서 그런 생각을 하지 않을 수 없었다. 외환위기 이후 투명성이 키워드가 되었다. 금융실명제는 금융거래의 투명성 제고를 통해 경제활동뿐 아니라 우리 사회의 투명성을 제고하는 가장 기본 인프라의 하나다. 1983년부터 실명제가 본격적으로 실시되었다면 기업경영뿐 아니라 사회 부조리도 크게 줄어들었을 것이다.

어쨌든 비록 금융실명제는 실시되지 못했지만 그 후 실명제는 개혁의 대명사처럼 되었다. 내무장관 때 실명제 반대에 앞장섰던 노태우 대통령조차 취임 후 실명제를 실시하겠다고 발표하고 실시 준비에 들어갔다. 너무나 뚜렷한 명분 때문이었다고 생각된다. 결국 하지 못하고 말았지만.

김영삼 대통령 취임 후 금융실명제는 대통령 긴급명령으로 하루아침에 시행에 들어갔다. 그러나 이름은 실명제지만 도입한 목적은 완전히 달랐다. 1982년의 금융실명제는 금융자산소득을 종합소득세에 합산해서 조세 정의를 실현하기 위한 실명제였다. 즉 세제개혁의 일환이었다. 물론 그 과정에서 지하경제의 소지를 없애고 사회 정의도 구현할 수 있지만 이는 어디까지나 부수적인 효과들이었다. 그러나 1993년에 김영삼 대통령의 문민정부에서 실시한 금융실명제는 부정부패 척결을 위한 수단으로 실시한 것이었다. 즉 조세개혁이 아니라 사회개혁을 위한 성격이 더 강했다. 금융실명제 실시로 계좌 추적은 비리를 밝히는 가장 유효한 수단이 되었다. 물론 개인의 프라이버시를 보호하기 위해 계좌 추적의 남용 방지 제도는 엄격히 마련했다.

민주투사로 자타가 인정하는 김영삼 대통령이 대통령 긴급명령을 빌어 실명제를 실시했다. 그 후 긴급명령을 일반 법률로 바꾸는 것조차 하지 못하도록 했다. 1982년 7월 3일, 실명제 구상을 발표하면서 민주적 절차에 의해 입법화를 추진하겠다고 한 것은 순진한 생각이었다. 당시 세제국 서경석 과장(현 GS홀딩스 부회장)은 대통령 긴급명령으로 해야 한다는 의견을 말했지만 금융실명제의 도입은 공개 토론 과정을 거치는 것이 정도(正道)라는 생각에서 이를 받아들이지 않았다. 장영자 사건이 진정되는 것에 반비례해서 실명제 반대 소리가 커져가는 현실을 당하고 나서야 긴급명령으로 시행하지 못한 것이 못내 아쉬웠다.

1982년 7월 초, 대통령 긴급명령으로 시행에 들어갔더라도 장영자 사건으로 벌집 쑤셔놓은 듯 어지러웠던 상황에 비추어 누구도 실명제를 반대하고 나서지는 않았을 것이었다. 민주적 절차를 지켜야 한다는 식자우환 사고가 결국 금융실명제를 실시하지 못하는 결과를 자초한 것은 나의 큰 판단착오였다. 대통령 긴급명령으로 시행했더라도 시행에 별 문제가 없었다. 일주일 미만이라는 짧은 시간 안에 구상안을 정리했지만 당초 발표한 내용이 그 후 민정당이 마련한 보완안보다 월등히 좋았다고 지금도 생각한다. 또 민정당과 협의하는 과정에서 수정·보완한 안보다는 처음 발표한 당초 안이 훨씬 더 좋은 안임은 말할 것도 없다.

🪙 실명제 파동의 낙수

5공의 실세로 자타가 인정한 허씨들은 김재익 수석을 마치 돈키호테 같은 인물로 여겼다. 김 수석의 경제관에 대해 논리적인 비판을 하기도 전에 경제는 갈수록 어려워지는데 각하 옆에 붙어 앉아 엉뚱한 소리로 일을 망치는 인물로 간주했다.

김 수석은 공식회의 자리에서조차 허씨들로부터 노골적인 모욕을 당했다. 심지어는 허화평 정무수석이 주재하는 주간 정례 수석 회의에서 회의 도중 쫓겨나는가 하면 아예 참석하지 못한 경우도 더러 있었다. 이·장 사건이 터지고 금융실명제가 추진되면서 이같은 현상은 더 심해졌다. 이렇게 두 허씨들은 김 수석을 못마땅해 하면서 그를 쫓아내려 했다. 그러나 그러던 그들이 오히려 퇴진을 당했다(이장규, 《경제는 당신이 대통령이야》). 금융실명제를 실시하지 않는 것으로 결말이 난 다음인 1982년 12월 말, 청와대 참모들의 인사이동이 있었다. 두 허씨들은 청와대에서 물러난 뒤 허화평 정무수석은 미국으로, 허삼수 사정수석은 일본으로 출국했다. 이른바 현대판 귀양을 떠난 것이다.

5공 시절은 언론이 완전한 정부 통제 하에 있었던 것으로 악명이 높다. 장영자 사건이 불거진 후 검찰에서 수사 결과를 서둘러 발표하고 심지어 수사에 참여한 검사들이 대거 TV에 나와 수사 내용을 설명하는 등 생각할 수 있는 방법을 모두 동원했지만 어떤 해명도 전혀 먹혀들지 않았다. 사건은 걷잡을 수 없이 증폭되어갔다. 정부 통제 하에 있는 언론이었지만 장영자 사건 보도는 아무런 제약 없이 크게 다루어졌다. 나는 어떻게 그럴 수 있는지 궁금한 생각이 들었다. 궁금증의 실마리는 언론사 간부의 말을 듣고 풀렸다. 당시 신군부 실세 중 일부에서 장영자 사건은 크게 다루어도 좋다는 비공식 보도지침이 있었다고 한다. 왜 그런 보도지침이 나오게 되었는지는 국외자로서 짐작조차 할 수 없는 일이다. 이들은 사건에 연루된 대통령의 친인척을 구속해야 한다는 주장을 강력히 펼쳤다.

실명제 반대 과정에서 벌어진 월권적 행동의 실상을 손진곤 비서관 등 몇몇을 통해 알게 된 전두환 대통령은 크게 진노했다. 김재익 수석과 이학봉 수석도 실상을 보고하지 않았다고 심한 꾸중을 들었다. 전 대통령은 실명제를 둘러싸고 벌어진 일들의 실상을 알고 난 후 반대에 앞장섰던 두 허씨들은 일체 만나지 않았다. 대통령이 찾기 전에는 업무보고도 하지 못하도록 엄명했다. 이에 더해 정기적으로 열리던 대통령 주재 수석비서관 회의조차 열리지 않았다. 연말을 앞둔 시점이기도 했지만 그즈음 전두환 대통령의 전방 군부대 시찰 나들이가 평소보다 훨씬 잦았다. 이학봉 수석은 사직하기로 마음먹고 책상 정리까지 마쳤다가 다시 근무하게 되었다. 금융실명제 파동에서 가장 크게 마음고생을 한 사람은 김재익 수석이었음은 긴 말이 필요 없다. 그도 사직할 생각을 굳혔지만 그대로 자리를 지키게 되었다. 아웅산사건 후 한치 앞도 알 수 없는 삶에 만감이 교차했다. 안타까움을 떨칠 수 없었다.

장영자 사건에 관한 언론의 무제한 보도에서부터 실명제를 철회하도록 대통령을 압박한 저간의 사정 등은 단순한 실명제 찬반에서 그치는 것이 아니라 권력 실세 간의 모종의 파워게임이었다. 그러한 방증은 실명제 이후의 연말 인사에서 파악할 수 있었다. 허씨들을 중심으로 하는 젊은 군부세력과 전 대통령을 비롯한 시니어그룹 간의 한판 싸움이었다. 허씨들은 5공 탄생의 진짜 주역은 자기들이라고 믿었기에 대통령이 어떻게 받아들이든 직언을 서슴지 않았고 심지어는 이순자 여사를 비롯한 친인척의 엄격한 통제를 촉구하고 나섰다. 이들은 새 정권의 실질적인 주인이라는 인식에서 옳지 않다고(자신들의 생각으로) 판단되면 대통령까지 견제하려 들었고, 이 같은 움직임은 군부를 중심으로 한 핵심 세력 안에서의 심각한 갈등으로 이어졌다(이장규, 전게서). 실명제 파동에 이렇게 또 다른 파동이 숨겨져 있어 문제를 훨씬 복잡하게 했다.

세제개혁

공평 과세

재무장관이 되자 가장 서둘러 해야 할 일은 자율과 개방에 관한 제도적 기반을 정비하는 일이었다. 안정화시책을 추진하는 과정에서는 가장 절실하게 생각한 과제는 금융개혁이었다. 그러나 취임 초부터 대형 금융사건에 휘몰렸다. 우선순위를 따지기에 앞서 기회가 주어지는 일부터 착수하기로 했다. 세제개혁에 먼저 착수한 것은 이 때문이었다. 금융실명제는 세제개혁의 근간이었다. 재무장관은 세제보다는 금융과 통화관리에 더 많은 관심을 쏟았다. 세제개혁은 1년에 한 번만 하면 되지만 금융은 항상 변동하기 마련인 현실경제와 맞물려 있기 때문에 계속 챙기지 않으면 안 되었다. 게다가 세제는 그 내용이 워낙 복잡해서 국민들은 이해하기가 어렵고 그런 이유로 -중요함에도 불구하고- 그다지 관심을 갖지 않는다.

자연히 세제개혁은 그 분야의 전문 지식을 갖춘 전문가들과 세제 관련 실무자 등 제한된 사람들만의 전유물처럼 되기 쉽다. 하지만 실제로 경제를 움직이는 핵심은 세금이다. 세금 부담을 줄이기 위해 기업은 말할 것도 없고 개인들도 민감하게 대응한다. 창문의 크기에 따라 세금을 부과하자 창문 크기가 작아졌다는 고사는 널리 인용되는 얘기의 하나다. 살아 숨 쉬는 동안에는 세금에서 벗어날 길이 없다는 말도 있다. 죽어야 벗어나는 멍에로 세금을 비유한다. 그러기에 예로부터 세제를 바로 세우지 않으면 나라의 근본이 바로 설 수가 없다고 말한다. 그러기에 늘 공평과세가 강조된다.

소득 원천이 어디에 있건 소득금액이 같을 때에는 세금도 같아야 함은 당연한 일이다. 근로소득에 비해 금융자산소득에 세금을 적게 부담시키는 것은 바로잡아야 한다. 이를 위해서는 종합소득세제도를 도입할 수밖에 다른 방법이 없다. 모든 소득을 합산하려면 가명, 무기명 예금은 없어져야 하고 금융실명제가 실시되어야 한다. 금융실명제에는 공평한 세금 부담이라는 의식이 바탕에 있다. 이에 더해 상속세 부담도 세법이 있으나 마나 한 상황을 더 이상 방치해서는 안 된다. '부의 정당성'을 확보하기 어렵고 경제의 근본을 바로 세울 수 없기 때문이다.

이러한 차원에서 세제를 챙기는 일에 시간과 정력을 집중 투입했다. 자연히 세제국에서 평소에 바로잡아야 한다고 생각한 문제들에 대해 함께 토론하고 실제로 시행하는 방안을 두고 고심했다. 장관이 특별한 관심을 보이자 세제국 엘리트들의 사기가 진작되었고 가장 바람직한 세제를 만드는 일에 열과 성을 다했다.

세제의 최우선 과제는 세수 확보

예산편성을 할 때 예산국 입장에서는 나라 살림살이에 쓸 세입 규모에 관심을 가지지 않을 수 없다. 쓸 곳은 지천으로 널려 있음에도 늘 돈이 모자라는 상황이어서 더욱 그러했다. 세입 예산 중에서 내국세가 가장 큰 몫을 차지한다. 내국세 규모는 재무부 세제국과 협의해서 결정한다. 재정학 교과서에는, 정부 살림은 양출제입(量出制入), 즉 정부가 써야 할 만큼의 세금을 거두어들이면 된다고 설명한다. 세출 규모를 먼저 결정한 뒤에 그에 맞추어 세금을 징수하고 모자라면 차입하면 된다는 얘기다. 하지만 현실은 그렇게 쉽지 않다. 정부도 쓸 수 있는 돈에 맞추어 씀씀이를 조정하는 원칙을 기본으로 한다. 예산편성 업무를 하는 동안에도 돈이 필요하다고 해서 세금을 마구 거둘 수는 없다는 사실쯤은 잘 체득하고 있었다.

그렇지만 가급적 많은 세수를 확보하기 위해 재무부 세제국 실무자들과 힘겨운 과제를 끌고 갔다. 예산국 입장에서는 세수 총액이 관심의 대상이지 어떤 항목의 세금을 얼마나, 또 어떻게 걷는가는 관심 밖이었다. 돈을 쓰는 입장에서는 세금은 많이 걷힐수록 좋다. 세금은 살아 있는 닭의 깃털을 뽑는 것과 같다는 말이 있다. 가장 고통이 적은 부분의 깃털부터 뽑는 것처럼 세금도 거두기 쉬운 것부터 거둔다. 세수 확보를 위해서는 정당성보다는 거두기 쉬운 전략을 더 선호한다. 세금을 거둘 수 있는 명분이 있을 때, 세금을 거둘 기회가 있을 때 망설이지 않고 거두는 것이 공평과세 이론보다 앞선다는 얘기다.

세제개혁 방향과 내용

경제기획국장이 되어 5개년계획을 만들면서 세제와 관련된 문제를 예산국과 다른 각도에서 생각하게 되었다. 신문 지면을 장식하는 거창한 재정·금융 정책보다는 시시콜콜한 세법 규정이 개인이나 기업의 경제활동에 결정적 영향을 준다는 사실도 알게 되었다. 자연히 5개년계획 작업 과정에서 세제의 문제가 무엇이고 바람직한 세제는 어떠해야 하는가를 두고 많은 토론을 벌였다. 응능부담(應能負擔), 즉 능력에 따라 세금을 부담하는 원칙이 당연하다고 생각하지만, 세금의 뜻을 살리려면 국민이면 누구나 얼마라도 세금을 부담하는 국민개세가 바람직하다. 하지만 징세비용 문제도 있고 또 최저생계비에 미달하는 사람들은 과세 대상에서 제외할 수밖에 없다.

모든 것이 다 그렇지만 세제도 복잡한 것보다는 단순한 게 바람직하다. 세율은 가능하면 낮을수록 좋다고 생각했다. 세율을 낮추면 그만큼 탈세의 유혹이 줄어든다. 사회 전체가 투명해질 뿐 아니라 사회적 비용도 줄어든다. 괘씸죄나 "털면 먼지 안 나는 사람 없다"는 말도 사라진다. 편안한 마음으로 기업도 하고 생활도 할 수 있게 된다. 즉 국민이 세무서나 검찰을 의식하지 않고 기업을 세우고 경영하고 생활도 할 수 있게 된다.

재무장관에 취임하면서 법인세율을 대폭 낮추는 방침을 밝힌 6.28조치와 소득세제개혁을 위한 금융실명제 발표는 그러한 노력의 첫 번째 산물이었다. 법인세는 엄격히 말하면 이중과세에 해당한다. 배당했을 때 배당소득에 세금을 부과하면 된다(2001년 11월 NSI에서 〈조선일보〉와 함께 기획해 Why Not 공론 사업을 벌였을 때 첫 번째로 제기한 과제가 '법인세를 없애자'였다. 법인세가 지닌 이중과세를 부각하고 함께 생각해보기 위해서였다). 법인세는 세수 금액도 크고 또 징세가 편리해 없애기 어려운 세금이지만 언젠가는 없어질 것이 분명하다.

우선은 세율을 낮추는 방향에서 검토했다. 특히 종합소득세의 최고 세율은 너무 높았다. 최고 세율은 어떤 경우에도 50%가 넘지 않게 조정하도록 실무자들에게 작업 지침을 주었다. 복잡한 이론을 들 것도 없이 소득의 절반 이상을 세금으로 거두는 것은 너무 심한 것 아닌가 하는 단순한 생각에서였다. 소득 분배를 개선한다는 취지로 누진세율을 적용하고 있지만 너무 지나친 누진세로 인해 다른 부작용은 없는지 평소 의문을 가졌었다. 스웨덴의 지나친 누진세 때문에 국적을 바꾼 유명인사들 얘기를 신문에서 읽은 기억이 있다.

사실 세율이 높다고 해서 세금이 많이 걷히는 것은 아니다. 명목세율이 높으면 탈세 유혹이 커지기 마련이어서 탈세가 늘어난다. 이러한 사실은 래퍼곡선(Laffer Curve)으로 유명하다. 법인세의 경우 공개를 유도한다는 뜻에서 비공개법인에게는 공개법인보다 더 높은 세율을 적용하는 것은 타당한 것 같아도 차등세율을 적용하는 경우가 많으면 공평성 문제가 대두된다.

정책 목적의 감면 조치는 자칫하면 특혜 시비, 정경유착 등의 소지가 생긴다. 세율이 너무 높거나 복잡한 것은 물론, 감면이 많은 것도 결코 바람직하지 않다. 따라서 세율은 가급적 낮게, 구조는 단순하게 가져갈 필요가 있다. 그렇게 되면 탈세 유혹이 적어지고, 징세 과정의 부조리가 없어진다. 건전한 세무 환경이 조성되고 세수가 줄기보다 오히려 늘어난다. 이처럼 세금을 둘러싼 사회비용을 현저하게 줄일 수 있다.

세 부담을 낮추면 민간 소비가 늘어나고 또 투자를 촉진시켜 경제가 그만큼 활성화된다. 그 결과 세수가 오히려 늘어난다. 이는 '공급경제이론'의 주장이다. 그러나 실제로 레이건 대통령 때 과감한 감세 정책으로 큰 효과를 거두었다. 세제개혁 당시 이러한 공급경제이론이 있는지 잘 몰랐지만 우리나라 세율이 지나치게 높고 복잡한 것은 사실이었다. 이를 낮추고 단순화하는 방향으로 개선키로 했다. 세법 개정은 세수와 직결되기 때문에 한꺼번에 고칠 수는 없다. 어느 정도의 타협은 불가피했다. 이렇게 작업한 결과를 1982년 9월 4일에 발표했다.

세법 개정 중 법인세법 개정안은 첫째, 과세표준 5,000만 원 이하 소득인 경우에 비영리법인은 20%, 영리법인은 22%로 적용하던 것을 20%로 통합해 인하했다. 둘째, 과세표준 5,000만 원 초과 소득인 경우에는 비영리법인은 27%, 공개법인은 33%, 비공개법인은 38%를 적용했으나 22%로 통합해 인하했다. 다만 비상장 대법인의 과세표준 5,000만 원 초과소득에 대해서는 일반법인의 22%보다 높은 25%로 했다. 그 밖의 법인 관련으로는 2년 이상 업무에 직접 사용한 부동산을 처분해서 다른 사업용 자산을 대체 취득한 경우에는 특별부가세를 부담하지 않도록 했다. 반면 비업무용 · 임대용 · 매매사업용 부동산에 대해서는 계속 특별부가세를 과세하도록 했다.

소득세법은 첫째, 최저 6%에서 최고 60%로 되어 있는 종합소득세의 세율체계를 최고 50%를 기준으로 하향 조정했다. 둘째, 월

40만 원 이하 근로자에게만 적용되는 세액공제제도의 공제율을 인상하고 월 50만 원 이하 근로자 및 사업소득자에게까지 확대 적용토록 했다. 셋째, 무기명 가명의 금융자산소득에 대해서는 실지 명의로 금융거래를 하는 경우의 10%보다 높은 30%의 세율로 차등 과세하도록 했다.

그러나 금융실명제를 실시해 근로소득보다 낮은 세금을 부담하던 금융자산소득을 종합소득세로 합쳐 소득원에 따른 세금 부담의 차이를 없애고 세율을 전반적으로 낮추어가겠다고 한 당초의 취지는 세법에 반영되지 못했다. 민정당의 완강한 반대로 종합소득세로 합산하는 것을 늦추지 않을 수 없었기 때문이다. 다만 무기명 금융자산소득에 대해서는 고율의 차등 분리과세를 함으로써 금융거래 실명제를 유도하면서 후일을 기약할 수밖에 없게 되었다. 아쉬운 일이었다.

상속세는 높은 세율에도 불구하고 변칙 상속, 증여를 묵인한 결과 전 세수의 0.3%밖에 되지 않았다. 그러나 실명제 실시에 따라 금융자산이 노출될 경우 높은 세율로 인한 상속·증여세의 회피 현상을 막기 위해 상속세는 60%에서 50%로, 증여세는 67%에서 60%로 각각 최고세율을 인하했다. 또한 상속세 공제액을 늘렸다. 즉 자녀공제를 신설하고 기초공제·인적공제 및 주택상속공제액 등을 각각 상향 조정해 상속세 면세점을 4,000만 원에서 6,000만 원으로 인상 조정했다. 그 밖에 3대 이상 대물림을 한 주택 및 5년 이상 부모와 동거·부양한 자의 주택에 대해서는 상속세 부담을 대폭 경감했다. 사업 상속 시 상속세 연부연납 기간을 3년에서 5년으로 연장해 기업을 처분하지 않고도 사업으로 번 돈으로 상속세를 납부할 수 있도록 했다.

그러나 이러한 세제개혁안에 대해 당위는 현실 앞에 무릎을 꿇었다는 언론의 냉소적인 평가를 받았다. "응능부담 원칙과 형평의 실현이라는 조세제도의 이상은 아무래도 우리의 사회경제적 토양과는 잘 맞지 않는 것인지 모른다. 그와 같은 조세 이상의 추구는 으레 현실의 강력한 반발을 받고 주저앉고 만다"라고 썼다(《조선일보》 1982년 9월 7일 사설).

특정 산업에 대한 조세 지원 축소

종합소득세가 뒤로 미루어지자 세제개혁의 핵심 쟁점은 조세 감면제도가 되었다. 법인세율을 조정하면서 철강·조선·석유화학·항공 등 특정 산업에 선별적으로 주어져온 조세 감면을 없애기로 했다. 이른바 전략산업이나 주요 산업을 선정해서 이들에 대해서만 조세를 감면하는 것은 조세 부담의 형평성 측면에서 문제가 있다. 공정경쟁을 저해시켜 조세의 중립성 정신에도 문제가 크다. 이에 더해 감면 대상으로 선정되는 과정은 특혜 시비와 함께 정경유착의 의혹을 불러일으킬 빌미가 될 수 있다.

법인세율을 낮추지 않고 그대로 가더라도 특정 산업에만 주어진 조세 감면은 없애는 것이 마땅했다. 법인세율을 크게 낮추는 세제개혁을 추진하는 마당에선 특정 산업에 대한 감면은 당연히 없애야 한다. 이는 정책금융을 없애야 한다는 것과 똑같은 맥락의 발상이었다. 더욱이 조세 지원 대상이 된 기업들은 정책금융이나 조세 감면 혜택에 안주해온 결과 국제경쟁력이 오히려 약화되는 기현상을 보이기도 했다.

그러나 조세 감면을 없애려 하자 관련 업계는 물론 관련 주무 부처도 크게 반발했다. 어느 정도 반대는 예상했지만 그 강도는 엄청났고 계속 지원을 받으려는 노력은 집요했다. 한 발 물러서 타협을 할 수밖에 없었다. 그 결과 산업별 감면을 완전히 없애지 못하고 몇 산업은 면세 혜택을 축소했으나 그대로 남겨둘 수밖에 없었다. 특정 산업에 대한 조세 감면을 없앤다고 해서 기업에 대한 세제 감면 제도를 아예 모두 없애자는 것은 물론 아니었다.

정부의 정책 목적 달성을 위한 유인장치로 활용하는 것은 당연하다. 다만 중립성과 형평성을 해치지 않는 방법이어야 한다. 이러한 생각에서 몇몇 정책 산업에 대해서만 감면 혜택을 주던 것을 없애기로 했다.

연구개발 세제 지원

특정 전략산업에 대한 세제 지원을 없애거나 줄이는 대신 세금 감면 대상과 감면 방법을 획기적으로 바꾸기로 했다. 연구개발과 인력개발을 위해 사용하는 경비에 대해서는 업종 구분 없이 어떤 기업이든 조세 감면 혜택을 받을 수 있게 했다. 즉 특정 산업에 대해서만 세금 감면 혜택을 주던 것을 없애고 대신 산업 구분 없이 연구개발과 인력훈련에 대해서는 모두 세금 감면 혜택을 받을 수 있도록 했다.

기업의 경쟁력을 키우기 위해서는 연구개발과 직원에 대한 교육훈련이 가장 중요하기 때문에 업종에 따라 차이를 두거나 기업 규모(대기업, 중소기업) 여부를 가릴 필요가 없다고 생각했다. 이렇게 하면 우선 세제지원에 대한 특혜 시비가 없어진다. 정부에서 정한 전략산업은 말할 것도 없고 어떤 산업, 어떤 업종이든 누구나 공평한 혜택을 받을 수 있다. 조세의 '형평성과 중립성'을 유지하면서 정책 목표 달성을 할 수 있게 된다. 또 이러한 지원으로 당장의 세수는 줄어들지만 장기적으로는 감면액보다 몇 배의 세수 증대를 가져올 수 있다고 생각했다. 이렇게 기업에 대해 새로운 조세 감면 방식인 기능별 감면을 제도화했다.

기능별 지원으로 전환된 이후 우리 기업들의 연구개발 투자는 가파르게 늘어나기 시작했다. 이러한 세제제도의 전환은 곧 효과가 나타났다. 물가가 안정되어 인플레이션을 통한 손쉬운 돈벌이 기회가 현저히 줄어들었으며, 해외 개방과 경쟁촉진 정책을 추진한 결과와 어우러져 더 큰 효과를 발휘하게 되었다. 즉 연구개발과 인력개발 투자가 획기적으로 늘어나면서 그때까지의 가격 중심의 경쟁력이 품질과 기술 위주의 경쟁력으로 바뀌는 계기가 되었다. 우리 경제가 질적으로 한 단계 업그레이드되는 길로 접어들게 된 것이다.

국민의 세금부담을 증가시킨 국회

종합소득세제 도입 등 당초 바라는 대로 세제개혁에 성공하지는 못했지만 저세율·소감면 체제의 원칙에 접근하면서 조세의 중립성에 다가간 개혁이 되었다고 자위했다. 그러나 그런 자위는 오래

가지 못했다. 세법개정안을 국회에 제출했지만 심의가 이뤄지기 전에 금융실명제 실시가 무산되었기 때문이다. 국회 재무위의 세법심의소위에서 국가재정의 건전화라는 명분으로 정부가 제출한 세율을 상향 조정했다. 국회의 기능과 역할은 국민의 부담을 경감시키는 것에 있음에도 오히려 높이는 결정을 했다. 금융실명제를 실시하지 않더라도 '세수에는 큰 변화가 없을 것'이라고 증언하면서 세율을 상향 조정할 필요가 없다고 했다. 하지만 이러한 재무장관의 반대에도 불구하고 국회가 법인세와 소득세 세율을 상향 조정하는 전대미문의 일을 했다. 금융실명제를 무산시킨 것이나 세금을 늘리는 것이나 모두 온당한 처사는 아니었다. 수정된 세법안은 1982년 11월 26일 국회 재무위를 통과했다.

세정 관련 잡상 몇 가지

참여정부 시절, 시민단체 대표들이 정부의 예산심의에 참여해야 한다는 주장을 펼친 일이 있었다. 예산 내용에 대해 의견을 제시하는 것은 국민이면 누구나 할 수 있지만 헌법에서 정한 대표성이 전혀 없는 NGO가 예산편성 과정에 '직접 참여'하는 것은 있을 수 없는 일이다.

나도 한때 국민이 납부한 세금을 어디에 어떻게 쓸지 결정하는 일을 100여 명 남짓의 소수 예산담당 관리들에게만 맡기는 것이 온당한가를 놓고 고민한 적이 있었다. 물론 예산은 정부 각 부처의 요구를 바탕으로 편성되고 이 예산안은 국민의 대표로 구성된 국회의 심의를 받는다. 하지만 예산 내용의 거의 대부분은 관련 공무원들의 손에서 결정된다. 나라가 발전할수록 사회가 복잡다양해진다. 정부 관리들이 나라살림의 구석구석을 다 살피기에는 역부족이기 마련이다. 예산업무 종사자 모두가 천수천안(千手千眼) 관세음보살이기를 기대할 수는 없는 것이다. 이를 보완할 방법을 무언가 마련해야 한다고 생각했다.

자기가 낼 세금 중 일부를 우리 사회를 위해 쓸 경우 세금 감면을 받을 수 있게 해서 납세자가 원하는 곳에 세금을 사용하면 좋지 않을까 하는 생각을 가지고 있었으며, 이를 추진할 계획을 평소에 가지고 있었다. 이는 납세자에게 세금 사용에 대한 다양한 의견을 반영할 기회를 개방하는 것이다. 이를 위해서는 세금을 감면해주는 제도를 확대·정비하면 된다. 그렇게 하면 예산편성 관리들이 미처 챙기지 못한 부문에도 배려를 할 수 있게 된다. 기업에게 경제발전을 위해 세제 감면을 해주듯 의료, 복지, 교육, 문화, 체육 등 다양한 분야에 지원을 확대하는 효과를 가져온다(이는 예산편성에 납세자의 뜻을 반영하자는 것으로 앞서 말한 NGO의 예산편성 참여 요구와는 그 성격이 전혀 다르다). 그러나 이러한 생각은 당시의 세제개혁에서는 전혀 반영시키지 못했다.

세제개혁과는 관련이 없지만, 세무행정을 정부의 다른 정책을 위해 동원하는 것은 하지 말아야 한다. 세무서는 세법에서 정한 대로 세금만 징수하면 되지 다른 정책을 달성하기 위한 수단으로 사용해서는 안 된다. 이제 이러한 일은 없어졌지만 얼마 전까지만 해도 외제차를 타고 다니면 즉각 세무사찰 대상이 되었고 해외여행을 자주 다녀도 세무사찰 대상이 되었다. 물가정책 국장 때 물가안정을 위해 세무 공무원을 동원한 일이 있다. 또 부동산투기가 극성을 부릴 때면 투기 억제를 위해 세무 공무원이 동원되었다. 자금 출처를 조사한다는 명목으로 동원돼 투기 바람을 잠재우기 위해서였다.

세무 공무원은 세법이 정하는 대로 세금만 징수하면 된다. 물가 안정이나 투기 억제를 위해 동원하는 일은 없어야 한다. 탈세 방지를 위한 통상적인 업무 범위 안에서라면 시비할 수 없지만 투기를 잡기 위한 방편으로 동원하는 일은 없어져야 마땅하다. 참여정부 시절에 부동산투기를 잡기 위한 수단으로 세금 폭탄으로 국민을 협박한 한심한 일이 있었다. 그것도 청와대 당국자가 공언해서 더욱 난감했다. 세금을 올려 부동산투기를 억제한다는 발상은 조세전가(租稅轉嫁)를 감안하지 않은 것이다. 부동산가격을 올려 투기를 억제하겠다는 발상과 상통한다. 돈줄을 조여서 투기를 억제하는 것이 정도이다. 세금보다는 금리를 올리는 방법이 훨씬 더 효과적이다. 금리정책, 공급 확대 등 경제정책으로 해결해야 마땅하고 그래야만 투기가 사라짐은 긴 말이 필요하지 않다.

9장

개방화와
관세제도 개편

제1 개방, 수출주도 개발전략

한국 경제는 개방과 시장경제의 두 축에 의해 오늘날의 모습으로 발전을 이룩했다. 개방정책은 박정희 대통령이 1960년대 중반에 수출을 정책의 축으로 채택하면서 시작되었다.

박정희 대통령도 5.16 군사혁명 후 처음에는 수입대체 개발전략을 채택했다. 이는 당시 인도, 파키스탄은 물론 중남미 여러 나라들이 채택해 국제적으로 유행한 후진국 개발이론이었다. 그러나 결과는 막대한 재정적자와 엄청난 인플레이션만 남겼을 뿐 경제의 밝은 앞날을 기약할 아무런 단초조차 찾기 어려웠다. 한국에 막대한 원조를 제공해 사실상 경제를 지탱하던 미국 당국도 물가안정을 위한 재정안정 정책을 채택하도록 강력하게 요구했다.

박정희 대통령은 장기영 부총리를 기용해 과감한 현실화 정책으로 전환했다. 긴축재정 운용 등 강력한 재정안정 계획을 수립 추진하면서 금리를 올리고 환율(당시는 이중환율제였다)을 상향 조정하는 등 현실화 정책을 채택했다. 이와 함께 수입대체 개발전략을 버리고 수출주도 개발전략으로 전환했다.

그 후 수출주도 개발전략 기조는 바뀌지 않고 오늘에 이른다. 1인당 소득이 60여 달러에 불과한 나라의 시장에서 팔 물건이 얼마나 되겠는가. 이러한 좁은 국내시장의 울타리를 벗어나 세계시장이라는 신천지를 열어준 것이 바로 수출주도 개발전략이었다. 특히 세계 경제의 40% 수준을 점하고 있는 미국시장은 우리 수출을 위해서는 더 바랄 게 없는 황금어장이었다.

미국 소비자들은 한국전쟁에 참전했던 30만 명이 넘는 젊은이들이 생사를 넘나드는 전쟁을 치르고, 희생당하고, 부상을 입었지만 한국에 각별한 애정을 가지고 있었다. 종전 후 이승만 대통령의 집요한 요구로 체결된 한미상호방위협정 덕분에 미국의 방위망 보호를 받는 우방이었다. 미국은 우리에게 자국 시장 진출의 길을 활짝 열어주었다. 세계 최대 시장에 자유롭게 수출할 수 있는 혜택을 당연한 일처럼 향유할 수 있었다.

이러한 시장에서 우리의 젊은 수출역군들이 마음껏 뛸 수 있게한 것은 수출 지원정책 덕분이었다. 특히 수출금융이 결정적인 역할을 했다. 품목, 지역, 금액의 다과에 구애됨이 없이 누구든지 수출신용장만 있으면 수출금융을 활용할 수 있었다. 수출 대금을 수령할 때까지 수출을 하는 데 들어가는 자금을 자동적으로 활용할 수 있었다. 이렇게 개방적이고 무차별적인 지원장치가 있었기 때문에 누구든지 수출전선에 뛰어들어 각자가 지닌 역량을 유감없이 발휘했다.

세계시장에서 팔리는 물건이면 무엇이든 가리지 않고 수출했다. 정부 계획에서는 일체 언급조차 없는 가발이 대표적 수출상품이 되기도 했다. 이러한 제도 덕분에 신화적 성공을 이룬 기업인들이 속출했다. 그 대표격 기업인은 김우중 회장이다. 1,000만 달러 미만의 섬유수출로 시작해 대우그룹으로까지 성장을 했으며 이후에도 "세계가 좁다"고 목청을 높이면서 활동 무대를 넓혀갔다. 세계는 넓고 할 일은 많다는 사실을 실제로 보여준 것이다. 한때 많은 젊은이들의 우상이자 롤모델(Role Model)이 되기도 했다. 비록 김우중 회장은 IMF를 맞아 몰락의 비운을 겪었지만 그와 대우그룹은 개발연대의 한국경제 발전과정과 가장 잘 맞는 경우라 할 수 있다.

수출주도 개발전략으로 전환하면서 외국으로부터 차관을 도입해 시설투자를 할 수 있는 길이 열리면서 1960년대 후반, 우리 경제는 눈부신 발전을 이루었다. 로스토우(W.W. Rostow) 교수가 "한국 경제는 이륙 단계에 접어들었다"고 말한 시점이 그즈음이었다. 당시 로스토우 교수의 발언에 동의하기보다는 실상 이상으로 우리를 잘 평가해주는 것 아닌가라고 의아해 하는 사람들이 더 많았다. 우리의 성취에 대해 우리 스스로는 제대로 평가하지 못한 결과였다. 그러나 곧 우리가 이룬 것에 대한 평가를 제대로 하게 되었다. 우리도 얼마든지 할 수 있다는 자신감을 갖게 된 것이다.

개방 속에 숨겨진 폐쇄적 정책들

1970년대로 접어들면서 월남 패망과 주한미군 철수계획이 논의되는 등 한국을 둘러싼 국제 상황이 큰 변화의 소용돌이에 휘몰렸다.

자주국방이 절박한 현실 과제가 되었다. 이에 따라 방위세가 신설되고 중화학공업화 계획을 추진했다. 그 시절 중화학공업화를 서둘러야 할 사정은 충분히 이해할 수 있다. 하지만 중화학공업화를 위해서는 이와 관련된 분야는 정부 주도의 수입대체 전략을 다시 채택하지 않을 수 없었다. 1960년대 초에 채택해서 실패한 전략으로 다시 되돌아가는 결과가 되었다. 이렇게 수입대체전략으로 회귀했음에도 그런 사실에 대한 문제 제기는 별로 없었다. 그 이유 중의 하나는 수출지원 정책을 계속한 것이고 다른 하나는 포항제철(POSCO)의 성공에 있었다. 중화학공업화 계획을 추진했지만 정부는 수출금융 등 지원제도는 변함없이 그대로 존속시켰으며 수출에 역점을 두는 정책은 조금도 변함이 없었다. 나아가 포항제철의 성공은 다른 중화학공업 사업도 포항제철처럼 성공할 것이라는 생각을 하게 했다.

경제 건설을 하면서 박 대통령이 추구한 꿈은 부국강병이었다. 경부고속도로 건설이 그렇고 중화학공업 건설이 그렇다. 그중에도 철강 국산화에 대한 집념은 끈질겼다. 60만 톤 규모의 제철공장 건설을 위해 KISA라는 국제투자단을 구성해 일을 추진했다. 제철공장 건설의 타당성이 없다고 사업 추진을 포기하자 일본의 협력을 얻어 제철공장 건설을 추진하는 방향으로 선회했다. 집요하게 전력투구한 결과 신일본제철(新日本製鐵)의 협력을 얻는데 성공했다. 그렇게 해서 103만 톤 규모의 포항제철을 추진한 것은 우리 모두가 익히 아는 사실이다.

그러나 포항제철도 사업 착수에 앞서 조사한 최초의 타당성 검토에서는 부정적인 결과로 나왔다. 대일청구권 자금을 포함해 항만, 도로, 상수도 등 제반 시설을 지원해도 타당성 결과는 그리 좋게 나오지 않았다. 그럼에도 박 대통령은 포항제철 건설을 밀어붙였다. 철강공장 하나 없이는 독립국가라고 할 수 없다는 집념의 소산이었다. 반대를 무릅쓰고 포항제철 건설을 밀어붙인 결과는 대성공이었다. 공장 건설 첫 해부터 엄청난 흑자를 기록했다. 그러자 곧 256만 톤으로 공장을 확장하는 계획을 추진했다. 이 확장 사업에는 정부의 지원이 일체 없었다. 그 후에도 정부 지원 없이 자체 수입만으로 사업을 확장시켰고 대성공을 거두었다.

전문가의 타당성 검토에서 나온 부정적 의견과는 완전히 다른 결과의 연속이었다. 포항제철 성공을 위해 정부가 베푼 것은 첫 사업 추진 때의 지원이었고 이후에는 이렇다 할 정부 지원이 없었다. 그뿐만 아니라 포항제철을 위해 철강재의 수입을 제한할 필요도 없었다. 포철 제품은 처음부터 국제경쟁력을 충분히 갖추고 있었기 때문이었다.

이렇게 되고 보니 '하면 된다'는 확신을 가지는 것은 지극히 자연스런 일이었다. 포항제철의 성공은 중화학공업화 정책을 과감하게 추진하는 근원 역할을 했다. 만일 포항제철 건설이 사업 착수 전의 타당성 검토에서 지적한 것처럼 국제경쟁력에 문제가 있었더라면 그 후의 중화학사업들을 추진하기가 쉽지 않았을 것이다. 그렇기 때문에 전문가의 부정적 의견과는 달리 포항제철이 준공 첫 해부터 아무도 예상하지 못한 성과를 올린 원인이 어디에 있는가에 관심을 가지지 않을 수 없다. 당초의 타당성 검토에 어떤 잘못이 있었는가? 포철 건설과정에서 전문가들도 예상하지 못할 정도로 포철 건설 관계자들이 남달리 잘한 것이 무엇인가? 과문한 탓인지 몰라도 이러한 의문에 대한 명확한 해답을 알지 못한다. 이에 대해 공개적인 논의조차 듣지 못했다.

물론 나는 타당성 검토 내용을 면밀히 읽지 않았으며 전문가의 의견을 들어본 일도 없다. 그렇지만 포항제철의 성공은 1차 석유파동 때문에 가능했다고 생각한다. 타당성 검토를 할 때 재정 지원을 해도 포항제철의 제품가격은 국제가격보다 10% 이상 더 비쌀 수밖에 없다는 결론이었다. 포항제철이 준공되어 첫 제품이 나올 즈음 공교롭게도 전 세계는 1차 석유파동에 휘말렸다. 원유 가격이 하루아침에 4배 이상 폭등하자 전 세계는 높은 인플레이션에 허덕거렸다. 철강제품 가격도 폭등했다. 그럼에도 철광석 등 원자재는 장기 공급계약을 체결한 덕분에 석유파동 이전의 저렴한 가격으로 들여올 수 있었다. 그 결과 엄청난 이익이 발생했다는 것이 나의 생각이다. 아무도 예상할 수 없었던 석유파동이 바로 포항제철의 성공을 가져온 가장 큰 공신인 셈이다.

문제는 다른 중화학사업들을 추진하는 과정에서도 포항제철과 같은 행운이 따라주지 않은 데에 있다. 저리의 정책자금을 지원하고 해외로부터 기계설비 등을 들여올 때 관세를 면제해주었다. 내국세를 감면해주고 생산제품과 경쟁관계에 있는 제품의 수입을 막아 국내시장을 확보해주었다. 이처럼 가능한 지원은 모두 해주다시피 했다. 그렇지만 포항제철과 같은 성공은 실현되지 않았다. 오히려 무리한 중화학투자로 우리 경제가 감당하기 어려울 정도로 많은 문제를 안게 되었다. 포항제철의 성공 대가를 다른 형태로 치른 셈이었다. "세상에 공짜 점심은 없다(No Free Lunch)"라는 서양 속담을 떠올리게 하는 대목이다.

이렇게 된 원인은 중화학공업 정책 그 자체에 문제가 있었던 것은 아니다. 추진하는 방법에 문제가 있었기 때문에 빚어진 결과다. 한마디로 요약하면, 수입대체 방식으로 추진함으로써 문제가 생긴 것이다. 개방은 국내외 경쟁을 의미한다. 유치산업 보호이론을 모르는 바 아니지만 그래도 처음부터 보호가 아닌 경쟁을 염두에 두고 사업을 추진하면 중복투자와 같은 무모한 투자는 애초부터 하기 어렵다. 겁 없는 도전도 좋지만 성패는 정부 지원이 아닌 시장에서 판가름 나는 것이다. 정부 지원으로 이러한 결과를 뒤집기 위해서는 엄청난 대가를 치러야 한다.

국내 산업이 어느 정도의 경쟁력을 갖출 때까지는 해외와의 경쟁에서 보호할 필요가 있다는 유치산업 보호론은 상당한 설득력을 지닌다. 처음부터 어린애를 어른과 똑같은 조건으로 경기를 시킬 수는 없는 것 아닌가. 어느 정도 실력을 쌓은 다음에 경기장에 나가도록 해야 마땅하다. 국내산업 보호육성 정책은 그렇게 해서 생겨났다.

그렇다면 언제까지 보호를 해주어야 하는가? 이에 대한 명확한 해답이 없다는 데 문제가 있다. 그보다 더 근본 문제는 그렇게 보호를 받으면서 과연 제대로 세계시장에서 경쟁할 수 있는 경쟁력을 갖출 수 있는가이다. 국제경쟁을 하지 않을 수 없다면 처음부터 경쟁 속에서 실력을 쌓아가도록 하는 방법이 최고의 방법이다. 불공정한 수단이나 방법은 실패를 불러온다. 경쟁력을 갖게 하는 최선의 길은 무엇인가? 이러한 논란은 언제나 하나로 귀결된다. 즉 '현실론과 이상론'이고 '단계적 점진론과 획기적 개혁론'이다. 온정과 냉정의 차이인 것이다. 전자가 원만하고 현실적으로 가장 합리적인 방안처럼 보인다. 하지만 이는 마치 물에 들어가지 않고 헤엄치는 방법을 배우겠다는 것과 같다. 물에 들어가지 않고 어떻게 수영을 배울 수 있는가?

숨겨진 폐쇄적 정책은 중화학 공업화뿐만이 아니었다. 국산화 정책은 정책 발상에 있어 대체로 중화학사업과 맥을 같이 한다. 장래의 '먹을거리'에 대해 걱정하는 것 또한 이와 크게 다르지 않다. 전략산업을 선정할 수 있다는 생각은 위험한 발상이다. 장래에 시장에서 성공할 수 있는 산업을 선정(Picking the Winner)한다는 생각은 중화학 공업화 추진에서 겪은 것처럼 현실적으로 불가능하다. 그럼에도 그런 시도가 여전히 정부 정책으로 채택되고 있는 것은 이해할 수 없다.

제2의 개방, 수입자유화는 선택이 아닌 필수

개방화 전략을 기본으로 삼는 것은 중화학공업이라고 해서 예외가 될 수 없다. 개방은 수출을 통한 세계시장 진출로 해외에서 경쟁하는 것뿐 아니라 수입개방을 통해 국내시장에서의 경쟁이 함께 이루어져야 한다. 우리나라가 수출로 크게 성공했음에도 불구하고 왜 국내시장 개방은 그렇게 하지 않으려 하는가? 나는 개방 반대론자들에게 "닭싸움을 시켜도 텃세가 있는데 우리 기업들은 국내시장에서 경쟁하는 것을 왜 두려워하는가?", "공정경쟁에 반하는 행위를 할 경우 적절한 조치를 취할 우리 정부가 있는데 무엇을 두려워하는가?"라고 늘 말했다. 하지만 말로 될 일은 아니다. 기업하는 사람은 경쟁을 싫어한다. 독점을 가장 선호한다.

경제 거래에는 상대방이 있기 마련이다. 수입, 즉 상대방이 국내에서 돈 벌 기회는 주지 않으면서 우리는 상대 시장에서 돈을 벌도록 언제까지 허용할 나라는 없다. 언젠가는 국내시장을 개방하도록 압력을 가할 것이고 그런 요구를 받아들이지 않을 수 없다. 이는 시간문제일 따름이다. 끝까지 미루다가는 외환위기 때의 금융산업처럼 일거에 개방의 문을 열도록 강요받는다. 우리 스스로 열어가면 국내 사정을 감안하면서 가장 고통이 작은 방법으로 개방할 수 있다. 이 방법이 가장 바람직함은 긴 말이 필요 없다.

국내시장 개방을 위한 관세제도 개편 작업은 이러한 생각에서 추진했다. 피할 수 없다면 매도 먼저 맞는 쪽이 낫다고 하지 않는가. 해외로부터의 압력이 없더라도 우리 스스로를 위해 개방은 반드시 필요하다. 국내 소비자를 위해서 뿐 아니라 기업의 경쟁력을 갖추기 위해 개방은 반드시 필요하다. 개방은 대외개방이든 수입개방이든 구분할 것 없이 반드시 가지 않을 수 없는 길이다. 개방은 선택과목이 아닌 필수과목이다.

1980년 국보위에서 과감한 인기정책을 펴나갈 때 가장 우려한 것 중의 하나는 '신군부가 미얀마처럼 쇄국정책으로 가면 어떻게 하는가였다. 그 정책은 절대 안 된다는 것을 김재익 수석이나 김기환 박사가 전두환 대통령에게 경제교육을 할 때 강조하기로 했다. 그러나 이는 기우였다. 전두환 대통령은 물가안정뿐 아니라 개방정책에 대해서도 굳건한 신념을 가지고 흔들림 없이 밀고 나갔다. 문제는 오히려 상공부를 비롯한 산업 관련 부처들의 간부들이었다. 이들은 소관 기업들의 요구를 외면하기 어렵기 때문이었다.

국내시장 개방은 상품뿐 아니라 금융, 법률, 의료, 교육 등 서비스 분야도 개방해야 한다. 개방은 이 분야를 담당하는 정부 관리들이 앞장서서 움직여야 했다. 선진국과 후진국의 차이는 소득 수준의 차이만이 아니라 똑같은 원칙이 사회 각 부문에 똑같이 적용되는가, 아닌가의 차이에서 구분된다.

선진국에서는 자율화·개방화를 통해 게임의 규칙(Rule of Game)이 비교적 단순하게 짜여 있다. 같은 규칙이 모든 분야, 즉 경제건 정치건 사회건 구분되지 않고 동일하게 적용된다. 반면 후진국에서는 같은 원리원칙이 모든 분야에 공통으로 적용되지 않는다. 경제에 적용되는 원칙이 교육 분야에선 적용되지 않는다. 경제는 자율화로 경쟁원칙에 따르지만 교육은 다른 원칙에 따라 운용된다면 제대로 갈 수 없다. 국민들의 생활이 매우 불편해진다. 이 눈치, 저 눈치를 살피지 않으면 안 되기 때문이다.

이러한 맥락에서 규칙이 복잡하고 혼란스럽게 되어 있는 나라는 후진국이며, 그렇지 않고 몇 가지 기본원칙이 어디에서나 적용되는 나라는 선진국이라 할 수 있다. 경제뿐 아니라 사회 전반이 함께 개방화로 가야 한다. 세계시장으로 진출하는 데에는 국내적으로는 이렇다 할 제약이 없었다. 그러나 국내 개방의 길은 이와는 지극히 대조적으로 험난한 여정을 겪으면서 힘겹게 하나씩 열어 왔다. 농산품은 말할 것 없고 금융, 영화, 교육, 의료 등 서비스 분야가 모두 그러하다.

안정화시책 성안 단계에서부터 농산물과 공산품의 수입자유화는 주요 현안의 하나였다. 안정화시책 시행 과정은 상품과 금융 등의 개방을 둘러싸고 밀고 당기는 힘겨루기의 연속이라고 할 수 있다. 외압에 의해 강제로 열리기 전에 우리 스스로 먼저 열자는 것이었다. 스스로 개방을 추진할 경우에는 우리 실정을 감안해 가장 합리적인 방법으로 또 가장 고통이 적은 방법을 선택할 수 있고 또 시간적 여유를 가질 수 있다. 상대의 요구에 의해 개방할 경우에는 그런 여유를 가지기 어려워 문제가 훨씬 복잡해진다. 고통도 훨씬 커진다. 이는 외환위기 때 당해봐서 누구나 잘 아는 사실이다. 미리미리 금융자율화를 서둘렀더라면 외환위기를 당하지 않고 갈 수 있었으며 설사 당했더라도 훨씬 가볍게 겪고 갈 수 있었다.

더 근원적으로는 외압 때문에 개방하는 것이 아니라는 사실이다. 개방으로 어려움을 겪는 쪽은 생산자, 서비스 제공자 등 공급 부분이다. 소비자와 수요자 입장에서는 국내기업이든 외국기업이든 좋은 품질의 제품과 서비스를 보다 저렴한 가격으로 구입하거나 이용할 수 있으면 된다. 국민 대다수의 이익을 위해서는 당연히 개방화를 추진해야 한다. 그럼에도 농수산부와 상공부는 농산물과 공산품의 수입을 개방하자는 경제기획원의 정책에 맹렬히 반대했다. 근본 이유는 이들 부처 업무가 생산 중심으로 되어 있기 때문이다. 이들 부처의 고객은 관련 산업의 종사자들이다. 이들 부처가 관장하는 기업의 생산품 및 서비스를 구매하는 소비자와 수요자는 이들 부처의 고객이 아니다. 즉 소비자의 이익을 챙기는 것을 주 임무로 하지 않는다는 뜻이다. 소비자를 위한 정책에 이들 부처가 선뜻 동의하지 못하는 근본 이유다. 이들이 내거는 단골 반대 논리는 "산업기반을 근본에서 흔들게 된다"는 것이고, 이들이 제시하는 단골 정책 대안은 "시간을 두고 단계적으로 개방하자"는 것이었다.

수입자유화를 바라보는 상공부의 인식은 그래도 농수산부와는 달랐다. 무역 주무 부처였기 때문에 수입자유화로 갈 수밖에 없다는 사실을 잘 알고 있었다. 사실 상공부는 안정화시책에서 문제를 제기하기 이전부터 수입자유화 계획을 추진하고 있었다. 다만 그 자세가 너무 미온적이었다.

점진적으로 수입자유화를 추진하는 것을 검토할 계획을 세우고 있었다. 국내 산업의 국제경쟁력이 강화되고 있고, 수출 증대에 기여하면서 국내 물가 안정에 기여해야 한다는 조건을 내걸고 있었다. 국내 산업에 충격이 가지 않도록 점진적으로 수입자유화를 확대한다, 장기 산업정책의 일환으로 수입정책을 운용한다, 직접적인 수입 규제방식은 점차 지양하고 가격체계에 의한 국제 비교우위에 따른 수입이 이루어지도록 한다, 무역제도를 개편해 절차를 간소화한다는 기본 방향을 1977년 7월에 제시했다.

문제는 그 속도가 너무 늦은 데에 있었다. 수입자유화가 본격적인 실천에 옮기기까지는 그 후 5년여의 세월이 지나갔다. 안정화

신봉자가 상공부의 업무를 직접 챙길 수 있게 된 다음에야 본격적으로 시동이 걸리기 시작했다. 1983년 10월 김기환 KDI 원장이 상공차관이 되었다. 김기환 차관은 다른 업무는 제쳐놓고 오로지 수입자유화 문제만을 챙기다시피 했다. 그가 자유화 예시 계획 작업을 지시했지만 상공부 간부들은 차일피일 시간 벌기로 버텼다. 하는 수 없이 자신이 직접 수입제한 품목 리스트에 줄을 그어가면서 일을 했다. 김 차관은 이러한 과정에서 "저 사람, 미 CIA의 앞잡이 아냐?"라는 인신공격을 받기도 했다. 20년 동안 미국에서 살아 한국 실정을 알 턱이 없는 사람이 무리하게 정책을 밀고 간다는 비난도 받았다. 이렇게 무리할 정도로 밀어붙인 이유는 그 동안의 수입자유화 추진이 소리만 요란했지 실제 진전은 미미했기 때문이다.

한 예로 안정화시책 성안 단계인 1978년 초에 상공부에 수입자유화 대책위원회를 발족시켰고, 1978년 2월 16일에 수입자유화 추진계획을 발표했다. 정책의 기본 개념을 국내 산업의 국제경쟁력 강화, 즉 과잉보호 체제를 탈피해 체질 개선과 산업합리화를 통한 국제화를 추구한다, 국내 유치산업의 육성과 중화학공업 추진 등 국산화 정책과의 조화를 도모하면서 국제무역 환경에 적응한다, 경쟁을 통한 물가안정에도 기여하면서 다른 한편으로는 국제수지 변화에 대응하고 적정 외환보유고를 유지한다. 이렇게 여러 가지를 동시에 챙긴다는 얘기는 실제로는 종래와 별로 달라질 것이 없다는 얘기였다.

따라서 수입자유화 정책을 추진함에 있어서는 관련 정책과 유기적으로 연계해 단계적으로 자유화하되 예시제를 실시하고 수입

감시품목을 새로 만들어준 자동품목으로 정했다. 수입자유화 작업을 위해 농수산품 및 식료품은 농수산부에서, 광산물은 동자부에서, 공산품은 상공부 주관으로 실무 작업반을 만들어 기별 공고 재편안을 3월 말까지 작성한 뒤 4월 초에 위원회에서 심의 결정하겠다고 발표했다. 이렇게 추진하긴 했지만 그 결과는 크게 내세울 것이 없었다. 수입자유화는 말은 그럴듯하지만 실제로는 하는 일이 없는 상태에서 한 발짝도 벗어나지 못하고 있었다.

수입자유화를 둘러싼 공개 논쟁

1983년 2월 들어 경제부처 공무원을 대상으로 1박 2일의 합숙 경제교육이 과천의 중앙공무원교육원에서 있었다. 안정화시책에 대한 공감대 형성을 위한 교육이었다. 나도 당연히 강사로 나가 왜 안정화시책으로 가지 않으면 안 되는가를 설명했다. 그때 수입자유화 정책에 대해서도 언급을 했다. 강의 내용을 전해들은 김동휘 상공장관이 그 다음날 성급한 수입자유화에 반대하는 입장에서 점진적 개방을 주장하는 내용의 강의를 했다. 두 장관의 상반되는 주장에 대해 당시 언론에서는 보호주의적 입장에서 개방론을 공격하는 해프닝이 벌어졌다고 했다. 외채망국론으로 떠들썩하던 때여서 점진적 개방론이 여론의 대세였다.

두 부처 간의 공방은 산하 연구기관의 대리전 양상으로 전개되었다. 1983년 2월 21일, KDI는 〈산업정책의 기본 과제와 지원정책 개편 방향〉보고서에서 경쟁력을 높이고 수출주도형 고도성장을 위해 주곡을 제외한 전 품목의 수입을 자유화해야 한다고 주장했다. 개략적인 내용을 살펴보면, 1985~88년까지 최고관세율은 30%까지 인하해야 한다, 1984년부터 수출입기별공고 등의 규제를 폐지한다, 주곡에 대한 이중곡가제를 폐지한다, 관세 감면은 향후 3년에 걸쳐 폐지한다, 원유 등 원자재 최저 세율부과로 자원 절약형 산업구조로 유도한다, 해외 덤핑에 대비해 임시보호 장치를 마련하고 극소수 유치산업 보호를 위해 탄력세율을 활용한다, 관세율을 인하하고 환율은 인상하는 폴리시믹스(Policy Mix: 복수의 정책수단을 적절하게 배합하는 일)를 채택한다 등이었다.

이러한 KDI 제안에 대해 상공부 산하 한국산업기술연구원(KIET)은 시기상조로 산업에 큰 타격을 줄 수 있다고 반대했다. 상공부는 1983년 5월 31일의 수입기별공고에서 수입자유화를 점진적으로 추진해 1985~86년 사이에 90%대까지 확대하겠다고 발표했다.

1983년 3월 16일 KDI는 다시 '수입자유화 대정부 건의안'을 발표했다. 우리 경제의 '제2의 도약'을 위해서는

1) 모든 관세율은 향후 5년간 매년 일정 비율로 내리고
2) 비관세보호는 관세보호로 바꾸고
3) 원칙적으로 모든 산업 간의 관세 격차를 없앨 것을 건의했다.

선 경쟁력 배양 후 개방은 국내시장이 협소하기 때문에 국내 경쟁으로는 한계가 있다고 주장했다. 비교우위에 입각한 자유무역

은 경제대국이 아닌 자원이 빈약한 소국에서 필요하다고 강조했다. 가발, 조선, 전자제품은 당초부터 국제시장에서 경쟁력을 확보한 예라고 했다. KDI의 이러한 건의들은 개편 방향을 공론화하기 위한 방편으로 (사전 요청에 의해) 이루어진 것이었다.

🪵 대내 개방을 위한 관세제도 개편

수입자유화 정책에 관한 논란은 활발했지만 실제로 진전은 지지부진했으며 이를 위한 획기적인 전기를 만드는 일이 시급했다. 재무부 소관의 관세개혁으로 돌파구를 마련하기로 했다. 관세율 조정을 통해 실질적으로 수입자유화를 촉진하기로 한 것이다. 1982년에는 금융실명제와 세제개혁으로 힘든 한 해를 보냈지만 1983년에는 관세개혁을 추진하기로 계획을 세웠다. 관세개혁은 수입개방과 함께 안정화시책의 주요 과제 중 하나였다. 1983년 1월 25일에 있은 전 대통령에 대한 연두보고에서 관세제도 개혁을 보고했다.

당시의 관세구조를 간략히 정리하면 이렇다. 우선 완제품의 경우에는 그것이 국산화된 품목이면 관세율이 엄청나게 높았던 반면 국산화가 이루어지지 않은 품목은 세율이 비교적 낮았다. 또 중간재의 경우에는 국산화된 완제품 다음으로 세율이 높았다. 다만 국민생활에 꼭 필요한 품목은 관세가 아예 붙지를 않거나 매우 낮은 관세만 물도록 되어 있었다.

국산화된 품목은 국내 산업을 보호하기 위해 고율의 관세를 부과하고, 국민생활에 꼭 필요한 물품은 물가안정을 위해 가급적 낮은 관세를 부과해야 한다는 주장은 일리가 있는 제도였다. 당시의 관세율 구조를 자세히 보면 원유·광물 0%, 기초소재 10%, 중공업기계류 15%, 석유중간제품 20%, 강관·강선 25%, 합성수지 30%, 냉장고·라디오·신발·섬유류 50%, 담배·술·자동차·보석류 100%의 10단계였다.

이와 같은 차등 관세에 더해 1차 석유파동 때 수입을 억제하기 위한 방편으로 수입품에 대한 고율의 특별소비세를 부과함으로써 사치품으로 분류된 물품의 세 부담은 150~200%까지 오르는 경우도 있었다. 이와 같은 고율관세는 소비억제와 산업보호 기능을 위한 것이었다. 하지만 가공 단계에 따라 실효보호 정도가 점차 높아지는 에스컬레이션(Escalation) 관세제도는 당초 목적인 산업보호 기능을 제대로 수행하기 못했다. 오히려 해외의존적 산업구조를 조장하는 역기능을 초래하고 있었다. 복잡다기한 관세구조에 더해 산업지원용 관세감면이 너무 많아 소득분배의 불공평을 심화시킬 뿐 아니라 국제수지를 악화시키는 역효과를 초래했다.

하지만 우리 경제는 이미 소비자 이익을 보호하고 제품의 경쟁력을 높이기 위해서는 개방화를 통한 경쟁을 도입하지 않을 수 없는 단계에 이르고 있었다. 높은 관세를 통한 보호는 더 이상 해서는 안 된다고 생각했다. 또 국산이 안 된다고 해서 0세율로 해야 한다는 것은 온당하지 않다. 가령 원유는 당연히 0세율이어야 한다고 생각하지만 기름 한 방울 나지 않는 나라에서 석유를 절약하고 에너지 효율화를 도모하면서 대체에너지 개발을 촉진하기 위해서는 오히려 관세를 받는 것이 온당하다고 생각했다.

재정수입 확보를 위해 관세를 없앨 수는 없다. 하지만 관세를 너무 다양한 목표 달성을 위해 사용하는 것은 바람직하지 않다. 가공단계별 차등 관세를 부과해 국내 산업을 보호하는 기능은 이를 없애기로 했다. 아울러 관세 감면제도는 축소하고 그에 따른 세 부담의 어려움을 완화하기 위해 분할 납부제도를 도입하기로 했다. 부득이하게 관세 감면을 할 경우에도 실수요자별로 지원하는 것을 물품별 지원제도로 전환했다. 이는 내국세제 개편 때 특정 산업지원 대신 연구개발, 인력개발 등 기능별 지원으로 전환한 것과 맥을 같이하는 것이었다. 이러한 관세 개편에 대한 기본 방침 하에 구체적인 품목의 관세율은 관세심의위원회에서 의견을 수렴해 조정하기로 했다. 또한 관세제도 개편과 함께 수입자유화를 추진하기로 했다.

이와 같은 방침 설정에 앞서 1982년 7월, KDI는 〈관세정책 현황과 개편 방향〉 보고서에서 8% 균일 관세제로 가야 한다고 건의했다. 8%의 근거는 그해 책정된 관세 세입예산액을 확보할 수 있는 관세율을 역산한 것이었다. 즉 내수용 수입의 실적 관세율 7%에다 폐지불가능 감면 0.6%를 감안해 8%를 제시했다. 즉 수출용 원자재를 제외하고 내수용 물품에 한해서는 8%의 균일관세율로 정했다. 유치산업 보호를 위해서는 8%의 3배 수준인 24%의 잠정 관세율을 부과하되 4년에 걸쳐 균일관세율인 8% 수준으로 낮추기로 했다. 관세율을 낮춤으로써 사치품 수입이 급증할 경우에는 특별소비세를 높여서 대처한다.

이와 같은 관세율 구조 개편과 함께 수입자유화를 통한 경쟁 촉진으로 상품의 품질을 높여갈 것을 아울러 건의했다. 당시 우리의 수입자유화 비율은 74.8%였다. 이를 대만의 97.7%, 일본의 97% 수준으로 높여야 한다. 특히 시장지배적 독과점 품목의 수입자유화 비율은 46.1%에 불과하므로 조속히 시정해야 했다.

KDI의 관세제도 개편안은 한마디로 유치산업 보호에서 경쟁력 있는 산업 위주의 적자(適者) 발전으로 전환해야 한다는 것을 의미한다. 일본식 관세제도를 유럽식으로 바꾸자는 것이었다. 유럽식 산업보호 정책은 국내 산업의 대외경쟁력 제고, 적자생존을 원칙으로 한다. 이렇게 함으로써 자원배분의 효율화를 이룩하고 산업구조의 고도화를 유도하되 경쟁력 있는 산업 중심으로 개편할 수 있다. 즉 적자생존 정책을 근간으로 했다.

이와 같은 균일 관세제도 개편 방향에 대해 전경련은 수입 가공도에 따른 차등관세율을 적용하는 종래의 경사(傾斜) 관세제도는 계속 유지해야 한다고 주장했다. 원유·광물 등 기초 원자재에 대한 관세 부과는 모든 산업의 원가 압박 요인이 됨으로 0세율을 계속 적용해야 한다고 주장한 것이다.

공개적인 토론을 통해 결정한 관세율

관세율을 얼마로 정하는가는 관련 기업의 이해와 직결된다. 그렇기 때문에 관세율을 조정할 때마다 관련 업계는 비상한 관심을 가질 수밖에 없다. 조정 내용에 관한 정보를 얻기 위해 동분서주하기 마련이다. 그런 연유로 관세를 조정할 때마다 관계 공무원이 문책을 당하는 경우가 빈번히 있곤 했다. 이를 피하기 위해 이번 관세 개편작업은 종래와는 달리 관계 공무원들만이 비밀리에 작업하는 방식을 탈피해 관세심의위원회에서 아예 처음부터 공개적인 토론을 통해 관세율을 정하기로 했다. 그렇기 때문에 관세심의위원회의 역할이 매우 중요했다. 가장 고심한 것은 위원장 선정 문제였다. 당시 무역협회 회장인 신병현(申秉鉉) 전 부총리가 가장 적임자라는 의견이 모아졌다.

신 회장을 방문해 관세제도 개선 취지와 방향에 대해 설명하고 위원장직을 맡아주도록 요청했다. 신 회장은 두말하지 않고 승낙했다. 그러나 상공부에서는 "무역협회 회장이 왜 관세심의위원회 위원장직을 맡느냐"며 반대하고 나섰다. 상공부의 반대에도 불구하고 신 회장이 위원장을 맡아 심의위원회가 예정대로 발족할 수 있었다. 위원회의 회원은 정·학·경제계 인사와 전문가 등 65명이 참여했다. 관세제도개편심의회는 1983년 3월 31일 첫 모임을 가졌다. 1988년까지 관세를 단계별로 인하해 원료에 대한 관세는 5~10%, 제품에 대한 관세는 20%의 중심세율로 수렴한다는 방침을 결정했다.

문제는 구체적인 품목의 관세율 조정 작업이었다. 이 작업은 이진설 제2차관보가 실무 총책임을 맡아 진행했다. 이진설 차관보는 예산국 시절부터 함께 일한 동료로서 경제이론은 물론 실무에도 밝고, 대인관계도 원만할 뿐 아니라 추진력도 갖춘 일꾼이다. 물가국장, 기획국장을 맡았고 경제기획원 차관 등을 거쳐 건설부장관,

경제수석을 역임했다. 이 차관보의 제안에 따라 100개의 작업반을 만들어 작업을 분담하도록 했다. 작업반에는 이해관계가 있는 당사자도 함께 참여했다. 즉 작업반은 관계 공무원 이외에 그 물품의 사용자와 국내 생산자 등 직접적인 이해관계자와 함께 객관적으로 볼 수 있는 학자와 언론계 종사자 등 제3자로 구성했다. 이들이 한 자리에서 만나 향후 5년간 그 물품의 관세율을 어떻게 조정할 것인가를 토론하고 그에 따라 연차별 관세율을 정했다. 수입물자를 쓰는 실수요자들은 관세율을 낮추자고 했고, 국내의 생산업자들은 높여야 한다는 의견을 제시했다. 모두 그렇게 주장하는 근거를 제시하면서 토론을 하는 동안 절충이 이루어졌다.

이렇게 토론하는 과정에서 참석자들은 해당 물품의 관세율의 문제점이 무엇인지를 알게 되고, 상대의 입장과 주장의 근거를 보다 잘 이해하게 되었다. 이러한 과정을 거쳐 관세율이 조정되었기 때문에 조정 결과에 대한 업계의 불만은 일체 없었다. 관련 공무원을 둘러싼 잡음도 전혀 없었다. 이렇게 공개적으로 민주적 토론 방식으로 세율에 대한 결정을 한 것은 우리나라 경제행정에 있어 최초의 시도였고, 기대했던 이상의 성공을 거둔 대표적인 사례였다.

관세율 개편작업을 마무리하면서 가장 힘들었던 부분은 원유 등 원자재에 대한 과세 문제였다. 주무 부처의 완강한 반대에 부딪쳤다. 당초 그때까지 관세를 내지 않던 품목에 대해서는 일률적으로 5%를 적용시키기로 한 방침은 어느 정도 수정하지 않을 수 없었다. 이에 따라 1%, 2%, 3%, 4% 등 다양한 관세율 구조가 되었지만 최소한 0의 관세율만은 사라졌다. 원유에도 관세를 부과했는데 이는 그때가 처음이었다.

이렇게 조정한 5년간의 관세율안을 1983년 8월 25일 발표했다. 관세제도 개편 방안에 대해 한 신문 사설에서는 '독과점기업 보호망 벗긴다'는 제목으로 1970년대 성장경제 지원 일변도에서 경쟁력 향상을 최우선전략으로 내세운 1980년대의 산업정책을 제도적으로 뒷받침하게 되었다고 보도했다. 지나친 보호와 집중적인 지원으로 독과점 업체의 시장점유율이 1974년에는 69.8%였는데 1980년에는 75.3%로 높아졌다. 특히 수입 제한으로 소득구조가 왜곡되었을 뿐 아니라 생산성 향상과 기술개발 노력을 소홀히 해 경쟁력이 약화되었다. 또 특정 산업 집중 지원은 다른 산업의 부담을 크게 했고 공급자 위주의 과보호는 소비자 희생을 초래했다. 1978년 한 해 소비자 부담으로 전가된 금액이 2조 5천억 원으로 국민소득의 13.1%에 이른다. 예를 들어 암모니아의 경우를 보면 국산이 수입보다 116% 고가여서 암모니아 모노마는 90%, 아크릴 섬유는 55%나 더 비싸 소비자 부담이 컸다.

1982년 수입 243억 달러 중 관세를 부과한 것은 41.2%인 1백억 달러이고 나머지 58.8%인 143억 달러는 면세였다. 산업간 품목간 세율격차(실행세율 기준)는 일반공업 제품은 15~20%, 전자공업 제품은 30~50%, 자동차 관련 제품은 100~150%다. 섬유 관련 품목도 대동소이하다. 이와 같은 관세격차는 투자배분을 왜곡한다. 관세제도 개편으로 원가절감과 기술혁신을 통한 경쟁력 제고로 수출 증대에 기여하고 물가안정에도 기여한다. 수입 급증으로 국제수지가 악화될 경우에 대비해서는 조정관세 등의 장치로 대처할 수 있게 했다.

관세개편안은 1983년 정기국회를 통과해 확정되었다. 5년간의 관세조정안이 한꺼번에 국회에서 통과된 것은 처음 있는 일이었다. 국회 심의 과정에서 총 3,900개 품목 중 15개 품목의 관세율 조정이 있었다. 국회 재무위에서 열린 관세율 심의에 대해 언론 보도에서는 '관세율 심의, 로비스트 없어 이상하다'는 제목으로 "과거 관세법 개정 때엔 관련 업계의 로비가 있었지만 금년은 한산한 모습"이라고 전했다. 국회 주변에선 맑은 정치의 소산, 국회의 무력 등 여러 측면에서 원인을 분석 중이라고 하면서도 관세율 결정 과정에서 비롯된 사실임을 지적한 것은 없었다. 업계의 노력 결과 당초 예시한 1988년까지의 관세율은 5년보다 앞당겨 더 낮은 수준으로 바뀌게 되었다.

🪄 개방화, 남북한 경제의 승패 갈림길

왜 개방에 그렇게 집착하는가? 그 답은 남북한의 경제 차이의 변화를 보면 금방 알 수 있다. 박정희 대통령은 북한과의 경쟁을 항상 의식했다. 내가 예산국에서 일할 때 상부의 지시로 야산개발 추진을 지시하거나 갑자기 농가 지붕개량 사업을 벌인 경우가 있었다. 왜 갑자기 이러한 일을 하는가 알아보면 같은 사업을 북한에서 대대적으로 벌이고 있었다. 농가주택 사업도 그런 이유의 하나였다. 1960년대까지만 해도 북한이 우리보다 훨씬 더 잘살았다. 1인당소득이 우리의 두 배 수준이었다. 북한 따라잡기를 겉으로 내세우지는 않았지만 실제로는 상당한 스트레스였을 것이다.

남북한 간의 경제 격차는 1960년대 후반에 접어들면서 급속도로 좁혀졌다. 1970년대 초에 이르면서 1인당 GNP가 비슷한 수준에 도달했다. 이렇게 북한 따라잡기에 성공하자 박 대통령은 1971년 광복절 경축사에서 '남북한 간에 잘살기 경쟁'을 하자고 제안했다. 이러한 자신감이 1972년의 7.4 공동성명으로 현실화되었다. 그때만 해도 북한도 경제에 대해 상당한 자신감을 가지고 있었다. 7.4 공동성명이 있고 얼마 뒤 예산업무 보고를 위해 김학렬 부총리를 수행해 청와대를 방문한 일이 있었다. 그때 박 대통령이 집무실에서 도자기 화병 하나를 보여주며 김일성이 보낸 선물이라고 했다. "지난번에 스테인리스 화병을 하나 보냈더니 이걸 보내왔다"면서 "김일성이 아마 깜짝 놀랐을 것"이라고 만족해했다.

1973년의 석유파동으로 자원가격이 급등해 북한 경제가 한때 잘 나갔던 때가 있었다. 북한은 공장시설은 물론 발전시설, 지하자원 등이 남한보다 풍부했다. 그러나 무모한 투자로 그 후 북한 경제는 어려움에 처했고 시간이 흐를수록 더 심해졌다. 남한은 농업 부문에서 북한보다 더 나은 여건이라 할 수 있다. 그러나 남북한 간의 경제 격차가 농업에서 비롯된 것이 아님은 긴 말이 필요 없다. 남북한의 경제 격차는 날이 갈수록 더 커져갔다.

이렇게 비교 자체가 무의미할 정도로 우리 경제가 비약적인 발전을 거듭할 수 있었던 이유는 무엇일까? 그 차이가 어디에서 비롯되었는가를 생각해보는 일은 단순한 지적 호기심 차원이 아니다. 오늘의 성공을 가져온 우리의 정책을 앞으로도 계속 지키고 가꾸어가기 위해 필요하다. 분단국가인 남북한의 경우는 비교연구의 가장 좋은 예가 된다. 사회과학에선 실험을 하기 어려운데 한국은 그런 실험을 한 것과 같은 경우여서 매우 귀중한 사례가 된다.

남북한 사이에 차이를 가져온 공로는 박 대통령에게 있다는 주장에 이의를 제기하는 사람은 거의 없다. 그만큼 박 대통령의 경제적 업적은 높은 평가를 받고 있다. 그가 이룬 것으로는 여러 가지를 들 수 있다. 우리 국민의 의식 깊숙이 자리 잡고 있던 엽전의식을 탈피해 우리도 할 수 있다는 이른바 Can Do Spirit을 일깨운 업적을 꼽는 사람도 있다. 그러나 국민의 마인드를 바꾼 점에서는 북한의 주체사상 역시 북한 주민에게 비슷한 역할을 했다고 할 수 있다.

경제개발 5개년계획을 수립해 집행하는 등 경제에 우선순위를 둔 것을 꼽는 사람도 있다. 북한도 5개년계획이 있었고 자력갱생, 쌀밥에 고깃국 등 잘살기 목표를 거듭 제시했다. 이렇듯이 남북한은 정책 측면에서 큰 차이가 없었다.

중화학공업을 일으킨 것을 박 대통령의 큰 업적으로 드는 사람도 있다. 그러나 북한 경제 역시 중공업 중심이었고 중공업 우선정책은 북한 정책의 근간을 이루었다. 따라서 중공업정책 추진이 남북한 간에 경제 격차를 가져왔다고 보기 어렵다. 그밖에 새마을운동을 꼽기도 하지만 북한에는 천리마운동이 있었다. 이러한 정책은 사실 같거나 비슷한 정책으로 현격한 차이를 가져오기는 매우 어렵다.

"개방해서 망한 나라 없다." 미국과 FTA(자유무역협정)를 추진하면서 노무현 대통령이 한 말이다. 일찍이 벤저민 프랭클린도 똑같은 말을 했다. '개방이냐 폐쇄냐'고 물으면 개방을 선택하기가 훨씬 쉬워진다. 그러나 그 질문을 '종속이냐 자주냐'로 바꾸면 선택은 반대가 되기 십상이다. 남북한의 차이는 이렇게 질문하는 방법의 차이에서 비롯되었다고 볼 수 있다. 남한은 수출주도의 개방정책을 택했다. 북한은 자립갱생, 즉 주체사상에 따른 개발을 택했다. 북의 지도자들은 개방을 종속으로 포장해 자기들 스스로를 기만했다. 그런 결과가 오늘날의 경제력 격차가 된 것이다. 1960년대만 해도 1인당 GNP가 남한의 두 배였던 북한 경제가 왜 10년 뒤엔 똑같은 수준이 되고 그 후에는 격차가 더 벌어져 지금은 비교할 의미조차 없게 되었는가. 결국 개방에 그 답이 있다.

남북한 간의 경제 격차를 가져온 가장 큰 요인은 개방화에 있다. 전문가의 연구결과에 의하면 1970~80년대에 개방체제의 개도국은 연 4.5% 성장(선진국은 2.3% 성장)했는데 비해, 폐쇄체제 개도국은 연 0.7% 성장(선진국은 0.7% 성장)에 그쳤다. 이러한 차이를 가져온 원인은 효율적 자원배분, 시장 규모의 확대, 가격 인하 효과 여부 등이다. 즉 경쟁과 규모의 경제가 핵심 요인이었다.

개방화와 함께 북한 경제가 낙후된 보다 더 근원적인 원인은 체제에 있다. '기여한 만큼 보상을 받는 체제'와 '능력에 따라 일하고 필요한 만큼 보상 받는 체제'(기여와 보상이 따로따로)의 차이다. 이 또한 언뜻 보면, 기여와 보상을 냉정하게 연결하는 것은 비정하고 비인간적인 것처럼 생각된다. 그에 비해 기여와는 상관없이 필요한 만큼 보상을 받는 것이 훨씬 인간미가 넘치는 것으로 생각된다. 문제는, 나누어 가질 덩치를 키워야 한다는 것이다. 자기에게 돌아오는 것이 없어지면 대부분의 사람들은 열심히 일을 하지 않으며 핑계만 있으면 게으름을 피운다. 나누어줄 것이 적어지면 꼭 필요한 것도 나누어주지 못하는 상황이 닥친다. 사유재산제도가 이러한 차이를 가져온다.

수출주도 개발전략이 박 대통령의 가장 큰 경제 업적이라면, 사유재산제도를 근간으로 하는 헌법을 제정해 남한 단독 정부를 수립한 이승만 대통령이 아니었다면 오늘의 대한민국 경제는 만들어지지 않았을 것이다. 체제와 개방정책으로 남북한 간의 경쟁은 끝났다. 이러한 결론은 1978년 구소련 여행 중 소련을 둘러보면서 확신을 했다. 소련 여행에서 귀국 후 나는 "남북한 간의 경쟁은 끝났다"라고 자신 있게 말할 수 있었다. 소련 여행 중 훈장을 가슴 가득히 달고 다니는 사람들을 종종 목격했다. 북한 TV를 보면 지금도 그렇게 훈장을 많이 단 군인들을 쉽게 볼 수 있다. 훈장은 명예다. 물질적 보상과는 무관하다. 하지만 훈장을 많이 받는 공적을 쌓으면 당의 요직이 주어지고 특별 선물을 받는다(이는 소련이나 북한이나 마찬가지이다). 소련에서는 싼 가격으로 다양한 상품을 구입할 수 있는 특수 매점 이용 권한이 주어지는 공산당 고위 간부가 될 수 있다. 북한에서는 김정일 위원장에게서 고급 양주나 승용차 등을 선물로 받을 수 있는 당 요직에 오를 수 있다.

사회가 제대로 작동하려면 두 가지 시스템이 굳건히 자리해야 한다. 하나는 권한과 책임이 분명해야 한다. 권한 따로 책임 따로가 되면 그 사회는 제대로 돌아갈 수 없다. 다른 하나는 신상필벌이 뚜렷해야 한다. 잘하면 그에 따른 보상이 주어지고 잘못하면 불이익을 당해야 한다. 이 두 가지 기본이 권력자의 판단이나 자의적 결정이 아니라 제도로 확립되어야 한다. 법치주의와 시장경제체제가 확립되어야 하는 것이다. 이러한 바탕이 있어야 경제적 효율이 높아진다. 사회의 가용자원이 가장 생산적인 분야에 배분되어야 재생산 효과를 가장 잘 올릴 수 있다.

이집트의 피라미드는 왕의 분묘이다. 그러나 어떤 왕조 때는 피라미드 두 개를 지었다. 그것도 동시에 그랬다. 왜 그랬을까? 그 이유는 나일강 유역의 농업생산이 당시 소비할 수 있는 수준을 훨씬 넘었기 때문에 잉여 부를 가장 비생산적인 곳에 분배한 것이다. 즉 재생산 효과가 가장 작은 곳에 잉여 부를 투하할 수 있는 방법이 피라미드를 건설하는 것이었다. 그렇게 잉여 부를 사용한 것은 정치적 안정을 위해서였다. 그래서인지 고대 이집트 왕조는 3,000년이나 정권을 유지했다. 우리가 가용자원을 산업시설에 가장 효과적으로 사용하기 위해 온갖 지혜를 모으는 동안 북한은 강성대국 건설을 위한 군비확장과 주체사상을 위한 김일성궁전 등에 귀중한 자원을 투입했다. 재생산 효과가 전혀 없는 부문에 자원을 집중적으로 사용한 것이다. 그렇게 하면서 경제가 발전하기를 기대할 수 없음은 자명하다. 그 결과 김씨 왕조는 대를 이어 유지했지만 국민은 도탄에 빠졌다.

수입대체 개발전략의 가장 큰 폐해는 경제의 효율을 떨어뜨리는 것이다. 개방체제에서는 경쟁에서 살아남아야 하기 때문에 최선을 다할 수밖에 없다. 투자 결정은 물론 일상적인 작은 경영 문제 하나도 소홀히 할 수 없다. 이러한 노력이 수십 년이라는 시간을 두고 쌓인 결과가 오늘날 남북한의 경제 격차로 나타났다.

1970년대에 우리도 야산개발 사업에 열을 올렸던 일이 있다. 그러나 몇 해 지나지 않아 문제가 이곳저곳에서 터져 나와 흐지부지되고 말았다. 그러나 북한에선 아직도 야산개발을 계속하고 있다. 그만두라는 상부 지시가 없는 한 그만둘 수 없기 때문이리라. 자력갱생과 '우리 식'을 고집하면서 어찌 발전을 이룰 수 있겠는가. 결과가 자기에게 귀속되는 유인장치와 자율, 개방 없이는 이러한 비효율성을 없앨 길이 없다. 이는 사유재산제도와 시장경제, 개방과 경쟁 없이는 기대할 수 없다. 중국이 사회주의체제를 유지하면서도 경제는 사유재산제도와 개방, 경쟁을 과감히 도입해 비약적인 경제발전을 이루고 있는 사실은 우리 모두가 익히 안다.

한때 우리나라 식자들이 재벌 문제를 거론하면서 전문경영인 체제에 대해 도를 넘는 예찬을 한 적이 있었다. 그때 나는 모든 기업이 전문경영인에 의해 운영되는 나라가 바로 소련, 북한 등 사회주의 국가들이라고 말했다. 북한은 충성심을 기준으로 하는 직업관료 집단체제라고 할 수 있다. 그러한 제도로는 나라가 제대로 될 수 없다. 국가와 당에 충성하는 정도에 따라 보상을 주는 체제로는 경제가 제대로 될 수 없다. 개인 이익이 바탕이 되어야 경제가 발전한다. 권력자가 아니라 소비자에 대한 봉사가 이익으로 돌아오는 체제에서만 경제가 발전한다. 박 대통령은 북한을 의식했지만 안정화시책을 검토할 때 북한은 안중에도 없었다. 세계에서 가장 앞서가는 나라와 뛰어난 기업들을 어떻게 하면 따라잡을 것인가가 관심의 초점이었다.

제3의 개방, FTA

1992년 말 문민정부 발족에 맞추어 〈새 정부가 해야 할 국정개혁 24〉라는 소책자를 발간했다. 24개 과제에 대해 내가 이사장으로 있는 국가경영연구원(NSI)에서 원로, 전문가 등 48명의 의견을 모아 종합 정리했다. 1995년에는 냉전 후 새로운 질서로 전환되는 세계에 우리나라 각 부문이 어떻게 대응해야 하는가를 놓고 대토론을 벌였다. 앞으로 세 축을 중심으로 이제까지와는 완전히 다른 세계로 바뀔 것이라고 전망했다. 즉 세계화, 정보화, 환경을 새로운 변화의 세 축으로 생각했다. 이를 '대전환 21'로 명명하고 MBC와 공동으로 이 사업을 추진했다. 1년 동안 매주 1회 MBC에서 과제별로 특집 프로그램을 만들어 방영했다. 기대했던 만큼의 공론은 불러일으키지 못했지만 작은 민간연구소에서 문제의식을 가지고 공론화 사업을 전개한 일은 뜻 깊은 일이었다.

이때 토론한 내용은 1997년에 경제부총리가 된 후 다시 다듬어 21세기를 대비해 서둘러야 할 개혁과제로 정리했다. 그리고 정부 차원의 '국정과제 21'이라는 이름으로 발표했다. 당시 여당 대선 후보 진영에서는 이를 공개적으로 발표하지 말고 대선용으로 쓸 수 있게 해달라고 요청했다. 하지만 그럴 수 없다고 말하고 공개했다. 정리한 내용뿐 아니라 근거 자료와 토론 등 자세한 사항까지 여야 가리지 않고 공개해서 대선 공약이나 정책 수립을 하는 데 참고할 수 있도록 했다(이렇게 국정과제 21을 발표한 것을 두고 검찰에서는 "개인의 정치적 야심으로 한가한 작업을 했다"고 몰아붙였다).

반시장경제적 성향이 강한 노무현 정권이 한미 FTA를 추진하고 나섰다. 노 대통령은 경제기획원 출신을 경제 장관으로 많이 중용했다. 경제기획원에서 함께 일했던 한덕수, 권오규 부총리 등에게 한미 FTA만은 꼭 성사시키라고 당부했다. 노무현 대통령의 최대 업적이 될 것이라고 말했다. 한미 FTA는 시장중심에서 벗어나 큰 정부(Big Government)로 가는 경향에 제동을 걸고, 장래에 대한 불확실성, 정책 방향에 대한 불안을 해소하고, 나아갈 방향과 목표를 뚜렷하게 제시한다. 즉 한미 FTA는 우리 기업들에겐 미국 기업과의 1:1 경쟁에서 살아남기라는 절체절명의 과제를 위해 무엇을 어떻게 해야 하고 특히 정부가 무엇을 고쳐야 하는지를 분명히 한다. IMF 졸업, 2만 달러, 3만 달러, 선진화 등의 구호와는 완전히 다른 촉진제 구실을 하기 때문이다.

이에 더해 FTA는 그동안 소원했던 한미관계를 긴밀하게 할 것으로 기대했다("이길 수 없으면 같은 편이 되라"는 영국 속담이 있다. 노무현 정부는 1/17 규모인 한국이 미국에 맞장 뜨려고 덤비는 형국의 외교를 펼쳤다). 한미 FTA는 한미 두 나라 경제관계를 긴밀하게 엮어 냉전시대의 한미방위조약과 동등한 역할을 할 것으로 생각했다.

미국과의 FTA는 그동안 우리가 이룬 성과에 대해 새삼스런 감회를 느끼게 한다. FTA는 한마디로 시장을 서로 개방하는 것으로 상대국 시장이 내수시장처럼 된다. 〈뉴욕타임스〉는 한국과 FTA를 하는 것은 최빈국 순으로 118개 나라와 FTA를 하는 것과 같다고 평가했다. 개발을 시작한 1960년대에 세계 최빈국 수준이던 한국이 50년 뒤에 미국과 FTA를 한다고는 꿈에도 생각 못한 일이었다.

FTA의 성패는 기업의 경쟁력이 관건이다. 경쟁에서 이길 자신이 있는 기업은 공격적이 되어 개방을 하고, 이길 자신이 없는 기업은 방어적이 될 수밖에 없다. 그래서 FTA를 '강자의 보호무역'이라고 한다. 경쟁에서 이길 수 있다는 자신감이 없다면 FTA는 처음부터 생각할 수 없는 일이다. 경쟁촉진 정책은 탈락 대책과 함께 가야 한다. 경쟁 탈락 기업에 대한 특별한 대책은 필요 없다. 적자생존 원칙으로 가면 된다. 그러나 사람에 대한 대책은 반드시 필요하다. 실업보험, 직업훈련, 사회 부조(扶助) 등 사회안전망을 구축하는 대책을 마련해야 한다.

한국인의 자신감이 개방화 정책의 바탕이다. 한때 한국인을 두고 "내 땅에선 벌벌 기지만 해외에 나가면 펄펄 난다"는 말이 있었다. 세계 거의 모든 나라에 한국인이 진출해 500만 명 이상의 교민들이 살고 있으며 모두 그 사회에서 성공적인 삶을 영위하고 있다. 이는 세계 어디에서든 경쟁에서 이길 수 있는 자신감을 보여주는 것이라 하겠다.

 ## 개방·시장경제를 만든 세 명의 대통령

한국 경제를 한마디로 요약할 때 흔히 작은 개방시장경제(The

Small Open Market Economy)라고 한다. 그러나 지금의 한국 경제력에 비춰볼 때 더 이상 작은 나라라고 할 수 없다. 세계 최빈국이 불과 50년의 시간에 이러한 발전을 이룬 나라는 한국 이외에는 그 비슷한 예도 없다. 이러한 평가를 받는 경제발전을 이루는데 가장 큰 기여를 한 대통령으로 누구를 꼽을 것인가? 사람마다 제각기 다르지만 나는 이승만, 박정희, 전두환 대통령을 꼽는다.

우리나라 사람들은 일반적으로 공직자가 재임 기간 동안 이룬 업적에 대해서는 평가가 매우 인색하다. 잘한 점에 대해서는 인색한 반면 잘못에 대해서는 가혹할 정도로 오랫동안 기억하고 매도한다. 대통령의 경우에는 더욱 그러하다. 마음에 안 드는 일이 있더라도 평가할 업적은 제대로 평가해야 한다.

이승만 대통령을 첫째로 꼽는 이유는 해방 후의 혼란 속에서 남한 단독정부 수립이라는 현실적 방안을 추진한 사실에 있다. 자유민주주의와 시장경제를 근간으로 하는 헌법을 제정했다. 사유재산제도는 경제발전을 이루는 가장 강력한 원동력이다. 농지개혁을 비롯해 한국전쟁 중에도 대학생 징집 연기로 경제 발전을 이끌 인재를 양성한 것도 높게 평가하지 않을 수 없다. 그밖에도 한미방위조약을 체결함으로써 냉전체제에서 미국 방위력에 의한 국가 안전을 확실하게 했고 미국 시장에 아무런 장애 없이 접근할 수 있었다.

박정희 대통령이 오늘의 한국 경제를 있게 한 일등 공로자임은 긴 말이 필요 없다. 가장 중요한 기여 하나만 들라면 1960년대 중반, 수입대체 전략에서 수출주도 전략으로의 전환을 꼽는다. 1967년에 GATT(관세와 무역에 관한 일반협정)에 가입해 무역입국을 지향했다. 특히 획기적인 수출지원 정책을 마련했고 매월 수출진흥확대회의를 열어 직접 독려하고 애로를 타개하는 등 기동성 있는 지원을 했다.

전두환 대통령은 오늘의 눈부신 한국 경제를 만들었음에도 제대로 평가를 받지 못한다. 안타까운 일이다. 안정, 자율, 개방을 내걸고, 그 방향으로 일관성 있게 경제정책을 펴나갔다. 강력한 물가안정 추진으로 30년의 인플레이션 굴레에서 벗어나게 했다. 박정희 대통령이 수출주도 개발전략을 추진해 세계시장으로 나가는 길을 열었다면 전두환 대통령은 수입자유화를 추진해 국내시장 개방정책을 추진했다. 1980년대 후반에 3%의 물가안정, 10%가 넘는 고성장, 100억 달러가 넘는 국제수지 흑자를 동시에 실현하는 이른바 세 마리 토끼를 한꺼번에 잡는 성과를 올렸다. 전 대통령이 기여한 것 중에서 한 가지만 들라면 정부주도에서 민간주도로 경제운용 방식을 전환한 것과 공정거래제도 도입 등 시장경제 체제를 확고히 구축한 것이라 하겠다.

좌파 정권 10년이라고 말한다. 경제 제일주의에서 정치 우선으로 바뀐 것을 감안하면 노태우 대통령 때부터 시작해 20년의 세월이 된다. 경제 제일주의와는 거리가 먼 인기 위주, 좌파 성향의 정권이 그렇게 오랫동안 계속되었지만 경제는 눈부신 발전을 지속했다. 왜 그럴 수 있었는가? 학자들과 이 분야 전문가들이 밝힐 일이지만 나는 개방화와 시장경제 체제, 두 가지가 가장 크게 기여했다고 생각한다.

우리 경제는 1960년대 중반에 수출주도 발전전략을 채택한 이후 수출정책을 소홀히 한 일이 없다. 이에 더해 안정화시책 때 국내시장 개방정책을 본격적으로 추진했다. 그 결과 우리 경제는 개방 경제가 되었다. 개방화로 기업들은 국내 요인 못지않게 세계경제의 영향을 받고 있다. 이를 다른 말로 표현하면 기업 활동에 대한 국내 정치의 영향력이 그만큼 줄어들었다는 뜻이다. 필요하면 얼마든지 해외에 본사를 세우고 사업을 할 수 있다.

다른 하나는 자율화다. 자율화는 기업 자치이기 때문에 정부의 간여가 줄어든다. 정부에서 기업에 관여하고 싶어도 시장경제에서는 스스로 한계가 있다. 이렇게 개방화와 자율화는 정부의 기업 경영에 대한 영향력을 약화시킨다. 그 결과 좌파 성향 정책을 쏟아내더라도 대응할 수 있는 역량이 확대되었다. 이러한 기반을 구축한 일등 공신을 들라면 박정희 대통령과 전두환 대통령을 꼽지 않을 수 없다.

전두환 대통령은 정치안정에도 한 몫을 한 것은 사실이다. 정치 분야에 대해서는 말할 입장이 아니지만 한마디만 한다면, 우리나라 정치에서 가장 해결하기 어려운 과제는 장기 집권 문제였다. 평화적 정권교체가 언제나 가능할지 확언한 사람은 아무도 없었다. 전 대통령은 단임을 지킬 것이라고 되풀이 공언했지만 대부분은 반신반의였다. 전 대통령 퇴임 후 장기 집권이란 말은 완전히 사라졌다. 평화적 정권교체가 당연한 일로 정착됨에 따라 정치가 안정된 것이다. 정치 안정으로 경제도 안정적으로 발전할 수 있게 되었다. 전 대통령의 공과 과 중에서 과에 대해 못마땅하더라도 공은 공으로 제대로 평가해야 마땅하다.

10장

대형 금융사고
수습

끊이지 않는 대형 금융사고

재무장관 재임 기간이었던 1982년 6월부터~1983년 10월까지의
1년 3개월 동안 금융실명제, 세제개혁, 관세개혁 등 개혁에 영일
이 없었다. 그러나 이러한 개혁보다는 연이어 터진 대형 금융사고
가 더 크게 부각되었다. 이 사건들이 모두 형사문제가 되었고 또
그 배후가 세인의 관심을 끌었기 때문이었다.

이들 사건은 그냥 터진 사건이 아니었다. 이들 사건의 근원에는
무언가 상통하는 것이 있었다. 즉 수년 동안 지속된 불경기도 원인
이었지만 수십 년 동안 계속된 인플레이션 경제가 안정화시책의
결과 안정 위주의 경제로 바뀌는 과정에서 빚어진 금융사건이라
할 수 있다. 즉 인플레이션 경제에서 통했던 편법들이 더 이상 통
하기 어렵게 되면서 인플레이션 뒷면에 숨겨졌던 문제들이 하나
둘 불거지기 시작한 것이다.

장영자 사건이 그 시발이었다. 신흥 레저기업인 명성과 영동진
흥개발 등의 대형 금융사건이 뒤를 이었다. 이들은 모두 금융 관련
사건이었다. 금융사건으로 처리가 이루어진 다음 형사책임 문제
를 가리는 것이 온당한 일 처리 순서였다. 그러나 불행히도 이러한

순서가 뒤바뀌었다. 그 결과 사건의 파장은 커졌고 사후처리하기가 더 어려웠다.

장영자 사건과 관련된 형사처리는 신속하게 마무리되었다. 재판도 신속히 진행되었다. 1982년 7월 28일에 결심, 8월 9일에 선고공판이 있었고. 법정 최고형이 선고되었다. 1982년 11월 1일에 항소심 결심, 11월 15일에 항소심 선고공판이 있었다. 항소심 선고공판에 관한 신문기사는 사회면 한 구석에 작게 실렸다. 사건이 터진 지 6개월밖에 지나지 않았지만 장영자 사건은 그렇게 국민의 관심 밖의 일이 되었다.

재무장관은 형사문제와는 별개로 금융 차원에서 이들 사건의 사후처리를 해야 한다. 그러나 장영자 사건이 몰고 온 경제문제는 그렇게 간단히 마무리될 수 없었다. 이러한 대형 금융사건 처리에 참고할 만한 사례도 없었다. 재발방지 대책의 일환으로 금융실명제 구상을 발표했지만 이는 제도개혁 차원의 문제였다. 장영자 사건 자체의 사후처리와는 관계가 없었다.

당장 어음거래와 관련된 기업들이 도산에 몰렸다. 이들 기업과 거래한 금융기관들도 함께 문제가 되었다. 이 문제들을 조속히 해결해야 했다. 그러나 그보다 먼저 해결해야 할 가장 시급한 과제는 금융시장의 안정이었다. 이와 함께 관련 은행의 부실을 최소화하는 대책을 마련해야 했다. 물론 관련 기업이나 개인의 권리를 최대한 보호하는 노력도 소홀히 할 수 없다. 또 사건 관련자에 대한 문책, 재발 방지를 위한 제도 개선을 서둘러야 했다.

🪨 공영토건의 처리

장영자 사건과 관련된 기업 중에서 라이프주택, 삼익주택, 태양금속, 해태제과 등은 사후처리에 별 문제가 없었다. 문제는 공영토건과 일신제강이었다. 일신제강은 부도처리하고 공영토건은 법정관리를 신청하기로 했다. 이에 대해 "공영토건은 법정관리하면서 왜일신제강은 부도처리하는가?"라는 질문이 1982년 5월 31일의 국회 재무위에서 집중적으로 제기되었다. 하지만 일신제강은 자본금이 60억 원이었으며 그동안의 적자 누증(1980년 -124억 원, 1981년 -150억 원)으로 부도를 내지 않을 수 없는 상황이었다.

공영토건은 문제가 복잡했다. 당시 사우디에는 124개 건설기업이 진출해 339억 달러의 건설공사를 하고 있었고 공영토건도 그중 하나였다. 공영토건이 맡은 해외 건설공사는 모두 10건으로 계약금 총액은 9억 7,400만 달러였다. 이 중에서 수령액은 4억 7,700만 달러였고, 5억 달러 상당의 공사가 진행 중이었다. 종업원도 모두 6,000명 가까이 되었다. 해외에 4,972명이 나가 있었고 국내에 있는 직원은 935명이었다. 공영토건이 진행하는 건설공사에 문제가 생기면 사우디에 진출한 다른 기업들에 나쁜 영향을 주기 때문에 해외공사를 차질 없이 끝내도록 하는 것이 초미의 과제였다.

공영토건을 법정관리에 넘겼지만 법정관리 상태로 오래 갈 수는 없었다. 다른 기업에게 넘겨야 했다. 그러나 장영자 사건으로 인해 워낙 부실화된 까닭에 아무도 공영토건을 인수하겠다고 나서지 않았다. 그렇다고 해서 부도처리를 할 수도 없었다. 공영토건에 몸담고 있는 6,000명의 직원도 문제였지만 진행 중인 건설공사 때문에도 그럴 수 없었다. 공영토건 처리로 고심하던 때 주영복 국방장관으로부터 점심을 하자는 연락이 왔다. 주 장관과 점심을 할 정도의 친분은 없었지만 쾌히 응했다. 식당에 가보니 주 장관 외에 몇 사람이 더 와 있었다. 그중에는 한보의 정태수 회장도 있었다. 정 회장은 공영토건을 한보에서 인수할 용의가 있다고 말했다. 다만 서울 대방동의 땅을 끼워주면 인수하겠다고 조건을 걸었다. 처음 듣는 얘기였지만 국유지를 그렇게 넘길 수는 없다고 거절했다. 사무실에 돌아와 한보가 어떤 기업인지를 알아보았다. 재무 상황을 보니 한보가 다른 기업을 인수할 처지가 아니었다. 오히려 한보가 정리 대상이 되어야 할 정도였다.

당시 공영토건 계열기업으로 보험회사인 동해생명이 있었다. 이를 함께 묶어 처리하면 인수가 보다 쉬울지도 모르겠다는 생각이 들어 그렇게 추진했지만 여전히 아무도 나서지 않았다. 하지만 공영토건은 법정관리 상태였으므로 대개의 부채는 평균 20년 후에 갚게 되어 있었다. 법정관리에 따른 원리금 상환액을 현가로 환산하면 부채 총액이 크게 줄어들 것이란 생각이 떠올랐다. 공영토건의 부채 총액이 3,000억 원에 이르지만 이를 연이율 10%를 적용해 현가로 환산하니 500억 원 미만으로 계산이 나왔다. 즉 500억 원을 10% 금리로 은행에 예금하면 3,000억 원의 부채를 법정관리 계획대로 상환할 수 있다는 계산이다. 공영토건 부채가 3,000억 원에 이르지만 실제로는 500억 원의 부채와 마찬가지였다. 게다가 공영토건을 인수하면 생명보험회사까지 인수할 수 있다. 이러한 논리로 몇몇 건설회사 사장에게 인수를 종용했다. 그렇게 설득을 해도 인수에 관심을 보이는 회사가 없었다.

공영토건의 법정관리인은 우재구 사장이 맡고 있었다. 우재구 사장은 서울대학교 상대를 졸업한 후 한국은행에 입행했다. ADB에 근무 중 동향인 변강우 공영토건 회장의 권유로 공영토건 부사장, 그후 동해생명 사장으로 근무하고 있었다. 나와는 동향이고, 한국은행 입행 동기이기도 하지만 매우 성실하고 올곧은 성품이어서 공영토건의 현장 관리와 사후 처리 등에 대해서는 일체 신경을 쓸 필요 없이 완전히 믿고 맡길 수 있어서 내게는 더할 수 없이 다행이었다. 그는 공영토건 법정관리인을 맡아 이루 말할 수 없는 고생을 했다. 우재구 관리인은 공영토건 인수자 물색을 위해 LG와 접촉했지만 실패하고 대우와 인수 작업을 진행하고 있었다. 나는 대우와 공영토건 인수 협의가 진행 중임을 잘 모르고 있었다. 삼보증권 사건이 불거져 삼보증권을 대우가 인수하도록 추진했다. 그 결과 대우의 공영토건 인수는 자연 무산되고 말았다(우재구, 《아들아 우리는 이렇게 살았다》).

주거래은행에서는 사우디에 공사 현장을 갖고 있는 동아건설이 인수하는 게 공영토건의 해외 건설공사를 원만히 마치는 데 가장 좋다는 의견이었다. 나는 동아건설 최원석 사장을 만나 공영토건을 인수하도록 종용했다. 그러나 그럴 생각이 없다고 잘라 거절했다. 현가 환산에 대해 설명을 하고 공영토건을 인수하면 향후 정부에서 금융 편의도 제공해줄 용의가 있다고 설득을 계속했다. 동아

건설은 정부의 권유를 끝내 거절할 수 없었는지 마침내 인수하기로 결정했다(훗날 정부 압력에 의해 어쩔 수 없이 인수했다는 최원석 회장의 비난성 인터뷰 기사를 읽은 적이 있다).

동아건설 실사팀을 투입해 공영토건이 실제로 얼마의 적자를 안고 있으며, 건설 중인 공사에서 얼마의 수익을 올릴 수 있는지를 분석하는 작업에 들어갔다. 그 무렵 은행에서도 채권을 확정하기 위해 공영토건에 실사팀을 투입했다. 그 결과 두 실사팀의 조사 결과는 크게 달랐다. 차이를 합리적으로 조정할 방법이 없었다. 결국 양쪽 실사팀의 결과를 합산한 뒤 반으로 나누는 방식을 채택하는 것으로 양쪽의 양해를 구했다. 그렇게 해서 공영토건은 동아건설에서 인수하는 것으로 결말을 지었다. 어렵게 현안을 해결한 뒤 국회에 나가 "공영토건은 동아건설이 인수하기로 했다"고 보고하자 대뜸 야당 의원이 "공영토건을 왜 동아건설에게 특혜를 주어서 넘기느냐"고 서슬이 퍼렇게 따지고 들었다. "지금이라도 동아건설이 인수한 조건과 똑같은 조건으로 공영토건을 인수할 의사가 있는 다른 기업을 추천해달라. 즉각 그 회사가 공영토건을 인수하도록 하겠다"고 말하자 더 이상의 추궁은 없었다.

공영토건 문제 해결을 위해 정부가 직접 나섰지만 사실 이러한 일에 정부가 나설 일은 아니었다. 이해관계가 얽힌 경우에는 이해관계 당사자들이 절충해서 해결하는 것이 최선이고 원칙이다. 은행에서 해야 할 일이었다. 은행민영화가 제대로 되어 있었다면 당연히 그렇게 했을 것이다. 그런 연유로 은행의 주인을 서둘러 만들어야 했다.

🪨 합법적인 절차에 따른 명성사건의 처리

명성그룹은 당시만 해도 일반에 생소한 콘도사업으로 급성장하던 신생 기업이었다. 명성은 1978년만 해도 자본금 총 7,800만 원으로 5개 회사를 운영했으나 외형은 3,800만 원에 1,300만 원의 결손을 기록한 미미한 회사였다. 그런 회사가 4년 동안 16개 기업을 인수 또는 창업을 했다. 1982년에는 자본금이 총 59억 3,500만 원, 외형이 254억 5,800만 원으로 급성장했다.

명성은 설악산에 대규모의 레저타운을 짓고 각 관광지에는 콘도미니엄과 골프장을 건설하는 등 세상 사람들이 놀랄 사업을 벌였다. 세간에서는 자금 출처뿐 아니라 명소에 골프장 및 콘도 허가를 얻는 일이 특권층의 배경 없이 어떻게 가능하겠는가 하면서 명성그룹이 단기간에 급성장한 것을 두고 온갖 루머가 나돌았다. 1981년 12월 명성그룹의 김철호 회장이 대한노인회가 주최한 서예전을 후원한 일이 그런 루머를 더 키우는 빌미가 되었다. 당시 대한노인회 회장은 전두환 대통령 영부인의 부친인 이규동 예비역 장군이었기 때문이었다.

명성의 은행 부채는 장부상으로는 22억 원에 불과했다. 매년 세무신고에서 명성은 결손 신고를 했으며 21억 1,200만 원의 자본잠식을 보였다. 그럼에도 사업은 급신장을 거듭해 보통 상식으로 이해하기 어려운 상황이었다. 1982년 5월 12일~6월 10일까지 국세청에서 세무조사를 했다. 세무조사 결과 출자 55억 3,600만 원 중에서 사채 차입이 38억 7,800만 원이라는 것, 골프회원권 판매

수입이 총 113억 3,800만 원으로 되어 있지만 실제 입금은 68억 9,100만 원이라는 것, 사채가 20억 원이고 나머지 24억 원은 가공이라는 것을 밝혀냈다. 은행차입은 26억 3,900만 원에 불과했다. 총가용자금 규모는 통틀어 195억 1,300만 원이었다. 세무조사 결과 특이 사항을 발견하지 못했다. 사채 관련 원천징수 및 사채업자 소득세 등 17억 2,500만 원의 세금을 부과하고 세무조사는 결말을 지었다.

그러나 세간의 루머는 잠잠해지기는커녕 더 증폭되어 청와대 고위층 연루설까지 설왕설래하기에 이르렀다. 골프장 및 기업체 인수, 대량 토지매입 등에 따른 자금 출처가 석연치 않아서였다. 세무조사를 한 지 1년밖에 안 되었지만 1983년 5월 '정부 방침'에 따라 국세청이 다시 내사에 착수했다. 6월 15일 12명을 투입해 트럭 1대 분의 경리장부를 압수하면서 시작되어 8월 15일까지 50명의 요원을 투입해 정밀 세무사찰을 했다.

세무사찰을 하는 도중인 7월 31일 '강호제현께 알리는 말씀'이라는 제목의 큼지막한 광고가 신문을 장식했다. 작년에 이어 정밀조사를 45일간 받고 있다는 사실을 밝히면서 명성그룹의 사업에 대해 자신 있게 소개했다. 세간의 유언비어에 책임을 통감하고 속죄하는 뜻에서 모든 명예직을 사직하고 계열기업을 줄이는 등 내실을 다지겠다고 천명했다. 그러나 광고의 핵심은 국세청에서 '털어서 먼지 안 나는 기업 없다'는 식으로 조사해야 되는가? 하는 항의성 광고였다. 세무조사를 받는 기업에서 이렇게 국세청에 정면으로 도전하는 일은 상상하기 어려운 일이었다.

국세청도 8월 1일, 이례적으로 세무조사 결과를 중간 발표했다. 명성을 둘러싸고 인구에 회자되는 수수께끼를 풀기 위해 세무조사를 하고 있다, 그동안 콘도 변칙 분양과 계열사 비밀구좌 등을 밝혀냈다, 19개 계열사 중 9개 사는 부실법인임에도 이들을 보유하고 있는 것은 과장 선전용이다, 또 탈세를 위해 보유하고 있다, 경영부실로 12억 원의 노임 체불이 있다 등 광고에서 스스로 밝히는 것처럼 성실한 기업과는 거리가 멀다는 사실을 부각하면서 8월 20일까지 전모를 상세히 발표하겠다고 약속했다.

세무조사를 받는 기업과 세무 당국 간의 이러한 티격태격은 일반 국민들에게는 흥미로운 구경거리가 되었다. 국세청은 안타깝게도 그때까지는 이렇다 할 특이사항을 발견하지 못한 상태였다. 자금 동원이 어떻게 이루어졌는지에 대해 아무런 단서를 잡지 못해 매우 초조한 상황이었다. 그러나 세검정의 비밀장부 보관소를 찾아낸 이후부터 조사팀은 아연 활기를 띠기 시작했다. 대학노트에 꼼꼼하게 복잡한 암호로 기재된 내용을 해독하기 위해 암호 전문가까지 동원했다.

8월 17일, 국세청은 명성 세무조사 결과의 전모를 발표했다. 명성의 탈세는 112억 1,300만 원이었다. 하지만 그보다 더 충격적인 것은 철저하게 알려지지 않은 자금 조달 방법이었다. 전국 각지에서 레저산업을 확장해 나가던 명성관광이 은행 대리와 짜고 부정한 방법으로 자금을 조달한 사실과 방법이 밝혀졌다. 이로써 50명의 국세청 요원을 투입해 두 달 동안 벌인 강도 높은 세무조사는 마무리되었다.

명성의 자산 규모는 1,170억~1,370억 원에 이르는데 은행 융자금은 22억 원에 불과해 자금 조성을 어떻게 했는가를 밝히는 일이 핵심 과제였다. 김철호는 콘도회원권 수입이 700억 원이라고 주장했지만 국세청 집계는 330억 원에 불과했다. 더욱이 콘도 건립을 위한 토지매입 등은 회원권 판매에 앞서 투자가 필요했다. 이러한 자금은 사채를 활용했고 그 규모는 1,138억 원에 이른 것으로 밝혀졌다.

명성이 거래하는 은행의 구좌를 집중 추적한 결과 9개 은행의 점포에서 62개의 비밀구좌가 파악되었다. 그 가운데서도 상업은행 혜화동지점에서 두드러지게 이상한 구좌가 있다는 사실이 체크되었다. 더 자세히 조사해보니 혜화동지점의 김동겸 대리가 관련되어 있는 것으로 밝혀졌다. 김동겸 대리의 집을 수색해 지하실에서 비밀금고를 찾아냈다. 금고 안에는 비밀장부와 수기(手記)통장 등이 감추어져 있었다.

거액의 사채를 조달한 방법이 상상을 초월하는 것이었다. 은행 창구를 이용했기 때문이다. 상업은행 혜화동지점에 근무하는 김동겸 대리가 은행창구를 이용해 사채놀이를 한 것으로 밝혀졌다. 은행 안에서 '개인은행'을 운용한 것이다. 8월 6일 김동겸의 비밀장부(대학노트에 깨알같이 쓴 것)를 발견하고 전주(錢主)를 추적하자 결국 김철호 회장이라는 실상을 밝히게 되었다.

상상을 초월한 사채 조달 방법
김동겸 대리는 1969년 상업은행에 입행해 1978년 1월부터 혜화동

지점에 근무했다. 근무평점은 A를 받았으며 지점으로서는 놓칠 수 없는 인재였다. 김 대리는 5년 동안 예금담당 대리 자리에 있었다. 거액의 예금을 유치해 은행에서는 유능한 대리로 높은 평가를 받았다. 예금담당 대리는 비인기였고 1년이면 교체하는 것이 통례였다. 하지만 그는 그 자리를 지켰다. 지점장이 바뀌면 거액의 예금을 인출했다가 지점장이 부탁을 하면 다시 입금하는 실력을 과시했다. 혜화동지점 예금잔고 평균은 250억 원이었는데, 이 중에서 100억 원 내외는 김 대리가 유치했다. 예금 유치 실력이 이렇게 대단했기 때문에 지점장이 스스로 나서서 그대로 두도록 부탁하곤 했다.

김동겸 대리는 명성에 자금을 조달해주는 역할을 했다. 명성의 박대성 조달본부장과는 상업은행 입행 동기여서 김철호 회장과 인연을 맺었다. 김 대리가 조성한 사채 총액은 1,066억 원이었다. 그중 554억 원은 사채업자에게 선이자로 운용했고, 512억 원은 김철호 회장에게 전달해서 기업자금으로 사용토록 했다.

당시에는 은행업무 전산화가 완전히 이루어지지 않은 상태였다. 컴퓨터가 아닌 손으로 쓰는 이른바 수기통장을 함께 사용하고 있었다. 김 대리는 일단 예금이 들어오면 예금주의 도장을 받아 슬쩍 백지 예금청구서에 찍어 둔다. 예를 들어 1억 원을 맡겼을 경우 수기통장에는 금액대로 기입해서 예금주에게 건네준다. 하지만 원장에는 몇 백만 원만 기록했고 나머지 돈은 빼내 다른 도장으로 다시 예금통장을 만들었다. 이렇게 해서 자유자재로 예금을 빼돌릴 수 있었다. 그 자금을 바탕으로 명성은 사업을 확장했다.

김 대리의 방법은 통상의 예금방법과 별 차이가 없었다. 다만 컴퓨터로 찍어내는 예금통장 대신 수기통장을 만들어주었다는 점, 은행이자와 사채이자와의 차이를 보전해주기 위해 정규 은행 금리 외에도 상당한 추가 이자를 지급했다는 점에 차이가 있을 뿐이었다. 김 대리는 예금주에게 월 3.1~2.1%의 선이자를 지불했다. 그는 이러한 수법으로 명성에서 필요로 하는 자금을 조달해주고 고리의 이자를 거두어 들였다. 그것으로 수기통장을 가진 사채 예금주들에게 은행에서 지급하는 것보다 훨씬 높은 이자를 지급했다. 한마디로 은행 안에 또 하나의 은행, 즉 사설은행을 차린 것이나 다름없었다.

김동겸 대리와 거래한 전주는 1,322명에 이른다(거래 구좌는 1,730개였는데 실명은 986개, 가명은 592개, 차명은 152개였다). 전주가 오면 귀빈 취급을 했다. 별실에서 만나 통장과 이자를 지급했다. 김 대리는 정확한 원금 상환, 높은 선이자 지급으로 사채시장에서 인기가 높았다. 자연히 자금 조달이 용이했다. 수기통장 또한 당시에는 전산화가 완벽하게 이루어지지 않아 의심을 받지 않았다. 전산화가 되어 있어도 정전에 대비해 수기통장을 병용하는 경우도 있어 별 의심을 받지 않았다. 이렇게 피해자가 없었기에 사건이 장기간 동안 노출되지 않았던 것이다.

국세청의 조사가 이루어지기 전에도 몇 차례의 조사가 있었다. 1982년 2월에는 은행감독원이, 7월에는 본점이 자체 감사를 했지만 이상한 점을 전혀 발견하지 못했다. 김동겸 대리는 모든 장부정리를 혼자서 했다. 그러자니 점심은 15분 만에 먹었고 5년 7개월 동안 휴가를 한 번도 간 일이 없었다. 이 일로 표창을 받기도 했다. 그 결과 성실한 은행원의 모범으로 인정되어 근무평점은 늘 A를 받았다.

국세청은 명성의 실태를 발표하면서 사채업자와 전주들의 탈세는 추징할 방침이라고 천명했다. 명성의 실상은 1983년 1월 1일자로 예적금 비밀보장에 관한 법률이 폐지되었기 때문에 그나마 내용 파악이 가능했다고 말했다. 종전에는 이 법으로 말미암아 예금주 조사가 쉽지 않았지만 법이 폐기된 데다가 예금주들 대부분은 실명으로 거래를 해서 실상을 밝히는 데 도움이 되었다.

국회 법사위와 재무위에 명성사건을 보고하는 과정에서 수기통장을 어떻게 볼 것인가에 대한 견해 차이가 있었다. 즉 국세청장이 사채라고 발표한 수기통장에 대해 법무장관은 '정상적인 예금'이라고 답변했다. 정상예금이라고 하면 예금주의 요청에 따라 예금은 그대로 지급해야 하지만 사채라고 하면 사정은 달라진다. 재무위에서 재무장관은 이에 대해 어떻게 생각하는지, 질의가 있었다. 나는 "법무부 의견이 정부의 견해다. 그러나 수기통장 지급 여부 문제는 상업은행과 수기통장 보유자 사이의 민사상 다툼이고 정부의 견해가 개입할 여지가 없다. 따라서 수기통장의 지급 여부는 법원의 판단에 의해 결정되어야 한다"고 답변했다. 이 문제는 이 답변 방침대로 처리했다.

재무부로서는 탈세 문제나 형사처벌 문제는 관심 밖이었다. 명성사건의 사후 수습과 재발 방지 대책 마련이 초미의 관심사였다. 은행공동관리단을 구성해 사후 수습과 함께 회사정리법에 의한 법정관리를 신청하는 준비에 들어갔다. 수기통장 대책이 가장 시급한 과제였다. 우선 1,066개 변칙 통장에 대해서는 예금지불을 유보하고, 수기변칙 통장에 대해 신고를 하도록 했다. 은행연합회에서 1983년 8월 20일~8월 29일까지 10일 동안 신고를 접수했다. 그 결과 1,730건 1,138억 원 중에서 1,685건 1,111억 원 (97.6%)이 신고되었다.

비록 은행창구를 이용했지만 공금리보다 더 높은 금리를 지급했고 특히 이자 차액은 선 지급한 것은 지급을 유보했다. 그밖에 온라인통장임에도 수기로 발급한 것도 지급을 유보했다. 다만 은행원장과 통장 간 구좌번호, 금액이 합치될 때는 그대로 지급했고 금액이 다를 경우에도 은행원장에 기록된 금액은 우선 지급했다. 그밖의 예금에 대한 지급 여부는 법원의 재판 결과에 따르기로 했다.

이렇게 처리를 한 결과 명성사건 여파는 비교적 잔잔했다. 상업은행은 당장 1,000억 원이 넘는 구멍난 돈을 지불함으로써 자금압박을 받는 어려움은 겪지 않았다. 설령 재판 결과 패소해도 시간을 벌 수 있었다. 실제 소송은 엎치락뒤치락했고 대부분 은행의 승소나 화해로 마무리되었다. 명성 콘도회원, 골프회원, 물품 납품, 공사 시공자 등의 권리는 공평하게 보호한다는 방침을 정해서 그대로 실천했다. '기업은 망해도 기업주는 산다'는 사회통념과 달리 '기업주는 망해도 기업은 사는' 것으로 바꾸겠다고 한 국세청의 발표에도 부합된 처리 방침이었다.

이렇게 법적 절차에 따른 처리를 하게 되면 시간이 오래 걸리기 마련이다. 사건 처리에 참여한 군 출신 인사들은 "왜 그렇게 복잡하게 처리하는가"라면서 나의 법 절차에 따른 처리 방식에 의아해했다. 그러나 나는 법이 정한 절차에 따라 처리한다는 방침을 끝까지 고수했다.

비슷한 일은 명성그룹 자산을 처분하는 과정에서도 있었다. 명성의 콘도와 골프장은 한화가 인수했다. 그러나 토지가 문제였다. 명성은 콘도와 골프장 건설을 위해 전국 곳곳의 토지를 매입했다. 그러나 토지매입은 명성이 아닌 김철호 개인 이름으로 이루어진 것이 대부분이었다. 당연히 대부분의 토지는 김철호 개인 소유였다. 토지 처분에 대해 김철호가 선선히 응하지 않으면 재판을 거쳐야 했다. 이 문제 처리에 있어서도 군 출신들은 불만을 토로했다. 5공 초기의 위세에 빌붙어 손쉽게 해결할 수도 있었다. 그러나 그런 손쉬운 방법이 아닌 순리에 따른 처리를 고집했다. 김문희 변호사(후에 헌법재판소 재판관 역임)가 수감 중인 김철호와 여러 차례 만나 설득한 결과 순순히 토지 처분에 동의해서 이 문제 역시 원만히 해결되었다.

그렇게도 무성하던 뜬금없는 루머가 햇볕 아래 안개처럼 사라졌다. 또한 순리에 따른 수순을 밟은 결과 정권이 바뀐 뒤에 그 진가가 발휘되었다. 국회에서 5공 청문회가 열렸을 때 명성사건이 문제가 되어 김철호 사장이 증인으로 출석했지만 일체 뒷말이 없었다. 김동겸 사건을 계기로 선진 외국의 근무지침과 업무점검 방식을 조사했다. 외국에선 휴가 중에 사무실에 놀러오는 것은 물론 잠시라도 들리는 것 자체를 엄격히 금지했다. 휴가 기간을 그 직원의 평소 업무에 대해 평가하는 기회로 활용했다. 또 업무감사를 할 경우에는 일단의 감독요원들이 일시에 들이닥쳐 근무 중인 직원을 전부 내보내고 감독요원들이 그 자리를 차지해서 업무를 계속 본다. 그렇게 하면 김동겸 대리가 한 일은 금방 들통이 나게 된다.

이러한 외국의 예를 참고해 당장 명령휴가제를 도입했고 휴가 기간 중에는 사무실에 나오는 것을 금했다. 또한 순환근무제를 실시해 업무처리가 제대로 되고 있는지를 점검할 수 있도록 제도를 보강했다. 나아가 재발 방지를 위해 업무통제 강화 조치 이외에 은행원들의 자질 향상 대책을 마련하도록 했다.

원칙을 알 수 없는 영동개발 사건 처리

명성사건 처리로 뒤숭숭한 와중에 영동개발진흥 사건이 터졌다. 조흥은행 중앙지점의 지점장 · 차장 · 대리 등 실무책임자 10명이 영동개발진흥의 회사어음에 대한 은행의 보증한도를 초과해서 보증을 해준 것이 문제였다. 영동개발진흥에서는 이 어음을 단자회사와 사채시장에서 할인해 자금을 조달했다. 문제가 된 금액은 1,671억 원에 달했다. 그중 신한주철의 200억 원을 제외한 1,471억 원이 영동개발진흥에서 발행한 어음이었다.

사건이 불거지기 며칠 전, 나는 미국 워싱턴에서 열리는 IMF 및 IBRD(세계은행) 연차총회 참석차 출국을 했다. 이기욱 차관이 전화로 영동개발진흥 사건이 터졌다는 사실을 알려왔다. 일단 은행 측은 관련 기업에 대한 부도 처리, 담보의 추가 확보, 관련자에 대한 고발 등의 조치를 취했다고 했다. "부도어음 처리에 대해서는 일단 아무런 결정을 내리지 말고 내가 귀국할 때까지 기다리라"고 지시했다. 그렇게 결정을 유보시켜 놓은 뒤 어떻게 처리할 것인가에 대해 생각하기 시작했다.

하루 종일 뉴욕 소재 금융기관 방문 등 바쁜 일정을 보내는 와중에도 계속 처리 대책을 골똘히 생각했다. 그 결과, 명성사건의 수기통장 재판 결과를 기다려 처리한 것과 똑같은 방식으로 처리하는 것이 최선이라고 생각을 정리했다. 그 이유는 은행 관계자와 결탁해 보증을 받은 어음으로 자금을 조달한 행위가 3년이나 지속된 것으로 보아, 그 어음을 할인해준 사람은 대부분 사채업자일 것이고, 그들은 선의의 제3자가 아니라는 판단이 들었기 때문이었다. 어쨌든 사태를 파악할 때까지는 은행 측에서는 해당 어음에 대한 지불을 중지한 다음 선의의 피해 여부를 가리는 것이 순리라고 생각했다.

그렇게 방침을 정한 뒤 잠자리에 들었는데 전화 벨소리에 잠을 깼다. 시계는 새벽 두시를 넘고 있었다. 이기욱 차관의 전화였다. 요지는, 조흥은행이 어음에 보증 도장을 찍어주었기 때문에 사고 어음에 대해 은행에서 전액을 그대로 결재해주기로 서석준 부총리가 주재한 관계장관회의에서 결정을 했다는 것이었다. 비록 결탁과 부정에 의한 것이지만 어음에 보증을 한 이상 믿고 할인해준 사람에게 억울한 피해를 입힐 수는 없기 때문이라고 했다. 이미 그렇게 결정해서 발표한 이상 어쩔 도리가 없었다. 은행에서 사고어음을 지급할 요량이면 조용히 그냥 지급하면 되는데, 왜 이를 사건화시켜 온 나라가 떠들썩하게 만들고 금융시장이 요동치게 만들었는지 이해할 수 없었다.

보증한도 초과 여부는 범법 사안이 아니라 은행이 설정한 특정 기업에 대한 한도를 초과해서 보증한 은행 내부의 문제였다. 사건화 된 이상 내가 귀국할 때까지 며칠 시간을 늦추더라도 크게 문제될 것이 없는 일이었음에도 은행이 몽땅 떠안는 방식으로 서둘러 처리한 이유가 무엇인지 납득할 수 없었다.

🔍 삼보증권 시재 부족 사건

공영토건 처리가 마무리되어 한시름 놓을 즈음 삼보증권 문제가 불거졌다. 1982년 12월 16일, 삼보증권의 한 직원이 검찰에 '20억 원의 시재가 부족하다'는 투서 한 장을 보내면서 사건이 시작되었다. 고객이 맡긴(신탁한) 돈을 삼보증권이 임의로 운용하다가 결손을 보았고 그 결과 시재가 부족해졌다는 내용이었다. 이를 바탕으로 검찰이 삼보증권에 대한 본격적인 수사에 나섰다. 이러한 사실을 김재익 수석이 내게 알려왔다. 12월 18일은 토요일이었다. 그날 오후 김 수석과 나는 삼보증권에 대한 대책을 협의했다.

우리나라 최대 증권회사인 삼보증권이 시재 부족으로 검찰 수사를 받는다는 사실이 알려지면 삼보증권뿐 아니라 증권사 전체에 부정적인 영향을 미칠 수 있다는 데 의견을 모았다. 자칫하면 고객들이 일시에 몰려들어 예탁금을 인출해가는 뇌취(雷取, Bank Run) 현상으로 발전할 수 있었다. 만일 그런 사태가 벌어지면 증권사가 대처할 수 없기 때문에 한국은행에서 긴급 특별자금을 지원해 사태를 진정시키기로 했다. 이렇게 일어날 수 있는 최악의 사태에 대한 대책을 토요일 오후에 미리 마련해 두었다.

금융사고가 발생할 경우 사고 수습대책을 먼저 마련하고 경영책임이나 형사책임을 묻는 것이 순서이다. 금융사건이 불거질 때 검찰 수사부터 착수해 형사문제가 되면 금융 측면의 대책을 마련하기가 어려워진다. 걷잡을 수 없는 파장을 불러오기 십상이다. 장영자 사건은 검찰 수사가 먼저 이루어졌다. 명성사건은 사건의 전말이 다 밝혀진 다음에 검찰에서 형사책임을 묻는 절차를 밟았다. 금융시장 및 경제 전반에 대한 충격은 물론 사회적 파장 또한 명성사건이 훨씬 적었음은 물론이다. 훗날 1997년 1월, 한보 부도 처리과정에서 형사책임을 묻는 검찰 수사가 선행되어 걷잡을 수 없는 파장을 불러일으켰다.

증권시장은 온갖 루머가 많기 마련이다. 증권회사와 관련된 사건의 민감도는 은행사고와는 비교가 안 될 정도로 컸다. 월요일(12월 20일)에 검찰이 삼보증권 수사를 본격적으로 시작하면 그 소식은 순식간에 증권가에 퍼질 것은 불을 보듯 분명했다. 그럴 경우 증권사에 돈을 맡긴 고객들이 일시에 인출에 나설 것이며, 결국 증권가에 파국(Panic)이 초래될 가능성마저 배제할 수 없었다. 삼보증권에 대한 본격적인 수사보다는 사태를 수습하는 일이 급선무였다. 삼보증권의 시재 부족 문제를 마무리한 다음 관련자에 대한 형사책임을 묻는 검찰 수사가 진행되는 것이 가장 바람직했다. 배명인 법무장관과 김석휘 검찰총장에게 이러한 사정을 설명하고 협조를 구했다. 검찰 수뇌부도 우리가 걱정하는 사실에 대해 충분히 이해했다. 대책을 함께 검토하기로 약속했다.

12월 19일 일요일 아침, 등산 준비를 하고 있을 때 배명인 법무부 장관에게서 전화가 왔다. 10시에 전두환 대통령에게 삼보증권 처리 방향에 대한 보고가 있으니 함께 청와대에 들어가자는 것이었다. 배명인 장관이 전두환 대통령에게 삼보증권 사건에 대해 보고를 했다. 대통령의 첫 반응은 예상한 그대로였다. "죄가 있으면 처벌해야지. 당장 삼보증권 사장을 구속 수사하라"고 말했다. 나는 "처벌은 당연하지만 그럴 경우 증권시장은 걷잡을 수 없는 혼란에 빠질 것입니다. 저에게 석 달 동안의 시간을 주십시오. 그동안 증시 혼란이 없도록 사태 수습을 하겠습니다. 그런 다음에 구속, 처벌해도 아무런 문제가 없을 것입니다"라고 말했다. 이른바 '선 수습 후 형사처벌'로 처리할 것을 건의한 것이다. 전 대통령은 바로 선선히 그렇게 하라고 말했다. 그 덕분에 삼보증권 처리는 검찰에서는 일단 손을 떼고 재무부에서 먼저 조용히 처리할 수 있는 시간을 벌게 되었다. 그렇지만 혹시 소문이 퍼지지 않을까 걱정되어 12월 20일 월요일 내내 조마조마한 마음으로 증시 동향을 지켜봤다. 다행히 이상 징후는 없었다.

사태 수습을 위해 먼저 강성진 삼보증권 사장을 만나 저간의 사정을 설명하고 처리 방향에 대한 의견을 들었다. 강 사장은 투서 내용에 대해 사실이 아니라고 말하지 않았다. 당시 증권회사에서는 창구사고가 심심치 않게 발생했다. 회사의 신뢰도 유지를 위해 창구사고를 은폐하는 경우가 많았다. 삼보증권도 그렇게 은폐한 창구사고가 상당수 있었다. 이에 더해 삼보증권은 1등을 지키기 위해 무리한 경영을 펼쳤으며 그것이 하나의 원인이 되었다. 우선 실제로 경영을 맡은 부사장과 상무 등 3명을 해임하고 강 사장이 직접 경영을 맡았다. 이와 함께 증권감독원 직원을 -채용하는 형식을 빌려- 삼보증권에 파견해 업무를 점검하도록 했다.

문제 해결의 핵심은 부족한 시재금을 어떻게 충당하는가에 있었다. 사장 개인재산으로 충당하는 길밖에 별다른 방법이 없었다. 검찰 투서에는 20억 원 규모였으나 실제 조사한 결과는 주식 21억 원, 채권 176억 원, 도합 197억 원의 시재 부족으로 드러났다. 고객이 맡긴 돈을 임의로 주식투자 자금으로 운용해 입은 손실을 만회할 목적으로 다시 고객이 맡긴 돈으로 주식투자에 나섰다가 또 손실을 보는 일이 거듭되었다. 그 결과 회사로서는 회복할 길이 없는 상태에 이른 것이다.

이러한 사정을 누구보다 잘 아는 강성진 사장은 개인 소유의 부동산을 모두 처분했다. 하지만 그것으로는 역부족이었다. 부동산 처분으로 32억 원, 동산 40억 원, 삼보 주식 50억 원, 사고 압류재산 10억을 다 합쳐 132억 원을 충당했다. 이렇게 강 사장은 부동산은 물론 동산까지 다 처분했지만 시재 부족을 말끔히 해결할 길은 더 이상 없었다. 결국 삼보증권 사태를 수습하기 위해 할 수 있는 유일한 길은 다른 회사에게 넘기는 것뿐이었다. 1983년 2월 강 사장은 "경영권을 넘기겠다"고 하면서 인수자를 물색해 달라고 내게 요청했다. 하지만 그것도 쉬운 일은 아니었다. 결손액이 자본금을 웃도는 형편이니 누구도 선뜻 나서지 않았다. 강 사장은 동양증권이 인수하기를 바랐다. 그의 뜻에 따라 대우그룹의 김우중 회장에게 삼보증권 인수를 종용했다.

"삼보증권은 총 197억 원의 결손을 안고 있지만 132억 원은 충당이 되었고 65억 원은 결손 상태에 있습니다. 하지만 비록 엄청난 규모의 결손을 안고 있어도 향후 우리 경제가 발전하고 증권시장도 커지게 되어 있어 증시 전망은 좋을 것입니다."

이러한 나의 말에 동의해서인지 김우중 회장은 그 자리에서 삼보증권을 인수하겠다고 했다. 김 회장은 향후 전망보다는 증권업계 1위인 삼보증권의 이름값(Name Value)에 매력을 더 느껴 인수하기로 결심했다고 말했다. 대략 45일에 걸쳐 실사를 한 뒤 1983년 3월 3일 합병원칙을 결정하고 강성진 사장의 삼보 주식 50억 원을 100억 원에 대우가 인수하기로 했다. 1983년 5월 말 합병 주주총회를 열었다. 이로써 삼보증권 문제는 모두 마무리되었다. 이렇게 마무리되자 삼보증권 관계자에 대한 형사처벌 문제는 흐지부지되었다.

증권회사에 대한 사회적 공신력 확보

자칫 큰 파장을 몰고 왔을 수도 있는 삼보증권 문제는 이렇게 조용히 수습이 되었다. 그러나 삼보증권이 안고 있는 문제는 -정도의 차이는 있지만- 우리나라 대부분의 증권사들이 공통으로 안고 있는 고질적 병폐임을 알게 되었다. 그리하여 이 병폐를 바로잡을 수 있는 대책을 마련하기로 했다. 초미의 과제는 빈발하는 창구사고 방지 대책이었다. 증권사의 창구사고를 근절시키기 위해 우선 당시 몇몇 증권사에서 추진 중이던 전산화를 모든 증권사에서 서둘러 추진하도록 했다. 각 증권사들은 전산화에 소요되는 비용도 적지 않은데다가 당분간 조작도 제대로 할 수 없다는 이유를 들어 달 가워하지 않았다. 그럼에도 불구하고 그대로 밀고 나갔다. 전산화 는 창구사고를 원천 봉쇄하는 기반이 될 뿐 아니라 경영의 합리화 에도 도움이 되기 때문이었다.

두 번째 조치로는 고객의 증권을 집중 보관하도록 조치했다. 각 증권사 점포에서 고객이 맡긴 증권을 자기네 금고에 보관함으로 써 고객과 상의하지 않고 직원들이 임의로 활용할 수 있었다. 사실 증권 사고의 상당수는 고객이 맡긴 증권의 허술한 관리에서 비롯 되었다. 그런 사고 가능성을 원천적으로 없애기 위해 고객의 증권 을 증권사가 증권대체결재회사에 예탁을 의무화했다. 삼보증권의 예로 미루어볼 때, 일시에 증권 전부를 집중 예탁시키는 것은 사실 상 불가능하리라고 짐작했다. 증권사들에게 부족한 고객 증권을 보충할 수 있는 시간 여유를 주어야 한다고 생각했다. 그래서 연말 까지 시한을 정해 고객이 맡긴 주식의 95%를 증권대체결재회사에 집중 예탁하도록 했다. 이와 함께 매월 예탁 비율을 점진적으로 높 여가도록 중간 목표를 설정했다. 매월 부족분을 보충해 연말까지 는 모두 메우도록 했다. 이렇게 조치한 결과 그해 연말에는 모든 증권사들이 보유 주식의 95%를 집중 보관했다. 이런 조치를 취한 이후에는 증권사의 창구사고가 크게 줄어들었다.

사고 방지에 이어 증권사들의 공신력을 높일 필요가 있었다. 이 를 위해 증권사의 자본금을 늘리도록 했다. 당시 우리나라의 증권 사 중 자본금 80억 원이 최대 규모 회사로 분류되었다. 이에 해당 하는 증권사는 4개 사였다. 그 밖의 회사들은 모두 5억 원에서 10

억 원의 영세 규모였다. 이러한 증권사에 문제가 없다면, 문제가 없는 것이 오히려 이상한 일이었다.

증권사들이 영세한 원인은 주식시장이 활성화되지 않았고 그에 따라 별반 이윤이 나지 않았기 때문이었다. 자본금이 영세하다보니 직원들·봉급 충당을 위해서라도 끊임없이 사고팔고 하도록 고객을 유인했다. 그런 일을 하지 않고도 직원들 봉급을 줄 수 있으려면 자본금 규모가 200억 원은 되어야 했다. 그렇게 증자하도록 유인하기 위해 인센티브를 주기로 했다. 그 결과 자본금 200억 원의 대형 증권사가 탄생했다. 증권사가 대형화되자 당장 달라진 것이 하나 있었다. 증권사 사장 자리는 거들떠보지도 않던 은행장 출신들이 증권사 사장으로 들어가기 시작했다. 증권사에 대한 사회적 인식이 그만큼 달라진 것을 보여주는 상징적 변화였다.

만일 삼보증권 문제만 수습하고 말았다면 '하나의 사건'으로 끝났을 것이다. 그러나 삼보증권 사태가 되풀이되지 않도록 제도를 고침으로써 재발 방지뿐 아니라 우리나라 증권시장을 한 단계 더 업그레이드시킬 수 있었다. 뒷날 김우중 회장은 삼보증권 인수에 대해 "그때는 손해를 많이 보았지만 지금은 괜찮아졌다"라고 말했다.

 공인회계사 제도의 개선

주식투자는 재무제표를 근거로 결정한다. 회사 재무제표의 공신력 확보는 자본주의의 근간이 된다. 분식회계는 근절되어야 한다. 이러한 일은 공인회계사의 임무다. 따라서 공인회계사가 제 역할을 성실히 수행하는가의 여부는 투자자를 비롯해 기업과 거래를 하는 이해관계인 모두의 손익과 직접 관련된다.

재무장관으로 재직하면서 한 일의 하나는 공인회계사 제도를 개선한 것이다. 고향 후배 중에 큰 회계법인을 설립해 공동대표로 있던 안효영 공인회계사가 있었다(안타깝게도 대장암으로 일찍 작고했다). 그는 매우 합리적이면서 올바른 의견을 말했기 때문에 그의 견해는 늘 경청했다. 그는 우선 우리나라는 공인회계사의 수가 너무 적은 것이 문제라고 지적했다.

상법에 의해 일정 규모 이상의 회사는 외부감사를 받게 되어 있다. 문제는 공인회계사회에서 감사업무를 회원사에 적절히 배분하는 일이 관행으로 되어 있는 것이었다. 한정된 일거리를 큰 불만 없이 나누기 위해서는 공인회계사의 수가 적어야 했다. 물론 대기업이나 좋은 회사는 큰 회계법인과 영향력 있는 회계사의 차지가 되지만 누구든지 할 일이 없어 고생하는 경우는 없었다. 이러한 상황은 공인회계사 자격증을 가진 사람에게는 좋을지라도 이렇게 경쟁이 없는 상태로 둔다면 당장은 좋을지 몰라도 앞으로가 큰 문제였다.

공인회계사 시험은 하나의 자격시험에 불과한데, 자격증 하나만 있으면 자동적으로 평생 할 일이 보장된다는 것부터가 있을 수 없는 일이다. 무엇보다도 담합에 의해 감사업무를 적당히 배분하는 관행은 그대로 용인할 수 없는 일이다. 상법에서 외부감사를 받도록 한 의무규정 자체가 사문화(死文化)되기 때문이다. 이러한 관행을 타파하려면 제일 먼저 공인회계사 수를 늘려야 한다. 이를 위해서는 재무부에서 관장하는 공인회계사 시험의 합격자 수를 크게 늘려야 한다는 것이 그의 주장이었다.

나는 그의 견해에 공감했다. 더욱이 당시 급속한 속도로 개방화 정책을 추진하고 있는 중이었다. 상품뿐 아니라 서비스 부문도 개방되는 것은 시간문제였다. 감사업무를 경쟁 없는 상태에서 안일하게 처리한다면 회계사 업무 영역이 개방될 때 다양하고 전문적 역량을 갖춘 외국 공인회계사들과는 경쟁이 안 될 것은 불을 보듯 뻔했다. 이미 외국과의 합작기업이 계속 늘어나는 상황에서 공인회계사들이 우선 편하다고 과거의 타성에 젖어 지내면 결국에는 웬만한 회사의 감사업무는 거의 다 외국 공인회계사들이 차지하게 된다. 공인회계사 업무도 서둘러 공정경쟁 체제로 가야 한다고 생각을 정리했다.

그렇게 가기 위해 제일 먼저 고쳐야 할 것은 공인회계사 시험의 합격자 수를 늘리는 것이었다. 공인회계사가 많아지면 자연스럽게 경쟁체제가 만들어지고 그에 따라 외부감사 비용도 낮아질 것이었다. 그러나 합격자 수를 늘리는 일도 그리 간단하지 않았다. 무엇보다 공인회계사 업무를 담당하는 재무부의 실무 부서에서 움직이려 하지 않았다. 몇 차례 챙긴 뒤에야 마지못해 움직이기 시작했다.

그러나 공인회계사회를 동원해 장관 지시를 철회하도록 뒤에서 조종했다. 속된 말로 표현하면, 담당 공무원과 공인회계사회가 한

통속이 되어 반발한 것이다. 특히 당시 공인회계사회 회장은 박완규 의원이었다. 그는 재무위 소속 야당의원으로 재무위 회의 때 공개적으로 이 문제를 들고 나왔다. 나는 원칙은 고수하되 합격자 수를 연차적으로 늘려가기로 절충했다. 이해관계가 얽힌 문제를 바꾼다는 것은 언제나 엄청난 반발과 저항을 견뎌내야 한다. 더구나 이러한 일은 언론에서는 관심조차 가지지 않는 문제였다.

🪙 부실채권 처리를 일상화해야

금융사고가 발생할 경우 재무부에서 시행하는 수습대책의 최우선 과제는 금융시장의 안정을 회복하는 일이다. 그런 다음 사고 자체를 수습한다. 사고 수습은 첫째, 금융기관의 부실채권 처리 대책이고, 둘째는 관련 인사의 문책이다. 이렇게 수습을 하면서 유사한 사고가 다시 일어나지 않도록 제도를 보완하고 개선하는 재발방지 대책을 마련하면 사고 수습은 일단락된다.

부실기업 문제나 부실금융 문제는 금융기관이 처리할 문제다. 그러나 금융기관이 처리하지 못할 정도로 문제가 커지거나 장영자 사건이나 명성 사건처럼 예상치 못한 금융사고로 인해 금융시장이 크게 불안정해지면 정부가 수습에 나서지 않을 수 없다. 부실기업 정리처럼 잘 알고 있는 부실이 누적되어 파장을 몰고 올 경우에도 정부가 나서지 않을 수 없다. 이러한 일이 되풀이되면서 정부가 금융기관, 나아가 관련 기업에 직접 개입하는 것에 대해 정부뿐 아니라 재계는 물론 우리 사회 전체가 당연한 것으로 받아들이게 되었다. 나아가 정부가 앞장서서 수습하기를 촉구하기에 이른다.

그러나 이는 시장경제 원칙에 반하는 방식이다. 기업경영이 어려움을 겪거나 심지어 도산하는 기업이 생기는 것은 경쟁체제에서는 당연한 일이다. 이들 기업과 거래하는 금융기관이 부실채권을 안는 것도 피할 수 없는 일이다. 문제는 이들 부실채권을 어떻게 처리하는가에 있다. 그때 그때 제때 적절히 처리하면 큰 문제가 되지 않는 것이라도 제때 처리하지 않고 미적거려 부실이 누적되면 큰 문제가 된다. 건강을 유지하려면 제때 배설이 잘 이뤄져야 한다. 기업의 퇴출, 부실채권의 정리도 마찬가지다. 따라서 부실 처리 문제가 사건화되는 사태를 방지하는 길은 부실 처리를 일상화하는 것이다.

정부에 의한 마지막 부실기업 정리

안정화시책을 본격적으로 추진할 당시 중화학공업 관련 기업들에 문제가 많았다. 이들 외에도 1970년대 후반에 중동 건설 진출을 촉진하기 위해 무조건 정부 지급보증을 해주었다. 그 결과 해외 건설사업도 많은 부실 요인을 안게 되었다. 1980년 국보위의 중화학 투자 조정으로 시작된 부실기업 처리 대책은 1986년의 대대적인 부실기업 정리로 일단 마무리되었다. 이로써 중화학, 해외건설과 해운산업의 해묵은 부실 문제가 정리되었다. 이때에도 물론 정부가 직접 개입해서 추진했다. 그 과정에서 국제그룹 해체처럼 직접적인 조치도 있었으나 이때는 주로 한국은행의 장기저리 자금을 종자돈으로 활용했다. 부실기업을 인수하는 기업에게 부실채권 상당액에 대해 그 현재 가치를 종자돈의 이자 차액으로 보상해주는 방식을 사용했다(이 방식은 장영자 사건의 여파로 도산한 공영토건을 동아건설에 인수시킬 때 썼던 방식이다).

정부가 직접 부실기업 정리에 개입한 것은 전형적인 관치금융 방식이었다. 부실 정리를 추진한 김만제 재무장관은 KDI에 있을 때 금융자율화를 누구보다 앞장서 주장했다. 그러나 정부에 들어와 일을 하면서 "은행들이 자율경영을 할 수 있도록 하기 위해서는 그들이 안고 있는 부실금융 문제부터 해결해야 한다"는 현실론자가 되었다.

금융자율화를 통해 해결하기에는 그동안 쌓인 부실 규모가 너무 컸기 때문이다. 외환위기 이후에 공적자금을 투입한 경우와 비슷한 상황이었다. 그러나 당시 부실 정리와 함께 재발 방지를 위한 은행 감독 강화나 부실채권 상시 정리 방안을 마련하지 않은 것은 유감이다. 부실 재발 방지를 위한 제도 개혁을 추진하기에 좋은 기회였기 때문이다.

정부가 직접 개입하는 일은 외환위기 후 김대중 정부에 의해 이른바 빅딜(Big Deal)이라는 이름으로 되풀이되었다. 물론 기업 스스로 추진한 것처럼 모양새를 갖추었지만 빅딜은 시장에서 이루어지는 M&A가 아니었음은 관련자 모두가 잘 아는 일이었다. 이와 같은 조정은 시장경제 원칙에 반하는 일인데 이러한 반시장 경제적 조치에 대해 당시 경제운용에 깊이 관여하던 IMF 당국이 어떻게 용인했는지, 이해할 수 없는 대목이다.

10년 주기 부실기업 정리

어쨌든 부실기업 정리는 정부가 당연히 개입하는 분야로 여겨졌다. 부실기업 문제가 본격적으로 대두된 것은 1969년이 처음이었다. 재무부의 장덕진 이재국장을 반장으로 하는 부실기업 정리반을 청와대에 두고 정리 작업을 추진했다. 그러나 이 작업은 기대한 만큼 성과를 올리지 못했다. 워낙 부실이 컸기 때문이었다. 1972년 8월에 대통령 긴급명령으로 사채를 동결하는 이른바 8.3조치라는 초비상 대책까지 동원했다. 이는 부실기업 정리가 아닌 구제 대책이었다.

부실기업을 정리하고 나면 한동안은 잠잠하다. 그렇게 10년 정도의 세월이 지나면 새로운 부실기업이 쌓인다. 다시 부실기업 정리를 하지 않을 수 없는 상황에 이른다. 그러다보니 10년 내외의 시간을 두고 부실기업 정리 문제가 큰 경제·사회적 이슈가 되곤 했다. 그때마다 부실기업 정리 방식은 조금씩 달라졌다. 그러나 정부가 직접 주도한 점만은 변함이 없다.

11장

금융개혁은
제자리걸음

안정화시책에서 왜 금융개혁을 서둘렀나?

금융개혁은 우리 경제의 건실한 발전을 위한 초미의 과제로, 본격적으로 문제를 제기한 것은 1978년 3월의 대통령에 대한 첫 연두보고에서였다. 1979년 연두보고와 '80년대 새 전략,' '4.17 안정화시책'에서도 가장 시급히 해결해야 할 현안 과제로 뽑았다. 한국은행, 경제과학심의회의, KDI는 물론 학계도 기회 있을 때마다 금융개혁의 필요성을 한결같이 제기했다. 하지만 끈질긴 문제 제기에도 불구하고 금융개혁은 실제로 이루어지지 못했다.

무엇보다 금융산업이 실물경제 발전에 크게 뒤지고 있는 것이 문제였다. 실물경제는 규모도 커지고 내용도 다양해지고 있는데 금융이 제구실을 하지 못하고, 금융산업이 경제발전을 효과적으로 뒷받침하기는커녕 걸림돌이 되고 있었다.

1970년에 비해 1977년의 제조업 매출액은 10배 이상, 10대 기업 매출액은 17배 이상 커졌다. 그동안 일반은행의 총예금은 6.8배 증가에 그쳤다. 총예금은 제조업 매출액의 63%, 10대 기업 매출액에 비하면 39%밖에 안 되었다. 1977년의 금융자산은 GNP 대비 한국은 2.26배인데 비해 일본은 4.24배가 되어 일본보다 크게 밑돌았다.

정부의 정책 사업인 중화학에 대한 자금 지원도 제대로 못하고 있었다. 중화학설비 자금 수요는 대형화, 장기화되어 설비자금 공급 능력이 크게 부족해 심각한 문제가 되고 있었다. 수출 지원자금도 한국은행의 본원통화 증발에 의존하지 않을 수 없었다. 1978년 말 수출지원금융 잔액은 8,800억 원인데 이 중에서 한은의 자금 지원액이 7,750억 원으로 87.7%에 달한다. 일반 자금 공급률이 경상 GNP 증가율을 밑돌고 있었다.

이렇게 되다보니 정책자금뿐 아니라 일반금융 운용에 대해서도 시시콜콜 간섭하게 되었다. 자연히 금융 운영에 대한 권한관계가 불분명해질 뿐 아니라 운영 결과에 대한 책임 소재 또한 가리기 어렵게 되었다. 금융산업의 낙후로 관에서 간여하는 관치금융을 하게 되고 그런 관치금융으로 금융산업이 낙후되는 악순환을 겪고 있었다. 관에서 자금 배분뿐 아니라 은행 인사에 개입하고, 경영에 간여하는 등 관이 다스리는 금융이 되어 금융산업 발전이 결정적으로 저해되고 있었다. 대출사업 및 재무평가 기법의 낙후로 담보 위주의 대출을 하고, 획일적, 경직적 인사관리로 창의성은 기대할 수 없었다. 기계화, 전산화의 낙후로 경영체제와 업무의 비능률성도 문제였다. 금융기법은 말할 것도 없고 경영도 선진국에 비해 크게 뒤지고 있는 후진성도 문제였다.

사정이 이러하다보니 1977년 말 5개 시은의 전체 예금총액이 60억 달러에 불과했다. 이는 세계 119위 은행의 예금액에 해당하고, 일본 국내 29위 은행인 지바은행(千葉銀行) 수준에 불과했다.

일반은행에 대한 규제 상황

관치금융 실태의 예로 일반은행에 대한 규제 상황은 다음과 같다.

행장 및 임원의 선임 및 개선에 관한 승인 등 인사에 관한 사항은 감독관청이 사실상 모두 장악하고 있었다.

- 승진 원칙 및 승격에 소요되는 최저연수를 2급 책임자는 2년, 3급 책임자는 3년으로 획일적 설정.
- 직원 근무평점에 대해 경력 60%, 업무 실적 15%, 수행 능력 및 태도 15%, 연수 10% 배분.
- 평점 순위에 따라 승진 대상 후보 명부를 3~5배수로 작성.
- 부장급 이상에 대한 평점 결과를 재무장관에게 보고.
- 평점 요령에 대해 포상 가점, 자격증 가점 등 상세한 규정.
- 임원 및 부·점장급 직원의 이동 상황을 재무장관에게 보고 등 상세한 규정을 두고 있었다.

그밖에도 직급별 정원의 변경, 부서의 점포단위 직제 변경에 대해 감독원장의 승인을 받아야 하고, 분기별 각 직급별 인원현황 보고까지 했다. 이러한 규정은 시중은행 임원에 대한 사실상의 인사권 행사로 은행감독원의 월권적 간섭 소지가 있었으며, 상위 직원 인사에 대한 재무부의 간접적 영향력 행사의 소지가 있다. 시중은행의 예산은 감독 당국의 심의 및 승인을 받아야 하고 분기마다 예산계획 대비 실적을 감독원장에게 제출하고, 기밀비의 증액과 특정 비목 전용은 승인을 받아야 했다.

이렇게 감독이라는 이름으로 실제는 시시콜콜 간섭하는 규정은 업무에 대해서도 다를 바 없었고 경영평가와 상여금 지급에서도 마찬가지이다. 상무, 전무의 대출전결권과 대출 심사제도 등은 획일적인 기준을 적용해 각 은행의 특성에 맞는 자율경영을 저해하고 은행경영의 소극화, 안일화를 초래한다. 이렇게 상세한 규정으로 은행의 조직 관리뿐 아니라 경영 전반에 관여할 수 있었기에 은행 조직관리가 획일화될 수밖에 없고, 창의적 경영은 기대할 수 없었다.

따라서 은행장에게 최대한의 경영자율권을 부여하는 책임경영 체제를 서둘러 구축해야 했다. 이를 위해서는 우선 정부가 보유하고 있는 은행 주식을 매각해 대주주의 위치에서 벗어나야 한다. 조속한 민영화는 가장 시급한 선결 과제다. 총대출 중 민간은행 점유율이 일본은 93%(1970년)인데 비해, 한국은 17%(1977년)에 불과하고 정부 은행의 점포수도 일본은 0.2%인데 비해 한국은 75%에 달하는 비정상 상태부터 탈피해야 했다. 은행민영화와 경쟁체제 기반을 구축해 민영 금융기관을 중심으로 하는 다원적 선진국형 금융시장을 육성해야 한다. 이 일은 더 이상 늦출 수 없는 시급한 현안 과제였다.

관치금융 탈피를 위한 현안 과제들

한국은행, KDI, 금융전문가들은 경제기획원과 함께 금융개혁을 촉구하는 일에 앞장섰다. 금융개혁 없이는 우리나라 경제의 장래가 없다, 금융개혁은 더 이상 미룰 수 없는 시급한 현안이다, 이러한 문제의식을 공유했기 때문이다.

첫째, 경제가 대형화, 고도화, 국제화해가는 상황에서 금융을 그대로 두고는 아무것도 이룰 수 없다. 개혁 과정에 따르는 고통은 감내해야 한다. 더 이상 지체하면 문제만 심화시키고 개혁을 점점 더 어렵게 만들 따름이다. 이미 은행 규모의 영세성, 자금력의 절대부족은 실물 부문의 순조로운 성장을 크게 제약하는 요인이 되고 있다, 자금공급 능력의 부족, 산업간 편중 대출 등 투자배분의 왜곡, 구제금융 등 불건전 대출의 누적, 통화 신용정책의 유효성 저하, 소득과 부의 형평성 증진에의 장애 등 금융산업의 후진성은 더 이상 묵과할 수 없는 상황이다.

둘째, 정책금융의 정비로 자율성을 제고하고 중화학 지원체계를 개편해야 한다. 셋째, 책임 경영체제 확립으로 능률을 제고해야 한다. 그밖에 경쟁체제에 입각한 다원적 금융시장의 육성, 정책 수립 및 운용의 효율성을 제고한다. 금융제도 개선은 금리자율화와 금융운용의 자율화를 두 축으로 5차 계획 준비에 들어가는 1980년 이전까지 서둘러 추진한다.

가장 서둘러야 할 과제는 저축 증대와 자금배분의 합리화를 위한 금리자율화이다. 금리를 물가동향에 따라 신축적으로 조정해 일정 수준의 실질금리를 보장하고, 정책금리와 일반금리 간의 격차를 축소하는 등 금리체계를 합리화해야 한다. 은행금리는 기준금리를 중심으로 일정 범위 안에서 자율화하고 제2금융권 금리는 완전 자유화하고 정부의 직접적인 규제는 모두 철폐하는 것이 바람직하다. 아울러 실세금리에 의한 정부의 재정증권 발행을 확대해 통안증권을 점진적으로 대체하고, 공개시장 조작 기반을 형성하고 은행 및 비은행 금융기관을 포괄하는 통합된 금융시장을 형성해가야 한다.

이와 함께 서둘러야 할 과제는 정책금융을 정비해 자율성을 제고하고 중화학 지원체계를 개편하는 것이다. 또 금융통화운영위원회(이하 '금통위')의 통제 대상이 아닌 특수은행의 여수신업무 증대(총여신 규모의 55.2%)로 금융정책 체계가 흔들리고 있는 것도 문제다. 수출금융의 한은 의존(1978년 말 수출금융 지원 잔액의 87.7%가 한은 재활)은 심각한 문제다. 수출금융은 자동 금융제도로 존치하되 지원 비율과 금리차를 단계적으로 축소해가야 한다.

은행의 경영자율화 또한 시급한 과제다. 이를 위해 은행장에게 최대한의 경영권을 부여해 사전 경영 간여는 없애고 관치금융을 가능하게 하는 규정은 폐지한다. 금융기관이 자율적으로 운영될 수 있도록 하고 특히 금융기관 인사에 감독기관의 간섭 소지를 없앤다. 예산에 대한 은행감독원장의 승인권, 인사조직 등 각종 내규에 대한 간섭, 은행의 여수신 업무에 대한 정부 및 은행감독원 규제를 축소하거나 폐지한다.

대출담보제도를 개선하고, 신용대출을 확대하며 유가증권 담보대출을 제도화한다. 대기업에 대한 효율적인 여신관리를 위해 계열기업군 및 거액을 차입한 기업에 대해 여신관리를 강화하고 비업무용 부동산 처분을 추진한다. 부실기업 정리는 공매처분을 원칙으로 하는 등 정리 방법을 개선한다. 책임경영체제를 확립하고 경영평가위원회를 설치해 객관적인 실적을 평가한다. 자율화를 추진하되 사후 감독은 보다 철저히 한다. 민간자본 참여를 촉진하는 기반을 만들어야 한다. 정부 보유 주식의 매각을 촉진하고 금융기관 대형화를 위해 유상증자를 추진해 금융의 영세성 문제를 서둘러 해결한다(자본금 규모, 대출 규모가 영세해 1977년 상업은행 대출금은 현대그룹 매출액의 40%밖에 되지 않는 실정). 정상적인 예대마진 허용 등 증자 유인책을 마련하고, 경영자율화로 창의적 경영 풍토를 조성한다. 금융산업의 창의성 제고와 금융기관의 기업성을 제고한다.

금통위의 위상 제고 또한 미룰 수 없는 과제다. 한국은행 및 금통위 운영을 개선하고 특히 금통위의 역할과 위상을 제고한다. 사실상 금통위와 무관하게 이루어지는 금리 등 금통위의 통화신용정책 수립 기능을 회복한다. 금통위와의 사전협의 없이 결정하고 금통위 통제를 받지 않는 특수은행의 여수신업무도 금통위에서 관장하도록 한다. 재무장관이 금통위 의장을 겸임하고 금통위원의 추천권을 행사하는 운영방식에서 금통위 의장직을 한은 총재에게 이양하고 통화신용정책 수립 기관인 한은의 성격에 비추어 정부투자기관에 적용하고 있는 예산회계법을 한은에는 적용하지 않아야 한다.

단계별·점진적 추진을 주장하는 재무부

금융개혁의 필요성이 분명하고 경제기획원을 비롯해 한국은행 등의 개혁 요구가 집요함에도 개혁에 대한 재무부의 소극적인 자세는 변함이 없었다. 〈경과위의 금융제도 개편방안에 대한 의견 및 대책〉(1979년 9월)에서 취한 재무부의 입장은 금융의 공적 역할에 역점을 두는 것이었다.

금리 정책에 대해 "금리 수준은 당분간 현 수준을 유지하고, 경제 여건에 따라 탄력적으로 운영하되 금리의 신축성 제고, 금리체계의 개선을 점진적으로 추진한다"고 해서 언뜻 보기엔 개선을 할 것처럼 보이지만 실제는 하지 않겠다는 내용을 그렇게 표현한 것이었다.

소유 및 경영권이 민간에 있는 은행을 설립해도 공적 역할을 강조하는 입장에서는 금융자율화는 허용하기 어렵다. 자칫하면 금융의 능률화보다는 오히려 은행 간 과당경쟁을 유발해 시중은행의 수익기반 약화를 초래할 우려가 있다. 자본금 조달의 애로 등을 감안할 때 추진 중인 민간 장기신용은행의 설립 및 운영 결과를 보아가면서 필요시에 검토한다고 했다.

은행의 민영화도 현시점에서는 적절하지 않다. 그 이유는 대주주에 의한 은행지배 우려 등 금융의 공공성을 기대하기 어렵고 앞으로도 당분간 정부 주도에 의한 경제개발이 불가피하고 중화학 건설, 수출 진흥 등 정책금융 수요는 지속될 것이기 때문이다. 따라서 우선은 민영화 여건을 조성하고 제도적 장치의 준비에 주력해 적당한 시기에 단계적으로 민영화를 추진한다.

민영화의 목적이 은행의 자율성 제고에 있는 만큼 자율경영의 소지를 확대해가면 된다. 경영의 자율성 제고를 위해서는 시중은행부터 예산, 조직, 인사 등에 대한 획일적인 통제를 없애간다. 표준경영지표를 설정해 예산 및 결산을 직접 규제하던 것에서 벗어나 일반기준을 설정해 운용하는 방식으로 전환한다. 직제 및 인사관리는 임원 선임 등 은행법상 승인 사항 외에는 자율화한다.

경영실적 평가 결과를 토대로 보수수준 상한 등을 각 행별로 차등 설정하고 기타 사항은 개별 규제를 지양해 점진적 자율화를 유도한다. 책임경영체제 확립을 위해서는 경영 성과에 대한 사후 분석과 평가 결과에 따라 차등 배당을 하고, 임원 문책을 한다. 민영화 기반 조성을 위한 제도 정비를 위해 한은법, 은행법 등 관계법 개정을 검토한다. 금융기관에 대한 임시조치법 폐지 및 은행법 개정 시에 대주주 소유권 및 의결권 제한을 10%에서 5%로 축소한다. 대주주에 대한 여신 및 주식투자 등을 제한하고 대주주의 인사권을 제한해 소유와 경영을 분리한다. 은행 감독 기능을 보강하되 법 개정은 준비 관계로 내년 이후 추진한다.

이와 같은 재무부의 입장은 1)경제개발을 실질적으로 뒷받침한 것은 금융, 그중에도 정책금융이 아닌가, 2)시중은행의 자금도 전략산업 부문에 정책적으로 투입하도록 한 기여를 평가해야 하지 않는가, 3)이러한 필요성은 앞으로도 상당 기간 있지 않은가 하는 생각이 바탕에 깔려 있다. 게다가 현실적으로 해결해야 할 어려운 문제가 얼마나 많은지를 누구보다 잘 알고 있어 함부로 건드리기를 기피하는 입장이었다.

사정이 이렇다보니 금융개혁에 관한 재무부와의 협의는 평행선만 그을 뿐이었다. 현실적 여건이 수용하기 어렵다고 하다가 어쩔 수 없는 상황에 몰리면 단계별로, 점진적으로 추진한다는 말로 피해가기 일쑤였다. 이렇게 다르게 생각하는 근본 원인은 안정화시책의 필요성과 불가피성에 대해 문제의식이 있는가, 없는가에 있었다. 오래전부터 쌓여온 '오늘의 현실'을 주로 보는가, 아니면 지금부터 '다가올 미래'에 초점을 맞추는가의 차이라고 할 수 있다.

금리와 환율의 동시 조정과 6.28 조치

시급한 금리현실화

안정화시책의 첫 출발이 통제하던 상품가격을 현실화해서 시장기능에 맡기는 것이었듯이 금융자율화의 출발은 금리현실화가 되어야 했다. 그러나 금리현실화는 처음부터 난관에 봉착했다. 주무 부처인 재무부가 금리인상에 반대하는 입장을 고집해 한 발짝도 나가지 못하고 있었다. 앞에서 설명했듯이 재무부는 금리정책에 대해 개선을 할 의사가 없었다.

금리현실화를 주장한 것은 금리 수준이 물가상승보다 높아야한다, 즉 실질금리가 플러스가 되어야 한다는 데 있었다. 당시 금리 수준은 물가상승률보다 낮았다. 실질금리 수준은 마이너스 상태였다. 은행에 예금할 경우 물가상승을 감안하면 실질적으로는 본전보다 적은 액수를 받는 셈이었다. 예금이 늘어나게 하려면 금리 수준이 물가상승률보다는 높아야 한다. 또 금리 수준이 물가상승률을 밑돌면 융자를 받는 쪽은 그만치 앉아서 이득을 본다. 융자를 많이 받을수록 더 이익이기 때문에 자금 수요는 늘 공급보다 웃돌기 마련이다. 물건값이 수요와 공급에 의해 시장에서 결정되듯이 돈값인 금리도 시장에서 수요와 공급에 의해 결정되는 것이 바람직하다.

그런데 정부에서 물가상승률보다 낮은 수준에서 금리를 인위적으로 정하고보니 늘 자금 수요는 공급보다 더 클 수밖에 없다. 그러나 재무부의 주장은 금리를 더 높이면 기업이 감당하기 어려워지고, 기업이 부실화되면 곧바로 은행의 부실로 이어지기 때문에 금리를 상향 조정할 수 없다고 버텼다.

실질금리가 플러스가 될 수 있는 수준까지 경제기획원에서 물가를 안정시키면 될 것 아닌가, 하고 그 책임을 경제기획원으로 떠넘겼다. 왜 물가안정 노력은 제대로 하지 않으면서 금리만 높이려 하느냐고 반박했다. 물가안정을 위해서는 금리를 먼저 올려야 한다고 경제기획원은 맞받았다. 마치 닭이 먼저냐 달걀이 먼저냐의 말씨름 같았다.

어쨌든 금융자율화, 특히 금리인상에 대해 재무부는 '불가'의 입장에서 요지부동이었다. 재무부는 실질금리를 플러스로 하는 것이 바람직하다는 것에 대해서조차 관심이 없었다. 5차 5개년계획 작성을 위한 지침안을 놓고 경제장관 간담회를 가졌을 때의 일이다. 그 지침 중에 앞으로 금리는 실질금리가 플러스가 되도록 정책을 운용한다는 대목이 들어 있었다. 재무장관이 그 대목을 지침에서 삭제하자고 했다. "그러면 실질금리를 마이너스로 할 것입니까?"라고 묻자 "플러스라는 말만 빼도록 하자"는 어이없는 대답이 돌아왔다. 저축을 유도하려면 실질금리를 플러스로 보장해주어야 함은 당연한 상식이다. 뿐만 아니라 금리인상은 자원 배분의 왜곡, 부동산투기 억제를 위해서도 꼭 필요했다. 즉 내자 동원을 위해서라도, 또 자원 배분의 합리적 운용을 위해서도 최우선적 과제는 금리인상이었다. 그럼에도 불구하고 재무부에서는 금리는 절대 올릴 수 없다고 버티었다.

환율인상이 먼저다

재무부는 금리인상보다는 원화를 평가절하해야 한다며 환율인상 문제를 들고 나왔다. 환율인상에 대해 경제기획원은 원칙적으로 반대하는 입장이었다. 환율을 인상하면 당장의 수출 증대에 도움이 되는 것은 사실이다. 그렇지만 환율을 수출증대를 위한 정책 수단으로 써서는 안 된다는 입장이었다. 환율인상을 통해 손쉽게 수출을 늘리면 원가절감이나 기술개발 등 생산성 향상을 통한 본원적인 경쟁력 제고 노력을 소홀히 할 가능성이 있다. 따라서 장기적으로 우리 산업의 경쟁력을 약화시킬 수 있다.

일본은 1달러에 360엔의 고정 환율을 22년 동안 유지하면서 기술개발과 신제품 개발, 원가절감 노력을 통해 수출 경쟁력을 계속적으로 높이는 데 성공했다. 일본처럼 환율은 안정적으로 유지하면서 기술과 품질 경쟁력을 바탕으로 수출을 늘려가는 것이 올바른 길이다. 환율을 수출을 늘리기 위한 수단으로 조정하는 발상 자체를 바꾸어야 한다. 그래야 수출 부진→환율인상→물가상승→환율인상의 악순환의 고리를 끊을 수 있다. 이는 안정화시책 성안 과정에서 환율정책은 어떻게 해야 하는가에 대해 장시간에 걸친 토론과 검토를 거쳐 도달한 결론이었다.

당연한 것으로 생각해온 끝없이 이어지는 전가 방식에서 탈피해야 한다. 즉 식료품 등 생필품 가격 상승→임금 상승→원가 상승→판매가격 상승→환율 상승→물가 상승으로 이어지는 악순환의 고리를 단절하자는 것이었다. 환율조정을 하지 않고도 수출목표를 달성할 수 있는 경제를 만드는 것이 안정화시책의 목표 중하나였다. 환율인상은 당장에는 수출에 도움이 되지만 장기적으로는 경쟁력을 약화시킬 뿐만 아니라 수입물가도 상승해 얼마 안가 환율인상 효과의 상당 부분을 잠식하게 된다.

KDI의 금리와 환율의 동시 인상안

금리와 환율 정책을 두고 재무부와 경제기획원 사이의 끝없는 설전은 10.26 이후에도 계속되었다. 경제기획원은 금리인상만을 주장했고 재무부에서는 환율인상만을 고집하는 대결 상황은 해결의 실마리를 찾기 어려웠다.

1979년 연말이 가까워지면서 정치적 불확실성과 사회불안이 점차 가중되는 가운데 국제 원유가격은 급상승을 거듭하는 등 새해 경제 전망도 어두워지고 있어 언제까지 논쟁만 계속할 수는 없는 상황이었다. 1980년 1월 초 KDI는 연구보고서 〈경제난국 극복 대책〉을 마련했다. 금리와 환율을 동시에 조정하는 것이 최선이라는 경제기획원과 재무부 양쪽 주장을 모두 반영하는 중재안이었다. 금리현실화뿐 아니라 환율 조정도 필요하다고 했다. 즉 누적된 인플레이션으로 구매력 평가 환율은 명목환율 484원보다 크게 높은 646원에 이르러 대만 등 경쟁 대상국에 비해 원화가 34%나 고평가되고 있다. 이에 따라 우리 경제는 저성장으로 실업 및 도산이 증가

하면서 인플레이션의 가속화와 국제수지가 악화되는 내우외환의 상황이라고 진단했다. 대책으로는 금리만을 인상할 경우나 환율만 조정할 경우에 비해 금리와 환율을 동시에 인상 조정하는 것이 가장 바람직하다고 했다. 사실 그 길밖에 별다른 대안이 없었다.

그럴 경우 1980년과 1981년의 GNP는 4.0%와 8.5%, 물가는 각각 28%와 15%, 국제수지 적자는 47억 달러와 43억 달러가 된다고 추계했다. 그러나 이러한 계량적인 추계치보다 10.26 이후 최고 권력층이 공백인 상황에서는 평상시처럼 그때그때 정책을 조정해가는 미조정 방식은 점점 하기 어려워졌다. 적정 수준의 금리와 환율을 정하고 이 축을 기틀로 경제를 운용해가는 것이 최선이라는 견해에 동의하지 않을 수 없었다. 그 결과 금리인상안과 환율인상안을 동시에 시행하게 되었다.

최규하 대통령권한대행은 워낙 신중해서 중요한 경제정책의 가부 결정이 차일피일 미루어지는 경우가 적지 않았다. 금리 및 환율 조정에 대해 최 대통령권한대행의 결재를 받는 데 꼬박 하루가 걸렸다. 워낙 꼼꼼하게 따지고 챙기는 바람에 곤욕을 치렀다. 대외적으로는 보안을 유지한 가운데 신속하게 결정해야 할 환율정책 결정이 늦어짐에 따라 외환시장의 큰 혼란을 초래하기도 했다.

금리와 환율의 동시 인상 단행

1980년 1월 12일, 정부는 환율과 금리를 동시에 인상하는 조치를 단행했다. 1979년 39억 달러에서 1980년에는 45~50억 달러로 국제수지 적자폭이 확대될 전망이어서 환율을 현실화하고, 그에 따른 물가상승을 억제하기 위해 강력한 긴축정책을 추진하고, 그 일환으로 금리 수준도 함께 올린다고 발표했다.

- 1974년 12월 이래 1달러 당 484원으로 사실상 고정되어온 것을 580원으로 19.8% 인상한다.
- 이와 함께 환율제도를 바꾸어 미 달러화와 연계된 고정환율제도 대신 통화바스켓제도를 도입한다. 즉 세계무역 1% 이상인 미국, 일본, 서독, 프랑스 등 16개국 통화로 구성되는 복수 통화바스켓과 연계해 실세를 반영하도록 유동화 한다.
- 금리는 수신금리(1년 정기예금)를 18.6%에서 24%로, 여신금리(우량기업 일반대출)를 18.5%에서 24.5%로 상향 조정한다.

금리의 조정으로 실세와 괴리된 공금리 수준의 현실화를 기하게 되었다. 이로써 금융산업의 자금공급 능력이 확대되고 금융시장의 가격 기능이 정상화되는 계기가 마련되었다. 금융 저축자에 대한 실질금리를 보장해 정책금융 금리와 일반금융 금리 간의 격차 축소, 제2금융권 금리의 원칙적 자율화 등이 금리 조정의 기본 방향이 되었다.

환율 및 금리조정에 이어 1980년 1월 29일에는 석유류 가격을 59.43% 대폭 인상했다. 이렇게 경제의 기본이 되는 금리와 환율, 석유의 실세를 반영하는 가격축이 마련되었다. 정치 사회적으로 불안 요인이 많았지만 1980년 경제는 이 틀 안에서 별탈없이 굴러갈 수 있었다. 그러나 2차 석유파동에 따른 세계경제의 악화로 안정화시책을 당초 방침대로 밀고 가기는 매우 어려운 상황이었다. 1980년 6월 5일에 경기부양 대책을 근간으로 '하반기 경제운용 대책'을 발표했다. 총통화 증가율을 당초 20%에서 25%로 늘리고 금리를 소폭 인하해 유동화하는 등 총수요 창출과 수출 지원을 강화하고 고용증대에 중점을 둔 대책이었다.

그러나 1980년 2분기 성장이 악화되어 마이너스 5.9%로 떨어지고, 상반기 성장률이 마이너스 4%를 기록하자 경기부양 요구는 그 강도를 더해갔다. 1980년 9월 16일 종합경기대책을 발표하면서 금리를 2% 하향 조정했다. 경기부양 대책이라고 하기보다는 악화 방지를 위한 고육책이었다. 언론에서도 과격·충격 처방이 아닌 게 오히려 다행이라는 평이었다. 8.3조치와 같은 충격요법이 아닌 정상적인 정책으로 어려운 상황에 대응했다는 것으로 위안을 삼을 수밖에 없었다.

6.28 금리 인하 조치

1982년 6월 재무장관 입각에 앞서 경제 활성화를 위한 이른바 6.28조치 안을 마련했다. 금리를 4%p 낮추고 법인세율을 인하하는 등 기업의 부담을 줄이는 획기적인 내용이었다. 김재익 수석의 정책 구상이었다. 금리를 일시에 그렇게 큰 폭으로 인하하리라고는 아무도 예상하지 못했다. 물론 재계는 크게 환영했다. 이렇게 금리를 대폭 인하하는 것에 대해 나도 처음에는 의외로 생각했다. 1980년 초에 재무부와 어렵사리 합의해 시행한 금리현실화 틀을 완전히 바꾸는 것이어서 선뜻 받아들일 수 없었다. 실질금리를 플러스로 가기 위해 겪은 어려움이 새삼스러웠다. 그러나 김 수석의 설명은 간명했다. 1982년의 물가수준이 당초 예상보다 훨씬 더 안정될 전망이어서 문제될 것이 없다고 했다.

1982년 연초에 발표한 정부의 물가상승률 전망치는 10~14%였다. 이는 1980년 제2차 석유파동과 환율인상 결과 도매물가가 42%나 오르고 소비자물가가 30% 정도 상승한 데 비하면 말할 것도 없고, 1981년의 물가상승률 20%에 비해서도 크게 낮은 수치였다. 연초 10~14%로 조정했을 때만 해도 이는 물가안정 목표라기보다는 희망사항에 불과했다.

1982년 연두 업무보고 때의 일이었다. 전두환 대통령은 "물가가 한 해에 20%(1980년과 1981년의 비교 시) 떨어졌는데 1982년에도 전년의 절반 수준인 10%선에서 안정시킬 수 있지 않겠느냐?"면서 물가상승률을 10% 목표로 하는 것이 좋겠다고 말했다. 하지만 그럴 자신이 없었다. 그래서 최종 업무계획에서는 10~14%로 정했다. 그런데 1982년에 들어서면서 국제 원유가가 떨어지기 시작했다. 새로운 돌발변수만 없다면 10%보다 낮은 한 자리 숫자의 물가안정도 가능하다는 전망이 섰다.

실제로 1981년 말 물가는 도매 11.8%, 소비자 12.6%를 기록했다. 1982년 5월 물가는 도매가 4.2%, 소비자는 8.0%의 안정세를 보였다. 6월은 도매 2.9%, 소비자 5.2%였다. 아무도 예상하지 못한 안정이었다.

한편 재계의 불만은 급속히 쌓여갔다. 긴축정책 추진으로 경기는 좋지 않았고 자금 사정도 원활하지 않았다. 이렇게 가다가는 기업들이 통째로 무너진다고 아우성이었다. 업계의 불만을 액면 그대로 받아들일 것까지는 없었다. 기업들은 경기가 좋을 때에도 죽는 소리를 예사로 하기 때문이다. 게다가 흡사 겨울 하루 중 가장 추운 때는 아침 햇볕이 나오기 직전의 새벽녘인 것처럼, 업계가 가장 시끄러울 때는 경기가 좋아지기 직전인 경우가 많다. 1982년 중반의 사정도 이와 별반 다르지 않았다. 해를 넘겨 1983년이 시작되면서 경기는 상승 국면에 접어들기 시작해 곧 호황 국면으로 진입했다.

그러나 1982년 6월은 엄살로만 치부할 수는 없었다. 불황이 3년 동안 계속되는 등 경제 사정이 매우 어려웠다. 제조업 가동률을 보면 1979년에 81%였지만 1981년에는 71.9%, 1982년 6월에는 71.6%였다. 재고도 1979년에 비해 1981년 연말에는 44.6%, 1982년 6월에는 59%나 증가했다.

이에 더해 장영자 사건도 한 몫을 했다. 정치 · 사회 상황이 좋지 않았고 각종 루머와 함께 정부의 경제정책 방향이 잘못돼 대형 사건이 발생했다는 비방성 시각도 힘을 얻고 있었다. 김재익 수석은 이러한 비난의 중심에 있었다. 업계의 불만을 무조건 외면하고 갈 수 없었다. 무언가 획기적인 민심 전환용 정책이 필요하다는 것을 누구보다 절실히 느꼈을 것이다.

때마침 석유가격 하락으로 물가도 어느 정도 안정되어가고 있었다. 그 상황이 계속 이어진다면 연말에는 물가가 7% 선에서 안정될 것으로 전망되었다. 물가가 먼저 안정된 다음에 금리를 내리는 것이 순서지만 기업 사정이 워낙 어렵기 때문에 물가안정 전망을 근거로 금리를 낮추자고 했다. 물가가 7% 수준으로 안정되면 금리를 낮추어도 실질금리는 플러스를 유지하는 것은 분명했다.

사정이 이러하기에 금리인하를 끝까지 반대할 수는 없었다.

게다가 금리를 대폭 인하하는 계제에 정책금융 역시 정비할 수 있었다. 안정화시책에서 공정경쟁 촉진과 자원의 합리적 배분을 위해 반드시 이루어야 한다고 오랫동안 주장해온 과제 하나를 해결하게 되었다. 어쨌든 6.28조치 이후 금리현실화 논란은 더 이상 없었다.

 ## 재무장관 때의 금융개혁 노력

새 은행 설립 추진

금리자율화 문제를 제외한 금융자율화 조치는 이렇다 할 진전이 없었다. 1980년 말 김재익 수석이 마련한 금융자율화 조치가 최종 확정 단계에서 재무부 출신 박봉환 동자부 장관의 반대로 무산되고 말았다. 그 후 내가 재무부 장관으로 부임할 때까지 획기적인 금융자율화 조치는 없었으며, 정부 보유 은행주식 매각, 한미은행과 신한은행의 신규 설립 등은 순조롭게 추진되었다.

금융자율화는 경쟁 촉진을 통해서만 본래의 의미를 살릴 수 있다. 경쟁 촉진을 위해서는 신규 참입의 기회가 개방되어야 한다. 그렇지만 은행 설립의 완전자유화는 시기상조였다. 경쟁 촉진보다는 해외의 선진 금융기법 도입에 보다 역점을 두고 한미은행과 신한은행의 설립이 추진되고 있었다. 재무장관으로 취임한 1982년에는 이들 두 은행 설립 준비가 막바지 단계에 와 있었다. 이를 계기로 새로운 금융 풍토 조성에 대한 기대가 컸다.

한미은행은 미국의 금융기법 도입을 위해 설립이 추진되었다. 1980년 9월 Bank of America(BOA)와 합작은행 설립이 거론된 이후 한국 측 주주(대우, 삼성, 대한전선, 쌍용 등 17개 기업)와 BOA 사이에 경영권을 둘러싸고 오랜 줄다리기 협상이 이어졌다. 그 결과 1982년 7월 22일에 최종 합의가 이루어졌다. 한국과 미국 지분은 51:49, 이사는 각 4명, 대표이사는 2명(사장은 김만제 KDI 원장, 전무는 미국인)으로 하되 발족 3년 동안은 미국이 경영권을 행사하기로 합의했다. 납입자본금은 300억 원(4,000만 달러 상당)으로 출발해 5년 안에 1,000억 원으로 늘릴 계획이었다. 1983년에 영업을 시작했다. 이와 함께 일본의 은행경영 기법을 도입하고 재일교포에게 모국 투자 기회를 열어준다는 뜻에서 신한은행 설립도 마무리 단계에 와 있었다.

미국과 일본의 은행경영 기법을 도입하기 위한 한미은행과 신한은행 설립에 더해 국내의 은행 바깥에서의 돈놀이 기법을 활용하는 토종 은행도 하나 설립하면 좋겠다고 생각했다. 당시 가장 오래되고 경영도 건실한 두 단자회사(투자금융회사)에 은행 설립을 추진하도록 종용했다. 하지만 이들은 은행 설립에는 매우 소극적이었다. 단자업무에 대해 강한 미련을 갖고 있었기 때문이었다. 은행 업무가 제 궤도에 오를 때까지 단자업무를 계속할 수 있도록 특별히 허용하겠다고 약속을 해서 겨우 본격적인 준비를 하기 시작했다. 은행 설립 준비를 한참 진행하는 도중, 아웅산 사태로 인한 개각 과정에서 나는 대통령 비서실장으로 자리를 옮겼다. 내가 재무장관을 그만둔 뒤 이들의 은행 설립은 흐지부지되고 말았다.

단자회사, 상호신용금고 설립 개방

재무장관 취임 후 금융실명제 구상과 함께 단자회사와 상호신용
금고의 신설 허용 방침을 발표했다. 장영자 사건과 같은 일이 다시
일어나지 않게 하려면 지하경제를 지상으로 끌어내는 대책이 있
어야 했다. 금융실명제 실시로 막힌 지하경제의 진로를 열어줄 필
요가 있었다. 일정 요건을 갖추면 지상경제로 진입할 기회를 개방
하기로 했다. 인가 조건도 자본금 규모, 기금출연 등으로 조건을
대폭 간소화하고 인가 여부에 대한 재량의 소지를 최소화했다. 단
자회사의 경우는 자본금 200억 원, 상호신용금고는 지역에 따라
자본금 20억~200억 원이면 인가를 해주기로 했다.

"정말 신청하면 인가를 내주는가?" 반신반의하면서 물어오는
일이 상당수 있었다. 단자회사나 상호신용금고가 그렇게 많이 필
요하지 않을 뿐더러 지나친 경쟁으로 부실화될 가능성이 높다는
반론이 거셌다. 그럼에도 무모하다는 비판을 들으면서 이를 추진
한 것은 금융자율화를 위해 은행 설립을 개방하기에 앞서 제2금융
권이라도 진입을 개방해 경쟁체제를 도입하겠다는 생각에서였다.
잘 운영하는 단자는 기회가 되면 은행 등으로 발전해갈 수도 있다
고 생각했다. 이들 단자나 상호신용금고 경영이 부실화되거나 사
고가 발생할 경우에 대비해 예금자보호 장치로 기금을 만들기로
했다. 기금 조성을 위해 신규 허가 때 자본금의 10%를 기금에 출
연하도록 했다. 예금주 1인당 1,000만 원까지 이 기금에서 보상받

을 수 있게 했다.

1982년 9월 6일, 단자설립 자유화 이후 처음으로 삼삼투금 등 3개 단자회사와 홍익상호금고 등 4개 금고에 대한 내인가를 했다. 이로써 서울의 단자회사는 7개에서 10개가 되었다. 1982년 10월 11일까지 단자회사는 모두 8개를 내인가했다. 태평양투금의 설립 인가를 끝으로 1982년 12월 4일에 신규 설립을 마감했다. 당초에는 계속 신규 설립을 할 수 있도록 문호를 개방해둘 생각이었다. 하지만 신규 인가에 대해 우려의 소리가 워낙 높았고 전 대통령도 설립을 마감하는 것이 어떠냐는 뜻을 표시했다. 당분간 더 이상 인가신청이 없을 것으로 보여 설립을 마감해도 아무런 문제가 없었다. 그 후 신규 인가의 문호는 계속 닫혀 오늘에 이른다.

상호신용금고에 문제가 생기거나 사건이 생길 때마다 설립 허가를 남발한 정책이 빚은 결과 때문이라는 비난을 오랫동안 들었다. 물론 일리 있는 비난이었다. 만일 신규 허가를 내주지 않았더라면 어떤 사고도 발생할 수 없었을 것이다. 그러나 이 문제는 신규 허가 때문이라기보다는 지도 감독 기능이 제대로 마련되지 않은 데 있다고 생각한다. 만일 재무장관으로 더 오래 있었더라면 감독을 강화하는 조치를 강구하는 등 사고 방지 대책을 보다 치밀하게 보완했을 것이다.

은행법 개정

연이어 터진 대형 사건의 수습과 뒤처리, 내국세와 관세의 틀을 바꾸는 일, 금융실명제를 둘러싼 파동을 겪는 동안 금융개혁은 뒷전으로 밀려났다. 안정화시책의 입안 초부터 금융자율화는 시급히 이루어야 할 최우선 과제의 하나였지만 어쩔 수 없었다. 단자회사와 상호신용금고의 설립 개방처럼 기회 있을 때마다 손을 조금씩 대는 것이 고작이었다.

은행업무의 다양화 시도도 그런 노력의 하나였다. 경쟁 촉진을 염두에 두고 시행한 것이었다. 장기적으로 볼 때 금융업의 칸막이는 없어질 것으로 생각했다. 이제까지 분업주의 방식에서 겸업주의 방식(Universal Banking)으로 전환하는 길도 열어가면서 경영 개선을 위한 경쟁체제 도입을 위해 업무 다양화 조치를 시행하기로 했다. 1983년 연두 업무보고에서 ▲매입한 상업어음 매출 업무 ▲매출채권 추심업무 ▲국공채 인수 및 매출업무 ▲상호부금 업무 ▲지방은행에 신탁업무도 허용할 계획을 밝혔다. 이렇게 은행에 제2금융권 업무를 허용하는 것에 대해 증권업계 등에서는 거세게 반발했다. 예·적금 상계처리 방침에 대해서는 금융계도 불만이었지만 그대로 밀고 나갔다.

금융실명제에 관한 당과의 실랑이가 마무리된 1982년 8월, 금융개혁 구상의 일환으로 은행법개정안을 마련해 정기국회에 제출했다. 은행법 개정의 주안점은 은행의 건전한 경영, 예금자 보호, 신용질서 확립의 세 가지에 두었다.

은행법 개정의 주요 내용은 첫째, 자율경영의 폭을 확대하는 것이었다. 이를 위해 은행경영에 관해 필요한 경우 은행감독원장이 명령 또는 지시할 수 있는 포괄적 지시명령권을 삭제했다. 또한 은행 임원에 대한 선임 승인과 파면을 할 수 있는 권한을 부여한 '금융기관에 대한 임시조치법'은 폐지했다.

둘째, 은행경영의 합리화를 위해 은행 안에 경영위원회를 설치한다. 셋째, 동일인에 대한 거액 편중 여신규제를 강화한다. 동일인에 대한 대출한도는 은행 자기자본의 25%로 제한하고 있었다. 하지만 은행감독원장이 승인한 때에는 제한 없이 대출이 가능했고 실제 운영에 있어 예외 승인에 의한 대출이 빈번히 발생했다.

넷째, 대출규제와 함께 지급보증 규제도 법으로 규정한다. 지급보증에 대해 규제 대상에서 제외하고 있는 것을 은행 자기자본의 50% 이내로 제한한다. 다섯째, 금통위에서 필요한 경우 동일계열 기업군에 대한 대출이나 지급보증의 총한도를 정해 운영할 수 있도록 근거규정을 마련한다.

여섯째, 자율화·민영화에 따른 보완 조치로 책임경영체제를 마련한다. 부실경영에 의해 은행의 건전한 운영을 현저하게 저해시킨 행위를 한 때에는 금통위는 은행감독원장의 건의에 따라 당해 임원에 업무정지를 명하거나, 해임을 주주총회에 권고할 수 있게 한다.

정부 보유 주식 매각과 주인 있는 은행 만들기

금융자율화를 위해 정부 보유 시중은행 주식의 매각을 서둘러 추진했다. 제일은행, 서울신탁은행 주식의 매각은 1982년 중에(8월 25일 매각공고, 9월 9~10일 입찰, 9월 16일 낙찰공고, 9월 23일 개서를 마침), 1983년에는 조흥은행 주식을 매각했다. 정부 보유 주식의 처분을 통해 은행의 주인을 분명히 만드는 것이 바람직하다고 생각했다. 실제 정부가 보유한 주식의 매각은 분산에 초점을 맞추어 이루어졌다. 개인과 법인에 각 50%씩 주식을 배정해 1인 한도는 총발행주식의 5% 미만으로 제한했으며 공개경쟁입찰을 통해 매각했다.

은행법을 개정하면서 동일인이 소유할 수 있는 주식 소유 상한은 10%로 정해 국회에 제출했다. 금융기관에 대한 임시조치법에 의해 주식의 소유 상한에는 제한이 없이 의결권 행사만 10%로 제한하고 있었다. 따라서 10% 이상 보유한 경우는 법 시행일부터 3년 이내에 정리하도록 경과 규정을 두었다. 그러나 국회 심의 과정에서 10%가 8%로 수정되었다.

정부 보유 주식 매각이나 은행법 개정을 할 때 주인 있는 은행 만들기는 나의 염두를 떠나지 않았다. 공개적으로 말하지는 않았지만 나는 재벌그룹들이 은행을 하나씩 맡아 경영하는 것도 하나의 방안이라고 생각했다. 그 이유는 부실채권 정리를 염두에 두었기 때문이다. 당시 은행들은 무리한 중화학건설과 부실한 해외건설 등 부실기업 문제로 골머리를 앓고 있었고 은행으로서의 제 역할은 제대로 할 수조차 없는 상황이었다.

재벌에게 은행을 맡기려는 또 하나의 이유는 부실채권 정리 작업을 정부 관리들이 주도하는 것보다는 이해관계 당사자들끼리 절충해서 결말을 내도록 하는 것이 더 낫다고 생각했기 때문이다. 부실채권 문제는 해당 기업으로서는 사활이 걸린 문제여서 결사적으로 나설 것이 분명한데 이들과 맞서야 하는 관련 은행 경영자가 과연 주인 의식을 가지고 제대로 처리할 수 있을지 확신을 가질 수 없었다. 은행에 주인이 생기면 확실히 달라질 것이라고 생각했다. 부실기업 정리를 둘러싸고 밀고 당기는 흥정을 할 수 있으려면 대주주가 필요한데, 현실적으로 다른 대안이 없다고 생각했다.

그러나 과거 재벌들이 시중은행의 대주주로서 빚었던 부조리 때문에 시중은행을 국유화하게 된 것은 다 아는 사실이다. 그 이후 산업자본이 은행의 지배 대주주가 될 수 없다는 금·산 분리원칙은 아무도 깨뜨릴 수 없는 법 이상의 원칙이 되었다. 이러한 과정에서 국유화한 은행주식을 다시 재벌에게 매각해 은행경영을 직접 하게 한다면 국민들이 도저히 용납하지 않을 것은 너무나 분명했다. 사실 금·산 분리는 지금껏 논란이 계속되고 있지만 해법을 찾지 못하고 있는 문제다(1997년 파리에서 열린 OECD회의 참석 때 독일 재무상을 만난 자리에서 이 문제에 대한 독일 정부의 입장을 물어보았다. 독일은 산업자본의 금융기관 경영 참여를 금하는 우리와는 달리 금융자본의 산업 지배를 엄격히 규제하고 있다고 대답했다. 이는 나치 등장의 빌미가 된 역사적 교훈 때문이었다).

재벌의 사금고화 할 것이라는 우려나 경제력 집중 현상은 대주주에 대한 특혜 배제, 동일인 대출한도 제한 등 법적 규제를 보다 잘 마련하고 감독을 철저히 하면 충분히 대처할 수 있는 문제다. 대주주가 부당한 행위를 할 수 없도록 제한하는 일은 여론의 지지를 쉽게 얻을 수 있어 해결이 어렵지 않을 것으로 보았다. 그렇지만 당시만 해도 은행감독원에 대한 국민의 신뢰가 높지 않아 엄격한 감독을 전제로 한 이런 정책을 추진할 수는 없었다. 물론 재벌에 은행을 넘긴다 해도 부실채권 정리를 일단 마무리한 다음에는 주식 보유 한도를 점차 낮추어갈 생각이었다.

우리나라 은행이 대형화로 한 단계 도약할 수 있는 호기가 그로부터 5년 뒤인 1980년대 후반에 찾아왔다. 하지만 은행 대형화를 추진하는 일에 관심을 가진 사람이 없어 이 기회를 제대로 살리지 못한 것은 못내 아쉬운 일이다. 주인 있는 민영화가 이루어졌더라면 여러 가지가 달라질 수 있었다.

어렵기만 한 관치금융 관행 타파

금융자율화는 장기 계획을 세워 불굴의 소명의식과 끈질긴 집념을 가지고 추진하지 않으면 이루기 어려운 과제다. 안정화시책처럼 금융자율화를 신앙처럼 생각하는 신도들이 꾸준히 힘을 모아가야 이룰 수 있다. 현실은 오히려 이와는 반대였다. 금융자율화는 탈 관치금융을 의미한다. 그러나 국가와 국민에 대한 봉사 명분을 내세우는 관치의 뿌리는 깊고도 넓게 뻗혀 있었다. 관치금융의 관행과 의식구조는 법보다 더 위에 있었다. 당시 관치금융의 실태를 잘 보여주는 사례의 하나로 상장기업 배당률을 들 수 있다.

1982년 8월 말, 증권업계 초청 조찬간담회가 있었다. 이 자리에서 "상장기업의 배당률에 대해 정부에서는 일체 간여하지 않을 방침이다. 이는 기업의 경영수지에 따라 기업 자율적으로 결정할 문제다"라고 말했다. 기업이 얼마나 배당할 것인가에 대해 기업 스스로 결정하는 것은 지극히 당연한 일인데, 당연한 말이 신문에 크게 보도되었다. 그때까지 증권시장의 상장기업 배당에 대해 과도한 배당을 하지 못하도록 정부에서 상한을 설정하는 '지도'를 하고 있었기 때문이다.

　다른 예는 은행 임원 인사다. 임원을 발령 내기에 앞서 인사 내용에 대해 재무장관의 승인을 얻은 후에 시행하고 있었다. 이는 경영자율화 원칙에 비추어볼 때 있을 수 없는 일이다. 1982년 연말 국회에서 은행법을 개정할 때 재무장관의 임원 선임 승인권과 파면권을 규정한 '금융기관에 대한 임시조치법'을 폐지했다. 1983년 2월 주주총회를 앞두고 한일, 상업, 서울신탁, 제일 등 민영은행 행장들과 회동하는 자리를 가졌다. 신중하고 공명정대한 인사제도를 확립하도록 당부하면서 임원 선임은 은행장 책임 하에 스스로 결정하도록 임원 자율 선임 방침을 다시 한 번 분명히 했다. 이날 모임에 관한 기사 중 '임원의 자율 선임' 방침이 유독 크게 보도되었다. 이렇게 분명히 했음에도 은행에서는 믿어지지 않는지 구태를 벗어나지 못했다.

　한 시중은행장은 주총에 앞서 사전 승인을 받기 위해 3명의 임원 후보명단을 가지고 재무부 장관실로 나를 방문했으나 명단은 보지도 않고 은행장이 능력과 서열, 업무성적 등을 참작해 자율적으로 선임하고 그에 대한 책임을 전적으로 지라면서 돌려보냈다. 장관실에서 물러난 그 은행장은 새로운 후보명단을 가지고 대주주인 신병현 회장에게 찾아가 새로운 임원 후보를 승인해달라고 요청했다. 신 회장이 "며칠 전에 한 건 뭐냐"고 하니까 "재무장관이 인사는 자율적으로 하고 책임을 지라고 하기에 책임을 질 수 있는 인물로 임원 후보를 새로 선정했다"고 해서 다시 승인을 해줬다고 한다. 당시 무역협회장인 신병현 회장(전 경제부총리)이 새마을교육에 연사로 갔을 때 금융자율화에 관한 이야기를 하면서 이 사례를 말함으로써 은행가에 화제가 되었다. 그 은행의 대주주가 무역협회였으므로 신병현 협회장에게 처음에 승인받았던 임원의 교체 내용을 추인 받고자 했던 것이다. 이 이야기는 새마을교육에 참석했던 국장이 보고해서 알게 되었다.

또 다른 은행장은 내가 출타 중에 내 책상 위에 서류 봉투를 놓고 갔다. 신규 중역 인사에 관한 서류였다. 총무과장에게 문서를 즉각 되돌려주도록 지시했다. 그러자 총무과장은 그동안 은행 임원 인사는 청와대와 협의해왔다고 말하면서 대통령의 허락을 받아야 한다고 했다.

전두환 대통령에게 앞으로는 은행 임원 선임을 은행장에게 일임하겠다고 하자 선선히 그렇게 하라고 했다. 총무과장에게, 대통령에게 보고하고 허락을 받았다고 말하니, 청와대 담당자와 협의를 위해 대통령 결재를 문서로 남기는 것이 좋겠다고 해서 문서를 만들어 대통령 결재를 받아 총무과장에게 건넸다. 이러한 과정에 비추어볼 때 비록 법을 개정하고 은행장 모임에서 장관이 직접 언급했음에도 반신반의(半信半疑)했다고 생각했다. 어쨌든 내 책상 위에 놓고 간 임원 인사서류는 은행장에게 되돌려주었다. 이 사실 또한 '봉투를 뜯어보지도 않고 되돌려 보냈다'고 신문에 크게 보도되었다. 그 기사 내용은 반은 사실이었고 반은 사실이 아니었다. 되돌려 보낸 것은 사실이지만 뜯어보지도 않았다는 것은 사실과 달랐다. 물론 나는 뜯어보지 않았으나 실무진에서는 인사 내용을 뜯어보았다.

며칠 뒤 확정 발표한 인사는 당초 품의한 것과는 상당한 차이가 있었다. 다른 은행도 임원 인사를 위해 인사위원회를 만드는 등 부산하게 움직였다. 임원 인사 기준을 새로 정비하는 등 선정 방법이 많이 달라졌다는 후문이었다. 은행 인사권을 은행장에게 돌려준 인사자율화 조치는 이렇게 확실하게 추진했다. 하지만 몇 년 뒤 '은행 임원 인사권을 은행장에게 돌려주었다'라는 기사를 다시 보았다. 은행장에게 돌려준 인사권이 그동안 다시 재무부로 되돌아왔다는 얘기였다. 관치의 오랜 관행을 깨기가 그렇게 어려운가 하는 생각이 들었다.

관치의 틀을 깨기가 어려운 것은 관치가 관료집단의 이익에 부합되기 때문이다. 현직은 물론 퇴직 후 재무부 출신들은 금융기관 곳곳에 자리 잡는 집단이익에 철저하다. 이를 마피아에 비유해 지금도 모피아(MOFIA)라 부른다. 그러나 관치금융은 비단 관료들만의 이익에 부합하는 것이 아니었다. 금융자율화를 추진하면 재무부 간부들 이외에는 다들 자율화를 지지해줄 것으로 생각했다. 특히 시중은행장들이 크게 환영하고 힘을 모아줄 것으로 기대했다. 그러나 이는 큰 오산이었다. 은행장을 비롯한 금융기관 간부들은 자율화에 별 관심이 없었다. 금융자율화를 달가워하지 않을 뿐 아니라 오히려 관치금융을 은근히 선호하고 있음을 알게 되고는 깜짝 놀랐다. 관치금융에 순응된 결과였다.

관치금융은 은행 간부들에게 문제가 아니라 매우 유용한 안전장치 구실을 하고 있다는 사실은 한참 뒤에야 알게 되었다. 즉 관치는 이들에게 결과에 대한 책임을 물을 수 없게 해서 튼튼한 면책 우산

구실을 하고 있었다. 권한은 있으면서 책임은 지지 않아도 되는데, 민영화로 경영책임을 지는 것을 굳이 바랄 이유가 없다는 얘기다. 시중은행 임원들은 주인이 없는 관치를 선호했다.

이렇게 무책임한 자세를 선호하는 현실에서 어떻게 그들에게 은행 경영책임을 전적으로 맡기는 자율화 조치를 취할 수 있겠는가? 그렇게 하는 것은 마치 직무를 유기하는 것과 다를 바 없다고 재무부에서는 결론을 내린 것 같았다. 실제로 금융개혁 추진을 가로막는 가장 큰 장애요인은 이러한 불신감과 노파심이다. 관치금융을 깨는 일은 규제 철폐와 엇비슷했다. 말은 늘 하지만 실제로는 이루기 어려운 점에서 그러하다. 정부에서는 늘 규제개혁을 외치고 또 규제개혁을 한다. 그럼에도 정권이 바뀌면 또 규제개혁을 내걸지 않을 수 없는 것과 같다.

간섭은 줄이고 감독은 강화해야

금융자율화는 사전 간섭을 줄이고 사후 감독을 강화하는 것이다. 사전 관여는 없애고 자유롭게 선택하고 결정할 수 있는 권한을 준다. 그 결정에 따라 잘된 경우에는 보상을 받고 잘못된 경우에는 책임을 지는 신상필벌이 분명해야 한다. 선택할 자유가 있고 선택의 결과에 따라 보상과 책임을 분명히 하는 것이 자율의 핵심이다. 금융자율화도 마찬가지다. 금융자율화를 위해 정부가 해야 할 일은 먼저 경영에 대해 사전에 관여나 간섭을 없애고 선택의 자유를 보장하는 것이다. 그와 함께 정부는 반드시 정해진 규칙을 제대로 지키고 있는지에 대한 사후 감독을 철저히 해야 한다. 사후 평가와 감독이 제대로 이루어지지 않는 상태에서 자율화는 추진할 수 없고 해서도 안 된다.

국민들은 은행영업을 정부에서 허가했기 때문에 정부가 철저히 감독할 것이라고 믿고 돈을 안심하고 맡긴다. 그런 신뢰를 뒷받침할 수 있는 은행의 건전성 감독을 철저히 할 책임은 은행영업을 허가한 정부에 있다. 감독체제 개편을 둘러싸고 가장 첨예하게 대립하는 요인은 '감독은 누가 해야 하는가'다. 은행영업을 할 수 있도록 허가한 자, 즉 허가권을 가진 정부가 허가한 영업을 제대로 하고 있는지 건전성 감독을 하는 것은 지극히 당연하다. 허가권이 정부에 있기 때문에 감독업무 또한 공무에 속한다. 따라서 감독업무를 수행하는 자는 공무원 신분이어야 한다. 공무원이 아닌 사람이 국가 공권력을 행사하는 것은 온당하지 않다.

사리가 이러하기 때문에 은행 감독은 한국은행 소속 은행감독원에서 관장하지만, 증권은 증권감독원, 보험은 보험공사에서 감독하는 것은 온당하다고 할 수 없다. 그럼에도 그렇게 하게 된 이유는 아마 정부예산에 의존하지 않고 감독업무를 하기 위한 방편이 아닌가 여겨진다. 감독비용을 수감기관으로 하여금 부담하게 하는 것은 세무조사를 나가면서 그 비용을 세무조사를 받는 회사가 부담하는 것과 다를 바 없다. 이러한 잘못된 관행은 바로잡아야 한다. 정부 안에 금융감독위원회를 만들고, 이 위원회에서 은행뿐 아니라 증권, 보험과 단자 등 제2금융권을 포함해 모든 금융기관의 감독을 수행하는 체제로 바꾸어야 한다고 생각했다.

은행감독 업무의 전문성 제고 노력

1983년 들어서면서 이 문제를 본격적으로 검토하기 시작했다. 본격적인 개편에 앞서 한국은행에서 맡고 있는 은행감독 업무를 떼어내고, 은행감독원이 독립기관으로 운영하는 조치를 먼저 취하기로 했다. 은행감독원의 인사와 예산을 한국은행과 구분해 사실상 독자 운영하도록 했다.

이렇게 한 것은 감독전문 인력을 양성하기 위해서였다. 은행 감독업무는 고도의 전문성이 필요하다. 그렇기 때문에 감독전문 인력을 양성·확보하는 일은 감독 수행의 알파요 오메가다. 그러나 한국은행 소속으로 있는 은행감독원의 그때까지의 운영 실태를 보면, 감독 전문가를 양성한다는 문제의식이 있는지 의심스러웠다. 은행감독원은 감독 전문가들을 배치해야 함에도 한국은행 본행과 감독원 사이에 그런 기준 없이 교류 배치하곤 했다. 자연히 전문 인력 양성에 차질을 빚고, 심지어 은행감독원은 한국은행의 인사 처리를 위한 용도로 쓰이기 일쑤였다. 그러다보니 은행감독원은 한국은행의 눈 밖에 난 간부나 함량미달 평가를 받은 직원을 유배 보내는 곳인가 하는 자조의 소리가 흘러나왔다. 그러나 이보다는 한국은행 간부를 시중은행 감사로 배출하는 등 피감독기관인 시중은행에 대한 영향력 행사를 위해서는 없어서는 안 되는 뒷배 구실을 하고 있었다.

감독원이 감독 기능을 수행하는 전문기관이라는 점을 보다 분명히 하기 위해 법률 제정 이전이라도 한국은행으로부터 어느 정도 독립기관처럼 운용할 필요가 있었다. 우수한 감독전문 인력을 양성하고 확보하기 위해서는 무엇보다 감독원의 인사 독립이 시급했다. 이를 위해 인사 및 예산을 한국은행으로부터 분리해 독자적인 운영 체제로 가기로 했다. 이렇게 인사와 예산 기능을 한국은행으로부터 분리하는 감독원의 운영 개편에 대해 하영기 한국은행 총재는 맹렬히 반대했다. 하지만 정춘택 원장으로 하여금 사무실부터 여의도에 별도로 마련하도록 했다. 한국은행으로부터 물리적으로 분리시켜 독립운영을 위한 가시화 효과를 기대해서였다. 그와 함께 인사 및 예산은 한국은행과 분리해 독자적으로 운영하도록 했다.

이러한 방침을 강력하게 밀고 나가자 한국은행은 마지못해 무늬만의 개편안을 제출했다. 차장급 이하의 인사에 대해서는 종전의 '총재가 감독원장과 협의'한다는 규정을 '원장이 총재와 협의'한다로 바꾸고 부장급 이상은 현행을 그대로 유지하고, 신입행원 채용도 한국은행에서 그대로 하겠다는 것이었다. 다만 제2금융권 감독을 위해 감독원 기구를 확충하고 여신관리 강화를 위해 4개 국을 신설하는 안을 마련해 7월 21일 금통위에서 의결했다.

한국은행의 이러한 개편은 간부들이 얼마나 밥그릇에만 집요하게 매달리고 있는가를 단적으로 보여준 것이다. 감독 기능을 충실히 하기 위해 어떻게 전문요원을 확보하고 양성하는가에 대한 문제의식 자체를 발견할 수 없었다. 은행감독원을 산하에 두려는 집착은 시중은행에의 영향력 확보에 있음을 알 수 있다. 이렇게 감독기관과 피감독기관이 유착되면 감독이 제대로 이루어질 수 없음은 물론이다.

재무부와 한국은행, 누가 골리앗인가?

통상 한국은행을 두고 '재무부 남대문 출장소'라고 한다. 재무장관이 금융통화운영위원장을 맡도록 한국은행법에 규정되어 있기 때문이다. 내가 재무장관 재직 때 금통위에 참석한 일은 한 번도 없다. 그렇지만 한국은행이 정부로부터 독립적으로 운영된다고 생각한 사람은 없었다. 한국은행법에 의하면 한국은행은 경제 개발 지원과 물가 안정이라는 두 가지 목적을 뒷받침하게 규정되어 있었다. 경제 개발은 정부가 해야 할 일이다. 그렇기 때문에 경제 개발을 뒷받침하는 일을 한국은행이 독립적으로 할 수는 없다.

실제로 한국은행의 발권력 동원을 경제 운용을 위해 많이 활용해 왔다. 정책 사업을 지원하고 부실기업 정리를 위한 종자돈을 마련할 뿐 아니라 양곡관리특별회계 차입금을 감당하는 등은 바로 경제개발 지원을 위한 것들이다. 한국은행의 임무를 물가 안정 목적에만 국한하게 되면 정부로부터 독립적으로 통화관리를 할 수 있다. 금통위 의장도 정부에서 맡을 수 없게 된다. 더 이상 한국은행이 재정 당국의 남대문 출장소로 불리지 않게 된다. 내가 추진한 한국은행법 개정은 바로 한국은행을 이렇게 바꾸자는 것이었다. 실제로 한국은행법이 개정된 다음부터 한국은행을 남대문 출장소로 부르는 일은 완전히 없어졌다. 그렇게 염원하던 한국은행 독립의 꿈을 이룬 것이다.

경제 개발 정책이 정부 고유의 기능인 것처럼 은행 감독기능 또한 은행 설립 허가 관청인 정부에 속하는 것은 너무나 당연한 일이다. 당시 내가 추진하고자 한 것은 이렇게 한국은행의 독립을 완전히 보장하고 감독 기능은 별도의 기관을 설립해 금융 감독을 관장하게 하자는 것이었다. 은행감독을 비롯해 증권, 보험을 포함한 금융 감독 업무는 독립기관에 맡기자는 것이 당시 제도개혁의 큰 줄기였다. 한국은행법 개정 문제와 감독체제 개편안에 대해 하영기 한국은행 총재와 여러 차례 만나 협의했다. 그러나 합의를 맺을 수 없었다. 하 총재는 한국은행 독립에는 별로 관심이 없었다. 그보다는 한국은행의 은행감독 업무에 대한 집착은 대단했다. 이유는 단 하나, 기관 이익 때문이었다. 몇 차례 만났지만 한 발짝도 진전되지 않았다. 더 이상 하 총재와 이 문제를 협의하는 것은 아무런 의미가 없었다.

그럼에도 바깥에서는 재무부는 골리앗, 한국은행은 다윗처럼 알려져 있었다. 일반 사람들이 그렇게 생각하게 된 이유는 단 하나 한국은행 간부들의 언론 홍보가 성공적이었던 데에 있었다. 1983년 5월 25일, A 신문은 '한국은행, 은행감독원 분리가 바람직'이라는 제목으로 한국은행이 반대 로비를 벌이고 있다는 기사를 실었다. "한은이 자기들의 주장을 관철시키기 위해 인맥을 찾아 벌인 조직적인 로비활동은 정말 막강하고 훌륭했다"고 추켜세운 뒤 재무부 "이재국 직원은 45명인데 한은 직원은 4,400명으로 100 대 1의 열세"라고 했다. 누가 골리앗인지는 자명하다. 대화를 통해 이 문제를 해결하는 것은 기대할 수 없음이 분명했다. 금융자율화를 위한 제도적 장치를 어떻게 구축해야 하는가에 대해 공론화를 통해 추진하는 길 외에는 다른 대안이 없었다. 공론화 준비에 착수할 즈음 비극적인 아웅산 테러 사건이 터졌다. 이후의 개각에서 대통령 비서실장으로 자리를 옮겼다.

나는 재무부를 떠나면서 원래의 재무부로 되돌아가지 않을까 걱정되었고 이는 현실이 되었다. 시간이 갈수록 자율화는커녕 정부 간섭이 더욱 심해졌을 뿐 아니라 군부를 비롯한 권력층의 입김도 종전보다 훨씬 노골화되었다. 그 배후에는 금융가의 황제로 불리는 이원조(그는 은행 임원의 인사권에 영향력이 컸다)가 군부 실세 쪽에 있었고, 금융 쪽에는 한국은행 하영기 총재가 있었다. 하 총재는 "우리 경제 현실을 감안해 차근차근 해야지 자율화가 좋다고 무턱대고 밀어붙일 수는 없다"는 논리였다. 전형적인 총론 찬성, 각론 반대였다. 단자 등 "신규 참입을 개방해서 금융기관도 경쟁체제를 도입하자는 주장에는 이의가 없다. 그렇게 하려면 경쟁에서 뒤지는 금융기관을 도산시킬 수 있어야 한다." 요컨대 뒷감당도 못할 자유화정책을 왜 떠벌리느냐는 반론이었다(이장규, 《경제는 당신이 대통령이야》). 하영기 총재는 1997년 금융개혁법 개정 때에도 반대에 앞장섰다.

재무부와 경제기획원 간의 갈등 해소의 길을 찾아서

재무부와 경제기획원의 다른 점

1979년 4월 안정화시책을 본격적으로 추진할 때부터 재무부와 경제기획원은 금융자율화를 둘러싸고 극심한 갈등을 겪었다. 금융자율화를 둘러싸고 벌어진 경제기획원과 재무부 사이의 의견 대립과 갈등은 해결의 길을 반드시 찾아야 했다. 하지만 실제로 어떻게 하면 되는지 이렇다 할 해법이 없었다. 경제기획원은 경제정책 전반을 총괄·조정하고 주도하는 부처다. 그런데 재무부는 금융 측면에서 우리나라 경제를 이끌어간다는 점에서 경제기획원과 대등한 역할을 한다는 자부심을 갖고 있었다. 금융은 실물과 표리관계에 있기 때문에 대등한 입장이라고 생각했다. 실제로 사채 동결을 위한 8.3 조치와 1차 석유파동 때의 서민생활 안정과 사치품 소비 억제를 축으로 하는 1.14 긴급조치 등 대책은 재무부가 주동적 역할을 했다. 중화학공업 추진을 위한 재원 마련을 위해 국민투자기금도 재무부가 앞장서서 만들었다.

게다가 경제기획원과 재무부 관리들은 수재들이었기에 엘리트 의식이 강했다. 따라서 재무부로서는 경제기획원에서 금융을 두고 왈가왈부하는 것부터 참기 어려운 일이었다. 그런 만큼 두 부처가 대립할 경우 합의점을 찾기가 쉽지 않았다. 게다가 재무부가 하는 일은 정부예산 책정 없이도 얼마든지 추진할 수 있었다. 금융기관의 출연이나 출자를 동원할 수 있기 때문이다. 다른 정부 부처와 달리 예산을 확보하기 위해 경제기획원의 눈치(?)를 살필 필요가 없었다. 늘 대등한 자세를 견지할 수 있었다. 뿐만 아니라 금융, 세제, 관세 등 경제정책을 이끌어가는 수단의 대부분은 재무부 소관이다. 재무부 협조 없이는 일을 추진하기 어렵다.

금융산업이 낙후되었다고 보는 문제의식에서부터 두 부처는 달랐다. 금융산업에 문제가 많다고 하면 무엇이 문제인가? 하고 반문한다. 경제기획원은 상품가격 현실화처럼 금리현실화를, 또 가격 규제를 없애는 것처럼 금리자율화를 해야 저축이 증대되고 자원배분의 효율화를 기할 수 있다고 주장한다. 이에 대해 재무부는 금리현실화 조치를 취했을 때 야기되는 현실적 문제를 어떻게 감당할 수 있는가, 또 정치적으로 정책금융이 필요하기 때문에 이를 수용하지 않고 갈 길이 없는데 어떻게 그런 개혁을 추진할 수 있는가라고 이의를 제기했다.

금융산업에 정부가 정책적으로 개입하는 것은 자원 배분을 왜곡하고 실물경제 수급에 문제를 야기한다. 이는 중화학공업 추진 과정에서 특히 두드러졌다. 그 결과 내구소비재 등 생활용품 수급에 차질을 가져와 여러 문제를 야기했다고 경제기획원은 주장한다. 이에 반해 정책금융 등의 뒷받침이 없다면 어떻게 실물경제가 이만큼이라도 발전할 수 있었겠는가, 정책금융을 없앨 경우 그 뒷감당을 할 자신이 있는가가 재무부의 생각이었다.

안정화시책은 향후 경제발전을 위해 무엇을 어떻게 바꾸어가야 하는가에 초점을 맞춘 미래 지향적인 정책 패키지다. 재무부는 사업 지원을 위해 과거에 이루어진 금융지원의 결과를 뒷마무리해야 하는 입장이어서 과거 문제의 집적과 씨름해야 하는 업무가 주종을 이룬다. 미래보다는 현재의 문제 해결이 더 시급하기 마련이다.

그런 연유로 안정화시책을 입안하고 추진하는 과정에서 재무부는 경제기획원의 주장에 동조하기보다는 해결해야 할 현실 문제를 염두에 두고 비판적인 입장이 될 수밖에 없다. 금융자율화 문제를 경제기획원에서 제기한 이후 재무부는 더욱 강하게 경제기획원의 주장에 대립하는 자세를 보였다. 그 근본 원인은 이러한 주

임무의 차이에서 비롯된다고 할 수 있다.

어떤 조직이든 조직 나름의 문화와 전통, 독특한 분위기가 있다. 오랫동안 근무하다보면 자신도 모르는 사이에 동화된다. 이는 출신 대학에 따라 독특한 성격, 또 같은 대학이라도 전공에 따라 달라지는 것과 맥을 같이 하는 현상이다. 문제 해법도 재무부는 규제 성향의 대책 위주라고 한다면 경제기획원은 자율적인 해법을 모색한다. 재무부가 주동한 8.3 조치, 1.14 정책 내용과 안정화시책 발상을 대비해보면 그 차이를 금방 알 수 있다. 경제기획원과 재무부 출신의 가장 큰 차이는 '앞날의 문제를 생각하는가'와 '과거의 결과가 쌓여 모인 현재의 문제를 어떻게 해결할 것인가'에서 비롯된 것이라 생각한다.

경제기획원에서 일하다보면 보통의 사람들은 문제라고 생각조차 하지 않는 문제를 해결하기 위한 대책을 마련하곤 한다. 지금은 문제가 아니지만 언젠가는 생길 수밖에 없는 문제에 대해 어떻게 하면 좋은가를 생각하는 습성을 가지게 된다. 그렇기 때문에 문제가 커지기를 기다려 해결책을 내놓는다는 발상은 애초부터 있을 수 없다. 문제가 커지거나 곪아가는 것을 그냥 지켜보지를 못한다. 문제가 커진 다음에 대책을 세우는 경우에 비해 문제가 되기 전에 대책을 마련하면 고통을 겪지 않을 뿐 아니라 비용도 훨씬 더 줄어든다. 국민의 고통을 줄이고 비용을 줄이기 위해 노심초사한다. 문제가 생겼을 경우에도 그 문제만 해결하는 것이 아니라 그와 유사한 문제가 다시는 생기지 않도록 대책을 함께 생각한다. 자연히 제도와 시스템을 고치거나 새로 만드는 등 개혁 지향이 된다. 통상 말하는 관료적인 자세와는 동떨어진 행태가 몸에 배여 창의적인 자세를 기본으로 문제를 해결하려 한다.

경제기획원과 재무부 출신은 응집력의 원천이 다르다. 경제기획원은 일하는 과정에서 끝장을 보는 토론(Melting Pot Process)과 나라를 발전시킨다는 열정을 바탕으로 하는 팀워크가 결집의 원천이다. 재무부는 경제기획원에 결코 뒤지지 않는다는 자부심과 퇴직 후까지 챙기는 동료의식이 철저해 모피아(MOFIA)라는 별명이 있을 정도이다. 경제기획원이 일 중심이라면 재무부는 인맥 중심이라고나 할까. 부처의 문화 차이가 이렇게 크다보니 재무부와 경제기획원 사이의 이견을 어떻게 해소할 것인가는 매우 어렵기 마련이다.

재무부와 경제기획원 간부의 교환 인사(SWAP)

1980년 초에 5차 5개년계획 작성에 앞서 김만제 KDI 원장, 사공일 박사와 유럽 몇 나라를 둘러본 일이 있었다. 프랑스에 들렀을 때, 경제 관계관들을 만나는 동안 시간을 따로 마련해 프랑스 중앙은행을 방문하고 프랑스 금융에 관해 이야기를 들었다. 프랑스 중앙은행과 정부와의 관계, 금융의 운용 실태는 재무부팀의 시찰 보고 내용 그대로였다. 그런데 대화 도중 당시 프랑스 중앙은행이 이집트 금융제도 개혁에 대한 자문을 하고 있다는 사실을 알게 되었다. 이집트에 권고할 때 프랑스 금융제도를 모델로 하는가, 아니면 독일 금융제도를 근간으로 하는가를 물었다. 이집트에 대한 권고안은 프랑스 제도가 아니라 독일 제도라고 고백했다. "나는 바담 풍해도, 너는 바람 풍해야 한다"는 속담 격이었다.

재무부가 어떻게 생각하든 금융개혁 없이 우리나라의 경제발전은 기대할 수 없었다. 당장에 겪어야 할 어려움이 크더라도 개혁을 해야 한다는 신념에 꽉 차 있던 안정론 신봉자들로서는 재무부가 반대한다 해서 그대로 두고 갈 수는 없었다. 어떤 방법으로든지 이를 돌파해야 정부 주도 경제에서 시장경제로 대전환을 이룰 수 있었다. 설득으로 될 일은 아니었다. 그렇다고 달리 뾰족한 방법은 없었다. 교환 인사 아이디어는 이러한 상황에서 고육책으로 나온 것이었다. 역지사지(易地思之)할 기회를 갖자는 것이었다. 서로 자리를 바꾸어 일을 해보면 상대의 입장을 더 잘 이해할 수 있게 되고 협력이 원활하게 이루어질 것이라는 기대에서였다. 김재익 수석이 전두환 대통령에게 건의해 1982년 초의 개각을 계기로 두 부처 간의 교환 인사가 단행되었다.

1982년 1월 4일 개각과 함께 경제기획원 차관에는 정인용 재무차관이 전보되었고 재무차관에는 기획차관보인 내가 승진·배치되었다. 경제기획원 차관은 경제차관회의를 주재하는 등 수석차관이어서 영전이라고 할 수 있었지만, 정 차관 본인은 물론 재무부에서는 이를 영전이라고 생각하는 분위기가 전혀 아니었다. 1982년 1월 16일, 부처 간 1급 인사교류의 일환으로 재무부 하동선 제2차관보가 경제기획원 기획차관보로, 재무부 정영의 실장은 공정거래실 상임위원 발령을 받았다. 재무부 제2차관보는 이진설 경제기획원 공정거래실장이, 재무부 이재국장은 경제기획원 이형구 기획국장이 되었다.

이러한 인사 내용이 발표되자 재무부는 발칵 뒤집혔다. 재무부의 요직이 경제기획원 간부들로 메워지는 상상도 할 수 없는 일이 벌어진 것이다. 엄청난 충격일 수밖에 없었다. 나는 1961년에 재무부 국고국 사무관으로 공무원 생활을 시작했고, 1964년에 경제기획원 예산국으로 자리를 옮겼다가 다시 재무부로 복귀했다. 17년 8개월 만에 다시 재무부 식구가 되어, 이를테면 친정으로 금의환향(?)한 셈이었다. 그러나 나를 맞는 재무부의 분위기는 한마디로 썰렁했다. 그도 그럴 것이 두 부처 고위 간부들의 대대적인 교환 인사를 두고 재무부에서는 점령군이라는 말이 나올 정도였고, 나도 그 점령군의 일원이었기 때문이었다.

사실 이러한 파격적인 교환 인사는 그 전례가 없었다. 그 후에도 물론 없었다. 결과적인 얘기지만 이러한 교환 인사로 역지사지하는 기대 효과는 없고 재무부의 경제기획원에 대한 갈등의 골만 깊어지게 했다. 나도 이러한 분위기에 크게 일조했다. 뒤에 내가 재무장관 취임 후 기획원 출신인 김흥기 전매청장을 재무차관으로 발탁했다. 후임 전매청장에는 이규성 재무부 제1차관보를 승진 발령했다. 전매청장이 차관급이어서 분명히 승진이었지만 본인은 물론 아무도 이를 영전이라고 보지 않았다. 제1차관보에는 이형구 이재국장을 승진 발령했고 사우디 대사관에 근무 중인 강현욱 경협관을 이재국장으로 발령했다.

두 사람이 모두 기획원 출신이어서 타오르는 불길에 기름을 붓는 격이 되었다. 이 인사로 재무부의 분위기는 폭발 직전까지 갔다. 재무부 직원은 물론 재무부 출신 인사들로부터 나는 공적 1호가 되었다. 물론 금융개혁을 추진하겠다는 뜻에서 한 인사였지만 이는 너무나 성급하고 생각이 모자란 무모한 시도였다. 전두환 대통령까지 이재국장 인사에 대해 말이 많다고 내게 귀띔하면서 걱정을 했다. 이렇게 파천황의 무모한 인사를 할 정도로 재무부 간부들에 대한 불만이 컸었다. 그러나 결과를 놓고 볼 때 이러한 인사는 어리석기 그지없는 무모한 처사였다. 이 인사파동으로 재무부의 경제기획원에 대한 반감과 갈등의 골을 더 깊어지게 만든 것은 어쩔 수 없다 치더라도 그런 인사를 한 목적인 금융개혁 추진에도 도움보다는 반작용만 키운 결과가 되었기 때문이다. 지금이라면 이규성 차관보를 차관으로 발탁해 금융개혁을 앞장서서 추진하도록 설득했을 것이다.

재무부와 경제기획원의 통합

문민정부는 1995년에 경제기획원과 재무부 두 부처를 재정경제원으로 통합했다. 통합 과정에 관여하지 않아 잘 알 수는 없지만 두 부처의 오랜 갈등 해소책이 아니었나 짐작이 간다. 그러나 경제문제를 보는 두 시각이 한 지붕 밑으로 들어갔다고 해서 쉽게 해소될 문제는 아니었다. 오히려 밖으로 드러나지 않고 내부로 깊이 잠복했을 따름이다. 통상 의견이 다른 경우, 그것이 표출되어 공개적인 토론과정을 거치는 방법이 문제를 분명히 부각하고 해결책을 모색하는 데 도움이 된다. 문제가 대외적으로 노출될 기회가 봉쇄된 상태로 어정쩡하게 봉합되는 것은 가장 바람직하지 않다. 훨씬 더 큰 해악을 오랜 시간에 걸쳐 두고두고 미치게 된다. 두 부처가 한 지붕 밑에서 살림을 하게 되자 장관의 성향에 따라 한쪽으로 치우친 경제 운용을 가져오기 쉽게 되었다. 무엇보다 견제와 균형의 선 기능이 크게 약화되었다.

부처 간의 의견 충돌은 어느 나라나 있기 마련이다. 5차 5개년 계획 작성을 앞두고 프랑스를 방문했을 때 알게 된 사실이지만 프랑스도 경제부와 재무부의 두 부처 사이에 문제가 많았다. 그러나 해법이 독특했다. 우리처럼 두 부처를 통합하지 않고 그대로 둔 채 필요할 때 장관 한 사람이 두 부처 장관직을 맡도록 해서 운영의 묘를 살려갔다. 매우 현실적인 방법이라 생각했다. 경제기획원과 재무부의 통합을 보면서 프랑스의 경우를 생각했다.

재정경제원으로 통합된 후 첫 장관으로 재무부 출신의 홍재형 부총리가 임명되었다. 그 후임에 나웅배 부총리, 한승수 부총리, 이렇게 한결같이 경제기획원 업무에 생소한 인사들이 부총리를 맡았다. 경제기획원 역할을 살려가는 데 큰 관심을 가지지 않은 장관들이 연이어 취임함에 따라 경제기획원의 기능, 즉 장기적인 국가 발전 과제에 대해 생각하고 끊임없이 문제를 제기하는 역할이 크게 약화되고 말았다. 문제를 제기하는 악역의 존재가 희미해짐으로써 국가경영이 제대로 가지 않을 경우 이를 바로잡을 기회가 없어졌다. 그렇게 되니 결과적으로 경제기획원이 재무부로 흡수·통합된 것처럼 되고 말았다. '왜 두 부처를 통합했는가?'라고 반문하지 않을 수 없었다.

경제기획원을 없앨 목적으로 두 부처 통합이라는 수순을 밟지는 않았을 것이다. 그러나 결과적으로는 두뇌 역할을 하는 기관을 없앤 셈이 되고 말았다. 경제기획원의 역할이 두뇌라는 말이 지나친 과대평가라고 이의를 제기한다면, 듣기 싫어도 할 말을 하는 입을 없앤 것과 같다 해도 무방하다. "그것은 잘못되었다", "이렇게 해야 마땅하다"고 큰소리로 말하는 입이 없어진 것만은 분명하다. 경제기획원이 그대로 있었다면 OECD 가입 때 금융개혁을 해야 한다고 목소리를 높였을 것이고 장기채권 시장은 막은 채 단기채권 시장을 먼저 개방하는 일은 하기 어려웠을 것이다. 종금사들이 몽땅 홍콩에 나가 단기자금을 장기로 운용하는 돈장사에 뛰어들 때에도 그냥 지켜보고만 있지는 않았을 것이다. 또 1996년 한 해에 237억 달러의 국제수지 적자가 날 때 대책을 마련하고 나섰을 것이다. 외환위기가 닥쳐 IMF와 협상을 벌일 때 고금리정책과 초긴축재정을 요구하는 등 우리 경제 실정과는 맞지 않는 잘못된 처방에 대해서는 이를 바로 지적해 바로잡았을 것이다.

두 부처를 통합한 뒤 초대 재경원 장관만이라도 거시경제 운용에 대한 안목과 경험을 가진 경제기획원 출신 중에서 선임했어야 했다. 그렇게 했더라면 재정경제원 안에 경제기획원의 기능을 어느 정도 보존하고 그 기능이 작동할 수 있도록 했을 것이기 때문이다. 재무부 업무는 장관이 챙기지 않는다고 해서 없어질 성질의 일이 아니기에 더욱 그러하다. 두 부처 통합 후 경제기획원 출신이 부총리가 된 것은 내가 유일한 경우다. 1997년 3월~11월까지의 8개월 반을 빼고 나머지 기간 동안 모두 기획원 출신 이외의 인사들이 장관으로 재임했다. 그럼에도 경제기획원 출신이 장관을 맡았기 때문에 외환위기를 겪게 된 것처럼 말한다. 견강부회도 이쯤 되면 할 말이 없다.

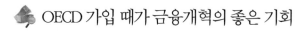 OECD 가입 때가 금융개혁의 좋은 기회

기획차관보가 된 후 매년 부총리를 수행해 파리에서 열리는 IECOK 회의에서 우리나라 경제에 대한 설명을 했다. 회의를 마친 뒤에는 반드시 그곳에 있는 OECD를 방문했다. 1979년 회의 때는 신현확 부총리가 공식 방문했다. 우리나라가 선진국 클럽인 OECD 회원국이 언제쯤이면 될 것이라는 전망조차 하기가 어려운 시기였지만 OECD에 늘 관심을 가졌다. OECD 가입은 경제기획원 기획 담당자들에게는 오랜 숙원이었다. 특히 안정화를 추진하는 입장에서는 더욱 그러했다. OECD 가입으로 선진국이 되었다는 평가를 받는다는 뜻에서 그런 것은 아니었다.

당시 우리는 그런 평가에는 관심조차 없었다. OECD 가입이 금융개혁을 할 수 있는 좋은 기회였기 때문이었다. OECD에 가입하려면 당연히 금융자율화가 선행되어야 한다고 생각했다. OECD에 가입하려면 금융개혁을 하지 않을 수 없다는 것은 개혁 추진의 가장 강력한 명분이 될 수 있었다. OECD 가입 교섭 과정은 금융선진화를 위한 제도개혁의 호기로 생각했기 때문에 그때가 오기를 학수고대했다.

1996년에 우리나라도 OECD 회원국이 되었다. 그러나 막상 OECD 가입 협상을 벌일 때에는 이미 경제기획원은 없어진 후였다. OECD 가입 협상과정을 금융개혁을 위한 기회로 활용한다는 생각도 함께 없어지고 말았다. 가입 협상과정에서 옛 재무부 의견이 주도했고 옛 경제기획원 주장은 흔적을 찾을 수 없었다. 그 결과 OECD 가입을 계기로 금융개혁을 추진하기는커녕 회피하는 데 역점을 두어 협상에 임했다. OECD 가입을 하면서도 금융개혁을 하지 않고 최대한 뒤로 미룬 것을 협상을 잘한 결과라고 만족해했고 마치 국가 이익을 지키는 데 성공한 것처럼 내세웠다.

금융자율화를 열망해온 옛 경제기획원 쪽에서 보면 OECD 가입 협상은 무엇을 위한 협상인지 이해할 수 없었다. 선진국으로 평가받는 것에 목적을 두었다면 가입한 것 자체만으로도 성공이라 하겠다. 하지만 OECD 가입 과정에서 당연히 이룰 것으로 기대했던 금융개혁을 하지 않은 것은 개혁의 기회마저 없애버린 최악의 협상이었다. 외환위기의 단초만 만든 협상 결과였다. 이러한 결과는 금융자율화에 소극적이었던 옛 재무부 쪽이 주도했기 때문이었다.

OECD 가입으로 우리 금융이 한 단계 선진화되고 발전하기보다는 잘못된 교섭 결과에 따라 단기채권시장부터 개방하면서 장기채권시장 개방은 뒤로 미루어졌다. 그에 더해 국제금융에 생소한 종금사들이 국제 금융시장에서 이자가 싼 단기자금을 차입해 이자가 높은 러시아나 인도네시아의 부실고리채에 운용해 이자차액을 얻는 돈놀이에 나서도록 했다. 그 결과는 1997년 외환위기를 불러온 직접적이고 결정적인 원인을 만들었다.

만일 재정경제원이 만들어지지 않고 경제기획원 조직이 그대로 살아 있었다면 OECD 가입 협상이 그렇게 진행되지 않았을 것이다. 재정경제원 장관에 금융자율화에 적극적인 경제기획원 출신을 기용했더라도 최악의 협상은 하지 않았을 것이다. 안타까운 일이다.

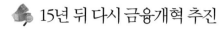 15년 뒤 다시 금융개혁 추진

1997년 외환위기는 낙후된 금융이 잉태한 재앙이다. 금융이 제구실을 했다면 한보, 기아에 대한 부실금융은 어려웠을 것이다. 주거래은행인 제일은행과 기아와의 관계는 기아가 갑 행세를 했고 주거래은행은 을의 위치에 놓여 있었다. 아무런 영향력도 없었다. 왜 이렇게 되었을까? 은행 경영자율화가 이루어지지 않았기 때문이다. 정치권력과의 유착, 관치금융의 실상이 한보와 기아사태로 만천하에 그대로 드러났고 우리 금융기관에 대한 신인도는 급락했다. 내가 재무부를 떠난 뒤 단계별 개선책은 꾸준히 심심치 않게 나왔지만 기본 틀은 옛 모습 그대로였다. 대기업과 금융과의 관계 또한 마찬가지였다.

1997년 3월, 나는 경제부총리로 다시 입각했다. 1982년 재무장관 취임 후 15년의 세월이 지난 시점이었다. 1983년 10월 재무부를 떠나기 전에 추진했던 금융개혁을 다시 추진하게 되었다. 금융개혁 시계는 1983년 10월에서 멈춘 상태로 1997년 3월까지 그대로 있었다. 마침 청와대에 금융개혁위원회가 만들어져 있었고 금융개혁 논의가 활발하게 진행 중이었다. 정권 말기라고 해서 한국은행 독립이라든가 금융감독 체제 개편과 같은 큰 문제는 다음 정권의 과제로 미루고 금융 실무 측면의 불합리한 요소들을 주로 손질하는 데 주안점을 두고 운영되고 있었다.

정권 말기라고 해서 큰 문제를 뒤로 미루면 언제 금융의 큰 틀을 정비하는 일이 이루어질 것인가? 15년 동안 하나도 달라지지 않고 지내왔는데 앞으로 15년이 또 그렇게 지나가지 말란 법이 없지 않은가? 그렇게 시간이 그대로 흘러갈 것이라는 데에 생각이 미치자 더 이상 문제를 덮어두고 갈 수 없었다. 비록 정권 말기지만 이 문제를 차제에 추진하지 않을 수 없었다.

1983년 하영기 총재가 그렇게 집착했던 은행감독원은 한국은행 소속으로 건재하고 있었다. 그러나 은행감독원이란 조직은 있었지만 은행에 대한 감독은 없었다. 은행에 대한 감독이 제대로 이루어졌더라면 어떻게 한보와 기아에 대한 금융 난맥상을 보일 수 있었겠는가? 감독 부실은 금융위기를 만든다. 부실 감독으로 빚어진 결과를 두고 시장 실패라고 한다. 부실 감독은 정부 실패의 결과다. 감독은 정부의 몫이기 때문이다. 1983년 재무장관이 된 이래 금융감독 체제에 집착한 이유는, 금융산업의 신뢰 확보를 위한 건전성 감독 강화는 정부가 해야 할 최우선 과제이기 때문이었다. 시장은 정해진 규칙 안에서 이윤을 최대한 추구한다. 국민들은 정부가 허가한 간판을 믿고 금융기관과 거래한다. 금융기관 운영에 대한 철저한 건전성 감독은 인허가 당국의 책무다.

1997년의 금융개혁법안을 둘러싸고 벌어진 논란의 핵심은 바로 한국은행 독립과 감독업무 강화를 둘러싸고 빚어진 것이었다. 1983년의 개혁 논의는 표면화되지 않은 점만 달랐지 논란의 핵심은 그대로였다. 언론에서는 이 문제를 재경원과 한국은행 사이의 밥그릇 싸움이라는 시각으로 보았다. 한국은행으로서는 밥그릇이 되는지는 알 수 없으나 재정경제원으로서는 밥그릇과는 전혀 무관한 일이었다. 금융감독원이 발족한 이후 재정경제원이 어떤 영향력을 행사하고 있는지 조사해보면 금방 알 수 있는 일이다. 한심하기 그지없는 언론의 시각이다. 한국은행은 올바른 주장을 펴는 피해자이고 재정경제원은 막강한 힘으로 밀어붙이는 폭군과 같은 이미지로 그려졌다. 그러나 실상은 완전히 그 반대였다.

한국은행 독립을 강화하는 개혁안에 대해 제일 큰 불만을 가진 쪽은 재경원의 간부들이었다. 다만 이들의 불만은 관료사회의 특성상 바깥으로 표출되지 못했을 뿐이었다. 국회에 제출한 한국은행법 개정안과 감독 강화를 위한 금융감독위원회와 감독원 설립 법안은 한국은행 간부들의 전방위 로비, 한국은행 노조의 격렬한 반대 시위, 국회의원들의 소극적인 자세로 통과되지 못했다. 외환위기를 당하고 나서야 부랴부랴 서둘러 국회를 통과했다.

외환위기가 시시각각 우리 경제의 목을 조여오는 급박한 시점에서 위기 대처에 골몰해야 마땅한 한국은행 부총재 이하 간부들이 금융감독원의 설립을 반대하기 위해 국회의원들 집을 찾아다니면서 로비를 벌인 것은 도저히 용서할 수 없는 작태다. 안정화시책 이후 우리가 그렇게 주장했던 금융개혁은 외환위기라는 엄청난 고통을 치르고 난 다음에야 본격적으로 추진되었다. 금융개혁에 그렇게 반대한 인사들과 그들의 주장에 동조한 정치인과 언론 등으로부터 지금까지 아무런 말도 듣지 못했다.

12장

경제위기의
관리

아웅산 북한 테러 사건

세상사가 다 그러하지만 경제발전도 계속 부딪치게 마련인 크고 작은 위기와 이의 극복 과정이라 할 수 있다. 경제위기라고 하면 2008년의 미국발 금융위기나 1997년의 외환위기를 떠올리기 마련이다. 하지만 해방 후 혼란 속에서 남한 단독의 대한민국 정부가 수립되고 1950년 6.25 전쟁이 터져 국가 존망의 난국에 처했을 때가 '위기'였다고 생각하는 사람은 그리 많지 않다. 위기도 그렇게 세월 앞에서는 빛바랜 흑백사진처럼 퇴색되고 만다.

하지만 우리 경제의 발전 과정을 뒤돌아보면 끊이지 않고 이어진 수많은 위기를 용케 헤쳐 오늘에 이르렀음을 절감한다. 경제위기는 경제뿐 아니라 경제 외적인 요인으로 위기 상황에 내몰린다. 해외 요인에서 비롯되기도 했지만 국내 요인에서 오기도 했다. 경제정책과 무관한 위기도 있었으나 정책의 결과로 빚어지기도 한다. 정책 실패뿐 아니라 정책의 성공이 새로운 문제를 만들고 이들이 쌓여 새로운 위기를 만들기도 한다. 경제 외적인 요인으로 경제가 가장 크게 영향을 받은 경우로는 월남 패망을 들 수 있다. '다음은 한반도다'라는 위기의식이 팽배해졌다. 1969년 닉슨 대통령은 탈 아시아 정책, 이른바 닉슨정책(Nixon Policy)을 발표했으며 그에 따라 주한 미 7사단이 철수했다. 1974년 월남 패망으로 다음은 한반도라는 위기 의식으로 자주국방은 초미의 과제가 되었다. 이러한 안보상황의 변화로 경제 운용은 큰 변화와 부담을 안게 되었다. 방위세를 신설해 방위비 증강에 나섰다. 예산국장 때는 방위비 문제가 예산편성의 주 관심사였다. 최동규, 김홍기, 문희갑 등 예산국 핵심 간부들을 국방부에 전출하기 시작한 것도 이즈음부터였다. 방위산업 육성을 위해 중화학공업 정책을 적극 추진하게 되었다(중화학공업 정책이 우리 경제에 안겨준 문제에 대해서는 앞에서 이미 살펴보았다).

북한의 테러로 나라가 큰 위기 상황으로 갈 수 있었던 경우는 아웅산테러 사건이었다. 전두환 대통령이 동남아 순방을 위해 김포공항을 출발한 것은 1983년 10월 8일 오후였다. 그 다음날인 10월 9일은 일요일이었다. 10월 10일부터 열리는 국회의 대정부 질의에 대비해 집에서 답변 사항을 점검하고 있었다. 11시가 조금 지나 국무총리실에서 급한 전갈이 왔다. 총리실로 바로 오라는 전갈이었다. 서둘러 종합청사에 들어서는데 청와대 이학봉 민정수석이 들어서고 있어 만났다. 그는 아무런 말없이 종이 한 장을 건네주었다. 종이에서 금방 눈에 띈 것은 '사망자 명단은 다음과 같다'라는 글귀였다. 이어 서석준 부총리, 이범석 외무… 이렇게 장관들의 이름이 이어졌다. 청천벽력이란 바로 이러한 경우를 두고 하는 말이었다.

이들과는 불과 하루도 지나지 않은 8일 오후 김포공항에서 작별

했다. 떠나기 전날 저녁에는 서석준 부총리와 김재익 수석, 셋이서 저녁을 했다. 곧 열릴 국회를 앞두고 나만 두고 해외여행을 떠나게 된 것을 미안하다고 했다. 업무 관련 얘기보다는 이상하게도 종교 얘기를 많이 했다. 김 수석은 독실한 가톨릭 신자였는데 얼마 전부터 불교 서적을 읽기 시작했고 서 부총리는 가톨릭으로 개종해 성당에 나가기 시작했다.

이들과 함께 지낸 나날들에 대한 얘기를 하려면 한이 없다. 경제에 대한 시각 차이가 있기도 했지만 이는 사무실을 떠나면 염두에 남지 않는 일들이다. 서 부총리는 노래 솜씨가 프로급이다. 팝송에서부터 대중가요까지 거칠 것이 없었다. 노래 몇 곡은 이들로부터 배웠다. 서상철 동자부 장관으로부터는 예산총괄 과장 때 세계은행 EDI 연수 참여 때 경제학을 배웠다. 하버드대학에서 박사 과정을 마친 후 워싱턴에 머물 때의 일이다. 그 후 가까이 지낸 사이였다. 김동휘 상공장관은 외무부 출신으로 상공부를 맡아 수입 자유화 문제를 두고 강의를 통해 간접 토론을 벌인 사이로 각별한 친근감을 나누었다. 김용한 과기처 차관은 예산국의 오랜 동료 사이였다. 이기욱 차관은 모처럼 제대로 일할 기회를 갖게 되었다고 좋아했다. 오랫동안 품어온 뜻을 펴보지도 못하고 순국을 했기에 안타깝기 그지없다. 미얀마의 의료 수준이 동남아 인근 국가 수준 정도만 되어도 충분히 살릴 수 있었기에 더욱 그러하다. 이범석 외무 장관은 국무회의 때 바로 옆 좌석이었다. 해외순방 명단에 재무 장관이 왜 들어가지 않았냐고 항의성 주의를 몇 차례 했지만 들은 척도 하지 않았다. 이중과세 방지 협정 체결과 경제협력 등은 재무부 소관이어서 더욱 그러했다.

마지막 점검 때 비행기 좌석 둘의 여유가 있어 이기욱 재무차관과 하동선 경제기획원 경협단장이 동행하게 되었다. 하동선 단장은 대학, 고시 동기로 내가 재무부에서 일을 하도록 강권한 절친한 사이였다. 이렇게 오랫동안 공사 구분할 것 없이 절친하게 지낸 동료들을 한꺼번에 잃는 일은 상상할 수조차 없는 일이었다. 개인 차원의 손실보다 모두가 한국 발전의 중추적 역할을 한 동량들이어서 국가적 타격은 결정적일 수 있었다(그 후 이들이 생존했더라면 어떻게 달라졌을까를 생각한 적이 한두 번이 아니다. 대북 화해의 소리를 들을 때는 늘 아웅산테러로 생을 마감한 이들을 생각하면서 북한과의 대화에 회의를 떨칠 수 없었다).

김상협 국무총리가 침통한 표정으로 우리를 맞았다. 오랫동안 함께 일하면서 가까이 지냈던 사람들을 잃은 충격은 필설로 표현할 수 없었지만 위급상황을 맞아 취해야 할 대책이 더 급했다. 무엇보다 국가안전을 위한 경계태세 강화 조처부터 시행에 들어갔다. 아울러 사후 수습대책을 논의했다.

미얀마의 의료시설과 의료진의 수준도 문제였지만 의약품조차 없다는 현지보고였다. 서둘러 의료진과 의약품을 현지로 보내야 했다. 그날은 일요일이어서 국립의료원의 의사들을 비상소집하고 의약품을 챙겨 공수하는 일이 간단치 않았다. 상상도 못한 돌발 사태였음에도 현지보고를 받은 뒤 10시간 남짓 지난 그날 밤 의료진과 의약품을 실은 비행기가 미얀마를 향해 김포공항을 이륙했다. 10.26 이후의 안정을 유지한 것과 아웅산테러 이후의 신속한 대응을 지켜보면서 우리 정부의 위기 대응 수준이 상당하다는 것을 확인할 수 있었다.

10월 11일 새벽 4시경 김포공항에 도착한 전두환 대통령과 마중 나간 국무위원들은 곧장 청와대로 향했다. 새벽 5시에 청와대에서 열린 국무회의에서 국방장관은 북한 테러에 보복해야 한다고 강경한 어조로 말했다. 이에 대해 전 대통령은 군사보복은 안 된다고 단호하게 말했다. 이 문제에 대해 이미 깊이 생각한 후 결론을 내린 단호한 어조였다. 북한을 보복 공격하면 한반도의 안정이 깨지고 동북아는 물론 세계 전체가 엄청나게 요동칠 수 있는 상황이었다.

사건 발생 직후, 이름도 잘 알 수 없는 외신이 "미얀마에서 건설 공사 중인 한국 기업의 종업원 소행인 것 같다"는 인용보도를 했다. 이러한 근거 없는 보도는 북한이 뒤에서 미리 계획한 것이 틀림없었다. 아웅산테러에 직접 참여한 북한 요원이 체포됨으로써 이러한 악의적인 보도는 없어졌다.

아웅산테러로 17명의 고위 지도자급 인사들이 일거에 참화를 당했다. 특히 서석준 부총리, 김재익 경제수석 등은 한국 경제를 이끌어가는 핵심 중의 핵심 인재여서 경제 운영에 상당한 타격이었다. 국력이 약한 나라라면 결정적인 타격이 될 수 있는 일이었다.

청와대 국무회의를 마치고 나올 때 전 대통령이 나는 좀 남으라고 했다. 별실에서 전 대통령은 아웅산에서 작고한 경제부처 장관의 개각 인선에 대한 의견을 물었다. 그러면서 내게 부총리를 맡으라고 말했다. "하루만 시간을 주십시오. 그때 저의 생각을 말씀 드리겠습니다"라고 즉답을 미루었다. 다른 장관들은 어떻게 하면 좋겠는가 물어 "어려울 것 없습니다. 상공부는 금진호 차관을, 동자부는 최동규 차관을 장관으로 승진시키면 됩니다. 문제는 경제수석입니다. 누가 경제수석이 되든 김재익 수석처럼 하기는 어려울 것입니다. 그러나 사공일 박사가 가장 적격이라고 생각합니다"라고 나의 의견을 말했다.

그 다음날 전두환 대통령에게 "지금은 아웅산사태로 국민들은 불안감을 가지고 있습니다. 이번 개각 발표로 민심을 안정시키는 일이 가장 중요합니다. 나처럼 젊은 사람보다는 연세가 지긋한 신병현 부총리를 다시 기용하는 쪽이 더 바람직하다고 생각합니다. 저는 금융개혁 등 해야 할 일이 있기 때문에 재무부에 그대로 두었으면 좋겠습니다"라고 나의 생각을 말했다. 대통령은 알았다고 하면서 "그렇게 하지"라고 말했다. 나는 재무장관으로 유임되는 것으로 생각했다. 그러나 1983년 10월 12일 개각에서 나는 재무장관이 아닌 대통령 비서실장으로 되어 있었다. 전혀 예상 밖이었다. 비서실장이 될 것이라고는 꿈에도 생각하지 못했다. 왜 비서실장으로 결정했는지 알 수는 없지만 주변에서는 나를 보호하기 위한 전두환 대통령의 배려일 것이라고 말하는 사람들이 많았다.

미얀마에서 돌아오는 비행기 안에서 재계 인사들이 전두환 대통령과 이야기를 나누는 과정에서 서석준 부총리 후임 문제와 관련해 "누가 부총리가 되어도 좋지만 강경식만은 시키지 않았으면 좋겠습니다"라고 건의했다는 얘기를 전해 들었다. 안정화시책에 따른 금리인상과 긴축, 중화학투자 조정과 세제개혁에 이어 금융실명제 등 재계의 요망과는 정반대인 정책들을 집요하게 주장하고 펼친 것에 대한 불만이 그만큼 컸다는 사실을 처음으로 알게 되었다. 그런 건의가 있었음에도 귀국 후 내게 부총리를 맡으라고 한 것을 보면 전두환 대통령은 재계의 불만에 큰 비중을 둔 것 같지는 않았다. 어쨌든 나는 부총리보다는 재무장관으로 남아 한국은행 독립과 감독체제 개편, 은행자율화 등 금융개혁을 마무리하고 싶었다. 그러나 엉뚱하게도 청와대 비서실장이라는 생소한 일을 맡게 되었다.

비서실장 임명장을 받은 후 나는 전두환 대통령에게 "앞으로 경제문제에 대해서는 일체 관여하지 않겠다"라고 양해를 구했다. 경제에 대해 직접 책임을 지지 않는 자리에 있으면서 경제운용에 관여하는 것은 바람직하지 않다고 평소 생각했기 때문이었다. 대통령 비서실장으로 재직하는 동안 구체적인 경제 현안에 대해 내가 먼저 나서서 관여하는 일은 일체 하지 않았다. 그 대신 비경제분야에 대한 개혁, 특히 개방과 경쟁 도입을 위해 나름대로 노력했다. 물론 구체적인 정책 아이디어는 담당 비서관에게 전달하고 시행 여부는 그의 판단에 맡기는 것을 원칙으로 했다.

🪨 1차 석유파동과 국가 파산 위기

해외요인으로 우리 경제가 위기 상황에 빠진 경우로는 석유파동이 있다. 1973년 10월, 산유국(OPEC)은 원유가격을 일거에 4배 인상하기로 결정했다. 원유가격의 폭등으로 세계경제가 요동쳤고 취약한 우리 경제는 유류파동에 휩쓸려 파산 위기에 내몰렸다. 1차 석유파동이 엄습할 때 나는 물가정책 국장으로 정부 통제가격 조정에 영일이 없었다. 국내시장 안정이 급선무였다.

정부는 1974년 1월 14일 서민생활 안정을 위한 긴급조치를 발표했다. 생활 안정 대책이 긴급조치로 발표된 것은 조치의 내용이 세금과 규제 중심으로 법규 관련 내용이어서 대통령 긴급조치 형태가 될 수밖에 없다. 석유 등 자원 파동에 따른 부담을 정부와 기업, 가계의 3자가 분담한다는 발상의 대책이었다. 갑종근로소득세 면세점을 월 1만 8,000원에서 5만 원으로 대폭 올리고 국민복지연금 시행을 1년 뒤로 미루는 등의 조치와 함께 양주 등 주류와 보석류와 승용차 등 사치성 물품의 수입관세와 물품세를 대폭 올렸다. 예를 들어 위스키의 경우 관세율은 150%에서 250%로, 물품세는 160%에서 250%로 올렸다. 사치성 물품은 이렇게 징벌적 세금을 부과했다. 물가 규제도 강화해 청와대에 관계부처 국장급으로 구성된 물가정책반을 신설했다. 이러한 획기적 대책을 강구했지만 이 조치들이 석유파동의 대책이 되기에는 역부족이었다.

석유파동의 위기 상황을 실감한 것은 물가조정을 마무리한 뒤 경제기획 국장으로 자리를 옮겨 일할 때였다. 세계경제 불황에 따른 수출 부진으로 외환수급에 큰 차질을 가져왔다. 수출 부진에 외자 차입마저 어려워 "한국은 곧 부도가 난다"는 말이 월가에 공공연히 나돌았다. 당장 해외로부터 자금을 차입해야 했고 국제수지 방어 대책을 서둘러 마련해야 했다. 남덕우 부총리와 김용환 재무장관의 일과는 뉴욕 재무관실에 연락해 외화 차입을 독려하는 일이 전부이다시피 했다.

일주일에 몇 차례씩 국제수지 전망을 만들어 남 부총리에게 보고한 것도 이즈음이었다. 국제수지 전망은 분기에 1회 정도 하던 것이었다. 1975년 수출 목표 60억 달러가 처음으로 10억 달러나 밑도는 50억 달러에 그치자 외자 차입마저 어려워진 때문이다. 수입을 억제하기 위해 수입 규제를 강화했다. 또 불요불급한 품목과 사치품에 대해 100%가 넘는 고율의 수입관세를 부과하고 특별소비세를 크게 높이는 등 동원할 수 있는 조치는 다했다. 그러나 이러한 조치만으로 위기를 성공적으로 극복할 수는 없었다.

위기 극복은 월남파병으로 해외건설에 진출한 경험이 큰 몫을 했다. 석유가격 상승으로 돈이 몰린 산유국들이 주택건설, 사회간접시설 투자 확대, 공공건물 신축 등 사업을 활발히 전개했다. 우리 건설업체들의 중동건설 진출이 활발하게 이루어지고 또 세계 경기가 회복세에 접어듦에 따라 수출이 다시 늘어났다. 그 덕분에 1976년에는 언제 파산위기에 몰린 일이 있었는지 알 수 없을 정도로 상황이 호전되었다. 외환수급 문제가 사라진 후부터는 석유파동에 따른 위기감도 사라졌다. 그렇기 때문에 중화학공업 전략도 석유파동과는 무관하게 계획대로 추진했다. 또한 중동건설 진출에 따른 우리 근로자들의 해외파견으로 국민들의 소득 증대와 생활수준 향상 등 경제·사회적으로 큰 변화를 초래했다.

1차 석유파동으로 석유가격이 폭등하자 산유국의 꿈을 불태웠다. 영일만에서 석유개발을 위한 시추작업을 했으며 박 대통령이 원유가 나왔다고 발표해서 온 나라가 흥분의 도가니에 빠진 일도 있었다. 하지만 이는 위기 대책과는 거리가 먼 일이다.

1975년에 4차 경제개발 5개년계획 작성 준비에 들어갔다. 그러나 원유가격 상승으로 초래할 변화에 초점을 맞추어 특별한 작업을 한 것은 없다. 원유가격 상승에 따라 세계경제가 어떻게 달라질 것인가, 그런 변화에 발 맞춰 우리의 경제정책은 무엇이 어떻게 달라져야 하는가? 이러한 차원에서 특별한 대책을 마련해야 한다는 문제의식은 없었다. 석유파동 이후에도 석유화학단지 추진 등 에너지 다소비형 산업건설 계획은 마치 석유파동이 없었던 것처럼 그대로였다. 우리 경제의 구조적 문제와 정책운영 방식의 전환 필요성에 대한 문제의식은 1978년 안정화시책 과정에서 이루어졌다. 그때도 원유가격 상승과 연계한 것은 아니었다. 이렇게 짚어볼 때 1차 석유파동이라는 위기 상황을 겪었지만 대통령 긴급명령 등 단기적 대책은 있었으나 구조적 대책은 없었던 셈이다. 하지만 중동 진출 성공으로 위기를 극복한 것은 당시 정부 당국자들의 뛰어난 대응 능력의 소산으로 높은 평가를 받아 마땅하다.

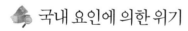 국내 요인에 의한 위기

경제발전이 만든 부실기업과 8.3조치

석유파동과 같은 해외요인 없이 위기 상황에 처한 것은 1970년에 부실기업이 속출한 경우를 들 수 있다. 1960년대 후반 한국 경제는 도약 단계에 접어들었다는 평가를 받을 정도로 활발한 성장세를 보였다. 그러나 1960년대 말에 접어들면서 상황은 급반전했다. 수많은 부실기업이 생겼고 심각한 경제위기 상황을 초래했다. 해외 경제전문가들로부터 "한국 경제는 앞날이 없다"는 말을 처음 들은 것은 이렇게 부실기업 문제로 몸살을 앓을 때였다.

1960년대 후반, 세계경기가 상승 국면이어서 차관(현금차관 포함)을 경쟁적으로 도입해 시설을 확장했다. 그러다 1960년대 말 세계경제가 불경기로 접어들면서 많은 기업들이 부도 위기로 내몰리는 위기 상황에 놓이게 되었다. 재정긴축을 추진하고 청와대에 부실기업 정리반(반장 장덕진)을 만들어 부실기업 정리 작업을 했다. 1차로 30개 부실 차관기업, 2차로 56개 은행관리 기업을 대상으로 정리 작업을 했다(1971년 현재 147개 차관도입 업체 중 27개 업체가 대불(代拂)이 1년 이상 발생했거나 가동률 50% 미만이거나 자본 잠식한 부실기업으로 분류되었다). 하지만 뚜렷한 성과가 없었다. 대기업조차 더 이상 견디기 어려운 상황에 내몰렸다. 정부는 1972년 8월 3일 이른바 8.3조치를 단행했다. 대통령 긴급명령으로 대기업이 안고 있는 사채에 대해 원리금 상환 기간을 연장하고 금리를 조정하는 극약처방을 하기에 이르렀다. 상상하기조차 힘든 대책이었다. 어쨌든 이러한 극약처방과 세계경제 회복에 힘입어 심각한 경제위기 상황에서 벗어날 수 있었다.

이러한 극단의 조치로 대기업들이 사채로 겪고 있던 당장의 어려움에서는 일단 헤어날 수 있었다. 그러나 이 세상에는 공짜가 없는 법이다. 또 부작용 없는 정책은 없다. 8.3조치는 대기업들이 빚지는 것에 대해 겁 내지 않는 고질적인 문제를 만들었다. 빚지는 것을 겁내지 않는 DNA를 우리 대기업에 심은 결과가 되었다. 우리 기업들로 하여금 위기 상황에 크게 취약한 과다한 채무구조 체질이 되게 했다. 1997년 외환위기를 겪을 때까지 우리나라 상장기업의 부채 평균은 자기자본 평균보다 4배 수준에 이르렀다. 이와 같은 기업의 과다부채가 외환위기의 직접적인 단초의 하나가 되었다. 8.3조치가 이렇게 대기업의 도덕적 해이(Moral Hazard)를 초래할 것이라는 사실은 8.3조치의 입안자는 물론 당시 이 작업에 참여한 그 누구도 예상하지 못한 문제였다.

빚 문제 해결을 위해 취한 조치가 빚을 겁내지 않게 만들어 더 많은 빚을 지게 만든 것은 아이러니다. 왜 이렇게 되었을까? 빚 문제 해결책 마련에만 골몰했지 왜 빚을 그렇게 질 수밖에 없었는가 하는 원인을 찾아 재발 방지대책을 마련하는 일을 소홀히 한 때문이다. 그렇게 빚을 많이 지는 일이 되풀이되지 않도록 하려면 무엇을 어떻게 해야 하는가를 두고 고민하지 않았기 때문이다. 그 결과 10년 주기로 부실기업 정리를 되풀이하지 않을 수 없었다. 외환위기와 같은 엄청난 위기를 맞고 나서야 빚을 겁내지 않는 고질병을 치유할 수 있었다.

냉해로 인한 쌀 흉작과 쌀 긴급 수입

1980년은 국내의 정치와 사회불안, 해외의 높은 석유가격으로 어려움을 겪은 데 더해 하늘마저 시련을 안겨준 3중고에 시달린 한 해였다. 극심한 냉해로 벼농사는 일찍이 그 예가 없을 정도의 흉작이었다. 쌀 수확량이 전해에 비해 1,400만 석이나 줄었다. 쌀수입이 당면 과제가 되었다. 농수산부에서는 쌀 부족분을 전량 수입하는 계획을 들고 나왔다.

농수산부의 이 계획에 대해 경제기획원은 절반만 쌀을 수입하고 나머지 절반은 잡곡으로 들여오자고 했다. "쌀이 흉작이면 보리나 밀 등 잡곡도 먹을 일이지 왜 반드시 쌀을 들여와야만 하느냐, 쌀이 흉작이라는 것은 국민 모두 잘 알고 있으니 혼식캠페인을 벌이면 국민들도 충분히 협조할 것이다"라면서 부족량=수입의 발상에 이의를 제기했다. 그러나 끝내 쌀 부족분 전량을 수입하는 것으로 최종 결정이 났다. 5공화국 발족 초기의 어려운 시기에 혹시 쌀 파동이라도 나면 정치적으로 큰일이라는 점을 고려해 내린 결정이었다. 대대적인 쌀 수입이 전개되었다.

쌀은 교역량이 크지 않은 곡물이기에 국제 시세가 치솟아 오를 수밖에 없었다. 이렇게 대량으로 쌀을 수입하자 아예 쌀을 계약 재배하자는 제의도 있었다. 호주는 앞으로 한국에서 필요로 하는 쌀의 양을 미리 알려주면 재배 면적을 늘려 틀림없이 공급하겠다고 했다. 더욱이 호주는 남반부에 위치해 있어 우리나라와는 계절이 반대였기 때문에 수급 차질에 시간적으로 가장 잘 대응할 수 있었다. 미국 캘리포니아 미곡상들은 한술 더 떠 매년 얼마씩 쌀을 사들이겠다는 계약을 하기 전에는 쌀을 판매할 수 없다고 배짱을 부렸다. 만일 부족량의 절반을 잡곡으로 대체했더라면 이렇게까지 되지는 않았을 것이다. 밀은 쌀과 달리 교역량이 가장 많은 곡물이기 때문에 우리가 조금 더 사들인다고 해서 값이 크게 오르지는 않으며 대응하기에도 훨씬 수월했다.

이와 유사한 일을 1978년 고추파동이 일어났을 때도 겪었다. 일찍이 없었던 대흉작으로 고추값이 폭등세를 보였다. 정부는 가격과 품질을 가리지 않고 고추를 긴급 수입하기 시작했다. 고추의 국제교역량이 제한되어 있어 전 세계의 고추 산지를 돌아다니면서 매운 것 덜 매운 것 가리지 않고 일단 고추라고 하면 무조건 다 사들였다. 그해 우리나라가 수입한 고추는 전 세계 고추 교역량의 거의 전부라 해도 과언이 아닐 정도였다. 그 덕분에 그해 국민들은 세계 각지의 고추맛을 다 보았지만 과연 이렇게 하는 것이 타당한 정책일까 하는 생각을 떨칠 수 없었다. 고추가 모자라면 덜 먹을 일이지, 그렇게까지 요란을 떨면서 반드시 수입할 필요가 있었는지 지금도 의문이다. 게다가 그렇게 수입한 고추와 쌀을 다 소비하지 못해 문제가 되기도 했다. 1978년 고추 흉작으로 겪은 시행착오를 1980년 쌀 흉작 때 그대로 되풀이한 셈이다. 건망증이 심한 것인지, 학습능력이 없었던 때문인지 알 길이 없지만.

10.26과 2차 석유파동

2차 석유파동이 세계경제를 강타하기 시작한 때인 1979년 10월, 박정희 대통령이 시해되는 엄청난 일이 벌어졌다. 해외 요인과 국내 요인이 겹쳐 빚어진 위기 상황은 이때가 처음이었다. 1979년 말에서 1980년에 이르는 기간은 대통령 유고라는 아무도 예상하지 못하고, 아무런 준비도 없었던 위기 상황에서 2차 석유파동이 밀려온 초유의 위기였다. 내우외환이 한꺼번에 몰아닥친, 일찍이 그 예가 없었던 위기 상황이었다. 마이너스 성장, 극심한 인플레이션과 국제수지 적자 급증 등 3중고에 내몰렸다. 경제 운용을 실무적으로 총괄하는 직책인 기획차관보로서 이 위기를 겪게 되었다.

대통령 유고 불구 평온 유지

1979년 10월 26일 저녁, 나는 동국대학교에서 특강을 했다. 강의를 마치고 몇몇 교수들과 회식을 했고 반주를 곁들인 탓에 집으로 돌아와 깊은 잠에 빠졌다. 그러나 10월 27일 새벽, 요란한 전화 벨 소리에 선잠을 깼다. 뜻밖에도 신현확 부총리로부터 걸려온 전화였다. "큰일 났어. 박 대통령께서 돌아가셨어. 내일 아침에 기자회견을 해야 하니까 발표문을 준비해주기 바라네"라고 말하고는 전화가 끊겼다. 마른 하늘의 날벼락과 같은 소식이었다. 시계는 새벽 3시를 조금 지나고 있었다. 잠은 완전히 달아났다. 우선 발표문 준비를 위해 강봉균 과장에게 전화를 걸었다. 강봉균 과장은 경제이론에 밝을 뿐 아니라 글을 잘 쓰기로도 정평이 나 있었다. 박 대통령의 유고를 알리고 경제 장관 합동기자회견을 위한 발표문을 준비해 7시에 정재석 차관실에서 만나기로 했다. 이어 기획국 직원들과 판교에 있는 정신문화연구원에서 2박 3일의 합숙 경제토론 워크숍을 진행하던 이형구 정책조정 국장에게 전화를 걸어 직원들을 철수시키도록 했다.

잠은 완전히 달아났고 아무런 생각도 할 수 없었다. 출근길에 자동차가 잠수교를 지날 무렵, 발표문에 담을 내용에 대해 나도 고민을 해야 한다는 생각이 들었다. 몇 가지 생각나는 대로 간단히 메모했다. 정재석 차관실에는 강봉균 과장이 나와 있었다. 발표문 내용에 대해 생각을 정리해온 사람은 아무도 없었다. 워낙 충격이 커서 두뇌 속이 모두 텅 빈(Blank) 상태가 된 것 같았다. 그나마 몇 가지 내용이라도 끼적거려 온 것은 잠수교를 지나면서 내가 메모한 것뿐이었다. 강봉균 과장에게 메모를 건네주고 그 내용을 줄거리로 해서 발표문을 서둘러 작성하도록 했다. 발표문의 핵심은 국민에 대해서는 경제정책에 변화가 없다는 것, 해외에 대해서는 외국인의 투자 약속을 지키고 경제활동의 자유를 보장한다는 것, 특히 엄청난 일이 일어났지만 아무런 동요 없이 일상생활에 충실해 줄 것을 당부하는 내용이었다. 박 대통령의 유고를 언급하면서 '국부'라고 칭했다. 정치 사회적인 급변과 불안에 대한 의구심을 떨어내는 데 얼마간 도움이 될 것이라는 기대에서였다.

기자회견은 김원기 재무, 이희일 농수산, 최각규 상공, 장예준 동자, 고재일 건설, 홍성철 보사, 황인성 교통, 이재설 체신, 최종완 과기처 등 10개 경제부처 장관 전원이 배석한 가운데 신현확 부총리가 준비한 발표문을 그대로 낭독하는 것으로 간단히 마무리했다. 그리고 그날 온종일 매시간마다 '경제정책에는 변함이 없다'는 아침의 합동회견 내용이 되풀이 방송되었다. 상상조차 하지 못한 상황에서 '경제정책은 변함이 없다'고 강조한 것이 안정을 가져오는 데 상당한 기여를 한 것 같았다. 이렇게 안정화시책은 10.26이라는 충격적인 위기를 당해서도 국민들을 안정시키는 엉뚱한 용도로 쓰였다.

사실 장기 집권의 타성에 젖어 박 대통령이 없는 경우는 상상할 수도 없었다. 아무도 대통령 유고시를 대비한 비상계획(Contingency Plan)을 마련하기는 고사하고 그런 경우를 생각조차 못했다. 만일 그런 사태에 대비하는 비상계획을 마련했다면 괘씸죄에 걸렸을 것이다. 물론 헌법에는 대통령 유고시에 대한 규정이 있다. 헌법 규정에 따른 대행체제로 가면 된다. 하지만 현직 대통령이 총격에 의해 시해된 충격적인 사고로 빚어진 권력 공백이어서 자칫하면 국내 발 최대 위기가 될 수 있었다.

대통령이 없어도 국정이 제대로 운용될 수 있을지 단정적으로 말할 수 있는 사람은 아무도 없었다. 불안감이 짙은 안개처럼 깔렸다. 말은 하지 않았지만 박 대통령의 갑작스런 유고로 무언가 큰일이 날 것 같은 막연한 불안감이 컸다. 그러나 이러한 우려와는 달리 평온한 가운데 일상생활은 그대로 이어졌다. 민초들의 생활에는 아무런 동요가 없었다. 시내버스는 평상시처럼 다니고 시장도 아무 일 없는 것처럼 돌아갔다. 그렇게 평상시처럼 돌아가는 것이 오히려 이상하게 여겨질 지경이었다.

경제면에서 당시 가장 우려했던 것은 해외 투자자들의 반응과 움직임이었다. 이들에게 안심하고 투자 등 경제활동을 할 수 있도록 확신을 갖게 할 필요가 절실했다. 10.26 후 첫 경제 장관 합동 회견에서도 그 점에 유념해서 특별히 강조했다. 그러나 그것만으로는 미흡했다. 우선 한국에 주재하고 있는 외국인 투자자 및 기업인을 대상으로 향후 정책에 대한 확고한 정부 의지를 분명히 밝히기로 했다.

1979년 11월 7일 오후 세종문화회관에서 주한 외국인 투자자 및 기업인을 대상으로 정책설명회를 가졌다. 이날 모임은 850여 명이 참석하는 대성황이었다. 그만큼 우리나라의 향후 정책에 대한 궁금증이 컸다는 반증이다. 이날의 설명회에는 정부와 재계의 결집된 의지를 보여주기 위해 김원기 재무, 이희일 농수산, 최각규 상공, 장예준 동자, 고재일 건설, 홍성철 보사, 황인성 교통, 이재설 체신, 최종완 과기처 등 10개 경제부처 장관과 신병현 한은 총재 등 12개 금융기관장, 정주영 전경련 회장 등 경제 5단체장도 참석하도록 했다.

이날 신현확 부총리는 '한국의 경제정책과 외국 기업인의 역할'에 대해 연설을 했다. 그동안 추구해온 대외지향 개발전략 정책은 불변이라는 점과 경제 안정화시책은 계속 강력히 추진한다는 것이 주 내용이었다. 외국 자본 및 기술 도입과 관련한 정책도 변함이 없고 국제수지 관리에도 문제가 없다고 밝혔다. 10.26의 충격을 극복한 한국 국민의 능력에 비추어 사회안정과 정치안정도 유지된다고 강조했다. 영문 연설문은 경제이론뿐 아니라 영문 실력이 출중한 김기환 박사가 준비했다. 연설 내용이 워낙 완벽해서인지 질문이 거의 없었고 연설 도중 박수도 여러 차례 나왔다. 이날의 설명회를 계기로 대외적인 불안은 크게 안정을 되찾았다. 설명회에 이어 한미 고위 정책협의회가 열렸다. 이러한 일련의 활동은 한국에 대한 불안감을 떨치는 데 크게 기여했다. 10.26 이후의 경제활동은 물론 사회도 급속도로 안정을 되찾아갔다.

10.26 이후 경제정책의 혼선은 오히려 크게 줄어들었다. 무엇보다 경제 장관들의 태도가 확연히 달라졌다. 경제기획원 간부들은 "우리나라에는 장관은 있지만 국무위원은 없다"는 한탄의 소리를 하곤 했다. 경제 장관들도 나라경제 전체의 이해를 생각하기보다는 소관 부처의 이해득실을 기준으로 주장을 펴는 일이 많았기 때문이었다. 안정화시책처럼 종래의 정책을 바꾸는 경우에는 이러한 경향이 한층 더 심해지기 마련이다. 자연히 정책 혼선은 심각성을 더해갔고 시책 추진도 지지부진했다. 그러나 10.26으로 상황이 달라졌다.

신현확 부총리의 위상이 크게 강화되었다. 각 부처 장관들은 경제기획원에서 주도하는 안정화시책에 대해 적극 협력하는 자세로 바뀌었다. 관련 시책에 대한 합의도 손쉽게 이루어졌다. 이러한 변화는 대통령 유고라는 비상 상황에서 오는 위기의식에서 비롯되었지만 임명권자인 대통령이 없어진 때문이기도 했다.

어쨌든 10.26 이후 정부 기능은 대통령 부재에도 불구하고 거의 정상적으로 작동했다. 그러나 석 달을 고비로 하나둘 문제가 나타나기 시작했다. 일상적인 결정은 이루어졌지만 중대한 결정이 제때 이루어지지 않는 경우가 종종 생겼다. 정치 상황은 혼미를 거듭해 안개 정국이라는 말이 회자되었으며 국권의 향방은 아무도 짐작할 수 없었다. 3김(김종필, 김영삼, 김대중)에겐 제각기 집권 기회가 열려 있었다. 개헌 논의를 중심으로 정치적 이해관계가 첨예하게 대립하기 시작했다. 이러한 와중에도 경제는 안정화시책을 근간으로 운용되어 정책 혼선이 없었고, 1979년 12월 중순의 개각에서 신현확 부총리가 총리가 됨으로써 안정화시책의 시행은 오히려 탄력을 더 받게 되었다.

처음 생긴 마이너스 성장

연말이 가까워지면서 1980년의 경제운용계획 작업에 들어갔다. 가장 문제가 된 것은 경제성장 전망이었다. 2차 석유파동으로 세계경제가 전반적으로 불경기가 심화되고 있는 악재에 더해 국내 정치와 사회 상황도 전혀 예측할 수 없어 경제 전망을 하기가 쉽지 않았다. KDI 전문가들이 1980년 경제 전망에 대한 작업 결과를 가져왔다. 종래의 추계 방식을 그대로 적용해서 작업한 결과였다. 즉 국민생산소득 추계 방식이었다. 이는 농업 생산, 제조업 생산 등 산업별로 생산량을 추계해서 합산하는 방식이다. 그동안 늘 공급이 수요에 미치지 못하는 만성적인 초과 수요 상태로 공급 능력이 성장의 제약 요인이기에 공급 측면에서 추계해도 문제가 없었다.

그렇지만 1979년 말 상황은 많이 달라져 있었다. 우리 경제도 규모가 상당히 커졌을 뿐만 아니라 시장구조도 공급자 중심(Seller's Market)에서 수요자 중심(Buyer's Market)으로 점차 옮겨가는 과정에 있었다. 2차 석유파동으로 선진국도 마이너스 성장을 보일 전망이었다. 따라서 수출 전망도 극히 불투명했다. 사정이 이러하기에 종래의 생산중심 추계방식이 아닌 국내 소비수요, 투자수요, 수출수요 등 수요를 바탕으로 경제성장 전망을 다시 하도록 요청했다. 다시 추계한 결과 1980년의 경제는 마이너스 5% 성장으로 나왔다. 수출수요의 감퇴와 국내수요의 정체 때문이었다. 충격적인 결과였다. KDI 김만제 원장이 "그래도 어떻게 마이너스 성장이라고 할 수 있습니까? 제로 성장이라고 합시다"라고 말했다. 사실 경제운용계획에서 한 번도 마이너스 성장을 내놓은 일이 없었고 국민들의 사기도 있으니 대외적으로는 제로 성장으로 발표하기로 하고 그렇게 청와대에 보고했다.

새해 경제전망을 최규하 대통령권한대행에게 보고하는 자리에 배석한 이경식 경제수석이 "새해 벽두에 어떻게 제로 성장이라고 발표할 수 있느냐?" 하면서 플러스 성장치를 고집했다. 2~3%를 제시하자 '4~5%로 하자'고 강력하게 요구했다. 최규하 대통령권한대행으로서는 대통령의 임무를 수행하는 첫 해의 경제성장이 마이너스라는 전망을 내놓기가 마뜩하지 않았을 것이다. "숫자를 고치는 일이야 어렵지 않지만 실제로 그렇게 되지 않을 텐데 무슨 의미가 있습니까?"라고 말했으나 워낙 강력하게 주장해 1980년의 경제성장률을 플러스 3~4%로 수정했다. 그러나 대외발표를 앞두고 청와대에서 3~5%로 해주도록 요청해서 대외발표는 3~5%로 했다.

마이너스 5%라는 수치를 플러스 3~5%로 고쳤다 해서 실제 경제가 달라질 것은 아무것도 없었다. 어쨌든 1월 22일, 최 권한대행에게 행한 연두보고는 그렇게 끝났다. 그러나 1980년의 실제 경제성장률은 마이너스 6.2%(구체계 통계)로 예상보다 더 나빴다. 당초 예상하지 못했던 냉해로 흉작이 들었고 쌀만 해도 수확량이 1,400만 석이나 줄어들었기 때문이었다. 처음 추계한 마이너스 5%의 전망이 당시의 경제 현실을 제대로 반영한 것이었다.

2차 석유파동에 따른 경제위기

1979년 하반기부터 오르기 시작한 원유가격으로 세계경제는 2차 석유파동에 휩싸였다. 2차 에너지 위기로 세계 경제성장률은 1979년의 3.25%에서 1%가 하락해 해외경기가 후퇴했다. 2차 석유파동으로 1979년과 1980년의 경제는 일찍이 그 예를 찾기 어려울 정도로 어려움을 겪었다. 전국 도매물가는 전년 말 대비 1979년에는 11.5%, 1980년에는 44.2%가 상승했다. 소비자물가도 각각 20.7%와 34.6% 상승하는 등 1974년 이래 가장 높은 물가상승률을 나타냈다. 또한 경기는 전반적으로 후퇴했다. 산업생산은 전년 동기에 비해 1979년에는 0.7%, 1980년에는 0.3% 증가에 그쳤다. 수출도 증가율이 1979년에는 18.4%, 1980년에는 16.3%로 낮은 수준에 머물렀다. 이에 따라 1979년의 경제성장률은 6.4%로 낮아졌고 1980년에는 사상 처음으로 -5.7%라는 마이너스 성장을 기록했다.

실업률은 1979년 3.8%, 1980년에는 5.2%로 크게 높아졌다. 국제수지도 악화되어 경상수지는 1979년에는 42억 달러 적자, 1980년에는 57억 달러라는 최대의 적자를 기록했다. 이렇게 물가불안, 실업 증대, 국제수지 악화라는 3중고에서 벗어나지 못했다. 이러한 3중고는 안정화시책 때문이라는 비난이 쏟아졌다. 실상은 안정화시책보다는 해외 요인이 더 큰 영향을 미쳤다. 원유가 상승과 그에 따른 세계경기의 후퇴가 원인이었다.

1979년 이후 1980년 2월까지 원유가격은 아라비안라이트 공시가 기준으로 152% 상승해 물가상승의 최대 요인이 되었다. 또한 원유가 폭등은 세계경기 둔화를 가속시켜 세계 무역량이 1978년의 5.3%, 1979년의 6.0% 증가에서 1980년에는 2.2%로 크게 둔화되어 수출시장을 축소시켰다. 원유가격 상승으로 원유 수입 물량은 1979년에는 1억 8,600만 배럴, 1980년 1억 8,300만 배럴로 변동이 없었음에도 원유 수입금액은 1978년의 22억 달러에서 1980년에는 56억 달러로 크게 증가했다. 1980년의 무역적자 48억 달러는 원유 수입 증가액 25억 달러가 그 주요인이었다.

원유가격 상승 이외에도 10.26 이후 국내의 정치, 사회적 불안이 이에 가세했다. 생산과 투자활동의 위축, 관광 수입의 감소, 수출 상담의 중단 등 모든 경제활동이 침체를 가져왔다. 설상가상으로 극심한 냉해로 농작물도 흉작이었다. 이로 인한 미곡 흉작도 1980년의 마이너스 성장의 중요한 요인이 되었다. 그밖에 1979년 초의 물가상승은 경직적인 가격 통제로 미루어온 인상 요인이 되었고, 1980년 1월 이후의 대폭적인 환율 인상도 그때까지 억제되어온 것을 인상 조정한 것이었다. 이렇게 볼 때 1979년과 1980년의 경제상황 악화는 안정화시책보다는 원유가 폭등, 불안정한 국내 정치·사회 상황, 기상이변과 같은 경제외적인 요인에 의한 것이 더 컸다.

경기는 침체가 심화되어 1/4분기 성장이 16년 만에 처음으로 마이너스를 기록하고 3월 중 생산 활동도 전 해에 비해 2.3% 감소하고 재고는 48.6%나 증가했다. 실업률은 5.6%로 치솟아 16년만의 최고치를 기록했다.

2차 석유파동 극복과 1차 석유파동과의 차이

1차 석유파동 때와 2차 파동 때 똑같은 정책을 편 것은 원유가 상승분을 가격에 그대로 반영한 것이다. 나라에 따라서는 일부 석유제품 가격은 원가를 제대로 반영하지 않고 보조하는 경우가 있었지만 우리나라는 1, 2차 모두 원유가 상승분을 그대로 가격에 반영하는 정책을 폈다. 그 결과 2차 석유파동 때 모두 190%가 넘는 석유제품 가격 인상을 해야 했다. 대통령 유고 상태에서 어떻게 그렇게 과단성 있는 결정을 할 수 있는가 하면서 우리 정부의 문제 해결 능력에 높은 평가를 받는 한 요인이 되었다. 1차 때와 똑같은 정책은 거기까지였다. 다른 대응은 모두 1차 때와 달랐다.

1차 석유파동 때는 수입 억제를 위해 수입 제한과 관세율을 크게 올리는 등 행정적인 규제 정책을 동원했다. 그러나 1980년에는 행정적인 수입 억제조치는 일체 하지 않았다. 환율조정과 긴축 유지로 수입 수요를 조정하는 간접정책에 의존했다. 석유가 상승과 수출 부진 등으로 1980년의 국제수지 적자는 커졌지만 행정적인 규제조치는 일체 사용하지 않았다.

수출 부진과 내수 부진이 겹쳐 경기부양을 요구하는 소리가 높았지만 시늉만 하고 본격적인 경기부양을 위한 정책은 펴지 않았다. 이것이 2차 석유파동에 대응하면서 1차 때와 근본적으로 달라진 점이다. 8.3조치 같은 것은 고려조차 하지 않았음은 물론이다. 직접적인 규제 등 행정력은 일체 사용하지 않고 통화긴축 등 간접적인 정책 수단에만 의존해서 위기 상황에 대처했다. 이렇게 짚어

보면 과거 위기 때의 대응과는 크게 다르다는 것을 알 수 있다. 안정화시책을 그대로 지켜가는 일에 총력을 다했다.

안정화시책의 기본 틀은 위기 극복 과정에서 흔들리지 않았다. 특히 긴축 기조를 유지했다. 그 결과 연쇄적인 물가 상승의 고리를 끊을 수 있었다. 1차 석유파동 때는 정부가 규제 가격을 조정할 때 원가요인을 가격에 반영해 수요자에게 전가하는 것을 허용했다. 그러나 2차 석유파동 때는 정부가 가격 규제를 하지 않아 기업이 가격을 인상 조정할 수 있었다. 하지만 긴축 유지로 경기가 나빠지자 소비자에게 원가 상승 요인을 그대로 전가하기 어려운 상황이 되었다. 유류가의 상승 등으로 일시적으로 물가가 많이 올랐지만 연쇄적이고 지속적인 물가상승, 즉 인플레이션으로 이어지는 상황은 단절할 수 있었다. 1980년 한 해는 엄청난 물가상승을 피할 수 없었지만 1981년부터 급속히 안정세를 회복해 1982년에는 한 자리 물가안정을 이룰 수 있었다.

선진국들도 1차 석유파동 때와는 달리 2차 때는 극심한 경기후퇴를 감내하면서 긴축을 유지했다. 그 결과 세계경제는 극심한 불경기를 겪었다. 우리도 선진국 정책과 마찬가지로 긴축을 유지했다. 선진국 정책을 그대로 따라한 것이 아니라 이미 안정화시책을 펴나가고 있었기 때문이었다. 안정화시책의 추진을 통한 안정 유지는 결국 이렇게 성공을 거두었다.

우리의 대응이 왜 성공적인가는 중남미 국가와 비교해보면 더욱 명백해진다. 중남미 국가들은 당시 우리나라와 사정이 비슷했다. 외채가 많다는 점에 있어서는 특히 그러했다. 하지만 2차 석유파동을 겪은 이후의 중남미와 우리 경제를 비교한다는 일은 거의 무의미할 정도로 큰 차이가 났다. 중남미는 파산에 빠진 상태가 되었고, 우리나라는 1980년대에 비약적인 발전을 이루어 고성장과 물가안정, 국제수지 흑자라는 세 마리 토끼를 잡았다. 이 차이는 어디에서 비롯된 것일까?

2차 파동 당시에도 중남미 국가들은 1차 파동 때와 똑같이 인플레이션 정책을 채택했다. 반면 우리는 안정화시책을 추진해 나갔다. 차이는 그것 하나였다. 이렇게 2차 파동과 10.26 이후의 어려운 위기 속에서 흔들리지 않는 중심축 역할을 한 것은 안정화시책이었다. 위기 상황을 예상하고 준비한 시책은 아니었지만 위기를 헤쳐 가는 데 결정적인 역할을 했다. 필요한 일에 대한 준비를 평상시에 제대로 하면 위기를 맞더라도 그 난국을 헤쳐가는 데 그대로 쓰인다는 평범한 사실을 새삼스럽게 깨달았다.

위기 상황 속에 대외 신뢰 확보

위기를 극복해가기 위해서는 무엇보다 대외신뢰 확보가 긴요하다. 해외차입이 많은 우리나라는 더욱 그러하다. 어떻게 해야 경제 관리 능력에 대한 국내외 신뢰를 확보할 수 있는가에 각별히 유념하면서 정책 운용을 했다. 유동적인 국내 정치 상황과 극심한 사회 혼란 속에서 맞은 원유가 급등과 세계경기 후퇴 등 국내외의 악조건에서 시의적절하고 강력한 대응책을 수립해 집행하는 일은 말처럼 쉽지 않다. 그럼에도 유가의 조기 인상, 금리 인상, 환율자유화, 중화학투자 조정 등 시의적절한 대책을 과감하게 수립 집행함으로써 경제난국의 극복뿐 아니라 경제관리 능력에 대한 국제신뢰도를 높이려 노력했다. 그 결과 문제해결 능력에 대한 해외신뢰를 성공적으로 확보할 수 있었다.

1980년 1월에 환율과 금리를 인상한 정부 정책은 정상적인 정부에서도 하기 어려운 결정이었다. 10.26 이후의 권력 공백 상태와 혼란스런 사회 상황에서 그러한 과감한 결정을 한 것에 대해 해외에서는 높이 평가했다. 1980년 1월에는 석유류 가격을 59.43%로 대폭 인상했다. 이는 1974년 2월의 82% 인상 이후 가장 높은 인상이었다. 그러나 2차 석유파동 기간을 놓고 보면 1979년 7월에 59% 인상한 것에 이어 다시 59.43% 인상한 것이어서 결국 153.5% 인상한 셈이 된다. 1981년에 접어들면서 원유가가 하락하기 시작했다. 원유가 하락으로 석유 판매가도 내려갔다(재무장관 때 석유가 인하 분을 모두 인하하지 말고 그 일부를 떼어내 석유비축기금을 만들자고 강력히 제안해 석유기금이 만들어졌다. 이 기금으로 그 후 국내외 석유탐사 활동 등을 활발히 전개할 수 있었다).

어쨌든 1980년 당시 정상적인 정부도 취하기 어려운 과감한 조치가 10.26 이후의 정치 공백 상황에서 이루어진 것에 대해 해외에서는 높이 평가했다. 어쨌든 이렇게 가장 중요한 현안을 처리함으로써 어지러운 정치·사회 상황에도 불구하고 경제는 큰 틀이 흐트러지지 않았다. 정부의 문제해결 의지와 실천력에 대한 높은 평가로 우리 경제에 대한 해외신인도는 흔들리지 않고 유지할 수 있었다.

경제 홍보 활동의 전개

안정화시책의 성공은 홍보 활동의 성공에 힘입은 바가 크다. 안정화시책은 그때까지의 정부 홍보와는 완전히 다르게 접근했다. 안정화시책은 처음부터 극심한 반대 속에서 출발했다. 이 시책에 대한 이해와 공감을 얻기 위한 유일한 길은 홍보밖에 없었다. 그렇기 때문에 경제 홍보에 열과 성을 다했다. 오랫동안 정부 주도로 보호와 지원 속에서 고도성장을 해오는 가운데 정부 당국자들은 물론 기업인과 국민들의 사고의 틀이 굳어져 있었다. 안정화시책이 추구하는 방향에 선뜻 맞장구를 칠 수 없었다. 기업인들의 입장에서 볼 때 '기업에 대한 보호와 지원을 축소해 나가겠다', '공정경쟁을 강화하고 해외와의 경쟁을 촉진한다', '정책자금을 축소하고 금리를 현실화 하겠다'는 내용을 지지하는 사람은 아무도 없었다.

경제성을 도외시하고 국산화를 추진해오는 동안 뿌리 깊게 자리 잡은 국산품 애용 사상에서 볼 때 수입자유화 주장은 터무니없는 소리로 들릴 수밖에 없었다. 특히 농산물수입 확대와 농업에 대한 비교우위적 접근에 대해서는 반사적으로 저항감을 가지는 것은 어쩔 수 없었다. 가격통제를 풀겠다는 정책에 불안감을 가지는 것, 임금인상 자제를 요구하는 것 등 그 무엇도 소비자나 근로자의 입장에서 보면 탐탁할 수 없었다. 고도성장 과정에서 정부 스스로 국민의식 속에 심어놓은 고정관념이 정부 정책 전환의 가장 큰 장애요인이었다. 안정화시책의 성공을 위해서는 이러한 고정관념을 깨는 일부터 착수해야 했다. 이 시책에 대한 이해를 구해야 할 대상이 너무나 광범하고 다양했다. 대통령과 장관을 비롯해 정부 안에 포진한 성장위주 정책에 젖은 경제관료 집단부터가 문제였다. 정치인은 물론 기업인, 근로자, 농민, 소비자 등 전 국민의 이해와 협조가 절실했다.

1980년 초부터 서울에서 학생시위가 끊이지 않았다. 노사분규 또한 격렬했고 드디어 3월에는 강원도 사북의 탄광지대에서 광부들의 최악의 소요인 사북사태가 일어나 민심은 극도로 불안했다. 1980년 5월, 최규하 권한대행 체제를 마감하고 최규하 대통령이 취임했지만 광주에서 대규모 민중봉기가 일어나는 등 사회혼란은 계속되었다. 정치 역시 서울의 봄이 안개 정국으로 이어져 극도로 혼미한 가운데, 석유파동으로 물가가 급상승했다.

이러한 혼란스러운 상황에서는 정책만 만들어 시행한다고 해서 될 일이 아니었다. 국민들의 이해와 지지 없이는 정책을 수행할 힘을 얻을 길이 없었다. 공감대 형성이야말로 목표를 이룰 수 있는 유일한 길이었다. 국민 경제교육용으로 슬라이드를 만드는 일에 열과 성을 쏟아 부었다. 1980년에는 정치와 사회 모두 어지러웠기 때문에 대국민 홍보용 슬라이드에 더 열을 쏟을 수밖에 없었다.

1979년 대통령 연두순시를 위해 만든 '80년대를 향한 새 전략'은 대국민 홍보를 위해 가장 효과적으로 쓰인 슬라이드의 효시였다. 새 전략은 정부 각 부처 공무원을 비롯해 경제단체, 언론인, 노조, 농협 등의 조직을 통해 널리 배포하고 홍보했다. 또 공무원 교육기관, 새마을운동 연수원, 금융단 연수원 등 각종 민간 연수원 등에 비치해 활용하도록 했다.

1979년 들어 원유가격이 상승하면서 제2의 석유파동 조짐이 보

이기 시작했다. 이에 전 국민의 소비합리화 운동을 전개하기 위해
'경제발전과 소비 건전화' 슬라이드를 만들었다. 소비생활과 경제
발전과의 관계를 일깨우기 위한 것이었다. 소비절약보다는 소비
건전화와 합리화로의 전환을 촉구했다. 소비지출이 증가하면서
필수적 소비의 비중은 감소하고 선택적 지출, 특히 고급 의류, 가
전제품, 승용차, 행락, 과외수업 등의 지출이 급증하고 있다는 사
실을 홍보하고, 소비합리화는 기계공업 육성을 위한 자금 동원과
물가안정을 통한 경쟁력 제고라는 국민경제적 관점에서 꼭 필요
하다는 점을 강조했다. 비합리적인 소비관습의 사례를 소개한 후
안정화시책의 성공을 위해서는 정부, 기업, 가계의 삼위일체 노력
이 필요하다는 점을 강조했다.

1980년 연두순시 때에도 '경제운용 방식의 전환' 슬라이드를 만
들었다. 슬라이드를 제작 배포하는 일에 더해 1980년 2월에는 각
부처 차관을 단장으로 한 홍보반을 전국 11개 도시에 파견해 지방
상공회의소 주최 경제간담회를 열어 정부의 경제시책을 설명하고
각계의 건의를 듣는 기회를 가졌다. 1980년 1월 12일의 환율 및
금리인상, 1980년 1월 29일의 석유류 가격 59% 인상 배경 등을
문답식으로 풀이한 '터놓고 얘기합시다'를 만들었다. 이 또한 전
국적으로 배포해 경제시책의 이해와 협조를 구했다.

1980년 6월에 '같이 생각해야 될 나라경제'를 만들었다. 우리
경제가 당면한 여러 가지 문제를 제기하고 이를 어떻게 풀어가야
할 것인가를 함께 생각할 수 있도록 만들었다. 경제에 대해 잘 모
르는 사람들도 이해할 수 있도록 될 수 있는 한 쉽게 만들었다. 기

업, 농민, 근로자, 소비자들이 경쟁적으로 바라는 요구와 그 요구로 인해 야기되는 문제점, 서로 다른 요구의 상호충돌을 간명하면서도 절실한 예를 들어 설명했다. 자신 또는 자신이 속한 집단의 이익만을 고집하거나 어려움을 다른 계층에게 전가하고자 하는 의식구조와 행동양식에 일대 반성을 촉구했다.

정리된 보고서가 아니라 문답 형식을 취하면서 풍부한 사례를 들어 나라경제 전반에 대해 알기 쉽게 설명했다. 이렇게 만든 '같이 생각해야 될 나라경제'를 기회가 있을 때마다 곳곳에서 돌리도록 했다. 안정화시책에 대한 반대론이 거셌기 때문에 우리 경제에 대해 온 국민의 이해도를 높여 지지 공론(公論)을 모으기 위한 노력이었다. 1980년 8월 하순에는 경제기획원과 KDI가 함께 3개 반을 편성해(영남 강경식 차관보, 충청·호남 이형구 정책국장, 강원·중부 김만제 KDI 원장) 전국 10개 도시를 순회하면서 상공회의소 및 대학 주최로 상공인, 대학교수, 학생들을 대상으로 설명회를 가졌다.

1980년 9월에는 중앙정보부 주최 지역별 안보정세보고회에 사용하기 위해 '함께 극복해야 할 경제난국' 슬라이드를 제작했다. '나라경제'와 '경제난국'을 전국 근로자에게 홍보하라는 국무총리의 지시에 따라 1980년 12월 초부터 두 달에 걸쳐 2만 6,000여 기업 305만 명의 근로자를 대상으로 경제교육을 실시했다. 경제기획원 주관의 경제교육 이외에 상공부도 나섰다. 93개 품목의 국제경쟁력 강화 방안에 관한 자료를 업종별로 만들었고, '나라경제'와 '경제난국'을 그림을 넣어 더욱 쉽게 풀이해서 사용했다. 1980년 12월부터 두 달 동안 220만 근로자를 대상으로 교육을 실시했다.

이렇게 지방순회 중심의 경제정책 설명회에서 벗어나 근로자 계층까지 교육을 확대했다.

심각했던 외채 위기

말한 것은 반드시 실천

1980년은 혼란기였다. 정부 관리들도 빈번하게 자리가 바뀌었다. 그런 혼란 속에 경제기획원 기획차관보만은 그대로였다. IMF, 세계은행 등 국제기구는 말할 것 없고 유수의 금융기관 임원들이 방한할 경우 맨 처음 들리는 곳이 기획차관보 방이 되었다. 그들과 경제현안 등 여러 문제에 대한 의견을 나누고 향후 경제정책에 대해서도 이야기를 했다. 그런 뒤 반드시 말한 그대로 정책을 발표했고 시행에 들어갔다. 말한 그대로 행동으로 옮겨진 것이다. 그러다 보니 나를 비롯한 정부 당국자가 하는 말에 신뢰가 생길 수밖에 없었다. 내우외환이 겹친 최악의 위기에서도 외채문제로 인한 심각한 위기감 없이 1980년을 넘길 수 있었다. 우리 정부의 문제해결 능력에 대한 확고한 신뢰 덕분이었다.

이에 반해 1997년 외환위기가 오기 몇 달 전부터 국제 금융시장에서 한국 정부는 NATO 정부라고 했다. NATO는 No Action, Talking Only(말만 하고 행동은 없다)의 머리글자를 따서 만든 말이다. 금융개혁을 한다고 말은 하면서 실제로 이를 위한 법안의 국회 통과와 같은 행동이 없는 것을 비꼬는 것이었다. 언행일치는 개인

의 신용평가나 국가 신뢰도평가에서나 똑같이 결정적 역할을 한
다. 어쨌든 10.26과 2차 석유파동의 혼란에서 외채위기를 겪지 않
고 갈 수 있었던 것은 언행일치로 유지한 해외 금융시장의 신뢰가
크게 기여한 것은 분명하다.

정권교체와 외채 위기

개도국의 외환위기가 정권교체 시기에 발생하는 경우가 많다는
사실은 흥미로운 대목이다. 1980년 6월 5일, 정치적 혼란 속에 국
보위가 발족했고 현판식을 가졌다. 국보위에 대한 국내외의 관심
은 높았다. 특히 국제금융가는 한국의 정국 향방과 관련해 비상한
관심을 가졌다. 1980년 6월 24일부터 파리에서 열리는 IECOK 회
의에는 예년과 달리 대규모 설명단을 파견했다. 경제 분야에서는
김기환 박사와 김재익 국보위 경제 분과위원 등이 동참했고 고려
대 한승주 교수 등 국제정치 분야 학자들도 동참했다. IECOK 회
의에 참석한 외국 인사들의 관심도 경제 운용보다는 한국의 향후
정치 전망, 특히 국보위가 어떤 조직인가에 대해 관심이 컸고 그에
관한 질문이 많았다. 질문의 초점은 대체로 국보위 발족을 계기로
한국 정국이 신군부 중심으로 안정을 되찾을 것인가에 모아졌다.

　IECOK 회의를 끝낸 뒤 대표단 일행은 곧장 영국 런던으로 갔
다. 런던의 금융계 인사를 중심으로 한 재계 지도자들을 만나 한국
경제 설명회를 가졌다. 여기에서도 관심은 경제보다는 국보위에
더 많았다. 영국에서의 설명회를 마친 후 김원기 부총리와 경제기
획원 대표단은 귀국길에 올랐지만 김기환 박사와 김재익 위원 등

은 미국 경제계 인사들을 만나기 위해 미국으로 건너갔다. 국내의 평가는 논외로 하고, 국제금융가에서는 국보위 발족으로 한국 정국이 신군부 중심으로 안정을 찾을 것이라 안도하는 분위기였다. 국제금융가의 관심은 한국의 민주화보다는 정치 안정에 더 관심이 컸다. 이는 그들의 현실적 경제적 이해관계 때문이었다.

1997년이 대통령 선거의 해였기 때문에 외환위기를 겪었다는 의견은 충분한 설득력을 가진다(1997년 11월 16일 캉드쉬 총재도 대통령 선거 때 외환위기를 겪는 나라들이 많다고 했다). 당선이 유력한 후보의 정책 성향에 대한 의구심이 있으면 그 나라에 대한 신용공여한도를 선거가 끝날 때까지 줄이고 본다. 줄이지는 않더라도 늘리지는 않게 된다. 대통령 선거 중 IMF와의 협정이 체결된 뒤에 '재협상론'을 제기해 환율이 폭등한 것은 같은 맥락이다. 김대중 후보의 정책 성향에 대한 의구심 때문이다. 당선 후 협정을 성실히 지키겠다고 말한 다음에야 시장이 안정을 회복했다. 한 사람의 득표 전략에 따른 말 한마디로 우리나라 환율이 요동친 것이다. 국제 금융시장은 이렇게 민감하게 움직인다.

외채 망국론

1982년 6월 말 재무장관을 맡으면서 실명제 추진, 세제개혁안 마련, 관세제도 조정, 대형 금융사고 처리, 공인회계사제도 정비 등 여러 가지 일을 처리하기에 골몰했다. 하지만 이러한 일을 하면서도 실제로 머릿속에서 떠나지 않고 늘 고심한 것은 외채 문제였다. 재무부는 정부의 살림살이인 예산업무와는 달리 민간을 포함한 나라 전체의 살림을 꾸려가는 일을 한다. 그래서 이름부터가 재무부(財務部)다. 나라살림을 꾸려가는 달러가 없어 늘 고심하다보니 돈이 없다는 의미의 재무부(財無部)임을 뼈저리게 느끼면서 하루하루를 보냈다. 그렇다고 해서 이런 고민을 속 시원히 드러내놓고 말할 수도 없다. 그렇게 하면 금방 금융시장이 요동을 치기 때문이다 (김대중 대통령 당선자가 '금고가 비어 밤에 잠을 잘 수 없다'는 한 마디로 금융시장이 크게 요동친 일이 있다).

1980년대 초반 우리나라의 외채 규모는 500억 달러에 달했다. 매스컴에서는 국민 1인당 100만 원의 외채를 지고 있다고 보도하면서 외채가 과다하다는 사실을 지적했다. 야당 지도자는 갓난아기도 100만 원의 빚을 지고 태어난다고 말하면서 정부를 공격했다. 외환보유고는 73억 달러 수준이었고 외채의 GNP 비중은 1982년에는 56.2%, 1983년에는 55.9%여서 외채 규모가 과대하다고 할 수 있었다. 그러나 외채관리를 직접 책임진 재무장관으로서 외채총액이 크다는 사실에 대해서는 큰 걱정을 하지 않았다.

왜냐하면 원리금 상환 부담률, 즉 수출 등으로 벌어들이는 금액에 대한 원리금 상환액의 비율은 1982년에는 15.5%이던 것이 1983년에는 14.2%로 낮아질 것이 분명했고 더 낮아질 전망이었기 때문이다. 한 해에 갚아야 하는 원리금 상환액이 수출 등으로 그 해에 벌어들이는 총액의 20%를 넘지 않는 수준의 외채라면 문제가 없다는 것이 국제 금융시장의 판단 기준이었다. 따라서 외채 상환 능력 면에서 볼 때 우리의 외채 규모는 문제될 것이 없었다.

문제는 외채의 상당액이 상환 기간이 1~2년에 불과한 단기외채인 데에 있었다. 따라서 그것을 갚기 위해서는 또 다른 외자를 도입하지 않으면 안 되는 상황이었다. 빚을 갚기 위해 빚을 내지 않으면 안 되기 때문에 만일 차입이 원활하지 않으면 심각한 사태로 발전할 수 있었다. 단기외채 상환을 위한 차입, 이른바 대환(Roll Over)은 시장 상황이 정상인 경우에는 별문제 없이 이루어진다. 그러나 예상 못한 일이 벌어져 대환이 이루어지지 않으면 바로 부도로 내몰린다. 1997년에 겪은 외환위기가 바로 그런 경우였다. 종금사들의 단기차입금 상환을 위한 외자차입이 원활하게 이루어지지 못한 결과 외환보유고를 단기자금 상환에 충당하지 않을 수 없었고 결국은 IMF의 자금지원을 요청하지 않을 수 없게 된 것이다.

1982년에도 단기외채가 많은 사정은 1997년과 크게 다를 바가 없었다. 전두환 대통령도 몇 차례 "단기외채가 많다는 데 괜찮은가?"라고 걱정을 했다. "단기차입이 이자가 낮기 때문에 많아졌지만 차입에 어려움이 없어 크게 걱정할 것은 없다"라고 대답했다. 대통령이 걱정한다고 해서 그동안 늘어난 단기채무를 금방 시원하게 해결할 길이 없기 때문에 재무장관이 걱정하는 것으로 족하다고 생각했다.

그러나 실제로 단기외채 문제를 해결할 길을 찾는 것은 가장 힘든 과제였다. 1982년에도 해외로부터의 차입 여건은 좋지 않았다. 1982년의 멕시코 사태로 개발도상국들의 외채는 심각한 국제 문제로 비화되기 시작했다. 이른바 개발도상국들의 외채가 세계적인 관심과 논란의 대상이었다. 그러자 국제 금융기관들은 개발도상국들에 대한 자금 대출을 기피하기에 이르렀다. 상환 기간은 길되 이율은 낮은 외자를 어떻게 하면 도입할 수 있느냐가 당면한 가장 심각한 문제였다. 중장기 차입을 최대한 늘리기 위해 산업은행, 외환은행 중심으로 차입해오던 것을 시중은행은 물론 민간기업도 차입에 나설 수 있도록 했다.

1982년과 1997년의 차이

다행히 한미관계는 과거 어느 때보다도 좋았다. 전두환 대통령과 레이건 대통령과의 관계는 그지없이 친밀했다. 한미관계가 좋았기 때문에 미국의 지원을 받을 수 있었다. 또 당시는 냉전체제였다. 소련과 대치하고 있는 상황에서 한국에서 위기가 발생하는 것은 바람직하지 않았다. 설사 그런 상황이 닥쳐도 미 국무성과 국방성이 대책을 촉구하고 나서게 되어 있었다. 그러나 1997년 우리나라가 외환위기에 몰렸을 때 미국의 국무성과 국방성은 수수방관했다. 냉전체제가 붕괴된 때문이다. 1982년과 1997년은 그런 점에서 천양지차이다.

1980년대에는 우리 경제의 장래가 긍정적이라고 판단한 미국계 은행들이 적극 대출에 나섰다. 자금의 원천을 쫓아가면 미국계 은행에 예탁한 일본 자금이었다. 결국 일본 자금으로 차입이 원활히 될 수 있었던 셈이었다. 이는 1997년 11월에 일본계 은행들이 BIS(국제결제은행) 기준을 맞추기 위해 단기자금의 대환을 거절한 뒤 거액의 자금을 회수해갔고, 그것이 우리나라가 외환위기로 내몰린 직접적인 단초가 되었던 사정과는 대조적이다.

그러나 외채 주무 장관이 하는 일에 있어서는 1982년과 1997년은 별 차이가 없었다. 어떻게 하면 장기로 외자차입을 더 많이 할수 있을까가 가장 마음 조리는 과제였다. 밖으로 내색할 수 없는 혼자 짊어져야 할 멍에였다. 항상 뇌리를 떠나지 않는 문제였으며 책임은 전적으로 내 몫이었다. 1982년에는 외자조달과 관련된 일은 이용성 국제금융 국장이 준비한 자료를 둘이서 검토해 처리했다. 이용성 국장은 뉴욕 재무관으로 근무하는 등 이 분야에서 오래 경험을 쌓아 재무부 안에서도 알아주는 국제금융통이었다.

해외차입에 나서는 기관은 산업은행, 수출입은행, 외환은행 등이었으며 이들 기관이 차입에 나서는 시기, 규모, 조건 등에 대한 사항을 협의했다. 최종 결정은 재무장관의 몫이었지만 전적으로 이용성 국장의 판단에 따라 집행했다. 이렇게 해외시장 상황과 전망을 면밀히 분석해 가장 적절한 때에 가장 바람직한 규모와 조건을 정해 차입에 나서도록 교통정리를 했다. 1997년에도 이러한 사정과 방식은 조금도 달라지지 않았다. 달라진 것은 1982년에는 이렇게 피 말리는 외채관리를 하면서 외채위기를 무난히 넘겼지만 1997년에는 외환위기를 겪고 말았다는 것이었다.

근본적인 대책으로 추진한 외자도입법 개정

외채로 늘 고심하면서 보다 장기적이고 근본적인 대책을 마련하기로 했다. 그 대책은 외국인의 국내투자를 보다 적극적으로 촉진시키는 것이었다. 이는 두 가지 효과를 기대할 수 있었다. 우선 단기적으로는 외국인의 국내투자를 유치함으로써 원리금 상환 부담 없이 급박한 외채를 완화시킬 수 있고 장기적으로는 선진국의 하이테크산업을 유치함으로써 우리 산업의 수준을 한 단계 더 끌어올릴 수 있다고 보았다. 문제는 우리 기업인들이 차입을 선호하는 데에 있었다(빚을 겁내지 않게 된 원인은 여러 가지가 있겠지만 오랫동안 인플레이션 속에서 지낸 것과 8.3조치, 정책금융과 같은 정부의 지원이 가장 큰 원인이라고 생각한다). 사업도 동업보다는 혼자 하기를 좋아한다. 그러나 이러한 기업 풍토는 언제까지나 그대로 갈 수는 없다고 판단했다.

나라 전체로 볼 때 한국 땅에서 하는 기업이면 그 주인이 한국인이든 외국인이든 가릴 이유가 없다. 좋은 기업만 많이 있으면 된다. 1997년 외환위기가 아시아 전역을 휩쓸 때 말레이시아의 마하티르 수상은 국제금융업의 행태에 대해 공개적으로 신랄한 비판을 퍼부었다. 그렇게 큰소리를 칠 수 있었던 이유는 단 하나, 말레이시아는 해외로부터의 차입보다는 직접 투자를 더 적극적으로 유치했고 그 결과 당장 유동성 위기에 내몰릴 위험이 없었기 때문이었다.

재무장관 때 외채문제로 고심하면서 차입보다는 해외투자를 보다 적극적으로 유치해야 할 필요성을 절감했다. 물론 그때까지도 5년 동안 세금을 감면해주는 등 유인책을 마련해 합작투자를 유치하기 위해 노력했다. 그러나 실제 합작투자를 하려 하면 인가를 받는 과정은 매우 어려웠다. 인가 신청을 하면 까다로운 절차를 거치면서 꼼꼼하게 따졌다. 이는 합작투자를 장려한다고 하면서 실제로는 달갑지 않게 생각하는 모순의 느낌을 갖게 한다. 이런 문제를 해결하기 위해 1983년 외국인 투자에 대한 인가방식을 바꾸기로 했다.

외자도입법에서는 외국인과의 합작투자를 허용하는 업종을 열거하고 있었다. 즉 허용업종 열거방식(Positive System)이었다. 이를 금지업종 열거방식(Negative System)으로 바꾸었다. 즉 외국인 투자를 허용하지 않는 업종만을 정한 것이다. 허용업종 열거방식을 채택하면 법령에서 열거한 업종에 국한해서 합작투자가 가능하기 때문에 규정에 없는 새로운 산업이나 첨단기술의 도입을 제한하는 역기능을 했다. 반면 금지업종 열거방식을 채택하면 이러한 문제가 없어진다.

이와 함께 합작투자에 대한 자동 승인제도를 도입하기로 했다. 외국인의 투자 비율이 50%를 넘지 않은 경우, 즉 외국인 합작 비율이 50%인 경우에는 합작투자를 자동 승인하는 것으로 했다. 다만 이 경우 외국인 투자에 주어지는 조세감면 혜택은 주지 않기로 했다.

조세감면을 받고자 할 경우와 외국인 합작 비율이 50%를 초과하는 경우에는 외자도입심의위원회의 심의를 거치도록 했다. 합작투자에 대해 국내기업에 주지 않는 특혜는 없애는 것을 원칙으로 하면서, 투자 절차는 대폭 간소화해 투자가 손쉽게 이루어지도록 하는 데 주안을 둔 개정이다.

금지업종 열거제도를 도입하면 복잡한 절차 문제는 크게 개선된다. 그러나 그런 경우에 세금감면의 혜택까지 자동적으로 주는 것은 문제가 있어 감면에 대한 타당성을 따로 심의하도록 한 것이다. 조세감면 혜택은 자칫하면 국내 기업을 역차별하는 결과가 될 수도 있기 때문이다.

이러한 내용으로 바꾼 외자도입법 개정안을 1983년 정기국회에 제출했다. 그러나 10월 9일 아웅산테러가 일어나고 이후의 개각에서 재무장관에서 대통령 비서실장으로 자리를 옮기는 바람에 국회 심의 과정에는 관여하지 못했다. 국회 심의 과정에서 자동 승인되는 합작투자 비율을 50:50에서 49:51로 수정했다. 즉 외국인투자 분은 49%, 국내투자 분은 51%로 조정된 것이다. 얼핏 보면 국내투자자의 이익을 보호하는 것 같지만 자동승인제도 자체를 없앤 것과 같았다. 50%와 49%는 단 1%p 차이지만 기업경영에 대한 주도권을 국내 투자자가 갖는 것을 의미했다. 외국인 입장에서 볼 때 회사경영을 주도하지는 못해도 최소한 대등한 입장은 보장되어야 합작기업을 성공적으로 경영할 수 있다고 생각한다. 기업경영에서 소외될 수 있는 상황에서 굳이 한국과 합작할 외국자본은 거의 없었다. 1%의 수정으로 외자도입법을 개정하려는 취지는 완전히 무산되고 말았다.

유비무환

북한 붕괴에 대비한 비상 대책

1997년 봄, 드러내놓고 말은 할 수 없으면서 가장 골치 아픈 것 중의 하나는 북한 문제였다. 해외 금융가에서는 북한이 곧 무너질지도 모른다는 이야기가 끈질기게 나돌았다. 북한의 기아 실상이 국제사회에 드러나면서 국민이 굶어죽는 것을 보고만 있는 정부가 오래갈 수 없다고 생각했던 것이다. 북한이 무너질 경우 한국이 북한 주민을 보살피지 않을 수 없을 것이고, 그 경제적 부담을 한국 경제가 감당하기에는 힘겨워 위기상황에 몰릴 수밖에 없을 것이라는 생각이 알게 모르게 퍼져 있었다.

북한 붕괴의 위험 부담 가능성 때문에 해외 금융시장에서는 한국에 대한 가산금리가 적용되고 있었다. 실제로 해외 차입금리가 1% 가까이 더 올라가기도 했다. 국내 금융 불안 때문이 아니라 북한의 붕괴 가능성 때문이었다. 지금 생각하면 뜬금없는 이야기 같지만 당시에는 외환위기를 당하는 걱정보다는 북한 붕괴 대응책 마련이 더 시급한 상황이었다. 북한 관련 해외차입금리의 가산금리도 문제지만 북한 붕괴 시 대외거래가 큰 어려움을 겪을 가능성이 있어 이에 대한 대비책 마련을 서둘러야 했다.

북한 붕괴 대비책을 마련함으로써 가산금리가 하락할 것으로 기대했다. 1997년 당시 나는 북한의 붕괴 가능성은 그리 크지 않다고 생각했다. 북한에는 두 개의 경제가 존재하는 이상한 체제를 갖고 있다. 다른 나라에는 없는 '군사경제'가 따로 있다. 일반 국민경제와는 완전히 구분되어 따로 운영되는 군사경제가 있어 사실상 1국가 2경제체제로 되어 있다. 가용자원은 군사경제에 우선 배정하고 남는 것으로 국민경제를 꾸려가는 것이다. 통상 경제가 어려워지면 정권 유지가 어렵다. 북한도 그럴 수밖에 없지만 다른 나라와는 달리 북한 정권의 붕괴 여부는 군사경제에 달려 있다. 일반 국민경제는 정권 유지와는 아무런 관련이 없다. 따라서 군사경제가 건재하는 한 북한 정권이나 정치체제의 붕괴는 있을 수 없다는 것이 당시 나의 생각이었다.

해외에서는 북한의 국민경제 상황을 두고 정권 붕괴 가능성을 말하는 것이어서 현실과는 상당한 거리가 있다고 나는 보았다. IIE의 놀랜드(Noland) 박사도 북한의 경제적 어려움이 바로 정치적 실패로 연결되지는 않는다고 했다. 북한과 유사한 루마니아의 경우, 1980~1986년의 6년간 극심한 경제난에도 불구하고 대규모 사회 혼란은 없었다. 그렇지만 독일의 경우에서 보듯 북한 정권이 언제 어떻게 붕괴될지는 아무도 알 수 없는 일이었다. 정부 차원에서 관련 부처의 대책을 망라해 종합대책을 수립하는 것은 재경원이 나설 일은 아니라고 생각했다. 그렇지만 경제 측면에서 대책을 미리 마련해둘 필요는 있다고 생각했다.

북한 붕괴 30일 비상대책

부총리 자문관으로서 나를 도와주던 김중수 박사(현 한국은행 총재)에게 이에 대한 비상대책을 마련하도록 비밀리에 지시했다. 김중수 박사는 KDI 등으로 하여금 통일 초기 단계에 즉시 시행할 수 있는 대북 지원계획을 만들게 했다. 또 대외경제정책연구원의 양수길 원장(OECD 대사 역임, 현 녹색성장위원회 민간위원장)을 통해 OECD에 남북한 통일문제를 연구하는 특별작업반을 설치하는 문제를 교섭하도록 했다. 상당히 구체적인 작업을 마쳤고, 그 결과를 관계기관에 넘겨 검토하도록 했다.

KDI에서 북한 붕괴 때 초기 30일간 대책을 마련하도록 은밀히 요청했다. 대책의 초점은 북한 주민 유동화 방지에 두도록 했다.

놀랜드 박사는 북한 주민의 40%가 DMZ로부터 도보로 5일 거리에 거주하고 있어 북한 주민의 이주를 강제로 막을 길은 없다고 했다. 만일 북한에서 100만 명 정도만 서울로 몰려와 한강 고수부지에 천막이라도 치고 주저앉았을 때의 상황을 생각하면 왜 북한 주민의 유동화 방지 대책이 긴요한지 금방 알 수 있다.

주거지에 그냥 머무르게 하기 위해서는 붕괴 후 최초 30일이 가장 중요하다. 그래서 30일 동안 취할 계획을 수립하도록 KDI에 요청했다. 주거지에 머물도록 하려면 당장 필요한 식량 등 생필품을 공중 투하 등 방법으로 공급하고 곧이어 대대적 취로사업의 추진, 중소 공장 등의 진출 등 단계별 대책을 마련했다.

이렇게 유동화, 특히 남한으로의 집단 이주를 막는 대책에 역점을 둔 것은 대거 이주로 생길 문제 때문만은 아니었다. 보다 근본적으로는 북한이 붕괴되더라도 상당 기간 남북한 두 경제로 가는 것이 가장 바람직하다는 생각에서였다.

한 체제, 두 경제

북한체제가 붕괴되더라도 처음부터 남북한이 한 국가 한 경제로 통합되는 통일로 바로 가는 것은 바람직하지 않다. 자유민주주의, 시장경제 체제로 전환은 하더라도 경제만은 상당 기간, 이를테면 10년 정도는 남한 경제와 북한 경제를 따로 구분 운영하는 것이 바람직하다고 생각했다. '한 나라 두 경제'로 각각 다른 통화, 다른 임금 수준 및 가격 체제를 유지하고 남쪽과 북쪽의 거래는 무역을 하듯 하는 것이다. 북쪽은 고속 성장을 할 것이고 남북 간의 격차가 점점 좁아지는 데 따라 통일의 길을 밟아가는 것이 가장 현실적이고 바람직한 방식이라 생각해서 그런 방향에서 계획을 마련하도록 했다. 나의 '한 국가 두 경제'로 가는 방안에 대해 슈미트 전 독일 총리는 경제적으로는 가장 이상적인 방안이지만 정치적으로는 받아들이기 매우 힘들 것이라고 코멘트했다.

그럼에도 두 경제 방안에 집착한 이유는 통일비용 때문이었다. 통일은 비용의 문제가 아니다. 통일을 어떻게 잘 활용하는가의 지혜의 문제다. 경제적인 면에서도 군축에 따르는 평화 보상(Peace Dividend), 경제 활성화 (특히 노동집약형 중소기업), 노임 상승 압력의 완화, 북한 건설에 따른 특수 등을 아울러 감안해야 한다는 주장도 있다. 하지만 통일비용은 그래도 문제다.

통일비용은 KDI의 2,700억 달러에서 신창민 교수의 1만 8,000억 달러에 이르는 등 추계부터 큰 차이가 있다. 세계은행은 10년간 1조 달러 이상 소요되고 통일이 늦어지는 5년 단위마다 소요 금액은 배증한다고 추정한다. 북한의 실물 자본 가치는 마이너스이다. 공장 등은 해체 비용과 환경오염된 것을 제거하는 비용을 감안할 때 폐기 처리하는 비용이 더 많이 들 수밖에 없다. 놀랜드 박사는 통일비용은 10~25년 동안 1조 달러가 소요될 것이라고 했다.

통일세보다는 건전재정

통일 비용이 얼마나 될지에 대해 추계하는 것은 지금 단계에선 별 의미가 없다. 분명한 것은 지금 추계하는 것보다 훨씬 더 커지면 커졌지 줄어들 가능성은 거의 없을 것이다. 따라서 우리가 해야 할 일은 통일 비용을 줄일 수 있는 방안을 마련하는 일이다. 독일 통일 방식으로 가는 일이 없도록 해야 한다. 남북한 경제의 발전 격차가 너무 크기 때문에 일시에 통일할 경우에는 경제적 부담을 감당할 수 없기 때문이다.

한 체제 두 경제로 가는 방안만이 통일 비용을 줄일 수 있는 유일한 방안이라고 생각한다. 문제는 이에 대한 국민들의 공감대 형성이다. 이 일은 통일이 현실 문제가 되기 이전에 이루어져야 한다. 지금부터라도 공론화 과정을 통해 공감대를 형성하는 것이 바람직하다. 중국과 홍콩처럼 북한 경제를 따로 구분해 남북한 경제 발전 격차를 상당히 축소한 다음에 한 경제로 통합하는 것이 가장 바람직하다고 생각한다. 그런 사전 준비 없이 통일 기회가 오게 되면 얼떨결에 독일의 전철을 밟게 될 가능성이 크기 때문에 이 문제야말로 유비무환이 된다.

통일을 대비해서 통일세를 신설하자는 논의가 있다. 나는 통일세 논의에 앞서 먼저 해야 할 일은 재정 건전화 노력이라고 생각한다. 1997년 외환위기 때 재정이 건전했기에 부실 금융기관 정리에 큰 어려움을 겪지 않고 갈 수 있었다. 같은 맥락에서 평소에 재정을 건전하게 운영하는 것은 북한 붕괴와 같은 일이 벌어졌을 때 대응할 여력을 비축하는 길이 된다. 통일세를 신설해서 기금을 마련한다고 할 때 그 기금을 운용하지 않고 쌓아둘 수만은 없는 일이어서 건전 재정을 운용하는 쪽보다 더 낫다고 할 수 없다. 미리 대비할 일은 건전재정 회복이고 통일세 신설 여부는 일을 당한 다음에 할 필요가 있으면 그때 하면 될 일이다.

북한군의 무장해제 문제

북한 붕괴에 따른 대책에 대해 권영해 안기부장과 협의한 일이 있다. 북한 정권이 붕괴할 경우에도 경제 분야 종사자로서 가장 가늠하기 어려운 문제는 북한군의 무장해제 문제이다. 이에 대해서는 안기부장의 의견을 들었다. 권 부장은 미국에 체류할 때 갑작스런 북한 붕괴를 상정해 주변국들의 대응을 중심으로 설계한 시뮬레이션게임(Simulation Game)에 참여한 적이 있었다.

그는 독일의 경우에도, 통독 후의 군사의 규모, 각 군별 규모, 동서독 간의 비율 등 복잡한 문제가 발생했고, 결국은 동독의 무장해제로 결말이 났다고 했다. 그러나 이들에게 일자리를 마련하는 문제를 비롯해 온갖 문제가 발생했다. 무장해제에 연합군을 이용하는 문제는 장기적으로 볼 때 매우 복잡하고 골치 아픈 문제를 남기기 때문에 신중해야 한다고 했다. 동독의 경우에는 소련군이 사실상 장악하고 있었고 고르바초프의 적극적인 협조가 있었지만 북한의 경우에는 사정이 완전히 다르기 때문에 짐작하기조차 어렵다. 관계 전문가들의 깊은 연구와 장기간의 외교적 노력이 필요한 문제다.

후기

새로운 도약을 위하여

먼저 보잘것없는 글을 읽어주신 데 대해 감사의 말씀을 드린다. 언젠가는 정리해야겠다고 생각해 온 일이지만 일단 마무리하고 나니 미흡하고 부족한 점들이 한둘이 아니다. 잘못 알고 있는 일이나 어떤 잘못이 발견되면 바로 일깨워주기 바란다. 이 책은 함께 일한 기록을 대표 집필한다는 의미도 있기 때문이다(edok@nsi.or.kr로 이 책 내용에 대한 의견이나 함께 나누고 싶은 일한 경험에 관한 기록을 보내주기 바란다). 글을 쓰면서 지난날을 되돌아보게 되었다. 함께 일한 많은 상사와 동료, 후배들의 얼굴들이 명멸했다. 왜 그렇게 했을까, 후회되는 대목도 수없이 많았다. 많은 사람들의 도움을 받는 행운의 연속이었다는 감회 또한 새삼스러웠다.

나는 공무원 출신이다. 국회의원도 하고 공직을 떠난 생활도 했지만 공직자의 틀에서 벗어나지 못하고 지냈다. 공무원은 국가를 위해서 일한다. 그렇기 때문에 박정희, 최규하, 전두환, 김영삼 대통령 등 여러 대통령을 모시고 일을 했다. 공무원은 당연히 그런 것이라고 생각했다. 전두환 대통령 비서실장을 한 사람이 어떻게 김영삼 대통령 밑에서 경제부총리를 맡느냐는 소리를 들은 일도 있다. 나는 그렇게 일하는 것이 이상한 일이라고는 조금도 생각하지 않았다. 어려운 나라경제를 바로잡기 위해 일한다고 생각했지 김영삼 대통령을 중심에 두고 일한다는 생각은 하지 않았다. 대통령보다는 나라가 먼저였다. 그러다 보니 일하는 자세도 대통령 지시라고 해서 곧이곧대로 따라야 한다는 생각에 앞서 나라의 잣대로 먼저 검증하는 것이 버릇처럼 되었다. 없는 나라살림을 꾸려가는 예산편성 관련 일을 하는 가운데 제2의 천성처럼 된 것 같다.

경제 분야에서 일하는 공직자들은 누구나 나라경제가 발전하고 국민 모두가 더 잘살 수 있게 되기를 바라는 마음에서는 다를 바가 없다. 가난은 불편한 것일 따름이라고 생각하면서 자랐지만, 가난은 잠재력을 살리는 일, 꿈을 실현하는 일을 어렵게 한다. 그뿐만 아니라 자유를 제약한다. 나라에 따라 사람의 값이 달라진다. 같은 실력을 가져도 선진국에서 일하면 후진국에서 일하는 것보다 몇 배 더 많은 보수를 받는다. 경제 발전은 사람답게 살면서 제각기 지닌 잠재력을 살리고 꿈을 좀 더 손쉽게 실현시키게 한다.

그러나 경제 발전을 이루는 길에 대한 생각은 제각기 다르다. 체제에서부터 정책에 이르기까지 극에서 극으로 대립하기도 한다.

정부의 경제 분야에서 일하는 동안 일상 업무 처리를 하면서 늘 관심을 가진 것은 지금 하고 있는 것이 최선인가, 더 나은 길은 없는가를 찾아보고 생각하는 것이었다. 더 나은 길이 있다고 생각하면 그 방향으로 개선하고 개혁하기 위해 노력했다. 이런 자세의 연장선에서 우리 경제의 전환기적 과제를 정리하는 일을 시작하게 되었고 그 결과가 안정화시책이 되었다.

이는 우리 경제의 발전 단계에 비추어 반드시 전환해야만 할 정책 방향을 제시한 것이었다. 그렇지만 안정화시책은 최고 권력자의 역린을 건드리는 위험한 일이기도 했다. 역린 얘기를 하면 정암 조광조를 떠올리게 된다. 1979년 초 박정희 대통령에게 안정화시책을 근간으로 한 업무 보고를 한 뒤의 일이다. 박 대통령이 경제기획원 업무 보고 내용에 대한 불만을 공개적으로 토로할 즈음이었다. 청사 4층 엘리베이터를 기다리는 동안 정재석 차관이 웃음 띤 얼굴로 내게 조광조가 다시 살아온 것 같다고 말했다. 나는 안정화시책이 성공할 수 없다는 말이냐고 섭섭한 투로 말했다. 정 차관은 가벼운 농담을 한 것인데 정색으로 반박하자 매우 당황해 하면서 그런 뜻이 아니라 나의 개혁 성향을 두고 말한 것이라고 했다.

조광조는 중종 때 개혁을 하려다가 훈구세력의 조직적 반발에 내몰려 귀양지에서 사약을 받고 요절했다. 그의 개혁 노력도 좌절되었다. 개혁이 성공하기란 그렇게 어려운 것이다. 이에 비할 때 안정화시책은 행운이었다. 하긴 안정화시책을 추진하면서 나도 공무원을 그만둔다는 각오로 임했다. 물론 이런 나의 생각은 집사람과 미리 나누었다. 그런 각오로 출발했기 때문에 직속상관인 차관과 회의석상에서 설전도 불사했다. 경제 장관 간담회에서 다른 장관의 발언에 대해서도 거침없이 바로 반박하곤 했다. 윗사람 입장에서는 못마땅하기 짝이 없었을 것이다. 정말 조광조처럼 보였을 것이다. 평판이 좋을 수가 없었다. 개혁에는 감당하기 어려운 희생이 따를 수밖에 없다. 개혁은 이제까지 하던 일을 새롭게 바꾸는 것이다. 한자로 改革은 가죽을 바꾸는 것이다. 그것도 살아 숨 쉬고 있는 생명체의 가죽을 바꾸는 일이다. 고통이 따를 수밖에 없고 저항이 클 수밖에 없다. 그러나 나는 개의치 않았다.

어떻게 바꿀 것인가를 생각할 때는 정부가 해야 할 일임에도 하지 않고 있는 것은 무엇인가, 아울러 정부가 할 일이 아니어서 해서는 안 되는 일임에도 정부가 하고 있는 것은 무엇인가를 가려 제자리를 찾도록 노력했다. 이를 판별하기 위해서는 왜 정부에서 해야 하는가? 하는 의문을 제기하는 것에서 출발한다. 정부 관리의 책상머리가 아닌 시장에서 결정되어야 할 것을 가려서 제자리를 찾아주어야 한다는 것이 안정화시책이었다. 즉 시장경제 원칙에 따라 경제가 운용되도록 하고 그에 따라 정부가 해야 할 역할과 기능을 개혁하자는 것이었다.

정부에서 해온 일을 그만둔다는 것은 아무것도 하지 않는다는 것이 아님은 물론이다. 정부가 하는 역할이 달라져야 한다는 의미다. 예를 들자면 이미 본문에서 밝혔듯이 물가 안정을 위해서는 가격을 직접 규제하지 않는 대신, 총수요 관리를 위한 긴축 정책 추진, 공급 원활화를 위한 수입자유화 정책, 경쟁 촉진을 위한 공정거래 제도를 확립하는 것 등 정부가 해야 하는 일이 바뀌는 것이다. 금융에 대해 어디에 얼마를 어떤 금리로 지원하도록 직접 관여하는 일 등은 정부가 해서는 안 되고 금융기관에 맡겨야 하지만 금융자산을 건실하게 법규에서 정한 대로 운용하고 있는지에 대한 사후 감독은 정부에서 철저히 해야 한다.

운동으로 비유하면 정부가 해야 할 일은 경기 규칙을 정하고 선수들이 규칙을 제대로 지키면서 경기(Fair Play)를 하는지 감시하고 반칙을 하면 적절한 제재를 하는 것이다.

외환위기 이후 '투명성'이 크게 부각되었다. 투명성은 예측 가능성을 확보하기 위해서는 필수적인 요건이다. 사회 모든 분야가 투명해야 한다는 말은 법치가 기본이 되어 사회가 움직여야 한다는 얘기다. 법치에 대응하는 말은 인치다. 사람의 결정에 의해 좌우된다면 어떻게 될 것인지를 예측하는 것은 거의 불가능하다. 그러나 법치는 법에 정한 대로 될 것이기 때문에 손쉽게 그 결과를 예측할수 있다. 안정화시책은 경제 분야에 대한 예측 가능성을 높이기 위한 제도와 운영 방식의 정비를 위한 것이었다.

정부의 정책은 신상필벌(信賞必罰)을 기본으로 해야 한다. 잘 한 경우에는 보상을 해야 하고 잘못이 있으면 응분의 책임을 물어야 마땅하다. 이를 위해서는 공평성이 전제되어야 한다. 평등은 결과의 평등이 아님은 물론이다. 그러나 기회의 균등 개방은 절대적 요건이 된다. 경쟁도 공정 경쟁이어야 한다. 기회 균등과 공정 경쟁이 이루어지도록 하는 것은 정부가 해야 할 몫이다.

정부의 역할은 이에 그치지 않고 경쟁 탈락자의 '패자 부활'이 가능한 제도를 마련하고 이를 할 수 있도록 정책적 배려를 해야 한다. 직업 훈련 등은 이런 정책의 일환이다. 또 애초부터 경쟁에 참여할 수 없는 사람들도 허다하다. 사회부조가 필요한 계층에 대해서는 국민으로서 최소한의 삶(Social Minimum)을 영위해 갈 수 있도록 정부에서 지원책을 마련해야 한다. 경쟁을 기본으로 하려면 이러한 사회 안전망(Social Safety Net) 구축을 동시에 충실히 해야 한다. 그러나 정부는 경기하는 한 쪽 팀이 이길 수 있도록 그 쪽 선수와 함께 뛰는 일은 해서는 안 된다.

개발 초기 단계에서 정부가 기업을 많이 도와주었는데 이는 경기 심판 역할보다는 운동선수와 함께 뛴 것과 같은 일이었다. 그 버릇이 남아 지금도 어려운 일을 당하면 걸핏하면 정부를 향해 도움을 요청하곤 한다. 정부는 어려울 때 나서서 도움을 주는 '해결사'로 여기고 그렇게 행동한다. 정부는 해결사가 아니다.

정부가 해야 할 일인가 아닌가를 가리는 일은 한 번으로 끝나지 않는다. 늘 관심을 가지고 주의 깊게 챙겨야 한다. 다른 길로 갈 기미가 보이면 바로 나서서 이를 바로잡아야 한다. 이는 정부에게만 맡겨 둘 일이 아니다. 우리 국민 모두가 뜻과 힘을 모아야 하는 일이다. 시장경제 체제와 자유 민주주의는 끊임없이 가꾸고 키워가야 한다. 조금만 내팽개쳐 두면 금방 손상될 수 있는 매우 취약한 제도다.

오늘날은 자유민주주의와 시장경제 체제 수호자가 아닌 정당도 표만 얻으면 얼마든지 집권할 수 있다. 우리는 시장경제 체제와 상반되는 성향의 정권을 이미 겪었다. 시장친화적인 정권도 얼마든지 시장경제에 반하는 일을 할 수 있다.

이명박 정부 발족 초기에 주요 생필품 가격 안정을 위한 특별 대책을 편 일이 있다. 물가 안정 대책을 펴는 것은 정부가 해야 할 일이지만 50여 개 주요 생필품을 선정해서 특별 대책을 추진하는 것은 마치 1970년대의 물가 안정 정책으로 회귀하는 것으로 여겨졌다. 정부가 나선다고 해결될 일이 아님은 오래 전에 겪은 일이다.

얼마 전 배추 값이 폭등했을 때 서울시에서 시중가보다 30% 저렴한 가격으로 배추를 판매한 일이 있다. 가격 차액은 서울시가 부담했다. 30%의 혜택은 어떤 기준에 의해서 주는가? 아무리 생각해도 도저히 이해할 수 없는 처사다. 이런 일은 정부가 할 일은 아니다. 저소득층을 지원하는 것이라면 그런 기준에 따라 처리해야 마땅하다. 이렇게 지금도 정부는 엉뚱한 일을 한다.

정부에서 장래 먹을거리를 찾는 일에 앞장서고 있다. 이는 1970년대의 중화학공업 정책의 재판(再版)과 같은 정책 발상이다. 정부가 나설 일은 아니다. 민간 기업들이 할 일이다.

불경기로 어려움을 겪어도 정부가 경기부양에 나서는 것에는 나는 반대했다. 왜냐하면 정부는 기민하게 행동하기 어려운 조직이기 때문이다. 의사결정에 시간이 오래 걸린다. 그렇기 때문에 정부 정책은 뒷북치기가 되기 쉽다. 경기부양 정책도 다를 바 없다. 정부에서 경기부양 정책을 실시할 즈음에는 경기가 회복 단계에 들어선 때일 경우가 대부분이다. 자칫하면 경기부양 정책이 경기 과열의 원인이 될 수 있다.

정부 재정으로 일자리를 만드는 일 또한 귀중한 예산 낭비가 될 경우가 대부분이다. 일자리 만들기는 민간 기업들이 할 일이기 때문이다. 이렇게 정부가 해도 실효성도 없고 할 수도 없는 일을 할 경우가 허다하다.

정부가 해야 할 일임에도 제대로 하지 못하고 있는 경우도 허다하다. 경찰이 시위대에 매를 맞는 것은 법이 무너지는 것이다. 언제까지 이를 용인할 것인가? 노동시장의 유연성 제고도 당장 해결해야 할 과제다. 노사문제는 기업 내부의 문제라는 것, 노동법이 정한 대로 해결하도록 하는 것, 법 위반은 어떤 경우에도 용납하지 않는 것 등의 원칙을 지키는 것은 정부가 해야 할 몫이다. 청년 실업 문제의 해결도 그 출발은 노동시장의 유연성 확보에 있다. 이렇게 볼 때 정부가 가장 서둘러 해야 할 일은 '법치주의' 확립이다.

우리 경제는 선진 경제로의 도약을 하지 못하고 있다. 1인당 2만 달러 소득 수준에서 일진일퇴를 거듭하고 있다. 왜 2만 달러 늪에서 벗어나지 못하고 있는가? 이제까지와는 달라야 한다는 사실만은 틀림이 없다. 우리나라가 지금 수준까지 발전하게 만든 원동력은 경제라는 사실을 부인하는 사람은 없다. 2만 달러 수준을 맴돌고 있는 현실을 보면서 경제 정책만으로 달성할 수 있는 발전 단계는 2만 달러가 그 상한이 아닌가 하는 생각을 하게 된다.

그렇기 때문에 2만 달러 벽을 넘기 위해서는 경제 정책 대상 밖에서 그 길을 찾을 수밖에 없다. 서비스 산업이 앞으로 가야 할 길이라고 한다. 서비스 산업이라고 하면 경제 분야 같지만 금융을 제외한 대부분은 비경제분야다. 이 분야가 달라지지 않으면 경제 정책만으로는 어쩔 도리가 없다. 가장 먼저 해야 할 일은 경제, 비경제 가릴 것 없이 우리나라 모든 분야가 같은 원칙, 즉 게임의 법칙이 적용되도록 해야 한다. 경제는 경쟁인데 교육은 배급제처럼 운용되는 일은 없어야 한다(어느 교육 전문가는 초·중·고는 평준화로 일렬횡대—列橫隊로 가다가 대학 입시는 전 수험생을 일렬종대—列縱隊로 바꾸어 세우는 것이 우리 교육 현실이라고 했다. 횡대로 가지만 종대로 바뀐다는 사실을 다 알고 있기 때문에 이에 대한 대비를 하지 않을 수 없고 사교육이 번창하지 않을 수 없다).

의료, 교육, 관광 등 서비스 분야에서 안정화시책과 같은 코페르니쿠스적인 대전환이 이루어져야 한다. 우선 정부가 해야 할 일과 하지 말아야 할 일을 구분하는 안정화시책과 같은 작업이 이루어져야 한다. 선진국처럼 경제, 비경제 구분 없이 모두 똑같은 원칙에 의해 운영되도록 해야 한다.

　경제 운용 방식이 안정, 자율, 경쟁의 원칙으로 전환한 것처럼 비경제분야도 그런 방향의 전환을 서둘러야 한다. 안정화시책의 안정 정책은 생산자에서 소비자 이익 중심으로 바꾼 발상의 전환이었다. 비경제 분야도 소비자를 중심에 두는 발상을 축으로 관련 제도와 정책을 바꾸어야 한다. 자율화는 기업 자치다. 의료, 교육 등의 분야도 각 기관의 운영에 대해 정부의 간섭이나 관여는 없애고 자치가 이루어지도록 관과 민의 관계가 완전히 바뀌어야 한다. 개방은 신규 참여 기회의 개방과 공정 경쟁의 도입이다. 퇴출 또한 자기 책임으로 원활하게 이루어지도록 해야 한다.

　경제가 안정, 자율, 개방 원칙으로 전환하기 시작한 것은 1970년대 말부터였고 1980년대 전반에 이런 전환을 위한 개혁이 이루어졌다. 이에 비해 경제 이외의 분야는 아직도 정부 주도 방식인 1970년대 방식에서 크게 달라진 것이 없다. 이렇게 완전히 다른 두 원칙으로 운영되는 사회를 그냥 두고는 선진국으로 진입할 수 없다. 국가가 해야 할 일과 해서는 안 되는 일을 가려 제자리를 찾아주는 오래 미루어 온 숙제부터 서둘러야 한다.

이와 함께 경제와 비경제가 따로 가지 않고 함께 가도록 해야 한다. 세계화가 심화되어 가는 환경에서 또 금융시장 불안정이 일상화되고 있는 세계에서 경제의 안정적 발전과 국민생활의 안정과 소득 증진을 위해서는 내수의 역할과 비중이 커져야 한다. 이는 G20의 서울 모임 이후 내수에서 경제발전 동력을 만드는 일이 현안 과제의 하나가 되었다. 내수 중심 발전이 1970년대까지의 국내시장 보호로의 회귀가 아님은 긴 말이 필요 없다. 개방 속의 내수 중심 발전으로의 전환이어야 한다. 수출이 해외로 상품이 나가는 것이라면, 국내로 많은 사람들이 찾아오게 해야 한다.

이를 어떻게 이룰 것인가? 그 해법은 경제와 비경제 그리고 문화와 도덕, 윤리, 정신(Spiritual) 등이 함께 융합해서 우리들 개개인의 수준을 높이고 사회와 나라의 격을 높여가는 것은 기본이다. 이와 함께 질 높고 다양한 서비스산업이 갖추어져야 한다. 새로운 발전은 종래의 경제 정책적 발상과는 완전히 다른 차원의 것이어야 한다. 글로벌, 디지털, 영성의 3대 축 위에서 움직여가는 21세기 세계 속에서 이 길밖에 다른 대안은 없다고 생각한다.

새로운 틀을 만들어 가는 실마리는 어디에서 찾을 것인가? 미국의 트루먼 대통령은 "하늘 아래 새로운 것은 없다"고 입버릇처럼 말하곤 했다. 논어 위정편(爲政編)에 나오는 온고지신(溫故知新)의 글귀를 생각하게 한다. 온고지신은 지난 일의 '까닭'을 되새겨 오늘에 새롭게 깨닫는다는 뜻이라고 한다. 溫 '故' 知新이지 溫 '古' 知新이 아니라는 것이다. 정부에서 일하면서 정책을 펴나갔는데 그 당시 그렇게 결정한 까닭을 오늘에 되새겨보는 것은 바로 온고지신에 해당된다고 하겠다. 정부 안에서 비경제 분야에서 일하는 공직자들에게 안정화시책이 그에 해당된다고 하겠다.

경제 개발 과정에서 앞서간 나라들의 제도와 정책에 대해 많은 관심을 가졌던 것도 그들 나라들이 그런 정책이나 제도를 마련한 까닭을 살펴 우리의 정책과 제도 마련에 참고하기 위해서였다. 이들 나라들이 이미 겪은 시행착오를 되풀이하지 않음으로써 새로운 길을 열어가는 과정에서 앞서간 나라들이 치른 대가를 다시 지불하지 않기 위해서였다. 2만 달러 벽을 넘기 위해서는 앞서 그 벽을 넘은 다른 나라의 과거 속에 우리의 미래를 열어갈 실마리가 있다. 세계가 급변한다고 하지만 큰 변화의 흐름(Megatrend)은 이미 현재 속에 와 있기 때문이다.

명의라고 하면 편작(扁鵲)을 떠올린다. 편작은 어떤 중병도 고쳤다고 알려진 중국의 전설적인 의사다. 편작에게는 형이 있었다. 편작의 형은 의술이 편작보다 훨씬 더 뛰어났다. 그러나 편작은 지금까지 사람들이 기억하지만 편작의 형이 명의였다는 사실을 아는 사람은 극히 드물다. 편작은 중병에 걸린 사람, 즉 병이 난 다음에 고쳤다. 그런데 편작의 형은 병이 나기 전에 미리 병이 나지 않도록 예방한 것이다. 중병에 걸린 사람을 고치는 편작은 명의로 유명했지만 병에 걸리지 않게 한 '예방 명의'는 세상 사람들에게는 잘 알려지지 않았다.

정치인은 편작과 같은 명의가 되기를 바란다. 그러나 공직자는 편작의 형과 같은 역할을 해야 한다. 나는 개혁 작업을 추진할 때 편작의 형과 같은 역할을 하려고 노력했다. 경제기획원에서 5개년 계획을 만드는 일은 예방의와 같은 일이므로 경제기획원에서 일하게 되면 모두 그렇게 되기 마련이지만. 비경제부처 공직자는 편작과 편작의 형이 한 두 역할을 한꺼번에 해야만 한다. 나의 경험담이 이들 성공에 조금이라도 도움이 될 수 있다면 책을 펴낸 사람으로서 이보다 더 큰 보람은 없을 것이다.

참고문헌

■ **국내서적**

경제 안정화 시책 자료집(상, 하), 한국개발연구원, 1981

경제안정을 넘어서, 강경식, 한국경제신문사, 1988

가난구제는 나라가 한다, 강경식, 삶과꿈, 1992

새 정부가 해야 할 국정개혁 24, 강경식, 폴리미디어, 1992

IMF와 경제구조개혁, 삼성경제연구소, 1998

IMF 사태의 원인과 교훈, 남덕우 외, 삼성경제연구소, 1998

캉드쉬 총재의 웃음: IMF의 실체와 한국경제 위기극복 프로그램, 강 정호, 고려서적, 1998

강경식의 환란일기, 강경식, 문예당, 1999

영욕의 한국경제: 비사 경제기획원 33년, 김흥기, 매일경제신문사, 1999

조세 · 재정정책 50년 증언 및 정책평가, 이형구 · 전승훈 편, 한국조세 연구원, 2003

금고가 비었습니다, 김수길 · 이정재 · 정경민 · 이상열, 중앙M&B, 2003

최빈국에서 선진국 문턱까지, 김정렴, 랜덤하우스, 2006

박정희는 어떻게 경제강국을 만들었나, 오원철, 동서문화사, 2006

통일의 길 바로 가고 있는가: 독일통일에서 얻는 교훈, 강경식·이기주, 기파랑, 2007

경제는 당신이 대통령이야, 이장규, 올림, 2008

경제개발의 길목에서, 남덕우, 삼성경제연구소, 2009

아들아 우리는 이렇게 살았다, 우재구, 석필, 2009

■ **해외서적**

한국경제보고서, OECD, 1998

금융위기로부터의 탈출, 리차드 쿠, PHP연구소, 1998

Evaluation Report The IMF and Recent Capital Account Crises Indonesia, Korea, Brazil, IMF, 2003

■ **자료**

1심 공판 기록: 사건 98고합504 직무유기 등 1회 1998.7.10 판결 1999.8.10까지

IMF 환란원인 규명과 경제위기 진상조사를 위한 국정조사결과 보고서, 국정조사특별위원회, 1999

IMF 환란원인규명과 경제위기 진상조사를 위한 국정조사특별위원회 요구자료, 감사원, 1999

국회 속기록

국가가 해야 할 일, 하지 말아야 할 일